개정증보4판

현대인을 위한

서양철학사

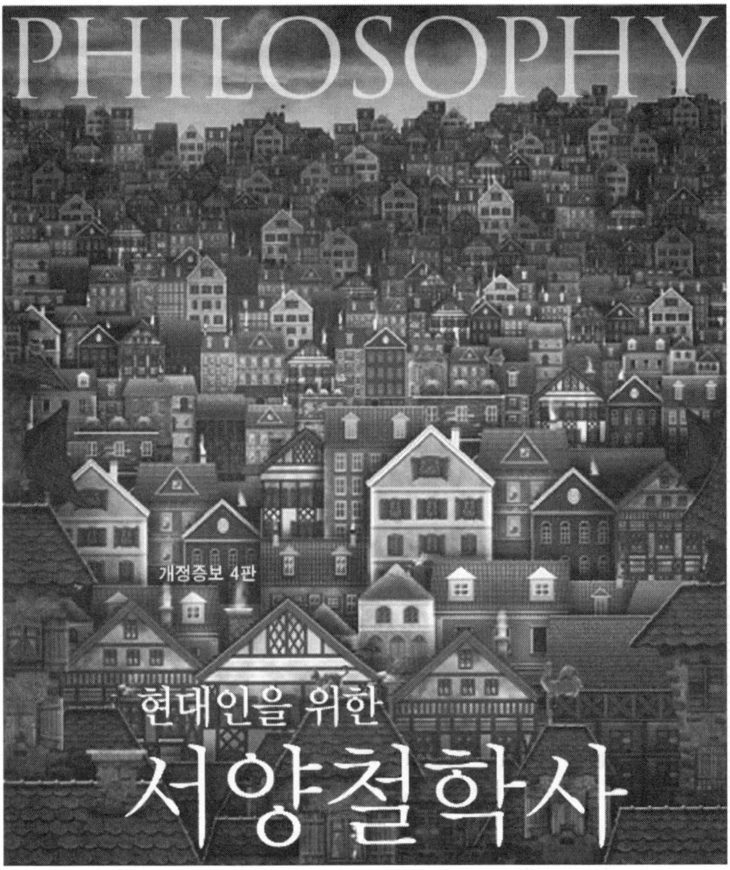

양해림

HISTORY OF WESTERN PHILOSOPHY FOR CONTEMPORARY PEOPLE

집문당

저자 양해림

충남대학교 인문대학 철학과 교수

강원대학교 철학과와 동 대학원을 졸업했다.
독일 트리어(Trier)대학교, 베를린 홈볼트(Humboldt)대학교에서 박사과정을 수학하고 홈볼트대학교에서 철학박사학위를 받았다. 충남대학교 인문과학연구소장, 한국해석학회장, 한국니체학회장, 한국환경철학회장, 한국역사철학회장, 대전시민사회연구소장, 민주화를 위한 전국교수협의회(민교협) 공동의장, 대전광역시 인권위원회 인권위원장을 역임했다.

개정증보4판

현대인을 위한 서양철학사

2012년 1월 20일 1판 1쇄
2015년 8월 20일 2판 1쇄
2017년 7월 20일 3판 1쇄
2020년 3월 20일 4판 1쇄
2023년 10월 2일 4판 2쇄

저자 | 양해림
발행인 | 임동규
발행처 | **(주)집문당**
등록 | 1971. 3. 23. 제2012-000069호
주소 | 03134 서울시 종로구 돈화문로 82, 5층
전화 | +82-1811-7567
이메일 | sale@jipmoon.com
홈페이지 | www.jipmoon.com

ISBN 978-89-303-1859-4 03160

가격 28,000원

| 현대인을 위한 서양철학사 머리말 |

지난 2012년, 2015년도, 2017년도 『대학생을 위한 서양철학사』(집문당)가 증보판 및 내용 수정을 세 차례에 걸쳐 진행하여 왔다. 이번 판에는 그동안 많은 독자들에게 사랑받아 왔던 『대학생을 위한 서양철학사』를 『현대인을 위한 서양철학사』로 제목을 바꾸어 새롭게 단장해서 내놓게 되었다. "대학생"에서 "현대인"으로 표제어를 바꾸어서 붙인 이유는 지금까지 다루어 왔던 서양철학사를 단지 대학생에만 한정하지 않고 보다 많은 현대인들이 서양철학의 지평을 넓히기 위함이다. 이러한 시도가 얼마만큼 서양철학의 지평을 확대할 수 있을지는 미지수이다. 하지만 대학생은 물론 일반 독자들에게 한걸음 더 다가가 지난 서양철학의 사유를 보다 확대하여 함께 공유하고자 하는 집필자의 소박한 바람이다.

이번 판에는 그동안 다소 누락되었다고 생각했거나 새로운 인물들을 좀 더 추가적으로 보충해 놓았다. 즉, 신플라톤주의의 개관, 중세철학에서 초기 스콜라철학의 안셀무스, 후기 스콜라철학의 쿠자누스, 쇼펜하우어의 생애 및 「충분근거율의 네 가지 뿌리에 관하여」 보완, 실용주의의 개관, 신용실주의자인 리차드 로티, 여류 정치철학자인 한나 아렌트, 하버마스의 생활세계, 영미분석철학에서 G.E. 무어, 가다머의 선입견, 들뢰즈의 리좀이론, 반포스트모더니즘의 주체철학자들인 바디우, 랑시에르, 아감벤 등을 추가적으로 실었다.

또한 내용에 다소 누락된 그림들을 중심으로 각 장의 내용에 맞게 새롭게 구성하여 30여 개의 그림 및 도표를 추가로 넣었다. 이렇게 이 책은 새롭게 분장扮裝하여 심혈을 나름대로 기울였지만, 얼마만큼 독자들에게 친숙하게 다가갔는지는 독자들의 판단과 몫이다.

아울러 이 책의 새 판을 흔쾌히 허락해 주신 임동규 사장님과 꼼꼼한 편집으로 훌륭한 책을 만들어 주신 전정아 편집부장님을 비롯한 편집부 여러분, 그리고 새로운 내용에 맞는 그림 도안에 힘써 주신 임용우 디자이너님, 충남대 철학과 박사과정 이인희 선생께도 진심으로 감사한 마음을 전하고 싶다.

2020년 2월

궁동 연구실에서

양해림

| 개정증보 3판 머리말 |

지난 2012년, 2015년도 『대학생을 위한 서양철학사』(집문당)가 증보판 및 내용 수정을 두 차례에 걸쳐 진행하여 왔고 이번이 세 번째이다. 이번 개정증보 3판에는 오탈자, 부분적인 내용의 수정, 그리고 지난 증보판에서 미처 그려 넣지 못했거나 누락된 그림을 중심으로 각장의 내용에 맞게 새롭게 구성해 보았다. 그래서 3차 증보판에서는 39개의 그림 및 도표를 추가로 넣게 되었다. 이번 증보판에는 각장에 걸쳐 추가적인 내용을 보완하거나 더 많은 철학자를 보충하지는 않았다. 다만 부분적으로 내용을 보완(예: 제5장 중세철학의 스콜라철학, 제18장 한스 요나스의 공포의 발견술 등)하였다. 특히 이번 증보판에는 각장의 내용에 부합하는 그림 및 도표에 초점을 맞추어 구성하였다.

필자가 지난 2002년 충남대학교 철학과에 부임한 이후 학생들에게 서양철학사 전공을 강의해 오면서 느꼈던 부분은 수많은 철학자들의 이론을 그림이나 도표 등을 곁들이면서 제공하면, 철학사에 대한 이해를 교수나 학생들이 보다 쉽게 다가갈 수 있다는 것이다. 이런 점에서 필자는 이번 서양철학사의 그림 작업을 통해 미흡하나마 독자들에게 보다 원활한 이해를 하였으면 하는 바람이다. 그러나 이 작업은 그렇게 손쉬운 작업이 아니었다. 서양철학사 이론에 대한 자료는 필자가 제공하였다고 하더라도, 4개월여 걸쳐 집문당 디자이너 임용우 씨의 노고가 아니었다면 불가능했다. 다시 한번 감사의 말씀을 드리고 싶다.

또한 이 책의 개정증보 3판을 흔쾌히 허락해 주신 임동규 사장님과 꼼꼼한 편집으로 훌륭한 책을 만들어 주신 전정아 편집부장님을 비롯한 편집부 여러분들께 진심으로 감사한 마음을 전하고 싶다.

2017년 6월
궁동 연구실에서
양해림

| 개정증보판 2판 머리말 |

지난 2009년도 『대학생을 위한 서양철학사』(충남대학교 출판사)가 처음 시중에 출간한 이래로, 2012년도에 집문당 출판사로 옮겨 증보 및 내용 수정을 두 차례에 걸쳐 진행하여 왔다.

여전히 서양철학사의 내용을 보면 볼수록 미흡한 부분들이 여기저기 눈에 띈다. 이번 개정증보판 2판에는 다소 미흡한 내용이나 다소 소홀하게 다루어 왔던 철학자들 몇몇을 추가했다. 그리고 각 단원마다 미흡한 철학의 내용들을 조금 혹은 새롭게 보완하였다. 예컨대, 데카르트, 니체, 헤겔, 키에르케고르, 마르셀, 들뢰즈의 부분적 내용보완, 칸트의 판단력 비판과 영구평화론은 새롭게 내용을 추가하여 기술하였다.

또한 현대 프랑스 철학자 임마누엘 레비나스, 독일의 생태철학자 한스 요나스를 현대 현상학 단원에 새롭게 포함시켜 기술하였다. 그리고 독자들의 보다 손쉬운 이해를 돕기 위해 그림 및 도표작업을 추가하였다. 예컨대 플라톤, 데카르트, 스피노자, 베이컨, 버클리, 흄, 칸트, 딜타이, 니체, 마르크스, 피히테, 헤겔, 야스퍼스, 후설, 비트겐슈타인, 하버마스, 푸코 등 철학자들의 내용에 부합하는 부분들에 대해 20여 개의 그림들 및 도표를 새롭게 선보였다. 전반적으로 참고문헌의 국내외 문헌들을 새롭게 정리하였다. 이와 같은 연유로 해서 전반적으로 내용의 분량이 다소 늘어났다. 독자들이 서양철학사의 이해에 조금이나마 보탬이 되었으면 더 이상 바람이 없다.

이 책의 개정증보판 2판을 흔쾌히 허락해 주신 임동규 사장님, 꼼꼼한 편집으로 훌륭한 책을 만들어 주신 전정아 님과 편집부 여러분들께 진심으로 감사한 마음을 전하고 싶다. 끝으로 이 책의 그림 작업을 도와준 충남대 철학과 송나래 학생께 감사한 마음을 전한다.

2015년 7월

궁동 연구실에서

양해림

| 초판 머리말 |

이 책은 철학을 전공으로 하는 국내의 철학과 학부생들뿐만 아니라 일반 대학생들의 교양철학을 함양하는 것을 목적으로 기획되었다. 즉, 필자는 지금까지 충남대학교 철학과에서 2002년 부임한 이후 학부에서 설강된 "서양철학사"의 강의 경험을 토대로 "대학생을 위한 서양철학사"가 필요하다는 문제의식을 갖고 구상하게 되었고, 2009년 출간(충남대학교 출판부)된 내용들을 다시 대대적으로 교정 및 보완하여 새롭게 내놓게 되었다.

필자는 2,500년 이상 오래된 서양철학의 역사를 담아보고자 하였지만, 그 긴 기간만큼 서양철학사를 세세히 살펴보는 것은 많은 시간과 방대한 문헌들을 소화해야 했기에 이 집필 작업이 그리 녹록치만은 않았다. 이 책은 수업을 진행하는 동안에 인물별, 주제별, 문제사별로 탐구하여 보다 수월하게 대학생들에게 다가가고자 하는 데 그 목적이 있다. 그동안 우리 학계도 많은 서양철학사의 교양서적 및 전공서적들이 출간되어 오고 있지만, 정작 "대학생들을 위한 서양철학사"라는 제목을 내건 철학사는 그다지 눈에 띄지 않는다. 물론 『청소년을 위한 서양 철학사』(서용순 · 박해용), 『서양철학사의 이해』(김영식), 『철학개론』(각 대학교 간행교재), 『처음 읽는 서양 철학사』(안광복), 『그림으로 읽는 철학사』(페터 쿤츠만 외), 『사진과 그림으로 보는 철학의 역사』(브라이언 매기), 『서양철학 이야기 1, 2, 3, 4』(책세상 출간), 『서양철학사』(힐쉬베르그, 러셀, 사이키안, 렘브레히트 등)

등등 국내외의 서양철학사들이 오랜 기간에 걸쳐 최근까지 다양하게 출간되어 오고 있다. 위에서 열거한 책들은 나름대로의 고유한 특성들을 갖고 있기에 장단점을 쉽게 이야기할 수는 없으며, 독자들이 구미에 맞게 취사선택을 하면 될 것이다. 여기에 내놓은『대학생을 위한 서양철학사』는 열거된 철학사의 내용들에 대해 그 장점들을 최대한 살리고 부족한 부분들은 보완하고자 하는 의도에서 기획하였으나 얼마만큼 그 내용들이 충족되었는지는 독자들이 판단할 몫이다.

일반적으로 딱딱하고 고리타분한 철학저서에 전문성과 동시에 대중성의 색채를 띠게 한다는 것은 생각만큼 쉽지 않다. 오랜 권위를 자랑하는 코플스턴(F. Copleston)의『서양철학사』(전 9권)처럼 몇 천 년에 걸친 방대한 철학사를 평생을 걸쳐서 집필하여도 그 후속 작업은 여전히 남아 있기 때문이다. 일반 교양인들이나 철학을 전공하는 학부생들이 그 많은 철학자들과 내용들을 일일이 기억하는 것도 쉽지 않을 뿐만 아니라 숨가쁘게 돌아가는 인터넷 시대에 바쁜 시간을 쪼개어 책상에 앉아 인내하며 시간을 투자하는 것도 쉽지 않다. 그래서 최근 시중에 선보이는 책들은 1권 정도의 요약본이 즐비하다. 그러다 보니 내용의 심층도가 떨어지는 것은 당연하다고 할 것이다. 필자가 여기에 선보인『대학생을 위한 서양철학사』도 학생들의 눈높이에 맞추어 철학자들의 사상을 발췌한 것이기에 누락된 철학자들이 불가피하게 있을 수밖에 없다. 예컨대, 중세 철학자들은 아우구스티누스나 토마스 아퀴나스 등 몇몇의 철학자들만을 선정하였고, 정치철학 측면에서 루소, 홉스 등을 고심 끝에 생략하였다. 하지만 기존에 출간된 저서들은 최근의 현대철학자들의 경향을 담은 내용들이 다소 누락되어 있다고 판단되었기에 현대철학자들의 사상들을 고려하여 집필하였다. 즉, 현대 유럽철학의 중심을 이루고 있는 현상학, 해석학, 포스트모더니즘을 비롯하여 프랑크푸르트학파 이론(비판이론), 실존철학 등을 보다 심층적으로 소개하였다. 하지만 서양철학사에서 커다란 비중을 차지하는 철학자들의 그 내용 분량이 일정치 않게 서술한 측면도 불가피하게 되었다. 다만 지면관계상 그리고 필자의 짧은 지식도 한몫하고 있기에 독자들의 질정을 바란다. 차후 보완해 나가기로 약속드린다.

우리는 철학사상의 일면을 알고 나면 철학에 쉽고 재미있게 한 발짝씩 다가갈 수 있다. 예컨대 소크라테스, 플라톤, 데카르트, 니체, 마르크스, 후설, 비트겐슈타인 등 철학자들의 이름은 다소 익숙하지만 산파술, 존재론, 생철학, 실존철학, 현상학, 포스트구조주의와 같은 철학용어는 듣기만 해도 찔끔찔끔 골이 아파온다. 이러한 어려운 개념들과 익숙한 철학자들을 보다 알기 쉽게 구상하여 지중해철학을 출발점으로 그리스철학, 중세철학, 근세철학, 현대철학에 걸쳐 "대학생을 위한 서양철학사"의 여행을 함께 떠나고자 한다.

끝으로 이 책의 출판을 위해 사진작업, 도표, 문헌정리, 교정작업 등을 도와준 정윤승 선생, 충남대 철학과 이용훈, 조지선 두 조교 선생과 이제는 철학과 졸업생이 된 최선희 양(孃)에게도 고맙다는 인사를 드린다. 또한 집문당의 임동규 사장님을 비롯한 유주이 씨와 편집자 관계자 분들께 진심으로 감사하다는 말씀을 드리고 싶다.

2011년 12월
궁동 연구실에서
양해림

서양철학사의 주요 흐름

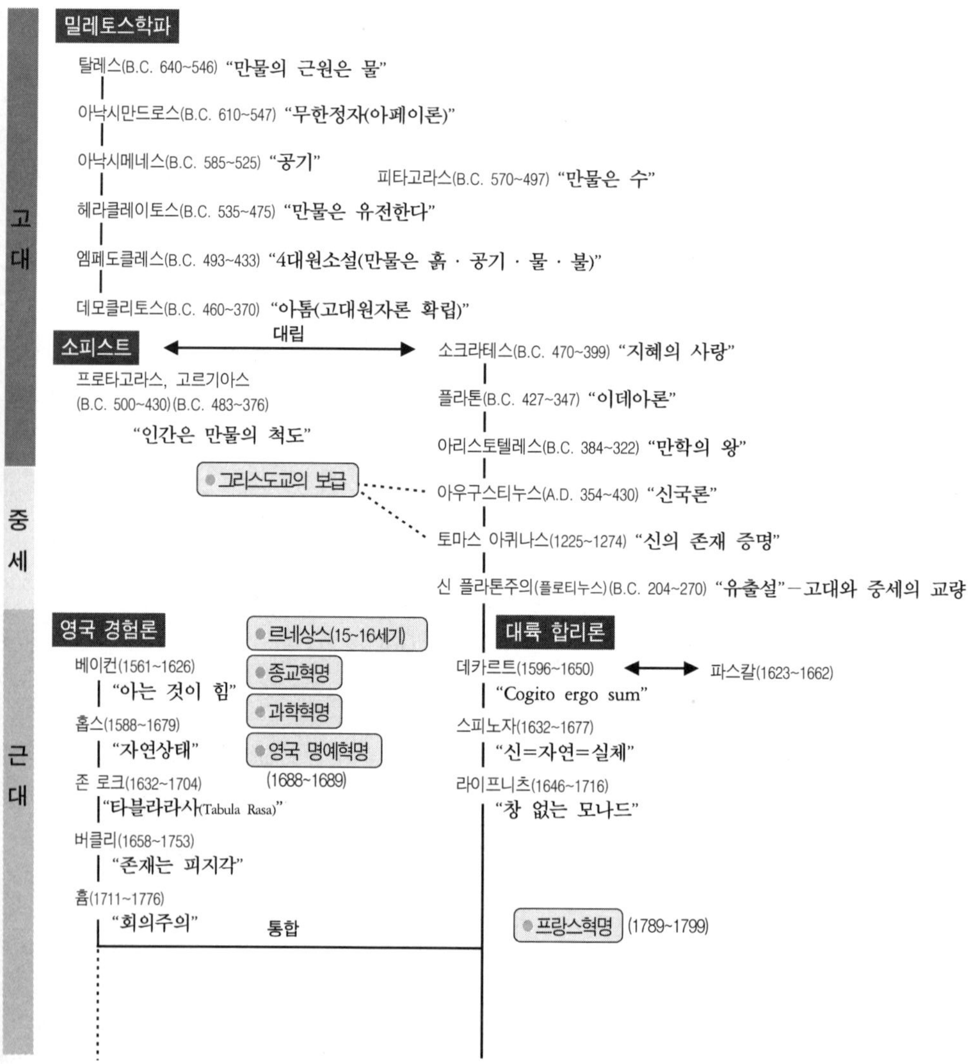

고대
밀레토스학파
탈레스(B.C. 640~546) "만물의 근원은 물"
아낙시만드로스(B.C. 610~547) "무한정자(아페이론)"
아낙시메네스(B.C. 585~525) "공기"
피타고라스(B.C. 570~497) "만물은 수"
헤라클레이토스(B.C. 535~475) "만물은 유전한다"
엠페도클레스(B.C. 493~433) "4대원소설(만물은 흙 · 공기 · 물 · 불)"
데모클리토스(B.C. 460~370) "아톰(고대원자론 확립)"
소피스트
대립
프로타고라스, 고르기아스
(B.C. 500~430) (B.C. 483~376)
"인간은 만물의 척도"
소크라테스(B.C. 470~399) "지혜의 사랑"
플라톤(B.C. 427~347) "이데아론"
아리스토텔레스(B.C. 384~322) "만학의 왕"
중세
그리스도교의 보급
아우구스티누스(A.D. 354~430) "신국론"
토마스 아퀴나스(1225~1274) "신의 존재 증명"
신 플라톤주의(플로티누스)(B.C. 204~270) "유출설"－고대와 중세의 교량
근대
영국 경험론
베이컨(1561~1626)
"아는 것이 힘"
홉스(1588~1679)
"자연상태"
존 로크(1632~1704)
"타블라라사(Tabula Rasa)"
버클리(1658~1753)
"존재는 피지각"
흄(1711~1776)
"회의주의"
르네상스(15~16세기)
종교혁명
과학혁명
영국 명예혁명
(1688~1689)
대륙 합리론
데카르트(1596~1650)
파스칼(1623~1662)
"Cogito ergo sum"
스피노자(1632~1677)
"신=자연=실체"
라이프니츠(1646~1716)
"창 없는 모나드"
통합
프랑스혁명 (1789~1799)

근대

벤담(1748~1832) "양적 공리주의"
밀(1806~1873) "질적 공리주의"

독일 관념론
칸트(1724~1804) "비판철학"
피히테(1762~1814) "자아와 비아의 지식학"
셸링(1775~1854) "동일성의 철학"
헤겔(1770~1831) "절대적 관념론"

산업혁명 (18~19세기)

반 헤겔
쇼펜하우어(1788~1860) "맹목적 삶의 의지"
포이어바흐(1804~1872) "인간으로서의 신"
마르크스(1818~1872) "계급혁명"
키에르케고르(1813~1855) "진리는 주체성이다"

현대

베르그송(1859~1941) "생의 약동"
프로이드(1856~1939) "꿈의 무의식"
융(1875~1967) "분석심리학의 기초"
니체(1844~1900) "신의 죽음"

제1차 세계대전 (1914~1918)
제2차 세계대전 (1939~1945)

현상학
후설(1859~1938) "사실 자체로"
하이데거(1889~1976) "현존재"
메를로 퐁티(1908~1961) "지각의 현상학"
레비나스(1905~1995) "전체성과 무한"

해석학
슐라이어마허(1768~1834) "보편적 해석학"
딜타이(1833~1911) "정신과학의 정초"
하이데거(1889~1976) "현존재"
하버마스(1929~) "심층적 해석학"
가다머(1900~2002) "철학적 해석학"

영미 분석철학
러셀(1872~1970) "수리철학"
카르납(1891~1970) "검증원리"
비트겐슈타인(1889~1951) "언어분석철학"
G.E. 무어(1873~1958) "메타윤리분석"

프랑크푸르트학파
아도르노 / 호르크하이머 (1903~1969) (1895~1973) "비판이론: 계몽의 변증법"
마르쿠제(1898~1979) "일차원적 인간"
하버마스(1929~) "의사소통행위이론"

실존주의
사르트르(1905~1980) "실존은 본질에 앞섬"
야스퍼스(1883~1969) "실존조명(포괄자)"
마르셀(1889~1973) "희망의 철학"

포스트 · 모던

구조주의
소쉬르(1857~1913) "기표와 기의"
레비스트로스(1908~2009) "구조주의 인류학"
자크 라캉(1901~1981) "거울단계이론"
미셸 푸코(1926~1984) "불연속의 역사"

포스트 구조주의
리요타르(1924~1989) "포스트모던의 논쟁"
장 보드리야르(1929~2007) "시뮬라시옹"
자크 데리다(1930~2004) "해체주의"
들뢰즈(1925~1995) "리좀이론"

| 목 차 |

제1장 지중해의 철학

제 1 장
지중해의 철학

01
철학의 탄생: 밀레토스Miletos학파

고대 그리스 철학자들이 가장 중요한 요소로서 제기한 물음은 존재하는 자연현상의 배후에 있는 근원과 그 원천에 관한 것이었습니다. 그것은 만물의 근원, 즉 아르케Archē: Origin에 관한 물음이었습니다. 아르케는 여러 가지 뜻을 지니고 있습니다. 먼저 아르케는 시초, 시작을 의미합니다. 예컨대 고고학을 뜻하는 영어단어 archeology는 시초, 시작을 의미하는 arche에서 유래합니다. 두 번째 의미는 지배입니다. 영어로 군주정을 monarchy라 하고 무정부주의자를 anarchist라 하는데 여기서 a는 아르케를 부정하는 데서 나왔습니다. 세 번째 의미는 원리를 뜻합니다. 아르케의 라틴어 번역이 principium이며 이것이 영어의 principle로 변화된 것입니다. 아르케는 우리 눈앞에 전개되고 있는 현상을 인정합니다. 또한 변화하고 있는 현사실성 뒤에는 그와 같은 모든 변화를 관리하는 포괄적인 원리와 원칙이 있을 것이라고 전제합니다. 고대 그리스인들은

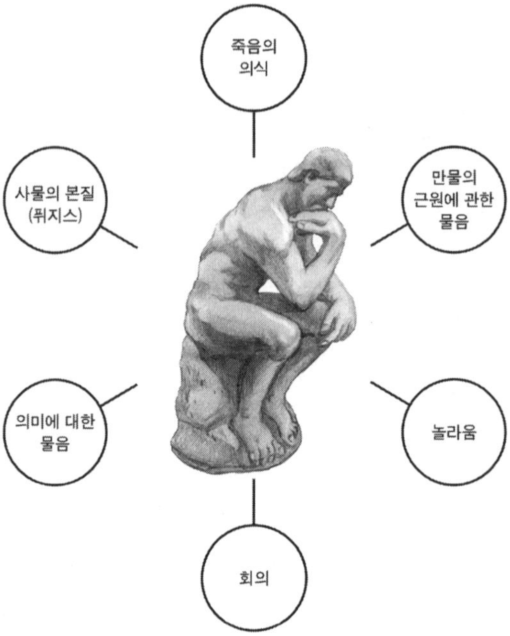

철학하려는 충동

자연의 조화 앞에서 느꼈던 놀라움과 경이감은 세계의 시초와 본질에 대한 근본적인 질문을 불러일으켰습니다. 이러한 고대 그리스 철학자들은 종교적 경이감과 당혹감을 느끼면서 주변의 자연을 관찰하였습니다. 그래서 그들은 자연의 신비를 벗겨 보려는 지적인 탐구의 여정을 펼쳤습니다. 고대 그리스 철학자들은 생물과 무생물, 정신과 물질을 동일시했기 때문에 후대의 그리스인들은 밀레토스학파를 물활론자, 즉 물질이 살아 있다고 생각하는 사람들이라 불렀습니다.

철학의 탄생은 기원전 6세기경 밀레토스Miletos라는 항구도시에서였습니다. 철학의 발상지가 된 곳은 그리스의 식민지 중의 하나였던 이오니아지방소아시아의 서쪽 해변에 자리 잡은 오늘날의 터키가 있는 지역이었습니다. 지중해 문화권에서 고대철학이란 그리스 철학을 이야기합니다.

그리스 철학은 우리가 사물의 운동과 변화하는 양상의 배후에 존재하는 본질을 알아내기 위해 무엇을 문제시해야 하는지에 대한 방법을 가르쳐 주었습니다. 이 당시의 철학은 그리스 본토에만 한정하지 않고 고대 그리스 전역의 철학을 가리켰습니다. 먼저 철학사상을 낳은 최초의 거주지는 이오니아였습니다. 이러한 이유에서 최초의 철학자들은 출생지의 이름을 본따서 밀레토스학파 또는 이오니아학파라 불렀습니다. 이오니아 지방에서는 자연과학의 선구가 되는 학문이 싹트기 시작했는데, 이 자연과학의 흐름을 이오니아학파가 수행해 나갔습니다. 밀레토스의 철학자들이 체계적인 철학을 시작했던 시기인 기원전 6세기경의 밀레토스는 해상교역과 코스모폴리탄적 이념을 위한 교차로였습니다. 이렇게 태초부터 기원전 6세기에 이르기까지 이오니아는 그리스 문화의 중심지였습니다. 즉 밀레토스는 에개해海 문명과 오리엔트중근동를 연결하는 교통의 요충지였습니다. 밀레토스는 해상무역을 하기 좋은 적정한 경제생활을 유지할 수 있었고, 이러한 호조건의 상황에서 사람들은 철학 작업에 필요한 물질적, 정신적 여유를 확보할 수 있었습니다. 좋은 주변 환경을 지닌 밀레토스 항구에서 철학의 아버지라 일컫는 탈레스Thales를 비롯하여 아낙시만드로스Anaximandros, 아낙시메네스Anaximenes와 같은 철학자들이 이 당시에 등장하였습니다. 밀레토스학파는 변화하는 다양한 현상계를 꿰뚫고 있는 불변적 통일성을 탐구했으며, 그 통일성의 근거는 세계를 구성하는 근원적 물질, 즉 아르케에서 구했습니다. 이런 점에서 밀레토스의 자연철학자들은 변화를 하나의 대립물이 다른 대립물로 이행하는 것으로 설명하였습니다. 그래서 기원전 6세기에 그리스 철학의 특징은 객관적 세계의 다양성을 단 하나의 물질적 근본 요소로서 환원시키고자 하였습니다.

그들은 철학의 탐구대상을 퓌지스Physis, 즉 산출적 자연Natura, naturans ·

창조적 자연natura Creatrix에 관한 고찰을 통해 종래의 전통적인 신화의 세계관에서 벗어났습니다. 그들의 사유행위는 "세계는 무엇으로 구성되어 있으며, 어떻게 사물의 변화과정을 설명할 수 있는가?"에 대한 물음에 관심을 보였습니다. 그들은 주로 사물의 원인에 대해 의문을 가졌으며 살아 있는 근본물질에서 우주가 어떻게 형성되었는가를 해명하는 일이 중요한 과제였습니다. 특히 그들은 우주관을 질료와 형상으로 설명하였습니다.

고대 그리스의 자연철학자들은 우리의 감관으로 포착되는 세계 전체를 신의 형상이라고 파악함으로써 단순한 물질론의 한계를 넘어서 있었습니다. 이처럼 우리는 물질과 생명의 구분이 없이 결합된 형태의 사상을 물활론hylozoism이라 일컫습니다. 다시 말해 물활론은 생명이 없다고 생각하는 것에도 생명이 깃들어 있다고 보는 견해입니다. 생명의 개념, 생명체와 무생물체의 구분은 자연철학사에서 중요한 문제였습니다. 이제까지 사물에 대한 근대 이전의 전통적 태도는 물질 자체가 생명을 지니고 있어서 스스로 움직여 모든 것이 변하여 나타난다고 보는 물활론의 세계였습니다. 이는 그리스어의 질료를 의미하는 hýlē와 생명을 의미하는 zōē의 합성어로서 질료생명론을 말하였습니다. 그리스 자연철학자들의 자연은 오늘날 우리들이 이야기하는 사물들로서의 자연이 아니라 영혼이나 생명이 담긴 일원론적 자연관입니다. 그들의 목적은 자신들이 퓌지스physis라 불렀던 사물들의 본질을 밝히는 것이 주된 과제였습니다.

왜 퓌지스가 지중해 철학의 출발점이 되었을까요? 이 세계는 과연 생성밖에는 없는 것일까요? 이 세계에는 생성을 넘어서는 무엇이 존재하지 않을까요? 이 물음에 대해 지중해 철학자들은 퓌지스=자연이라는 개념을 생각해 냈습니다. 퓌지스는 자연에 있어서 궁극적으로 작용하고 있는 어떤 내적 원리 또는 본질적이며 근원적인 어떤 것이며, 이에 작용이

미치고 있는 자연 속의 사물을 총체적으로 가리킵니다. 그리스어 physis 그리고 라틴어의 "natura"는 모두 "낳다", "태어나다", "생성시키다" 등을 뜻하는 동사에서 유래합니다. 그래서 애초부터 "자연"은 살아 있는 생명체들을 제외해서는 제대로 이해할 수 없습니다. 지중해 철학자들의 physis의 탐구는 오늘날 physics물리학, physiology생리학와 같은 용어에도 그 흔적을 남겨 놓고 있습니다. 예컨대 물리학이란 단어는 그리스어에서 유래한 것으로서 모든 사물의 본질을 밝혀내고자 하는 의미였습니다. 물리학의 명칭인 physics는 원래 그리스어의 자연을 뜻하는 physis에서 유래하며 미소체 물리학microphysics, 천체물리학astrophysics, 우주론cosmology 등 물리학의 세부 학문들은 우주천체의 질서 있는 운동과 변화과정을 정교한 수학적 언어로 설명할 수 있습니다. 그러나 물리학이 제시하는 이론은 그 이론에 기초하여 구성된 형이상학적 자연일 뿐, 그 안에서 나를 포함하는 자연의 전체적인 모습을 그려내는 것은 물리학으로서는 불가능하다는 한계에 도달합니다.

앞에서 살펴보았듯이, 최초의 철학 학파라 할 수 있는 밀레토스학파는 탈레스, 아낙시만드로스, 아낙시메네스의 세 사람으로 대표되는데, 이를 하나의 학파로 일컫는 데는 그럴 만한 정당한 이유가 있었습니다. 이 세 사람은 모두가 밀레토스라는 번창하던 이오니아 도시의 원주민이었으며 그들의 생애도 부분적으로 서로 겹쳤고 스승과 제자의 관계 내지는 선배나 후배의 관계를 맺고 그들의 이야기를 전개해 나갔습니다. 위의 세 사람들은 아르케원질를 찾고자 하는 문제의식, 탈신화화된 개념들과 사유방식, 상호영향을 받고 비판하는 가운데서 학파를 형성해 나갔습니다.

탈레스

탈레스

Thales, B.C. 624?~B.C. 546?

탈레스는 밀레토스 출신이며 고대 그리스의 칠현七賢 중의 한 사람으로 손꼽습니다. 7현인이 누구인지는 여러 주장이 제기되고 있으나 탈레스는 시민들로부터 어려운 질문이나 청이 있을 때 최종적으로 지혜로운 판정을 내렸다고 합니다. 그에 관해서는 다양한 이야기가 전해져 내려옵니다.

> "탈레스가 별들을 탐구하느라 하늘을 관찰하다가 바로 앞에 있는 도랑에 빠졌다. 이 모습을 본 재치 있는 트라키아 하녀는 높은 천상이 있는 것을 보고 싶어 미칠 지경이지만 바로 앞 발 아래 있는 것도 보지 못한다고 그를 조롱하였다."
>
> —Theaetetus 174a

그래서 밤하늘의 별을 관찰하다가 우물에 빠진 탈레스는 하녀에 의해 구출되었다고 문헌은 전합니다. 그는 일식을 예언하기도 하고, 밀레토스 시민들에게 정치적, 군사적인 현명한 충고를 해 주었다고도 전해져 옵니다. 아리스토텔레스가 전하는 바에 의하면, 그가 어느 해 올리브가 풍년이 들 것을 예측하고는 재빠르게 시중에 있는 모든 기름들을 사들여 막대한 부를 축적하였다고도 합니다. 아리스토텔레스는 말미에 재미있는 말을 덧붙이고 있습니다. "철학자는 그가 원하기만 한다면 부자가 될 수 있다는 것을 알 수 있습니다. 그러나 보통 철학자의 마음은 더 높은 것을 지향하고 있는 것입니다." 그 당시 탈레스는 "세계는 무엇으로 만들어졌는가?"라는 질문에 사로잡혀 있었습니다. 즉, 그는 "생성 변화하는 현상의 배후에 항상 존재하고 있는 하나의 실체는 무엇인가?"라는 물음을 제기했던 최초의 철학자였습니다. 고대 그리스의 식민지였던 밀레토스에서 철학은 세계의 근원아르케을 탐구하는 데서 출발하였습니다. 탈레스는 그 근원을 물이라고 생각하였습니다. 탈레스는 생전에 어떠한 저서를 남기지 않았습니다. 그가 직접 남겼다고 전해지는 것은 두 말 뿐입니다. 하나는 "모든 것들은 신들로 가득 차 있다"는 것이며, 다른 하나는 "물은 모든 것의 제일원리이다"라는 말입니다. 그의 이야기들은 아리스토텔레스가 정리한 문헌에서 전해져 내려오고 있습니다.

> "탈레스는 원질을 탐구하는 철학의 창시자로서 아르케를 물이라 말하는데 아마도 모든 것의 자양분이 축축하다는 것, 열 자체가 물에서 생긴다는 것, 그리고 이것에 의해 모든 것이 생존한다는 것을 보고서 이런 생각을 가졌을 것입니다. 그는 이런 이유뿐 아니라 모든 종자種子는 축축한 본성을 갖는다는 것과 물은 축축한 사물들의 본성이 유래하는 곳이라는 것 때문에 그런 생각을 가졌던 것 같습니다."
>
> —『형이상학』 I, 938/20-27

이러한 원질인 물은 "탄화칼슘에 물을 끼얹으면 불이 붙고, 물이 수증기가 되며 식물은 물 때문에 성장하는" 것을 관찰했다는 기록이 전해져 내려옵니다. 단적으로 물은 만물의 원리라는 것입니다. 탈레스는 물이 만물 형성의 질료라 생각했으며 그래서 그는 물을 자연계의 모든 중요한 변화를 설명할 수 있는 불가결의 요건이라 보았던 것입니다. 물은 다자와 일자가 상호 연관되어 있으며, 이 일자가 곧 물입니다. 그리고 그는 이 세계가 신이나 초자연적인 힘의 활동에 의해서 움직인다고 설명하였습니다.

시인 헤시오도스Heisiods의 『신통기』와 『노동의 나날』에서 우주와 역사의 지배, 제우스가 패권을 잡아가는 과정들의 묘사는 자연철학의 자양분을 제공했습니다. 자연철학은 갑자기 생겨난 것이 아니라 그 이전의 정치적 투쟁과정에서 등장한 소피아지혜의 연장선상에 있습니다. 무엇보다 헤시오도스는 자연의 과정을 해명할 수 있는 뚜렷한 원인을 자연 자체에서 찾아내고자 하였습니다. 이는 곧 자연주의의 세계관입니다. 이에 대한 증거로는 ① 만물의 자양분은 액체로 되어 있고 ② 따듯함은 습기물에 기인하며 ③ 모든 정자의 본성은 액체로 되어 있고 ④ 육지는 물에 떠 있다는 것이 그것입니다. 이 같은 탈레스의 세계관은 이 세계 전체가 프쉬케생명의 힘에 침투되어 있으며 무생물로 보이는 많은 세계의 부분들이 실제로는 살아 있다는 의미에서 물활론적이라고 할 수 있습니다. 탈레스의 물활론은 물질이 살아 있다는 고대인의 애니미즘과 크게 다르지 않습니다. 따라서 탈레스는 모든 물질은 신성으로 충만해 있다고 선언했습니다. 여기서 의미하는 신은 영혼Dämon에 가까운 어떤 것이었습니다.

또한 그는 퓌지스Physis에 관한 고찰을 최초로 하였고, 대립자들과 이들의 교체 또는 혼화를 통한 생성변화를 관찰하였습니다.

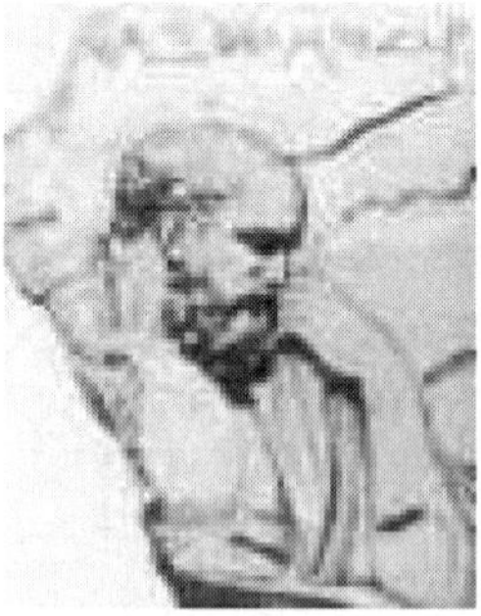
아낙시만드로스

아낙시만드로스

Anaximandros / Anaximander, B.C. 610~B.C. 546

아낙시만드로스는 밀레토스 출신이었으며, 탈레스의 혈족이자 제자이며 후계자였다고 전해져 내려옵니다. 그는 우리에게 다소 이해하기 쉬운 우주론을 제시하였습니다. 그의 견해에 대해서는 보다 많은 것을 알 수 있는데, 그 이유는 그가 『자연에 대하여On Nature』라는 저술을 남겼기 때문입니다. 아낙시만드로스는 탈레스의 생각에 대해 많은 의구심을 품습니다. 모든 것의 근원이 물이라면 불, 공기, 흙 등은 왜 안 될까요?

그리스 사람들은 상식적으로 물, 불, 공기, 흙 등이 이 세계를 구성한다고 생각했습니다. 그래서 아낙시만드로스는 아르케archhe: 근원, 시초, 원자라는 용어를 처음으로 철학에 도입하였습니다. 왜냐하면 네 원소는 서로를 생성하게 할 수 없기 때문이었습니다. 아낙시만드로스는 이와 같은 경험을 넘어서 있는 아르케를 찾기 위해서 우리가 직접 경험할 수는 없지만 이성으로 추론할 수 있는 것을 찾는 고민을 하게 되었습니다. 그의 최종 목표는 이성적 사유에 의한 우주관을 정립하는 것이었습니다. 그는 처음으로 완전한 자연주의의 우주관을 세웠으며 세계는 대립자의 순환이라고 보았습니다. 그 개념이 바로 아페이론apeiron이었습니다. 이 개념은 후에 'infinite'무한와 'indefinite'비일정/비한정의 두 가지로 번역되어 사용되고 있습니다. 특히 비한정indefinite으로서의 아페이론aperion, 無限者은 아페이루스apeirus라는 형용사의 중성명사형에서 유래합니다. 아페이론이란 페라스peras: 불변indefinite, 무한boundless, 무한자to aperion, 비결정적인 무한성 the inderminate boundless 경계선, 극한, 가름, 한정가 없는 상태를 의미합니다. 이것은 시·공간·양·질적 무한성을 가리켰습니다.

이런 점에서 그는 흙, 공기, 불, 물 등도 무한자에 포함된다고 보았습니다. 아페이론aperion은 공간적인 무한성보다 내적인 성장을 의미하였습니다. 무한자는 근원적이며 파괴될 수 없는 제일 실체이며 영원한 운동과 이 운동에 의해 그 성질이 분리되어 나갔습니다. 무엇보다 그는 세계와 생명의 근원을 설명하면서 아페이론은 아르케로서 만물의 근원이라 설정하였습니다. '무한한 것'의 운동 속에서 분리가 일어나 만물이 생겨났다는 것이 그의 주장입니다. 즉 무한자들의 대립자들은 요소들의 분리에 의해 세계의 질서가 형성됩니다. 때문에 그는 씨앗으로부터 내부의 모

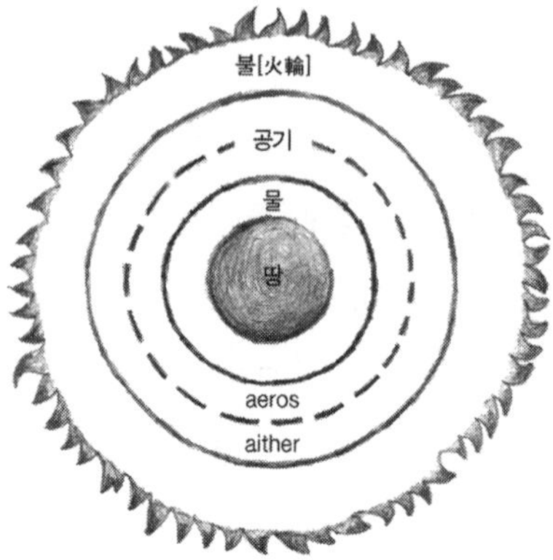

아낙시만드로스의 우주관

든 부분이 성장해 나가듯이, 무한으로부터 온갖 만물들이 생겨난다고 하였습니다. 또한 그 속에 온-냉, 건-습으로 표현되는 대립적인 요소들이 내재한다고 보았습니다.

그러나 이 요소들 사이에는 어느 하나가 지배하지 않고 항상 정의롭게 유지됩니다. 이는 요소들 상호 간의 평등과 조화에 의해 이루어지는 우주적 정의라 할 수 있습니다. 따라서 아낙시만드로스는 인체에 공기가 유지되듯이, 우주는 프네우마pheuma라는 우주의 숨결로 지탱되는 일종의 유기체라고 주장함으로써 인간과 자연을 일원론의 관점에서 통일하고자 하였습니다.

아낙시메네스

아낙시메네스

Anaximenes, B.C. 585?~B.C. 525

아낙시메네스는 밀레토스학파의 마지막 계보를 잇는 사람으로서 아낙시만드로스의 제자이자 동료였습니다. 그에게 있어서 탈레스의 이야기는 너무 현상적이었고 아낙시만드로스의 이야기는 너무 추상적이라 생각했습니다. 탈레스가 이야기하는 '물'은 경험적으로 확인은 되지만, 근원이라고 하기에는 너무 현상적이고, 아낙시만드로스가 이야기하는 '아페이론'은 논리적으로 납득할 수는 있지만, 경험적으로는 확인할 수 없다는 것입니다. 그래서 아낙시메네스는 인간이 세계 전체를 인식하는 일이 어떻게 가능한지에 대해 설명하고자 했습니다. 이런 생각을 하게 된 이면에는 세계 전체에 가득 차 있는 요소가 인간의 인식능력과 삶의 근거가 되기도 하기 때문이었습니다. 그는 삶은 빛, 공기, 따뜻함과 같은 하늘의 요소에 근거를 두고 있으며, 무엇보다 모든 만물은 공기에서 비롯되고 다시 공기로 분해된다고 주장하였습니다. 그에게 있어서 "세계는 공기가 여러 모양을 취하고 있음으로써 성립한다"고 생각했습니다.

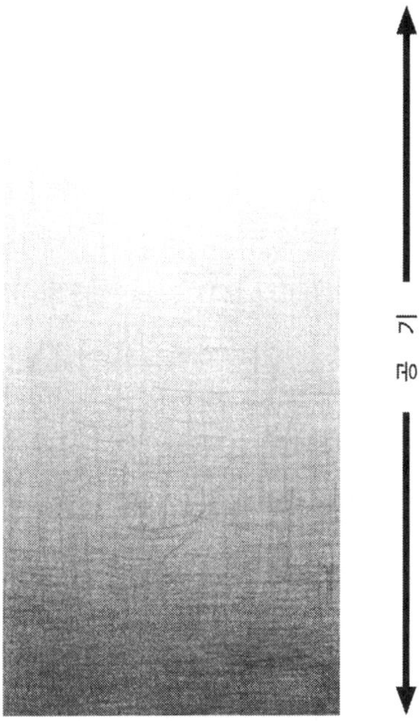

그는 신적인 공기를 만물의 아르케로 보았고, 그것의 농축과 희박에 의하여 다른 사물들의 신적인 변화가 일어난다고 생각하였습니다. 공기는 엷어지면 불이 되고 진해지면 바람과 구름, 나아가 물과 흙이 된다고 하였습니다. 다시 말해 비는 공기가 농축되어 물을 이루며, 물은 다시 농축되어 고체인 얼음을 형성합니다. 더욱이 원질인 공기는 만물의 생성·소멸 과정을 통해 불변자로 존속된다는 점에서 원질이 만물의 변화와 맺는 관계를 설명하고 있습니다. 결국 그는 공기의 농도와 사물의 질을 결정한다는 주장을 함으로써 최초로 양과 질의 관계를 원론적으로 정립한 그리스 철학자가 되었습니다.

02

형상의 철학

피타고라스

피타고라스

Pythagoras, B.C. 582?~B.C. 497?

피타고라스는 이오니아 지방의 사모스섬에서 태어나고 성장하였습니다. 그는 이탈리아의 남부에 위치한 크로톤Croton에서 주로 활동하였습니다. 흔히 피타고라스는 수학에 큰 공헌을 하였고 합리적인 사유를 했던 철학자로 잘 알려져 있으나, 이런 사실을 입증할 만한 자료는 거의 찾아 볼 수 없습니다.

일반인이면 누구나 알고 있듯이, 피타고라스 정리는 "모든 직각삼각형의 밑변의 제곱은 다른 두 변의 제곱의 합과 같다"는 것입니다. 피타고라스가 일반적인 형태로 발표한 이 정리를 이집트인들은 세변이 각각 3, 4, 5인 삼각형에서는 $3^2+4^2=5^2$이 되는 삼각형이 있다는 사실을 통해 이미 알고 있었습니다. 피타고라스는 이러한 관계가 모든 가능한 직각삼각형에 대해 참이라는 사실을 증명해 냈습니다. 즉 피타고라스는 "만물은 수數이다"라고 하여 우주를 이루는 근본을 '수'라고 보았습니다. 즉,

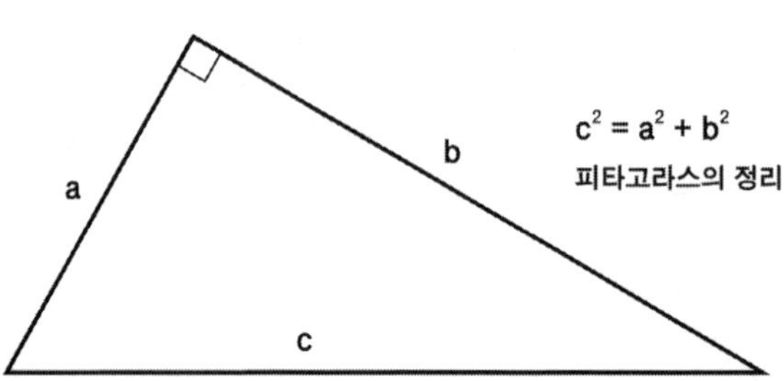

$c^2 = a^2 + b^2$
피타고라스의 정리

그의 핵심사상은 수數가 다양한 현상 세계의 변화를 관통하는 항구적인 근본 원리입니다. 그의 삶에 관한 자세한 내용은 이미 전설 속에 묻혀 버렸지만, 그가 수학과 신비주의를 깊숙이 연구하였음은 확실해 보입니다. 아리스토텔레스는 『형이상학』에서 "피타고라스주의자들은 수학에 몰두했으며 그들은 수학을 발전시킨 최초의 사람들이었고, 수학 속에서 성장해 왔기 때문에 수학의 원리가 만물의 원리라고 생각했다"고 말하고 있습니다.

이렇듯 피타고라스는 우주를 수학적 조화로 가득 찬 거대한 악기로 보았습니다. 다시 말해 그는 수학적 원리가 만물의 원리라 보았습니다. 그는 눈에 안 보이는 숫자의 조화가 세계를 구성하고 있다고 생각했고 조화로운 음악도 숫자에 의해 탄생된다고 보았습니다. 특히 이러한 현상은 원, 정삼각형, 정사각형과 같은 추상적인 도형에서 잘 나타나고 있습니다. 흔히 우리는 우주를 향해 아름답다고 말합니다. 그 이유는 조화를 지녔기 때문이며 조화로운 모습을 만들게 해 주는 것은 비율입니다. 이러한 비율의 핵심은 수적 질서입니다. 그래서 그는 우주에는 수학적 질서가 내재하고 있다고 확신하였습니다. 단순한 현의 길이의 비比가 조화로운 화음을 만들어 나가는 것처럼, 수학적 질서를 갖고 있는 천체의 움직임도 완벽한 조화를 이루며 아름다운 소리를 낸다고 하였습니다. 우리가 우주라는 이름을 부를 때마다 피타고라스가 주장한 우주의 질서와 조화를 가리킨다고 할 수 있습니다. 그래서 그는 우주를 코스모스그리스어: kosmos, 영어: cosmos라고 말했습니다. 왜냐하면 코스모스는 신의 창조물이기 때문입니다. 그리스어 코스모스는 장식, 치장, 조화로운 배열이라는 뜻을 지닌 동시에 우주 혹은 세계를 의미하였습니다. 오늘날 화장 또는 화장품이라는 독일어 코스메틱Kosmetik, 영어 코스메틱cosmetic이라는 단어가 이와 연관됩니다. 이러한 단어의 어원은 세계의 다양한 현상이 조화롭게 배열되어 있다는 생각이 널리 퍼지면서 코스모스는 세계 전체를 가리키는 말이 되었습니다. 이후 피타고라스학파는 코스모스를 우주의 아름다운 조화를 이루는 체계라 보았습니다. 이렇게 피타고라스학파는 우주의 천체가 완전한 구형이며 이 천체들은 원 운동을 하고 있다고 생각했습니다. 그 이유는 구형과 원은 모두 기하학적 입체나 도형 가운데 가장 완전한 것으로 볼 수 있기 때문입니다.

피타고라스학파는 이러한 구형들을 '수'라고 설명했습니다. 만물의 서로 다른 모양은 이러한 도형들의 조화로운 결합인 것입니다. 또한 피타고라스학파는 비직선적인 것을 한정적이자 완전한 것으로, 직선을 무한정이자 불완전한 것으로 고찰하였습니다. 피타고라스학파는 플라톤 철학에 많은 영향을 끼쳤으며, 후에 르네상스시대에는 실험적 자연과학을 구성하는 데 중요한 역할을 하였습니다.

궁극적으로 그들은 수학과 음악 등 학문적인 연구에 힘쓰기도 했지만, 종교적이고 신비주의적 경향이 두드러지기도 하였습니다.

03

존재와 생성의 철학

엘레아Elea학파는 밀레토스나 피타고라스학파 모두 불변적인 것에서부터 변화무쌍한 현상계를 설명하였습니다. 기원전 5세기 초에 이르면 변화의 문제가 자연 탐구의 주된 문제로 부각하게 됩니다. 하지만 이 시기는 엘레아학파에서는 아직 볼 수 없었던 형이상학적 근본대립이 나타나기 시작합니다. 엘레아학파의 선구자는 크세노파네스였으며 그 창설자는 파르메니데스였습니다. 그리고 제논과 멜랏소스는 그 이론들을 발전시켜 나갔습니다. 엘레아학파에 따르자면, 생성과 운동으로 보이는 그런 것은 있지 않다고 합니다.

헤라클레이토스

헤라클레이토스

Herakleitos, B.C. 540?~B.C. 480?

헬라클레이토스는 존재와 생성의 문제를 둘러싼 논의에서 가장 먼저 물꼬를 텄습니다. 헤라클레이토스는 에페수스의 사람으로서 블로손의 아들 내지 헤라콘의 아들이라 전해져 내려오고 있습니다. 헤라클레이토스의 저작은 139편의 단편들로 구성되어 전해져 오고 있습니다. 이 때문에 그가 완결된 저서를 한 권이라도 썼는지 의심하는 사람이 많습니다. 그가 썼다고 전해지는 『자연에 대하여』는 그가 남긴 말을 사후에 묶어 놓은 문집에 지나지 않는다고 추정하는 사람이 많습니다. 헤라클레이토스의 사상은 넓게 보아 두 가지 사상으로 요약될 수 있습니다. 하나는 판타레이pantarhei, 즉, "만물은 유전流轉한다"라는 명제입니다. 이 명제는 '존재'가 '변화' 속에 들어 있다는 것을 함축하고 있으며, 향후 자연과학의 근저를 이루는 생각이라 할 수 있습니다. 그는 모든 것은 계속 움직이며 그 어떤 것도 가만히 정지해 있지 않기 때문에 세계는 흐르는 강물과 같다고 말합니다. 또한 우리는 같은 강물에 발을 두 번 담글 수 없다고 말합니다. 이는 같은 강물에 다시 들어가도 다른 물이, 그리고 또 다른 물이 흘러오기 때문입니다.

> "우리는 같은 강물에 두 번 발을 담글 수 없다. 물질은 급격하고 빠르게 변화하면서 흩어졌다가 다시 모이고 다가왔다가 멀어진다."

다른 하나는 만물의 근원적 질료를 불이라 보았습니다. 헤라클레이토스는 불을 가지고 우주의 신비에 대해 설명하였습니다. 불은 항상 생명을 갖고 있으며, 자신이 원하는 것을 자양분으로 삼습니다. 세계는 항상 살아서 타오르는 불이며 바다와 땅은 영원한 모닥불의 재입니다. 또한 불은 황금과 같아서 마치 우리가 황금을 모든 종류의 물건으로 교환할 수 있듯이, 불은 다른 종류의 요소로도 변화할 수 있습니다. 이처럼 그는 유전하는 만물의 배후 속에 있는 부동의 근원을 '불'이라 간주했습니다. 불과 같은 이 세계는 존재하는 유일한 세계인데 신들이나 인간이 만든 것이 아니라 오직 로고스Logos가 완전히 지배하는 세계를 말합니다. 그는 로고스를 진술이나, 문장, 비례, 척도, 논거제시, 근거, 정당화, 유비, 대칭, 셈, 계산 등으로 의미를 부여했고, 세계질서나 말하는 질서들을 뜻했습니다. 헤라클레이토스 이후 거의 모든 철학자들은 이 단어에 커다란 의미를 부여해 왔습니다.

그는 로고스의 개념을 다양한 자연 현상을 산출하는 통일적 질료이며 그것을 불이라 생각했습니다. 불은 만물의 근원적 토대이며, 지속적인 생성과 소멸의 물질적 기체입니다. 그는 불이라는 관념을 통해 변화 속에서 일정한 법칙성이 관통하고 있음을 표현하였습니다. 끊임없이 타오르며 변화하는 사물 속에서 불의 존재는 영원하며, 변화와 운동의 근원을 이루고 있습니다. 그의 '만물은 흐른다'라는 명제는 영원히 흐르고 계속되는 변화야말로 전 우주의 발전 법칙이며 세계의 본질이라 생각했습니다. 이 변화의 원인을 헤라클레이토스는 대립물의 투쟁으로 간주하였습니다. 그에 의하면, 대립물들은 실재하는 세계가 아니라 오직 현상계에만 속하고 있기 때문에 속견의 표상일 뿐이라고 주장하였습니다. 곧 헤라클레이토스의 사상적 핵심은 우주의 통일성입니다. 즉 "만물은 하나다"라는 이 통일성은 지속적으로 싸우면서 역동적인 균형을 이루고 있는 대립물의 통일에서 생겨납니다. 우주는 대립적인 통일을 이루고 있으나, 인간들이 "스스로 모순되는 것이 자신과 일치할 수 있는지를 이해하지 못하는 데 있습니다." 그래서 헤라클레이토스는 단어나 문장의 명료성을 의도적으로 피했습니다.

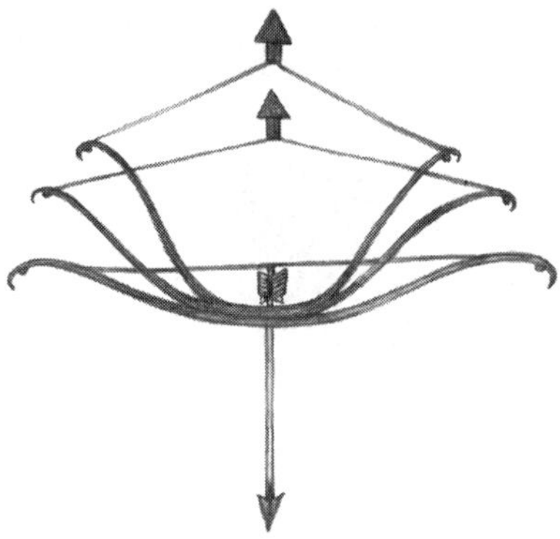

대립의 균형이 조화를 가져온다

그는 '불멸의 존재'와 '필멸의 존재', '볼 수 있는 것'과 '볼 수 없는 것', '집중된'과 '분산된', '어울리는'과 '어울리지 않은', '정의와 불의', '선과 악', '하나와 전체' 등의 대립쌍들을 하나의 단어로부터 도출하기도 하였습니다. 그의 사유는 보편적인 것과 관련해서는 지극히 추상적이었지만, 대립물들을 분석하는 데 있어서는 지극히 구체적이었습니다.

따라서 헤라클레이토스는 만물의 통일에 대한 자신의 이론을 방법론적이고 논리적인 논거를 입증하는 대신에 인간과 자연, 신적인 것, 기하학, 도덕, 사회, 언어, 인식 등 삶의 모든 현상 · 형태들로부터 취한 사례와 형상, 상징과 비교를 통해서 제시했습니다. 그는 개념 중심적이고 형식적인 논리학이 아니라 변증법적 직관에서 출발하여 전체의 현실을 과정으로 파악하였습니다.

크세노파네스

Xenophanes, B.C. 565?~B.C. 470?

크세노파네스는 방랑시인으로서 여러 지방을 여행하면서 많은 사람들은 신에 대한 생각이 서로 다르다는 것을 깨달았습니다. 또한 사람들이 신의 모습을 목격하면서 자신의 모습과 유사하게 닮았다고 생각한다는

크세노파네스

것을 알게 되었습니다. 그는 옛날 신화의 여러 신들이 인간의 모습에 따라 의인화되어 만들어졌다는 사실을 비판적인 시각으로 꿰뚫어 보았습니다. 인간의 모습을 하고 있는 신의 본성, 즉 신인동형동성론적anthropomorphism인 견해에 관하여 공격을 가했습니다. 이러한 점에서 크세노파네스의 신관은 파괴적 모습을 지닌 신관이라고 말할 수 있습니다. '항상 같은 장소에 머무르면서, 움직이지 않는 한 분의 신'이라는 크세노파네스의 말로 미루어 보았을 때 그는 다신교를 극복한 비판적 종교철학을 제기했던 사람이었습니다. 크세노파네스의 유일신은 결국 호메로스의 신들이 갖고 있는 것과 같은 인간과 유사한 성질을 부정하고 도덕적인 결함들에서 벗어나 있습니다. 그의 신관은 그리스적 사유에서 나타나고 있는 신화적 사고에 대한 계몽의 역할을 하였습니다. 그는 다음과 같이 말했습니다.

"어떤 사람도 확실한 진리를 알 수 없습니다. 확실한 진리는 절대 알려지지 않습니다. 신에 대해서도 내가 말한 모든 것에 대해서도 마찬가지입니다. 따라서 어떤 사람이 궁극적인 진리를 다루었다고 할지라도 그 스스로도 궁극적인 진리를 모를 수 있습니다."

파르메니데스

Parmenides, B.C. 515?~B.C. 445?

파르메니데스는 엘레아학파의 부유한 가정에서 태어났습니다. 그의 청년시대는 크세노파네스의 성숙기에 해당합니다. 그의 생애에 관한 보고들은 확실치 않으나 『자연에 대하여 periphyseos』란 교훈시가 보존되어 있습니다. 파르메니데스는 "있는 것은 단 하나"뿐이라는 크세노파네스의 주장에 따라 세계의 내부에 있는 개별물의 다수성을 부정합니다. 그는 존재의 통일성, 즉 최초로 존재의 문제를 제기했습니다. 그의 자연에 대한 시詩는 진정한 실재를 다양하게 변화하는 모든 존재가 아닌 일자一者에서 찾아냈습니다.

파르메니데스

"우리의 선조 때부터 지금까지 전해 들으면서 생각해 온 것(존재하는 모든 것)이 늘 존재하는 것은 당연하다. 그것은 존재해야만 할 존재로서, 존재하지 않는 것(없는 것)이 존재한다는 것은 있을 수 없기 때문이다."

여기서 파르메니데스가 강조하고자 했던 바는 사유와 존재의 논리적 동일성이었습니다. 사유한다란 그 사유가 목표로 하는 것과 동일한 것입니다. 사유는 존재 자체에 의해, 즉 사유가 존재한다는 그 자체에 의해 현존한다는 사실만으로도 사유하는 존재의 우위성이나 존재로서의 사유의 실재성이 입증되기 때문입니다. 그래서 파르메니데스는, "있는 것은 있고 없는 것은 없다"라고 주장합니다. 그는 근본적인 재료가 있고 그것이 변화하는 것을 다양한 사물의 탄생으로 보고자 하는 기존의 생각에 반대했습니다. 만물의 근본 재료가 있다면 그것은 절대적이어야 합니다. 그것이 변화한다면 절대적 근본이 아니며 변화는 환상일 수 있습니다. 그래서 그는 "있는 것은 있고, 없는 것은 없다"라는 주장을 내세웠습니다. 그는 세계의 참된 모습인 존재는 오로지 사유에 의해서만 파악된다고 보았습니다. 감각적 지각이 배제된 추상적인 사유에 의해 포착된 세계가 참된 존재의 세계라는 것입니다. 모든 변화는 존재가 다른 존재로 옮아간 것뿐입니다. 따라서 파르메니데스의 추상적 존재 개념은 불변 부동의 단일한 실체일자一者로서 속이 꽉 차 있고 빈 공간 없이 연속된 공간으로 비유되고 있습니다. 이렇게 "있는 것은 있고 없는 것은 없다"라는 파르메니데스의 논리를 변증법적 논리라 부르고 있습니다.

제논

제논

Zenon, B.C. 335?~B.C. 263?

제논은 엘레아학파의 일원으로서 그의 스승이었던 파르메니데스가 주장하였던 것보다 한 걸음 더 나아가 운동 그 자체를 받아들이지 않았습니다. 그는 파르메니데스의 이론에 반대되는 다수성과 운동이 모순에 차 있다는 것을 증명함으로써 자신의 학설이 옳다는 것을 간접적으로 논증하고자 하였습니다. 그는 피타고라스학파가 주장하는 분할 가능한 단위들로 구성되는 세계 속에서도 운동은 불가능하다고 생각했습니다. 제논은 다수성Vielheit과 운동은 없고, 오직 정지해 있는 한 가지의 존재만 있다고 말한 파르메니데스의 학설을 비판했습니다. 제논은 이러한 운동의 불가능성을 증명하기 위해 아킬레스와 거북이의 달리기 시합이나 화살의 예를 들기도 하였습니다. 그에 의하면, 공중을 향해 쏜 화살은 실제로는 움직이지 않는다고 합니다. 이미 쏘아 올린 화살은 마치 날아가고 있는 것처럼 보이지만 그 화살이 존재하기 위해서는 한 점을 차지하고 있어야 하는데, 한 점을 차지한다는 것은 정지해 있다는 것을 의미합니다. 이처럼 운동은 마치 우리 눈앞에서 실제로 펼쳐지는 것처럼 보이지만, 그것이 실제 존재하는가는 제대로 알 수 없다는 것입니다. 그는 운동의 가능성을 부정하는 논증을 다음과 같이 제시하였습니다.

첫 번째 논증: "운동은 존재하지 않습니다. 왜냐하면 운동하는 모든 것은 목표점에 도달하기에 앞서 출발점과 목표점 사이의 중간점을 통과해야 하기 때문입니다. 운동장에서 멀리 있는 목표에 도달하려면, 우리는 그 중간점을 반드시 지나가야만 합니다. 그 중간점에 도달하기 위해 다시 그곳까지의 중간점을 지나가야만 하며, 이런 과정은 무한히 지속됩니다."

두 번째 논증(아킬레우스와 거북의 경주): "빠른 쪽은 결코 느린 쪽을 따라잡을 수 없습니다. 왜냐하면 뒤쫓는 쪽은 달아나던 쪽이 출발했던 곳에 도달해야 하는데 그동안 느린 쪽은 조금이라도 앞서 나갈 수밖에 없기 때문입니다." 이제 아킬레우스가 거북보다 네 배 빨리 뛰며, 둘이 백 미터 경주를 하는데 거북이 아킬레스보다 사십 미터 앞에서 출발한다고 가정해 보도록 합시다.

제논의 논증에 따르면, 아킬레스는 이 경주에서 결코 이길 수 없습니다. 그가 40m 지점에 도달하는 동안 거북은 10m 앞에 가 있습니다. 다시 아킬레우스가 10m를 달리는 동안 거북은 2.5m를 갑니다. 아킬레우스가 간격을 메우려 할 때마다 거북은 비록 짧아지기는 하지만 새로운 간격을 만들어 내기 때문에 아킬레우스는 결코 거북을 따라잡을 수 없

습니다.

따라서 제논은 만물을 '다수多數'가 아닌 움직이지도 변화하지도 않는 '일자一者'로 파악하여 운동이라는 관념을 거부하였습니다.

04

다원론의 철학

밀레토스학파에서 아르케는 불변의 실체이면서 모든 자연현상을 불러일으키는 근본물질이었습니다. 그들은 생성변화라는 현실과 불변의 존재를 인정하고 다수의 실체에 대해 이야기하였습니다. 다원론은 다수의 실체가 모이고 흩어지는 데서 생성소멸을 설명합니다. 밀레토스학파는 고정 불변하는 단일성에 대한 믿음과 더 이상 결합할 수 없게 되었기 때문에 파르메니데스의 전제 중에서 존재가 본질적으로 하나라고 말한 부분을 수용하였습니다. 그들을 곧 다원론자라 부릅니다.

엠페도클레스

엠페도클레스

Empedocles, B.C. 490?~B.C. 430?

엠페도클레스는 시리아 도리아족의 부유한 상업도시 아크라기스의 명문가에서 태어났습니다. 그는 연설가, 시인, 의사로서 명성이 높았습니다. 그러나 말년에는 민중의 신망을 잃고 추방되었습니다. 그의 교훈시 『자연에 대하여』는 아름다운 시구의 단편들을 남기고 있습니다. 엠페도클레스는 탈레스의 물과 아낙시메네스의 공기와 헤라클레이토스의 불과 흙을 더하여 물, 공기, 흙, 불을 네 가지의 요소물질로 보았습니다. 즉, 그는 실재의 단일성을 포기하고 궁극적 실재를 물, 공기, 흙, 불의 네 가지 원소rhizomata: 만물의 뿌리로 보았습니다. 이 4가지의 질료 원소는 서로를 혼합시키고자 하는 사랑과 서로를 분리시키고자 하는 미움, 즉 이 두 가지의 성질이 동력원소로서 움직입니다. 이러한 두 가지 동력원소는 절대적인 사랑에 대해 동질적인 통일성을 이루는 반면, 미움에 의해서는 서로 분리됩니다. 엠페도클레스는 파르메니데스와 마찬가지로 생성이나 소멸과 같은 개념들을 현실세계에서 전혀 그 대응물을 갖지 못한 것으로 간주합니다. 이러한 변화와 생성의 움직임은 엠페도클레스의 반일원론反一元論적 경향이라 말할 수 있습니다. 따라서 4원소의 끊임없는 교환이 결코 멈추지 않는 한, 네 원소들은 순환의 과정 안에서도 언제나 변함없이 움직이고 있습니다.

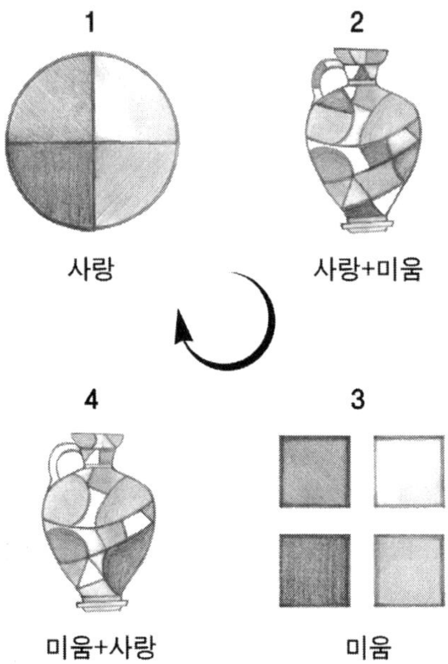

아낙사고라스

아낙사고라스

Anaxagoras, B.C. 500?~B.C. 428

아낙사고라스는 크라소메니아의 명문가에서 태어났습니다. 그는 처음으로 철학을 아테네로 도입한 사람이었습니다. 또한 물리학, 화학, 천문학, 수학에 정통한 철학자였습니다. 그는 우리가 물질에 관해 알고 있는 여러 가지 성질의 가짓수만큼, 많은 수의 원소가 있어야 한다고 생각했습니다. 이것들을 만물의 종자 및 씨앗spermata: 물질의 근원적 재료가 되는 작은 입자이라 불렀습니다. 이 종자는 피동적인 질료원소인데 그중에서 누스nous, 이성라 일컬어지는 동력원소가 있다고 보았습니다. 즉 이 세계를 만드는 것은 어떠한 원소가 아니라 이성적인 원리에 의한 것이며 그것이 곧 누스입니다. 이러한 이성적인 원리, 즉 누스가 만물의 재료인 씨앗에 질서를 부여하여 사물이 생겨났습니다. 세계의 만물은 정신의 힘인 누스에 의해 이루어지므로 정신적인 것은 물질적인 것보다 우월성을 지니게 됩니다. 이러한 아낙사고라스의 정신과 물질을 구분한 설명은 향후 후대 철학에 논리적 사유체계의 발단을 제공해 주게 됩니다.

데모크리토스

Demokritos, B.C. 460?~B.C. 370?

데모크리토스는 트라키아의 당시 융성한 상업도시였던 아브데라에서 태어났습니다. 데모크리토스는 막대한 재산을 갖고 있었는데 동양 방면의 여행을 위해 자신의 재산을 소비하였습니다. 그는 당시 지식의 전 영역, 수학·자연과학·윤리학·미학·법학·공학·정치학 및 전술 등 다양한 영역에 걸쳐 60여 종의 저작을 남겼습니다. 하지만 그의 저서는 윤리학의 일부 단편만이 전해져 내려오고 있습니다. 데모크리토스의 관점에서 참다운 존재는 물체적인 것뿐입니다. 이 점에서 그의 논의는 엘레아학파와 일치합니다. 그에 의하면 생성변화의 현실을 설명하기 위해서 존재하는 물체는 다수로 분할되어야 한다고 말합니다. 물체의 분할이 가능하기 위해서는 공간이 있어야 합니다. 공간이 있어야 물체가 분할되어 다수가 될 수 있으며 또한 그 속에서 물체들의 운동이 가능하게 됩니다. 데모크리토스는 이 빈 공간의 존재를 인정하여 자신의 원자론을 더욱 발전시켰습니다. 파르메니데스는 존재의 단일한 성격을 지키기 위하여 빈 공간의 존재를 부정했지만 그는 만물을 구성하는 것이 원자atoma라는 수많은 입자들이라고 주장하였습니다. 이 원자들은 엄격하게 단일하며 그 형성물들은 논리적 필연성에 의해 분할되는 것은 아닙니다. 중요한 것은 데모크리토스가 최초의 정교한 유물론을 만들어 냈다는 것입니다. 데모크리토스는 윤리학에도 후세대에 인간 행동의 규범들에 많은 영향을 끼치게 됩니다. 그에 따르면, 인생의 목적은 쾌활함을 추구하는 것이고 이를 실현시키기 위해 강조되어야 하는 것이 '중용'이라 말합니다.

데모크리토스

고대 철학자들의 출생지와 활동 장소

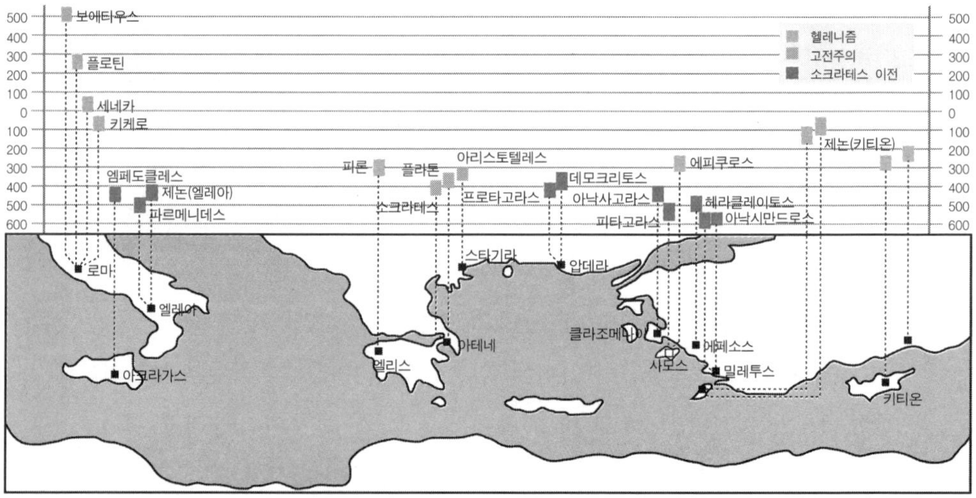

제2장
사고와 가치의 전도: 소피스트

제 2 장

사고와 가치의 전도: 소피스트Sophist

소피스트의 탄생과 특성

그리스 철학은 기원전 5세기 후반부터 4세기 말에 걸쳐 아테네에서 절정을 이루었습니다. 종래의 철학은 주로 자연을 대상으로 사물의 근원을 탐구하는 자연학이었지만, 이 시기에 들어와서는 인간의 문제, 특히 정신생활의 문제가 중심을 이루게 되었습니다. 소피스트들은 프로타고라스Protagoras, B.C. 480~410 를 비롯하여 고르기아스Gorgias, B.C. 483~375, 히피아스Hippias, B.C. 420, 프로디코스Prodikos, B.C. 420, 트라시마코스Thrasymachos, B.C. 420, 이소크라테스Isokrates, B.C. 436~338, 안티폰Antiphon 등이 대표적이었습니다.

페르시아전쟁의 승리를 이끈 주역이었던 아테네는 페리클레스Pericles, B.C. 495~429, 치하의 민주정치의 절정기에 도달하여 그리스의 학교로서 번영을 이루게 됩니다. 특히 페르시아전쟁B.C. 480~479 이후로 아테네는 그리스 도시국가들의 맹주가 되었습니다. 대외적으로는 정치 · 군사의 중심지가 되었으며 대내적으로는 점차 민주정치를 확립해 나갔습니다. 민주정치가 꽃피게 되면서 시민들은 국정에 참여하게 되었습니다. 아테네의 자유시민이면 누구든지 윤번제나 추첨에 의해 통치자의 지위에 오를 수 있었습니다. 법정에서도 스스로 자기를 변호해야만 하는 민주제도 하에서 인간과 사회에 대한 지식을 효과적으로 구사하는 변론술 등이 처세를 위한 지혜로서 절실히 요구되고 있었습니다. 이러한 시대적, 사회적 요구에 부응하여 보수를 받고 청년들에게 정치생활에 필요한 지식을 가르쳐 주는 일을 직업으로 삼는 직업적인 교사들이 출현하였는데 이들을 소피스트Sophistēs라 불렀습니다. 그들은 시민들의 보다 효율적인 참여를 위해 웅변술과 정치지식을 필요로 하게 되었습니다. 그리스 아테네에 출현한 소피스트들은 변론술만으로 정치를 움직인 사람들이었습니다. 이들은 스스로를 처세술 혹은 시민적 덕aretē을 가르치는 지지자들이라 자처하면서 시대적 조류에 편승하여 명예와 부를 축적하는 데 성공하였습니다. 이런 이유로 그들은 오늘날까지도 궤변가의 대명사로 불리기도 합니다. 하지만 소피스트의 본래의 의미는, 지식인 또는 현자賢者입니다. Soph는 지혜를 가진 사람이라는 뜻이며 Sophistai는 지혜의 스승을 일컫는 것으로 그들은 희랍의 자연철학과 소크라테스 사이에 과도기적 역할을 하였습니다.

그들의 활동은 우주론적, 자연주의적 관심을 인간중심으로 옮겨 놓았습니다. 문학적, 문예적, 정치적 문제들에 대해 점차로 증대해 가는 식자識者들의 관심으로 인해 이론적 토대를 제공하고자 하는 노력들이 일어났습니다. 소피스트들의 이론의 특징은 곧 회의적, 상대적, 궤변적 양립론으로 대두되었습니다. 그들은 약한 이론을 약하게 하고 강한 이론을 강하게 하였습니다. 그래서 플라톤은 부유하고 뛰어난 젊은 사람들은 돈을 받고 낚는 사냥꾼이라 비판하였습니다. 학자는 지혜가 있기 때문에 논쟁의 한 머리가 없어지면, 그 대신 무수한 머리를 내미는 괴물이라는 것입니다. 아리스토텔레스도 그들은 피상적 지혜를 논하며 돈을 벌려는 사람들이라 비판하였습니다. 비판의 배경은 그들이 진리와 정의에 대한 객관적 가치기준을 인정하지 않고 부인해 왔으며 시민들에게 학습시켜 준 대가로 보수를 받았기 때문입니다.

하지만 소피스트의 사상은 희랍인의 생활에 많은 영향을 끼쳤습니다. 그들은 철학적 탐구의 대상을 그동안 우주의 중심에서 인간의 세상으로 방향을 옮겨 놓았습니다. 다시 말해 자연에서 인간으로, 이해를 초월한 과학에서 실제적인 인간문제에 근본적인 관심을 돌리게 하였습니다. 이것은 세계를 구성하는 근원적 물질, 즉 아르케를 찾던 것에서 인간들이 직접 말하고 듣고 행위하는 인간의 문제에 중점을 두었습니다. 그들은 세계의 분석에서 세계를 다루는 기술과 방법을 제안하였습니다. 그리고 희랍철학에서 자연에 대한 관심을 인간의 문제로 전환하였습니다. 차츰 그들은 사유 자체 인식의 조건과 가능성, 그 한계에 대한 비판이 가해지기 시작하면서 윤리적 가치기준까지도 합리적 고찰의 대상으로 삼았습니다. 그들은 인간의 윤리학 자체를 과학적으로 탐구하면서 이를 논리정연하게 철학체계 속에서 통합시킬 수 있는 가능성을 제시하였고 어학, 문법론, 수사학 등에도 많은 성과를 가져다주었습니다.

01

프로타고라스

Protagoras, B.C. 485~B.C. 414?

프로타고라스는 압데라Abdera에서 늦어도 기원전 490년 이전에 태어나 기원전 421년 직후에 사망한 것 같다고 전해져 오고 있습니다. 플라톤은 그가 소피스트라는 이름을 채택한 최초의 사람이자 자신이 제공하는 교육에 대한 보수를 요구한 최초의 사람이었다고 그의 저서에서 전하고 있습니다. 그는 플라톤의 대화편 『프로타고라스』에서 그 당시 다

프로타고라스

른 나라로부터 아테네에 도착한 것으로 묘사되고 있습니다.

프로타고라스는 소피스트 가운데 가장 유명한 사람이었습니다. 그는 "인간이 만물의 척도다. 있는 것에 대해 그것이 있고 없는 것에 대해서는 그것이 없다"라고 주장하였습니다. 이 구절은 어떤 사물에 대한 견해가 사람에 따라 제각기 다르며, 사물의 참된 의미를 포착하는 것은 불가능하다는 것을 의미합니다. 이 말은 인간이 그 실재를 자신의 것으로 하여, 그것을 '측정하는 것'이 바로 이 언설에 의해 그 실재를 파악했음을 의미하는 것입니다. 즉 "인간은 만물의 척도다"라는 프로타고라스의 명제는 모든 사물을 인간의 감각을 통해 파악할 것을 요구합니다. 프로타고라스에게 절대적인 진리라는 것은 결코 존재하지 않습니다. 모든 기준은 인간입니다. 결국 모든 지식, 하물며 진리까지도 인간을 기준으로 삼게 되는 것입니다. 이렇게 프로타고라스는 철학의 중심을 자연에서 인간으로 옮겨 놓았으며 사물과 지식 모두가 사람들에게 상대적인 것이라고 주장하였습니다.

인간은 만물의 척도이고 자기존재를 위한 존재자로서의 척도이며 또한 자기존재의 부정을 향한 비존재자로서 척도이기도 합니다. 진리의 기준은 사물에 있는 것이 아니라 인간에게 있습니다. 인간의 척도가 된다는 것은 그때마다 제각기 자기 나름의 명제를 표명할 어떤 개별적 존재로서의 인간이 있을 뿐입니다. 즉 인간은 개별적 인간입니다.

이런 점에서 인간에게 공통된 보편적 진리란 있을 수 없습니다. 동일한 사물도 보는 사람에 따라 다를 수 있습니다. 그 사람에게 있어서의 표상과 감각은 상대적 진리를 가지고 있습니다. 그는 사물 자체의 절대

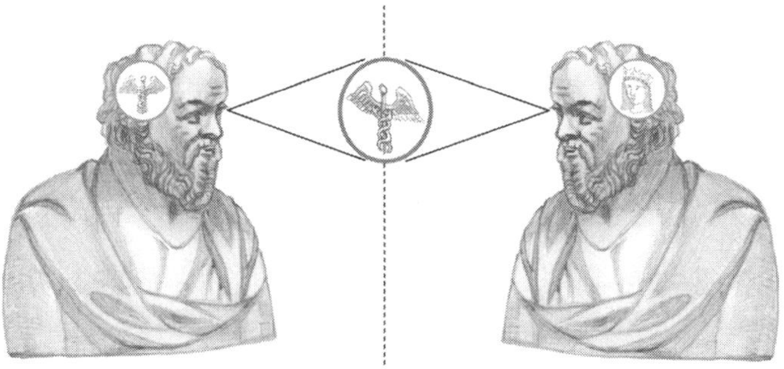

한 사안에 대해서 언제나 두 가지 관점이 있다

적 인식을 부정하는 점에서 불가지론 또는 회의주의적이라 할 수 있습니다. 따라서 그는 진리의 보편적 가치를 부정하고 상대적이고 주관적인 실용적 진리관을 갖고 있었습니다.

02

고르기아스

Gorgias, B.C. 483~B.C. 375

고르기아스

고르기아스는 그리스의 식민지인 시칠리아의 레온티니Leontini 출신으로 아주 오래 살았다고 전해져 내려오고 있습니다. 그는 시실리의 철학자 엠페도클레스의 제자였다고 알려져 있으며, 기원전 427년에 레온티니에서 온 사절단의 지도자로서 아테인들로 하여금 시라쿠사에 대항하여 그의 고향 도시와 동맹을 맺도록 설득하고자 하는 목적으로 아테네를 방문했던 일은 잘 알려져 있습니다.

고르기아스는 『비자연적인 것 혹은 자연에 대하여』에서 "절대적 진리는 존재하지 않는다. 존재해도 알 수 없다. 알 수 있다 하더라도 전달할 수 없다"고 말합니다. 그는 프로타고라스의 상대주의에서 한 걸음 더 나아가 상대주의를 넘어 극단적인 회의주의로 나아갔습니다. 우리가 하는 말들은 전달될 수는 있지만, 그 말들은 사물 자체와 동일하지 않은 기호에 불과하다는 것입니다. 고르기아스는 이렇게 보편적인 진리를 거부하고 관습까지 무시하였습니다. 이러한 회의주의를 통해 그는 마침내 철학을 포기하고 수사학으로 전향하여 설득의 기술을 가르치는 데 전념하게 됩니다.

첫째, 아무것도 존재하지 않는다.

이것은 비존재도 존재하지 않는다는 것을 전제로 합니다. 만일 비존재가 존재한다면 사물이 존재하는 동시에 존재할 수 없다는 결과가 되기 때문입니다. 이와 마찬가지로 존재는 존재하지 않습니다. 만일 존재가 생성된 것이 아니라면 그것은 무한이며 그렇게 되면 그것은 어디에도 존재하지 않습니다. 또한 존재는 유일한 것이 아니며 다수도 아닙니다. 이처럼 비존재는 존재하지 않으며, 존재가 비존재인 이상 그 무엇도 존재하지 않습니다.

둘째, 존재가 존재한다 하더라도 우리는 그것을 알 수 없다.

우리가 존재를 사유할 수 있기 위해서는 사유하는 것(사유하는 대상)은 우리가 그것을 사유한다는 사실 자체에 의해 존재하는 것이 아니면 안 됩니다. 사유의 대상들은 존재하는 것이 아닙니다. 만일 존재하지 않는 것을 사유할 수 있다는 것이 참이면, 존재하는 것이 사유될 수 없다는 사실도 가능합니다. 그렇다면 사유하는 것이 모두 존재한다고 말하는 것은 부조리합니다. 예컨대 자동차가 바다 위를 달리는 것을 직접 보지 않고 사유한다면, 그것을 분명히 믿을 수 있음에도 불구하고 그 신념은 부

고르기아스의 세 가지 명제

조리한 것입니다. 따라서 존재는 사유될 수 없는 것이라는 결론에 도달합니다.

셋째, 우리는 존재하는 것을 입으로 말할 수 없으며, 다른 사람에게 전달될 수 없다.

존재를 시각이나 청각 같은 감각으로 파악할 수 있다고 가정할 수 있을지라도 외부의 실재는 말 이외의 그 무엇인가에 의해 전달될 수 없습니다. 우리의 외부에 있는 것을 나타내는 것은 말이 아니라, 외부에 있는 그 사물이 바로 말로 표현되는 것입니다. 말이 실재와 다르다면 비존재는 알 수도, 전달될 수도 없기 때문에 그 존재를 증명하지 못한다는 것은 분명해집니다.

이렇게 하여 세계는 자연스럽게 사람을 속이는 것이 됩니다. 또한 모든 언설들이 변해가는 세계의 현실을 그 부동성에 고정시킨다 하더라도 그것은 말로 표현되는 순간 이미 사람들을 속이는 것이 됩니다.

소피스트 철학은 자연과 세계를 설명하는 것에서 출발하여 곧 인간의 문제로 옮겨갔습니다. 페르시아전쟁 이후 철학의 중심은 아테네로 이동하여 지중해 세계 여기저기서 모여든 현자들이 각광 받게 됩니다. 소피스트들은 인간을 철학의 중심으로 삼는 큰 공헌을 하였습니다. 소피스트들의 철학은 자유분방하고 다양한 상대적인 입장을 나타내면서 그리스 민주주의의 분위기를 잘 반영하고 있습니다. 그들을 단순하게 시민들을 현혹해 말의 기술을 팔고 사는 사람들로 치부할 수만은 없습니다. 하지만 그들로 인해 철학이 단순한 '변론술'로 축소되고 모든 가치가 상대적인 것으로 취급되는 사상적 혼란을 초래한 것도 부정할 수는 없습니다.

제3장 고대 그리스 철학

제3장

고대 그리스 철학

01

소크라테스Socrates, B.C. 469~B.C. 399: 너 자신을 알라

소크라테스

소크라테스는 크산티페와 결혼하였고, 그녀와의 사이에서 삼 형제를 두었습니다. 소크라테스의 부모가 누구였다는 것은 잘 알려져 있으나, 직업이 무엇이었느냐에 관해서는 잘 알려져 있지 않습니다. 단지 소크라테스의 어머니 파이나레테는 아기 낳는 것을 돕는 산파産婆였고, 아버지 소프로니쿠스는 돌을 깍는 석공石工이었던 것으로 알려져 있습니다. 그는 항상 부모를 본받고자 애쓰는 효자였고, 어머니가 여자들에게 아기를 낳는 것을 도와주는 행위를 영혼phychē에 대해 행위 하는 것이라고 생각했습니다. 소크라테스는 아르켈라오스의 제자였고, 일생 동안 아테네에 살면서 수많은 제자를 가르쳤습니다. 하지만 웅변술과 수사학과 같은 말재

주를 가르치며 많은 돈을 모은 소피스트들과는 다르게 수업료를 전혀 받지 않았습니다. 때문에 그는 언제나 가난했고 1년 내내 낡은 외투만을 걸치고 맨발로 걸어 다녔습니다. 그는 날마다 광장으로 나가서 지나가는 젊은이들이나 친구들과 많은 대화를 나누며 시간을 보냈는데, 이것이 그의 철학하는 방법이었습니다.

소크라테스의 자료는 크세노폰의 『메모라빌리아』, 플라톤의 대화편인 『아폴론기아』, 『파이돈』, 『아리스토파네스』에 의해 전해져 오고 있습니다. 그의 핵심사상은 "너 자신을 알라Gnothi seaution", 즉 영혼靈魂: phyche에 대한 보살핌이라 말할 수 있습니다. 이는 무지의 지, 자기의 지식을 자각하는 것, 스스로의 무지를 아는 것, 그리고 자기를 인식Episteme하는 것을 말합니다.

너 자신을 알라: 지적 산파술(변증법)

소크라테스는 영혼psyche: 마음에 대한 보살핌을 유독 강조했는데 이는 사람됨의 원천이 영혼마음에 있다고 생각했기 때문입니다. 소크라테스는 원래 생명이라는 자연철학적 의미를 담고 있던 'psyche'라는 말에 정신이라는 의미를 새롭게 부여하였습니다. 이는 정신적 완성에 대해 열망하는 도덕성이라 말할 수 있습니다. 또한 영혼은 그것이 몸에 있을 때 숨 쉬는 능력을 가져다주고 원기를 회복시켜 주는 삶의 원천입니다. 또한 그는 사람의 영혼에서 그 특유의 기능인 이성logos을 찾아냈습니다. 그에게 있어서 이성은 말logos을 잘 쓸 줄 아는 능력이었으며, 또한 말을 매개로 사물들의 이치logos를 추론할 줄 아는 능력이었습니다. 그는 이러한 "로고스의 훌륭한 사용을 통해서만 사람은 참된 앎에 이를 수 있으며 참된 앎은 사람됨을 실현시킬 수 있다"고 보았습니다.

그는 어머니처럼 자신은 아이를 낳지 않고 스스로 불임이라고 말하면서 사람들에게 그들이 잉태하고 있는 진리를 낳게 해주려고 노력하였습니다. 우리는 이러한 소크라테스의 방법을 산파술이라고 부르기도 합니다. 왜냐하면 산파의 역할은 아기를 낳는 것을 도와주는 역할을 하는 것이지 직접 아기를 낳는 것은 아니기 때문입니다. 이와 마찬가지로 사람들이 살아가는 데 있어서 진리니 지혜니 하고 말하는 것도 직접적으로 그 해답을 제시하는 것이 아니라, 대화를 통해 당사자들이 지혜와 진리를 스스로 깨닫도록 도와주는 것뿐입니다. 이런 생각에서 그는 사람들이 갖고 있는 참이나 진리·지혜에 대한 많은 생각들을 도와주었습니다. 소크라테스의 사유방식은 소피스트들의 일방적인 논박술에서 서로 간의 의견을 주고받는 토론술로 승화시키고, 이것을 다시 철학적 문답법dialektikê으로 발전시켜 나갔습니다. 그는 이런 과정을 통해 무지를 자각하고 참된 지식으로 나가는 산파술을 실행하고자 하였습니다. 소크라테스가 산파술을 통해 다룬 문제는 '정의란 무엇일까?', '덕이란 무엇일까?', '용기란 무엇일까?' 등 대체로 도덕인 문제가 많았습니다. 이런 질문을 통해 그는 사람들을 향하여 "너 자신을 알라"라고 외쳤습니다.

우리는 "너 자신을 알라Gnothi Seauton: 그노티 세아우톤"라는 지혜의 명구를 중등학생 이상이면 이미 잘 알고 있을 것입니다. 이 말은 그리스 시대에 델포이의 아폴론 신탁信託의 벽면에 새겨져 있다고 합니다. 그 당시에 델포이 섬에는 아폴론의 신을 모시는 신전이 있었고 사람들은 그곳에서 신을 찬미하고 제의를 올렸다고 합니다. 특히 큰 행사나 어떤 사건이 발생할 때마다 이곳에 가서 사제로부터 신탁을 얻었다고 전해져 내려옵니다. 여기서 신탁이란 "신이 맡겨 놓은 뜻"이라는 말로 탁선託宣이라고도 합니다. 당시 그리스인들은 신들이 인간의 팔자를 주관한다고 믿었기 때문에 무신巫神의 신전에 가서 그 신전을 지키는 여사제에 물으면 그 뜻을 미리 아는 것도 가능했다고 믿었습니다. 우리는 위의 경구를 대부분 그리스의 철학자인 소크라테스가 한 말로 기억하고 있습니다. 그러나 소크라테스가 이 말을 옮겼을 뿐 델포이 신탁의 문이었던 상인방에도 같은 글들이 새겨져 있었다고 합니다. 소크라테스는 이 경구를 통해 자기 가슴 깊숙이 좌우명으로 새기면서 일반 대중들에게 신의 말씀을 전하는 헤르메스처럼 어느 곳이든 달려가서 그 말씀을 옮겼습니다.

우리가 자신을 알려면 어떻게 해야 할까요? 먼저 자기 자신을 향해 근본적인 의문을 제기하는 경험을 쌓아야 할 것입니다. 그리고 의문을 제기한 이후에도 계속해서 그 답변에 맞는 경험들이 뒤따라야 합니다. 그래서 소크라테스의 이 경구는 "자기인식과 자기반성"에 대한 요구라고 말합니다. 그는 델피Delphi 신전의 아폴론Apolon에서 다이몬Daimon의 소

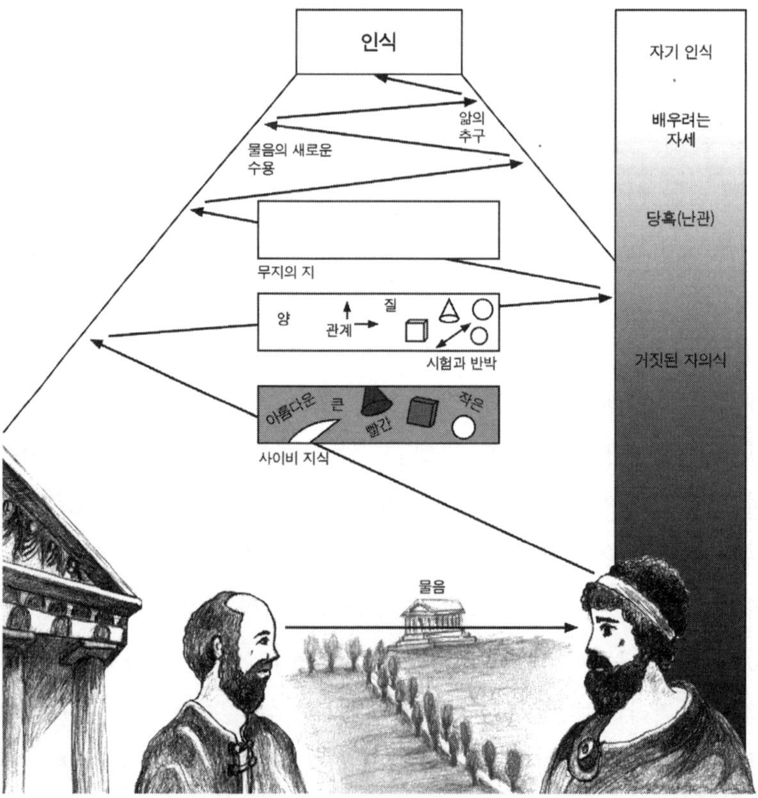

리를 들었다고 전해져 옵니다. 그는 자기가 자기 자신을 살피고, 깊은 도덕적 반성을 요구하고, 자기의 내면적 성찰과 자각을 촉구하였습니다. 이 말이 중요한 까닭은 우리가 진정 누구인지를 바르게 알 때에만 무엇이 우리 자신을 위해서 가장 좋은 삶이며 또한 무엇이 나쁜 삶인지를 알 수 있기 때문입니다. 그는 상대방으로 하여금 자기의 무지를 자각시키고 더 나아가 아테네 시민들의 도덕적 각성을 촉진시키고자 하였습니다. 대화는 소크라테스 철학의 중요한 방법이요 생명선입니다. 또한 객관적이고 보편적인 절대적 진리의 존재를 확인하고 그러한 진리에 도달하는 방법입니다.

21세기의 복잡하고 혼돈의 질서 속에서 살아가는 현대인에게 이 말이 주는 메시지는 더욱 큰 목소리로서 우리 곁에 다가오고 있습니다. 이러한 그의 말은 아내 크산티페 덕분에 더욱 유명해졌을지도 모릅니다. 왜냐하면 그의 아내는 소크라테스가 가족에게 빵보다는 악평을 몰아다 주고 돈 한 푼 벌어오지 않는 게으름뱅이로 보였고, 시도 때도 없이 시장이나 길거리, 일터, 운동장 등에서 방랑벽 생활에 지긋지긋해졌기 때문에 그가 집에 들어오면 항상 독설을 퍼부었고 소크라테스의 얼굴에 물을 끼얹었다는 일화도 전해 오고 있습니다. 아내 크산티페는 남편이 젊은이들을 상대로 논쟁을 벌이고, 제대로 밥벌이를 하지 않는다는 이유로 가혹한 대접을 하였습니다. 그녀는 사람을 사람으로 생각하지 않고, 남편을 남편으로 생각하지 않는 대우를 했다고 합니다. 여러모로 크산티페는 오늘날에는 수다스러운 악처의 표본처럼 되어 있습니다만, 소크라테스의 가정생활을 생각한다면 그녀의 행동은 충분히 이해할 만합니다. 아마 소크라테스가 지금 세상에 살았더라면, 그는 가정을 돌보지 않은 무능력자로 낙인 찍혀 당장 이혼감 후보 1위였을 것입니다. 그런 철학자가 행복을 얘기했다면 지금 시대에선 아마 우스갯소리나 정신 나간 사람의 헛소리로밖에 들리지 않기 때문에 아무도 그의 목소리에 경청하지 않았을 것입니다.

그러나 그 당시 소크라테스는 인간의 행복Eudaimonia을 외쳤던 첫 인물이었습니다. 소크라테스는 많은 사람들과 교제를 하였지만, 그중에서도 특히 젊은 사람들과 많은 친분관계를 맺었습니다. 그 목적은 젊은이들을 선량하고 유능하게 만들어 가족, 하인, 가족 구성원들, 친구들 그리고 국가와 시민들을 정당하게 다룰 수 있도록 하는 것이었습니다. 그는 젊은 이들에게 안녕과 복리의 도덕이라는 행복에 그 목적을 두었습니다. 행복이라는 의미는 다양한 의미를 가지고 있지만, 모든 윤리적 원리들의 한 부분이기도 하기 때문입니다.

닭 한 마리 진 빚을 갚아주게

소크라테스는 아무리 외모와 상관없는 철학자라고는 하지만 너무도 못생긴 외모를 지녔던 것으로 알려져 있습니다. 그는 평범한 얼굴이 아니라 괴짜로 생긴 모습이었습니다. 대머리에다가 크고 둥근 얼굴, 둥그스름하면서 툭 튀어나온 이마, 깊숙하게 쏘아보는 눈, 많은 향연에 참석하여 술에 절어 있다는 역력한 증거인 빨간 들창코의 외모가 그러했습니다. 그러나 깊숙하게 쏘아보는 눈과 커다란 둥근 얼굴 속에는 언제나 의지와 활력이 넘쳤습니다. 다시 한번 소크라테스의 외모를 자세히 살펴보면, 이 못생긴 당대의 사상가는 아테네의 가장 우수한 청년들의 사랑을 받는 선생으로서, 인간적인 지혜와 주제넘지 않은 소박함을 엿볼 수 있습니다. 그는 부정한 행위는 그것이 어떠한 목적이건 간에 정의正義에 어긋난다고 생각하여 그 명령에 절대로 따르지 않았습니다. 그는 말년에 시민 501인의 배심원으로 구성된 아테네의 법정에서 아테네 청년을 타락시키고 아테네가 인정하는 신을 믿지 않고 모욕했다는 죄명으로 체포되어 사형을 선고받게 됩니다. 친구들이 권하는 대로 탈출하여 자신을 보호해 주고 길러준 나라의 법을 어기기보다는 자진해서 스스로 독배毒杯를 마셨습니다.

소크라테스는 흔히 알려져 있듯이, 그가 죽을 때 남긴 유언은 "악법도 법이다"라고 말하지 않았다고 합니다. 소크라테스가 죽기 직전까지 아테네의 법을 수호하려고 한 이유는 악법도 법이기 때문에 절대적으로 지켜야 한다는 우둔한 생각 때문이 아니라 그 자신이 70 평생을 살아온 아테네의 법률에 동의했다는 것뿐입니다. 그가 아테네의 법률이 싫었더라면 언제든지 아테네에서 살지 않을 수도 있었습니다. 단지 그가 임종 직전에 제자들에게 유언으로 남긴 말은, 그리스의 의술醫術의 신神인 "아스클레피오스에게 닭 한 마리 진 빚을 기억했다가 갚아 주게나!" 였다고 합니다. 사람들이 거의 죽을 때까지 함께 하는 자들은 옛날이나 지금이나 다름없이 의사일 것입니다. 그래서 옛날 사람들은 태양의 신 아폴론과 코로니스의 신 사이에서 태어난 의술의 신인 아스클레피오스가 죽은 자를 지하계地下界로 인도한다고 믿고 있었습니다. 그리고 지하계로 인도하는 대가로 아스클레피오스에게 닭 한 마리를 의무적으로 바쳐야 한다고 생각했습니다. 여기서 아폴론은 자기의 아들인 아스클레피오스에게 당시의 용하다고 소문난 의사이자 지혜로웠던 켄타우로스반인반마 케이론에게 맡겨 의술을 배우게 했다고 합니다. 아스클레피오스는 케이론의 가르침을 받아 대단한 의사가 되었습니다. 그는 트라카라는 도시에서 지금의 의과대학교와 유사한 기관을 세우고 의술과 가르치고 환자를 치료했습니다. 얼마나 용하게 치료하였는지 죽은 사람도 능히 살려 낸다는 소문까지 돌았다고 합니다. 이러한 아스클레피오스는 실제로 죽은 자를 살려 냈다고 하지만, 이승과 저승을 잘 분간하지 못하였기에 이것을 밉게 본 제우스신의 불벼락에 맞아 죽었다고 신화는 전합니다. 물론 죽은 자를 지하계로 인도한다는 이러한 생각은 그렇게 독특한 것은 아닙니다. 우리나라 풍습에도 사람이 죽으면 상을 차려 놓고 푸짐한 밥과 음식, 국, 과일, 고기, 두둑하게 노자 돈 등을 올려놓는 것과 유사하다고 생각하면 될 것입니다.

좋은 삶이란?

무엇보다 소크라테스는 훌륭한 삶이란 무엇이며 그리고 무엇이 잘 사는 삶인가를 알기 위해서는 먼저 "우리 자신이 무엇인지를 알아야 한다"고 말합니다. 때문에 그는 인간의 정신에 많은 관심을 갖고 있었습니다. "인간이란 무엇이며, 인간은 진정 무엇이 될 것입니까?" 하고 말입니다. 우리가 말하는 명예, 부귀, 도덕, 애국심, 행복, 쾌락 등은 우리의 삶 속에서 어떠한 의미를 갖는 것일까요? 우리가 이야기하는 "자기 자신"이란 과연 무엇을 뜻할까요? 우리는 누구나 행복을 추구할 권리가 있으며 잘 살기를 바라고 있습니다. 우리는 단지 행복을 추상적인 삶 일반이 아니라 우리들 자신의 구체적인 삶의 현장 속에서 찾고자 합니다. 그렇기 때문에 우리 모두가 행복을 추구하거나 잘살고자 하는 삶에 관심을 갖는 것은 우리 자신들에 관한 개인적인 관심일지 모릅니다. 어쩌면 이것은 자기 자신에 대한 관심과 걱정 때문일 것입니다.

소크라테스는 "만약 우리가 우리 자신을 잘 알지 못하고 지혜롭지 못하다면, 우리 자신을 위해서 무엇이 나쁘고 무엇이 좋은 것인지를 과연 알 수 있겠습니까?"라고 묻습니다. 소크라테스의 말처럼 우리는 진정 무엇이 우리에게 좋은 삶이며, 무엇이 나쁜 삶인지를 알아내기 위해서 우리 자신부터 먼저 알아차려야 한다고 말합니다. 그렇기 때문에 우리가 일상적인 삶 속에서 추구하는 좋은 삶이란 언제나 좋은 마음을 유지하기 위한 것이어야 합니다. 예를 들어 우리가 아무리 큰 부와 명예, 권력 등을 모두 성취했다고 하더라도 우리 마음의 상태가 좋지 않다면 당연히 좋은 삶을 얻었다고 할 수 없을 것입니다. 우리들에게서 마음을 좋게 하는 것이란, 마음에 좋지 못한 것을 쫓아내고 마음을 온전하게 하는 것일 것입니다.

> "우리가 옴에 걸려서 가려움을 참지 못해 한평생 몸을 긁적거리며 살아가야 한다면, 이것을 행복한 생활이라고 말할 수 있을까요?"

그래서 그는 우리 인간들의 좋은 삶이라는 것은 언제나 내면적으로나 외면적으로는 즐거운 마음의 상태를 유지하고 있을 때 행복이 우리 곁에 비로소 쉽게 다가올 수 있다고 말합니다. 행복에 대해 우리가 추구하는 목표는 오직 우리 자신들을 아는 것과 탁월함덕에 의해서 이를 수 있다고 했습니다. 왜냐하면 어느 누구라도 본질적으로 나쁜 행위를 의도하지는 않기 때문입니다. 그렇기 때문에 모든 나쁜 행위는 오직 좋은 행위에 대한 고유한 본성의 통찰이 부족한 상태에서 생기는 것입니다. 또한 좋은 것을 아는 것은 좋은 것을 행하는 것을 필연적 결과로 갖습니다. 소크라테스는 좋은 것을 아는 것과 탁월함은 하나라고 말합니다. 그래서 그는 덕과 지혜를 일치시켜야 한다고 강조합니다. 지혜라는 것은 과거와 현재, 그리고 미래의 모든 것을 포함하는 모든 일에 관한 것입니다. 이런 점에서 그러한 지혜를 가진 사람은 또한 모든 덕을 갖춘 사람이 될 수밖에 없습니다. 말하자면 "지혜는 덕이다"라는 소크라테스의 기본 입장을 뜻하는 것입니다. 그래서 덕=지혜는 소크라테스 윤리의 근간을 형성하고 있습니다. 곧 덕은 지혜입니다. 그는 『메논』의 대화편에서 지혜에 대해 다음과 같이 이야기 합니다.

> 소크라테스: 모든 정신적인 시도와 인내와 지혜가 주도할 때에는 행복으로 귀결되지만, 무지가 주도할 때는 그 반대의 것으로 귀결되겠지?

메 논: 그렇게 보입니다.

소크라테스: 그런데 만일 덕이 정신적인 것 중의 하나이고 유익한 것임에 틀림없다면 덕은 마땅히 지혜여야만 하네. 왜냐하면 정신적인 모든 성질들은 그 자체만으로도 유익하지도 해롭지도 않지만, 지혜를 동반하는가 아니면 어리석음을 동반하는가에 따라 해롭게도 유익하게도 되기 때문이네. 이제 이러한 주장에 따르면 덕이란 어쨌든 유익한 것이므로 마땅히 지혜의 일종이어야만 하네.

메 논: 저도 그 점에 동의합니다.

소크라테스의 관점에서 지혜는 많은 사람들의 가치들을 꿰뚫어 보는 데 있습니다. 예컨대 부, 열정 등은 실제로 선이 아니며 고통, 가난, 경멸도 악이 아니라는 것입니다. 초연함이 진정한 덕일 수 있습니다. 또한 덕은 지혜이지만 그것을 배우기 위해 오랜 추론이나 반성을 할 필요는 없으며 가르칠 수 있습니다. 지혜로운 자는 이러한 덕으로 무장되어 있기 때문에 악에 의해서도, 노예제도에 의해서도 영향을 받을 수 없습니다. 덕이 지혜라고 하였을 때, 그것은 교육의 기능으로 작용합니다. 많은 덕성 중에서도 지혜는 교육을 통해서 차곡차곡 쌓아 나갈 수 있기 때문입니다.

그는 항상 다이몬Damon의 소리를 듣는다고 말하곤 했습니다. 이 말의 뜻은 신적인 존재·신성·수호신이며, 내면의 신적인 목소리·정신·마귀 등을 일컫고 있습니다. 또한 이 소리는 민심의 소리라고 이해하기도 합니다. 다이몬의 소리가 신의 목소리이든 민심의 목소리이든 그리 중요한 것은 아닙니다. 단지 그는 자기 자신을 신들 앞에서 겸허하게 낮추고 삶을 반성적인 자세로 살고자 했다는 데서 그의 철학세계의 참 의미를 되새겨 볼 수 있을 것입니다.

02

플라톤Platon, B.C. 427~B.C. 347: 이데아idea론

플라톤

플라톤은 아테네의 명가에서 태어났습니다. 그는 소년시절에 귀족으로서 교육을 받았으며, 타고나기를 총명하고 특히 음악과 미술, 시 등을 좋아했습니다. 20세 때에 소크라테스의 제자가 되어 그가 사망할 때까지 8년간 그의 영향을 받았습니다. 그는 언제나 "나는 야만인으로 태어나지 않고 그리스인으로 태어난 것, 노예로 태어나지 않고 자유인으로 태어난 것, 그리고 소크라테스 시대에 태어나 그를 만난 것을 신에게 감사한다"라고 말할 정도로 소크라테스를 가슴 깊이 스승으로 모셨습니다. 소크라테스가 옥사한 이후 플라톤은 메가라, 이집트, 키레네, 남부 이탈리아, 시실리섬 등지를 여행하였으며 남부 이탈리아에서 당시 커다란 명성을 떨치고 있던 피타고라스의 철학에 많은 영향을 받았습니다. 플라톤은 10년간 여행을 한 후 아테네로 돌아와서 아테네의 아카데미Academia에 학교를 설립하고 제자들의 교육에 힘썼습니다. 이 학원이 서양에서 최초의 대학이라 할 수 있으며 학교의 입구에 그는 "기하학을 모르는 자는 이 문에 들어올 수 없다"는 글을 써 놓았다고도 합니다. 플라톤은 그의 스승인 소크라테스의 사상을 이어받아 순수한 이성의 철학을 아주 체계적으로 정립하였습니다. 그는 모든 육체적인 것을 떨쳐 버리고 맑고 깨끗한 이성의 눈으로 보았을 때 사물의 참된 모습을 볼 수 있다고 말합니다. 20세기 영미 철학자인 화이트헤드Alfred North Whitehead는 "플라톤 이후의 서양철학사는 단지 플라톤의 계속되는 주석에 지나지 않는다"고 말함으로써 플라톤 이후의 사상전개에 미친 거대한 영향력에 대해 경의를 표했습니다. 플라톤의 사상은 서양 고대와 중세에 걸쳐 엄청난 영향력을 발휘하였으며, 오늘날까지도 지속적인 영향을 미치고 있습니다.

인식론: 감각세계와 이데아idea계

플라톤의 대화편에서 가장 핵심적인 내용은 이데아론idea 혹은 변증론dialektike이라 말할 수 있습니다. 플라톤의 이데아론은 『에우티프론』을 시작으로 중요한 대화편에서 지속적으로 등장하고 있습니다. 플라톤은 이데아의 세계와 감각세계라는 이원론적 세계관을 제기하였습니다. 플라톤에 의하면, 먼저 우리가 지각하는 사물로 된 감각세계가 있다고 보았습니다. 즉 감각세계는 오관을 통해 보이는 세계이며 언제나 무엇인가 다른 세계로 변하기 때문에 어떤 것도 영원히 존재하지 않는다고 주장하였습니다. 말하자면 보이는 세계의 모든 대상은 언젠가 변하기 마련이므로 아무것도 영원히 존재하지 않습니다. 모든 사물은 존재했다가 사라집니다. 또한 모든 사물은 언젠가는 썩어 없어집니다. 우리의 시공간 안에 있는 이 세계는 우리의 감각으로 인식할 수 있는 유일한 세계입니다.

반면 플라톤의 이데아론은 사물의 보편적 사실을 인식하여 그 개념을 올바르게 구별하는 데 그 중점을 두었습니다. 인식의 대상들은 정의될 수 있는 것들이 존재하지만, 지각의 세계에서 어떤 것과도 동일시될 수 없는 것들이 있습니다. 그것들이 존재함은 공간과 시간을 넘어선 관념적인 세계가 있는데 이것이 곧 이데아입니다. 이데아는 형상eidos, form 또는 본paradeigma, pattern을 의미했습니다. 또한 플라톤은 이데아idea론을 영원불변한 것에 관한 학문이라 말합니다. 즉, 이데아Idea세계는 사물의 상주불

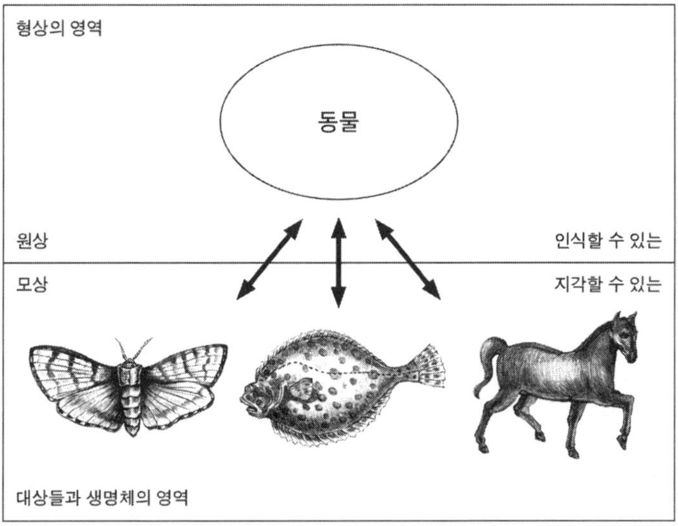

변常主不變의 본질이자 영원불변의 존재이며 비물질적 세계입니다. 플라톤은 대화편이 아닌 「일곱 번째 편지」에서는 기본적인 이데아론을 다음과 같이 제시하고 있습니다.

> "존재하는 것들 각각에 대하여 우리가 지식을 얻으려면 다음의 세 가지가 필요하다. 첫째로 이름, 둘째로 정의, 셋째로 형태가 필요하다. 지식은 네 번째 요소이며 우리가 요청해야 할 다섯 번째 요소도 있는데, 이는 인식 가능한 동시에 진정으로 실재하는 무엇인가이다. (……) 어떤 경우든 처음 네 가지 요소를 파악하지 못한 사람들은 결코 다섯 번째에 대한 완전한 지식을 지닐 수 없다."

플라톤이 다루고자 하는 다섯 번째 요소가 바로 이데아론입니다. 플라톤은 이데아를 우리 인식의 대상이며 감성적 지각의 대상이 되는 하나하나의 구체적인 개별체가 아니라 순수사유nous 또는 이성에 의해서 파악할 수 있는 상주불변의 실재ousia라 말합니다. 우리가 보고 있는 현실에서의 시각적 대상들은 그것의 조잡한 모사 이거나 모방mimesis에 불과합니다. 따라서 플라톤의 관점에서 형상이란 실재의 원형이며 그 원형에 따라 세계의 대상을 형성합니다. 플라톤의 순수사유는 소크라테스가 강조하였던 Psyche영혼에 대한 보살핌에서 찾아볼 수 있습니다. 그래서 플라톤의 이데아는 순수사유nous 및 직관noēsis의 능력으로서 마음에 분별력이 있고 마음이 무엇인가로 향하고 있다는 것을 알아내는 것입니다. 플라톤이 강조하는 삶의 개념은 사람들이 감각aisthesis을 지니고 있기 때문에 감각적인 대상을 알 수 있듯이, 사람들이 순수사유를 가지고 있기 때문에 그것들의 대상, 즉 순수사유에 의해 알게 되는 것to naea이 있습니다. 그래서 순수사유가 곧 이데아이며 형상eidos인 것입니다. 플라톤의 『파이돈』에서 형상들은 생성 소멸하고 있는 경험에서 나타난 초월적인 존재들이며, 경험적 사물들에 참여함으로써 이데아의 성격을 지닌다고 보았습니다. 플라톤은 『대화』 편에서 형상 그 자체의 존재를 인정해야 한다고 말합니다. 그는 이데아나 형상을 존재론적인 범주의 개념 또는 논리적, 수학적인 개념들에 이르기까지 광범위하게 적용하였습니다. 그리고 이데아는 존재, 운동/정지, 같음/다름의 의미를 지닌 이데아와 형상들을 일컬었습니다. 따라서 플라톤의 이데아나 에이도스는 동일한 관념으로 쓰였습니다.

플라톤은 사물마다 각기 고유한 이데아가 있지만, 이데아 중에서도 선善의 이데아가 최고의 위치에 있다고 말합니다. 선의 이데아는 모든 일체를 포괄하고 지배합니다. 마치 태양이 만물을 비춰 성장시키듯이, 이데아는 모든 세계를 지배하는 이성이며 이런 의미에서 우주의 순수사유nous라 말할 수 있습니다. 선의 이데아는 ① 순수사유에 포함되며, ② 참된 의미의 언어를 사용하여(실재에 관여) 참된 사유를 하는 능력으로 추리 내지 헤아리는 능력을 말하며 ③ 기능의 개념을 뜻합니다. 여기서 순수사유의 활동력은 예비적인 수련이 필요로 할 경우, 감각에 의존하는 버릇을 버리고 감각을 통해서 얻은 단순한 의견doxa이 아닌 참된 지식 epistēme에 도달하게 하는 것입니다. 플라톤에게 있어서 감각에 의존하는 버릇을 고치는 것이 순수화katharsis라고 한다면, 이러한 순수화는 단지 종교적 목적이 아니라 진리를 인식하기 위한 것이었습니다. 순수화는 단순히 영혼을 깨끗이 정화하는 것만이 아니라 순수사유의 능력을 실현하기 위한 단계입니다. 그래서 플라톤은 동굴의 비유나 선분의 비유에서 순수화의 과정에 대해 자세히 설명하고 있습니다. 따라서 순수화의 과정이 제대로 이루어졌을 때 순수사유에 의한 인식, 즉 직관noēsis이나 진지 epistēmē의 단계에 도달하게 됩니다. 이 단계에 이르는 능력을 변증술 dialetike 혹은 탐구의 방법 내지 기술이라 일컬어집니다. 여기서 순수사유의 기술은 파르메니데스paramenides의 영향을 받아 관조theōria하는 인식을 말합니다. 이러한 인식은 측정술metretike에로 점차 확대됩니다. 여기서 측정술이란 마땅함, 때맞음, 알맞음, 혼화의 비율을 뜻합니다. 즉 플라톤의 측정술은 이성적이고 모범적인 완전한 이데아를 바라보면서 그것을 본 paradigma으로 삼는 사유양식을 말합니다. 이는 실천 혹은 훌륭한 삶Praxis을 위한 것입니다. 말하자면 플라톤의 변증술이 인식을 위한 것이라면 측정술은 실천을 위한 것입니다.

플라톤에게 있어서 순수사유의 활동은 우리의 마음속에서나 외적 대상의 우연성과 개별성을 제거해야 하는 것을 뜻하였습니다. 최고의 존재인 선善의 이데아는 상기想起: anamnesis와 변증술에서 잘 드러나 있습니다. 무엇보다 플라톤에게 있어서 상기는 저절로 이루어지는 것이 아니라 탐구하고 배움으로써 자신 안에 있는 선천적 인식의 가능성을 실현시키는 것입니다. 그래서 "플라톤의 상기설은 우리들을 부지런하고 탐구적으로 만든다"고 말하고 있습니다. 플라톤에 따르면, 우리의 영혼은 원래 이데아의 세계에 거주했던 천상적 존재였다고 합니다. 그런데 불행한 이유로 천상에서 추방당해 현상세계의 인간 몸으로 유배를 떠나는 신세에 처하게 되었는데, 우리의 영혼은 현상계로 귀양 오는 도중에 레테lēthe 강이라는 곳에 이르러 강물을 마시게 되었다고 합니다. 'lēthe'라는 그리스어는 망각을 의미합니다. 이 강물을 마신 후에 우리의 영혼은 이미 갖고 있었던 이데아들에 대한 우리의 인식은 이들의 희미한 기억을 실마리로 해서 이루어집니다.

따라서 상기는 선천적으로 인식하는 원래의 올바른 사유능력을 계발함으로써 참된 지식을 의식하게 하는 것입니다. 여기서 형상들은 순수사유가 발현되는 대상들입니다. 그리고 순수사유가 에로스적 충동으로서 맹목적으로 나아갈 때 그 맹목성을 보완해 주고 이를 통해 다시 새롭게 나아갈 방향을 인도합니다. 궁극적으로 플라톤에게 있어서 형상론의 목적은 사고의 엄밀성과 가치추구의 실현을 위한 본Parsdigma으로 삼는 것이었습니다.

동굴의 비유allegory of cave

플라톤은 『국가』 제7권 서두에서 동굴의 비유로서 이원론적 세계관을 묘사하고 있습니다. 이 지상의 세계는 하나의 동굴과 같습니다. 플라톤은 '동굴의 비유'를 통하여 발목이 쇠사슬에 묶인 채 동굴에 갇혀 생활하는 인간들을 묘사하고 있습니다. 플라톤은 그가 말하는 실체를 이해하기 위해서는 커다란 동굴 속에 살고 있는 몇 사람의 죄수들을 상상할 것을 요구합니다. 이들은 오직 맞은편 동굴 벽과 바로 앞만 볼 수 있도록 사지와 목이 쇠사슬과 포박으로 고정된 상태입니다. 죄수들이 볼 수 있는 것은 그들 앞에 있는 벽에 비친 그림자가 전부이며, 그 그림자는 사람들이 불 앞으로 걸을 때 비치는 잔영들이었습니다. 그들은 대상물이나 그것을 나르는 사람을 결코 볼 수 없으며, 그 그림자들이 다른 사물들의 그림자인지 어떤지도 전혀 알 수 없습니다. 또한 그림자들의 크기는 햇불과 사물들의 움직임에 따라 수시로 변하고 모양도 형상을 알아볼 수 없을 정도로 마구 겹쳐집니다. 이 걷고 있는 사람의 뒤에는 불이 타고 있으며, 그보다 훨씬 뒤에 동굴의 입구가 있습니다.

배후의 동굴의 입구 앞을 온갖 사물들이 부단히 횡단하고 있습니다.

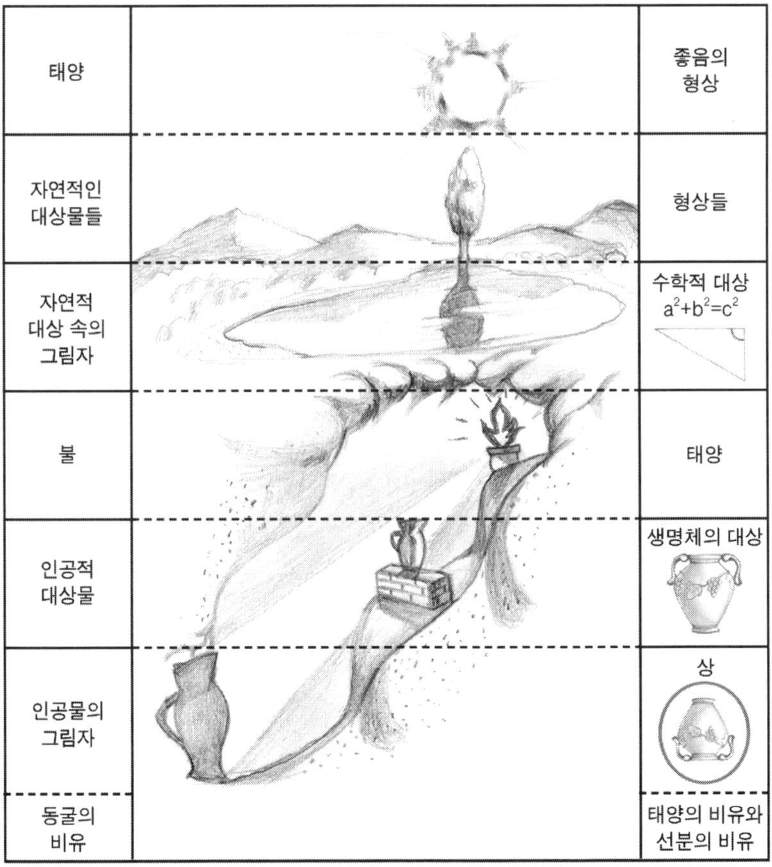

동굴의 비유

그들의 뒤에는 그들이 앉아 있는 바닥으로부터 돌연히 솟아오른 높은 지대가 있습니다. 이 높은 지대에는 물건들을 나르면서 앞뒤로 걷고 있는 또 다른 사람들이 있습니다. 그들이 나르는 물건들은 나무와 돌과 그 밖의 다양한 물질들로 만들어진 동물과 인간의 상像들이었습니다. 그러나 평생을 벽만 보고 살아온 죄수들은 등 뒤에서 일어나고 있는 일들에 대해서 전혀 알지 못하고, 심지어 자신들이 묶여있다는 사실조차 깨닫지 못합니다. 그리고 자신들이 보고 있는 그림자들이 이 세상의 전부라고 믿습니다. 그곳에서 그들의 발과 목이 사슬에 묶여 있었기 때문에 움직일 수 없다고 생각하였습니다.

그런데 한 죄수가 사슬에서 풀려나 뒤를 돌아서서 사물을 직접 보게 됩니다. 그 다음에 동굴을 빠져나와서 태양의 빛善의 이데아 속에 나서면, 처음에는 눈이 부시어 아무것도 볼 수 없으나 얼마 안 가서 태양의 빛으로 사물들을 보게 되고, 드디어는 태양을 보게 됩니다. 그들은 지금까지 그림자만을 통해서 알았던 대상들의 현실을 바로 알아볼 수 있습니다. 죄수들이 동굴을 나가서 태양광선을 체험하면 지금까지 지각된 것이 실재적인 것이 아닐 뿐만 아니라 이러한 지각의 원인이었던 불빛이 참다운 빛이 아니라는 것도 인식하게 됩니다. 그리고 다시 동굴에 돌아와 처음에는 아무것도 볼 수 없습니다. 그러나 차츰 어둠에 젖어서 그 곳의 사물들도 볼 수 있게 됩니다. 그리고 동굴 바깥세계에 대하여 이야기를 하면 동굴 안의 사람들로부터 조롱을 당합니다. 그가 동굴 바깥에서 알게 된 진리에피스테메, epistēmē는 동굴 안에서 형성된 죄수들의 의견독사, doxa을 이길 수 없습니다. 이때부터 인간은 이전에 본 밝은 세계이데아계를 향하여 상기想起하며 살아갑니다. 비로소 태양을 상징하는 참다운 빛, 곧 최고의 이데아의 빛, 선의 이데아를 통해서 사람들은 현실을 바라봅니다. 마치 태양의 광선이 불빛의 가상에 대립하는 것처럼, 이데아들의 인식은 그림자의 지각에 대립합니다. 모사에 대한 단순한 감각 의식 속에 인간의 포로 상태로부터 참다운 인식, 원형의 인식에 도달하는 것이 문제입니다. 동굴을 등정/하강하면서 동굴 바깥세계에는 원본이 있고 입구에는 모사물이 있습니다. 그리고 다음에는 모사물의 모사물이 있고, 나중에는 원래의 형상이 무엇인지 알 수 없는 판타스마phantasma(시뮬라크르: simulacre)가 있습니다.

위와 같은 플라톤의 동굴의 비유는 많은 것을 상정하고 있으며 또한 우리에게 전하고자 하는 많은 내용들을 담고 있습니다. 무엇보다 플라톤은 동굴의 비유를 통해 인간의 현실계와 이데아계와의 관계를 비유적으로 설명하고 있습니다. 이 비유는 분명 인간의 상황을 동굴의 어둠 속에 살고 있는 죄수를 통해 묘사하고 있습니다. 죄수들은 그림자의 불분명한 세계 주변에 자신들의 생각을 고정시켜 왔습니다. 하지만 특별한 체험을 통해 그 풀려난 죄수들은 점차적으로 사물들을 보이게 만드는 것이 바로 태양이라는 사실을 깨닫게 되면서 계절들과 사물의 온갖 변화를 이끄는 것이 태양이며, 그 밖의 많은 사물이 그와 같이 의존하고 있음을 깨닫게 될 것입니다. 이제 그 죄수들은 자신과 자신의 동료들이 동굴의 벽에서 보았던 것, 즉 그림자의 반영과 가시계可視界에 실재하는 사물들과의 차이점을 이해하게 될 것이며, 태양 없이는 가시계가 존재할 수 없다는 것을 확신하게 될 것입니다. 인간은 자신이 믿고 있는 육신의 감각세계에 사로잡혀 있기 때문에 인간의 지식은 그것을 수용할 수 있는 기관을 필요로 한다는 점에서 빛을 응시하는 행위와 유사합니다. 죄수의 눈이 어둠 대신에 밝음을 볼 수 있기 위해서는 자신을 결박하고 있던 족쇄를 끊고 어느 정도의 고통을 감수해야 했던 것과 마찬가지로 영혼에 있어서도 영혼의 무지의 원인이 되는 변화와 욕망의 감각 세계를 전적으로 믿지 않는 자세가 필요합니다. 두 개의 세계, 즉 동굴의 어두운 세계와 빛의 밝은 세계가 존재한다는 플라톤의 주장은 지식이란 누구나 가능한 것일 뿐만 아니라 절대로 확실한 것이었습니다. 지식을 확실하게 만드는 것은 지식이 가장 실재적인 어떤 것에 기초해 있다는 것입니다.

이렇게 플라톤의 이원론적 세계관은 확립되었습니다. 동굴 안의 세계는 물질 · 육체 · 비진리 · 변화무쌍 · 무가치 · 무의미 등으로 요약되고, 동굴 밖의 세계는 정신 · 영혼 · 진리 · 불멸 · 영원 · 가치 · 의미 등으로 축약됩니다. 플라톤은 우리의 감각적 경험에 의거하는 지식이 상대적이며 다양하다는 점을 인정했습니다. 플라톤에 의하면, "무지한 자들은 자신들의 삶의 모든 행위 속에서 그들이 목적하는 어떤 유일한 지표도 그들의 목전에 갖고 있지 않다"는 것입니다. 따라서 그의 인식론은 현상계現象界로부터 이데아계로의 완전한 전회를 의미합니다. 플라톤이 감각계感覺界와 가지계可知界를 구분한 배후에는 이러한 주된 논의가 놓여 있었습니다.

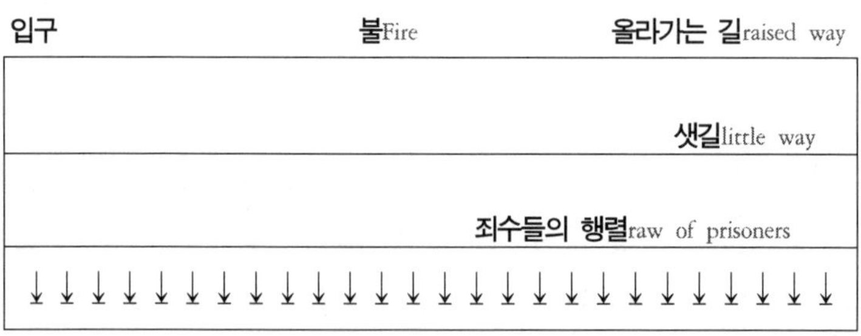

선분線分의 비유

'선분의 비유'로 알려진 플라톤의 『국가』 제6권의 원문은 유추에 의한 추론을 다루고 있습니다. 플라톤은 다양한 여러 인식의 양식이 거치는 실재 단계들을 감각계, 즉 가시계可視界를 가지계可知界와 결부시키는 유추의 의미를 고찰하였습니다. 감각계와 가지계가 구분되듯이, 두 개의 부분으로 각각 나누어진 선분을 가정해 볼 수 있습니다. 플라톤의 분할된 선분의 비유는 다음과 같은 단계로 나누어집니다. 제일 높은 단계는 순수지純粹知, 직관지直觀知이며, 둘째는 추론지推論知, 간접지間接知이고, 셋째는 신념信念과 소신所信이며, 넷째는 상상想像입니다. 이 개념들은 비율에 따라 배열되며, 그 대상들이 진리와 실재를 소유하는 정도에 따라 명확성과 확실성의 단계로서 분류됩니다. 이들 대상들은 인식의 양태樣態에 따라 다음과 같이 도식화됩니다.

	대상(objects)	사유양식(Modes of Thought)	
가지계(可知界: Intelligible world)	최고선(형상) (The Good)	지식(Knowledge)	지식(知識: Knowledge)
	수학적 대상 (Mathematical)	사고작용(Thinking)	

^

가시계(可視界: Visibleworld)	사물(事物: Things)	신념(信念: Belief)	속견(俗見: Opinion)
	허상(虛像: Images)	상상(想像: Imagining)	

플라톤에 따르면, 참된 지식을 발견하는 과정에서 정신은 발전의 네 단계를 거친다고 말합니다. 각각의 단계에는 정신이 제시되는 대상의 종류와 그 대상이 만들어낼 수 있는 사유 사이에 하나의 평행선이 존재합니다. 정신활동의 가장 낮은 인식능력은 선線의 가장 낮은 수준에서 발견됩니다. 착각이나 환각이 여기에 해당합니다. 그리고 정신은 허상虛像들 혹은 최소량의 실재와 상응합니다. 여기서 상상이라는 개념은 사물에 대한 단순한 현상을 넘어 보다 심층의 실재를 규명하려는 활동을 의미

합니다. 이것은 사물의 그림자를 잘못 보는 능력을 말합니다. 이 그림자들의 이데아들이 그 계층의 밑바닥을 구성합니다. 다음으로 허상보다 높은 인식능력은 지각인데 이것은 사물을 보는 능력을 말합니다. 예컨대 의자, 침대, 나무, 책상의 이데아들이 여기에 해당합니다. 그 다음으로 지각보다 높은 인식능력으로서 지성이 있습니다. 이것은 전제에서 결론을 이끌어내는 능력을 말합니다. 예컨대 수학, 기하학, 논리학과 같은 학문적 개념의 이데아들이 이에 속합니다. 가장 높은 인식능력은 사유입니다. 이것은 사물의 본질을 파악하는 능력입니다. 예컨대 진·선·미眞善美의 이데아가 최고의 자리를 차지하는 데서 알 수 있습니다.

선善이 실재의 최하급 형태로부터 최고급 형태로 나아가듯이, 진리도 가장 낮은 단계에서 가장 높은 단계에 이르기까지 평행적으로 나아갑니다. 무엇보다도 선은 두 개의 서로 다른 크기의 부분으로 분할되어 있습니다. 상층의 커다란 부분은 가지계可知界이며 하층의 작은 부분은 가시계可視界입니다. 이렇게 서로 다른 크기의 분할은 가시계에서 발견되는 낮은 정도의 실재 및 진리를 상징합니다. 그리고 가시계는 가지계의 커다란 실재와 진리에 비교됩니다. 이 두 부분은 같은 비율로 세분되어 네 부분이 되며 그 각각은 아래 부분보다 더욱 명석하고 확실한 사유思惟의 양태樣態를 나타내 주고 있습니다.

에로스의 어원

그리스어에서는 사랑이라는 말을 세 단계로 구분하고 있습니다. 이 개념은 에로스Eros, 필리아Philia, 그리고 아가페Agape에서 찾아볼 수 있습니다. 에로스라는 용어가 그리스 신화에서도 나타나지만, 철학적으로는 플라톤이 처음 사용하였다고 합니다. 그의 제자 아리스토텔레스는 에로스라는 말 대신에 필리아로 즐겨 사용했다고 합니다. 에로스는 원래의 의미로는 감각 · 본능적 사랑입니다. 필리아는 정신 · 인격적 사랑을 말합니다. 아가페는 신적 · 은총적 사랑입니다. 이 사랑은 하나님의 사랑에 참여하는 것으로서 하나님으로부터 인간의 마음에 부여되어 있습니다. 이러한 사랑이라는 낱말은 그리스 신화 중에 아프로디테와 에로스의 이야기에서도 찾아볼 수 있습니다.

흔히 에로스Eros라는 말은 사랑과 성의 대명사로서 말하고 있지만 여전히 신비스러움을 간직하고 있습니다. 고대 그리스의 신화 속에서 에로스는 사랑과 성에 대한 그 당시 인간들의 생각을 포괄적으로 담고 있다고 볼 수 있습니다. 에로스Eros라는 그리스의 단어는 "원하다", "부족하다", "염원하다", "없는 것을 욕망하다", "사랑을 요구하다"는 의미를 갖고 있습니다.[1)] 다른 말로 에로스란 그리스어에서 성적인 욕망, 또한 이것이 동반된 사랑을 뜻하는 말이었습니다. 그것은 인간의 가장 원초적인 욕망과 거기에 뿌리를 박고 있는 정념으로서의 연애감정을 가리키는 것이었습니다. 여기서 에로스는 귀족적인 것에 대한 직선적인 추구라고 할 수 있습니다. 즉 에로스는 카오스와 가이아 사이의 연결로 이해할 수 있습니다. 신화에서 에로스는 하나가 아니라 다양한 시각들로 존재합니다. 에로스의 다양한 얼굴을 그리기 위해 신화의 이야기들이 변형되고 새롭게 만들어졌듯이, 자신이 만난 에로스를 그려내기 위해 현시점에서도 사랑과 성을 둘러싼 많은 이야기들은 계속되고 있습니다. 에로스에 관한 플라톤의 견해는 먼저 부정적인 것이었습니다. 무엇보다 에로스는 인간의 육체적인 욕망에 속하기 때문이었습니다. 에로스는 육체로부터의 해방을 뜻하는 것이라 하여 죽음까지도 재앙이 아니라 축복으로 받아들였던 플라톤에게서 성욕이라는 것은 긍정적인 의미가 없었습니다. 그것은 인간의 영혼 가운데 "거칠고 짐승 같은 부분"이며, 수치와 사려를 알지

1) 랠프 에이브러햄, 김중순 역, 『카오스 가이아 에로스』, 두산동아, 1997, 244쪽.

못하는 맹목적인 충동에 지나지 않는 것이어서 성욕에 사로잡힌 것은 술에 만취한 상태나 미친 상태와 마찬가지로 무정부적이고 무법無法적인 상태에 떨어지는 것을 뜻하였습니다. 성욕이 가지는 이와 같은 방종과 야수성을 표현하기 위해 플라톤은 에로스를 가리켜 영혼의 독재자로 부르기를 주저하지 않았습니다. 에로스가 영혼의 지배자가 될 경우, 영혼을 부자유와 노예상태 속에서 황폐화됩니다. 인간의 영혼은 자신 속의 동물적이고 맹목적인 욕망을 이성적 사유와 분별의 힘에 의해 다스리고 지배될 때, 자신의 본래성을 실현할 수 있는 것입니다.

아테네 시대에 아내와 남편들이 일반적으로 서로 떨어져 살았다는 것은 단지 결혼이 출산의 목적에 국한되었다는 사실로 일부 설명할 수 있습니다. 아테네의 남성들은 통상적으로 성적 욕구의 대상을 다른 곳, 즉 고급 매춘부나 다른 남성에게서 찾았습니다. 그러나 그리스 전통에서 플라톤이 표현한 것처럼, 남성 동성애의 활동 범위조차 한층 깊은 구분에서 세력을 떨치고 있었습니다. 사회적으로 동등한 위치의 사람들 사이에서의 성을 짝짓는 일은 성교의 방법에서나 허락되는 수준에서나 시민과 노예, 시민과 외국인 또는 시민과 매춘부 사이의 성과 세세하게 차별되었습니다.

에로스의 탄생: 어머니 아프로디테의 신화

우리는 행복의 원천을 사랑이라고 말하는 고대 그리스의 먼 이야기 속에서 그 흔적을 찾아볼 수 있습니다. 소크라테스는 에로스란 특별히 지혜와 무지 사이에서 중간위치를 유지하면서 '일생에 걸쳐서 지혜를 추구하는 것'이라고 말합니다. 지혜가 가장 아름다운 것에 속하고 에로스는 모든 아름다운 것에 대한 사랑이기 때문에 에로스는 필연적으로 지혜의 탐구자입니다. 그는 에로스를 무엇보다 지혜라고 말합니다. 흔히 우리가 알고 있는 그리스 어원으로써 "지혜sophia"와 "사랑하다philos"를 합하여 철학philosophia이 되었습니다.

먼저 우리는 플라톤의 『향연Symposium』과 『파이드로스Phèrde』의 저서에서 행복의 원천을 에로스의 안내자로서 나타내고 있음을 볼 수 있습니다. 플라톤의 『파이드로스』에서 행복은 사랑의 욕망이며, 이것은 모든 사람들에게 자명한 것이라고 말합니다. 또한 플라톤은 그의 대화편 『향연』에서 에로스Eros, 즉 사랑을 행복의 원천이라고 말합니다. 그 까닭은 에로스가 아름다움을 향한 동경이기 때문입니다. 무엇보다 인간에게 가장 행복을 안겨다 주는 것은 아름다움이며, 또한 그것은 사랑의 원천이 됩니다. 우리는 아름다움을 추구하는 미적인 삶 속에서 참된 행복을 얻을 수 있다고 말합니다. 행복은 많은 사랑들이 욕망하는 대상인 아름다움에 대한 사랑을 통해 이루어질 수 있다는 것입니다. 플라톤에게 있어서 아름다움이란 절대 선이나 정의와는 다소 다르게 유일하게 가시적으로 드러난 절대적인 이데아입니다. 온 인류가 행복에 이르는 길은 남녀의 아름다운 사랑을 완전하게 이루도록 하는 것입니다. 단적으로 말해서 에로스는 "추한 것을 꺼리고 아름다운 것을 선망하는 마음"입니다. 그런데 행복은 정신적인 아름다운 사랑을 통해서 성취될 수도 있지만 남녀의 육체적인 성적 결합을 통해서 훨씬 더 완전하게 이를 수 있습니다. 때문에 우리에게 결혼이란 남녀의 완전한 육체적인 성적 결합을 뜻하기도 합니다.

우리는 종종 일상적인 의미에서 사랑을 에로스라는 말로 번역하기도 합니다. 에로스는 사랑과 아름다움의 여신 아프로디테영어: 비너스의 아들입니다. 이것은 사랑의 또 하나의 아들인 것입니다. 에로스의 어머니인 아프로디테는 아름다움의 여신인 동시에 사랑과 아름다움의 화신이라고 불리고 있습니다. 그녀는 너무나 아름다워 그리스의 많은 여신들 중에서 가장 아름다운 "미스 그리스"의 진眞의 여왕으로 뽑혔습니다. 아프로디테는 거품에서 태어났다고 합니다.

헤시오도스의 『신통기』에 의하면, 땅의 여신 가이아는 만물의 씨앗이 들어 있다는 카오스에서 태어났습니다. 카오스는 아직 질서가 전혀 잡히지 않은 혼돈이라 뜻입니다. 땅의 여신 가이아는 우라노스를 낳고 자기가 낳은 하늘의 신 우라노스와 결혼하였습니다. 가이아는 여섯 아들과 여섯 딸을 낳았습니다. 가이아는 몸집이 어마어마하게 큰 티탄과 커다란 눈이 이마 가운데 하나씩 박혀 있는 키클로프스라는 세 명의 아들을 더 낳았습니다. 거기에 세 명의 아들을 또 낳았는데 머리가 50개, 팔이 100개씩 달려 있는 헤카톤케이르라는 자식들을 낳았습니다. 가이아가 괴물같은 자식을 낳자 남편 우라노스는 굉장히 화를 냈다고 합니다. 우라노스는 헤카톤케이르드 등을 땅 속 깊은 곳에 가두어 버렸습니다. 어머니 가이아는 우라노스에게 대들었고 억울해서 참을 수가 없었습니다. 땅의 여신 가이아는 땅 속에 박혀 있는 쇠붙이로 큰 낫을 만들고 여섯 명의 티탄들을 불렀습니다. 누가 이 낫으로 아버지의 고추를 잘라 버리고 영원히 아버지를 쫓아 버리겠느냐고 물었습니다. 힘이 가장 센 막내 크로노스가 자기가 하겠다고 자청하였습니다. 크로노스는 아버지 우라노스에게 덤벼들어 낫을 휘둘렀고 우라노스는 고추가 잘려 피가 솟는 상처를 움켜쥐고 달아나 버렸습니다. 그러자 땅과 하늘의 아들 크로노스는 낫으로 아버지의 고환을 꺼내어 바다지중해에 던졌습니다. 바다에 던져진 고환은 정액의 거품에 실려 표류하였습니다. 뒷날 그 바다에서 하얀 거품이 일어났는데 그 거품에서 아름다움과 사랑의 여신 아프로디테가 태어났습니다. 그녀는 신과 인간에게 최고의 신이었던 제우스신의 명령으로 헤파이스토스신과 결혼하였습니다. 헤파이토스는 신들 가운데 가장 못나고 절름발이인 대장장이였습니다. 가장 아름다운 여신인 아프로디테와 가장 못생긴 헤파이스토스는 결혼을 하였으나, 아프로디테의 바람기는 이들의 애정 관계를 순조롭지 못하게 했습니다. 아프로디테는 많은 남성들과 성적인 관계를 가졌습니다. 그녀 자신은 뒤에 헤르메스와의 정사로 양성兩性을 가진 헤르마프로디토스를 낳았습니다. 그녀는 다시 디오니소스와의 정사로 프리아푸스를 낳았는데 전형적인 남성상으로 그의 페니스는 영원히 발기상태에 있었다고 합니다. 오리엔트에서는 남성적인 에로스 신은 여성이면서 수염을 기르고 남근이 달린 괴물과도 같은 모습으로 묘사하였습니다.

아프로디테는 사랑의 여신이지만, 육체적인 사랑의 여신으로 통했습니다. 이 여신은 하루 동안이라도 육체적인 사랑 없이는 견뎌낼 수 없었습니다. 이 여신의 유혹에 한번 걸리기만 하면 신이든 인간이든 그 아름다움 앞에서는 견뎌 낼 재간이 없었습니다. 그래서 육체적인 사랑의 접촉이 있는 곳에서는 항상 아프로디테가 따라다녔습니다. 이러한 어머니의 피를 이어받은 에로스의 본질은 성적 내지 육체적인 사랑이라고 할 수 있습니다. "성을 거역하지 말라. 그러면 행복은 사라질 것이니." 피는 물보다 진하다는 말이 있습니다. 그래서 에로스는 성과 결합된 사랑이라는 말입니다. 여기서 성이란 말은 성적인 욕망을 자극한다는 분위기를 자아냅니다.

디오티마가 분류한 사랑의 유형: 아름다운 이데아의 사랑

플라톤의 『향연』에서 에로스는 소크라테스를 비롯한 여러 대화자들에 의해 새롭게 그려지고 있습니다. 플라톤이 저술한 대화편 가운데 가장 아름다운 작품인 『향연』은 부제에 "사랑에 대하여"라고 붙이면서 사랑에 관한 대화를 시작하고 있습니다. 이 책은 비극시인 아가톤B.C. 416의 집에서 벌어진 만찬에서 소크라테스를 비롯한 몇몇의 사람이 초청되어 사랑에 관하여 진지하게 논의를 하는 내용입니다. 이 향연에 참석하였던 아리스토데모스Aristodemos가 아폴론도로스Apollodros에게 나중에 전해준 것을 다시 그 친구에게 이야기해 주는 형식을 취하고 있습니다. 또한 아리스토파네스와 디오티마Diotima가 들려주는 신화 속에 뿌리를 둔 에로스는 그 신화들로부터 근거하고 있습니다. 디오티마는 『향연』에서 사랑을 여섯 가지로 구분합니다.

① 단 하나의 아름다운 육체에 대한 사랑

사랑은 어느 날 사춘기의 영혼에서 나타납니다. 왜냐하면 육체의 아름다움이 사춘기의 영혼을 유혹하기 때문입니다.

② 아름다운 여러 육체의 사랑

지구상의 수많은 인간들은 제각기 아름다움을 간직하고 있기 때문에 단 하나의 존재를 사랑한다는 것은 그다지 쉽지 않습니다. 인간이 아름다움으로 인해서 한 사람의 육체만을 사랑한다면, 모든 아름다운 육체를 동등하게 사랑해야 하는 것이 마땅할 것입니다.

③ 아름다운 영혼에 대한 사랑

인간이 아름다운 몸을 가진 존재를 사랑한다는 것만으로 행복해 질 수는 없습니다. 그래서 아름다움은 시, 음악, 미술 등 예술작품 속에서 나타나는 감수성을 지닌 영혼을 통해서 사랑할 수 있습니다.

④ 아름다운 행동에 대한 사랑

인간은 영웅이나 용기, 도덕성이 뛰어난 사람들을 숭배하려는 경향이 있습니다. 올바른 법과 그 법을 도시국가에 전해주는 자, 위대한 정치인, 입법자들을 사랑해야 합니다.

⑤ 아름다운 예지와 지식에 대한 사랑

올바르게 행동하려면 무엇이 올바른지를 알아야 합니다. 가끔은 선한 행동을 실천하는 사람을 예찬하는 것에 그치는 것이 아니라 그러한 행동을 하는 사람들을 본받아야 합니다. 위대한 현인들과 학자들은 선이 무엇인지를 잘 알고 있습니다. 철학은 모든 학문을 통합하고 지식과 예지를 조율하는 실천적이고 이론적인 학문입니다. 때문에 가장 아름다운 것들의 표현이자 아름다운 영혼의 행동이라고 할 수 있습니다.

⑥ 아름다움의 이데아에 대한 사랑

이는 단순히 아름다움의 이데아가 아니라 모든 이데아에 대한 사랑입니다. 아름다움이 우리의 시선을 끄는 동시에 유혹하는 것은 절대 선이라는 아주 완벽한 가시적인 이미지가 있기 때문입니다.

플라토닉 러브

플라톤은 아주 재미있는 대화의 문답형식으로 이루어진 『향연』에서 사랑의 욕망에 관해 여러 시각으로 사람들의 표현을 빌려 이야기하고 있습니다. 향연에서는 의사, 시인, 정치인 등 다양한 계층의 사람들이 모임에 참석하여 사랑에 관해 자기 나름대로의 주장을 펼칩니다. 각자가 가지고 있는 소신대로 그들은 에로스를 가장 아름다운 신이라고 찬양합니다.

먼저 에로스가 이 모임의 주제가 된 것은 그 자리에 참석한 의사인 에릭시마코스Eryximacos가 사랑의 신 에로스에 대하여 찬미하자는 제안에서 비롯됩니다. 그는 에로스를 인간에게서 뿐만 아니라 만물 속에서도 발견할 수 있다고 말합니다. 에로스는 "모든 인간적이고 신적인 사물들 속에서 어디서나 자기의 손길을 미치기 때문입니다." 이러한 제안은 곧 받아들여져서 파이드로스Phaidros와 아리스토파네스Aristophanes, 아가톤Agathon 그리고 소크라테스Sokrates가 그들의 사랑에 관한 이야기를 나눕니다. 파이드로스는 에로스가 신들 가운데서 가장 위대하고 오래된 존재라고 찬양합니다. 그는 헤시오도스의 말을 인용하여 태초의 혼돈상태Chaos 다음에 땅과 에로스가 생겨났다고 주장합니다. 그래서 에로스는 "인간들에게 최대의 덕과 행복을 주는 것뿐만 아니라 인간으로 하여금 가장 아름답고 훌륭하게 살 수 있도록 배려해 주는 신적인 존재"로서 묘사됩니다. 플라톤은 이 책에서 주인공인 파이드로스의 견해에 대해 파우사니아스Pausanias를 통해 에로스는 무차별적으로 아름다운 존재가 아니라 "천상의 사랑"과 "지상의 사랑"을 구별하여 대응하고 있다고 적고 있습니다. 전자는 혼의 화합·정신적 매력에 기초한 사랑이며, 후자는 단지 육체적인 만족을 구하는 사랑이라고 하였습니다. 지상의 사랑은 "부녀자들과 소년들을 가리지 않고 사랑하고 그 다음에는 영혼보다 육체를 더 사랑합니다. 그들의 관심사는 영예스럽건 그렇지 않건 간에 상관없이 그들의 욕망을 만족시키는 데 있습니다." 천상적인 사랑은 남성적인 것들로 향합니다. 남성들은 본성상 보다 강력하고 통찰력 있는 쪽으로 기우는 경향을 가지고 있기 때문입니다. 그리고 이들은 기만적 수탈을 멀리하면서 보다 성숙한 청소년을 선택합니다. 이를 통해서 강력한 우정과 공동체가 형성되는데 여기서 우정과 공동체는 영혼의 아름다움에 근거를 두고 있습니다. 그래서 사랑은 남자끼리의 사이에서만 존재할 수 있으며 남녀 간의 사랑은 에로스가 관여하는 일로 그 누구도 알 수 없다고 말합니다.

사랑은 본질상 아프로디테Aphrodite가 주관하는 영역에 속하였기 때문에 여성은 처음부터 플라토닉한 사랑에서는 제외되어 있었습니다. 플라토닉 러브는 남녀 간의 정신적 사랑을 의미합니다. 어쩌면 플라톤이 소크라테스에게 느꼈던 감정도 바로 "플라토닉 러브"에 해당한다고 할 수 있습니다. 그는 먼저 플라토닉 러브라는 것은 오로지 동성애만을 의미한다는 식으로 서술해 갔습니다. 즉 플라토닉 러브는 남녀의 공허한 관념론적인 애정의 표현이 아닌 동성애의 이상을 말하는 것이었습니다. 사랑의 방법은 남녀의 사랑을 장식하는 것에 의존하지 않고, 진실하게 마음의 밑에서부터 사랑하고 있는 자에 의해 자신의 몸과 같이 여겨지고 응대를 받을 만한 것이라고 말합니다. 플라톤은 가문 있는 여자와 사귀지는 않았으나 동성애적인 기질을 갖고 있었습니다. 그리스 사회에서는 동성연애를 하는 것이 자연스럽게 받아들여졌으며 플라톤이 주로 사랑했던 대상은 동성이었습니다. 그렇다고 플라톤이 여자를 혐오한 것은 아니었습니다. 그는 '테오테이마'라는 여인을 정신적으로 사랑했다고 그의 대화록인 『향연』에서 전하고 있습니다.

플라톤의 『국가』에서는 여자도 남자와 동등하며 음악과 체조에 관해서도 훈련을 받고 교육을 받을 수 있다고 강조합니다. 그는 모든 행위가 그 자체로서는 선하지도 악하지도 않으며, 아름답지도 추하지도 않는 이른바 가치 중립적인 것과 마찬가지라고 말합니다. 에로스도 아름답게 사랑하게 하는 에로스는 아름다우며 세속적인 욕망만을 추구하는 에로스는 저속하다는 것입니다. 그래서 파우사니아스는 시간적 경과 없이 너무나 빨리 사랑을 받아들이는 것이나 돈과 권력에 의하여 유혹하고 사랑을 베푸는 것은 추악하지만, 사랑하는 사람에 대한 존경심에서 봉사할 경우에는 비록 노예적인 행위일지라도 아름답다고 규정합니다. 어떤 성적 행위가 추악하거나 아름다운 것이 아니라 그와 같은 마음의 동기에 의하여 결정된다는 것입니다. 파이드로스는 사랑이 그 자체로서 고매하고 아름다운 신적 존재로부터 비롯된 것이라고 보았지만, 파우사니아스는 사랑하는 사람들이 가지고 있는 마음의 동기에 의해서 천상의 사랑을 하기도 하고 지극히 세속적이거나 육체의 욕망에 허덕이는 사랑을 하게 된다고 주장하였습니다. 이것은 천상적인 사랑만이 덕과 지혜를 향한다는 것이며 국가와 개인을 위해서도 역시 최고의 가치를 지닌다는 것입니다. 이어지는 아리스토파네스Aristophanes의 견해는 에로스를 아주 재미있게 묘사하고 있습니다. 그는 인간들을 사로잡는 에로스의 매력에 대해서 한 신화를 통해 묘사합니다.

남녀성性의 탄생

아리스토파네스는 에로스를 인간의 원초적인 본성에 대한 신화를 바탕으로 설명하고 있습니다. 그에 의하면, 원초적인 상태에 있어서의 인간은 세 가지의 성性을 가지고 있었습니다. 신들의 분노에 의해 최초의 존재의 분리와 두 개의 반쪽의 헤어짐을 이야기하면서 구애기술의 문제를 넘어서고 있습니다. 그는 남성과 여성, 그리고 여기에 또 하나의 제3의 혼성 또는 남녀성anthrogunos/Mannweibliches Geschlecht으로 되어 있다고 말합니다. 그 밖에 모든 개별 인간은 두 사람의 육신의 모습을 지니고 있었습니다. 여기서 남녀성의 "안드로구노스"라는 낱말은 "아네르남성"와 "구네여성"의 복합어입니다. 그 당시의 사람들은 등과 옆구리가 온몸에 둘러져 있는 둥근 모습을 하였고, 하나의 머리에 같은 얼굴이 앞뒤로 달려 있으며 귀는 네 개, 팔과 다리는 각각 넷이었고 두 개의 성기가 달려 있었습니다. 남성은 그 성기가 모두 남성의 것이고 여성은 두 개가 모두 여성의 것이었으나, 제3의 성을 가진 사람은 남성과 여성을 모두 가지고 있었습니다. 즉 예전에 인간은 머리가 둘이고 팔다리가 네 개인 이중인간이었다는 것입니다. 우리는 이것을 원초적인 양성적 인간이라고 부르고 있습니다. 어떤 사람은 한쪽 부분에는 남성의 성기를 갖고 있고 다른 한쪽에는 여성의 성기를 갖고 있거나, 다른 사람들은 남성이거나 여성일지라도 이를 양성적 인간으로 불렀습니다.

여기서 에로스는 동성애자를 지칭합니다. 동성애란 소년들의 사랑을 넘어서 높은 이상의 보호 아래에 성을 동등화하고 동일화하려는 욕망으로 이해합니다. 남근상의 보호 아래에서 여성의 동성애는 여인이 겪는 시련을 타자와의 동등화로 불태우기 위해 보다 복잡하고, 보다 멀리 있고, 보이지 않는 미로를 택합니다. 여성의 동성애는 남근적 지배나 남성적 힘에 대한 복종으로 향하는 남성적인 저돌성과 같은 것은 아닙니다. 사람들은 전후좌우를 마음대로 다닐 수 있었으며 엄청난 힘을 가진 존재였습니다. 그리고 이들은 결국 신들에 대항하여 싸우기 시작하였습니다. 이러한 인간들은 매우 힘이 세고 올림푸스의 신들을 정복하기 위해 거대한 탑을 건설했습니다.

인간으로부터 공격을 받게 된 제우스는 인간의 문제를 어떻게 처리할 것인가 하는 고민이 생기게 되었습니다. 인간들을 말살하게 되면 신들에게 예배를 드릴 존재가 없기 때문에 제우스는 인간을 절반으로 갈라서 힘을 약화시킬 생각을 하게 됩니다. 즉 이 원초적인 인간들의 오만을 제압하기 위하여 제우스신은 이들을 "두 개의 반쪽"으로 절단하였습니다. 자신의 권력을 보존하고 오만하기 짝이 없는 인간을 벌하기 위해 이들을 둘로 갈라 각각 남자와 여자를 만들어 놓은 것입니다. 그래서 제우스신은 인간들을 절반으로 분할하여 그 쪼개진 쪽으로 반 조각의 머리를 돌려놓고 갈라진 살 조각을 모아서 꿰매고 그 상처를 보게 하였습니다. 그것은 바로 지금 우리가 갖고 있는 배와 배꼽입니다. 이러한 분할로 인하여 인간은 한 개의 얼굴에 두 개의 귀와 두 개의 팔다리를 갖게 되었습니다. 그 후에 그들은 불행을 걸머진 채로 잃어버린 자신의 반쪽을 찾기 위해 세상을 헤매고 다니면서 서로를 꼭 부둥켜안고 하나가 되려고 하였습니다. 그들은 하나가 되려고 수없이 시도하지만 자기와 맞는 나머지 반쪽을 발견하는 것이 쉬운 것은 아니었습니다. 그러나 자신의 반쪽을 찾을 경우에는 아주 기막힌 황홀감에 사로잡히곤 합니다. 서로 잃어버린 반쪽을 찾은 그들은 사랑의 유희에 탐닉하고, 단 하나의 존재가 되기 위해 서로 합치려고 합니다. 하지만 이들은 서로 만나게 되면 일은 하지 않고 항상 붙어 있으려고만 했으며 그 때문에 굶주려서 죽게 되었다고 합니다. 그리고 살아남은 반쪽들은 다른 반쪽들을 찾아서 계속 헤매게 됨으로써 이들의 운명은 비참하게 되었습니다. 이렇게 되자 제우스 신은 인간을 불쌍하게 여겨서 그들의 생식기를 앞쪽으로 옮겨 주고 다른 반쪽을 찾게 되면 서로 교접할 수 있게 함으로써 안정을 되찾고 다시 생업에 종사할 수 있도록 하였습니다.

그리하여 인간은 지금도 잃어버린 자신의 반쪽을 찾기 위하여 열성적으로 된다는 것입니다. 그래서 우리들 중 각자는 한 인간의 반쪽일 뿐입니다. 이러한 사실로부터 이성과 동성으로 나아가려는 이유가 해명될 수 있을 것입니다. 그런데 그리스 신화에서의 에로스는 반드시 동성애적인 것도 아니며 결혼과 모순되는 것도 아닙니다. 여기서도 부부관계는 사랑의 힘으로 나타나고 있으며, 이성적인 관계가 소년과의 관계와 확연히 구별되는 것도 아닙니다. 그 차이는 다른 곳에 있습니다. 결혼의 윤리, 더 정확히 말해서 기혼 남성의 성윤리는 그것의 규율을 만들고 만들기 위해서 에로스형의 관계를 요구하지 않았다는 사실입니다.

플라톤의 미메시스란?

미메시스의 어원은 기원전 5세기의 미메스타이Mimeisthei의 동사군에서 유래합니다. 이 단어들의 의미하는 바는 다음과 같은 맥락으로 분류할 수 있습니다.

첫째는 말, 노래, 무용을 통해서 동물이나 인간의 흉내를 냄으로써 그 모습이나 행위를 직접적으로 재현하는 흉내내기Miming 이고, 둘째는 실제로 흉내를 내지 않고도 한 사람이 다른 사람을 모방imitation 하는 일반적 의미이며, 셋째는 물질적인 형태로 사람이나 사물의 모습을 복제하는 것입니다. 그 이후에 중요하게 등장하는 고대철학적 미학의 미메시스론에서 Mimeisthei는 원래 은유Metaphor의 의미를 지닙니다.

미메시스 개념의 역사를 연구한 타타르키비츠Tatarkiewicz, 1886~1980는 이 용어가 원래 춤이나 음악에 주로 적용되었으며, 외적인 현실을 재현하는 의미보다는 내적인 현실을 표현하는 데 쓰였다고 말합니다. 이 개념의 어원은 디오니소스의 제전을 위한 제식이나 신비적인 의식에 그 기원을 두고 있습니다. 여기서 미메시스의 어원은 사제가 수행하는 주술적 행위와 관계된 의미에서 나왔다고 보여집니다. 미메시스가 이러한 의식에 의해 수행되었던 행위로서 춤추며, 악기를 연주하고, 노래를 부르는 행위를 대표적으로 이야기하고 있습니다. 미메시스는 제식과 관련되어 쓰였다는 의미에서 외적인 현실을 재현하는 것을 뜻하였습니다. 소크라테스는 미메시스를 사물의 외관을 복제한다는 의미로 사용하면서 회화나 조각에 적용시켰습니다. 플라톤은 소크라테스에 이어 미메시스를 조형예술뿐만 아니라 음악, 시 등 거의 모든 예술에 걸쳐 광범위하게 사용합니다. 여기서 그는 이데아와 현실의 관계를 규정하는 철학적 원리로 사용합니다. 이러한 어원상의 맥락에 따라 미메시스는 이 개념이 본래 함축하고 있는 모방·재현·묘사·표현 등의 포괄적인 뜻을 가급적 살리기 위해 원어 그대로 쓰는 것도 바람직합니다. 모방개념은 현대적 의미에서 재현이나 반영Widerspiegelung의 개념으로 쓰이며 이는 사실주의나 자연주의에도 밀접하게 관련된 용어입니다. 사실주의나 자연주의 예술의 원리도 모방론에 속하며 이는 전통적인 서구 예술관을 계승하고 있다고 볼 수 있습니다.

예술에 있어서 이 개념은 ① 다른 예술가의 제작을 모범으로 하여 그것과 같은 방법으로 제작하는 것, 즉 대상에 따른다는 것을 의미하는 경우, ② 현실의 존재자를 뒤따라서 그것과 같은 것을 제작하는 것, 즉 대상을 그린다는 것을 의미하는 경우가 있습니다. 이것은 다시 두 가지로 세분화할 수 있습니다. 첫째, 외적 객관적인 사물로서의 대상을 표현하는 재현·묘사를 의미합니다. 이 경우 그것은 내적 주관적 체험을 표현하는 표출에 대립합니다. 둘째, 대상을 있는 그대로 충실하게 그리는 것, 즉 사실寫實을 의미하며 이상화Idealisierung 또는 양식화에 대립하는 경우가 있습니다.

미메시스는 통상적인 용어로는 모방·흉내를 의미하며 라틴어로는 imitatio 등으로 번역되어 복합적으로는 재현한다는 뜻입니다. 하지만 이것은 그리스어의 의미를 엄밀하게 전달해 주지 못하고 있을 뿐만 아니라 이미 그 의미가 변형되어 사용되고 있음은 문헌학적 연구에서도 밝혀진지 오래입니다. 오랜 역사가 흐르면서 미메시스적 능력이 인간의 창조력에 의해 대체되었고 예술은 더 이상 자연을 모방하지 않으며 오히려 천재의 영감에 의해 창조된다는 견해가 근대 이후부터 등장하기 시작하였습니다. 근대에 접어들면서 실증주의적 자연과학의 발달이 급속히 진행되었지만 미메시스의 개념은 퇴색하기 시작하였습니다. 그러나 20세기를 전후하여 철학·예술학·미학의 분야뿐만 아니라 인류학·심리학·사회학 등의 사회과학 분야에서도 미메시스를 복권하려는 새로운 움직임이 일어났습니다. 이러한 현상은 인간의 이성이 도구적-합목적성 이성으로서 발전해 온 계몽의 역사에 대한 비판적 성찰과도 연관되어 있습니다.

미메시스라는 용어가 미학적 개념으로 확립된 것은 플라톤Platon, B.C. 427~437에서부터입니다. 플라톤의 미메시스는 가시적可視的인 현상세계가 비가시적非可視的인 이데아세계를 모방한다는 존재론적인 개념을 말합니다. 이러한 인식은 이데아 세계를 모방함으로써 가능해집니다. 미메시스는 존재와 인식을 매개하는 기능 작용이기 때문에 인간 활동이 이루어

낸 모든 소산물의 제작과 생산 · 창조의 원리입니다. 플라톤에게 있어서 인간이 만든 도구나 제도, 그리고 이것을 다루고 운영하는 기술은 궁극적으로 현상세계의 배후에 있는 자연의 내재원리를 잘 모방했던 도구나 제도였습니다. 예컨대 플라톤은 화가의 작업에서 이데아의 세계를 모방하여 현실계로 다시 모방한 것을 저급한 차원의 것으로 간주합니다. 또한 시詩라는 것도 한갓 영감에 불타는 열광적 기질의 소유자가 하는 것으로 치부하였습니다. 그는 지상의 실재물인 존재를 이데아의 모방에 불과하다고 말합니다.

그의 미메시스는 이데아론의 성립과 그 이데아론의 선험적 · 초월적 현실관에서 출발합니다. 플라톤의 이데아론은 현상계를 넘어서 초월적인 관념론의 길을 제시해 주었습니다. 그러나 플라톤은 처음부터 이데아를 초월적인 실재로 전제한 것은 아닙니다. 그의 이데아론은 내재성으로부터 선험성으로 진행하는 운동이 존재한다는 것입니다. 그의 이데아의 내재성은 단순히 개별적인 것에 대한 보편적인 것으로서의 관계만을 생각하였습니다. 예컨대 내 앞에 있는 침상은 완전한 침상의 불완전한 모상으로서 존재할 뿐입니다. 즉, 공작인은 “신이 창조한 이데아로서의 완전한 침상을 모방하는 사람이고 화가는 이 불완전한 모상을 또 다시 모방하는 사람입니다.” 그는 『국가』에서 의자와 같은 가구를 제작하는 공작인은 의자의 형상을 모방하고, 의자를 그리는 화가는 다시 제작된 의자를 모방한다고 말합니다. 그는 모방에는 두 단계가 있다고 말합니다. 하나는 형상들을 모방하는 감각계의 대상들, 다른 하나는 감각계의 대상들을 다시 모방하여 화가의 손에서 제시된 것들이 그것입니다. 화가가 자연대상, 즉 비인공품을 그릴 때에도 여전히 모방의 두 단계를 거치게 됩니다. 그는 그림을 거울의 이미지에 비교하면서 그림이란 다만 외관에 지나지 않으며 참되지 않다고 말합니다. 플라톤의 입장에서 그림은 외관의 외관인 것입니다. 왜냐하면 감각계의 대상은 형상의 외관이기 때문입니다. 그는 그림을 참되지 않은 외관으로 특징지었으며, 오늘날의 많은 이론가들에 의해서도 지지되고 있는 견해, 곧 예술을 환상이라고 보는 견해의 기원으로 볼 수 있습니다.

플라톤이 이데아를 지칭하는 선험적인 의미를 사용하기 시작한 것은 『향연Symposium』에서 입니다. 초기에 플라톤은 개별적인 사물과 이데아를 완전히 분리시킨 것이 아니라 개별적인 사물의 불완전함에 대해 이데아의 영원성과 순수성을 주장합니다. 그의 이데아론에 내포된 선험적인 요소는 영혼관과 결부되면서 신비적이고 종교적인 색채를 띠게 됩니다. 무엇보다 플라톤은 이성을 중시하는 그리스의 합리주의와 자연철학의 전통을 계승하고 있습니다. 그런 그의 영혼관에 영혼의 정화와 윤회와 같은 비합리주의적이고 종교적인 요소가 합류하게 됩니다. 그는 중기 『대화』편 이후부터 미메시스라는 말을 이데아의 세계와 경험현실을 지칭하는 관계, 예술이 경험현실을 모방하는 활동을 지칭하는 용어로 동시에 사용하였습니다. 그는 경험현실이 이데아의 미메시스에서 존재한다고 보았으며 예술을 경험현실의 미메시스로서 파악하였습니다. 후기에 가서도 플라톤의 이데아는 인간행위에서 나오는 단지 불완전하게 반영될 뿐이라는 이데아에 대한 선험적 견해가 점진적으로 정립되고 감각물로부터 분리되었습니다. 즉 예술이 모방이라는 사실은 의심할 여지없이 플라톤 시대를 통해서 일반적으로 지지되고 있는 견해였습니다.

철인왕은 누가하나?

플라톤의 『국가』는 수많은 언어로 쓰여진 정치철학서 중에서 최초의 체계적인 저술로 손꼽히고 있습니다. 플라톤이 저술활동을 왕성하게 벌였던 시기에 쓴 『국가』는 플라톤의 다른 저작물처럼 몇 십년 앞서 있었던 대화를 적어 놓은 것입니다. 그 대화를 주도하는 사람은 플라톤의 스승 소크라테스였습니다. 그 대화가 실제로 이루어졌을 때 플라톤은 십대에 지나지 않았으며, 아테네는 스파르타와 지루하게 전쟁을 벌이던 중이었습니다. 플라톤은 이 저서에서 계급조직인 정치질서의 바탕위에서 독특한 정의正義 개념을 제시하였습니다. 『국가』는 겉으로 보기에는 대화체로 구성되어 있습니다. 그럼에 불구하고 실제로 보면 사실상 대부분 독백입니다. 소크라테스가 정의로운 도시의 특징, 그런 도시에 필요한 인간과 교육, 훈련 방식에 대한 구상을 밝히는 내용이 주를 이루고 있습니다. 아울러 정의롭지 못하고 열등한 영혼과 통치집단의 유형에 대한 소개도 곁들이고 있습니다.

플라톤은 『국가』에서 국가에 대한 이상적인 모델을 제시하고자 하였습니다. 플라톤의 이상국가란 다양한 것들의 조화와 공존으로서의 우주와, 자연원리 그대로의 충만한 욕구와 각기 다른 소질들을 지닌 다양한 계층들이 조화롭게 공존하는 사회로 보았습니다. 플라톤은 각 개별적인 인간들의 그 소질과 욕망들은 일률적이지 않다고 보았습니다. 예컨대

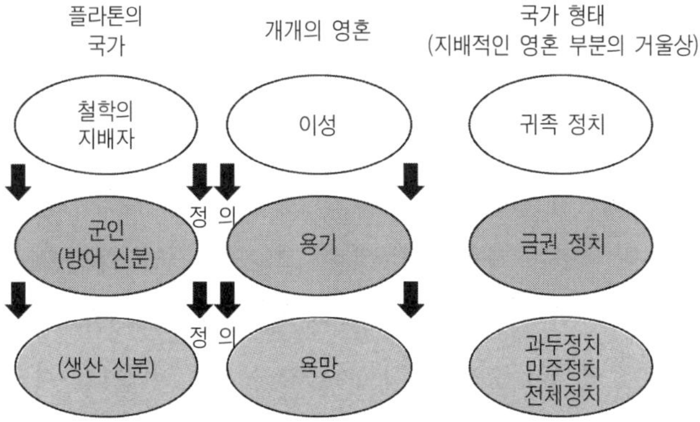

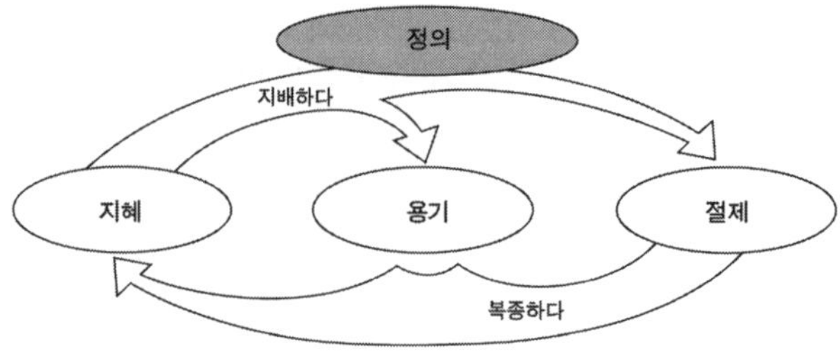

어떤 과학자는 발명품을 잘 만드는 소질을 갖고 있고, 어떤 축구선수는 공을 잘 차는 소질이 있으며, 어떤 농사꾼은 절기를 잘 맞추어 농사에 풍년을 들게 하는 소질이 있고, 어떤 정치가는 연설을 잘하는 소질이 있습니다. 이렇듯 사회구성원들은 각자의 소질과 욕망을 구현하여 서로 사회적 삶의 보존을 위해 분업적인 사회구조를 성립하게 됩니다.

플라톤은 『국가』에서 영혼의 삼분설三分說을 발견하였는데 그것은 피타고라스학파에게서 빌려온 학설이라고 합니다. 즉 영혼의 세 부분은 이성적 부분, 용기 또는 기개氣槪의 부분, 그리고 욕구의 부분으로 이루어져 있습니다. 이성은 육체와 독립된 순수한 이데아적인 부분으로서 불멸적이며 육체에 앞서서 존재합니다. 이성의 기능은 이데아를 직관하는 데 있으며 이를 통해 다른 영혼 부분들을 통제하며 인생의 목표에 잘 도달하도록 도와줍니다. 명예를 추구하는 기개와 쾌락을 추구하는 욕정의 두 부분은 육체와 함께 생겨 소멸하게 됩니다. 통치자는 이성적인 부분에 해당하기 때문에 현명한 지혜를 갖추어야 하며, 국가를 지키는 군인은 용기가 있어야 하며, 시민은 생산자 계급으로 욕구 부분에 해당하므로 절제된 욕망을 통해 안정과 행복을 찾아야 합니다. 이 세 부분이 각기 지혜, 용기, 절제의 덕을 성취할 때 전체로서의 영혼은 정의dikaiosyne의 덕을 실현하며 이때 인간은 참다운 행복을 얻게 됩니다. 이와 같은 인간관을 국가에 적용할 때 그의 이상국가론이 성립하게 됩니다.

최초의 국가는 이와 같은 분업에 기초한 자급자족의 국가로 성립된 것입니다. 국가는 그들의 다양하고 이질적인 욕망의 실현을 위해 지배계급, 수호자계급, 그리고 생산계급이라는 분업구조를 성립하게 됩니다. 이러한 분업구조에서처럼, 플라톤은 이상적인 국가란 한 개인의 모습과 크게 그다지 다르지 않다고 생각했습니다.

플라톤에 의하면, 인간의 신체는 머리 · 가슴 · 배의 세 부분으로 되어 있으며 그것들이 하는 기능은 이성 · 기개 · 욕망과 같은 각기 다른 특징을 보이고 있습니다. 영혼이 추구하는 덕은 지혜 · 용기 · 절제이며 이것들이 종합해서 정의를 구성하고 있습니다. 이러한 국가는 다음과 같은 세 종류의 계급으로 이루어집니다.

(1) 국가를 통치하는 통치계급, (2) 국가를 방위하는 수호계급, (3) 일반 생산계급(시민들, 수공업자, 영업자, 농부)이 그것입니다. 이 가운데 교육은 수호자 곧 사회지도층인 군인을 양성하는 데 집중합니다. 이들의 선발과 교육과정은 스파르타에서처럼 출생과 동시에 이루어집니다. 이들은 음악과 체육교육을 집중적으로 받습니다. 그리고 수호자 중에서 뛰어난 자가 통치자가 됩니다. 검약과 절제를 몸에 익히고 참된 지혜를 갖춘 철학자를 양성하고 그에 의해 통치하는 나라, 이것이 바로 플라톤이 꿈

꾸는 유토피아이상국가입니다. 그렇게 되었을 때 생산자 · 수호자 · 통치자 계급은 각각 절제 · 용기 · 지혜의 덕을 잘 구현하여 개인과 사회가 온전히 제 기능을 다하게 되면 정의가 이루어진다고 보았습니다. 여기서 절제 · 용기 · 지혜 · 정의는 스파르타가 지향했던 덕목들이었습니다. 결국 플라톤의 이상국가는 지난 2500여 년 동안 서양 문명에 큰 영향을 끼쳐 왔습니다. 플라톤의 정의관을 보다 구체적으로 살펴보면 다음과 같습니다. 플라톤의 『국가』에서는 글라우콘이 소크라테스에게 대답을 요구하며 제시한 정의에 대한 일부분의 설명을 다음과 같이 말합니다.

> "사람들은 이렇게 말합니다. 불공평한 행위를 저지르는 것은 원래 선한 일이고, 불공평한 행위를 당하는 것은 나쁜 일입니다. 그러나 불공평한 행위를 당하는 것은 불공평한 행위가 선한 것 이상으로 나쁘다고 할 수 있습니다. 그렇다면 이렇게 생각해 볼 수 있습니다. 사람들이 서로에게 나쁜 짓을 하거나 남의 나쁜 짓으로 고통을 받거나 아니면 두 가지 모두 경험했다고 합시다. 그러면 남의 나쁜 짓을 피할 수도 없고 남에게 나쁜 짓을 안 할 수도 없는 인간들에게 나쁜 짓을 하지도 않고 당하지도 않는 협약을 맺는 것이 이로워 보입니다. 이것이 입법의 시작이고 협약의 시작입니다. 금방 사람들은 법의 집행은 합법적일 뿐 아니라 정의롭기까지 하다고 배웁니다. 그것이 정의의 기원이자 진정한 본질입니다. 그것은 최선의 것, 말하자면 처벌을 받지 않고 정의롭지 못한 짓을 하는 것과 최악의 것, 즉 보복의 권한을 갖지 못한 채 남의 부당한 짓으로 고통 받는 것의 중간쯤 어디엔가 위치합니다."

플라톤은 소크라테스와 글라우콘을 비롯한 고대 그리스 철학자들의 대화를 통해 자신의 이론을 형성해 나갑니다. 소크라테스는 한 국가가 완벽하고 이로우려면 4가지의 덕을 갖고 있어야 한다고 봅니다. 여기서 4가지 덕이란 앞서 언급한 지혜, 용기, 중용절제 그리고 정의입니다.

소크라테스는 만약 덕 중에서 첫 3가지가 있다면, '해답이 아닌 것부터 지워나가는 방법'을 통해 4번째 덕을 찾아 나가는 것이 가능하다고 합니다.

지혜sophia/prononēsis는 국가의 통치자가 갖추어야 할 최고의 덕목입니다. 이 계급에 속하는 사람들의 수가 국가 안에서 가장 적다고 하더라도 그 계급은 현명하게 통치할 수 있어야 합니다. 플라톤의 정치철학의 핵심은 "누가 통치할 것인가?"라는 물음이기 때문에 통치자는 훌륭한 판단과 지혜를 갖추고 있어야 합니다.

용기andreis는 수호자 계급(군인) 갖추어야 할 특유의 덕목입니다. 플라톤에게 있어서 용기란 "두려워할 것과 두려워하지 않을 것들에 대한 바르고 준법적인 소신의 지속적인 보전과 그럴 수 있는 능력"을 가리킵니다. 그렇기 때문에 그 계급이 적절한 훈련을 받고 적절한 사람들로 구성되어 있다면, 그 계급은 용기를 갖추었다고 볼 수 있습니다.

중용sôphyrosynê 혹은 절제는 생산자 계층이 지녀야 할 핵심 덕목입니다. 이 덕목은 신중함, 사리분별, 일상적인 지혜 등으로 이해할 수 있으

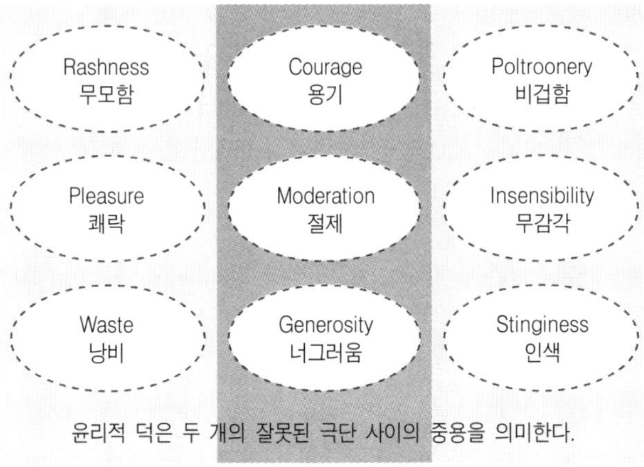

윤리적 덕은 두 개의 잘못된 극단 사이의 중용을 의미한다.

며 자기 자신을 이겨내는 것을 기본으로 여깁니다. 중용은 지혜나 용기와는 다르게 계층들의 신분 여하에 따라 각기 다르게 나타날 수 있지만, 모든 사람들에게 해당하는 덕입니다. 통치자들은 단순하고 적절한 욕망을 품고 있으며, 통치자들의 욕망은 당연히 이성과 올바른 의견과 조화를 이루어 이성의 지배를 받고 있습니다. 정의는 이 나머지의 한 요소입니다. 따라서 생산자 계층의 중용, 수호자 계층의 용기, 통치자 계층의 지혜라는 세 덕목이 조화를 이루어 낼 때, 국가 전체에서 정의의 덕목이 성립하게 됩니다. 궁극적으로 통치자 혹은 철인왕들의 경우는 영혼의 이

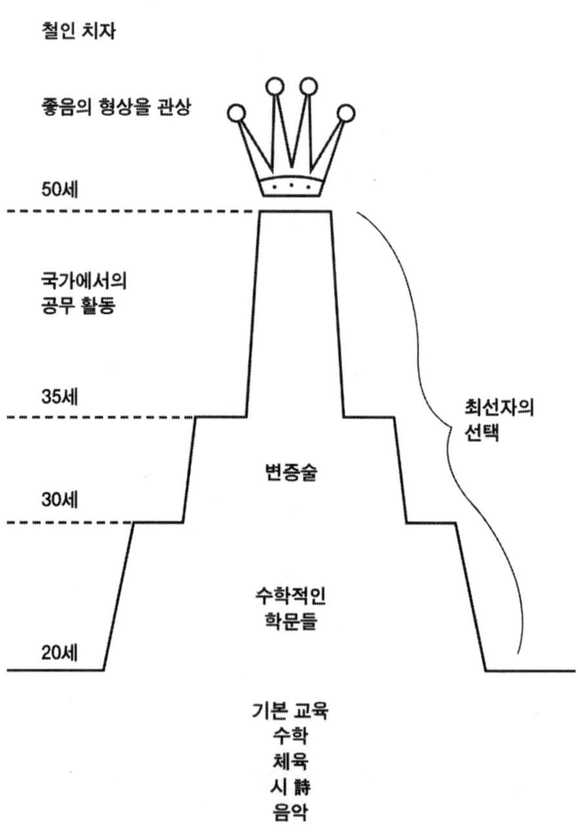

성적인 부분이 가장 돋보여야 합니다.

플라톤이 원하는 철인왕이 되기 위해서는 50년이라는 긴 세월 동안 교양교육을 쌓으면서 모든 방면을 갈고 닦은 특별한 재능을 가진 사람을 요구한다고 보았습니다. 철인왕이 되기 위해서는 우선 기초과목으로 성인이 되는 20세까지 시, 음악 그리고 체육을 통한 기초 교육을 받아야 합니다. 그 다음 10년 동안은 수학, 천문학, 화성학을 공부합니다. 그리고 변증술철학 수업 5년을 완수하고 국가의 공무를 15년간 실습해야 합니다. 이러한 교육을 받은 사람은 사전에 엄격한 시험을 거쳐 철학자, 지배자에 적합한 소수를 선발합니다. 따라서 철인왕이 되기 위해 50년 동안 공부하는 것은 자격이 없는 아무나 하는 것이 아니었습니다.

03
아리스토텔레스Aristoteles, B.C. 384~B.C. 322: 에우다이모니아

아리스토텔레스

아리스토텔레스는 그리스 식민지인 마케도니아의 왕의 주치의主治醫의 아들로 작은 마을에서 태어났습니다. 어릴 적에는 풍족하지 못한 집안 사정 때문에 군인이 되었습니다. 그런데 그는 군인이란 직업이 자기에게는 별로 어울리지 않는다고 생각하여 델포이로 건너가 자신의 장래에 관해 신에게 계시를 빌었다고 합니다. 그러자 신은 아리스토텔레스에게 말하길, "먼저 아테네로 가라. 그리고 철학을 공부하라"

는 계시를 내렸다고 전해집니다. 그때 그의 나이가 17세였습니다. 이를 계기로 그는 플라톤의 가르침을 받고 20여 년 동안 그의 문하에서 있었습니다. 342년에 마케도니아 왕의 초청을 받아 태자 알렉산더의 스승이 되어 7년간 마케도니아에 머물렀습니다. 알렉산더가 즉위하여 원정의 길을 떠난 335년에 다시 아테네로 돌아가 학원을 열고 12년간 수목이 울창한 뤼케이온Lykeion의 숲을 소요하면서 제자를 가르쳤습니다. 그래서 그의 학파를 소요학파逍遙學派, peripatetic School라고도 합니다.

다른 일화에서는 의사였던 아버지의 유산을 모두 다 써 버렸기 때문에 생활비를 벌기 위해 아테네에서 의학을 배웠다는 학설도 전해 내려오고 있습니다. 그의 아버지 니코마코스는 의술의 신인 아스클레피오스의 피를 이어받았다는 소문이 파다할 정도로 뛰어난 의술을 겸비한 의사였습니다. 후세의 학자들은 그가 청년 시절 아스클레피오스 신전에 속한 의료단체에서 활동하였을 것으로 추측하기도 합니다. 어떻든지 아리스토텔레스의 학문은 철학과 의학에서부터 시작하여 다양한 학문의 분과로 자신의 영역을 확장해 나갔습니다.

에우다이모니아란?

아리스토텔레스는 기본적으로 삶에서 가장 중요한 것은 행복이며 사람은 어떠한 길을 가든지 행복을 추구한다고 보았습니다. 그러면 아리스토텔레스의 행복관에 잠깐 귀를 기울여 봅시다. 그의 유명한 저서인 『니코마코스 윤리학』에서 행복론에 관한 논의가 구체적으로 잘 드러나 있는데, 그중에서도 제1권과 제10권에서 주로 다루어지고 있습니다. 그는 행복에 대해 다음과 같이 말합니다.

"대다수의 사람들은 행복을 쾌락이나 부나 명예처럼 명백히 보이는 어떤 것이라 생각합니다. 하지만 또 많은 사람들은 서로 다른 것을 행복이라고 생각합니다. 때로는 같은 사람들이라 할지라도 경우에 따라서는 다른 것을 행복이라 생각하기도 합니다. 병들었을 때에는 건강을 행복이라고 하며, 가난할 때에는 부유함을 행복이라고 합니다. 그러나 각자의 사람들은 스스로 무지함을 알고 있기 때문에 그것을 이해하지 못하고 커다란 이상을 내거는 사람만을 추앙합니다."

또한 그는 다음과 같이 행복을 정의합니다.

"우리는 행복 그 자체를 갈망하고 있지 결코 다른 무엇을 위한 수단으로 추구하지 않습니다. 우리는 행복을 모든 것 중에서 가장 바람직한 것이라 생각합니다. 행복은 최종적이고 자족적이며 모든 행위의 목적이 되고 있는 그 무엇입니다."

이러한 점에서 아리스토텔레스는 인간에게 있어서 가장 바람직한 삶은 "에우다이모니아eudaimonia"라고 감히 말합니다. 이 말의 의미는 영어로 "happiness", 독일어로는 "Glücklichkeit"로 번역되고 있으며, 우리말로는 흔히 "행복"이라고 옮겨서 사용하고 있습니다. 좀 어색한 표현이기는 하지만, "번창하기flourishing"로 번역을 하기도 합니다. 예를 들어 식물의 번창과 사람의 번창 사이에는 유사성을 갖고 있는 것과 같습니다. 즉 번창하는 삶이란 성공적인 삶을 의미합니다. 아리스토텔레스는 "에우다이모니아"라는 단어를 단지 즐겁고 유쾌한 생활이거나 쾌락의 절정에 이른 삶보다도 아주 넓고 심오한 뜻으로 사용하였습니다. 아리스토텔레스의 행복은 밭에서 발견한 보물처럼 우연히 주어지는 순간의 행복이 아니라, 삶이 지속적으로 행복한 상태를 가리키고 있습니다. 행복한 삶, 혹은 지복한 삶이란 어떤 상태를 말하는 것일까요?

아리스토텔레스는 인간이 가지고 있는 잠재적인 가능성을 자기의 능

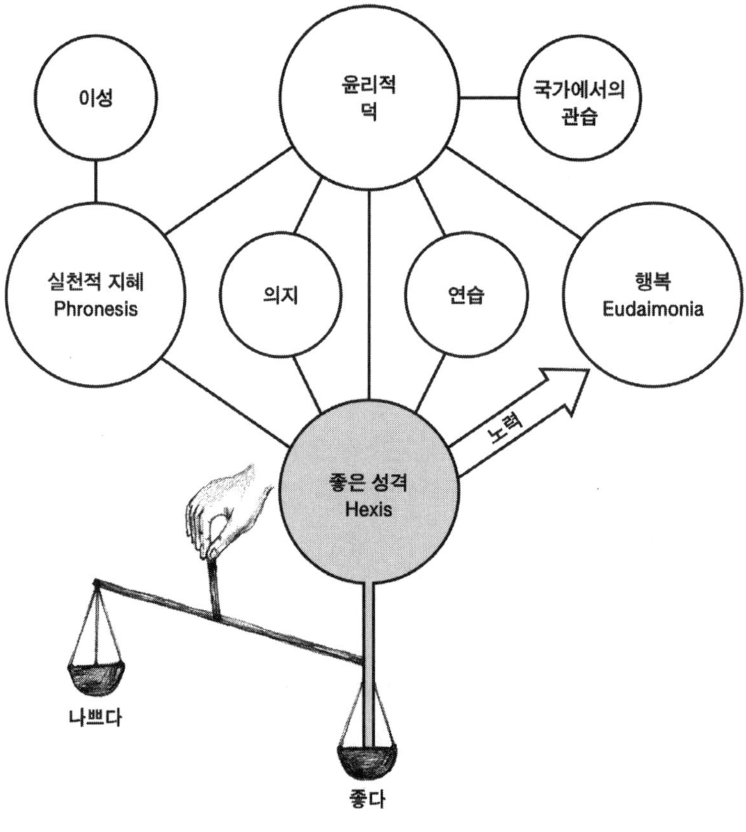

력을 십분 발휘하고 그것을 실현하는 것을 이상적인 삶의 모습이라고 생각하였습니다. 따라서 그는 그 경지에 도달하는 삶을 "좋은 수호신을 갖는다"는 의미에서 "에우다이모니아"라고 불렀던 것입니다. 행복이란 우리가 전혀 도달할 수 없는 신기루인 것이 아니라 분명히 현실적 삶 속에서 실현이 가능한 것입니다. 다만 아리스토텔레스가 보기에 많은 사람들은 행복이 아닌 것을 행복이라고 여기고 있기 때문에 그와 같은 잘못된 생각을 변화시키기 위해서라도 무엇이 진정한 행복인가를 새로 물어야 한다고 말하고 있습니다. 예를 들어 감각적이고 육체적인 쾌락도 좋은 것이고 부유함도 명예도 좋은 것이라고 말할 수 있지만, 가장 좋은 상태는 아닙니다. 재산은 그 자체의 부의 축적에 있는 것이 아니라, 다른 것을 위한 수단으로서만 가치를 지니는 것이며, 명예는 자족적이기보다는 다분히 의존적 수단에 불과합니다. 한 실례로 정치가나 대중가수, 탤런트, 코미디언, 영화배우 등 연예인들이 이런 부류의 사람들에 해당된다고 하겠습니다. 불특정 다수의 일반 대중들의 기호나 취향에 따라 누리는 세속적인 인기라는 것은 그때의 상황에 따라 항상 수시로 변하기 마련입니다. 그래서 행복이 그러한 불확실하고 불완전한 어떤 일시적인 것을 추구하는 것이라 생각할 수는 없을 것입니다. 오직 많은 대중들의 인기에만 사로잡혀서 항상 변화무쌍한 상황에 불안하게 사는 것이 진정한 행복한 삶일 수는 더더욱 아니기 때문입니다.

아리스토텔레스의 행복관은 정의론正義論과 밀접한 연관이 있습니다. 아리스토텔레스는 『니코마코스 윤리학Nicomachean Ethics』 제5권에서 정의론을 구체적으로 전개되고 있습니다. 그의 『니코마코스 윤리학』은 기본적으로 인간의 선한 삶의 본질들, 특히 인간의 선한 삶에 절대적으로 필요한 덕목을 탐구한 책입니다. 그의 정의론은 아주 커다란 틀 안에 들어 있으며 정의의 개념은 주로 자유롭고 상대적으로 동등한 사람들에게 적용하게 됩니다. 위에서 언급하였듯이, 아리스토텔레스의 행복이란 모든 개인이 자신의 행위를 통해 실현하고자 하는 것입니다. 하지만 행복은 모든 사람에게 공통적인 가치를 의미하지는 않습니다. 행복은 윤리적인 관점에서 보면, 개인이 공동체 속에서 사회적 실천을 통해 획득될 수 있는 자족自足 autarkeia을 의미합니다. 또한 외부의 자연이나 어떤 우연한 경우에서 주어지는 것이 아니라 사람들이 자기 자신을 염려하고 의도적인 행위를 함으로써 얻어지게 됩니다. 행복은 공동체적인 실천을 통해 얻어지는데 이것이 곧 덕arete입니다. 그는 정의를 공동체의 고유한 덕이라 규정하면서 덕이 없는 상태는 정의가 부정의不正義한 상태라 말합니다.

아리스토텔레스는 개인이 올바른 삶에 관해서 일반적으로 적용할 수 있는 규칙을 제시할 수 없기 때문에 정의의 원칙은 구체적인 생활로부터 도출되어야 한다고 주장합니다. 따라서 정의는 하나가 아니라 다양한 방식으로 나타납니다. 아리스토텔레스의 정치철학에서 정의론의 핵심은 두 가지로 요약됩니다.

첫째, 정의는 목적론에 근거합니다. 이는 사회적 행위의 텔로스telos:목적, 목표, 본질를 이해할 때 가능합니다. 둘째, 정의는 영광을 안겨다 준다는 견해입니다. 어떤 행위의 텔로스를 이성적으로 판단하거나 논한다는 것은, 적어도 어느 정도는 그 행위가 어떤 미덕에 영광과 포상을 안겨 줄 것인가를 추론하거나 논의하는 것입니다.

정의는 간단히 말하자면, 개인의 선을 공동의 선으로 전환시킬 수 있는 삶의 원칙이라 할 수 있습니다. 아리스토텔레스에게 있어서 정의는 윤리적인 관점에서 일차적으로 올바로 행위 한다는 정행正行을 의미하고, 불의는 올바로 행위하지 않음을 뜻합니다. 그는 정의의 원칙을 "불의를 행함과 불의를 당함 사이의 중용"으로 규정합니다. 아리스토텔레스는 정의란 "각자에게 마땅히 받아야 할 것을 주는 것"을 뜻합니다. 그런데 무엇이 마땅히 받아야 하는 것입니까? 능력이나 자격의 근거는 무엇일까요? 이는 분배되는 것이 무엇인가에 달려 있습니다. 정의에는 두 가지의 요소가 있습니다. 하나는 대상과 그것이 할당될 사람이고 다른 하나는 평등한 사람에게는 평등한 대상들이 할당되어야 한다는 것입니다. 그래서 그는 정의를 보상적 정의와 분배적 정의로 구분합니다.

보상적 정의는 너무 많이 가진 사람에게 일정 양을 빼앗아 적게 가진 사람에게 되돌려 줌으로써 훼손된 평형상태를 복원하는 것을 뜻합니다. 보상적 정의는 불의를 행한 자의 사회적 신분과 행위의 도덕적 성격을 고려하기보다는 오히려 실행된 불의를 시정하는 데 초점을 맞추고 있습니다. 그러면 "눈에는 눈, 이에는 이"로 표현되는 복수의 원칙이 항상 정의로울까요? 그는 도덕적 행위의 주체인 구체적인 인격을 배제하는 복수의 원칙이 항상 정의로운 것은 아니라 말합니다. 불의를 당한 것을 똑같이 복수한다는 것은 부정적 의미로 이해되고 있는 보상적 정의가 공동체의 질서를 파괴할 수 있다는 인식에서부터 출발합니다. 그래서 그는 보상적 정의를 공동체적 선의 교환에서만 국한할 것을 제안합니다.

분배적 정의는 평등한 시민들의 지배관계에 의해 분출되는 불평등을 극복할 수 있는 방법으로서 근본적으로 정치적 정의입니다. "공동체 구성원들 사이에 명예와 재산 또는 다른 것들을 나눌 때 분배적 정의가 드러납니다. 그런 것을 분배할 때 사람들은 다른 사람들의 몫과 동등하거나 동등하지 않은 몫을 받을 것이기 때문입니다." 분배적 정의는 "누가 정당한 몫을 받을 가치가 있는가?"를 결정하는 법칙으로 기능합니다. "분배에 있어서는 공과功過를 근거로 정의가 결정되어야 하는데 모든 사람들이 동의합니다. 그럼에도 모두가 공과의 기준을 똑같이 인정하지는 않습니다. 그 기준으로 민주주의자들은 자유로운 신분을, 과두 정치 독재자들은 부와 간혹 출생을, 귀족주의 정치인들은 덕이나 탁월성을 내세웁니다."

위의 실례에서 보듯이, 민주주의자는 자유를, 과두주의자는 부와 혈통을, 그리고 귀족주의자는 뛰어난 덕을 분배정의의 가치로 설정합니다. 시민은 동일한 방식, 동일한 관점과 가치에 있어서 평등한 것이지 모든 측면에서 무조건 평등한 것은 아닙니다. 분배적 정의는 부정적 의미로써 서로 다른 능력, 업적, 공익에 대한 기여도에 따라 지배관계로부터 발생하는 불평등을 정당화하는 사회원칙입니다. 긍정적 의미로는 사회의 평등한 구성원들이 개인적 차이에도 불구하고 서로 합의할 수 있는 공통

가치에 토대를 두고 있습니다.

아리스토텔레스가 보상적 정의와 분배적 정의에 초점을 맞출 때, 그가 마음에 품었던 것은 대표자의 의식적 행동에 영향을 받는 정의였습니다. 여기서 분배적 정의의 경우에는 명예나 재산, 안전 등을 배분하는 책임을 진 사람이 되고, 보상적 정의의 경우는 판사나 중재인이라 할 수 있습니다.

인생의 목적은 행복

아리스토텔레스는 가장 좋은 행복이란 누구든지 말할 수 있어야 한다고 말합니다. 행복이란 과연 무엇일까요? 그는 인간의 삶 속에서 행복이란 인간이 자신에게 맡겨진 고유한 일이라 말합니다. 이는 자기에게 어울리는 일을 탁월하게 수행하였을 때, 비로소 행복한 상태를 만끽할 수 있다는 것입니다. 예컨대 단지 일상적으로 먹고 마시는 영양 섭취의 기능은 흔히 동물이나 식물에게도 볼 수 있기 때문에 인간에게만 갖고 있는 고유한 기능이라고 볼 수 없습니다. 다시 말해서 그에게 있어서 인간의 행복은 인간이 소유하고 있는 고유한 기능과 소질로서 이성의 능력을 완전하게 발휘하고 실현하는 데 있습니다.

아리스토텔레스는 그의 저서의 여러 곳에서 인생의 궁극적인 목적은 행복이라고 말합니다. 그러면 무엇이 진정한 행복일까요?

첫째로 쾌락이 행복이라는 의견입니다. 쾌락이란 노예나 짐승의 목적이 될 수 있을지 모르나 이성적 존재로서의 인간에게는 궁극적인 목적이 될 수 없다는 것입니다.

둘째, 명예가 곧 행복이라는 관점입니다. 명예란 그것을 받는 사람보다 주는 이에게도 달려 있는데 그와 같이 가변적이요, 우연적인 것을 행복, 즉 인생의 목표로 볼 수는 없습니다.

셋째, 탁월성德이 곧 행복이라는 견해입니다. 여기서 아리스토텔레스가 말하는 탁월성은 그리스어로는 습관과 성격·가능성·능력 등을 의미합니다. 탁월성은 우리 내부에 있지만, 그것은 여러 상태를 체험할 수 있는 능력에서 유래하는 것이 아닙니다. 또한 본성적으로 우리 내부에 깃들여 있는 능력에서 유래하는 것도 아닙니다. 왜냐하면 우리는 여러 성격을 갖고 제각기 다르게 태어나기는 하였지만, 좋거나 나쁜 성격이 우리가 본래부터 갖고 있는 본성은 아니기 때문입니다. 식견이 있는 사람이라면 탁월성이 쾌락이나 명예보다는 행복에 가까움을 인정할 것입니다. 그러나 탁월성도 그 자체로 행복이 될 수는 없습니다. 왜냐하면 a) 탁월성이란 잠재력으로서 전혀 발휘됨이 없이 잠잘 수도 있으며, b) 탁월성을 많이 가지고 있음에도 불구하고 비참한 생애를 보내는 예가 많기 때문입니다.

넷째, 경제적인 부, 즉 재산을 행복과 동일시하는 실업가의 견해에도 찬성할 수 없습니다. 재물은 그 자체가 목적이 아니라 다른 것을 위한 수단이기 때문입니다.

다섯째, 좋은 것善의 이데아가 인생의 최고의 목적이라고 보는 플라톤의 견해에 동의하지 않는 것입니다. 설령 선의 이데아가 이 세상 어디엔가 있다 하더라도 이 지상에서의 실천생활에 있어서는 아무 소용이 없습니다.

그러면 아리스토텔레스에게 있어서 행복이란 무엇으로 규정하고 있습니까? 그는 행복을 어떤 정지된 상태로 보지 않고 활동하는 과정 그 자체로 믿는 까닭에 독특한 결론을 이끌어 내고 있습니다. 우리가 흔히 말하는 "행복하다"라는 의미는 쉽게 말해서 "잘산다는 뜻"이요, 잘산다 함은 "잘한다"는 뜻입니다. 어떤 순간에 있어서 행동을 잘하면 그것이 합하여 보다 좋은 삶을 형성할 것이고 유감없이 잘살면 그것이 곧 행복이 아니냐는 생각인 것 같습니다. 그렇다면 "잘한다 함"은 어떻게 함을 가리키는 것입니까? 노래를 잘한다, 피아노를 잘한다, 요리를 잘한다, 운동을 잘한다라는 말로 알 수 있듯이, "잘한다 함"은 행위자가 자기의 기능을 충분히 잘 발휘함을 가리킵니다. 각 개인은 그 처지와 직책에 따라서 그 기능이 서로 다를 수 있습니다. 양복재단사는 재단사로서의 기능을 잘 발휘함이 그 기술자로서 잘 하는 것이요, 학생은 공부를 열심히 하거나 자기의 소질을 개발하여 미래를 대비하는 교육을 받는 것이요, 운전사는 차를 잘 모는 것이 운전사로서 잘하는 것이 될 것입니다. 그러나 우리는 재단사나 운전사가 되기 이전에 하나의 인간입니다. 그러므로 인간으로서 잘살기 위해서는 어떤 특수한 기능을 잘 발휘하기보다는 인간으로서의 기능을 잘 발휘해야 할 것이며, 그 인간으로서의 기능이 잘 발휘되는 곳에 인간으로서의 행복이 있다고 해야 할 것입니다.

앞에서 살펴본 바와 같이, 아리스토텔레스는 행복을 쾌락, 명예, 부 등으로 여기는 견해들에 대해 반박합니다. 즉 쾌락적인 삶, 정치적인 삶, 관조적인 삶이 여기에 해당합니다. 일반 대중들은 동물적인 본성에 따른 쾌락적인 삶을 선택하고 교양 있고 능동적인 사람들은 명예를 행복이라 여기는데, 이것이 정치적인 삶에 해당할 수 있습니다. 이에 비해 관조적인 삶은 자족적이며 참된 행복에 이르게 한다는 것입니다. 궁극적으로 아리스토텔레스는 관조적인 삶을 최고의 행복이라고 여기고 있습니다.

잠재적 능력을 발휘하라

무엇이 좋은 것이냐? 라는 물음에 아리스토텔레스는 항상 "인간이 잠재하는 기능을 잘 발휘함"이라고 대답합니다. 그러나 인간이 가진 모든 기능을 무차별하게 발휘함을 좋은 것으로 보지 않고, 이성이라는 특수한 기능의 발휘를 좋은 것으로 단언함에 있어서 그는 벌써 기능 가운데 높은 것과 낮은 것의 척도를 전제하고 있다는 비판이 있을 수 있습니다. 그리고 이성이 가장 높은 기능이요, 인간적 활동의 극치가 진리의 명상에 있다는 신념은 하나의 인생관일 뿐 명백한 진리, 즉 어떤 사실을 밝히는 정확한 판단은 아닐지 모릅니다. 그러면 인간으로서의 기능은 어떤 것이 있을까요? 아리스토텔레스는 인간이 수련을 통해서 발휘할 수 있는 기능을 세 가지로 우리에게 전하고 있습니다.

① 영양과 생식의 기능
② 감각과 욕구의 기능
③ 이성과 지성적 사유의 기능

이 세 가지 기능 가운데서 ①, ②의 먹고 마시는 영양섭취의 기능이나 감각과 운동의 기능은 식물과 동물 모두에게서 볼 수 있습니다. 따라서 ①, ②의 기능은 인간의 고유한 기능이 아니라고 할 수 있습니다. 그는 섹스와 먹고 마시는 것의 쾌락만을 추구하는 사람들은 자신들을 가축의 수준으로 끌어내린다고 생각했습니다. ③의 지성적 사유의 기능만이 특유한 것으로서 인간을 인간답게 한다고 말하고 있습니다. 다시 말해서 그는 이성과 사유만을 사람을 사람답게 하는 참된 기능으로 인정하고 있다는 것입니다. 이런 맥락에서 그는 사유를 본업으로 삼는 이성의 기능을 유감없이 잘 발휘하는 것이 인간으로서의 좋은 삶이요, 가장 만족할 만한 삶이며, 그것이 곧 인간의 궁극적인 행복에 도달한다고 믿었던 것입니다. 다른 어떤 동물보다도 인간을 월등하게 인간이 되게 함이 이성의 기능이라면, 인간에게 고유한 것은 이 이성에 따르는 생활이라고 아리스토텔레스는 말합니다. 이러한 생활이야말로 가장 행복한 생활이라는 것입니다.

결국 그에게 참된 행복이란 우리의 이성이 고유한 기능을 잘 실현하였을 때 이루어지는 것입니다. 따라서 이성적 정신이 온전히 실현되고 발휘되는 것이 우리에게 가장 좋은 상태라고 할 수 있으며, 이것이 행복한 상태라고 말할 수 있습니다. 그렇지만 행복은 단순히 추상적이고 이성적인 노력을 통해서만이 아니라 구체적인 삶 속에서의 실천을 통해서 이루어질 수 있습니다.

형이상학Metaphysics

형이상학의 유래

형이상학metaphysika이라는 용어는 아리스토텔레스가 사용한 적이 없음에도 불구하고 그의 철학에서 유래합니다. 아리스토텔레스는 형이상학이라는 말 대신에 제일철학proto philosophia이란 용어를 사용했습니다. 그에 의하면, "모든 인간은 본래 앎을 갈망합니다." 이러한 본래적 갈망은 어떤 목적을 위해 일을 행하거나 어떤 것을 인위적으로 알려고 하는 갈망이 아닙니다. 즉 인간은 단순히 앎 자체를 위해 어떤 종류의 사물들을 알고자 갈망합니다. 이것은 사물들의 제1본질로서의 실체ousia 및 그것의 원인들, 그리고 실체를 출현시키는 과정들을 알고 싶어 하는 갈망입니다. 아리스토텔레스에게 있어서 형이상학의 과제는 존재와 존재의 원리들 및 원인(제1철학, 제1원리, 제1원인), 실체에 대한 연구(사물의 본성에 대한 탐구)를 그 대상으로 삼았습니다. 왜냐하면 실체란 어떤 사물의 가장 기초가 되기 때문에 어떤 사물에 관한 다른 사실을 탐구합니다. 이런 점에서 실체는 성질 · 분량 · 관계(실체의 외속성) · 능동 · 수동 · 상대성 · 소유(실체의 내속성)의 속성을 갖고 있습니다.

아리스토텔레스 사후, 300년이 지난 B.C. 1세기경 아리스토텔레스의 주석가였던 안드로니코스Andronikos von Rhodus는 제목 없이 14권으로 쓰여진『제1철학』의 원고들을 자연학Physika 뒤에 놓았습니다. 그리고 자연학의 뒤에mata/after라는 쪽지를 붙여 두었습니다. 이때부터 아리스토텔레스의『제1철학』은 metaphysika라는 이름을 갖게 되었습니다. 형이상학이란 개별 과학들 이외의 또 다른 하나의 과학, 즉 표제 없는 자연학 다음의 저서를 일컫습니다. 즉 형이상학은 자연학을 넘어선 자연의 배후세계를 논의하는 학문 분야라 할 수 있습니다. 그래서 아리스토텔레스의『형이상학』은 자연적 사물의 배후, 즉 경험적 대상을 초월한 초감성적 세계를 다루는 것으로 trans-physika를 의미했던 것입니다. 형이상학이란 말은『주역』의 계사繫辭 전의 형이상학위지도形而上學爲支道, 형이하자위지기形而下者爲支器라는 구절에서 빌려 온 것입니다.

아리스토텔레스는 학문을 세 종류로 분류하였습니다. 순수이론적인 것, 실천적인 것, 제작에 관한 것이 그것입니다. 순수이론적인 것은 지식 자체를 목적으로 하는 것으로서 수학, 자연학, 제1철학 등을 말합니다. 순수 이론적인 학문의 연구 대상은 존재자의 존재입니다. 그는 이 존재자를 세 계열로 구분하였습니다. 첫째, 독립된 실체를 가지고 있으나 생성에 종속되는 것(생성적 존재자)입니다. 이에 대한 학문은 자연학입니다. 둘째, 생성으로부터 독립되어 있으나 구체적 실재성이 없는 이념적인 것입니다. 이에 대한 학문은 수학이 해당됩니다. 셋째, 독립된 실체를 갖고 있으며 생성으로부터도 독립된 것(존재자 자체)입니다. 이에 대한 학문은 제1철학입니다. 제1철학은 존재자 자체, 즉 '존재자로서의 존재자to ti he einai'를 연구하는 학문을 뜻하였습니다. 아리스토텔레스는 여기에 다시 두 가지를 첨가하였습니다. 하나는 존재 그 자체를 다루는 존재론적 규정이며, 다른 하나는 존재를 가장 보편적, 초월적으로 다루는 신학적 규정입니다. 따라서 제1철학은 존재자의 존재를 그 자체에 있어서 가장 보편적으로 연구하는 학문입니다.

이런 점에서 아리스토텔레스는 자연계의 활동이 그 영향 아래에서 일어나게 되는 하나의 완성의 현실적 존재를 요구한다고 보았으며 그 자연적으로 있게 되는 목적론적 관점을 "있는 그대로의 자연physis"을 기술하는 데 있었습니다. 궁극적으로 아리스토텔레스는 자연의 진행과정을 목적론적으로 설명하였으며, 운동과 변화의 원리를 생생하게 담아내고 있습니다.

형상과 질료

아리스토텔레스의 형이상학의 특징은 형상과 질료의 이중구조로 전개됩니다. 먼저 아리스토텔레스는 플라톤의 이데아론을 형상과 질료라는 이름으로 새롭게 틀을 짰습니다. 아리스토텔레스는 사물 속에 있는 형상을 우시아, 즉 실체: ousia라 불렀습니다. 그에게 있어서 하나의 사물은 형상과 질료가 합해진 것이라 보았습니다. 즉 그는 형상eidos, morphe과 질료hyle 혹은 기체基體, substratum: to hypokeimemon라 일컬어지는 개체를 우시아라 불렀습니다. 그러면 그에게 있어서 실체는 무엇일까요? 질료와 형상 중 어느 것이 더 근본적일까요? 아리스토텔레스에게 있어서 실체는 분리된 것이며 개별적인 것입니다. 여기서 '분리된 것'은 "그 자체로 존재하는 것"을 뜻하며, '개별적인 것'은 "분할 불가능함"을 뜻합니다. 그의 관점에서 질료는 "그 자체로는 제대로 알 수 없는 것"입니다. 그것은 어떤 규정성을 통해 알려집니다. 즉 그 자체로서 알 수 없는 무엇인가는 그 자체로서 존재할 수 없습니다. 질료는 형상을 통해서만 알려질 수 있고 형상보다 실체일 수는 없습니다. 예컨대 칠판의 질료는 분할되지만, 칠판이라는 형상 자체는 분할되지 않습니다. 이런 점에서 형상은 질료보다 근본적인 실체라 할 수 있습니다.

아리스토텔레스의 형이상학은 플라톤의 보편자와 개별자의 세계라는 두 세계의 이론을 극복하고자 하는 시도로부터 시작되었습니다. 그는 플라톤의 현상론에 반대하여 형상들이 개체로부터 동떨어져 존재한다는 생각을 부정하였습니다. 개별적인 것은 항상 어떤 상태로 존재하며 어떤 상태로 도달하고자 하는 과정에 있습니다. 여기서 개체는 서로 다른 형태로 현실을 획득하는 전개과정에서 지속성과 영속성을 드러냅니다. 플라톤의 자연의 전개과정을 보면, 지속적인 유형이 발견되는데, 이는 운동과 변화가 질료의 상태로부터 형상의 상태로 변화하는 작용원인입니다.

아리스토텔레스에 의하면, 이 세계에 진정으로 존재하는 것은 구체적인 개체뿐일지라도 이것들은 모두 질료와 형상의 조화 속에서 생성된 것이라 말합니다. 질료는 향후 형상을 취하게 되어 어떤 개체의 사물로 실현될 수 있는 소재입니다. 이에 반해 형상은 질료를 소재로 하여 변화가 실현된 개체 사물의 형태입니다. 개개의 사물로서 존재한다는 것은 질료가 형상으로 한정된다는 것을 의미합니다. 사물은 일정한 형상으로 실현됨으로써 존재하게 됩니다. 이런 측면에서 아리스토텔레스는 형상과 질료를 현실태現實態: actuality, energeia와 잠재태潛在態: dynamis, potentiality로 구분합니다. 예컨대 질료로서의 도토리가 일정한 형상으로 한정됨으로써 참나무가 됩니다. 질료로서의 도토리의 목적이 나무가 되는 것이라면 어떤 의미에서 도토리는 잠재적인 한 그루의 나무입니다. 그것의 주된 목적은 참나무로 실현되는 것입니다. 이러한 변화과정에서 볼 때 변화의 모든 양태는 질료로부터 형상으로 전개되는 과정을 말합니다. 이렇게 아리스토텔레스가 질료와 형상을 구분하고자 하는 의도는 변화의 발전과정을 목적론적으로 설명하기 위해 고안해 낸 개념입니다. 모든 사물들은 목적을 갖습니다. 그 목적의 활동은 변화의 발전과정을 설명하기 위한 것입니다. 변화의 궁극적인 양태는 잠재태로부터 현실태로의 변화입니다. 모든 운동, 즉 잠재태 혹은 가능태로부터 현실태로의 모든 이행은 현실태에 있는 어떤 원리를 필요로 합니다.

아리스토텔레스는 목적 및 완성telos의 현실적 존재, 즉 자연계의 활동이 그 영향 아래에서 일어나게 되는 완성된 현실적 존재를 요구한다고 보았습니다. 즉 자연적으로 있게 되는 것에는 목적telos이 작용하고 있으며, 그것은 자연 속에 있는 원리로 인해 지속적인 운동을 통해 목적에 도달하게 됩니다. 따라서 자연의 원리는 목적으로서의 원인이며 운동과 변화의 근원이 됩니다. 그런데 이 운동의 원리는 가능태에서 운동하는 것이지 이미 완성태에서 운동하는 것은 아닙니다. 비록 현실적인 어떤 사물이 질료로부터 생겨났다고 하더라도 먼저 현실적인 어떤 사물이 존재하지 않는다면 질료로부터 형상으로의 변화도 있을 수 없습니다. 마치 어린소년이 잠재적인 어른이지만, 그러한 가능태를 지닌 소년이 있으려면 우선 현실적인 어른이 먼저 존재해야 하는 것과 마찬가지입니다. 이러한 실례들은 만물의 생성소멸의 과정에서 모두 적용되어야 할 이치입니다. 따라서 질료와 형상은 실체의 두 가지 기본원인이 됩니다. 질료는 이차적이면서도 필수 불가결한 요소이기 때문에 이것 없이는 어떤 사물도 존재할 수 없습니다. 제1원인으로서의 형상은 질료를 이러한 실체에 한정하게 됩니다. 그러므로 형상은 생성에 관해서 볼 경우, 현실태energeia이며 존재와 인식의 관점에서 보자면, 가장 실재적이고 본질적으로 인식 가능한 것입니다.

아리스토텔레스는 순수한 형상으로서 최고 존재의 개념을 수용하게 되는데 이것이 이른바 순수형상純粹形相, pure form이라 불렀습니다. 순수형상은 어떤 질료도 갖지 않으며 존재의 최고 수준에 있는 것을 뜻합니다. 이것은 잠재적으로 모든 변화의 과정 중에 있는 사물에 대해 그러한 변화를 가능하게 하는 운동의 궁극적인 원인이 된다는 점에서 '부동不動, the unmoved의 원동자原動者'(움직이지 않는 운동자) 혹은 제1원동자라 불렀습니다. 아리스토텔레스의 '부동의 원동자'는 운동하게 되는 모든 것들에 대해서 최초로 운동하는 것을 의미합니다. 이를테면 부동의 원동자는 스스로는 움직이지 않으면서 다른 것들을 움직이게 하는 존재를 말합니다. 그것이 스스로 움직인다면, 부동이란 용어를 붙일 수 없습니다. 부동의 원동자는 영원한 운동의 근원인 것입니다. 하지만 부동의 원동자는 창조자 신이 아닙니다. 이 세계는 이전부터 창조되지 않고 존재했습니다. 부동의 원동자는 비물질적이기 때문에 어떤 육체적 행위도 수행할 수 없습니다. 그의 행위는 순수하게 영적이고 지적인 것이어야 합니다. 부동의 원동자는 영원한 직관이나 자기의식의 행위 속에서 자신을 알고자 하며 그래서 '사유의 사유'라고 정의할 수 있습니다. 따라서 아리스토텔레스에게 있어서 부동의 원동자는 숭배의 대상이 아니며 기도를 드려 이익을 볼 수 있는 존재도 아닙니다.

이른바 개체는 그 개체에 적합한 형상을 얻기 위해 항상 가능적 잠재태에서 상대적으로 목표를 실현시키고자 합니다. 순수형상만이 궁극적 결과의 상태일 수 있습니다. 개체가 질료로 구성된 대상은 어떤 것이든 변화의 과정을 겪습니다. 부동의 원동자는 궁극적인 목적인이며 이것을 운동의 이유나 원리로 채택하여 가능태가 아닌 현실태로 나타나며 이것은 영원한 원리인 것입니다. 또한 부동의 원동자는 순수사유nous이며 최상의 것을 사유합니다. 그렇게 하여 순수사유는 사유대상에 관여metalepsis하여 자기 자신을 사유하게 합니다. 따라서 부동의 원동자는 세계에 대해 사유하지만, 세계에 목적을 부여하는 신적인 존재는 아닙니다. 또한 순수사유는 영혼과는 달리 실체적인 성격을 지니는 것이기 때문에 영혼 속에 깃들 수도 있고 깃들지 않을 수도 있으며, 인식론적으로 직관적 사유이며 항상 현실적인 것으로 소유할 수도 있습니다. 결국 아리스토텔레스에게서 부동의 원동자는 질료가 없는 신적 요소인 것입니다.

▪ 운동의 4원인설原因說

아리스토텔레스에 의하면, 운동이나 생성은 질료와 형상 이외에 동력과 목적이라는 두 개의 원인이 있어야 합니다. 그는 플라톤의 목적론적 사고를 받아들여 자신의 형이상학의 중심 주제로 삼았습니다. 그래서 아리스토텔레스는 『형이상학』 5권, 『자연학』 2권 3장에서 철학적 용어들을 정의하면서 네 종류의 원인 또는 설명 방식을 구별하였습니다. 그는 운동의 4원인을 다음과 같이 제시하고 있습니다.

형상인形相因**, 형상** / a state / what is it?

그 대상은 그 형상에 따라 규정됩니다. 형상인은 어떤 질료를 갖고 만들고자 하는 사물의 모양이나 형체를 말합니다. 어떤 사물의 형태 또는 유형이 존재하는데, 이는 사물에 대한 정의에서 표현되기도 합니다. 예컨대 칠현금에서 두 줄의 길이 비율이 하나의 음표가 한 옥타브 차이가 나는 소리를 내는 원인이 됩니다. 또한 계획에 따라 설계한 건축물도 그러한 경우입니다.

질료인質料因**, 질료** / staff, Substanz / what is it made of?

그 대상은 질료로 이루어집니다. 질료인은 무엇으로 될 어떤 소재나 자료입니다. 이것이 있어야만 운동이 시작될 수 있습니다. 예컨대 청동으로 동상이 만들어지고 글자로 음절이 만들어지듯, 그것들을 재료로 삼아 사물이 만들어지는 무엇인가가 존재합니다.

동력인動力因**, 작용** / sculptor / by what is it made?

모든 발전은 그 발전을 일으키는 동력이 필요합니다. 동력인은 질료를 갖고 어떤 형상을 만들어 내는 데 소요되는 힘이나 노력을 말합니다.

이는 무엇인가에서 변화 또는 정지 상태의 원인으로 작용합니다. 예컨대 어떤 결정에 도달한 사람, 아이를 돌보는 아버지, 조각상을 새기는 조각가, 환자를 치료하는 의사 등 일반적으로 무엇인가를 만들거나 변화시키는 사람들이 이에 해당합니다.

목적인目的因, 목적 / decoration / for what and it made?

목적 또는 목표는 그것을 위하여 무엇인가가 행해지는 것입니다. 그래서 목적인은 질료로써 그러한 형상을 만들어 내는 의도나 목적을 말합니다. 어떤 동상을 만들려고 할 경우에 동상을 세우는 목적이나 동상을 멋있는 모습으로 만드는 의도를 말합니다. 또한 우리에게 왜 산책을 하느냐고 물었을 때 '건강을 유지하기 위하여'라고 대답하는 경우에 드러나는 설명의 유형입니다.

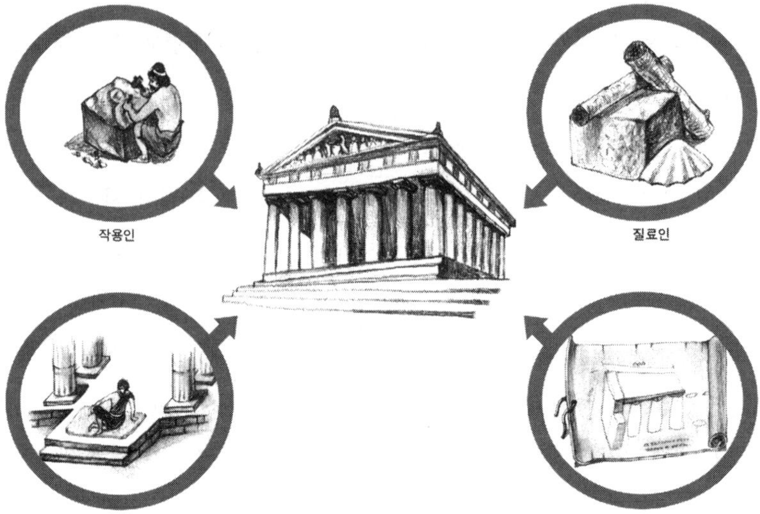

아리스토텔레스의 미메시스란?

아리스토텔레스Aristoteles, B.C. 384~322에게 있어서 미메시스의 개념은 아주 광범위한 의미로 쓰입니다. 아리스토텔레스는 미메시스의 개념을 성격 · 심정 · 음악과 같은 내면상태로 보았습니다. 즉 그는 미메시스의 개념을 현상 중심적이고 심리적인 이해 속에서 파악합니다. 그는 『시학』에서 인간의 궁극적인 본질을 다음과 같이 말하고 있습니다.

> "모방한다는 것은 인간 본성에 내재한 것이요, 인간이 다른 동물과 다른 점도 그가 가장 모방을 잘하고, 그의 지식도 모방에 의하여 획득하기 시작한다는 점입니다. 그리고 모방된 것에 대해 모든 인간이 희열을 느낀다는 것도 인간의 본성에 속합니다."

그에게서 모방은 미적인 것에 연관되기 이전부터 삶의 기본 사실이자 인간에게 즐거움을 가져다주는 기술이라 파악합니다. 무릇 모방한다는 것은 어렸을 적부터 내재하는 것이요, 인간이 다른 동물과 상이한 점도 그가 가장 모방을 잘하며 그의 지식도 모방에 의해 얻게 된다는 것입니다. 다시 말해서 아리스토텔레스의 관점에서 모방은 "인간이 어린 시절부터 가지고 있는 본성"이기 때문에 인간은 모방을 통해서 사물을 배우게 된다는 것입니다. 모방된 것에 의해 많은 인간들이 희열을 느끼는 것은 인간의 본성을 갖고 있기 때문입니다. 이는 경험적 사실에 의해서도 증명되고 있습니다. 예술은 단지 자연의 모방이 아니라 자연을 매개로 미적 이상을 실현합니다. 그는 "시는 역사보다 더 철학적이고 더 진지하다"고 말함으로써 재현이 아닌 표현의 진리를 보여주고자 했습니다. 아리스토텔레스의 입장에서 형상들은 감각계와 분리되어 있지 않습니다. 감각계는 어떠한 적의를 품고 있지 않으며, 감각계를 모방하는 예술에 대해서도 어떠한 적의를 품고 있지 않습니다. 사물의 고유한 본질은 질료hyle 안에 형상을 갖고 있으며, 모든 물질은 그 형상을 자신의 현실태에로 도달하고자 합니다. 이리하여 예술적 모방은 실제적인 것을 모방하여 형상화되고 그렇게 하여 실제적인 것이 예술적 창조의 정당한 출발점에 서게 됩니다. 따라서 모방은 단지 순수한 이념을 표현해야 하는 것도 아니며 경험적 현실을 충실히 반영해야 하는 것도 아닙니다. 모방적 표현은 질료에 내재한 형상을 산출하고 있기 때문에 예술가는 경험적 현실로부터 출발하여 현실의 의미 있는 구조를 수행해야 합니다.

그는 문학을 모방이라고 보고 다양한 종류의 문학과 구분하여 그 종류에 대해 정의를 내렸습니다. 그는 모방하는 예술로서 음악이나 조형예술뿐만 아니라 서사시, 비극, 희극을 포함하는 문학을 들고 있습니다. 그는 예술의 토대로서 삶을 중요시하였고 모방이 인간의 고유한 본성에 내재해 있기 때문에 인간의 능력을 신장시키는 삶의 기능임을 강조합니다. 아리스토텔레스는 모방으로부터 근본적인 예술 이해, 예술을 구분하는 근거, 개별적인 예술의 장르를 정의합니다. 그는 모방이라는 개념을 엄밀하게 정의하지는 않았지만 대상을 사진 찍는 것처럼 복사한다는 의미로 말하는 것은 아닙니다. 그는 현실을 모방하는 예술가는 있는 그대로가 아니라 더 아름답다거나 혹은 더 추하게 묘사할 수 있어야 한다고 말합니다. 시인은 다른 예술가와 마찬가지로 모방하는 사람이기 때문에 사물을 있는 그대로 표현하거나 혹은 그들의 생각을 종종 전혀 다른 방향으로 표현하기도 합니다. 그는 "시가 보편적인 표현을 한다면, 역사 기술은 개별적인 것을 기술하기 때문에 문학은 역사 기술보다 더 철학적이고 심오하다"고 말합니다.

그는 모방을 세 가지 측면으로 분류합니다. 모방의 매체, 모방의 대상, 모방의 방식이 그것입니다. 모방의 매체란 리듬 · 언어 · 음조를 말합니다. 모방의 대상은 행위 하는 사람들이 희극과 비극 그리고 고상한 사람들의 행위를 모방하는 것을 말합니다. 모방의 방식은 이야기체나 서술체를 직접 담화에 의해 혹은 배우에게 양자兩者의 이야기를 연기하게끔 맡기는 것입니다. 여기서 모방의 매체는 즐거움을 주게 되는 언어로서, 모방의 대상은 훌륭한 행위로, 그리고 모방의 방식은 모방을 연기하는 것으로 나타납니다.

아리스토텔레스는 『시학』에서 모방의 기술을 다음과 같이 분류하고 있습니다. ① 색채와 그리는 것을 통해 시각적 외양을 모방하는 기술, ② 운문 · 노래 · 춤 등을 통해 인간행위를 모방하는 기술, ③ 시 예술 등이 그것입니다. 시 예술은 가사 · 멜로디 · 리듬 등에서 회화와 구별되며, 모방하는 대상의 측면에서 운문으로 쓰여진 역사나 철학과도 구별됩니다. 아리스토텔레스의 일차적 관심은 두 종류의 시 예술, 즉 극비극과 희극과 서사시였습니다. 비극과 서사시는 행위의 진지함이나 엄숙함에 의해 그리고 각각 처리하는 양식이나 방법에 있어서 구별됩니다. 그는 모방이라는 말을 주로 비극론에서 사용하였으며, 그것은 배우가 실제 인물처럼 행동하는 것을 나타냈습니다. 무엇보다 그는 모방 개념을 비극의 장르에 구체적으로 적용하고 있습니다. 비극은 『시학』에서 제일 중요하게 다루어지고 있는 장르입니다. 아리스토텔레스는 비극이 다른 시 예술보다 더 훌륭하게 시적 효과를 성취할 수 있다고 생각합니다. 그는 비극을 "진지하고 일정한 간격을 유지한 채 완결된 행위를 모방하는 것"으로 정의합니다. 비극에서 모방의 대상은 행동하는 인간입니다. 아리스토텔레스는 모방하는 자는 행동하는 인간을 모방한다고 규정하고 있습니다. 다시 말해 비극은 인간을 모방하는 것이 아니라 인간의 행동, 삶의 행복과 불행을 모방합니다. 행복과 불행은 행동하는 과정에 있으며 우리의 삶의 목적도 곧 행동입니다. 비극은 행동의 모방이고 행동하는 자를 모방하는 것은 주로 행동을 모방하기 위해서입니다. 이러한 모방개념은 행위의 창조적 모방으로 나타납니다. 모방은 사물의 형상을 이성에 의해 표현합니다. 예술은 자연을 모방하지만, 보편적 형상을 추론하지 않고 개별 사물들의 형상을 모방합니다.

아리스토텔레스는 비극이란 부분마다 즐거움을 주는 언어의 수단을 통해 그 자체에서 완숙한 깊이의 훌륭한 행위를 모방한다고 말합니다. 따라서 비극은 단지 서술하는 방식이 아닌 연기에 의존합니다. 그럼으로써 연민과 공포를 표현하여 정서적인 정화를 성취하고자 했습니다.

04

新플라톤 학파
Porphyrios, Imblichos, Proklos, Plotinus

신플라톤주의라는 용어는 플로티누스Plotinus, 약 204~270에 의해 시작되어 6세기까지 플라톤 전통을 지켜온 입장을 일컫습니다. 그리고 이 용어는 플라톤을 직접 계승한 제자들의 가르침뿐만 아니라 로마제국 초기 플라톤주의자들과 구별하기 위해 만들어졌습니다.

스콜라철학자로서 신플라톤주의에 대해 최고의 체계적인 완결성을 부여한 인물은 포르피리오스Porphyrious가 편찬한 『엔네아데스Ennéades』에서 찾아 볼 수 있습니다. 즉 포르피리오스는 이 책에서 "감추어졌던 스토아 철학과 소요학파의 철학이 존재한다고 주장했습니다. 특히 그러한 가르침들은 아리스토텔레스의 형이상학에 대한 집중적인 통찰과 연결되어 있었습니다. 이런 관점에서 신플라톤주의는 고대의 마지막 위대한 체계를 세웠다고 평가되고 있습니다. 이 체계에서 철학자들은 우주론적 관점에서 플라톤으로 되돌아가서 그의 교설을 아리스토텔레스와 스토아 철학의 교설을 결합했습니다. 하지만 그들은 중요한 진리가 플라톤에 의해 발견되었다고 굳게 믿고 있었습니다. 또한 이 책은 一者(그리스어 hen)로 나아가는 상승과 하강을 서술하고 있습니다. 이 일자는 절대적인 통일이며, 충만함입니다. 이 일자로부터 모든 존재뿐만 아니라 아름다움도 도출됩니다. 어떠한 존재자도 이 일자의 결합을 떠나서는 존재하지 않습니다.

신플라톤주의의 특징은 대체로 종교적 감정을 강하게 표현하고 있습니다. 종교적인 감정은 뚜렷한 신비주의로 치닫는 경향으로 종종 나타납니다. 이 신비주의는 순수한 것이기도 했고, 때로는 극단으로 치닫는 경우도 있었고, 사이비 신비주의로 되는 일도 종종 있었습니다.

플로티누스 이후 신플라톤주의의 발전단계는 크게 세 시기로 구분할 수 있습니다. 첫째, 플로티누스의 문하생이던 포르피리오스약 232~305년와 아멜리오스Amellious가 가르치던 시기, 둘째, 이암블리코스Imblichos, 약 326년 사망에게서 비롯된 시리아학파와 페르가몬학파의 활동시기, 셋째, 5~6세기 아테네 및 알렉산드리아 도시를 중심으로 결성된 학파들의 활동시기를 가리키고 있습니다. 특히 알렉산드리아학파들은 아리스토텔레스에 대한 주석과 관련된 학파였는데, 641년 무슬림에 의해 점령당할 때까지 활발하게 이어져 왔습니다. 이와 달리 아테네학파들은 확연하게 이교도적인 경향을 띠었는데, 529년 유스티니아누스 황제에 의해 폐쇄되었습니다. 이 학파들은 플루타르코스432년 사망, 시리아누스Syrianus, 프로클로스Proklos, 다마스키오스Damaskios, 심플리키오스Simplikios 등에 의해 계승되어 왔습니다.

신플라톤주의가 토대를 삼았던 형이상학의 원리들은 프로클로스의 『신학원리Elementatio Theologica』에서 가장 알아보기 쉽게 설명하고 있습니다. 여기에 신플라톤주의의 존재구조가 체계적으로 기술되어 있습니다. 즉, 단일성을 근본으로 삼는 신플라톤주의 원리 가운데 한 부분은 "원인은 곧 그 결과보다 항상 완벽하다"는 것입니다. 신플라톤주의자들은 이미 존재하지 않는 것은 그 어떤 것도 해설하지 않는 입장을 견지했습니다. 나아가 그들은 플라톤의 가르침 속에서 최소한 함축적인 것만을 다루었다는 점에서 순수하고 단순한 의미에서 자신들을 플라톤주의자로 생각했습니다. 하지만 신플라톤주의는 반드시 플라톤의 저서들에서 직접 그 사상을 이끌어낸 것이 아니라 플라톤 학파의 전통에서도 그 사상을 활용해 왔습니다.

플로티누스

Plotinus, A.D. 204~A.D. 270: 일자一者

플로티누스

플로티누스의 삶에 대한 모든 정보들은 포르피우스의 전기傳記에 의해 전해져 내려오고 있습니다. 전기에 의하면, 플로티누스의 출생지는 불확실합니다. 에우나피우스는 그가 태어난 곳을 뤼콘이라 하였고, 수이다스는 이집트의 리코폴리스라 하였습니다. 플로티누스는 서기 203년 또는 204년경에 이집트에서 태어났고 그의 죽음은 270년경이라고 추측됩니다. 그는 알렉산드리아에서 교육을 받았고 종교적·공상적인 사람으로 페르시아 종교를 알기 위해 페르시아 원정에 참가하였습니다. 그는 학술과 종교의 연구를 위하여 동방을 여행하였으며 그 후 로마로 가서 제자를 교육하였습니다. 그는 로마에서 학교를 열었는데, 고위대작들의 호의와 심지어 갈리에누스 황제와 그의 황후의 호의까지도 누리게 되었습니다. 그는 플라톤을 존경하고 플라톤 철학을 심도 있게 연구하여 그의 철학을 재해석하고 이상주의적이며 일원론적인 철학을 구축하였습니다. 그래서 플로티누스는 캄파그나Campania에 하나의 도시, 즉 플라톤적인 이상국가를 세울 구상을 하였습니다. 그 계획은 황제의 승낙을 얻었으나 곧 철회되어 물거품이 되었습니다. 플로티누스의 저술은 사후 그의 제자이자 전기 작가이기도 한 포르피우스에 의해 6주제로 분류되어 아홉 권으로 편집되었습니다.

신플라톤주의의 유출설流出說, Emanationslehre

플로티누스는 신플라톤주의Neoplatonismus의 창시자로 알려져 있으며 고대철학과 아우구스티누스를 잇는 교량역할을 하였습니다. 그는 실재에 대한 문제에 관심을 가지고 형이상학의 범위 내에서 종교와의 재결합을 꾀하고 종교적 구원론에 입각하여 해결하고자 하였습니다. 즉, 그는 영혼과 물질의 단계를 구분하였고, 인간이 회귀해야 할 근원으로서 신에 대한 교의를 전개하였습니다. 따라서 그의 유출설은 삼위일체설, 즉 일자The one, 정신The nous, 영혼The soul에 대한 유출설을 주장하였습니다.

플로티누스 철학과 신플라톤주의의 철학을 유명하게 만든 것은 모든 실재가 최고 원리로부터 흘러나오는 과정을 특징짓는 방식, 곧 유출설입니다. 그에 의하면, 모든 사물들은 창조의 자유행위가 아니라 필연에 의해 흘러넘치는 유출에 의해 비롯되었습니다. 즉 그는 필연의 의미하는 바를 나타나기 위하여 유출의 비유를 사용하였습니다. 태양에서 가장 가까운 빛이 가장 밝은 것처럼 최상의 존재형태가 제일 먼저 유출하게 됩니다. 그래서 그는 일자一者, the One로부터 최초의 유출을 정신nous이라 했습니다. 그것은 일자에 가장 근접하지만, 절대적인 것이 아니기 때문에 특정한 속성을 지닙니다. 그것은 사유 또는 보편적 지성이며 세계의 근거를 이루는 이성능력으로서 어떠한 시간적, 공간적 경계도 없습니다. 정신은 사유 혹은 보편적 지성이며 이를 통해 정신세계의 기반을 구성하게 됩니다. 그의 유출설은 빛이 태양에서 나오면서 점차 그 정도가 감

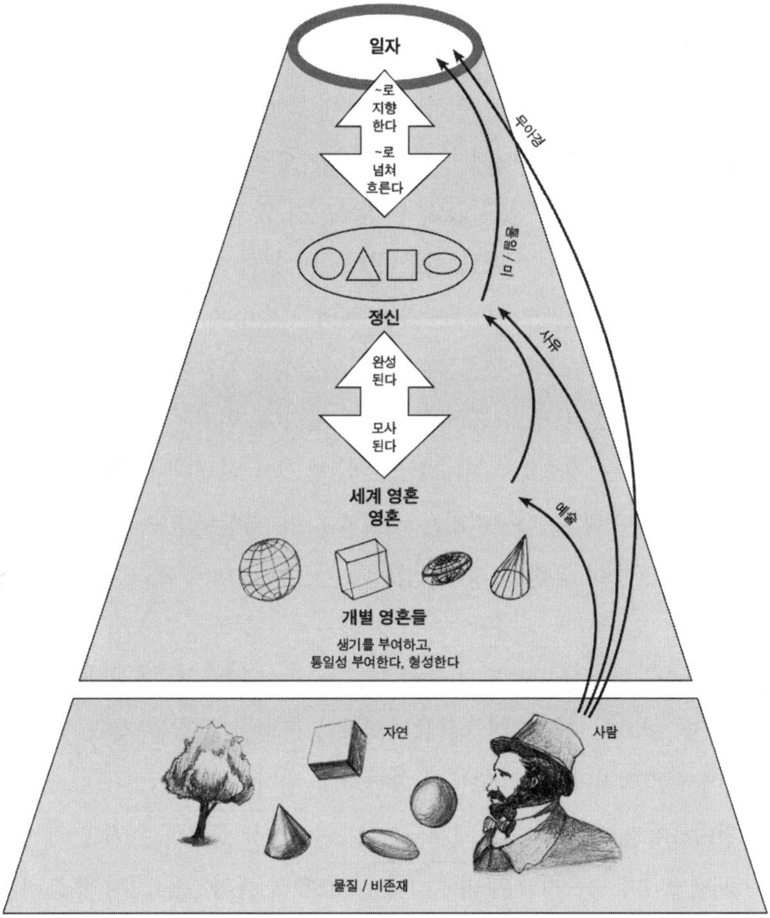

소되듯이, 일자로부터 유출되는 존재의 등급이 완전성의 정도도 감소하게 됩니다. 정신이 위로 향할 때 만물의 영원한 보편적 이성을 바라보며, 아래로 향할 경우 만물을 추론하여 모든 본질에 삶의 원리를 부여하였습니다. 정신의 세계가 영혼의 원천이 되듯이, 세계의 영혼 아래에는 인간의 영혼이 있으며 그 다음에 자연, 즉 변화하는 시간 속에서 영원한 관념들을 반영하는 개별적인 사물들이 놓여 있습니다. 아래로 향할 때 육체는 가장 어둡고 가장 멀리 떨어져 있는 빛을 비추어 주게 됩니다. 플로티누스에게 있어서 물질의 세계는 존재의 위계질서에 따라 최하위의 단계입니다. 물질세계는 변하기 때문에 참된 실재일 수 없습니다. 참된 세계는 신비적인 무아無我의 경지에서만 도달 가능합니다. 일자는 절대적 통일체이며 다양성도 없으며, 창조되지 않고 모든 면에서 변형이 불가능합니다. 일자는 어떠한 사물이 아니며 모든 현존재에 선행합니다. 따라서 일자의 속성이라 할 수 있는 명백한 속성은 없습니다.

이렇게 플로티누스의 유출설은 신의 완전성을 가능한 한 많이 공유하기 위해 필연적으로 넘쳐 흘러 분출하게 됩니다. 여기서 참된 실재는 신이며, 신은 어떤 것으로도 서술할 수 있는 것이 아닙니다. 물질도 아니고, 유한하지도 않고, 나누어지는 것도 아니며, 형상이 있는 것도 아니어서 시간과 공간의 유한한 시간개념이나 인간의 언어로 표현이 불가능합니다. 신은 완전하게 묘사할 수 없기 때문에 유일하고 가능한 방식으로 유출 속에서 완전성의 모든 가능한 정도를 표출함으로써 대신합니다. 궁극적으로 일자는 정신뿐만 아니라 최하위 존재인 물질을 갖고 있으며, 거기에서 도덕적 악, 죄, 고통이 수반하게 됩니다.

정리하자면, 플로티누스 체계에서 일자는 가장 중요한 위치를 차지하는 개념입니다. 이 개념은 파르메니데스로부터 플라톤을 거쳐 플로티누스에게로까지 전해졌습니다. 일자는 모든 존재의 기초이며 모든 가치의 표준입니다. 하지만 일자 자체는 존재와 선善을 넘어서 있습니다. 이러한 말로 표현할 수 없는 최고의 정점에 정신이 있고, 그 다음은 시간과 공간의 창조자인 영혼이 있습니다. 영혼은 정신 아래에 그리고 자연 위에 위치하게 됩니다. 자연은 물리적 세계를 구성하고 있습니다. 가장 낮은 단계에는 순전한 질료가 존재하는데 이는 일자에서 가장 멀리 떨어진 실재의 한계입니다.

제4장 헬레니즘의 철학

제4장

헬레니즘의 철학

01

처세술의 철학

기원전 4세기 말에 그리스 세계에서는 새로운 사상운동이 전개되었습니다. 헬레니즘은 통상적으로 마케도니아 알렉산더 대왕의 사망 B.C. 323에서부터 옥타비우스Octavianus가 기원전 31년에 악티움Actium 해전에서 마르쿠스 안토니우스Marcus Antonius를 격파한 시기에 이르는 그리스・로마 문명을 가리키는 용어입니다. 알렉산더 대왕 사망 이후로 그리스 문명에 동양적인 요소들이 유입되어 들어왔고, 이로 인해 예전에 없었던 독특한 세계주의적 인류문화로 차츰 변모해 갔습니다. 19세기 독일 역사학자인 드로이젠Droysen은 이때의 문화를 가리켜 헬레니즘이라 불렀습니다.

3세기에 걸친 이 기간 동안에 고대철학의 중심부를 차지했던 것은 아리스토텔레스가 세운 소요학파의 전통이나 플라톤주의가 아닌 스토아주의와 회의주의, 에피쿠스주의로 대변되었습니다. 이러한 사상은 모두 아리스토텔레스 이후에 발전된 사상입니다.

아리스토텔레스 이후의 시대는 많은 전쟁으로 혼란한 시기였습니다. 마케도니아는 그리스를 지배했고, 로마는 지중해의 지배권을 쟁취하기 위해 제1, 2, 3차에 걸친 포에니 전쟁을 통해 카르타고를 정벌했으며, 그 여세를 몰아 마케도니아를 정벌함으로써 새로운 강자로 부상하였습니다. 로마는 그 세력을 한층 더 뻗쳐 사방으로 확대하게 됩니다.

제1차 포에니 전쟁은 지중해의 상권을 둘러싸고 점차 팽창하는 로마 공화국과 전통적인 해운국이었던 카르타고 사이의 이권 분쟁에서 비롯되었습니다. 로마는 카르타고의 영향력 아래에 있는 시칠리아를 통해 해상으로 진출하려 했고, 결국 시칠리아를 둘러싸고 카르타고와 맞붙었습니다. 전쟁에서 로마는 카르타고 해군을 격멸시키고 승리를 거두었습니다.

제2차 포에니 전쟁은 한니발전쟁이라고도 불립니다. 이 전쟁은 유명한 카르타고의 장군 한니발이 알프스를 넘어 이탈리아로 진군해 오면서 시작되었습니다. 한니발은 많은 군사를 이끌고 갈리아 남부를 돌아 알프스를 넘었고 이 과정에서 많은 병력를 잃기도 했지만 북부 이탈리아로 침입해 칸나이 전투를 비롯한 여러 차례의 전투에서 로마군을 패배시켰습니다. 그러나 로마군은 파비우스 막시무스의 지연전술로 만회할 시간을 벌었고 한니발은 이탈리아 전역을 손에 넣지는 못했습니다. 이탈리아 외에 히스파니아, 시칠리아, 그리스에서도 로마군과 카르타고군은 격돌했으나 끝내는 로마군이 모두 승리하여 전장은 아프리카로 넘어갔고 결정적으로 북아프리카의 카르타고 근처에서 벌어진 자마 전투에서 패함으로써 전쟁은 종결되었습니다. 이 전쟁으로 카르타고는 심각한 타격을 입었음은 물론이고 막대한 배상금을 로마에 물어주고 지중해 서부의 재해권과 이권을 로마에 빼앗기고 말았습니다.

제3차 포에니 전쟁은 제2차 포에니 전쟁 이후 점차 부와 해운 병력을 키운 카르타고가 히스파니아와 그리스의 반-로마세력의 부활에 힘입어

제3차 포에니 전쟁이 일어나게 됩니다. 로마는 카르타고가 도저히 이행할 수 없는 조건으로 카르타고를 압박해 왔습니다. 카르타고는 이 요구를 묵살하고 세 번째 전쟁에 돌입하였으나 로마군의 2년에 걸친 공격으로 결국 카르타고 도시는 함락되고 폐허가 되었습니다. 또한 당시 마케도니아는 그리스를 지배하고 있었는데 그리스는 마케도니아에 대항하여 독립운동을 펼치고 있었습니다. 로마는 보복할 거리를 찾고 있었습니다. 그리스를 마케도니아로부터 구해낸다는 명분으로 동유럽 정세에 관여하게 됩니다. 당시 동유럽의 강자는 마케도니아였지만, 결국 로마는 마케도니아를 패퇴시켰습니다.

이러한 전쟁의 소용돌이 시기에서 이론적이고 체계적인 철학이나 현실 참여적인 철학은 쉽게 나타나지 않습니다. 체계적인 이론체계가 나타난다고 해도 실천적인 행동의 철학이거나 아니면 현실에 안주하는 철학이 득세하곤 합니다. 그렇기 때문에 이 시기의 철학들은 주로 안심입명安心立命의 이론철학들이 득세를 이루게 됩니다. 앞에서 살펴본 것처럼, 알렉산더와 그 후계자들에 의해 오랫동안 전쟁이 이어졌기 때문에 마케도니아 사람들은 자연스럽게 혼란스럽고 불안한 밖의 세계보다 자신의 내면세계에서 구원과 행복을 찾고자 했습니다. 고대 그리스 시민들도 마찬가지로 정치적 자유를 상당 부분 상실한 마당에 국가사회에 대한 관심은 사라지고, 개인의 내면세계로 되돌아가서 자기 자신의 안심입명만을 꾀하고자 했습니다.

그래서 이 시기의 철학은 대체적으로 어떻게 행동해야 하며, 어떻게 살아야 하며, 어떻게 처세해야 하는가에 대한 물음 속에서 자신들의 철학을 전개해 나가게 됩니다. 따라서 우리는 이 시대의 철학을 "윤리의 시대" 또는 "처세훈 내지 처세술의 철학"이라고 일컬었습니다.

02

에피쿠로스Epicouros학파, B.C. 341~B.C. 271: 참된 쾌락이란?

에피쿠로스

에피쿠로스는 소아시아 서쪽 해변에서 몇 마일 떨어진 사모스Samos섬에서 태어난 것으로 짐작합니다. 이후 그는 이 섬에서 성장하여 거기서 자신의 사상적 발전에 지대한 영향을 끼친 플라톤주의자인 팜필로스Pamphilos와 데모크리토스의 제자이며 훗날 회의론자가 된 나우시파네스Nausiphanes에게서 학문을 사사하였습니다. 그는 14세가 되었을 무렵부터는 혼자 철학을 하였습니다. 그 이유는 그의 스승이 헤시오도스의 서사시적인 혼돈Chaos에 대해 납득할 수 없었기 때문이라고 합니다.

그의 부친은 10여 년 전에 그리스 본토에서 이주해 온 이주자로서 농업에 종사하는 인물이었습니다. 에피쿠로스는 자신의 양친 밑에서 단조롭고 소박한 생활을 하였습니다. 그에게는 세 명의 형제가 있었는데 그들 모두가 나중에 에피쿠로스의 제자가 되었습니다. 30세 이후에 에피쿠로스는 제2의 고향이라고 할 수 있는 아테네로 이주하였습니다. 그는 이 시기에 자신만의 고유한 철학적 입장을 세우기로 결심하였습니다. 그에게는 그를 따르는 많은 제자가 있었고 그를 쫓아 소아시아에서 아테네로 이주를 하였습니다. 제자들은 돈을 모아 에피쿠로스에게 조그만 땅을 사주었습니다. 그곳에서 그의 집과 공동으로 사용할 강당이 세워졌고 또한 깨끗한 정원이 만들어졌습니다. 그는 아테네에 소위 케포스Kepos, 즉 정원학원을 세웠습니다. 이 명칭에 따라 사람들은 에피쿠로스학파에 속했던 사람들을 "정원의 철학자hoi apo ton kepon, horti"라 불렀고 그가 사망할 때까지 "정원학파"라는 이름을 간직하였습니다. 에피쿠로스의 일상생활은 검소하였습니다. 식사 때 나오는 음식은 보통 빵과 물, 그리고 자택의 채소밭에서 딴 과일과 콩 종류가 전부였으며 가끔씩은 우유와 치즈가 식탁에 오르내리기도 했다고 합니다. 어쨌든 그는 "빵과 물만 있으면 신도 부럽지 않다"고 말하였습니다. 그 이상의 욕심은 쓸데없는 욕심이며 고통만을 가져올 뿐이라는 것입니다. 이러한 스승의 검소한 생활태도에 대해 제자들은 많은 본을 받았습니다. 이런 태도로 인해 에피쿠로스는 그를 따르는 제자가 많았고 동시에 제자로부터 많은 존경을 받았습니다. 그래서 많은 제자들은 그를 신처럼 섬겼습니다. 그의 제자들의 부인과 노예들, 많은 일반 여인들까지도 모두 에피쿠로스 강좌의 청강생이 되었습니다. 제자들에 의해 정원의 공동체가 만들어진 이후에 에피쿠로스는 자기의 뜻과는 무관하게 많은 풍문에 시달려야 했습니다. 수많은 매춘부를 자기의 애인으로 삼았다든지, 너무 먹어 하루에 두 번씩 토했다든지 하는 등의 이상한 소문들이 철학공동체의 주변을 떠돌았습니다. 영어사전에서 epicure라는 단어는 에피쿠로스의 이름에서 비롯된 식도락가를 의미합니다.

참된 쾌락이란?

소크라테스나 아리스토텔레스가 인간의 정신을 최고로 발휘하는 철학세계를 얘기했다고 한다면, 에피쿠로스는 쾌락hedone을 인간의 진정한 행복으로 삼았습니다. 에피쿠로스의 쾌락주의 윤리학은 플라톤과 그의 아카데미아Akademia로부터 영향을 받았습니다. 또한 그는 쾌락을 선善과 동일시 여기는 플라톤의 제자인 에우독소스Eudoxos로부터, 그리고 감각적 쾌락을 최고의 가치로 인정하는 퀴레네Kyrene학파의 아리스티포스Aristippos

와 그의 학파로부터도 영향을 받았습니다. 특히 아리스티포스는 쾌락을 개인적 감각이 통용되는 불안정하고 유동적인 것으로 묘사했습니다. 이와 다르게 에피쿠로스는 퀴레네학파의 쾌락을 참되지 않은 동적인 쾌락으로 여기고 진정한 쾌락은 확고하고 안정된 쾌락, 즉 정적인 쾌락으로 표현하였습니다. 그는 쾌락을 다음과 같이 표현하였습니다.

> "쾌락을 동물적이고 육체적인 것만으로 비하하는 사람들은 그들 자신이 그런 사람임을 증거하고 있는 것에 불과합니다. 왜냐하면 그런 사람은 육체적인 쾌락밖에 모르기 때문입니다."

또한 그는 "쾌락은 선한 것이지만, 모든 쾌락이 선한 것은 아니다"라고 말합니다. 참된 쾌락만이 현명하고 정당하게 살아가는 데 기여할 것이라 주장하였습니다. 여기서 참된 쾌락이란 '감각적 쾌락뿐만 아니라, 정서적 쾌락'을 일컬었습니다. 따라서 참된 쾌락이란 육체적으로도 고통이 없고 정서적으로도 두려움이 없는 마음의 상태입니다.

그는 욕망의 만족을 통해 생겨나는 쾌락이 행복에 도달하는 방법이라 주장하였습니다. 우리는 태어나면서부터 본능적으로 쾌락을 추구하고 고통을 멀리하려고 애씁니다. 선이라는 것도 쾌락을 많이 주는 것에 지나지 않은 것이며 악은 고통을 주는 것에 불과한 것입니다. 그래서 사람들은 옛날이나 지금이나 고통을 될 수 있는 대로 완화시키려고 하며, 가능한 한 육체적인 쾌락을 많이 얻는 것이 선하며 좋은 삶이라고 생각합니다. 이러한 측면에서 에피쿠로스는 쾌락주의자라 불립니다. 많은 사람들은 쾌락을 축적함으로써 행복을 얻을 수 있기 때문에 쾌락을 추구한다고 말하곤 합니다. 여기서 쾌락이란 고대 그리스의 어원을 지닌 쾌락주의에서 나왔습니다. 인간은 삶의 쾌락을 맛보고 매 순간마다 좋은 시간을 향유하도록 힘써야 합니다. 이러한 삶의 태도는 에피쿠로스의 유명한 가르침을 담고 있는 격언 '카르페 디엠Carpe diem', 즉 "열매를 따듯이 하루하루를 사시오"의 뜻이었습니다.

에피쿠로스는 학문이나 도덕이라는 것도 그 자신을 위해서 해야 하는 것이 아니라, 쾌락을 얻기 위한 수단에 지나지 않는다고 말합니다. 에피쿠로스는 쾌락의 종류를 고통을 수반하는 쾌락과 고통을 수반하지 않는 수동적 쾌락으로 나누었습니다. 그는 고통을 수반하지 않는 쾌락을 진정한 행복이라고 보았습니다. 과음이나 지나친 성적 쾌락은 일시적인 만족감을 가져다 줄 수는 있지만, 결국에는 건강을 해害치는 고통을 수반하는 쾌락이기 때문에 행복이 될 수 없습니다. 참된 쾌락이란 맛있고 즐겨 먹는 음식과 같은 개개인의 육체적인 쾌락이 아니라 일생을 통해서 궁핍하거나 불만스럽지 않은 편안한 상태를 유지하는 것입니다. 그는 마음의 기쁨은 육체적인 쾌락보다 훨씬 고상하고 미묘한 맛이 난다고 했습니다. 왜냐하면 육체는 현재에 구속되고 속박되지만 정신은 과거와 미래에도 즐길 수 있기 때문입니다. 이처럼 그는 육체적 쾌락보다 마음의 평정 상태를 의미하는 정신적 쾌락을 중요시하였지만, 많은 사람들은 쾌락이라는 단어에 시선을 집중시켰습니다.

에피쿠로스의 철학은 문자 그대로 "쾌락이 진정한 선이요, 쾌락의 효용 때문에 가치가 있다"는 주의입니다. 그에게서 쾌락은 축복 받은 삶의 처음이자 마지막이라고 말합니다. 이는 개인의 쾌락, 즉 행복을 얻는 수단을 연구하는 것입니다. 그는 쾌락은 유일한 선이며, 고통은 유일한 악이라고 말합니다. 에피쿠로스의 제자인 토르코투스Torquatus는 쾌락과 악에 대해 다음과 같이 이야기 합니다.

"모든 동물은 태어나자마자 쾌락에 대한 욕구를 가지며 쾌락을 최고선으로서

즐기며, 반면에 고통은 최고악으로서 거부하며 가능하면 피하려고 합니다. 동물은 자신의 본성이 파괴되지 않는 한 그런 식으로 행동합니다. 즉 자연Natura 자체의 흠이 없고도 온전한 판단에 따라 행동합니다."

여기서 쾌락만이 실제적인 선이고 고통은 악이기 때문에 감각이란 모든 선과 악의 진정한 장소입니다. 그의 모든 내면적인 삶은 감각에 바탕을 두고 있다는 일종의 감각주의로 여겨집니다. 감각에는 선도 악도 없고, 죽음은 감각의 부재입니다. 즉 죽음은 감각의 소멸이므로 죽음에는 어떠한 고통도 있을 수 없고 죽음 이후에는 더 더욱 그러합니다. 그리하여 그는 "악과 고통이 가장 공포스러운 것이고, 죽음은 아무것도 아니다"라고 말합니다. 우리가 현재 생존하는 이상 죽음은 존재하지 않고, 죽음이 찾아오면 우리는 더 이상 살아있지 않다는 말을 전하고 있습니다.

아타락시아ataraxia: 마음의 평정

에피쿠로스에게 있어서 "그대는 내일이면 죽을지니 먹고 마시고 즐겨라"라는 격언이 그 자신의 신조는 아니었습니다. 쾌락은 욕망을 충족하였을 때 얻어지는 것이지만, 육체적인 쾌락은 일시적이며 불쾌감을 가져다주기도 합니다. 그 반면에 격조 높은 우정이나 친밀한 대화로 자연스럽게 맺은 관계는 그 자체로 즐거움을 주기 때문에 진정한 의미의 쾌락이라고 할 수 있습니다. 이러한 상황에 한층 고조되거나 즐겼을 때 우리는 행복해질 수 있습니다. 따라서 슬기로운 쾌락주의자는 무턱대고 모든 육체적 쾌락을 취하지 않으며, 지성에 의해 쾌락과 고통을 비교하거나 선택함으로써 영속적인 쾌락을 추구하고자 합니다. 진정한 마음을 흔들리게 하는 쾌락의 추구가 아니라 마음의 안정된 상태에 있는 것입니다. 이러한 경지를 아타락시아ataraxia=마음의 평정라고 불렀습니다. 이는 소박하고 검소한 삶 속에서 어떤 욕망에도 흔들리지 않으며 고통이 없는 상태를 의미합니다. 다시 말해 아타락시아란 의심하지 않는 것, 마음에 고민거리를 두지 않는 것입니다. 현실적으로 인간의 영혼을 동요시키는 불안과 열정과 과도한 욕망은 고통을 가져다주며 행복을 방해합니다. 그래서 에피쿠로스와 그 학파는 영혼의 불안으로부터의 자유, 즉 마음의 평정과 고통으로부터의 해방aponia을 인생의 최고 목적으로 삼았으며 인간의 모든 행위는 좋은 삶eu, 행복에 도달해야 한다는 이러한 목적은 에피쿠로스 철학이 추구하는 최고의 철학적 원리이자 의미였습니다. 이런 점에서 에피쿠로스학파는 "숨어서 살라"는 신조 아래 속세를 떠나 검소한 생활을 즐겼습니다. 따라서 그의 쾌락주의는 겉 무늬만 쾌락주의일 뿐 검소하고 모질게 살 것을 강조하는 철저한 금욕주의라고 할 수 있습니다. 그의 행복관은 다음과 같이 표현할 수 있습니다.

$$\text{행복} = \frac{\text{성취}}{\text{야망}}$$

흔히 쾌락은 육체적인 감각을 통해서 얻을 수 있는 만족감을 의미하며 일정한 기간 안에 정신적으로 누리는 즐거운 마음의 상태라고 할 수 있습니다. 그러나 행복은 항상 합리적인 인생의 계획에 따라서 기계처럼 이루어져야 합니다. 따라서 행복은 삶의 목표를 실현하는 과정에서 나타나는 지속적인 경험의 부분이기 때문에 어떤 최고의 목적에 도달하기 위하여 수단적 가치가 아니라 수단과 목적이 서로 나누어질 수 없는 궁극적인 가치인 것입니다.

에피쿠로스의 윤리학은 인간 본성의 발로를 억제하는 금욕주의의 원칙을 비판하는 것과 신뢰할 만한 지혜의 원칙을 수립하는 두 모습으로 나타났습니다. 이후 서구의 근세사상에서 에피쿠로스의 쾌락주의는 J. 벤담이나 J. 밀 등 공리주의자들의 양적인 쾌락과 질적인 쾌락으로 행복이라는 개념과 자연스럽게 연결시켰습니다. 현재 쾌락이라는 용어는 중립적인 의미로 사용하기도 하고 행복이라는 말과 서로 교환가능하기도 합니다.

03 스토아Stoa학파: 아파테이아apatheia

헬레니즘 시대에서 고대 후기에 이르는 철학사조인 스토아학파는 서양철학사에 큰 영향력을 행사해 왔습니다. '스토이크금욕적'라는 단어는 스토아학파를 어원으로 합니다. 이 학파의 창시자는 크리튼의 제논Zenon von Kriton으로 알려져 있으며 그의 제자 클레안테스Kleanthes, 크리시포스Chrysippos가 초기의 학파를 이어갔습니다. 중기에는 파나이티오스Panaitios, 포세이도니오스Poseidoios 후기에는 정치가 세네카Seneca, 노예 신분이었던 에픽테토스Epiktetos, 황제 마르쿠스 아우렐리우스Marcus Aurelius 등이 활약을 하였습니다. 스토아학파는 이 학파의 창시자로 알려져 있는 제논이 아테네의 아고라 광장을 거닐면서 철학을 가르친 데에서 유래합니다. 스토아stoa란 이 돌기둥을 뜻하고 아고라는 아테네 시민들이 생활하는 중심지였습니다. 이곳은 시장이 열리고 의회와 법정이 있던 곳입니다.

초기의 스토아학파는 물체적·물질적 실체 이외에는 아무것도 실재하지 않으며, 현자들의 행동같이 덕 있는 행동만이 영혼으로부터 고통과 정념을 덜어줄 수 있다고 말했습니다.

스토아학파는 플라톤주의 철학자인 크세노크라테스의 분류에 따라

철학을 논리학logic, 자연학physics, 윤리학ethics의 세 분야로 구분하였습니다. 스토아 철학자들은 이들 개별 학과의 의미를 과수원의 그림에 빗대어 설명합니다.

논리학은 정원을 보호하는 울타리에 해당합니다. 즉 그들은 논리학을 형식논리뿐만 아니라 인식론과 의미론, 문법과 문장론을 포함하는 것으로 보았습니다. 논리학을 이루는 요소는 로고스를 소재로 삼고 있기 때문에 서로 밀접하게 연관되어 있습니다. 로고스는 말과 이성을 모두 뜻하였습니다.

자연학은 위로 자라나는 나무에 해당합니다. 자연학의 소재는 퓌지스physics, 즉 자연이라는 용어로서 사람과 그 밖의 동물뿐만 아니라 신적 존재를 포함하는 생물, 물리 세계를 모두 받아들입니다. 그래서 스토아학파는 자연과학을 포괄하여 신학도 자연학에 포함시켰습니다. 즉 스토아학파의 자연학은 사변적인 자연철학이었습니다.

윤리학은 정원의 열매에 해당합니다. 스토아 철학자들은 에피쿠로스와 그 밖의 그리스 철학자들처럼 이론적 도덕가였을 뿐만 아니라 실천적 도덕가이기도 했습니다. 그들은 윤리적 개념을 분석하여 그 개념이 왜 타당하며 인간이 영위할 수 있는 최선의 삶인 인간의 행복의 토대가 사실상 무엇인지를 보여주기 위한 예비단계이기도 하였습니다.

스토아학파는 모든 존재는 물체이고 물체가 아닌 것은 존재하지 않는다는 유물론적 입장을 견지했습니다. 그들은 정신, 신, 영혼들도 물체라 보았습니다. 세계는 신의 육체이고 신은 세계의 영혼입니다. 신은 물질을 능동적으로 형성하며 물질 속에 내재하고 있습니다. 이는 곧 물질과 결합되어 있는 이성logos입니다. 그리고 그들은 신의 이성이라 부르는 이법理法에 의해 우주는 합목적적인 질서와 조화를 이루고 지배하고 있다는 자연학설을 바탕으로 실천적 지혜를 주장했습니다. 이러한 스토아학파의 사상은 곧 범신론汎神論이라 말할 수 있습니다.

스토아학파는 인생의 목적이 자연에 거스르지 않고 순리에 따라 생활해야 한다고 강조합니다. 그들의 목적은 정해진 자연 질서에 순응하자는 운명론이 강하게 자리 잡고 있습니다. 이 세계는 정해진 질서에 따라 미리 예정되어 있고 우리는 이를 피하거나 거부할 수 없습니다. 이를 운명이라 부르며 정해진 질서는 곧 자연의 법칙입니다. 때문에 자연의 법칙에 순응하고 이성에 따라야 하며 감정, 욕망, 격정에서 벗어나야 합니다.

> "자연의 법칙에 따르라. 자연적인 삶이 덕스러운 삶이요, 덕스러운 삶에서 행복을 느낄 수 있다."

우리는 자연과 일치하며 자연보다 더 높은 영역은 없기 때문에 우리가 죽을 때 다른 곳으로 간다는 사실에 대해 의문의 여지가 없게 되었습니다. 우리는 누구나 자연으로 되돌아갑니다. 스토아학파가 주목을 받은 이유는 이러한 믿음을 갖고 윤리학을 발전시켜 나갔기 때문입니다. 자연은 이성적 원리를 통해 지배하기 때문에 이 원리를 변화시킬 수도 없고 변화시키려고 해서도 안 됩니다. 즉 자연은 이성적인 존재로서 신인 것입니다. 특히 자연은 인간의 본성을 파악하는 것이었습니다. 그리고 이러한 작업은 동물계 전체의 이해와 그 안에서 인간이 차지하는 특별한 위상에 대한 이해를 하는 것입니다. 자연의 생활은 곧 이성의 생활이며 최고선입니다. 이성은 우주 속에 포함된 로고스이며 우리들의 본성 속에 포함된 법칙입니다. 이 본성에 순응한다는 것은 곧 이성에 따른다는 것을 의미합니다. 이성의 힘에 의해 정욕과 격정의 번뇌에서 벗어나 외부 세계의 자극에 의해서도 흔들리지 않는 부동심不動心, apatheia: 정염에 좌우되지 않는 이성이 스토아학파의 도덕적 이상이었습니다.

에피쿠로스와 스토아학파

	쾌락주의	금욕주의
표어	평온한 마음 아타락시아	부동심 아파테이아 정념(情念)이 없는 마음
행복관	고통 없는 상태와 지속적인 쾌락	이성(=자연)을 따르는 삶

그리고 그들은 세계시민주의Kosmopolitanism를 주장하였습니다. 세계는 우리의 도시이며 모든 인간은 시민이라는 것입니다. 모든 인류는 세계적 이성의 일부로서 종족, 혈통, 빈부, 귀천에 관계없이 이성적 공동생활을 영위해야 한다고 그들은 주장했습니다. 세계시민주의는 자신의 헌신을 통해 자신이 속한 공동체와 전 인류에로 확대할 것을 주장합니다. 개인은 나 혼자만이 아니라 친구, 부모 그리고 인류와 우주에 속하기 때문입니다. 이러한 관계를 주시하고 잘 수용하는 자세가 우리를 행복하게 만들며 이 세계가 만들어진 목적에 맞는 것이라 말합니다. 이러한 스토아학파의 세계주의는 로마제국의 정치적 세계주의 사상과 그리스도교의 종교적 세계주의 사상에 많은 영향을 끼쳤습니다.

04

견유犬儒학파: 디오게네스Diogenēs, B.C. 412~B.C. 325: 개처럼 살라

디오게네스

디오게네스는 생전에 이미 많은 일화를 남겨 놓은 사람으로 일생의 대부분을 그리스 아테네에서 보냈습니다. 그는 스스로를 '개'라고 불렀고 동물들의 삶을 인간의 모델로 제시하였습니다. 그에 관해 전해져 내려오는 이야기에 의하면 개의 생활태도를 찬미하였고, 커다란 통 속에서 홀로 살았다고 합니다. 아마도 그 통은 아테네의 아크로폴리스 옆에 있던 크고 육중한 항아리였을 것으로 추측하고 있습니다. 그는 일생을 나무통 혹은 술통에서 살았으며 맨땅에서 잠자는 일을 최상의 쾌락으로 생각했습니다. 또한 풍요로운 마을이나 비옥한 땅에는 덕德이 존재하지 않는다고 여겼습니다. 디오게네스는 이론가라기보다는 여러 곳을 떠돌아다닌 도덕주의자 또는 설교자로 볼 수 있습니다. 그는 여러 도시를 여행하면서 만나는 사람들에게 어리석은 야망과 그릇된 쾌락 그리고 사악한 생활방식을 멀리하고 자연과 덕에 따르는 검소한 생활을 하라고 역설하였습니다.

알렉산더 대왕과의 만남: 햇빛을 가리지 마시오

그의 성격이 어떠했는가는 알렉산더 대왕과 만났다는 일화에 의해서 잘 드러나 있습니다. 알렉산더가 그를 찾아갔다는 이야기는 이미 널리 알려진 바와 같습니다. 알렉산더는 그리스의 고린도라는 마을을 지나가면서 괴벽한 디오게네스를 만나고 싶어서 그의 기묘하게 생긴 거처를 방문하였다고 합니다. 알렉산더 대왕은 이 괴벽의 철학자가 크레나움이라는 동굴 앞에서 햇볕을 쬐고 있는 것을 보았습니다. 그때 디오게네스는 햇볕을 쬐며 술통을 수리하고 있었습니다. 대왕은 그에게 가서 "나는 알렉산더 대왕이다"라고 말했습니다. 그러자 철학자 디오게네스는 "나는 개犬인 디오게네스입니다"라고 대답했습니다.

대　왕: 당신은 내가 두려운가?
디오게네스: 그러면 대왕은 착한 사람입니까?
대　왕: 그렇다. 나는 착한 사람이다.
디오게네스: 어떤 사람이 착한 사람을 두려워하겠습니까?

이러한 선문답을 주고받고 잠시 서로 생각에 잠겨 있다가 대화를 계속하였습니다.

대　왕: 디오게네스, 그대는 여러 가지 물품이 부족한 것 같은데 나는 그대를 위해 봉사하는 것을 기쁘게 생각한다.
디오게네스: 그렇다면 당신이 서 있는 그곳에서 좀 비켜주시오. 대왕은 나에게 내리쬐는 햇볕을 가로막고 있습니다.

옆에 있던 신하들은 디오게네스의 무례한 언행에 대해 분개했고 이를 눈치챈 대왕은 신하들을 다음과 같이 타일렀습니다.

대　왕: 나는 할 수만 있다면, 나를 버리고 디오게네스가 되고 싶네.

그러나 만약 알렉산더가 로마의 네로 황제나 태봉의 궁예 황제같이 마음씨 고약한 왕이었다면, 당장에 능지 처참형에 처했을 것입니다.

자연적 삶: 개처럼 살라

보통 cynical이란 개념은 냉소적이란 의미를 지니는데, 그 어원을 추적하다 보면 키니코스cynikos와 만나게 됩니다. 이 키니코스학파의 이름은 바로 "개 같다"라는 말의 'canine'에서 유래했습니다. 오늘날 '개 같다'라는 표현은 비속어이며 인간들이 들어서는 안 되고 마음속에 담아 두어서도 안 될 마지막 말쯤으로 여겨집니다. 아마도 이 같이 개처럼 살았던 당시의 대표적 인물은 시노페의 디오게네스였습니다.

디오게네스는 쾌락과 고통에 의해 흔들리지 않고 자연적 혹은 사회적 사건에 의해서 당황하지 않았으며 또한 시민적 유대 또는 인간적 유대에도 아무런 관심을 품지 않았습니다. 그는 질서 있는 세계를 조롱하며 초연히 고립적인 생활을 즐겼습니다. 디오게네스는 특이한 성격의 소유자로 잘 알려 있습니다. 그는 노동자와 교제하고 그들과 같은 옷차림을 하였습니다. 또한 세련된 모든 철학을 무가치한 것으로 보았고, 알려질 수 있는 것은 모든 사람들에게 쉽게 알려져야 한다고 믿었습니다. 그래서 그는 이러한 신념을 더욱 발전시켰습니다. 정부도 필요 없고 사유재산이나 결혼, 기성종교, 풍습, 옷차림, 집, 음식, 예절 등 모든 전통적인 관습을 거부하였습니다. 그는 "쾌락의 노예가 되느니 차라리 미치광이가 되겠다"고 과감히 말했습니다. 여러모로 봐서 디오게네스의 행복관은 문명의 불신에 관심을 집중했습니다. 그에게서 문명이라는 것은 제멋대로의 기준과 미신에 의해서 뒷받침되고 있는 퇴폐적인 제도라고 여겼습니다. 그가 현재의 문명을 불신한 것은 더 좋은 사회질서를 세우기 위해서가 아니라 사람들에게 자신들의 개성에 대한 완전한 자유를 보전하기 위해서였습니다. 그는 물질문명에 대한 무가치함을 다음과 같이 말하였습니다.

소식小食으로 살아가는 것이 얼마나 행복한가? 겨울에 비싼 옷을 걸치지 않아도 인간은 따뜻하게 지낼 수 있지 않은가? 고국에 대하여 애착심을 갖는 것이 얼마나 어리석은 일인가? 자녀들이나 친구가 죽었다고 구슬피 우는 것은 얼마나 우매한 짓인가? 하는 의문들이 그가 풀어야 할 과제이자 가르침이었습니다. 그는 개처럼 살려고 하였습니다. 견유犬儒-Cynic라고 불리는 것은 이러한 이유 때문이었습니다. 그렇기 때문에 그는 개犬의 생활태도를 찬양하였습니다. 개야말로 거의 아무런 부족도 느끼지 않고 있으며, 육체적 기능에 관한 거짓된 수치심도 그리고 아무런 위선도 지니고 있지 않았기 때문입니다. 그러나 디오게네스는 인간이 개와 같다고 가르친 것은 아니었습니다. 오히려 그는 덕德에 대한 열의가 대단했다고 전해져 옵니다. 그는 이 세상에서 귀중하게 여기거나 좋다고 하는 것이 아무런 가치가 없다고 주장했습니다. 따라서 디오게네스는 행복을 다음과 같이 생각했습니다.

디오게네스: 자연으로 돌아가는 것이 행복이라네.
제　자: 그러면 그러한 행복과 자유를 가져오는 것은 무엇이겠습니까?
디오게네스: 그것은 바로 자연적인 삶 그 자체에 있네.
제　자: 그러면 자연적인 삶은 어디에서 나옵니까?
디오게네스: 그러한 삶은 동물의 행동을 관찰하고 모방하는 데서 나오는 것이네.

위의 대화에서 보듯이, 견유학파 사람들은 동물의 행동을 관찰하고 모방하였으며, 동물을 즐겨 먹었고, 동물들도 사람을 먹을 수 있다고 생각했습니다. 디오게네스는 죽고 난 후 자신의 시신을 땅에 묻지 말고 방치하도록 했는데 이는 짐승들이 그 시신을 먹게 하기 위한 배려였습니다. 디오게네스는 인간과 동물의 친족성에 대한 믿음이 강했기 때문에 서로가 서로를 먹을 수 있다고 생각했습니다. 그는 인간의 성욕도 배고플 때의 식욕이나 목마를 때의 갈증과 마찬가지로 자연스러운 육체적인 욕망으로 여겼습니다. 이러한 성욕에 대한 견해는 그의 삶 속에서 일관되게 유지하였습니다. 그는 성욕을 느낄 때면 대낮에도 사람들이 많이 모이는 도시의 광장 한복판에서 수시로 자위행위를 했다고 합니다. 물을 마시는 것이 남의 눈앞에서 부끄러운 것이 아니라면, 자위행위도 육체의 욕망에서 나오는 자연스러운 발로이기 때문에 조금도 부끄러운 것이 아니라고 생각했습니다.

그는 덕을 찾았지만, 욕망에서 해방된 도덕적인 자유를 찾았던 것입니다. 그의 신조는 "행운을 갖다 준다고 말하는 선善에 대하여 무관심하라. 그러면 공포에서 해방된다"는 것이었습니다. 그는 이 세상의 선을 멀리하라고 가르친 것이 아니라 그것에 대해 단지 냉담해야 한다는 것이었습니다. 이러한 그의 행복설은 옛날부터 있던 회의懷疑를 조직화하거나 형식화한 것에 지나지 않습니다.

한편으로 디오게네스는 어쩌면 현대적 의미에서 인류가 골머리를 앓고 있는 환경문제를 심각하게 생각한 진정한 철학자였는지 모릅니다. 그는 프로메테우스Prometheus가 신의 불을 훔쳐 인간에게 주어 벌을 받게 된 것을 정당하다고 생각했습니다. 왜냐하면 불에 의한 기술의 발달로 인해 점점 오늘날 인간생활이 복잡해지고 인위적인 것으로 가득 찼기 때문입니다. 그의 철학관은 물질적 이기利器문명에 가득 찬 현대인들에게 지금에 와서도 더더욱 가슴속 깊이 새겨들어야 할 이야기라 생각합니다.

05

회의주의학파懷疑主義學派: 판단중지

퓌론

Phrrho, B.C. 365~B.C. 275

퓌론

퓌론은 기원전 365년 엘리스Elis에서 태어났습니다. 처음에 그는 화가로 활동하였습니다. 그의 스승인 아낙사르코스Anaxarchos는 데모크리토스의 가르침을 뒤쫓는 인물이었으며, 퓌론은 그와 함께 알렉산더대왕의 아시아 원정에도 참여했습니다. 추측컨대 그는 거기서 인도의 금욕주의적 수행을 접촉했던 것으로 보입니다. 퓌론은 뒤늦게 귀향하여 기원전 약 275년 임종 때까지 제자들을 가르쳤습니다. 그의 신망은 두터워서 대사제로까지 임명되었으며, 광장에 그의 초상이 세워질 정도였다고 합니다. 아테네인들은 그에게 '아테네의 시민권'까지 수여하고 존경했습니다.

회의주의懷疑主義의 어원은 '두리번거리다'에서 나왔습니다. 한 곳에 정착하지 못하고 이리저리 둘러보거나 모든 것에 대해 의심하는 것을 말합니다. 퓌론은 회의주의 자체를 철학으로 받아들이고 무엇이든 믿는 것을 지속적으로 거부한 최초의 인물이었습니다. 이 학파의 창시자는 아이네시데모스Aenesidemus였지만, 그와 후계자들은 엘리아 출신인 퓌론Pyrrho of Elis의 이름을 붙여 퓌론주의라고 불렀습니다. 그의 사상을 발전시킨 철학자는 티몬Timon, B.C. 325~B.C. 235이었습니다. 이 학파의 철학자들은 이 세상에 확실한 것은 없고, 모든 것은 불확실한 상태에 있다고 말합니다. 퓌론학파는 오랫동안 그다지 추종자들을 끌어들이지 못하다가 변혁기에 다시 이론적으로 활성화되었습니다. 아리스토텔레스보다 20년 정도 젊은 퓌론은 어떠한 글도 남기지 않았으나 기원후 2세기에 활동한 퓌론주의 회의주의자인 섹스투스 엠피리쿠스Sextus Empiricus, B.C. 200~B.C. 250 의 저술에 의존합니다. 그 개요는 섹스투스 엠피리쿠스의 『피론주의 개요Outline of Pyrrbonism』와 열한 권으로 이루어진 『독단론에 반대하여 Against the Proffsors』가 전해지면서 체계를 갖추기 시작했습니다. 퓌론학파들은 다음과 같이 주장합니다.

① 아직 우리는 진리를 찾지 못했다.
② 우리는 "진리는 파악될 수 없다"고 주장하지도 않는다.
③ 우리는 계속해서 진리를 찾는다.

퓌론학파는 이러한 회의의 개념 아래에서 진리의 문제를 해결하고자 했습니다. 퓌론 이후의 제자들은 탐구파, 음미파skeptikoi, 오늘날에는 회의파로 번역되고 있으나 원래는 이 뜻임, 중지파, 당혹파라고도 불려졌습니다. 이 학파는 '행복한 삶'을 최고의 가치로 인정하면서도 인간이 저마다 노력함으로써 얻을 수 있는 것이 아닐 수 있다고 생각했습니다. 엠피리쿠스는 『퓌론주의의 개요』 제1권에서 회의주의를 "근심에서 벗어나려는 소망"이라 덧붙였습니다. 이러한 동기로 인해 퓌론학파는 "참"과 "거짓"을 입증할 수 있는 수단인 기준을 찾아 나섰습니다. 비록 그들은 그러한 기준을 제대로 찾아내지는 못했지만, 장기적으로는 목적을 이루었다고 볼 수 있습니다. 그 목적은 우연에 의해서처럼 판단을 중지함으로써 근심으로부터 자유를 발견할 수 있었습니다.

퓌론은 여러 나라와 민족들을 두루 살펴보았기 때문에 사람마다 서로

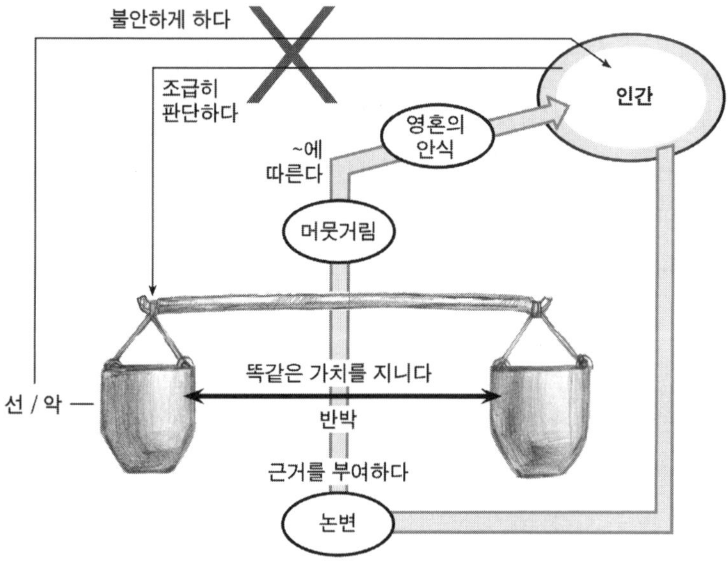

퓌론: 회의주의의 구상

의견이 다르다는 사실에 강한 인상을 받았습니다. 우리가 할 수 있는 일은 사물을 우리에게 그냥 그대로 두는 것입니다. 대부분의 현상들은 변화하기 마련이므로 서로 자기의 설명이 옳다고 단정하지 말아야 합니다. 가장 좋은 일은 걱정하지 말고 자연스러운 흐름에 맡기는 것입니다. 때문에 이 학파는 점점 이론을 경시하는 태도가 극단화되었습니다. 퓌론은 서로 상충하는 독단적 교리, 알렉산더 이후의 정치 사회적 혼란, 동방의 다른 관습과 생활에 대한 반성을 통해 회의주의로 나아갔습니다.

퓌론에 의하면, 우리는 외부의 사물에 대한 불확실한 지식을 맹목적으로 믿기 때문에 마음의 평안을 제대로 얻지 못한다고 말합니다. 우리의 불안은 사물을 알고 평가하려는 압박감에서 시작되었습니다. 그리고 이러한 불안은 자연스럽게 우리에게 사물에 대한 독단적인 생각을 하게 만들어 냅니다. 그래서 우리는 절대적인 진리를 믿지만 이것은 잘못된 지식이며 우리를 더 심각하게 혼란에 빠뜨립니다. 이 잘못된 인식을 바로잡기 위해서는 사람들의 주장 속에 들어 있는 모순을 지적해야 합니다. 우리는 결코 사물의 궁극적 본성을 알 수 없습니다. 그러하다면 사물에 대한 우리의 가장 현명한 태도는 일체의 판단을 보류하는 것입니다. 이러한 판단중지Epoche의 태도에 의해 우리는 불필요한 생각들을 떨쳐버리고 마음의 평정을 얻게 됩니다. 섹스투스는 다음과 같이 말합니다.

> "모든 불행은 불안정으로 인해 생겨납니다. 그러나 불안정이란 모두 인간이 임의로 정한 사물을 향하여 긴장된 추적을 계속하거나 반대로 긴장된 회피를 계속하는 중에 일어납니다. 모든 인간은 그가 생각한 '좋은 것'을 긴장하며 쫓고 또 그와 동일한 방식으로 '나쁜 것'을 피합니다. 그러므로 모든 불행은 '좋은 것'을 선으로 생각하여 뒤쫓아 가고, '나쁜 것'을 악으로 생각하여 피하는 데서 비롯됩니다."

퓌론학파는 "회의의 개념에 대해 모든 가능한 방법으로 감각적으로 수용된 것이나 이성으로 생각된 것을 서로 대립시키는 기술技術과 그러한 태도로 인해 우리를 서로 상충하는 사물과 논증의 무관성을 판단중지하고 그 이후에 마음의 평안아타락시아에 이르게 된다"고 정의내립니다. 사람들은 서로 감각적인 수용을 통해 이성적으로 생각한 사물들 사이에서 '서로 같지 않은 형식'에 대해 고민합니다. 그리고 어떠한 기준을 마련함으로써 영혼의 평온함에 도달하기를 희망합니다. 그러나 퓌론학파는 인간이 그러한 기준을 마련하는 것을 그다지 탐탁지 않게 여겼기 때문에 잣대를 마련하는 것을 중단하였습니다. 그런데 우리가 판단을 중단했을 때, 우연히도 영혼에 마치 몸에 그림자가 뒤따르듯 평온함이 찾아왔다고 퓌론학파는 주장합니다.

따라서 퓌론학파는 모든 사상이나 삶의 모든 문제에서 판단중지를 하고 현상과 사회적 규약을 정념 없이 살아 마음의 평화를 얻기를 바랐습니다. 또한 세속적인 견해와 소피스트들의 공허한 사상에 얽매이지 않고 미망과 구속으로부터 자유롭기를 원했습니다. 이러한 회의주의의 사상은 중기 아카데미와 로마의 절충주의 철학에 커다란 영향을 끼쳤습니다.

제5장 중세철학

제 5 장

중세철학

01

중세철학이란

중세철학은 아퀴나스로 대변되는 스콜라철학과 동일시한 약 9~15세기에 이르는 기간 동안 발전한 철학을 말합니다. 역사학계에서는 서로마 제국의 멸망(476)을 고대의 종말로 간주하고 콘스탄티노플의 정복(1453)이나 종교개혁(1517)의 발단과 더불어 근대가 출발했다고 보고 있으며 이 사이를 중세로 일컫고 있습니다. 이를 따르는 학자들은 5세기 말에서 15~16세기에 이르는 약 1,000년 동안에 발전한 서양철학을 중세철학으로 분류합니다. 따라서 중세철학의 근간은 초기 그리스도교가 성립되면서 철학과 주고받은 이성과 신앙 사이의 논쟁들로부터 교부철학 시대, 스콜라철학의 시대를 모두 아우르는 시기를 말합니다.

02
교부철학과 스콜라철학

교부철학

교부철학(2~8세기)은 그리스도교회의 초기 저술가들을 일컫습니다. 이 시기는 대략 2세기경부터 8세기로 추정합니다. 즉 교부철학은 그리스도교를 단순히 믿음을 요구하는 종교가 아니라 이성적인 사고와 일치하는 종교로서 설명하고자 하는 시기를 교부시대라 불렀습니다. 또한 초기에 그리스도교의 교리를 체계화하고 확립하는 데 공헌한 학자들을 교부Patres라 불렀습니다. 이들은 기독교를 로마제국의 국교로 만드는 데 크게 기여한 사람들이었으며 기독교의 기초를 마련한 자들로서 이들을 가리켜 교회의 아버지들이라 지칭하기도 하였습니다. 교부철학은 그리스도교에 대한 믿음과 도덕적 자세를 견지하여 초기 그리스도교를 키우고자 한 시기였습니다. 여기서 교부란 기독교의 성직자를 뜻하였습니다. 교부철학에 발견된 이론들은 먼저 신의 사랑과 은총을 인간에게 보다 높은 빛을 비추기 위해 인간적인 것, 지상적인 것, 현세적인 것을 신적인 것으로 보다 위로 고양시키고, 인간적인 면모를 축소시키려는 경향을 보였습니다. 이 교부시대에 서양문명의 두 원류라 일컫는 그리스 로마문화와 그리스도교 문화의 융합이 시작되었습니다. 대표적 인물은 아우구스티누스를 꼽을 수 있는데 그는 독보적인 존재였습니다.

교부라 불리는 성직자들의 골칫거리는 그노시스파영지주의였습니다. 교부철학 초기에는 그노시스파gnosis, 영지주의와 아포로기스트학파apologists, 호교가가 맞서고 있었습니다. 그노시스파는 신앙에 대한 지식의 우위를 내세우면서 기독교를 지적인 것으로 만들려고 하였습니다. 그노시스는 물질세계를 악의 근원으로 보았고 이를 영적인 세계와 대립시키는 이원론적 경향을 나타냈습니다. 여기서 그노시스란 '알다, 인식하다'라는 의미를 지니고 있는데 학문적 운동과 신비주의적 종교관이 뒤섞인 이 학파는 그리스도교적 입장에서 미신적인 종교의 분위기를 짙게 풍기고 있었습니다.

반면에 호교가들은 지식에 대한 신앙의 우위를 내세우면서 기독교를 지적이고 철학적으로 설명하고자 하는 시도에 반대했습니다. 테르툴리아누스는 "신앙은 불합리하기 때문에 믿는다"라는 유명한 말을 함으로서 호교가의 입장을 대변하였습니다. 그는 철학이란 진리가 아닌 순전히 인간적인 지혜로만 대변할 수 있기 때문에 그리스도교인들에게 신앙과 그리스도의 지혜로만으로도 충분하다고 말했습니다.

호교가들은 초창기에 교부들이 다른 종교에 대해 그리스도교를 옹호하거나 변호하는 데 주력하였습니다. 3세기 이후부터 호교가들은 그리스 철학과 화해하여 그리스도교 철학을 정립하는 데 도구적 수단으로 이용하였습니다. 이 시기는 플라톤, 아리스토텔레스의 그리스 철학을 바탕으로 그리스도교를 해석하고 설명하고자 노력하였습니다. 후기에 이르러 호교가들은 교부들의 업적들을 정리하여 자신들의 주장을 조직화하는 데 몰두하였습니다.

스콜라철학

스콜라철학은 라틴어로 학교라는 뜻입니다. 그리고 4세기부터 서유럽의 모든 수도원과 대성당에 부설된 그리스도교의 부속학교schola를 지칭하기도 합니다. 그곳에서 신부들에게 가르치던 학문을 스콜라철학이라 불렀습니다. 이 학교들은 후에 대학Universitas으로 발전하였고 아라비아, 비잔티움 세계로부터 새로운 사상을 받아들여 르네상스의 기틀을 세웠

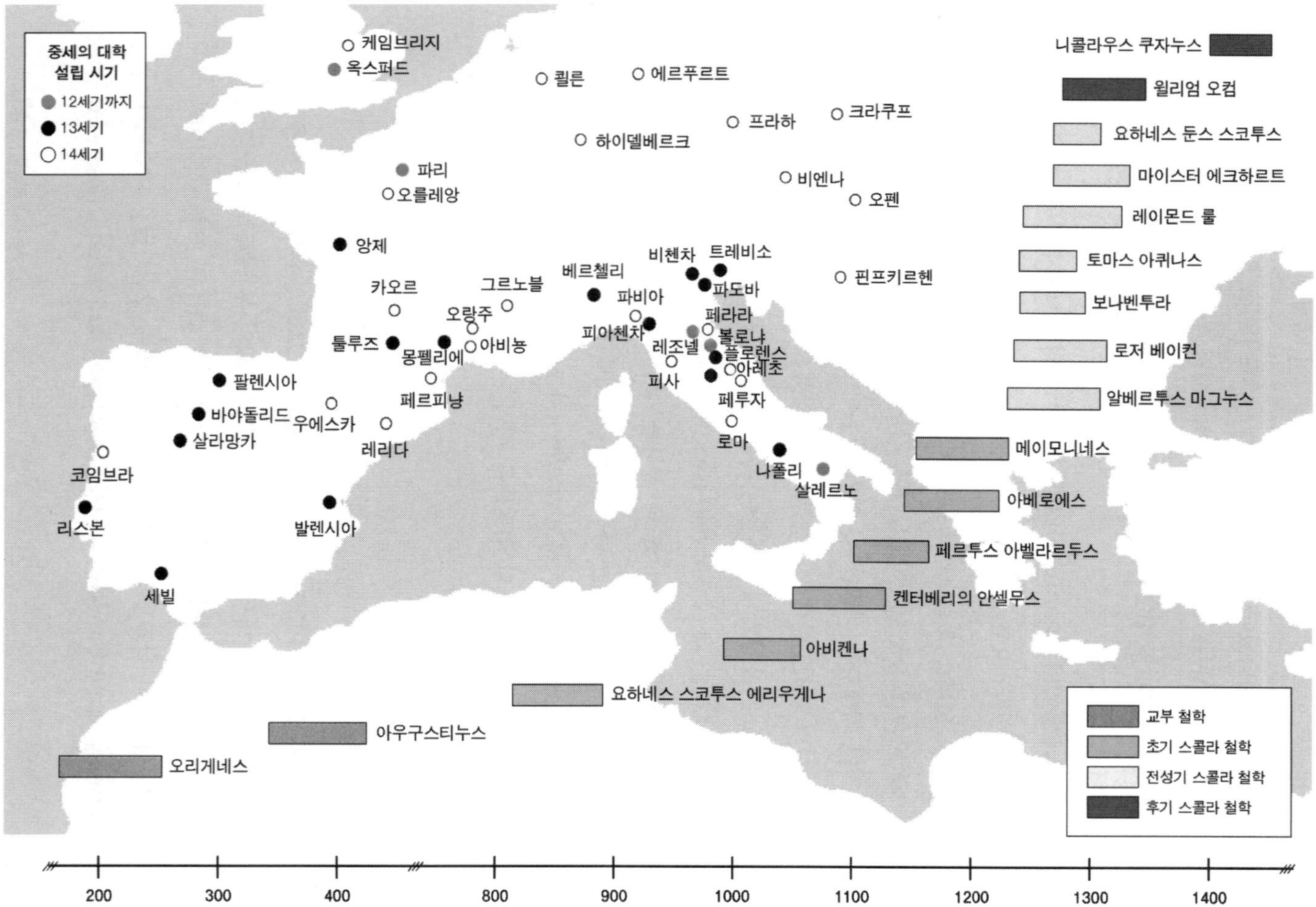

중세의 대학 설립 시기
12세기까지
13세기
14세기
케임브리지
옥스퍼드
쾰른
에르푸르트
프라하
크라쿠프
하이델베르크
파리
오를레앙
비엔나
오펜
앙제
비첸차
트레비소
핀프키르헨
카오르
그르노블
베르첼리
파도바
파비아
오랑주
페라라
피아첸차
볼로냐
툴루즈
아비뇽
레조넬
플로렌스
몽펠리에
아레초
팔렌시아
피사
페르피냥
페루자
바야돌리드
우에스카
살라망카
레리다
로마
코임브라
나폴리
살레르노
리스본
발렌시아
세빌
니콜라우스 쿠자누스
윌리엄 오컴
요하네스 둔스 스코투스
마이스터 에크하르트
레이몬드 룰
토마스 아퀴나스
보나벤투라
로저 베이컨
알베르투스 마그누스
메이모니네스
아베로에스
페르투스 아벨라르두스
켄터베리의 안셀무스
아비켄나
요하네스 스코투스 에리우게나
아우구스티누스
오리게네스
교부 철학
초기 스콜라 철학
전성기 스콜라 철학
후기 스콜라 철학
200
300
400
800
900
1000
1100
1200
1300
1400

습니다.

스콜라의 교과과정은 크게 신학 · 철학 · 자유학예Artes liberales의 순서로 나눠집니다. 특히 여기서 자유학예란 로마제국 후기에 철학의 예비학문으로 간주되었던 학문들에 부여한 이름을 말합니다. 이 학문들은 '자유롭게 태어난 인간들에게 가치가 있는 활동형태'라는 의미에서 자유학예란 이름을 얻었습니다. 정치사상가인 키케로Cicero, 기원전, 106-43는 자유학예가 인간에 관한 연구라는 의미에서 'Studia Humanitas'라 명명했습니다. 여기에서 '인문학'이란 말이 생겨났습니다.

이렇게 인문학의 용어인 Studia Humanitatis는 키케로가 이상적인 웅변가를 양성할 목적으로 만든 라틴어의 humanitas dotrine에서 유래했습니다. 여기서 그 의미는 인간성humaneness을 뜻하였고 이러한 내용을 휴마니타스humanitas, 즉 인문학이라 불리면서 '인문학'이란 말이 탄생했습니다. 기원전 1세기의 로마시대에 자유학예가 인문학으로 된 것입니다. 이것은 그의 저서인 *On the Orator*에서 "humanitas"라는 특별 프로그램의 하나로 사용하였습니다. 키케로는 소크라테스의 철학이 지나치게 추상적이기 때문에 사람의 마음을 움직이는 데 미흡하다고 생각했습니다. 키케로는 말과 글은 담고 있는 내용뿐만 아니라 그 표현하는 자체로도 사람의 마음을 움직이는 힘이 있어야 한다고 보았습니다. 그 이후 스콜라철학자 보에티우스Boethius, 480~523와 카시오도루스Cassiodorus, 477~565에 의해 자유학예는 '일곱 자유학예Seven Liberal Arts』'로 정리되었습니다. 일곱 자유학예에서 먼저 3학과學科) 문법학, 수사학, 변증법, 논리학 등 우리가 실제를 인식하고 표현할 때의 언어관련화법의 학예artes semocinales로 구성되었으며, 4학과는 대수학, 기하학, 음악학, 천문학 등 사태적인 측면을 다루는 실제에 관련된 학예로 구성하였습니다. 이것이 르네상스를 거쳐 1800년대에 학문이 분화되는 과정에서 화법에 관한 학문인 3학學이 '인문학'으로, 실재에 관한 학문인 4과科는 '자연학'으로 불리어 나누어지게 됩니다. 위와 같이 인문학은 고대 그리스시대를 거쳐 로마시대, 중세시대, 그리고 르네상스시대에 와서 그 절정을 이루었습니다.

무엇보다 이 당시의 철학은 교회의 권위를 대체로 승인하고 이미 확립된 교의를 통해 명백한 진리를 전제로 삼았습니다. 이러한 바탕 위에서 스콜라철학은 그 교의들을 합리적이고 논리적으로 증명하고 체계화하는데 이바지 하였습니다. 스콜라철학은 신학의 신하로 종사하였으며 교육의 내용도 주로 교회의 교의를 옹호하는 데 주력하여 새로운 진리를 추구하기보다는 교의들을 연역추리의 대전제로 삼아 엄밀한 규정과 구별에 의한 논증을 일삼았습니다. 이처럼 스콜라철학은 그리스도교의 신앙을 해석하고 그에 대한 신앙의 근거와 동기를 부여하고자 노력하였습니다. 따라서 스콜라철학은 그리스도교 철학을 중심으로 "신학의 시녀"로서 부역했습니다.

초기 스콜라철학(약 11~12시기)에서는 스콜라적 방법이 구축되기 시작합니다. 특히 초기에는 아우구스티누스 이론과 플라톤주의가 지배적이었습니다. 초기 스콜라철학은 플라톤주의의 영향 아래서 "보편자는 개체에 앞서서 실재한다"는 입장을 견지했습니다. 이러한 입장을 개념실재론(오늘날은 객관적 관념론)이라 불렀습니다. 사유로부터 독립된 실체가 보편적인 규정이 되는 것인지, 아니면 그 규정들은 사유 안에서만 존재할 뿐인지에 대한 물음을 중심으로 보편논쟁을 불러일으켰습니다.

융성기 스콜라철학(약 12~13세기)은 새로운 아리스토텔레스를 수용함으로써 부각됩니다. 당대의 모든 사상가들은 아리스토텔레스에 대한 철저한 이해를 도모합니다. 그래서 아리스토텔레스적 노선에 따르는 프란시스코 전통과 도미니크파의 아리스토텔레스적 노선이 상호 대립하였습니다. 여기서 보편자는 사물 내에 존재하는 실재라고 생각하였습니다. 12

세기경에 이르러서는 아리스토텔레스의 재발견을 통해 가장 생산적인 활동이 이루어졌습니다. 이 시기는 온건실재론이 지배적이었으며, 아벨라르두스Abelardus, 1079~1142가 이러한 견해에 동조하였습니다. 그는 교회의 정통자임을 대변하였는데, 보편자는 먼저 신의 정신 속에 이데아가 있으며 신의 세계창조 이후에 사물 안에 그 본질을 내재하게 되었다고 생각했습니다. 따라서 그는 인간의 추상적 사유에 의한 보편개념으로 보편자를 이해했습니다.

토마스 아퀴나스는 아리스토텔레스주의와 그리스교 철학을 결합하는 광범위하고 체계적인 시도를 하였습니다. 중세의 신비주의 전통은 마이스터 에크하르트Meister Eckhart 1260~11327에 와서 절정에 이르렀습니다. 그의 신비주의의 주요 관심사는 내적 관조 또는 신적인 것과 일체되는 정신적인 길에 이르도록 하는 것이었습니다.

후기 스콜라철학(약 14세기)은 윌리엄 오컴에 와서 실재론자들의 형이상학적 체계에 강한 비판을 가하기 시작합니다. 이 새로운 길을 유명론이라 부릅니다. 오컴은 "보편자란 사물에 붙이는 이름에 불과하다"고 말합니다. 이와 같은 그의 유명론적 입장이 교회의 권위와 신앙에 대해 전혀 다른 의미를 부여함으로써 신앙과 이성을 일치시키려고 하였던 스콜라철학의 고유한 목표를 붕괴시키게 됩니다.

03

보편논쟁

그리스시대 플라톤의 이데아론과 아리스토텔레스의 철학에서 형상과 질료의 관계를 보여주었듯이, 중세시대에는 보편자와 개별자의 문제에 대해 첨예한 논쟁이 이루어졌습니다. 보편논쟁Universalienstreit은 개별적인 사물이 있고 그것을 초월하여 개별적인 사물을 아우르는 보편이 있느냐에 대한 논쟁을 말합니다. 먼저 보편자란 개별자와 반대되는 개념을 지칭합니다. 소크라테스, 플라톤, 아리스토텔레스, 마르크스와 같은 철학자들은 개별자이고 인간, 돼지, 책상, 핸드폰 등은 보편자입니다. 이를테면 플라톤과 같이 어떤 개념을 적용할 경우, 그 대상이 하나일 때는 개별자이며, 인간과 같이 어떤 개념이 적용되는 경우가 다수일 경우, 보편자라 말합니다. 보편적인 것은 인간의 사고 속에만 존재하며 실재세계에서는 오직 개별적인 사물의 이름뿐이라는 것은 유명론唯名論, nominalism의 주장이며 보편이 실재한다고 하는 것은 실재론realism의 주장입니다.

스콜라철학의 개념적이고 형이상학적인 중심문제는 경험적 사물과 보편 개념사이의 존재관계에 대한 문제였습니다. 사람들이 그 당시 보편개념을 보편으로 표현했기 때문에 이와 연관된 스콜라철학 전체의 일관된 논쟁을 보편논쟁이라 일컬었습니다. 이 논쟁들은 중세 후기에 접어들면서 가열되는데, 후에 중세철학에서 가장 중요한 논쟁 중의 하나가 됩니다.

보편논쟁은 유명론자들을 억압함으로써 종결되었지만, 그렇다고 하여 이 논쟁에서 제기된 문제가 모두 해결된 것은 아니었습니다. 이 논쟁은 후에 다시 나타났습니다. 궁극적으로 보편논쟁은 교리를 이론화하는 문제와 밀접히 연관되어 있었습니다. 즉, 보편논쟁은 신의 절대성, 교회의 영원성, 이데아적인 인간인 아담의 실재성을 확립하기 위해 대두되었습니다.

실재론

실재론實在論, realism은 이데아의 진리를 생각하는 플라톤의 사상을 계승하여, 보편이 "각각의 사물에 우선하여 존재한다"고 주장했습니다. 인식하는 주관에서 독립된 객관적 실재를 인정하고 이것은 실재를 인식하려는 인식론적 입장이라 할 수 있습니다. 실재론자들뿐만 아니라 대부분의 신학자들은 이에 해당한다고 볼 수 있습니다. 실재론자들은 신보편자이 세상을 창조한 것이며, 개별자들은 신에 의해 만들어지고 죽으면 다시 신에게로 돌아간다고 말합니다. 그래서 이들은 "보편이 앞선다"라고 주장합니다. 에우리게나Eurigena, 안셀무스Anselmus, 기욤 드 샹포Guillaume de Champeaux와 같은 인물들이 대표적이라 할 수 있습니다.

유명론

유명론唯名論, Nominalismus이란 중세 스콜라철학에서 실재론에 반대하고 보편의 실재성을 부정하는 주장을 말합니다. 존재하는 것은 단지 개개의 사물뿐이며 보편개념은 개별적 사물 뒤에 인간의 머릿속에서나 존재하는 일반적인 이름에 불과하다는 것입니다. 대표 이론가로는 로스켈리누스, 오컴 등이 있으며 그중 오컴의 학설은 보편을 많은 개개의 사물을 대표하는 명사일 뿐이라 했기 때문에 명사설이라고 부르기도 합니다. 이러한 주장은 이미 스콜라철학의 붕괴를 뜻하는 것이었으며 이러한 유명론은 중세시대에 유물론을 처음으로 표현한 것이라 말할 수 있습니다.

04

사도使徒 바울St. Paul, 10A.D~6 0A.D: 사죄설赦罪說

사도 바울은 타르수스 출신으로 유대인인 동시에 로마 시민이었습니다. 그는 율법학자의 전통 속에서 교육을 받았습니다. 처음에는 예

사도 바울

수의 추종자들을 위험한 사람들이이라 여기고 그들을 억압하고 유대인의 집회에 참석하여 그들이 영향력을 발휘하지 못하도록 하였습니다. 그 후 사도 바울은 예수에 대한 신앙으로 개종을 하여 전도하는 데 열성적이었습니다. 그는 동방제국의 동방 영사領士들 사이에서 여러 곳을 여행하며 기독교회를 세우기도 하고 이미 세워진 교단에는 신앙을 굳건히 하도록 도와주었습니다.

사죄설赦罪說

사도 바울의 주된 핵심사상은 이원론二元論이라 할 수 있습니다. 그는 우주를 상반되는 두 힘의 투쟁으로 여기지 않았습니다. 그는 유대교가 여러 세기 동안 주장해 왔던 것처럼, 이 세계는 하나님의 창조물이요, 하나님의 자비로운 섭리의 무대라고 믿었습니다. 그는 한편으로는 육체와 영혼과의 이질성을 주장하였고, 다른 한편에서는 하나님의 보편성을 주장하였습니다. 사도 바울의 이원론은 하나님과 물질적 세계와의 사이에서의 문제가 아니라 하나님이 인류를 지배하고 있는 두 가지 계시법 사이의 문제였습니다. 구약성서는 율법에 의한 것이며, 신약성서는 복음에 의한 것입니다. 율법의 목적은 교육을 위한 것입니다. 그리고 그 기능은 사람들에게 죄를 깨닫게 하는 것입니다. 복음의 목적은 구원을 위한 것이며 그 기능은 은총에 의해 인간을 구제하는 일이었습니다. 하지만 율법은 사람들이 죄의식을 갖게 하는 데 성공했다고 할지라도 스스로 하나님의 자비에 내맡기도록 이끌어가는 그 이상의 일을 할 수 없었습니다. 이에 대해 복음은 인간을 영적인 존재로 바꾸어 놓음으로써 완전한 구원을 가져다주었습니다. 사도 바울은 은총의 모습을 사죄赦罪를 통해 나타난다고 보았습니다. 구원을 얻는다는 것은 하나님의 눈에 들어 죄가 사赦해진다는 것입니다. 하지만 사죄는 결코 선한 행위에 의해 획득되는 것이 아닙니다. 사죄는 오직 신앙을 통해서만 얻어질 수 있습니다. 신앙이란 사람에게 있어서 지성의 활동이기 보다 오히려 의지의 활동이요, 하나님의 성령의 힘과 인도를 어떠한 주저함이 없이 무조건 신뢰하는 것입니다. 이러한 신뢰는 은총에 의해 감동되지 못한다면 사람의 힘으로는 어찌할 수 없는 것입니다. 따라서 사죄는 신앙에 의해 오는 것이며, 행위에 의해서 오는 것이 아닌 것입니다. 그것은 인간의 생명 속에 내재해 있는 영(靈)의 직접적인 성과인 것입니다.

사도 바울의 성령에 대한 이론은 어떤 측면에서는 분명하지 않습니다. 그는 항상 성령에 호소하고 재림의 결과를 지적하고 그것이 결여할 경우의 도덕적 타락을 경고하였습니다. 하지만 성령의 본성에 대한 체계적인 이론으로 나아가지는 못했습니다. 그는 하나님의 성령聖靈, 그리스도의 성령聖靈, 그리고 일반적 말하는 성령과 같은 문구들을 서로 맞바꾸어 사용하였습니다. 기독교는 하나님과 그리스도와의 성령 상호 간의 관계를 설명하는 문제에 대해 고심하였습니다. 교회의 지도자들은 이 문제의 논쟁을 해결하기 위해 삼위일체三位一體說를 긍정하게 되었습니다.

하지만 삼위일체설은 그 문제를 해결하기보다 오히려 더 많은 논쟁을 야기시켰습니다. 사도 바울의 기독교에 대한 영향은 다음과 같이 광범위하게 끼쳤습니다. 첫째, 그리스도는 인류를 구원할 능력이 있다는 사도 바울의 주장은 유대교와의 절연을 야기시켰습니다. 둘째, 하나님과 예수와 동일시될 수 있다고 믿는 그의 주장은 기독교들에게 가장 훌륭하게 보이는 모든 것의 계승자로 여기게 되었습니다. 셋째, 그리스도가 구원의 수단이라고 하는 그의 주장은 희랍철학에는 없는 문제, 즉 기독교

의 특징으로서 고유한 문제를 일으켰습니다.

따라서 사도 바울은 "하나님의 어리석음이 인간보다 현명하다"고 강조하였으며 그의 복음은 인간 이성의 면밀한 검토를 받아야 할 필요가 없다는 것을 시사하였습니다.

05

아우구스티누스Aurelius Augustinus, A.D. 354~A.D. 430: 두 개의 나라

아우구스티누스는 아우구스툼Augustum에서 유래한 이름으로 '좋은 징조', '덕망 있는' 뜻을 담고 있습니다. 그의 자서전인 『고백론』에 의하면, 그는 354년 북부 아프리카의 타가스테라는 마을현재 알제리: Algeria에서 태어났습니다. 그의 어머니 모니카Monica는 기독교 역사에서 가장 경건한 여인으로 꼽히는 기독교도였지만, 아버지 파트리키우스Patricius는 이

교도였습니다. 그는 어머니로부터 많은 감화를 받았지만, 교회와는 다소 거리를 두고 있었습니다. 18세 때에 그는 키케로의 『호르텐시우스』의 저서를 읽고 플라톤을 열렬히 사랑하게 되었습니다. 그 후 10년 동안 지적인 세계를 접하게 되면서 이단적 기독교 종파 중의 하나인 마니교에 깊이 빠지게 되었습니다. 마니교는 영혼과 물질, 선과 악, 빛의 왕국과 어둠의 왕국이 대등한 원리이자 존재론적 실체로서 끊임없이 싸워 나가는 두 세계가 존재한다고 주장하는 혼합적인 종교였습니다. 젊은 아우구스티누스에게는 마니교의 교리가 자신의 분명한 죄악을 포함하여 이 세계에 존재하는 악을 설명해 주는 최선의 방법으로 보였습니다. 그러던 그가 로마에서 신플라톤주의자들의 저술을 접하게 되면서 마니교와 키케로주의회의주의적 견해를 의문시하게 되었습니다. 신플라톤주의자들의 저술은 자신의 영혼과 내면의 존재 그리고 정신적 영역의 실재성에 주의를 기울이도록 만들었습니다. 특히 아우구스티누스는 플로티누스가 악의 문제를 해결하는 방식, 즉 세계에 현존하는 악과 선하고 전능하신 신적인 실재를 조화시킨 것에 매력을 느끼고 있었습니다.

아우구스티누스

이후 그는 밀라노에서 교수생활을 하면서 위대한 가톨릭 주교였던 암브로시스Ambrose의 저술을 접하고 정신적 영향을 받게 되었습니다. 그가 기독교로 개종을 결심하게 된 배경도 이러한 맥락에서였습니다. 그가 개종을 결심하게 된 결정적 사건은 한 정원에서였습니다. 그는 한 어린 아이가 "그것을 집어 들고 읽어라. 그것을 집어 들고 읽어라"라고 말하는 소리를 우연히 들었다고 합니다. 그는 그것이 성서를 의미한다고 생각하여 사도 바울의 한 편지를 펼쳤습니다. 거기에는 "낮과 같이 단정히 행하고 방탕하지 말고 술 취하지 말며 음란과 호색하지 말며 질투와 시기하지 말고 오직 주 예수 그리스도로 옷을 입고 정욕을 위하여 육신의 일을 도모하지 말라"[1]고 쓰여 있었습니다. 그는 어떤 의지나 노력도 자신을 죄악에서 구원할 수 없음을 알게 되었고, 자신의 유일한 희망은 오직 신의 은총에 대한 노력을 통해서만 실현될 수 있음을 깨닫게 되었습니다. 그는 신의 은총을 통해 모든 교의를 신에 돌리고 세속적 욕망이나 야망을 버릴 수 있음을 알게 되었습니다. 그리고 본격적인 기독교인으로서의 삶을 시작하였습니다. 그는 회포에서 34년간 주교생활을 하였으며, 113권에 이르는 방대한 저술을 남겼습니다. 그의 위대한 대표적 저서로는 『고백론』, 『신국론』 등이 있습니다.

원죄란 무엇인가?

젊은 시절 마니교에 심취했던 아우구스티누스는 이 세계에서 존재하는 악의 문제에 대해 심각하게 고민하게 됩니다. 그는 악의 문제를 원죄라는 개념과 인간의 자유의지와 결부시켜 논의하였습니다. 아우구스티누스는 먼저 "태초에 하나님이 천지를 창조하시니라"창세기1:1라는 말씀에서 태초라는 말에 주목하였습니다. 하나님이 이 세상을 창조했고 전지전능한 존재이며 실수를 하지 않는 신이라면, 신이 창조한 세계에 왜 죄가 존재하는 것일까요? 그는 이러한 물음에 대한 해답을 찾고자 했습니다.

흔히 그 이유는 기독교에서 말하는 세계 최초의 인간인 아담이 신의 명령을 어기고 금단의 과실을 먹었기 때문이라 말합니다. 아우구스티누스의 관점에서, 아담에게 인류 최초의 죄를 범하게 한 것은 신의 합리적인 지성과는 동떨어진 비합리적인 자유의지 때문이라 말합니다. 이 자유

1) 신약성서, 로마서 13장 13-14절.

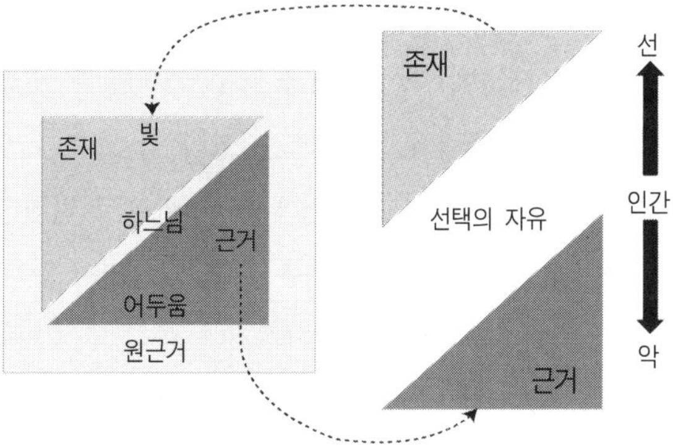

의지를 갈고 닦을 수 있는 방법은 결론적으로 그리스도에 귀의하는 방법밖에 없다는 것입니다. 그렇기 때문에 그는 그리스도를 믿는 수밖에 없다고 단호히 말합니다.

하지만 이 방법을 그는 그렇게 단순하게 설명하지 않고 '악은 선의 결핍'이라는 개념으로 이해했습니다. 그는 악이란 자연의 사물과 같은 적극적인 실체가 아니며 어떠한 사태 또한 우연한 현상에 지나지 않는다고 보았습니다. 말하자면 악은 자연사물이 반드시 지녀야 할 완전성이나 본성의 결핍인 것입니다. 즉, 창조주는 세계와 그 안에 있는 사물을 선하게 창조했지만, 이 자연적인 본성에 결핍이 생기면서 악이라는 현상이 나타났다는 것입니다. 이러한 경우 신이 결핍의 직접적인 원인이 아니라면 악에 대한 책임을 신에게 돌릴 이유가 없다는 것입니다. 이러한 결핍이 생기는 이유는 "무無로부터 창조creatio ex nihilo" 되었기 때문입니다. 신은 스스로 존재하는 자로서 무에서 다른 피조물을 창조했습니다. 이런 점에서 피조물인 자연사물은 신이 창조한 것이기 때문에 신이 미치지 않는 범위에 있지 않다면, 언제나 무로 돌아가 없애고자 하는 성질이 있습니다. 하지만 선의 상징이라 할 수 있는 신에게서 멀어져 악으로 기울어져 가는 경향은 어떻게 가능할까요? 아우구스티누스는 이러한 악으로

가고자 하는 가능성을 인간이 갖고 있는 자유의지에서 발견했습니다. 물론 의지는 자유롭기 때문에 악이나 선을 모두 선택할 수 있습니다. 하지만 사람이 행하는 악을 아우구스티누스는 도덕 악 또는 자연 악자연재해이라 불렀으며 이는 인간이 저지른 죄에 대한 벌로 표현했습니다. 따라서 아우구스티누스는 인간의 자유의지를 갖고 있으면서 신의 말씀에 제대로 복종하지 않거나, 신의 계명을 어기거나 또한 신을 등질 때 죄를 짓게 되며 그 죄의 결과가 악으로 나타난다고 보았습니다. 결국 인간의 구원은 신을 믿고 알게 되는 것이며 신을 사랑했을 때 신의 은총을 통해 가능하다고 보았습니다. 아우구스티누스는 회의를 해도 흔들리지 않는 확실한 사실이 있다고 강조합니다.

"내가 만일 오류에 빠진다고 해도, 나는 존재합니다. 내가 생각하는 모든 것이 의심스럽고, 어떤 사실에 대해 잘못 알거나 악령에 속아 넘어갈지라도 그렇게 의심하고 속는 나 자신만은 존재합니다. 따라서 진리와 같은 것의 존재 여부에 대해 의심을 하고 있는 사람이라 할지라도, 의심하는 자아의 확실성만은 알고 있다는 것입니다."

인간이 다른 피조물이나 신의 존재를 의심하고 있다고 할지라도 의심하고 있다는 그 사실 자체만으로 존재하고 있다는 것을 반증하는 것입니다. 아우구스티누스의 관점에서 사람들 각자의 마음이 인식하고 있는 다양한 진리들은 근원이 되는 진리 자체의 빛을 받아서 우리에게 드러난다고 말합니다. 우리가 불변하는 이성적인 인식 대상을 파악하기 위해서는 감각적인 사물을 제대로 보기 위해 태양빛 이라는 자연광이 필요한 것처럼, 불변하는 신적인 빛의 조명이 필요한 것입니다. 따라서 아우구스티누스에 의하면, 신은 지성의 빛이며 지성의 밝은 그 모든 것은 신 안에서, 신에 의해서, 신을 통해서만 밝혀지게 됩니다. 궁극적으로 그에게 있어서 신의 조명은 영원한 진리를 정신이 파악할 수 있도록 만들며 이는 필연적이며 영원한 진리인 것입니다.

두 개의 나라

아우구스티누스의 저서 중에서 가장 주목할 만하고 후세에 많은 영향을 끼친 책은 『신국론神國論: The city of God』(413~426)입니다. 이 책에서 그는 변신론辯神論, 즉 기독교 역사해석에 대한 변호를 진술하였습니다. 410년 서고트족의 족장 알리리크Alaric가 영원한 도시였던 로마를 함락시키면서 로마 중심의 세계 질서가 무너져가는 세계사적인 사건에 자극을 받아 그는 집필을 결심하게 됩니다. 그는 그동안 로마의 함락에 대해서 전통적으로 로마에서 믿고 있는 신을 버리고 이교도의 신이었던 그리스도교를 받아들였기 때문이라는 의견에 체계적인 반박을 가합니다. 아우구스티누스는 『신국론』을 저술함으로써 로마의 멸망은 기독교들의 파괴적인 활동 때문이 아니라 오히려 기독교도의 신에 대한 신앙과 사랑을 저해시킨 로마제국 전체에 만연된 악덕 때문이라고 주장했습니다. 그에게 있어서 로마제국의 멸망은 신의 섭리가 역사 속에 계시되는 증거를 보여주는 것이었습니다. 그는 신학적 세계관에 따라 인류 역사를 관통하는 신의 나라를 인정하고 인류 역사를 새롭게 해석하였습니다.

특히 그는 이 책에서 신을 사랑하는 부류를 신의 나라civitas Dei라 부르고 자기 자신과 세계를 사랑하는 부류를 지상의 나라civitas tersens라 지칭했습니다. 아우구스티누스는 이러한 두 부류의 사랑에 의해 두 개의 나라가 형성된다고 보았습니다. 지상의 나라의 대표적인 모습은 바빌론과 로마제국이라 할 수 있는데 이는 자신을 사랑하고 심지어 신을 경멸함으로써 형성된다고 보았습니다. 신의 나라는 교회 안에 있으며 신을 사랑하고 심지어 자신조차도 경멸함으로써 형성됩니다. 바꾸어 말해 지

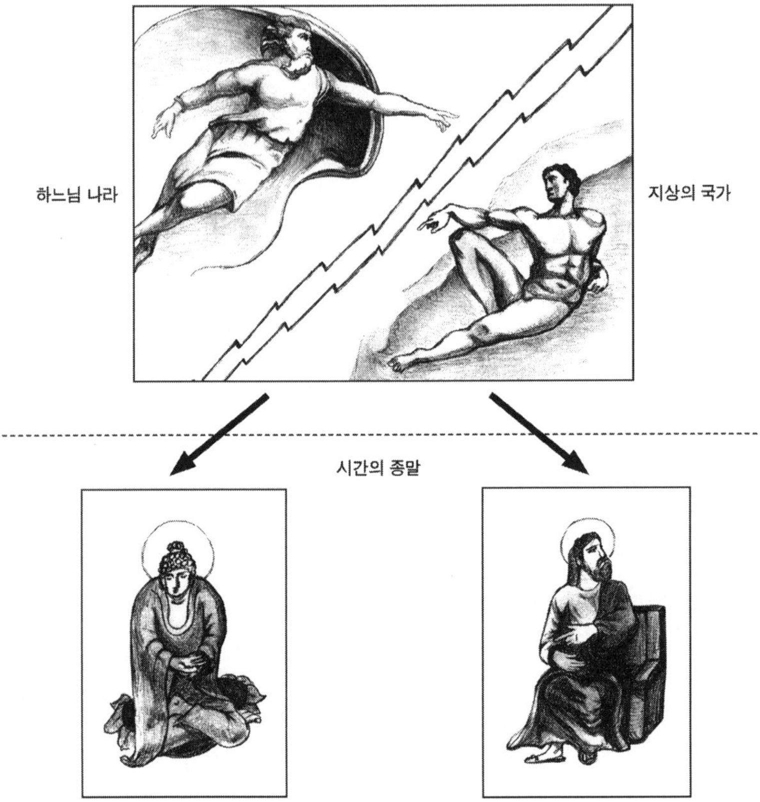

상의 나라는 자신을 경배하며 인간 자신으로부터 영광을 찾았으며, 신의 나라는 신을 경배하며 신으로부터 영광을 찾았습니다. 신의 나라는 태초부터 영원히 존재하지만, 지상의 나라는 아담의 죄악을 통해 인간이 타락함으로써 생겨난 것입니다. 외적인 형태인 교회와 국가가 이에 상응하지만, 이 두 나라는 각각 다른 정신적 질서의 대변자입니다. 인간의 역사는 이 두 국가를 통해 계속 뒤섞여 왔으며 어느 한 국가의 성원이 다른 국가의 성원으로 뒤바뀌는 일 역시 계속 진행되어 왔습니다. 아우구스티누스는 일종의 역사철학에 대한 실마리를 두 나라 사이의 갈등에서 찾았습니다. 즉 그는 역사를 신국과 지상국의 이원적으로 대립시켜 신의 섭리가 악과 선의 투쟁 사이에서 결국 선이 승리한다고 주장했습니다. 아우구스티누스는 카인Kain의 형제 살육 후부터 지상의 나라는 시작하였다고 말합니다. 그래서 카인의 악덕은 인간 사이의 부패상을 나타내며 이러한 인간의 악은 교정될 수 없기 때문에 결국에는 메시아인 예수 그리스도가 하나님과 인간 사이의 중보자 역할을 함으로써 인간의 악은 하나님에 의해서만 교정 가능하다고 보았습니다. 최후심판에는 중보자인 예수그리스도가 승리자로 등장하여 인간들을 심판하고 천국과 지옥의 영원한 세계를 이끈다고 보았습니다.

아우구스티누스는 기독교의 역사를 기초로 삼아 6가지로 역사의 시대를 구분하였습니다. 첫 번째 시대는 아담으로부터 노아에 이르고, 두 번째 시대는 노아로부터 아브라함에게, 세 번째 시대는 아브라함으로부터 다윗에게 도달합니다. 네 번째 시대는 다윗으로부터 바빌로니아의 시절에 이르고, 다섯 번째 시대는 바빌로니아의 시절부터 예수에게로 도달합니다. 마지막 여섯 번째 시대의 출발과 더불어 지성의 역사 일반이 마감합니다. 이러한 역사는 은총이라는 신의 선물을 통해 신자들의 승리에서 그 절정에 도달합니다. 이에 비해 신앙이 없는 자들은 악마와 더불어 영원한 저주를 받습니다. 따라서 신은 선과 악을 영원히 분리시킵니다. 궁극적으로 신의 나라와 지상의 나라를 구별하는 일은 교회와 세속국가를 맞세우는 것이 아니라 신의 뜻에 따르는 사회냐 아니면 신의 뜻을 거역하는 사회냐, 즉 신의 이성적인 질서가 있는 사회냐 아니면 세속적 욕망이 득실거리는 사회이냐 하는 것이 관건이었습니다. 아우구스티누스의 이러한 연구의 발판은 오늘날 그를 역사철학의 시조라 칭하면서 서구사상을 이해하는 데 커다란 도움을 주었습니다.

06

켄터베리의 안셀무스Anselm von Canterbury, 1033-1109: 존재론적 신의 증명

켄터베리의 안셀무스

안셀무스는 1033년 피에몬테의 아오스타에서 태어났습니다. 그는 귀족 집안 출신으로 베네딕토 수도회에 들어가서 교육을 받았습니다. 그리고 그는 1060년에 노르망디 베크Bec 수도원에 들어가 공부하였습니다. 당시 베크 수도원의 원장은 지나치게 논리학을 강조하던 변증론자들과의 논쟁에서 기세를 올려 명성을 얻은 란프랑쿠스Lanfrancus였습니다. 안셀무스는 1060년에 아버지 사망 후 베크 수도원에서 수사가 되어 학문연구에 매진하게 됩니다. 그는 수도원의 엄격한 훈련을 통해 문법학, 논리학 등의 정규과목을 익혔고, 수도원 도서관에서 아우구스티누스와 보에티우스를 포함한 다양한 신학자들의 책을 섭렵할 수 있었습니다. 그는 베크 수도원의 부원장(1063)과 원장(1078)을 역임한 이후 란프랑쿠스가 사망하자 영국의 윌리엄 2세는 1093년에 안셀무스를 캔터베리의 대주교로 임명했습니다. 그는 16년간 대주교로서 교회에 봉사했고 교황의 권위를 높여 주었습니다. 그는 1109년 사망할 때까지 그곳에서 일생을 보냈습니다.

초기 스콜라철학은 안셀무스와 함께 시작되었다고 말할 수 있습니다. 안셀무스는 400통에 달하는 편지를 썼고 자신의 명상을 기도와 시 등으로 표현했습니다. 또한 역사적으로 철학과 신학에 대한 의미 있는 작품들을 남겼습니다. 즉 그는 신의 존재에 대한 논증을 옹호한 『호교가의 책Liber Apologeticus』, 대화록인 『진리에 대하여De Veritate』, 『왜 신은 사람이 되셨는가Cur Deus homo』라는 작품 등을 남겼습니다. 그의 두 권의 유명한 저서는 신의 지혜를 다루고 있는 『모놀로기움*Monologium*』(1077)과 신의 존재를 다루고 있는 『프로슬로기온Proslogion』(1078)입니다. 『모놀로기움』은 안셀무스의 최초의 단행본으로서 동료수사들이 성서의 권위에 의존하지 않고 이성으로 모든 것을 증명하는 신에 관한 모범적인 명상록을 써달라는 요청을 받아들인 결과물입니다. 『프로슬로기온』은 신에게 기도를 바치는 방식으로 서술되어 있습니다. 그는 이 저서에서 최초로 스콜라철학의 본질과 위상을 정착시켰습니다. 『프로슬로기온』의 2~4장에 실린 유명한 존재론적 증명은 경험적인 사실을 전제하지 않은 채 연역적인 방식으로 신의 존재를 시도하고 있습니다.

존재론적 신의 증명: 신의 이해와 신앙

안셀무스는 11세기의 가장 중요한 신학자이자 스콜라철학의 아버지로 칭송받고 있습니다. 그는 논증적인 신학을 발전시켰고, 아우구스티누스의 저서에서 스콜라철학의 풍요로운 사상을 이끌어 냈습니다. 안셀무스는 아우구스티누스의 사상을 이어받아 인간의 속죄를 위해 하나님의 은총이 필요하다고 말합니다. 그에게서 자유란 죄를 범하지 않는 힘이었습니다. 한쪽 측면에서 아담은 죄를 범하지 않는 힘이 없어서 타락한 것이지만, 다른 측면에서 대립하는 자유 선택에 의해서 타락한 것입니다. 그러므로 현재 타락의 상태에 있기는 하지만, 인간의 이성적 성질 가운데 타죄墮罪의 상태에서 벗어나는 의지의 자유가 잠재해 있습니다.

안셀무스는 죄를 범하지 않는 힘으로서의 자유는 아담에게는 없었을지 모르지만, 그의 자손으로서 인간에게는 자발적 자유, 선택적인 자유가 잠재해 있고 이런 잠재력이 있었던 까닭에 악을 선택하여 죄악의 상태에 빠져 있었다고 하였습니다.

무엇보다 신앙이 이성에 우선하며 이성의 소재들을 제공해야 한다는 아우구스티누스의 견해를 안셀무스는 받아들였습니다. 신앙 그 자체는 이성적으로 이해할 수 없다고 안셀무스는 확신하였습니다. 믿음이란 언제나 출발점이며 어떠한 이성적 근거로도 교리의 내용을 반박할 수 없지만, 참된 이성은 우리를 신앙의 진리로 이끌어 가야 합니다. 그 때문에 그리스도교인은 자신의 신앙을 이성으로 이해하도록 노력해야 합니다. 하지만 신앙이란 맹목적인 것이 아니며 지적으로 이해될 수 있어야 합니다. 그래서 신은 언제나, 어디에서나, 실제로 세상에 존재하는 완전한 보편자입니다.

또한 안셀무스는 "에리우제나John Scotus Eriugena, B.C. 810~880"[2)]의 사상을 이어 받아 종교와 철학은 내용이 같고 형식이 다를 뿐이요, 믿음과 지식은 서로 합치되는 것이면서도 믿음은 지식에 선행한다고 주장하였습니다. 그는 에리우제나보다 200년이 지난 후에 나타났는데, 2세기 동안 침체기를 거쳐 11세기에 이르자 참된 의미에서 스콜라철학의 창립자였습니다. 즉, 안셀무스는 신비주의적인 일원론에 빠지지 않고 교회와 신앙의 관계를 균형 있게 주장한 최초의 스콜라철학자였습니다. 에리우제나는 사람이 갖고 있는 모든 지식욕은 신에 대한 믿음에서 출발해야 한다고 보았습니다. 에리우제나는 신앙 이외의 모든 목적을 갖고 있는 지식욕은 쓸모없는 것으로 보았고 이성의 역할을 강조했습니다. 그는 신앙의 내용을 이성으로만 설명하려는 변증론자들에게는 반드시 믿음에

---

2) 에리우제나는 가장 뛰어난 스콜라철학자 중의 한 사람입니다. 그는 신플라톤주의와 위(僞)디오니소스의 영향을 받았습니다. 그는 생명주의적이며 신비주의적인 자아의 형이상학을 논하였고, 위(僞)디오니소스의 긍정신학, 부정신학, 초월신학을 체계적으로 발전시켰습니다. 그는 『위(僞)디오니소스에 관한 주석Commentary on Pseudo-Dionysius』, 그레고리우스의 『인간의 창조에 관하여on the Creation of Man』를 번역했습니다.

기반을 두어야 한다고 강조합니다. 반면에 신앙에 대한 이성의 개입을 완전히 거부하는 변증론자들에게는 믿음을 가진 사람은 자신이 믿고 있는 내용을 이성으로 이해해야 한다고 주장했습니다. "알기 위해서 믿는다Credo ut intelligam"라는 말은 안셀무스의 신앙의 돈독함을 보여주는 것이었습니다. 따라서 안셀무스는 "신앙을 전제하지 않는 것은 오만이며, 이성을 사용하지 않는 것은 태만"이라고 주장했습니다. 그는 가장 보편적인 존재인 신만이 참다운 존재이며, 개별적인 것일수록 거짓된 존재라는 플라톤주의의 입장에서 신의 존재를 이성적으로 증명하려고 하였습니다.

그래서 안셀무스는 『프로슬로기온』에서 이성을 통해 필연적으로 신의 존재를 증명하고자 했습니다. 이 신의 존재증명으로 안셀무스는 철학사에서 유명세를 떨쳤습니다. 그는 『프로슬로기온』의 원래 제목인 '이해를 추구하는 믿음'을 스콜라철학과 신학을 이끄는 이정표로 삼았습니다. 이 논증은 신의 존재에 대한 존재론적 논증이라고도 말합니다. 이 논증은 신의 관념으로부터 출발하여 신의 실재를 주장했습니다. 신앙은 "더 이상 큰 것이 아무 것도 인식될 수 없는 것"의 개념을 우리들에게 제공해 줍니다. 그렇지만 『신약성서』의 시편詩篇 제14장 제1절에서 다음과 같이 단언합니다. 즉, "어리석은 자는 마음속으로 어떤 신도 존재하지 않는다."

그러나 그 이상 더 큰 것이 인식될 수 없다는 것을 듣는 어리석은 자는 자신이 듣는 것을 이해합니다. 어리석은 자는 이와 같이 말하는 것이 곧 어리석은 자임을 증명하고 있을 따름이기에, 그가 말하는 것이 오히려 자기모순에 빠진 것이기 때문이라는 것입니다. 그래서 그는 신의 존재론적 증명을 통해 신을 믿지 않는 사람을 위해 있는 것이라 말합니다. 우리들이 이해하는 것은 적어도 우리들의 이성 내에 존재하지 않으면

안 된다고 생각합니다. 그러나 그 이상 더 큰 것이 인식될 수 없다는 것은 단순히 이성에만 존재할 수 없습니다. 왜냐하면 그 이상 더 큰 것이 생각될 수 없다는 것이 오직 이성에만 존재한다면, 그것은 그 이상 더 큰 것이 생각될 수 없는 것이 아니기 때문입니다. 왜냐하면 단지 이성에만 존재하는 것보다는 사실과 이성에 존재하는 것이 보다 더 크기 때문입니다. 따라서 안셀무스는 신의 개념을 "그것보다 더 큰 것은 아무 것도 생각될 수 없는 어떤 것"이라고 정의합니다. 그런데 이것은 마음속에서만이 아니라 실제로도 존재해야 합니다. 그래서 그 이상 더 큰 것이 인식될 수 없는 것은 이성과 실재의 양자兩者 사이에 존재합니다. 가장 보편적인 것은 가장 실재적이며 완전한 것입니다. 신은 실재이며 완전한 보편자로서 존재한다는 실재의 의미입니다. 가장 완전하다고 생각할 수 있는 존재는 마음속에서만이 아니라 실제로 존재해야 마땅하고, 그러한 존재가 바로 하나님이라고 결론짓습니다. 안셀무스는 신이 곧 완전하다는 존재라는 개념을 먼저 설정해 놓고 그로부터 신의 존재를 규명할 만큼 강한 실재론자였다고 할 수 있습니다. 따라서 신의 관념은 그 이상 더 위대한 것을 생각할 수 없는 존재의 관념입니다. 이러한 존재는 신이며 곧 신은 존재합니다. 이와 같이 안셀무스는 신의 존재를 증명하면서 신은 바로 최고 완전자라고 하였습니다. 말하자면 신은 그 이상 더 완전한 것은 결코 생각할 수 없다는 의미에서 절대적인 최고 완전자입니다. 단지 최고 완전자는 우리의 이성 속에서 존재할 뿐만 아니라 실재적으로도 존재하지 않으면 안 됩니다.

신이 세계를 창조하기 이전에 세계는 이념으로서 신의 정신에 들어 있습니다. 신의 내적인 말씀이 원형이라면, 생성된 것은 신의 말씀의 모상이라 할 수 있습니다. 피조물은 스스로의 힘으로는 존재할 수 없어 하나님을 통한 보존을 필요로 합니다. 인간의 영혼은 기억, 인식, 사랑이라는 세 가지 주요 능력을 지닌 신의 상인 것입니다.

정리하자면 안셀무스에게서 신은 그 자신을 넘어서 더 위대한 것이 더 완전한 것이라는 생각할 수 없는 존재입니다. 그래서 그 자신을 넘어서 더 완전한 것이라는 생각할 수 없는 신은 실제로 존재해야 합니다. 필연적으로 존재하는 신은 비존재를 생각할 수 있는 것보다도, 우연히 존재하는 것보다도 더 완전하기 때문입니다. 그러므로 완전하신 신은 실재하지 않을 수 없습니다.

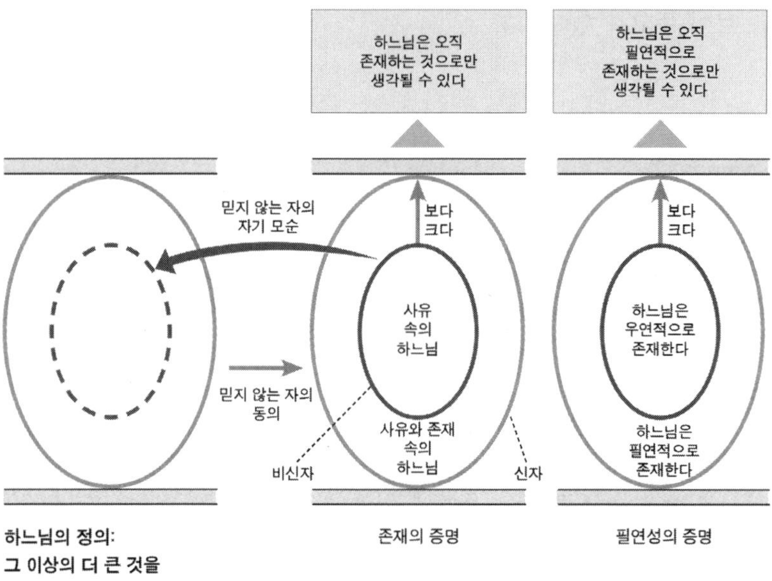

이러한 안셀무스의 신에 대한 증명은 스콜라 학파의 전성시대와 근세에 이르기까지 커다란 영향을 끼쳤습니다. 토마스 아퀴나스Thomas Aquinas는 안셀무스의 신에 대한 존재증명을 배척하였지만, 헤일스의 알렉산더Alexander von Hales, 알베르투스 마그누스Albertus Magnus, 보나벤투라Bonaventura,

로마의 에기디우스Ägidius von Rom, 리차드 피샤크리Richard Fishacre, 둔스 스코투스Duns Scotus 등 여러 스콜라철학자들은 그의 신에 대한 증명을 받아들였습니다. 이 신학자들은 다소간 차이는 있으나 아우구스티누스나 플라톤적인 경향을 지니고 있는 사상가들이라 할 수 있습니다. 따라서 안셀무스의 철학은 아우구스티누스에서 정점에 달하는 교부철학과 13세기에 체계적으로 완성되는 스콜라철학을 맺어주는 교량 역할을 해 주었다고 평가할 수 있습니다. 궁극적으로 안셀무스는 그리스도교 교리의 내용을 권위(성경, 교부)의 도움 없이 순전히 이성을 근거로 발전시킬 수 있음을 보여 주고자 했습니다.

07

토마스 아퀴나스Thomas Aquinas, 1224?~1274: 신의 존재증명

토마스 아퀴나스

토마스 아퀴나스는 나폴리 근처의 로카세카 성에서 아퀴노 가문의 란둘프Landulf 경의 일곱째 아들로 태어났습니다. 토마스가 5세 때에 그의 아버지는 그를 몬테카지노에 있는 베네딕토 대수도원으로 보냈습니다. 그 수도원은 나폴리의 페데리코 왕가와 교황령 사이에 있는 요새이기도 했습니다. 그 후 나폴리 대학에서 일곱 가지 자유학예, 즉 문법, 논리학, 수사학, 대수학, 기하학, 음악, 천문학 과정을 공부하였습니다. 1244년 아퀴나스는 수도사의 수사가 되었습니다. 18세 때에 그는 도미니크 교단에서 활동하였으며 그의 유명한 대표작인 『신학대전』은 1882년 교황 레오 8세에 의해 출판되었습니다. 아퀴나스는 스콜라철학의 왕이라 불리기도 합니다. 1879년 교황 레오 13세는 "가톨릭에서 아퀴나스는 언제나 옳은 길이다"라고 선포했을 정도이며 지금도 가톨릭교회의 공식 대변인 역할을 하고 있습니다. 아퀴나스의 사상은 끊임없는 반박과 재반박의 산물이었습니다. 그의 위대한 작품으로는 『이교도에 대립하는 가톨릭 신앙의 진리에 관한 대전-대對 이교도 대전』(1246), 『존재와 본질에 관하여』(1257), 『아리스토텔레스의 주석』,(1272) 『신학대전』(1273) 등이 있습니다.

철학과 신학

아퀴나스는 철학은 이성에 의존하고 그 이성으로 파악한 원리에서 출발한 반면 신학은 계시에 의해 주어진 원리에서 시작한다고 보았습니다. 철학과 신학이 이성에 근거하고자 한 측면에서는 공통점을 찾을 수 있지만, 신학이 계시적이라는 측면에서는 서로 다르다고 할 수 있습니다. 아퀴나스는 그의 철학에서 철학과 신학의 구분에 대해 많은 가치를 부여합니다. 다시 말해 그는 철학과 신학의 영역을 명확히 구분하고 그 고유성을 분명하게 설명하였습니다. 그래서 그는 전통적인 그리스도교 철학의 흐름에 따라 모든 학문에 대해 신학의 독보적인 우위성을 인정하였습니다.

철학의 영역은 자연적 빛에 의존하기 때문에 인간의 이성으로 알게 된 원리들을 사용합니다. 또한 철학은 인간이 추리한 성과를 가지고 결론을 이끌어 낼 수 있습니다. 반면 신학은 은총의 빛에 의존합니다. 신학자는 이성을 확실하게 사용하기는 하지만, 그 원리들은 계시를 통한 권위나 신앙에 의해 받아들입니다. 즉 신학에 의존하는 철학은 신학을 위해서도 어떠한 가치가 없다고 강조합니다. 신학의 영향력은 계시의 영역에 귀속되어 있으며, 종합을 위해 더 높은 의미를 부여하는 데 한계가 있다고 생각합니다. 신학적 인식은 신의 계시에서 출발하여 창조로 내려가는 반면에, 자연적 이성은 창조에서 출발하여 신의 인식으로 나아갑니다. 즉, "자연적 이성은 피조물을 통하여 신의 인식으로 올라가지만, 신앙의 인식은 그와 반대로 신으로부터 우리에게 신적인 계시를 통해 내려옵니다." 이러한 아퀴나스의 사유는 구조적으로 3단계로 재현됩니다.

첫째, 세계는 바로 현실성을 언급하는 것이며, 둘째, 자신의 이성을 통해 현실성과 만나고 동시에 현실성의 일부인 인간에 대해 언급하는 것입니다. 셋째, 우리가 경험할 수 있는 현실성의 원인과 근거에 대한 물음과 더불어 신에 대한 물음을 등장시키는 것입니다.

따라서 아퀴나스는 신앙에 대해 이성적 사유의 중요함을 일깨워 주었습니다. 즉 이성을 잃어버린 신앙은 광기에 가깝다고 할 수 있습니다. 이성적 사고와 합리적 대화로 신의 뜻을 깨닫는다면, 종교를 둘러싼 어떤 문제도 폭력으로 이어지지 않을 수 있습니다. 아퀴나스가 강조하고자 사실은 신 앞에서 자신을 낮추고 능력의 한계를 인정하는 겸손한 이성입니다.

신의 우주론적 증명Cosmological Argument

토마스 아퀴나스는 『신학대전』에서 우주론적 증명을 통해 신의 논증을 체계적으로 제시하였습니다. 그는 세계우주에 대한 경험과 그것에 의한 귀납적 방법을 통해 신의 존재를 증명하고자 했습니다. 우리가 살고 있는 우주를 자세히 관찰해 보면, 그 속에 신이 있다는 것을 확증할 수 있습니다. 그는 신의 증명에 대해 다음과 같이 다섯 가지로 정리하였습니다.

첫째, 제1운동자로서의 신First Mover: 세계는 모든 사물을 움직이고 있습니다. 즉 모든 운동과 변화는 운동하는 자를 요구합니다. 그런데 사물의 움직임을 관찰해 보면, 그 움직임은 선행하는 움직임에 의해 생겨난 것이고 다시 그 다음의 움직임을 야기시킵니다. 그러나 움직이는 운동자의 행렬이 무한히 이어질 수 없기 때문에 움직이지 않는 첫 번째 운동자가 있어야 하는데 그것이 바로 신입니다.

둘째, 제1원인으로서의 신First Cause: 모든 운동이나 현상에는 원인이 있습니다. 그 원인에 의해 어떤 결과가 나타나는데 그 결과는 다시 원인이 되어 그 다음의 결과를 낳습니다. 예컨대 나는 나의 부모가 낳았고 나의 부모는 조부모가, 조부모는 증조부모가 낳았습니다. 이렇게 거슬러 올라가다 보면 최초의 인간을 만든 존재가 있을 수밖에 없습니다. 하지만 어떤 작용도 자신이 원인이 아니기 때문에 원인이 꼬리를 물고 무한정 이어질 수 없습니다. 따라서 그 자체에 원인이 없이 생겨난 첫 번째 원인이 있어야 하는데 그것이 바로 신입니다.

셋째, 필연적 존재로서의 신A Necessary Being: 세계에 존재하는 모든 것은 우연적입니다. 모든 것이 끊임없이 변화하고 있고, 있다가 없어지기도 하며 영구불변한 것이란 없습니다. 그런데 모든 것이 우연적이라 한다면, 모든 것이 없었던 때가 있었다고 해야 합니다. 그러할 경우에 아무것도 없는 것에서 모든 것이 생겨났다고 해야 합니다. 우리는 존재할 수 있거나 존재할 수 없는 사물을 발견합니다. 모든 것은 한 번도 존재하지 않을 수 있지만, 그러면 그 어떤 것도 존재하기를 시작할 수 없을 것입니다. 자신으로부터 혹은 타자를 통해 필연적으로 존재해야 할 사물이 있습니다. 타자로 인해 생긴 필연적 사물은 무한으로 이어질 수 없기 때문에 자신에 의해 필연적으로 존재하는 최초의 것이 있는데 그것이 바로 신입니다.

넷째, 절대적 가치로서의 신Absolute Value: 우주에 존재하는 모든 사물은 가치가 있습니다. 그리고 그러한 가치는 항상 상대적입니다. 어떤 것은 더 가치가 있고 어떤 다른 것은 덜 가치가 있습니다. 한 사물은 다른 사물과 비교하여 그 가치가 정해집니다. 예컨대 두 사람의 키를 자로 재서 한 사람이 더 크다고 합시다. 그런데 두 사람의 키를 잴 때 그 자의 눈금이 변한다면 그 자로 재고 나서 어느 한 사람이 크다고 하는 것은 아무런 의미가 없습니다. 크기의 차이가 의미 있게 하기 위해서는 두 사람을 재는 자가 절대로 눈금이 변하지 않는다는 전제가 있어야 합니다. 모든 상대적 가치들은 절대적 가치를 전제할 수밖에 없는데 그 절대적 가치기준이 곧 신입니다.

다섯째, 우주설계자로서의 신Desiner: 모든 생물들의 구조는 우리가 상상하기 어려울 만큼 신비롭게 잘 짜여져 있습니다. 사계절의 어김없는 변화나 천체들의 정확한 움직임은 결코 우연적인 현상이라 할 수 없습니다. 누군가에 의해 계획적으로 만들어지지 않고는 그러한 현상이 있을 수 없습니다. 이성이 없는 사물이 어떤 목표에 도달하기 위해서는 그 목

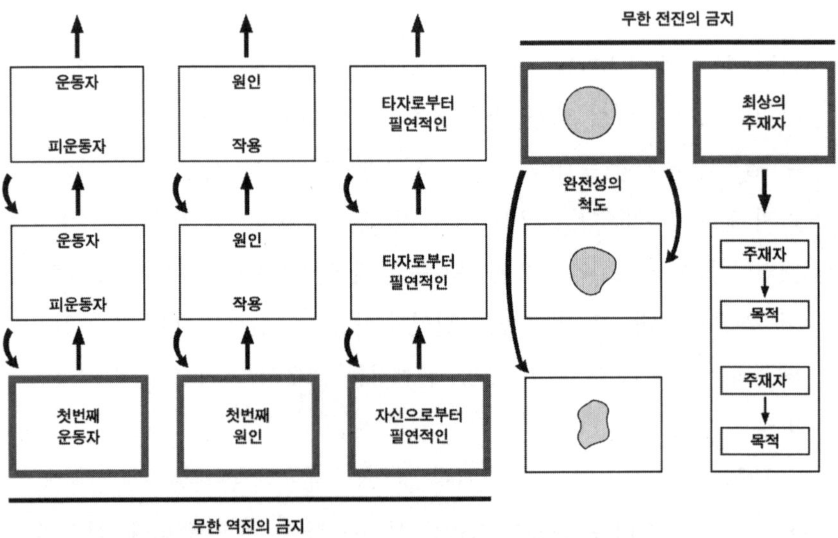

표를 설정하는 인식자가 필요합니다. 우리가 목적지향적인 세계를 구축하고자 한다면, 최고의 주재인 신이 필요합니다.

08

윌리엄 오컴William of Occam, 1280~1347: 유명론唯名論

윌리엄 오컴

윌리엄 오컴은 영국에서 태어났습니다. 그는 프란체스코 교단의 수도자로서 옥스퍼드 대학에서 공부하고 강의를 하였습니다. 초창기에 교황에 반대하여 황제 루즈비히 4세를 옹호하였고 정치에 있어서는 세속권력을 주장했던 급진적 사상을 지닌 인물이었습니다. 오컴은 철학의 오랜 흐름에 영향을 끼친 경험주의적 사상을 발전시켰습니다. 그는 로크, 버클리, 흄으로 이어지는 영국 경험론 철학의 모든 학파들 가운데 가장 유명한 선구자라 할 수 있습니다. 오컴은 논리적으로 필연적 사물들과 같은 자연의 질서는 존재하지 않는다고 말합니다. 우리는 순전히 논리적인 논증과 사변만으로 세계에 대한 어떠한 지식에 이를 수 없다는 의미입니다. 그래서 우리에게 자연세계에 대해 신뢰할 만한 지식의 토대를 제공해 주는 것은 오직 관찰과 실험뿐입니다.

유명론唯名論

오컴은 둔스 스코투스John Duns Scotus, 1265~1308의 신에 내재하는 의지가 더 없이 높다고 주장하는 주의주의主意主義, voluntarism와 유명론唯名論을 결합시켰습니다. 스코투스에 의하면, 보편적 본성 혹은 공통적 본성은 개별에 존재하지만, 특별한 방법으로 존재한다고 말합니다. 스코투스가 보기에 공통적 본성은 수적인 단위를 갖고 있지는 않지만, 수적인 단위보다 오히려 적은 일종의 단위를 소유하고 있다는 것입니다. 그런데 스코투스는 공통적인 본성과 개별화시키는 차이를 구분하여 말했습니다. 예컨대 소크라테스에게는 그 자신의 고유한 개인적 차이에 의해 그에게 맺어진 공통적인 인간의 본성을 갖고 있습니다. 이것은 공통적인 본성을 개별화시키는 원리입니다. 소크라테스의 공통적 본성과 개별적 본성과의 차이에는 스코투스가 사물에 대한 형식적 구분이라 부르는 것에 있었습니다. 즉 모든 개별에는 그것의 공통적 본성과 고유한 본성 사이를 구분하고 있는데 그 구분은 우리들의 어떠한 지성작용보다도 선행하여 존재한다는 것입니다. 그런데 오컴은 다음과 같은 이유로 스코투스의 공통적 본성에 대해 반대했습니다. 먼저 오컴은 스코투스의 질문자체가 잘못되었다는 것입니다.

오컴은 "보편적이거나 공통적인 것이 어떻게 개별적으로 되는가? 또는 개별화되는가?"라는 물음 대신에 우리들은 "개별적인 것이 어떻게 보편적으로 될 수 있는가?"라고 질문해야 한다고 말합니다. 왜냐하면 자연 안의 모든 것들이 태초에 개별적이기 때문에 문제는 어떻게 의식의 개별적 사건인 개념이 사물들을 자연적으로 의미할 수 있는 보편적 용어로서 작용할 수 있는지를 설명해야 합니다. 스코투스와 마찬가지로 오컴도 주의主意주의자였지만, 인간과 같은 보편적 용어들은 특정한 사물을 볼 때 우리가 형성하는 정신적 개념들을 지시하는 기호이거나 이름에 지나지 않는다고 생각하였습니다. 따라서 오컴은 유명론에 입각하여 지식은 직관되는 개체에만 상관하고 보편자로서의 하나님의 존재를 입증할 수 없으며 경험할 수도 없다고 말합니다. 이런 점에서 그의 유명론

정신 속에 있는 것 : 보편자
(주관의 인식 성취)

실재하는 것 : 개별자

혹은 명목론은 오직 이름뿐이라는 의미를 지닙니다. 즉, 유명론은 보편적인 것은 오직 이름뿐이라는 것입니다. 그는 지식은 소리에서 나오는 울리는 바람과 같다flatus vocis고 말합니다. 이는 전적으로 명석한 관념은 단일적인 대상의 기호에서 나온다는 것입니다. 따라서 유명론에서 지식은 구체적이고 개별적인 사물만 존재합니다. 오컴의 유명론은 다분히 경험적이며 개인주의적입니다. 그리고 종교상의 믿음은 믿음뿐이며, 학문적인 지식과는 다르다는 견해입니다. 이런 점에서 그는 신앙과 지식을 구분한 칸트의 선구자라 할 수 있습니다. 오컴에게 있어서 "종교적 진리는 불합리하고 그래서 믿을 뿐"이라는 것입니다. 그는 모든 신학은 계시된 신학이며, 지식과 신앙과의 일치를 무너뜨려야 한다고 강조합니다. 또한 신학은 종교철학이나 과학에 의해 이루어질 수 없다고 주장합니다. 결국 그는 과학과 철학은 인간주의의 산물인 반면에, 신학은 계시의 산물이기 때문에 상호간에 영향을 미칠 수 없다는 견해입니다. 그의 유명론의 영향은 17세기까지 확대되었습니다.

오컴의 면도날Ockham's razor: 사유경제의 법칙

오컴은 지금까지 철학이 걸어온 낡은 길을 버리고 새로운 길을 과감히 개척해야 한다고 주장했습니다. 그의 유명론은 크게 두 가지로 나누어 이야기할 수 있습니다.

하나는 전능의 원리입니다. 신은 전지전능하므로 세계 만물을 다르게 창조할 수 있습니다. 오컴의 세계에 대한 이해는 정해진 원리에 의한 것이 아니고 실제로 일어나는 일을 통해 인간이 구체적으로 경험하고 연구할 수 있는 자료를 통해서만 가능하다고 보았습니다. 예컨대 우리가 미남이고 체격이 건장한 친구를 만나는 것은 우연한 일입니다. 그러나 이 친구가 미남일 뿐만 아니라 사려 깊다는 것을 알게 되는 것은 우리가 자주 만나 이야기 하는 동안의 경험을 통해서일 것입니다.

다른 하나는 경제의 원리입니다. 다양한 것들은 어떤 필연성을 전제하지 않고는 생각될 수 없습니다. 어떤 설명에는 언제나 전제가 필요합니다. 그러나 정확한 설명을 위해서는 꼭 필요한 전제만을 해야 한다는 것입니다. 이 원리는 철학만이 아니라 신앙에도 그대로 적용될 수 있습니다. 이 전제는 언어사용을 요구합니다. 그 이유는 전제된 조건들은 그에 뒤따르는 다른 설명을 이끌어 내야 하기 때문입니다. 오컴은 신학과 철학, 보편자의 본성과 지위의 문제들에 대해 중요하게 생각하였습니다. 그는 면도날이란 별명을 갖고 있었는데 그것은 사유하는 데 불필요한 모든 것을 제거해야 한다고 생각했기 때문입니다. 그는 경제성의 원리에 따라 가설의 수를 불필요하게 늘려서는 안 된다고 강조합니다. 그는 적은 수의 원리에 의해 설명될 수 있는 것이 불필요하게 많은 원리에 의해 설명되고 있다고 비판합니다. 이러한 것을 오컴의 면도날Ockham's razor이라 하며 필요이상으로 많은 것들이 존재해서는 안 된다는 말로 요약됩니다. 우리가 어떤 것을 설명하고자 하는 경우, 추론을 사용하는 것을 최소화해야 합니다. 그는 "설명함에 있어서 최소한의 필연적인 것 이외에는 아무것도 가정해서는 안 된다"고 주장했습니다. 다시 말해 불필요한 요소들을 끌어 들여서는 안 된다는 것입니다. 특히 그가 면도날에 비유를 한 이유는, 사상을 면도질하듯 다듬고 사상에서 자라는 모든 쓸데없는 것들을 제거한다는 착상에서 나왔습니다. 따라서 오컴의 보편자 개념들은 유사한 개체들이 인간의 정신 안에서 일으키는 개념들에 대한 단순한 명사名詞에 불과한 것으로서 설명될 수 있다고 생각하였습니다.

오컴의 이러한 견해는 지식과 신앙과의 일치를 기조로 했던 토마스 아퀴나스 융성기의 스콜라철학을 무너뜨리는 계기가 되었으며, 또한 교회의 권위를 흔들리게 하는 결과를 낳았습니다. 그러나 이러한 시도는 신앙의 권위를 지성에 의해 절대적으로 보존하고자 하는 데 있었습니다. 그리고 그는 경험적 사실들에 대한 과학적 및 경험적 사유방식의 발판을 이루어 놓았습니다. 오컴은 유명론과 둔스 스코투스의 주의를 결합함으로써 신학과 철학, 즉 신앙과 이성을 분리시키고자 하였고 급기야 중세시대는 와해되기에 이르렀습니다. 결국 중세의 이론은 무익한 논리의 유희로 타락하게 됩니다. 스콜라철학이라는 의미도 'sophist적'이라는 말이 그러하듯이, 비난하는 용어로 사용하게 되었습니다. 따라서 초기의 스콜라철학의 풍부한 내용은 망각되고 말장난과 동일시되기에 이르렀습니다. 이후에 오컴의 사상은 신비주의로 다시 부활하게 됩니다.

09

니콜라우스 쿠자누스Nicolaus Cusanus, 1401~1464: 후기 스콜라철학과 근대의 경계선

니콜라우스 쿠자누스

쿠자누스Nikolaus Chrypffs 또는 Krebs, 라틴어 Nicolaus Cusanus는 독일 라인란트팔트주에 위치에 있는 모젤 강변의 쿠스Kues에서 태어났습니다. 그의 아버지는 어업 겸 포도재배업자였습니다. 쿠자누스는 신비주의였던 데벤터Deventer의 수도원에서 공부를 한 뒤 16세 때 하이델베르크 대학에 입학했으나, 얼마 지나지 않아 이탈리아 파도바의 파두스Padus 대학으로 옮겨 교회법과 철학, 수학, 자연과학을 배웠습니다. 즉 그는 하이델베르크에서 신학연구를 시작했지만, 파도바에서 교회법으로 박사학위를 취득했습니다. 그곳에서 그는 콜럼버스로 하여금 인도를 향해 서쪽으로 항해하도록 북돋운 중요한 천문학자이자 지도 제작자인 파울로 달 포초 토스카넬리Paolo dal Pozzo Toscanelli, 1397~1482와 필생의 우정을 맺고 초기 르네상스 정신에 몰입하기도 했습니다. 그는 법학사의 연구를 통해 로렌초 빌라Lorenzo Valla, 1407~1457 이전에 콘스탄티누스 증여가 위조임을 밝혀내기도 했습니다. 그리고 파도바의 마르실리우스Marsilius von Padua, 1208?~1343로부터 강한 영향을 받았습니다. 물론 그는 중세의 가장 혁명적인 국가철학자로서 파문당한 그를 인용하지는 않았습니다. 하지만 "모두에 관계있는 것은 모두에 의해 승인받아야 한다"는 오래된 원칙은 받아들였습니다. 이는 쾰른 교회법에서 처음으로 정식화한 것이기도 했습니다. 따라서 교황은 주민의 합의가 없으면 군주를 자리에 앉히거나 밀어낼 수 없다고 쿠자누스는 주장했습니다. 그는 6년 후 고전교양을 배운 이후 고향으로 귀향하여 독일의 마인츠Mainz를 거쳐 철학의 본산인 쾰른Köln으로 가서 1430년 신부가 되었습니다. 32세 때에 오거스틴 파派에 들어갔고, 1434년에 바젤Basel 종교회의에도 참가해서 「보편적 일치」라는 논문을 발표했습니다. 1448년에는 교회의 권리를 옹호하는 데 공헌한 것에 대한 보답으로 추기경으로 임명되어 로마에서 보냈습니다. 그리고 그는 교황의 특사로서 유럽의 여러 나라를 여행했습니다. 1450년에 브릭센의 주교가 됨과 동시에 독일에 있는 순찰사와 개혁자로서 임무를 맡게 되었습니다. 그는 교황과 표면상으로는 갈등 없이 잘 지냈고 스콜라철학을 범신론적으로 개혁했습니다. 쿠자누스는 1464년 움브리센의 토디에서 여행도중 질병을 얻어 사망했습니다. 그의 유해는 성 베드로 사원에 묻혔으나, 그의 유언에 따라 그의 심장만은 독일에 되돌아 와서 고향 쿠스에 묻혔습니다.

그의 작품으로는 『박학한 무지에 대하여De docta ignorantia』(1440), 『다른 것이 아닌 것에 관하여De non aliud』(1661~1462), 『지혜의 추구에 대하여De venetione sapientiae』(1463), 인식론에 관한 『속인Idiota』(1450), 『천지창조에 관한 대화Dialogus de genesi』(1447), 『공놀이에 관하여De ludo globi I. II』(1462~1463), 『완전한 아름다움Tata pulchra』 등이 있습니다.

신비주의: 대립의 일치

쿠자누스는 "에크하르트Eckhart Meister Johannes, 1260~1327"[3]의 신비주의

3) 에크하르트는 독일의 고타 부근의 호호하임 출신으로서 도미니코 수도원장 및 교회의 감독관이 되었습니다. 그는 신학 교수로서 1311년까지 파리, 슈트라스부르크, 쾰른에서 가

의 영향을 크게 받았고 신플라톤주의적인 성격을 띠고 있습니다. 즉 쿠자누스는 에크하르트로부터 많은 영향을 받았으며, 에크하르트와 범신론에 대한 요한네스 벵와크의 친밀성을 제시하면서 에크하르트의 천재성을 찬양했습니다. 그는 신비주의의 철학적 관점에서 대립의 일치Coincidentia oppositorum, 또는 대립의 합치 사상을 제시했습니다. 그는 대립의 일치 사상을 자기 철학적 구상에 중요한 지점이라 말하고 있습니다. 바로 이 사상은 콘스탄티노폴에서 고향으로 돌아오는 길에 갑자기 떠올랐던 조명照明이기도 합니다. 이 대립의 일치는 한 가지의 존재론적 원리입니다. 이것은 무한한 자에게 있어서는 경계가 없어지고, 일치가 생긴다는 뜻입니다.

신은 위대한 자das Größte이나, 이것은 아주 최소한의 것이 아니고 상대적인 것입니다. 즉 신은 절대적으로 큰 것입니다. 그러므로 신은 최소일 수도 있는 큰 것이며, 극대極大와 극소極小의 통일입니다. 이를테면 신의 본질은 모든 대립들의 해소요, 대립자의 일치입니다. 쿠자누스는 대립의 일치를 설명하기 위해 수학의 원리를 끌어 들였습니다. 원의 둘레를 이루고 있는 직선과 곡선은 무한 속에서 서로 일치하며, 무한히 큰 구의 중심과 둘레도 마찬가지입니다. 하나의 수인 1에는 모든 수의 원리가 숨어 있으며, 이 수는 무한을 내포합니다. 하나는 전부이며 전부는 하나입니다. 그러나 이 둘은 나란히 대립적으로 존재합니다. 유한한 원에서는 중심과 원주는 별개의 것이요, 대립하는 것입니다. 그러나 무한대의 원에서는 도처에 중심이 있기 때문에 중심과 원주는 동일합니다. 예컨대 우리들이 사각형을 오각형, 육각형 …… n각형으로까지 만들어

르쳤으며, 쾰른에서 사망했습니다. 그는 일찍부터 대중이 알기 쉬운 독일어로 저술 활동을 하였습니다. 그는 독일 신비주의의 대표자로서 신과 인간과의 혈연상 똑같다는 것을 주장하였고, 우리의 마음에는 신 그 자체의 힘으로서의 영혼의 불꽃(Funken der Seele)이 작용하고 있다고 말했습니다. 저술로는 『독일어 설교집Deutsche Predigeten』이 있습니다.

나갑니다. n을 점점 늘려나가면, 이 n각형은 점차로 원에 가까워지며, 이 n을 무한대로 잡으면 3각형은 원과 일치합니다. 모든 대립들은 이와 같다는 것입니다. 여기 쿠자누스의 대립자의 일치를 볼 수 있습니다. 이렇게 쿠자누스는 모든 수는 하나로부터 이끌어 낸다고 결론 짓습니다. 그는 길이의 단위와 무게의 단위도 이와 동일하다고 보았습니다. 모든 계산과 측정은 하나 안에서, 하나를 통해서, 하나로부터 생기게 됩니다.

무한에서의 대립의 이치

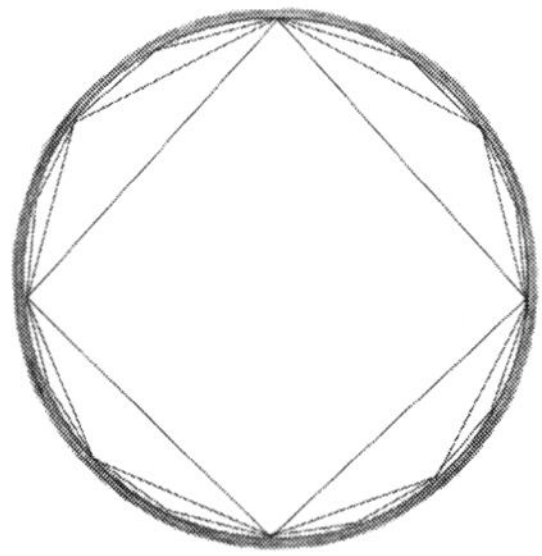
진리로의 접근

존재의 영원한 근거인 신에게서 서로 구별되어 있는 모든 것들이 하나로 일치됩니다. 신에게 있어서 모든 것들이 일자요, 하나이며, 신으로부터 멀리 떨어져 나간 이후에야 비로소 사물들이 서로 대립을 하게 됩니다. 그는 창조 이전에 신의 내재적 삼위일체를 삼분법적 범주의 그룹으로 명확히 하고자 했습니다. 그리고 성육신聖肉身도 삼분법적 체계의 기획 내부에서 이해하고자 했습니다. 신, 우주 그리고 그리스도 또는 그의 교회는 자기 안에서 완결된 발전의 세 단계로 나누어집니다. 신은 본질적으로 세계의 통일적 근거이며, 세계는 그리스도와 함께 자기의 근원으로 되돌아갑니다. 그리스도의 강생, 인간화는 일차적으로 대속의 과제가 아니라 존재 구조 완성의 과제를 지닙니다.

쿠자누스는 세계를 알아야만 우리가 세계를 잘 모른다고도 할 수 있

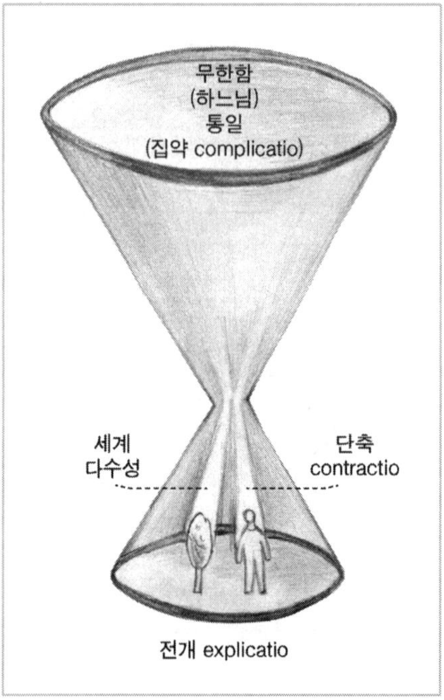

다고 말합니다. 참된 진리에 대해 우리는 알 수 없고 다만 그것을 향해 조금씩 나아갈 수 있을 뿐입니다. 어떤 다면체도 결코 원이 될 수 없는 것처럼, 우리의 앎은 언제나 어딘가 부족한 앎입니다. 이를테면 박학博學이 무지라는 것입니다. 그래서 쿠자누스는 인간 능력이 갖고 있는 창조적 활동을 중요히 여겼습니다. 우리는 세계Welt를 있는 그대로 파악하는 것이 아니라 항상 새롭게 파악해야 합니다. 우리는 신을 닮은 창조물로서 자신의 세계를 자신이 새롭게 창조해야 합니다. 이러한 쿠자누스의 인간이해에 의해 사람이 바로 세계의 중심에 적극적으로 설 수 있습니다. 모든 만물을 내포하고 있는 하나님의 시공에서 전개된 것이 세계요, 이러한 세계는 제한된 극대자라 말할 수 있습니다. 무한한 형식에서 하나님인 것이 유한한 형식에서는 세계인 것입니다. 이런 견해는 절대적인 하나님이 보이는 모습을 취해 펴 보인 것이 세계라는 말과도 같습니다. 이런 세계도 대립의 통일입니다. 그것은 하나의 완전한 산 건축물과도 같고, 따라서 그 속의 개체들은 서로 조화된 질서 중에서 공존합니다.

세계 안의 개체들이 질료와 형상의 관계에서 성립했다고 하더라도, 질료와 형상을 결합하는 것은 사랑입니다. 사랑이 생산의 원리요 운동의 원리입니다. 각 개체는 하나님의 절대성을 반영함에 의해 다른 개체와 바꿀 수 없는 개성을 가지는 동시에 세계 중의 일체가 하나님을 반영하기 때문에 서로 조화의 관계 중에 있습니다. 이에 세계를 대우주라고 한다면, 개체는 소우주입니다. 이처럼 개체의 의의가 승인되었습니다.

인간은 정신적으로 신을 반영하는 우수한 개체요, 세계 속 만물의 척도입니다. 인간의 정신은 감각sensatio의 단계와 지성ratio의 단계보다는 높은 이성intellectus에 해당하는 것이요, 그것은 지적 직관intuitio intellectualis에 의해 신을 알게 됩니다. 그러나 이러한 지적 직관은 일반적 의미의 지성으로서는 불가능합니다. 우리는 오히려 「앎이 있는 무지」로써 하나님과 합일할 수 있습니다. 인간의 의지는 자유입니다. 그러나 인간의지의 자유와 신 의지의 표현인 섭리와는 동일합니다. 신의 섭리는 대립자를 포괄하는 것입니다.

이런 자유에서 활동하는 인간은 제2의 신에 비유되는 것입니다. 신이 현실의 창조자이듯이, 인간은 사상과 기술적 형상의 창조자입니다. 절대적인 극대자로서의 신과 제한된 극대자로서의 세계는 양자의 성격을 겸비해 있는 유일한 인간존재가 그리스도입니다. 그의 형상은 인간의 것인 동시에 신의 것입니다. 이러한 그리스도를 사랑하여 만인이 결합하였을 경우 참 교회가 성립할 수 있습니다. 이런 교회는 사실상 이상적인 인간사회를 의미합니다. 성직자들의 모임에서 다음과 같은 그의 일화가 전해져 옵니다. 예컨대 뛰어난 그림이 하나 있습니다. 이 뛰어난 그림에 그려진 신의 얼굴은 관찰자의 각도가 아무리 바뀌더라도 항상 그 관찰자를 바라본다고 알려져 있었습니다. 쿠자누스는 이 그림에서 그의 근본이념인 반대의 일치에 대한 적절한 상징적 의미를 발견했습니다. 단일자인 신이 다수의 개별자인 우리를 보고 있으며, 우리는 하나의 신을 바라다봅니다. 이 경우에 다수성과 단일성은 서로 배제하는 것이 아니라 일치합니다. 신의 바라봄과 우리의 바라봄에서 주체와 객체는 서로 하나가 됩니다. 그러나 이 객체와 주체는 상호 독립적입니다. 왜냐하면 우리가 신의 그림을 바라보지 않을 때도 그 그림은 그곳에 여전히 있으며, 그 그림이 우리를 내려 보지 않을 때도 우리는 그곳에 있기 때문입니다. 신은 항상 현존해 있지만, 신의 현존에 대한 믿음은 우리의 자유에 달려 있습니다. 우리는 바라봄에 능동적이면서 그 보고 있는 그림을 받아들이는 것에서는 수동적입니다. 신이 내려다보지 않는 곳에서는 바라볼 것이 아무도 없으며 무가 있을 뿐입니다. 그러나 무도 존재합니다. 왜냐하면 신이 원한다면, 그의 바라봄은 무를 향할 수도 있기 때문입니다. 외견상 대립적으로 보이는 모든 것들은 실제에 있어서는 하나이며, 그러면서 그것을 여전히 대립적입니다.

중세와 근대의 경계선에서

쿠자누스는 스콜라 후기 철학의 대표적인 신학자입니다. 그리고 그는 중세 최후의 철학자인 동시에 근대 최초의 자연 탐구자로 알려져 있습니다. 그는 스콜라철학의 질곡을 타파하고 근대철학의 길을 활짝 열었다고 평가받고 있습니다. 특히 쿠자누스는 높은 수준에서 법학적으로, 수학적으로, 그리고 자연과학적으로 사유했던 철학적인 신학자였습니다. 그의 정신적 유산은 오늘날에도 여전히 그의 탄생지에서 양로원의 재정을 뒷받침하고 있습니다. 한편으로 그는 소수의 동시대인들과 마찬가지로 근대를 예고하였습니다. 다른 한편으로는 당대 유럽의 가장 중요한 운동인 휴머니즘에 대한 성과들을 잘 인식하고 있었습니다. 그 당시 종교개혁은 반휴머니즘적인 운동이었으며, 쿠자누스가 자신의 경력 과정에서 추기경, 브릭센의 후작 주교, 로마 교황청의 교황고문으로 있었지만, 종교개혁의 관심사에 대해 명백하게 표명하기도 했습니다. 그의 사상은 그리스도교, 플라톤주의 및 자연철학의 세 가지 요소로 구성됩니다. 그는 이 세 가지의 요소를 근대에서 발견하기도 했지만, 부분적으로는 감추어져 있거나, 종종 오해를 받기도 했습니다. 쿠자누스는 르네상스인으로서 인문주의 운동에 참여하는 한편, 새로운 시대의 자연과학 연구, 특히 천문학과 수학에 조예가 깊었습니다. 또한 그는 종교인으로서 바젤의 공의회에서 활약하였고, 동서교회의 합동을 위한 종교적 관용을 역설하기도 했습니다. 철학적 · 신학적 사상 면에서도 그는 항상 차이와 대립의 조정과 통일에 힘써 왔습니다. 쿠자누스는 대립의 일치라는 개념을 통해 중세 후기 철학의 상이한 흐름들을 다시 하나의 통일된 사상으로 합치시키고자 했습니다. 그는 이성에 의해 계시를 파헤치지 않고 이성 자체를 문제 삼았습니다. 그의 철학적 공헌은 중세철학과 그리스도 철학을 결합시킴과 동시에 독일철학과 그리스도교 철학은 서양의 정신에 연면히 이어져 오고 있는 사상들과 결합시켰다는 데 있습니다.

따라서 쿠자누스의 철학은 르네상스의 인본주의, 근세 초기에 이르는 철학사에 인간중심적인 모델을 보여 주었습니다. 쿠자누스는 데카르트보다 훨씬 이전에 아르키메데스의 점으로 인식한 것입니다. 미란돌라의 인간정신에 대한 통찰은 쿠자누스의 인간 정신의 주인역할을 정확히 이해하고 있습니다.

쿠자누스파의 범신론은 이탈리아 사상가에게도 나타났습니다. 이탈리아 범신론사상가는 카다누스H. Cardanus, 1501~76, 텔레시오B. Telesio, 1508~88, 파트리찌F. Patrizzi, 1529~1619, 캄파넬라T. Campanella,1568~1639, 프라카토로G. Fracatoro, 1483~1553, 부르노G. Bruno, 1548~1600) 등이라 할 수 있습니다. 이 사상가들 중에서 브루노는 가장 주목할 만한 인물이었습니다.

제6장
근대의 시작

제6장

근대의 시작

신앙으로부터 지식을 분리하였던 중세 말기의 스콜라철학에서 철학과 신앙을 독립하여 자신의 목표를 세우려는 새로운 문화 세대가 태동하고 있었습니다. 즉 중세 말기에 커다란 현상들은 새로운 시대의 도래를 알려 주었습니다. 근대라는 새로운 시대를 여는 원동력과 정신은 고전적인 고대시대의 재활(르네상스와 인문주의), 종교개혁, 자연과학 그리고 지리상의 발견이었습니다. 이 네 사건을 우리는 근대의 서곡이라 부릅니다. 14세기에서 19세기에 이르는 600년간을 근대라고 일컫고 있습니다. 근대의 특징은 비판적 정신이 각성된 시대였고, 권위와 전통에 대한 반동의 시대였으며, 절대주의에 항의하는 시대이자 사고와 행동에 자유를 요구한 시대였습니다.

정치적으로는 오랜 중세시대 동안에 교회와 국가 간의 오랜 갈등 끝에 국가가 힘을 얻게 되면서 교회가 누렸던 권위와 권력이 국가로 넘어가게 되었습니다. 경제적으로는 중세의 경제체제인 장원제도, 농노제, 길드제도 등이 사라지고 자유방임주의에 기초한 상공업이 발달하게 되었습니다. 봉건사회가 붕괴되고 동적인 상공사회가 대두하게 되었습니다. 지적知的으로는 학문에서 이성이 그 권위를 회복하게 됩니다. 진리란 과거처럼 권위에 의해 결정되거나 교회의 칙령에 의해 포고되는 것이 아니고, 자유롭고 부단한 탐구에 의해 성취됩니다. 나아가 유용성과 효율성을 위해 탐구해 나갔습니다.

일반적으로 근대철학은 데카르트René Descartes, 1596~1650와 프란시스 베이컨Francis Bacon, 1561~1626으로부터 시작되었습니다. 근대라는 용어를 정의하는 것이 도대체 어떤 의미에서 정당화될 수 있는가를 명백하게 깨닫기는 쉽지 않습니다. 하지만 근대라는 용어는 분명히 중세철학과 중세 이후의 철학 사이에 어떤 단절이 있었으며, 두 시대의 철학은 각각 상대방에게 나타나지 않는 중요한 특성을 지니고 있었음을 함축합니다. 데카르트나 베이컨과 같은 철학자들은 자신이 새로운 출발점을 활짝 열었음을 전적으로 확신하고 있었습니다. 때문에 오늘날 우리는 베이컨과 데카르트를 근대철학의 아버지라 부르고 있습니다. 베이컨은 우상론을 통해 전통에 대한 거부와 단절을 선언했으며, 데카르트의 'Cogito ergo sum'은 자기철학을 남에게서 구하지 않고 스스로 마련하기 위한 방법적 회의의 소산이었습니다.

르네상스renaissance 시대에 있어서 지적 호기심과 자유로운 탐구정신은 유럽의 3대 발명(화약, 나침반, 활판인쇄술)을 낳았습니다. 활판인쇄술은 르네상스와 종교개혁을 확산시키는 데 기여했으며, 나침반은 지리상의 발견을 용이하게 하였고, 화약과 총포는 지리상의 발견과 기사계급의 몰락을 촉진시켰습니다. 화약은 항해를 방해하는 해적을 물리치고 새로 발견한 원주민을 제압하는 데 이용되었으며, 총포는 기사들을 무용지물로 만들었습니다.

르네상스에 대한 견해로는 다음의 두 가지가 일반적입니다. 첫째, 중세의 중심무대는 지중해 연안의 유럽이었고 유럽문화를 이끈 사람들은 로마 · 게르만 사람들이었으며, 종교적으로는 가톨릭 기독교인들이었습니다. 이에 반해 근대의 무대는 대서양 연안의 유럽 국가들이었고 그 문화를 이끈 사람도 유럽 여러 나라의 민족들이었으며, 종교적으로도 가톨릭교도뿐만 아니라 개신교들도 함께 참여했다는 것입니다. 둘째, 사상적인 측면에서도 브르노Bruno나 캄파넬라Campanella와 같은 르네상스 사상가들도 아직 사상에서는 종교적 색체가 짙게 스며들어 있었습니다.

르네상스는 프랑스어로 재생이라는 뜻입니다. 르네상스의 미술사가 바사리Giorgio Vasari, 1511~1547는 고대미술의 재생이라는 좁은 뜻으로 사용하였습니다. 르네상스를 고대미술의 부활만이 아닌 고대문예의 부활과 근대문화의 창조로 파악한 사람은 미슐레J. Michelet였습니다. 역사학자 부르크하르트는 르네상스를 가리켜 "자연과 인간의 발견"이라 규정하고 있습니다. 자연의 발견은 첫째, 콜럼버스의 아메리카 대륙의 발견, 새로운 항로의 개통, 아시아와의 교역을 통해 세계가 넓어지고 확대된 것을 뜻합니다. 둘째, 중세 동안에 자연은 신에 반대되는 부정적이고 세속적인 것으로서 그리고 생명이 없는 죽은 것으로 인간을 위협하는 공포의

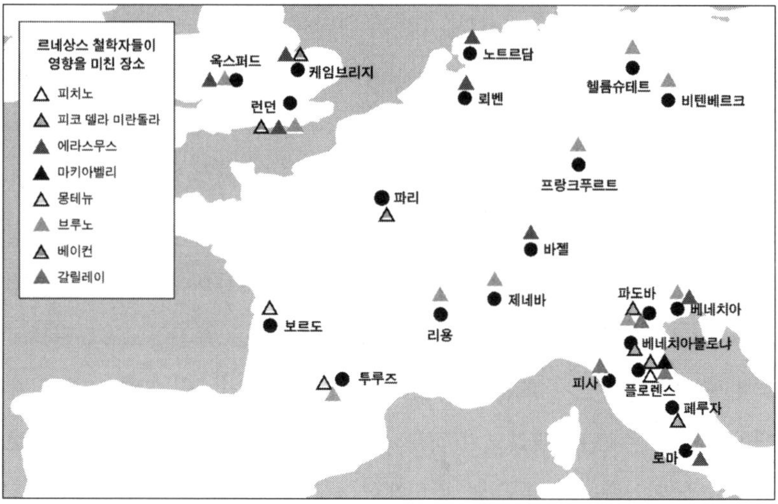

대상으로 생각되어 왔습니다. 하지만 자연은 부정적인 것이 아니라 긍정적인 것이며, 죽어가는 것이 아니라 살아 숨 쉬는 것이고 공포의 대상도 아닌 인간의 삶에 있어서 유용한 것으로 바뀌어 나갔습니다.

종교개혁: 믿음과 은총의 구원의 길

종교개혁운동은 독일에서 가장 먼저 일어났으며 루터M. Luther, 1483~1546에 의해 주도되었습니다. 1517년 10월 31일 아우구스티누스회의 수도사이면서 신학교수인 루터가 "면죄부免罪符에 관한 95개의 논제"의 항의문을 비트겐베르크Wittenberg 교회의 정문에 게시하였습니다. 이 항의문은 루터가 마인츠의 대주교大主教였던 알브레히트가 재정적 위기를 타개하기 위해 팔았던 면죄부에 대해 신학적으로 문제를 삼은 것이었습니다. 이것은 큰 파장을 일으켜 독일 전역으로 확산되어 종교개혁에 불을 지펴 놓았습니다. 루터가 이와 같이 가톨릭교회의 근원을 이루고 있는 교리를 근본적으로 비판할 수 있었던 배경은, "의인義人은 신앙으로 살리라(로마서1:17)"라는 문구에서 그 해결의 실마리를 찾았습니다. 인간은 신에 대한 믿음과 신의 은총에 의해서만 구원받을 수 있다는 것이며 이것을 신학적 기초로 삼았습니다. 이때 신의 구원의 문제는 면죄부의 문제에 부딪히게 되었습니다. 당시 교황 레오 10세Leo X는 이 문제를 경시하였다가 문제의 해결이 어렵게 되자 유화책을 강구하기도 하였으나 루터는 1519년의 J.에크와의 라이프치히 논쟁 때 결정적으로 가톨릭교회와 정면대결하게 됩니다. 그것은 이 논쟁에서 루터가 보헤미아의 후스를 본떠 교황과 교회회의의 가류성可謬性(오류를 범할 수 있음)을 주장하고 그 권위의 절대성을 부정하였기 때문입니다. 이리하여 1520년 6월 드디어 루터에 대한 파문破門이 단행되었고 이것은 곧 유럽 전체에 파급되는 대운동으로 발전하게 되었습니다. 루터의 종교개혁의 근본 취지는 다음과 같습니다.

첫째, 신앙에 의한 의인義認입니다. 구원은 의식이나 율법에 의해 가능한 것이 아니라 신앙에 의해서만 가능한 것입니다.

둘째, 말씀의 권위입니다. 신앙의 근거는 하나님의 말씀인 성서에 있지, 교황이나 교회에 의해 결정되는 것이 아닙니다.

셋째, 모든 신도들의 성직성priesthood입니다. 성직자인 신부들만 하나님과 교통할 수 있고, 신도들은 성직자를 통해서만 하나님과의 교통이 가능하다는 생각 대신에, 모든 신도들이 하나님과 직접 교통할 수 있다는 것입니다. 따라서 그의 근본적인 생각은 초기 기독교의 교의로 복귀하자는 것입니다.

근대 자연과학

자연과학은 근대 유럽에서 비로소 형성되었습니다. 이 시기에 자연의 방법적·이론적 연구를 전진시키고자 하는 새로운 사회 세력이 형성되었고 이들은 중세의 봉건적 사회 제도와 싸우는 과정에서, 그리스도 교회와 신학적 이데올로기와의 갈등 속에서 개별적인 자연 연구 분야에서 얻은 성과를 받아들이면서 그들의 방법을 전개해 나갔습니다.

근대의 자연과학은 관찰·실험·검증·재생이라는 특징을 지니는데, 그 이전의 고대와 중세시대에는 이러한 특성이 없었습니다. 자연과학은 근대인의 독창적인 산물입니다. 베이컨F. Bacon, 1561~1626의 "아는 것이 힘이다"라는 이 유명한 문구는 자연과학을 발전시키는 동력으로 작용하였습니다. 자연과학이 없었던 고대와 중세에서 인간은 자연에 순응하고 복종할 수밖에 없었기 때문에 자연의 노예였지만, 근대에 와서는 자연과학을 활용하여 인간이 자연을 이용하고 정복하게 되면서 자연의 주인이 되고자 했습니다. 자연과학은 인간의 사변적이고 추상적인 사고를 귀납적인 경험적 사고로 전환하였으며 이것은 산업혁명을 일으켰습니다. 산업혁명은 농경사회를 산업사회로 전환시키면서 문명의 대大전환점을 이루어 놓았습니다. 근대과학자들은 코페르니쿠스의 지동설, 케플러의 유성 운동의 법칙, 갈릴레오의 만원경의 발명, 뉴턴의 만유인력의 법칙들을 발명했습니다. 코페르니쿠스Nicolaus Copernicus, 1473~1543의 지동설은 프톨레마이오스의 천동설을 뒤엎고 지동설을 주장하였습니다. 즉, "지구는 구형球形이고, 하루에 한 번 자전하고, 1년에 한 번 태양의 주위를 공전한다. 그리고 다른 유성들도 태양의 주위를 원형궤도를 그리면서 일정한 속도로 공전하고, 달은 지구의 주위를 돌고 있다." 지동설은 생활의 경험도 혁명적으로 바꿔 놓았습니다. 코페르니쿠스는 사람들에게 스스로 중심밖에 있는 것을 상상하고 전적으로 새로운 시각에서 우주를 관찰할 것을 북돋았습니다. 그래서 그의 이론은 아주 새로운 시각에서 세계와 인류를 바라볼 수 있는 능력을 요구했습니다. 인간은 타자가 아닌 주체로서 우주와 자신을 전적으로 새로운 관점에서 바라보아야 했습니다. 이 반성적 거리두기와 시각의 전복은 후에 칸트가 그의 인식론적 입장에서 "코페르니쿠스적 전회Copernican revolution"라고 명명합니다. 제8장에서 살펴보겠지만, 칸트는 인간의 인식을 새로운 방식으로 해석하는데 이 전회를 이용했습니다. 프톨레마이오스Ptolemaeos, 85?~150?의 천동설에 의하면, 지구는 다른 별들과 구별되고, 우주의 중심에 위치해 있으며, 지구는 정지해 있고, 다른 천체들이 그 주위를 원이나 주전원epicyle을 그리며 돌고 있다는 것입니다.

과학의 어느 한 분야 혹은 여러 분야에서의 급격한 변혁을 과학혁명scientific revolution이라 부르고 있습니다. 과학혁명이란 불과 200년 사이에 과학의 내용과 활동에서 일어난 근본적인 변화를 가리킵니다. 하지만 과학혁명이라는 말은 흔히 이보다 훨씬 좁은 의미로 사용됩니다. 역사상 하나의 특수한 현상, 즉 16~17세기를 통해서 유럽에서 일어난 과학의 여러 분야에 걸친 급격한 변화를 과학혁명이라 일컫습니다. 16~17세기의 과학혁명이 일어나는 동안에 천문학 · 역학 · 생리학 등의 과학 분야의 내용에 획기적인 전환이 있었고 다른 여러 분야에서도 새로운 조류들을 찾아볼 수 있었습니다. 또한 과학혁명은 과학의 내용에만 국한되지 않고 과학의 방법, 목적 및 사회적 위치에도 큰 변화가 있었으며, 이 밖에도 많은 사상적, 사회적 변화를 그 배경의 결과로서 수반했습니다.

과학혁명은 코페르니쿠스를 기점으로 하여 케플러Johannes Kepler, 1571~1630, 갈릴레오Galileo Galilei, 1564~1642, 뉴턴Isaac Newton, 1642~1727에서 완성을 본 새로운 천문학 및 우주구조를 비롯해서, 호이겐스Christiaan Huygens, 1627~1695를 거쳐 뉴턴에서 정립된 고전역학, 베살리우스Andreas Vesalius, 1514~1564 이래로 계속된 해부학적 지식과 하아비William Harvey, 1578~1657에 의해 얻어진 피의 순환이론을 통해 자리 잡은 생리학, 데카르트Rene Descartes 1596~1650, 페르마Pierre de Fermat, 1601~1665 등을 거쳐 뉴턴과 라이프니츠Wilhelm von Leibniz 1646~1716에 와서 등장한 새로운 수학 등 참신한 내용들로 넘쳐 났습니다. 이 당시 과학혁명은 크게 두 가지 형태로 진행되었습니다. 하나는 천문학 · 역학 · 고전물리학 분야에서 일어난 개념의 혁신이고, 다른 하나는 베이컨Frincis Bacon, 1561~1626 과학의 출현입니다. 베이컨의 과학이란 열 · 빛 · 소리 · 전기 · 자기 · 화학 등의 연구 분야에 있어서 실험을 중시하는 과학을 가리킵니다. 과학사가史家인 버터필드Herbert Butterfield는 『근대과학의 기원 1300－1800』(1957)에서 그 당시의 과학혁명에 대해 다음과 같이 말하고 있습니다.

"과학혁명은 유럽사상 기독교의 출현 이래 어떠한 사건보다도 훨씬 더 중요한 일이었습니다. 과학혁명에 비하면 종교개혁이나 르네상스는 중세 기독교 사회 내의 단순한 에피소드에 지나지 않는 작은 변화였습니다. 근대사회와 근대사상의 진정한 기원으로서 여태까지 통상적으로 사용된 유럽사의 시대구분, 즉 종교개혁이나 르네상스의 분수령은 이제 그 의미를 상실하게 되었고 오히려 거추장스럽게 되었습니다."

1500년경의 과학은 그리스의 과학, 아리스토텔레스의 전체적인 기초에 기반을 두고 프톨레마이오스의 천문학, 갈레노스의 생리학, 유클리드의 기하학 등으로 보완된 내용들이었습니다. 16~17세기에는 분명 다른 형태의 학문으로서 과학을 볼 수 있었습니다. 과학혁명에 관한 논의는 현대 과학사가인 토마스 쿤Thomas S. Kuhn의 『과학혁명의 구조』(1962)를 비롯한 많은 과학사가들의 저서에서 그 흔적들을 찾아 볼 수 있습니다. 이 책에서 그는 천문학, 물리학, 역학, 화학, 생물학 등 자연과학 분야의 역사적 자료를 자세히 분석하였습니다. 그는 과학 발전의 역사를 과학혁명(1) ➪ 새로운 패러다임을 갖는 정상과학의 전통을 수립 ➪ 변칙성 및 정상과학 위기의 출현 ➪ 과학혁명(2) ➪ 혁명을 통한 진보의 변화과정으로 해석합니다. 따라서 그는 지난 과학연구에 있어서 과학혁명과 정상과학의 상호 보완성을 주장하였습니다.

01

대륙합리론

대륙합리론은 이성론, 이성주의, 합리주의 등 다양한 명칭으로 불리고 있습니다. 이 시기는 이성을 인식의 원천으로 보면서 경험에 의존하지 않는 이론을 말합니다. 대륙이성론은 이성적 사유思惟에 의거하여 연역함으로써 모든 지식의 체계를 세우고자 하였습니다. 무엇보다 이성주의는 데카르트에 의해 시작되었다고 볼 수 있습니다. 데카르트는 생각하는 자아를 제1원리로 삼고 이 원리를 설명하기 위해 실체라는 개념을 적극 활용하였습니다. 대륙합리론자들, 즉 데카르트는 실체로서의 자아를, 스피노자는 신이 곧 자연이라는 실체를, 라이프니츠는 모나드monad: 단자로서의 실체를 각각 주장하였습니다.

02

르네 데카르트Rene Descartes, 1596~1650: 방법적 회의

르네 데카르트

데카르트는 프랑스 중부 투렌 지방에 위치한 투렌Touraine: 지금의 데카르트 시에서 브르타뉴Bretagne 주의회 고문의 부유한 법률가 집안의 셋째 아들로 태어났습니다. 어머니는 그를 낳은 지 열세 달 만에 폐병으로 세상을 떠났는데 그런 어머니의 마른기침과 창백한 안색을 물려받아 그는 허약한 유년생활을 보냈습니다. 때문에 늦게 일어나는 것이 습관으로 굳어졌고 이 습관은 죽을 때까지 계속되었습니다. 그는 열 살 때부터 9년간 예수회 신학교에서 수학, 자연학, 고전, 논리학, 신학 등을 공부했습니다. 그는 특히 수학에 재능을 보였습니다. 냉철한 이성과 논리의 학문인 수학에서 확실하고 엄밀한 학문의 모델을 보았습니다. 이러한 그의 학문체계를 연역적 체계라 부릅니다. 그는 『방법서설』(1637), 『성찰』(1641), 『철학의 원리』(1644) 등을 통해 그의 철학을 정립해 나갔습니다.

방법적 회의la doute méthodique

데카르트는 근대에 들어와 합리론에 물꼬를 터 주었습니다. 하지만 그의 철학은 중세 스콜라철학의 성격을 크게 벗어나지는 못했습니다. 그는 스콜라적인 학문에서 벗어나기 위해 새로운 방법을 찾고자 했습니다. 이른바 사람들은 데카르트를 가리켜 근대철학의 아버지 또는 근세 수학의 아버지라 지칭합니다. 그는 우리가 진정으로 확실히 믿을 수 있는 것, 확실하게 알 수 있는 것은 무엇일까? 하는 사색에 사로잡혀 있었습니다. 데카르트는 그 당시 유럽에서 표현의 자유가 확보되었던 네덜란드에 정착하면서부터 더욱 치열하게 철학 · 수학 · 과학의 접근 방법에 대한 연구를 진행하였습니다.

데카르트는 수학의 천재였습니다. 그는 대수학을 기하학에 응용하는 수학의 한 분야, 곧 분석기하학 또는 좌표 기하학이라 부르는 분야를 개척하였습니다. 그리고 곧 수학이 그 추론의 체계에서 확실성을 가진다는 결론을 얻었습니다. 그래서 데카르트는 철학에 수학적인 방법을 도입해야 한다고 강력하게 주장합니다. 그는 철학을 수학에서처럼 가장 단순하고 확실한 근본개념으로부터 엄밀한 연역적 방법을 통해 이해할 수 있는 학문으로 만드는 것이었습니다. 때문에 그는 우리 인식의 출발점이라 할 수 있는 확실한 제일 진리를 위해 의심할 수 있는 모든 대상을 의심합니다. 진리의 확실한 인식을 위해 인간에게 허용된 길은 명증적 직관과 필연적 연역수학적 방법이며 이것이 확실한 인식을 얻는 방법입니다. 따라서 그는 직관과 연역이 진리에 이르는 유일한 길이라 강조합니다. 이러한 관점에서 철학도 기하학처럼 필연적이어야 한다는 것입니다. 그러므로 데카르트의 초기의 방법적 회의는 두 가지 관점에서 일어났습니다. 첫째는 갈릴레오의 방법에 대한 그의 연구에서 일어났습니다. 두 번째는 우리 마음의 감각적 경험의 주관성을 넘어서 외적 세계에 대한 지식에 도달할 수 있는 힘을 가졌을까? 하는 의문에서 일어났습니다. 이러한 의문을 데카르트는 그의 『정신지도를 위한 규칙들Regulae ad directionen ingeni』(1628), 『방법서설Discourse de la Méthode』(1637) 등에서 규칙의 보편적 방법을 통해 제시했습니다. 그의 방법론을 몇몇 요약하여 소개하면 다음과 같습니다.

규칙 1: 이 방법론의 목적은 우리의 마음이 관심을 갖게 되는 모든 대상들에 대해 확고하고 참된 판단을 할 수 있도록 마음을 기르기 위함입니다. 어떤 특수한 분야의 특수 문제에만 관심을 갖게 되면 그것과 연관된 다른 분야의 문제들과 관련시켜 이해하는 능력을 개발하지 못하기 때문에 잘못된 판단을 하기 쉽습니다.

규칙 2: 우리의 마음이 의심할 여지없이 확실한 지식을 얻을 수 있을 것이라 생각되는 대상에 관해서만 관심을 가져야 합니다. 명확하게 이해할 수 없는 복잡한 문제 또한 어려운 문제와 씨름한다는 것은 시간과 정력의 낭비일 뿐만 아니라 결국 의심만 남게 되어 마음만 혼탁하게 됩니다.

규칙 3: 지식을 얻는 데는 남들의 생각에 의존하려고 해서는 안 됩니다. 남들이 연구해 둔 것을 배우는 것은 유익한 일이지만, 자신의 마음으로 그것을 판단해 보지 않고 남의 말을 믿어버리는 것은 아무 소용이 없습니다. 지식을 얻을 수 있는 길은 마음이 분명하고 확실하게 직관하고 옳게 연역해서 얻는 것밖에 없습니다.

규칙 4: 진리탐구에는 방법이 있어야 합니다. 방법은 분명하고 간결해야 하며, 그것을 조심스럽게 사용하는 한, 참된 것과 거짓된 것을 혼동하지 않게 되고 정신적인 노력을 낭비하지 않는 것이어야 합니다.

규칙 5: 지식의 대상을 순서대로 정하는 방법이란, 곧 복잡하고 불분명한 명제들을 한 단계, 한 단계 더 단순한 명제들로 환원시켜 직관적으로 이해할 수 있는 가장 단순한 명제에 이르게 한 후, 다시 그 단순한 명제에서부터 시작하여 점진적으로 다른 모든 지식에 이르게 해 보는 것입니다.

규칙 6: 단순한 명제들을 복잡한 명제들과 구별하여 순서대로 정리하기 위해서는 연역적으로 서로 관련된 일련의 명제들 중에서 가장 단순한 명제가 어느 것인지를 알아내어 다른 명제들이 그것에서 어떻게 연역될 수 있는지, 즉 몇 개의 연역을 거쳐서 얻어질 수 있는지 알아보아야 합니다.

규칙 7: 어떤 하나의 문제를 전체적으로 이해하고자 할 때 그것에 관련된 여러 가지 사항들을 중단되지 않는 생각으로 계속해서 고찰해 보는 것이 필요합니다. 그러나 인간의 기억력이 부족하기 때문에 마땅히 서로 관련지어 고려해야 할 중요한 사항을 잊어버릴 수 있는데, 이러한 실수를 하지 않으려면 모든 관련된 사항들을 순서대로 하나씩 하나씩 열거해 보는 것이 중요합니다.

나는 생각한다, 고로 존재한다Cogito ergo sum

데카르트의 의심은 어디까지나 그 기초가 명확하지 못한 일체의 지식을 의심하여 과감히 버리고 참된 진리를 찾고자 하는 것, 이른바 방법적 회의입니다. 데카르트는 방법적 회의를 통해 모든 것을 의심해 보았지만, 더 이상 의심할 수 없을 뿐만 아니라 의심하면 할수록 더욱 명백해

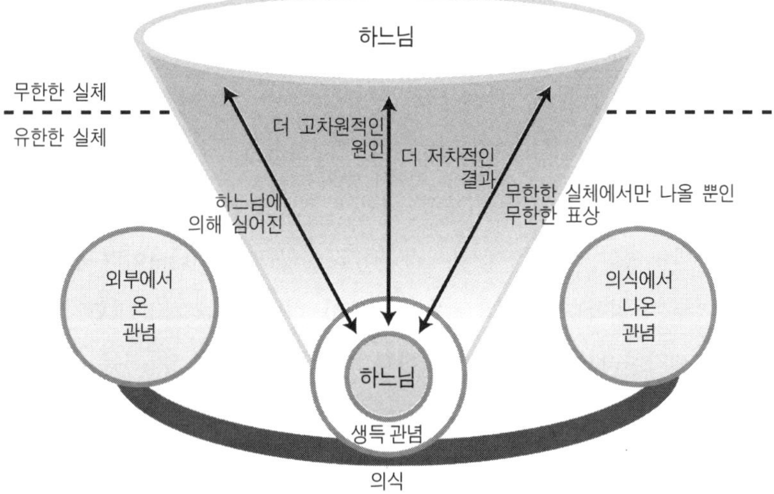

지는 것, 곧 '내가 지금 의심하고 있다'는 가장 단순한 사실입니다. 그래서 데카르트는 『방법서설』에서 기하학・기상학・굴절광학이라는 세 가지 과학적 작업을 위한 시론으로서 위에서 살펴본 방법론적 규칙을 세웠습니다.

첫째, 더 이상의 의심할 수 없을 정도로 분명한 것만을 참이라고 받아들일 것. 둘째, 문제를 잘 해결하기 위하여 가능한 한 작은 부분들로 나누어 분석할 것(분할의 법칙). 셋째, 단순한 것으로부터 출발하여 복잡한 문제로 나아갈 것(종합의 법칙). 넷째, 이러한 것들을 하나씩 열거하여 빠트린 것이 없는지를 검토할 것 등이 그것입니다. 데카르트는 이러한 규칙을 바탕으로 하여 지식을 재구성하고자 하였습니다.

이런 추적을 통해 데카르트는 유명한 명제, 즉 "나는 생각한다. 그러므로 나는 존재한다라틴어: Cogito ergo sum"라는 제1원리를 얻어냈습니다. 종종 '코기토'라고도 약칭되는 이 명제는 데카르트 철학에서 제1원리의 위치를 차지하였습니다. 철학적 탐구가 획득한 첫 번째 결론이라는 의미에서 자아 존재의 확실성이 철학의 제1원리라는 것입니다. 데카르트는 이 원리로부터 진리의 기준을 이끌어냈습니다. 여기서 제1원리는 추리를 통한 것이 아니라 직관에 의한 것입니다. 다시 말해 데카르트에게 이 세상에서 가장 확실한 지식은 곧 "나는 생각한다. 그러므로 존재한다"라는 사실입니다. 그는 『방법서설』에서는 프랑스 말로 Je pense donc, je suis라 말하였고, 『성찰』에서는 라틴어로 Cogito ergo sum이라 했습니다. 데카르트는 철학도 기하학처럼 자명해야 한다self-evident고 말합니다. 즉, "나는 생각한다. 그러므로 존재한다"의 의미는 첫째, 자기를 의식하는 직관이며, 둘째, 자기 존재를 깨닫는 직관입니다. 그것은 결코 "나는 생각한다"에서 삼단논법식으로 "내가 있다"를 추리하는 것이 아니라 "생각하고 있는 나의 존재"는 의심할 수 없다는 것에 지나지 않습니다. 따라서 "나"는 사유하는 정신의 주체로서의 인간 존재를 말합니다. 이런 점에서 Cogito ergo sum은 사유하는 주체로서 근대적 자아를 정립하였습니다.

데카르트는 『제1성찰』에서 진리에 이르는 길로서 철학의 직관과 연역의 방법을 도입하였습니다. 즉 그는 우리가 더 이상 의심할 수 없는 명석하고 판명clear and distinct/clair et distinct한 것으로서 진리의 규준을 삼고자 했습니다. 명석이란 주의하는 정신에 뚜렷이 나타나는 의식을 뜻합니다. 곧 명석하다는 것은 정신이 인식 대상의 구성요소를 하나하나 세밀하게 바라보는 것을 지칭합니다. 판명이란 명석함과 동시에 타자와 구별되어 명석 이외의 다른 어떤 것도 내포하지 않은 의식입니다. 곧 판명하다는 것은 정신이 그 대상을 다른 대상과 확연하게 구분할 수 있는 것을 가리킵니다. 이처럼 그는 명석clear 판명distinct한 개념을 통해 진리에 이르고자 했습니다. 결국 명석 판명함이란 경험적 지식의 불명료함을 씻고 분명하고 뚜렷한 판단을 내리는 것입니다. 그의 공리公理는 더 이상 증명할 수 없는 자명한 원리에서 출발합니다. 따라서 그는 명석판명한 제1원리를 내세웠습니다. 즉, 이는 의심하다가 의심하는 주체로서의 나의 존재를 즉각적으로 깨닫는 존재입니다. 데카르트의 제1원리를 찾아내기 위한 방법론적 회의는 다음과 같이 세 가지로 진행됩니다.

첫째, 특수지particular Knowledge입니다. 이는 감각을 통해 이루어지는 감각적인 지식입니다. 감각적인 지식은 직·간접적으로 얻은 불확실한 지식입니다. 복합적으로 이루어진 지식이기 때문에 속기 쉬운 것입니다.

둘째, 일반지general knowledge입니다. 이 지식은 내가 만지는 손, 내가 사고하는 머리는 역시 나의 손이고 나의 머리이지만, 공상적인 존재가 현실적으로 성립할 수 없고 확실하지 않습니다. 따라서 제1원리가 될 수 없습니다.

셋째, 보편지universal knowledge입니다. 물체가 물체이기 위해서는 보편적인 성질을 가져야 합니다. 이와 같은 수數도 언제나 전지전능한 악마가 착각하게 만들 가능성이 있습니다. 이는 여전히 의심의 여지가 있기 때문에 제1원리의 자격을 갖고 있지 못합니다. 자명한 공리는 최초의 진리(제1 원리, 제1명제: 연역 논증)의 출발점이 됩니다. 나 자신도 믿을 수 없는가! 전지전능한 악마가 나를 속인다면, 속고 있는 나는 존재해야 하지 않는가! 속는 주체(사유하는 나)는 존재합니다. 따라서 나는 사유한다. 그러므로 존재한다Cogito ergo sum라는 명제가 도출됩니다. 의심할 수 없는 확실한 주체는 '나'라는 존재가 신이 없어도 스스로 사고할 수 있다는 선언이었습니다. 이런 점에서 '생각하는 나'는 신으로부터 독립된 존재이며, 신으로부터 독립된 주체를 의미합니다. '나'라는 자아가 자신의 능력을 잘 발휘함으로써 확실한 것을 생각할 수 있다는 사실이며, 확실한 지식에 도달할 수 있다는 능력이 인간 자신에게 간직하게 되었다는 것을 뜻합니다. 즉, '나'라는 주체는 확실한 지식에 이르는 출발점을 뜻합니다. 또한 나는 사고를 가능하게 하는 사고의 기초이며, 지식을 가능하게 하는 지식의 기초입니다. 그래서 후대 사람들은 주체를 출발점으로 삼은 이후의 근대철학을 주체철학이라 불렀습니다. 이런 점에서 근대철학의 출발점인 주체는 인간이 신으로부터 독립했다는 것을 보여주는 동시에 다른 피조물인 자연세계대상로부터 인간이 독립했다는 것을 공표하는 것이나 다름 아니었습니다.

하지만 데카르트의 "나는 생각한다"라는 의미는 단순히 지적인 활동만을 가리키는 것이 아니라 지정의知情意 모두를 포괄합니다. 다시 말해 "나는 생각한다"라는 함의는 의심하고, 착안하고, 긍정하고, 부정하고, 의욕하고, 상상하며 감각함을 뜻합니다. 이는 나 자신이 스스로 현존하고 있음을 의미합니다. 나는 나의 본성을 잘 모를 수도 있고 나의 본성에 대해 잘못된 견해를 가질 수도 있지만, 내가 존재한다는 사실만은 의심할 수 없습니다. 더욱 나는 절대적 확실성을 갖고 최소한 인식적 경험, 내가 갖고 있는 개별적인 의식 경험을 지니고 있다는 존재임을 알고 있습니다. 언제나 생각한다는 것은 정신의 본질이기 때문에 정신은 잠자고 있는 동안에도 생각하지 않으면 안 됩니다.

이원론적 실체Sunstance관

데카르트의 실체관은 크게 두 가지로 집약될 수 있습니다. 첫 번째로 실체는 자족적이고 독립적인 존재로 규정됩니다. 실체란 아무리 모습이 바뀌어도 변함없는 불변적인 본질입니다. 이러한 실체는 오직 하나 밖에 없으며, 그것은 바로 신이라 할 수 있습니다. 이것은 무한실체로서 자족적이고 필연적인 현존 자체이며 결코 창조된 존재가 아닙니다. 그 밖의 모든 것은 자신들의 창조와 지속적인 현존을 위해 신에게 의존합니다. 하지만 데카르트에게 있어서 피조물들은 실체개념에서 완전히 배제하지 않습니다. 독립성과 자존성이라는 실체의 조건을 만족시킬 수 있는 피조

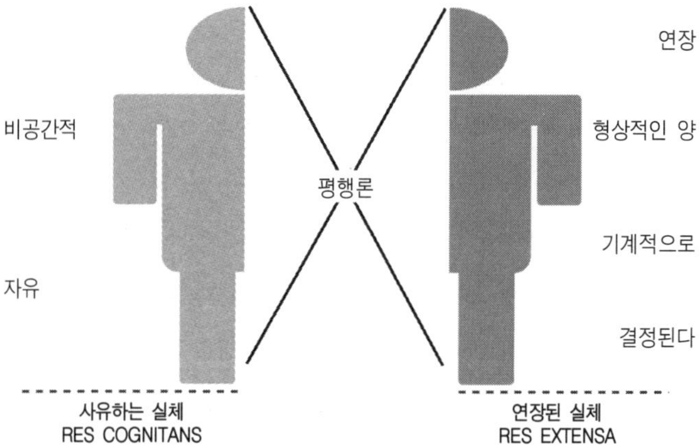

물의 경우도 있습니다. 데카르트는 이러한 실체개념으로 신이라는 무한실체 이외에 정신과 물체라는 두 개의 유한실체가 있다고 보았습니다. 데카르트는 유한실체로서 두 개의 실체를 전제합니다. 이러한 구분은 자연을 물질적 자연으로 만들고자 함으로써 자연의 여러 법칙을 발견하는 것이 보다 손쉽게 되었다는 것을 의미하기도 합니다. 그는 자연에서 분리한 정신을 인간에게 귀속시켰습니다. 그래서 인간은 사유하는 실체정신인 동시에 연장된 실체연장가 되었습니다. 다시 말해 사유와 연장은 각각 유한실체인 정신과 물체의 속성입니다. 그는 이것을 두 개의 실체를 사유하는 정신과 연장延長으로서 물질을 가정하고 있다는 뜻에서 이원론二元論이라 하였습니다. 이렇게 데카르트는 자연을 정신과 물질, 주체와 객체, 관찰자와 관찰 대상으로 나누어 이분법적 접근을 시도하였습니다. 물체의 속성에서 속성이란 어떤 사물이 지닌 본질적 성질을 말하며 물체의 속성은 곧 연장성extension을 뜻합니다. 연장성을 지닌 것은 물체이며 물체와 연장성은 동일한 것입니다. 예컨대 연장성이란 공간의 지속성, 공간의 크기를 지님을 일컫습니다.

주지하듯이, 정신의 속성은 사고입니다. 사고 없는 정신은 생각할 수 없습니다. 여기서 사고는 의심, 이해, 상상 등을 포괄하는 의식에 상응하는 개념입니다. 다시 말해 데카르트는 인과적 상호작용설theory of causal interaction을 주장하였습니다. 즉 정신과 물체는 두 개의 실체이기 때문에 서로 변화를 일으킬 수 있습니다. 데카르트에게 있어서 인간은 사유하는 실체정신인 동시에 연장된 실체육체입니다. 개별적인 인간이 동시에 두 개의 실체를 갖고 있는 것입니다. 그래서 데카르트는 송과선松科腺, pineal gland이라는 가설을 내세워 두 실체, 정신과 육체의 관계를 설명했습니다. 그는 뇌의 뒷부분에 있는 송과선을 통해 정신이 자신의 의지를 육체에 전달하고 또한 육체가 자신의 활동을 정신에 전달한다는 가설을 만들었습니다. 즉, 그는 그 송과선(어떤 학자는 뇌의 한복판에 있다고도 하지만 불명료함)을 매개로 정신과 육체사이에 어떤 상호작용이 일어난다고 보았습니다. 이를 가리켜 우리는 인과적 상호작용이라 말합니다. 하지만 이러한 데카르트의 가설은 사람들을 전혀 만족시킬 수 없었고 하나의 문제점으로 남게 되었습니다.

본유관념

본유관념은 데카르트가 신의 존재를 증명하는 관점에서 나왔습니다. 그가 철학의 제1원리라 불렀던 "생각하는 나"는 신의 존재를 증명하기 위한 것이었습니다. 즉 그는 내 안에 있는 세 종류의 관념을 다음과 같이 분석하였습니다. 먼저 대부분 내 마음 바깥에서 들어오는 외래관념, 둘째, 내 마음 스스로의 의지에 따라 생겨난 인위관념, 셋째, 이러한 외래관념이나 인위관념이 아니라 오로지 '생각하는 나'에서 비롯된 본유관념이 그것입니다. 데카르트는 이러한 본유관념으로 '생각하는 나', '수학의 원리', '도덕의 원리' 그리고 '신의 관념' 등을 손꼽았습니다. 여기서 본유 내지 생득관념innate idea이란 태어날 때부터 구비하고 있는 관념, 신의 관념을 말합니다. 본유관념은 어떤 것으로부터 연유한 것이 아니라 인간의 이성 안에 보관되어 있다는 것입니다. 그는 확실성을 보장해 주는 이성의 능력이 자연에 확실한 지식을 제공하는 원천이라 말합니다. 즉 이성은 자연을 비추어 주는 빛입니다. 신의 실재성은 인간에 비해 월등히 큽니다. 신은 인간에게 신의 관념을 생득적으로 심어 주었고 동시에 인간은 신의 관념을 생득적으로 부여 받았습니다. 기만이나 오류의 기원은 신에게서 발생하는 것이 아니라 인간 자신에게서 나옵니다. 다만 신은 인간에게 이성(직관과 추리능력)을 부여했습니다.

데카르트 이래로 존재론, 인식론, 가치론 혹은 윤리학도덕론이라는 세 가지의 근대 철학 분과가 성립됩니다. 여기서 핵심적인 문제는 인식론입니다. 이 당시 인식론은 인간이 신으로부터 독립해도 괜찮은지, 혹은 이러한 인간의 능력을 입증하기 위한 논의들을 주로 다루었습니다. 특히 인식론은 갈릴레오와 같은 과학자들에 의해 본격적으로 논의를 시작하면서 "세상은 신의 말씀대로 창조되었다"라는 성경의 말씀은 사실과 상당히 다르다는 것이 드러났습니다. 하지만 데카르트는 신을 다시 끌어들입니다. 왜냐하면 주체와 대상 사이에서 진리를 판단해 줄 어떤 절대적 존재자로서의 제3자가 없다면 진리를 보증할 수 없기 때문입니다. 제3자 역시 진리의 보증자가 되려면 진리를 인식할 수 있는 능력이 있는 절대적 재판관이 있어야 한다는 것입니다.

신의 존재증명

데카르트는 명석 판명하게 지각된 진리를 밝혀 내는 것을 주된 임무로 삼았습니다. 신의 관념이 어디서 왔는지 알기 위해서는 신이 존재한다는 것을 확신해야 합니다. 신이 존재하기 때문에 신의 관념이 있습니다. 즉 신의 관념은 신의 존재에서 유래합니다. 하지만 데카르트는 무조건 신이 전지전능하며 완전한 숭배의 대상은 아니라고 합니다. 데카르트는 이에 대한 합당한 이유와 이론을 실체에서 찾았습니다.

앞에서 살펴본 것처럼, 실체는 그것이 존재하기 위한 다른 어떤 것을 필요로 하지 않고 독립적으로 존재하는 것입니다. 신은 무한한 존재이기 때문에 다른 어떤 것도 필요로 하지 않고 의존할 필요도 없습니다. 그래서 그는 신을 무한실체로 규정하고, 신이 존재함을 증명하고자 하였습니다. 존재는 신의 본질이며 일부입니다. 신은 완전한 존재로서 덕을 갖추고 있으며 성실합니다. 하지만 성실한 신은 있지 않는 세계, 즉 물질의 세계를 우리에게 있는 것처럼 보여주리라고 생각할 수는 없습니다. 그렇기 때문에 외부의 사물은 우리에게 지각되는 대로 존재합니다. 물질의 본질은 연장성이며, 그것은 형상과 크기를 가지며 운동을 합니다. 하지만 물체의 색채, 맛, 냄새 등은 우리의 감각에 속하기 때문에 물체의 본질은 아닙니다. 따라서 연장만이 물체의 본질이며 우리는 이성만 갖고 그것의 본질을 파악할 수 없습니다.

데카르트의 신의 존재증명은 두 가지 방식으로 진행됩니다. 하나는 후험적 증명으로 사유하는 자아의 경험에 입각한 증명입니다. 자아 안에 내재해 있는 본유관념 중에서 완전하고 무한한 관념은 유한한 자아에서 나올 수 없습니다. 따라서 이러한 신의 자아 밖에서 존재하는 신에게서 온 것입니다.

다른 하나는 존재론적 증명으로서 신 관념 자체를 분석하여 신의 존재를 증명하는 것입니다. 즉 신의 관념은 지고하고 완전한 존재를 표상합니다. 단적으로 신은 완전합니다. 반면에 인간은 불완전합니다. 따라서 불완전한 존재가 완전한 것을 만들어 낼 수는 없습니다. 완전한 신이 있다는 생각은 신에게서 나온 것입니다. 신의 관념에는 어떠한 결핍도 없어서 신에게는 존재함의 특성도 당연히 포함되어 있습니다. 즉 신이 존재하지 않는다는 것은 완전한 신의 본성과 모순됩니다. 즉, 신은 무한하고, 영원하고, 불변하며, 독립해 있고, 전지전능한, 그리고 모든 것을 창조한 하나의 실체입니다. 따라서 신은 본질상 필연적으로 존재하는 것입니다.

03

스피노자Baurch de Spinoza, 1632~1677: 심신병행설

스피노자

스피노자는 네덜란드 암스테르담에서 종교적 박해를 피해 포르투갈에서 네덜란드로 이주한 유대인 가정에서 태어났습니다. 이 시기는 스페인으로부터 독립을 이루어 가는 신생국가 네덜란드의 황금기였습니다. 그는 네덜란드의 수도 암스테르담을 그의 신정국가에서 이렇게 묘사하고 있습니다. "암스테르담은 상당한 번영을 이루고 전 세계가 감탄할 정도의 자유의 성과를 누리고 있습니다. 이 번창하는 도시에 모든 인종과 종파의 안전한 조화를 이루고 살아가고 있습니다." 이런 성장배경 탓에 스피노자는 암스테르담에서도 포르투갈 사람들의 유대인 공동체 학교에 다녔으며 포르투갈어를 사용했습니다. 그는 라틴어 수업을 통해 그리스도교에 깊은 관심을 갖고 있었으며 그로 인해 유대인 교회였던 시나고그에서 이단으로 파문을 당했습니다. 그 당시 유대인 교회는 단순히 예배를 보는 장소가 아니라 유대인들이 살아가는 생활공동체였습니다. 가족을 포함한 모든 공동체 사람과의 접촉을 금지하는 파문은 유대인에게 사형선고나 다름없는 무거운 징계였습니다. 이 시기에 스승의 딸을 사랑했으나 결혼까지 결실을 맺지 못하고 평생을 독신으로 지냈습니다. 그는 한때 하이델베르크대학에서 철학 교수직에 초빙되었으나, 사상의 자유가 방해받을 것을 두려워하여 거절하였습니다. 그는 안경 렌즈를 깎는 일로 생계를 유지하면서 일생을 고독과 정적 속에서 살았습니다.

그의 주저 『기하학적 방식으로 논증된 윤리학Ethica, ordine gemetrico demonstrata』(1677)은 몇 개의 정의definitions와 공리axioms들을 설정하고 그것들을 기초로 하여 연속되는 명제들을 체계적으로 증명함으로써 결론에 이르는 체계를 구성하였습니다. 그의 사상은 한마디로 기하학적 방법을 적용하여 다룬 윤리학입니다. 그의 이론은 수학공식처럼 딱딱하게 전개되지만, 서양윤리학사에 많은 공헌을 세웠습니다.

일원론적 실체관: 실체 · 신 · 자연

스피노자의 철학적 과제는 데카르트의 정신과 육체의 이원론적 실체관을 극복하는 것이었습니다. 그의 철학적 해결방법은 의외로 간단했습니다. 정신을 다시 자연으로 귀속시켜 데카르트의 물질적 자연을 정신과 물질을 포함하는 자연으로 만드는 것이었습니다. 즉, 여러 실체들을 하나의 실체로 단순화시킨 것이라 볼 수 있습니다. 스피노자의 철학은 실체와 속성, 양태modus: 변용, 변형라는 개념으로 요약됩니다. 스피노자는 자신의 저서 『윤리학』에서 많은 부분을 실체론에 대해 설명하고 있습니다. 스피노자 철학의 윤곽을 이해하기 위한 중요한 관점은 다음과 같습니다.

첫째, 실체substance란 그 자체로 존재하며 자기 자신에 의해서 이해되는 것을 말합니다. 다시 말해 실체는 자신의 개념을 형성하기 위해 다른 어떤 개념도 필요로 하지 않는 것을 말합니다. 실체는 신이기도 하며 자연이기도 합니다. 실체는 무엇인가를 산출하는 능산적 자연natura naturans

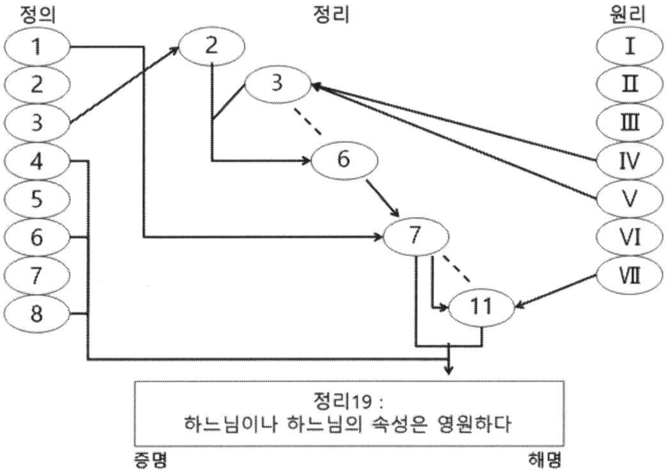

인 동시에 그렇게 산출된 소산적 자연natura naturata이기도 합니다. 능산적인 자연인하에서 실체 혹은 신은 어떤 순수함, 힘, 역량, 에너지라고도 할 수 있습니다.

둘째, 속성attribute이란 실체의 본질을 구성하는 것으로서 지성이 지각하는 것입니다. 속성은 이러한 순수함이 표현되고 전개되는 차원, 혹은 그것을 파악하는 관점입니다.

셋째, 양태modus란 실체의 변용, 실체가 변한 모습입니다. 여기서 modus는 방식에 해당하는 라틴어입니다. 양태는 간단히 말해 실체신, 즉 자연가 자신의 영원한 본질을 드러내는 방식, 즉 실체가 속성을 통해서 여러 가지의 형태로 나타난 것입니다. 다르게 말하면 양태란 다른 무엇에 의존해 있으며 그 다른 무엇을 통해 이해하는 것을 말합니다. 그러므로 양태는 속성의 차원에서 산출되는 개별자를 뜻합니다. 스피노자에게 있어서 우리가 마주치는 특수한 사물은 모두 양태인 것입니다. 따라서 양태란 실체 안에 존재하며, 실체에 의해 이해될 수 있을 뿐입니다. 이렇게 양태란 다른 존재, 즉 실체가 있음으로써 존재가 가능한 것입니다.

스피노자에게 신의 속성의 양태들이라 불리는 세계는 신과 구별되는 것이 아니라 사유와 연장, 즉 사유와 물질성의 다양한 양태로 표현된 신입니다. 앞에서 언급하였듯이, 실체란 "스스로 존재하고 스스로 이해하는 존재입니다. 존재하기 위해서나 이해하기 위해 다른 것을 필요로 하지 않는 독자적 존재"입니다. 하지만 그는 실체를 그다지 적극적으로 규정하지 않았는데, 그 이유는 실체를 적극적으로 규정하면 그 개념들에 의해 실체가 제한받는다고 생각하였기 때문입니다. 오직 실체란 신뿐이며 정신과 물체는 신의 두 속성입니다. 신은 하나의 실재이며 세계는 그와 완전히 독립된 실재일 수 없습니다. 왜냐하면 이는 신의 존재에 한계를 부여하는 것이기 때문입니다. 무엇보다 스피노자의 실체는 자기원인이라는 의미를 함축하고 있습니다. 따라서 거대한 원인과 결과의 연쇄고리로서 이 세계는 내적인 필연성이 작동하고 있습니다. 자연 속에는 우연한 것은 없으며 모든 것은 일정한 방식으로 존재하며 작용하도록 신적 본성의 필연성에 따라 결정되어 있습니다. 그래서 그는 우연성을 인정하지 않고 수학적 근거와 귀결로 인한 필연성으로 보았기 때문에 결정론에 빠질 위험에 처할 수 있습니다.

이러한 방법은 스피노자가 이 책을 쓰기 위해 선택한 유클리드식의 기하학의 방법과 무관하지 않습니다. 그는 자신의 이론을 수학의 증명처럼 확실하고 더 의심할 수 없는 것으로 정립하고자 했으며 본질, 인식, 정념과 같은 개념들은 수학공식과는 다르게 정의나 공리보다 설명을 필요로 했기 때문입니다. 그래서 신은 존재하는 모든 것과 동일선상에 서 있습니다. 신은 자기원인, 즉 그것의 원인을 다른 것으로부터 영향 받지 않는 최후의 원인, 제일원인입니다. 그는 이성을 신뢰하고 이성적 지식을 존중하고 기하학적 방법으로 학문에 접근하여 실체의 개념에서 그의 철학을 전개하였습니다. 따라서 스피노자는 이 세계가 '창조하는 실체'로부터 생겨났다고 말합니다. 여기서 창조하는 실체란 다른 어떤 것의 도움 없이도 스스로 존재하며 다른 것들을 창조하는 능력을 가진 것, 즉 신인 것입니다. 신이 여러 사물 속에 들어있다면, 자연은 곧 신입니다. 모든 것은 일자이고 일자는 신성합니다(신=자연=실체). 이를 가리켜 그의 사상을 범신론汎神論이라 부르기도 합니다.

심신병행설

데카르트의 합리주의 철학에 새로운 방향을 제시해 준 철학자는 스피노자였습니다. 스피노자는 자연적인 것을 합리적인 것이라 생각한 데카르트에서 한 걸음 더 나아가 인간의 정신을 합리적인 체계 속에 끌어들여 자연은 하나로 통일되며 그 질서 속에 있는 것을 신이라 일컬었습니다. 그에게 있어서 신은 곧 자연神卽自然, Deus sive Natura입니다.

그는 주관적 의식으로부터 시작한 데카르트와는 반대로 객관적 존재에서 철학을 전개해 나갔습니다. 하지만 기본적으로 스피노자는 데카르트와 유사한 점이 많습니다. 스피노자는 데카르트와 마찬가지로 이성적 논리의 규범을 기하학에서 발견하였습니다. 정신과 육체는 두 개의 실체가 아닙니다. 자연에서 정신을 본다거나 물질에서 의식을 보는 것은 아닙니다. 데카르트가 유한한 실체라고 간주했던 연장적 물체와 사유의 정신은 스피노자에게는 하나의 신이라는 실체의 두 가지 속성일 뿐입니다. 즉 신=자연이라는 유일한 실체는 두 얼굴이나 두 속성에 불과합니다. 실체는 연장을 가지는 동시에 사유 작용을 합니다. 마치 하나의 동전이 두 면을 가지고 있듯이, 세계는 물질과 정신의 측면을 동시에 지니고 있습니다. 물체는 정신적 대응물을 갖는 반면에 사유는 물체적 대응물을 갖고 있습니다. 물체에 대응하지 않는 관념은 없으며 관념으로서 동시에 존재하지 않는 물체도 없습니다. 이렇듯 인간의 정신과 육체는 서로 영향을 미치지 않습니다. 하나가 다른 것의 원인이 될 수 있는 것이 아닙니다. 정신과 육체는 자연(=신)이라는 실체의 두 속성에 불과합니다.

데카르트의 물심이원론物心二元論은 스피노자의 비판을 통해 물심평행론物心平行論의 사유발전으로 전개하였습니다. 스피노자의 관점에서 자연은 산출하는 자연natura naturans: 스스로 자신을 만들어 나간다는 뜻, 또는 능동적이고 생산적인 자연적, 능산적 자연이라 지칭했습니다. 그에게 있어서 산출하는 자연이란 능동적이고 창조적인 자연입니다. 이러한 자연은 신이 그의 본성에 따르는 행위자라고 의미할 때의 신을 의미합니다. 반면에 산출되는 자연natura naturata, 소산적 자연은 수동적이고 일정한 순간에만 존재하는 자연을 뜻합니다. 이러한 자연은 신의 본성, 또는 속성 가운데 어느 하나의 필연성에서 비롯되는 일체를 의미합니다. 요컨대 스피노자에게 있어서 실체는 자연이라는 실체와 깊이 연관되어 있습니다. 그의 주장은, 신의 문제가 철학의 중심과제라 여겼던 그 당시에 신이 모든 자연에 내재해 있다고 하는 범신론으로 해석되었습니다. 때로는 신의 존재를 부정하는 무신론으로, 때로는 신은 단 하나뿐인 유일신을 지지하는 철학적 주장이라 간주하기도 했습니다. 이는 스피노자가 유대인 공동체에서 이단으로 추방되는 빌미가 되기도 했습니다.

자연은 영원한 관점에서 보면, 모든 것의 무한한 실체의 일부분이며 인간의 삶도 영원의 한 부분으로서 움직이고 있다는 것을 깨닫게 됩니다. 자유란 자기규정이고 이성적 사고에 의한 자유정신이며, 이성적 인식이 곧 자유의 상태인 것입니다. 하지만 스피노자의 관점에서 인간은 자유의지를 갖고 있지 않습니다. 이것은 인간이 기계와 같다는 뜻이 아니라 물질이 아닌 정신으로만 이루어진 실체가 아니라는 점을 강조한 것입니다. 예컨대 내가 목이 말라 물을 마실 경우 나는 나의 자유의지로 물을 마신다고 생각해 왔습니다. 그러나 이는 내 몸에 수분이 부족하여 그렇게 느낄 뿐입니다.

04

고트프리트 라이프니츠Gottfried Wilhelm von Leibniz, 1646~1716: 창 없는 모나드單子論, monad

고트프리트 라이프니츠

라이프니츠는 법률가이며 독일 라이프치히대학의 도덕철학 교수인 아버지와 법학자의 딸인 어머니 사이에서 장남으로 태어났습니다. 그는 독학으로 라틴어를 익혀 로마 고전과 스콜라 문헌을 독파하며 소년기를 보냈습니다. 12살 때에 논리학에 대해 생각하기 시작했으며 15세에는 철학연구에 몰두했습니다. 21세에 박사학위를 받은 논문은 교수직을 제안 받을 만큼 뛰어났으나 그는 그 제안을 거절하였습니다. 그 후 뉘른베르크로 가서 연금술을 연구하며 자신의 학구생활을 지속할 수 있는 방향으로 사회 진출을 도모하였습니다. 그는 뉴턴과 독자적으로 미분법과 적분법을 발견하였고 계산기를 개발하는 등 수학에 큰 몫을 하였습니다. 또한 그 당시 여러 제후나 성직자와도 깊은 교류가 있었으며 유럽의 여러 곳을 여행하였습니다. 그는 스피노자를 방문한 적도 있으며 여러 지식인들과 서신교류를 하면서 3만여 통의 편지를 남겼습니다. 이는 독일의 하노버 도서관에 보관되어 있습니다.

모나드monad론

라이프니츠의 철학은 데카르트와 스피노자의 실체의 본질에 대한 불만으로부터 출발하였습니다. 즉 라이프니츠는 데카르트의 이원론과 스피노자의 일원론에 대해 비판하고 모나드론을 통해 새롭게 구성했습니다. 그는 사유와 연장이라는 두 종류의 실체 혹은 속성의 문제를 단일 종류의 실체로서 모나드와의 관계로 대치시켰습니다. 하지만 모나드와의 관계는 예정조화라는 방법을 통해서 실체의 내부 프로그램으로 변형되었습니다.

먼저 라이프니츠는 연장이란 실제적인 크기와 모양을 내포하고 있다는 그들의 가정을 전적으로 부정하였습니다. 우리는 감관을 통해 지각되는 사물들이 작은 부분들로 분할되는 것을 관찰합니다. 그리고 우리는 왜 사물들이 복합물이라거나 집합물이라고 생각할 수 없는가?라고 반문합니다. 이에 대해 그는 복합적인 실체가 존재하기 때문에 단순실체가 존재할 수 있다고 말합니다. 왜냐하면 복합물은 단지 단순실체의 집합이거나 집합체에 불과하기 때문입니다. 여기서 라이프니츠가 언급한 단순실체란 모나드들을 의미합니다.

라이프니츠는 그의 『모나드론』의 저서에서 모나드라는 실체개념을 중심으로 그의 이론을 체계적으로 전개해 나갔습니다. 그는 세계를 구성하는 요소, 즉 실체를 모나드라 지칭합니다. 이는 원래 수학용어로 하나 또는 단위를 의미하는 그리스어인 '모나스monas'에서 유래한 말입니다. 라이프니츠의 모나드 개념은 원자의 개념에 그 기초를 두고 있습니다. 원자들은 사물을 구성하며 세계 안의 모든 사물들은 원자들의 모양, 크기, 배열, 위치의 차이에 의해 생성됩니다. 하지만 라이프니츠의 모나드는 넓이나 형체를 갖지 않으며 무엇으로도 나눌 수 없는 단순실체입니다. 즉 모나드는 원자와는 다르게 비물질적 실체로서 그 본질적 작용은 표상입니다. 표상이란 외부의 것이 내부의 것에 포함되는 것으로서 모나드는 이 작용에 의해서 자신의 단순성에도 불구하고 외부의 다양성에 관계를 가질 수 있으며, 그 표상되는 다양성이 곧 세계 전체가 된다고 말합니다. '우주의 살아있는 거울'이라고 하는 모나드는 '소우주'를 이루고 있으나, 각기 독립되어 있어서 서로 인과관계를 갖고 있지 않습니다.

라이프니츠가 연장은 실체일 수 없다고 주장하는 이유는 여러 요소가 있지만, 연장성으로는 물리적 현상을 설명할 수 없다고 보는 역학적 자연관에 있습니다. 그는 실체는 연장이 아니라 역학적인 힘을 물질적 실체로 보는 것이며, 이러한 실체적인 힘을 근원적 힘이라 지칭했습니다. 그러므로 모나드는 단순함과 분할 불가능함을 기본 특성으로 하였습니다. 모나드가 단순하고 분할 불가능해야 하는 이유는 물리적 성질이 아니라 정신적 활동성에 있습니다. 라이프니츠에 의하면, 모나드들이야말로 자연의 진정한 원자들이자 사물을 구성하는 원소라는 것입니다. 그래서 그는 모나드를 힘Kraft 또는 에네르기Energie라고 표현합니다. 라이프니츠에게 있어서 물리적 사물은 고유한 실체적 원인이 되는 힘에 근거하여 존재한다는 것입니다. 그 힘을 근원력vis primativa이라 지칭합니다. 이 힘은 공간적으로 확산하여 실체에 연장성을 부여하는 동시에 자신을 물리적 단일체로 존속시킵니다. 우리가 구체적인 자연현상들에서 경험하는 물리적 힘과 작용들은 이 실체적인 힘의 현상태입니다.

라이프니츠에게 있어서 모나드란 능동적인 힘을 본질로 하는 다수의 실체를 일컫습니다. 모나드란 가장 단순하고 나눌 수 없는 형이상학적인 점입니다. 이는 근원적인 힘, 스스로 활동하는 정신, 질적으로 서로 다른 개체를 뜻합니다. 사물들의 근본실체는 연장적인 물질이 사물을 구성하는 것이 아니라 힘의 요소를 지닌 모나드가 구성됩니다. 단순실체인 생명, 영혼, 정신 등도 각각 모나드입니다. 무엇보다 모나드는 비연장적非延

長的입니다. 그것은 모양도 크기도 없으며 물질적인 원자가 아닙니다.

모나드는 수학적이거나 물질적인 점이 아니라 단지 형이상학적으로 현존하는 점입니다. 물질과 같은 복합실체란 모나드들의 집합에 불과하기 때문에 모나드는 논리적으로 어떠한 물질적 형태보다 선행해야 합니다. 이런 측면에서 라이프니츠는 참된 실체인 모나드를 정신이라 부르고 비물질적인 본질을 강조했습니다. 그는 "모나드들은 내부의 원천, 즉 비물질적인 자동장치를 갖추기 위한 어떤 충분한 능력을 갖고 있다"고 말합니다. 모나드는 독립적일 뿐만 아니라 자체 내에 활동의 원천입니다. 다시 말해 모나드는 독립적이고 자족적인 존재자입니다. 어떤 것이 독립적이고 자족적이라는 것은 존재의 근거를 스스로 가진다는 것을 의미하기 때문에, 모나드는 다른 존재자로부터 어떤 영향이나 도움을 필요로 하지 않습니다. 이를테면 모나드들은 상호인과적인 관계를 맺거나 정보 교환을 위한 어떤 행위를 필요로 하지 않습니다. 이런 이유로 그는 '모나드는 창이 없다'고 말함으로써 어떠한 것도 모나드에 영향을 줄 수 없음을 강조했습니다. 우주 만물은 무수한 모나드로 되어 있으며, 모나드들은 서로 영향을 주고받지 않으며 모나드에는 아무것도 들어오지 않습

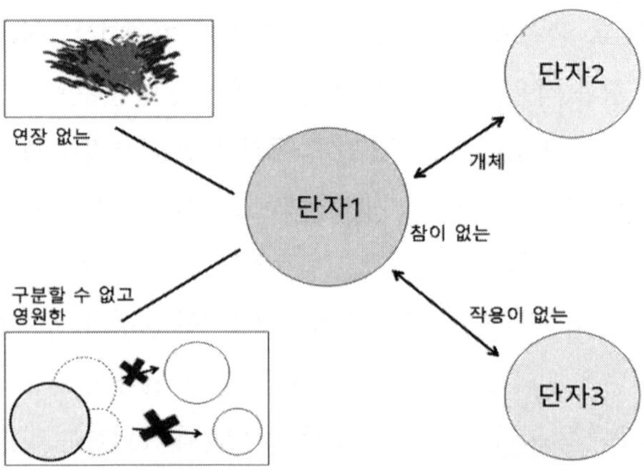

니다. 모나드들은 모두 자기 속에 자기의 활동원리를 지니고 있으며 그 원리에 따라 활동해 나갔습니다. 신과 인간뿐만 아니라 동물, 식물 그리고 무생물까지도 모나드들로 구성되어 있습니다. 모나드들은 아무런 차이가 없고 정신적 명료성에서만 차이가 있을 뿐입니다. 무릇 모나드는 소우주micromos이고, 이 모나드들로 이루어진 세계는 대우주macrocosmos라 할 수 있습니다. 그래서 신은 자연 속에 내재하지 않고 자연 밖에 초월적으로 존재하며, 일정한 성질을 가진 모나드를 만들어 스스로 활동하도록 하였습니다.

따라서 모나드는 다음과 같이 정리할 수 있습니다.

① 모나드는 모습을 갖지 않는 힘의 점입니다.

② 모나드는 실체이므로 생산되거나 제거될 수 없습니다.

③ 모나드는 독립적이고 개별적이기 때문에 각기 다른 성질을 갖고 있습니다.

④ 모나드는 차이가 없습니다. 그들은 서로 상관하지 않기 때문에 창이 없습니다.

예정조화설the doctrine of pre-established hamony

라이프니츠는 모나드가 서로 영향을 줄 수 없다면, 우주의 놀라운 조화는 어떻게 설명해야 할까요?라고 묻습니다. 그것은 비록 모나드들의 독립과 상호소통의 불가능성을 강조했다고 할지라도 그는 우주를 조화롭게 구성하는 모나드들의 질서정연한 행위를 설명하지 않을 수 없었습니다. 이를 위해 라이프니츠가 준비한 이론이 예정조화설입니다. 모나드는 창 없는 상호 독립된 개체였기 때문에 상호 간의 관계로서 예정조화의 원리가 필요했습니다. 그는 서로 분리되어 있는 모나드들이 생성 목적에 따라 행동하면서도 대규모의 조화를 이루는 것을 “음악가들의 여러 악기와 합창단"에 비유하였습니다. 그들은 제각기 연주하며, 또 제각기 자리를 잡고 있기 때문에 서로 듣지도 볼 수도 없음에도 불구하고 자신의 악보에 따라 완전한 화음을 구성함으로써 듣는 이로 하여금 그들 사이에 무슨 연관관계가 있는 것이 아닌가 하는 놀라움과 경악을 금치 못할 정도의 놀라운 조화를 느낄 수 있게 합니다.

신은 그의 정신 속에서 모든 모나드들의 미래 행위가 서로 조화를 이루도록 예정하였습니다. 하지만 신이 예정하였기 때문에 특정한 모나드가 특정한 행위를 하는 것이 아니라, 그 모나드가 스스로 특정한 행위를 할 것이 확실하기 때문에 신이 전지한 능력으로 이를 예견할 수 있고, 또한 다른 모나드들의 행위와 서로 조화를 이루도록 배려할 수 있다는 것입니다. 다시 말해 모나드의 내적 상태를 신이 예견함으로써 서로 조화를 이루는 모나드들의 집합을 구성하도록 세계를 창조한 것입니다. 그러므로 모나드들은 서로 충돌하지 않고 조화되도록 신에 의해 미리 결정되어 있습니다. 정신과 육체는 둘 다 창문이 없는 독립된 모나드들로 구성되어 있기 때문에 이 둘 사이에는 아무런 관계가 없습니다. 신이 정신과 육체를 창조할 때, 이 둘이 서로 함께 하도록 만들었으며, 정신의 상태와 육체의 상태가 서로 병행하고 상반되도록 마련하였습니다. 한마디로 정신과 육체의 관계가 조화를 이루도록 신에 의해 예정되어 있는 것입니다. 따라서 이 세계는 전체적으로 통일과 조화를 이루고 있습니다.

이성적 진리와 사실적 진리

라이프니츠는 그의 『모나드론』에서 다음과 같이 말하고 있습니다.

"우리의 이성 추리는 두 개의 위대한 원리, 즉 모순율과 충분한 이유율에 기반을 두고 있습니다. 모순율을 통해서 우리는 모순을 포함하고 있는 것을 거짓이라 판단하고, 거짓에 대립되거나 모순되는 것을 참이라고 판단합니다. 우리는 충분한 이유율을 통해 어떤 사실이나 명제가 왜 그러한 상태로 존재하고, 그와 다른 상태로는 존재하지 않는 가에 관한 근거가 존재하지 않는다면 (그 근거가 종종 우리에게 알려질 수 없을지라도) 그 사실은 존재한다고 볼 수 없으며 그 명제도 진리라고 생각할 수 없습니다."

위의 인용된 글에 후세 사람들은 해석하는데 많은 어려움을 겪었으나, 문제가 된 것은 모순율과 충족이유율사이의 서열에 관한 것이었습니다.

라이프니츠에게 있어서 모순율은 이성적 진리에서 찾을 수 있습니다. 이성적 진리란 보편타당성을 갖고 있으며 논리에 의해 논증되는 필연적 진리입니다. 주어 개념에 술어 개념이 포함되어 있고 모순이 허용되지 않습니다. 그러하기에 동어반복을 허용합니다. 그리고 수학과 같은 기초를 이루고 있기 때문에 모순율에 근거를 두고 있습니다. 예컨대 삼각형의 합은 세변을 갖는다. 모든 물체는 연장을 갖는다. 삼각형의 세 각의 합은 180도이다. 이처럼 이성적 진리는 신의 이성과 오성에 의존하고 어떤 법칙에 따라 질서정연하게 움직입니다.

반면 충족이유율은 사실적 진리에서 찾을 수 있습니다. 사실적 진리는 경험에 의해 인식되며, 충족이유율에 의해 검증할 수 있습니다. 여기서 충족이유율이란 어떤 사물도 이유 없이 존재할 수 없으며, 어떠한 명제도 근거 없이는 참일 수 없는 것을 말합니다. 필연이 아닌 우연이며 주어 개념에 술어 개념이 포함되지 않습니다. 예컨대 그 사과는 빨갛다. 모든 물체는 무게를 가진다. 또한 신의 의지에 의존하며 신의 의지는 자유에 속한다. 사실적 진리는 무한 개념을 취급하며 최상의 원리를 필요로 합니다. 따라서 최상의 원리가 사실과 일치할 때, 이 세계는 가능한 세계 중 가장 좋은 완전한 세계가 되어 갑니다.

제7장
영국 경험론

제 7 장

영국 경험론

근대 자연과학의 발달은 인간의 사고방식과 생활양식을 바꾸어 놓았습니다. 사고방식의 변화가 형이상학적, 신학적 사고에서 과학적, 합리적 사고로 바꾸어 갔습니다. 근대 자연과학에서 사용된 방법론은 첫째, 귀납적 방법이었습니다. 이것은 사유와 지식의 근원을 경험으로 파악하고, 경험적 관찰과 실험을 통해 여러 가지 현상들의 공통과정을 추출함으로써 어떤 일반적인 원리를 발견하는 것입니다. 둘째, 연역적 방법이었습니다. 이 방법은 사유와 지식의 근원을 이성으로 보고, 이미 확인된 어떤 자명한 원리로부터 논리적 추론을 통해 개개의 사물의 이치를 알아내고자 하는 것이었습니다. 영국경험론은 인간의 경험을 중시하였고 공리주의와 실용주의 사상으로 전개하여 나갔습니다. 영국에서는 대륙합리론과 다르게 실증주의적 정신이 우세하여 이성적 사유나 논리보다 경험을 존중하는 철학, 즉 경험주의가 득세하였습니다. 경험주의는 베이컨 이후영국의 전통에서 내려오고 있으며, 대륙합리주의의 비판을 통해 경험주의적 인식론을 확립해 나갔습니다.

01

프란시스 베이컨Francis Bacon, 1561~1626: 영국 경험론의 출발점: 아는 것이 힘이다

프란시스 베이컨

베이컨은 1561년 런던에서 엘리자베스 1세의 도장을 관리하고 왕의 재정업무를 담당하는 국새관國璽官이자 대법관인 니콜라스 베이컨 경의 둘째 아들로 태어났습니다. 그는 성장하면서 정치적 야심을 키웠으나 여왕 시절에는 성공하지 못하고 제임스 1세가 즉위한 뒤 정치적 경력을 쌓아 1617년에 국새관으로, 1618년에는 대법관으로 임명되어 왕실의 재정을 보좌하였습니다.

그의 자연에 대한 인간의 정복과 지배권을 회복하려는 원대한 계획은 1621년에 뇌물을 받은 혐의로 의회에 조사를 받고 4만 파운드의 벌금과 만족할 때까지 런던 탑 안에서의 감금을 선고받았습니다. 베이컨은 공직에서 물러난 후에도 영국역사, 자연사 등을 저술하였고 공직의 복권에 노력을 하였으나 끝내 이루어지지는 않았습니다.

자연을 정복하라

20세기 이후 자본주의 사회에서 인간의 궁극적 목적은 물질적 행복을 이루는 것, 즉 지상에서의 유토피아 사회를 건설하는 것입니다. 이러한 유토피아 사회를 건설하는 것을 지상목표로 삼아 추진한 인물이 베이컨이었습니다. 우리에게 가장 익숙한 경구인 "아는 것이 힘이다"라는 표현은 이제 삼척동자도 즐겨 쓰는 용어가 되었습니다. 베이컨의 "아는 것이 힘이다"라는 명제는 행복을 이성의 진보된 사유로 보는 견해입니다. 세심한 관찰과 주의 깊은 실험들, 그리고 거기서 얻어낸 지식들, 바로 이러한 지식이 불행을 막아주고 행복한 삶을 가져다 줄 것이라고 베이컨은 말합니다. 그러한 지식의 힘은 지상에서의 희망에 찬 유토피아 정신을 꿈꾸면서 "자연의 정복전략"의 야심찬 계획을 그 기본으로 품고 있었습니다. 우리가 어떤 일을 이루려고 한다면, 구체적인 지식을 갖추어야 합니다. 유럽의 문화가 근대적 세계관인 기술주의를 받아들이기까지는 150년이라는 긴 세월이 요구되었습니다. 오랜 기간을 지나오면서 사람들이 얻게 된 것은 지식이 힘이라는 생각, 인간은 진보할 수 있다는 희망, 가난이 커다란 악이라는 인식, 보통 사람들의 삶도 어느 누구 못지않게 큰 의미를 가진다는 깨달음이었습니다.

> "사물의 원인을 알아내고 모든 공포와 냉혹한 운명과 탐욕의 지옥의 소란한 투쟁을 유린하는 자는 행복하구나!"

먼저 우리는 자연을 정복하여 복종하게 함으로써 지배할 수 있습니다. 그런데 현재 인간은 우리의 무지無知때문에 자연의 노예가 되고 있지만, 곧 자연의 지배자가 될 것입니다. 베이컨의 "아는 것이 힘이다"라는 명제는 자연을 종교적으로 신성화하던 중세의 마술적인 사유에 벗어나서 대상을 자연과학적인 인식의 틀로 바라보는 인간의 힘을 의미하는 것이었습니다. 베이컨에게서 지식은 자연에 대한 지식을 말하는 것이었고, 그러한 지식이 인간사회의 유용성을 위해서 자연의 지배를 목적으로 하는 데 있었습니다. 그러나 인간을 자연에 예속화시키려는 바로 그러한 시도가 인간이 자연을 정복하고 싶은 욕망으로 나타났습니다. 왜냐하면

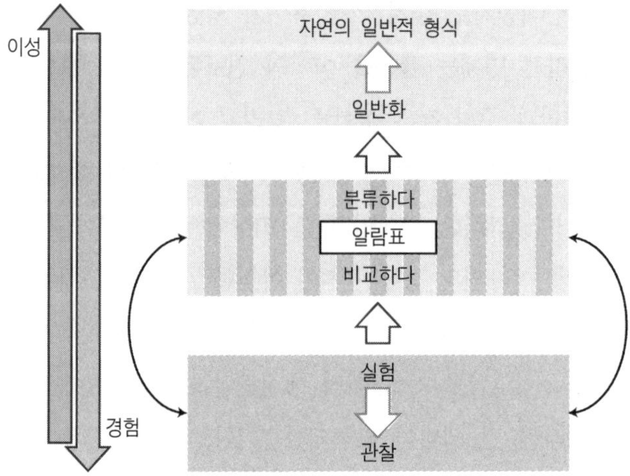

자연은 오로지 인간에게 복종함으로써만 자연도 인간을 복종시킬 수 있다는 생각 때문이었습니다. 그래서 우리는 자연을 알기 위하여 먼저 자연에 복종해야 합니다. 이것은 베이컨이 우리에게 남겨 준 이제까지의 교훈이었습니다. 베이컨의 구호는 "자연 속에 어떠한 비밀도 남겨놓지 말라. 자연의 비밀을 하나하나 모두 확인하고도 그리스도의 구원을 이루자." 즉 이것은 그의 "아는 것이 힘이다"라는 명제였습니다.

베이컨에 의하면, 인간은 자연으로부터 신을 추방하고 오로지 자연을 지배하기 위한 방법론적인 탐색에 열중해 왔다고 보았습니다. 이제까지 인간은 자신의 인지력認知力을 갖고 처음에는 자연을 체계적이며 철저하게 이해하는 방법을 배웠습니다. 그리고 그 결과를 갖고 마치 사자의 동굴에 들어가 그 수염을 가지고 놀거나 자기에게는 어떤 해로움도 없이 사자의 꼬리를 흔드는 조련사와 같이 모든 방면에서 자연을 조정하고 이용할 수 있는 방법을 터득하게 되었습니다. 인간은 자연에 대한 지배의 방법을 터득하여 인간의 삶을 완성하기 위해 언제나 열망해 왔습니다. 또한 기술의 진보와 더불어 지속적인 삶의 완성을 지향하는 능력을 갖고자 과거와 현재에도 지속적으로 증명하고자 노력하는 것이 인간의 신념이었습니다. 즉 삶에 유용한 모든 기술이 인간 활동의 원동력이 되었습니다. 인간에게서 지식은 단순한 도구에 불과했습니다. 예컨대 라디오는 한 단계씩 승격된 인쇄기이며, 급강하 폭격기는 더 효율적인 대포이며, 무선 조정 장치는 보다 믿을 만한 나침반일 뿐이었습니다. 인간이 자연으로부터 배우고 싶어 하는 것은 자연을 완전히 지배하기 위해 자연을 이용하는 방법입니다. 오직 그것만이 유일한 목적입니다. 베이컨은 「학문의 진보」나 『신기관新機關』에서 '자연의 경이에서 기술의 경이'로의 이행을 근거로 하는 진보의 선행조건을 말하였습니다.

"인간은 자연에 봉사하는 것, 자연을 해명하는 것으로서 자연의 질서에 관해 실제로 관찰하고 정신에 의해 고찰한 것만을 행하고 이해합니다. 그 안의 것은 모르며 또한 행할 수도 없습니다. 인간이 할 수 있는 일은 자연물을 결부시키고 분리해 내는 것뿐이며 그 밖의 일은 자연이 그 내부에서 진행시키는 것입니다."

여기서 인간의 자연 지배는 인간이 자연을 향해서 어떤 것을 실행할 때 가능한 것이 아니라 인간이 무엇인가 자연에 관해 바라는 것을 정확한 지식에 의해서 가능하게 얻을 수 있다는 생각입니다. 중요한 사실은 인간이 지금까지 지식을 인식론적 차원으로만 다루지 않고 실제적으로 일상적 생활에서 활용 가능한 기술의 결합을 생각해 왔다는 점입니다.

종종 베이컨은 기술주의시대를 살았던 최초의 인물이라고 말합니다. 사람들이 그를 뒤따르는 데는 많은 시간이 필요하였습니다. 베이컨에게 있어서 인간사회의 유용성을 위해 자연을 지배할 목적으로 얻는 지식은 이미 과학기술의 진보를 의미하는 것이었습니다. 서양의 고·중세시대에 있어서 진보의 사상은 낯선 것이었거나 종교적 구원의 차원에서 행해졌습니다. 베이컨에게서 과학은 학문의 유용성과 인간사회의 진보를 자신의 신념으로 파악하였습니다. 우리가 근대과학의 선구자인 베이컨이 이미 기술에 대한 새로운 견해를 지지했다는 사실을 기억하는 것은 중요합니다. 왜냐하면 인간이 지상의 자연뿐만 아니라 천상의 자연과도 경쟁할 수 있음을 보여주었기 때문에 그의 이러한 발견은 곧 새로운 창조요, 신의 작업을 모방하는 것이었습니다. 베이컨은 인간이 사물을 지배하는 것은 전적으로 기술과 과학에 의존하는 것이라 주장하였습니다.

신아틀란티스에서의 유토피아 건설

종종 베이컨은 자신의 마지막 저서인 『신아틀란티스Neu-Atlantis』(1624)에서 유토피아의 계시를 받은 사람들이 즐겨 만들어 내는 그곳에 자신의 꿈을 펼치기를 원했습니다. 그는 자연에 대한 탐구를 위한 학문의 이상적인 조직화의 모델을 "솔로몬의 집Haus Solomon"으로 표현하였습니다. 베이컨은 콜럼버스가 새 대륙을 발견하는 길을 열었듯이, 과학자들이 실험을 통한 새로운 지식의 가능성의 길을 열겠다고 공공연히 말해 왔습니다. 지혜로운 이스라엘 왕의 이름을 딴 "솔로몬의 집"은 과학자들의 시설과 재정에 지원을 받아 인류의 복지에 이바지하도록 기획한 곳을 뜻합니다.

> "약 1천 9백년 전에 어떤 임금님이 이 섬을 다스렸습니다. 먼저 우리는 이분에 대한 기억을 소중하게 여깁니다. 그분의 이름은 솔로몬이고 우리는 이분을 입법자로서 존경하고 있습니다. 이분은 관대하셨고 나라와 국민의 행복만을 생각하셨습니다."

그의 유토피아utopia 국가인 "신아틀란티스"에서 "솔로몬의 집"은 정치

조직에 버금가는 중요한 의미를 지니고 있습니다. 베이컨이 말하는 "솔로몬의 집"은 과학기술의 사회화를 통해 인류의 상태를 훨씬 더 개선할 수 있다는 신념이 깃들여져 있습니다. 아틀란티스 섬에 세워진 "솔로몬의 집"에는 모든 과학 분야가 체계적으로 조직되어 있습니다. 이곳에서 그는 정치적 지배가 없고 개별적인 과학자가 자유롭게 공공의 복지를 위해 연구하는 새로운 모델을 세우고자 하였습니다. "솔로몬의 집"은 과학자들의 학문분야가 아니라 사회적인 유용성에 따라 기후실험실 · 양봉실험실 · 과학실험실 등 적용영역에 맞게 설치된 많은 실험 연구실을 갖고 있습니다. 더 나아가 이 집은 지진이나 홍수 · 가뭄 등 기상이변을 예측하고 식물의 성장과 촉진, 동물의 성장변화, 잡종의 생산, 새로운 예술의 금속품, 공중위생 등에 기여하기도 하였습니다. 유토피아적 환상의 섬인 아틀란티스에 세워진 "솔로몬의 집"은 과학과 기술의 진보에 의해 인간의 자연에 대한 지배를 확충하기 위해 베이컨의 낙원에 대한 보편적인 믿음과 목적을 잘 대변하였습니다. 즉 "원인을 알지 못하면 그 작용과 결과를 알 수 없기 때문에 인간이 무엇을 안다는 것과 무엇을 할 수 있다는 것은 동일한 의미입니다. 자연을 복종시킬 수 있을 때 비로소 인간은 자연을 지배할 수 있습니다." 인간에 의해 부여된 자연과학적인 인식의 틀에 따라 해석된 자연법칙은 바로 인간이 자연을 지배할 수 있다는 힘의 우월성을 뜻하는 것이었습니다. 이러한 관점에서 베이컨은 확실히 과학과 기술의 진보로 인해 사회관계와 자연법칙의 인과 관계를 진보시킬 수 있다는 희망을 품고 있었습니다. 베이컨의 신과학 프로그램은 과학을 사회화하고 과학의 유용성이라는 관점에서 수행되었지만, 그의 이런 기대와 희망은 충분히 충족되지는 못하였습니다.

베이컨은 과학적 지식의 힘을 인간들이 자연을 지배하는 데 이용할 수 있는 가장 손쉬운 수단 내지 도구로 생각하였습니다. 이러한 과학은 인간과 자연을 조절할 수 있는 열쇠입니다. 단적으로 말해서 베이컨에게서 과학의 진정한 목표는 다양한 발견과 발명을 통해서 인간의 삶 자체를 풍요롭고 윤택하게 하자는 데 있었습니다. 우리가 실제로 자연 위에 군림하려는 베이컨의 "유토피아의 설계"가 전 지구적인 차원에서 실현된 오늘날, 인간의 자연에 대한 정복은 인간의 힘에 의해 추진되었습니다. 그것은 인간의 자연 지배였습니다. 따라서 베이컨에게서 자연의 힘과 물체들은 단지 인간의 계획에 따라 좌지우지된다는 견해입니다. 그는 인간이 설계한 것을 이루기 위해서 자연을 단지 이용하면 그뿐이라고 말합니다. 아무튼 그에게서 인간이 자연을 지배한다는 것에 대한 강조와 인간이 자연을 공손하게 뒤따라야 한다는 주장사이에는 현실적으로 모순되지 않습니다. 왜냐하면 "인간이 자연을 복종하지 않고서는 자연을 다스릴 수 없기 때문입니다. 그러나 자연에 대한 인간의 간섭이 성공적이기 위해서는 인간이 자연의 근본법칙과 부합되어야 합니다. 이런 점에서 인간의 지식과 능력, 이 두 가지는 실제적으로 하나로 만납니다. 그리고 만남이 실패하는 것은 그 원인들에 대한 무지에서 초래되는 것입니다."

사람들이 자연 속에서 무엇인가 배우기를 원한다면, 어떻게 자연을 이용할 수 있는가를 밝혀내야 합니다. 베이컨의 "유토피아의 설계"는 자연에 대한 힘으로서의 지식과 물질적 풍요를 향상시키고자 하였습니다. 그리고 그는 자연에 대한 인간의 지배가 성공하는지의 여부에만 관심을 집중시켰습니다. "베이컨의 설계"라고 했던 태도, 즉 "지식의 목표를 자연 지배에 두고 자연의 지배를 인간의 운명을 개선하기 위한 것이었습니다. 결국 베이컨의 "유토피아적 설계"라는 것은 인간이 자연에 대해 보다 좋은 관계를 얻으려는 것을 의미합니다.

베이컨의 "아는 것이 힘이다"라는 명제는 스스로 자신의 지휘 아래 승리의 최고점에서 자신의 부족함과 자아모순을 동시에 드러내 버렸습니다. 베이컨의 이러한 명제는 생태계의 위기 관점에서 볼 때, 자기 자신에 대한 통제력을 잃어버렸으며 인간 자신으로서나 자연을 인간으로부터 보호할 수 있는 능력을 상실하였음을 의미합니다. 자연과 인간은 바로 기술 진보의 과정에서 획득한 힘의 규모로 인해 대두하게 되었습니다. 베이컨적인 힘의 논리는 결국 과학기술 앞에서 인간을 무기력하게 만들었고 비인간적이고 반생명적인 문화를 창출하였습니다. 기술권력은 자연을 인식대상으로 설정하였고 인간행위의 규범적 체계로부터 분리하여 도덕과는 무관하게 되었습니다. 그래서 인간은 기술권력에 대한 통제력을 상실하게 될 심각한 위기상황에 놓여 있습니다.

우상idols론

베이컨이 쓴 비유 가운데 가장 유명한 이론 중의 하나는 마음의 우상을 논한 대목입니다. 우상idols이란 "자연 속에는 실재하지 않는, 인간이 만들어 놓고 그것에 존경을 표하는 공상물"로 규정합니다. 이는 실재하지 않는 것을 그대로 내버려 두면 사람들을 거짓에로 말려들게 하는 마음의 모든 경향을 일컫습니다. 베이컨은 인간의 생각과 태도가 얼마나 손쉽게 왜곡되고 제한될 수 있는지를 밝히려고 했습니다. 베이컨은 인간이 갖고 있는 그러한 우상 혹은 선입견을 다음과 같이 네 가지로 구분하였습니다.

첫째, 종족의 우상The idol of the tribe은 인류의 모든 종족에게 고유한 것으로서 사람을 오류로 이끄는 위험한 충동을 총체적으로 일컫는 말입니다. 즉 이는 인간의 감각기관이 사물의 척도인 것으로 착각할 때 생겨납니다. 이는 인간 본성에서 나오는 선입견으로서 희망사항을 실제 그렇다고 쉽게 믿어버리는 경향입니다. 말하자면 지성과 감각은 오직 인간적인 척도에 따라 현실을 파악합니다. 예컨대 단순함을 좋아하는 성질 때문에 사람들은 유성들의 궤도가 원형이라 자연스럽게 믿게 됩니다. 또한 사람들은 자기들이 목적을 추구하고 있다는 사실을 갖고 자연도 궁극적으로 목적을 추구하고 있다고 믿습니다.

둘째, 동굴의 우상The idol of the cave은 플라톤의 동굴의 비유와 유사합니다. 이는 어느 정도 각각의 개인의 특수성에서 오는 오류의 특별한 경향을 말합니다. 동굴의 우상은 개인에게서 비롯되며 개인의 성향, 교육, 배경, 습관, 취미 등에서 나오는 선입견입니다. 모든 사람은 자기의 고유한 동굴을 갖고 있습니다. 사람이란 갖자 자기가 속한 당파가 있으며, 읽는 책도 다르며 또한 취미도 마찬가지입니다. 따라서 각 개인은 자기 자신을 연구하여 주관적인 경향을 없애야 합니다.

셋째, 시장의 우상The idol of the market은 우리가 언어에 의해 기만당하기 쉬운 경향을 말합니다. 즉 이는 언어의 문제로서 모든 사람들에게 공통적인 현상으로 나타납니다. 말하자면 언어로부터 비롯된 왜곡들입니다. 언어가 사물의 앞에 위치하며 이 때문에 단순한 언어와 이름에 대한 논쟁이 발생합니다. 사람들은 시장에 가서 사고팔기만 하는 것이 아니라 이야기를 주고받고 잡담을 일삼기도 합니다. 예컨대 사람들은 운명의 여신을 실재하는 신으로 숭배하고, 제1질료니 부동의 원동자니 하는 것에 대해 공론空論의 체계를 세우기도 합니다.

넷째, 극장의 우상The idol of the Theater은 사람의 판단을 잘못되게 하고 편향적 인물로 만들어 갈 수 있는 철학적, 역사적 전통에 대한 충성을 말합니다. 특히 철학적 전통에서 비롯되는 선입견들입니다. 극장의 우상은 혼란스러운 증명을 찾아내고 단순히 인위적으로 지어낸 이론에 의해 전해 내려오는 오류입니다. 일반 사람들이 인정하는 체계들은 모두 무대 연극에 불과하며 사실과는 관계없이 연극으로 꾸며진 작가 자신들의 창작 세계에 해당한다는 것입니다. 예컨대 종교적 미신과 신학이 인간에

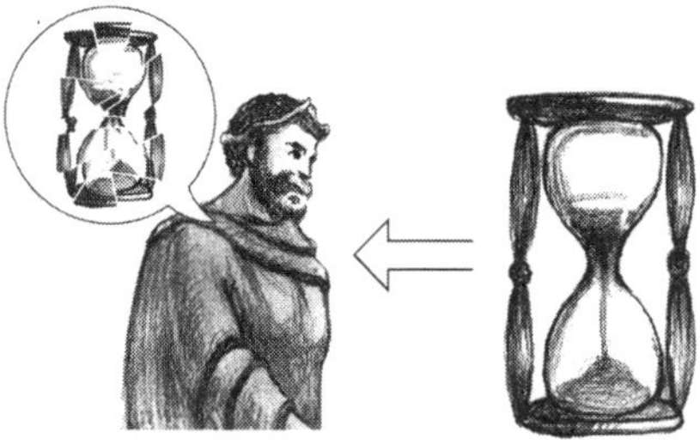

종족의 우상
인간 종족의 거짓상

동굴의 우상
개인의 편견

시장의 우상
언어의 편견

극장의 우상
철학 학파들의 편견

미치는 영향이 그러하며, 철학적 분파에서 나타난 경향도 이에 해당됩니다.

베이컨은 여기에 무지와 편견에 맞서 대항하는 계몽을 위한 전체적인 프로그램을 제시했습니다. 그 후 베이컨의 경험주의 사상은 18세기 계몽주의의 시대를 예고하는 전초전이었습니다.

02

존 로크John Locke, 1632~1704: 타블라 라사tabula rasa

존 로크

존 로크는 영국의 서머싯 지방에서 출생하였습니다. 로크의 아버지는 찰스 1세의 왕당파에 반대하는 의회주의자로서 서머싯 지방의 하급관리에 지나지 않았고, 가정 형편도 그다지 풍족하지 않았습니다. 그는 1646년 아버지 친구의 도움으로 명문 웨스트민스터학교에 입학할 수 있었고, 1652년에는 옥스퍼드의 크라이스트처치대학에 진학하였습니다. 그는 스콜라철학을 공부하는 것을 시간 낭비라 여겼고, 저명한 의사인 씨드넘T. Sydenham 등과 교분을 맺고 의학을 공부하였습니다. 그의 경험론 철학에 결정적인 영향을 미친 보일R. Boyle이나 후크 같은 저명한 과학자들과 정기적으로 만나 토론한 것도 이때였습니다. 그는 데카르트의 저서에서 많은 영향을 받았습니다. 1688년에는 왕립회원으로 선출되었으며, 로버트 보일의 「덕의 본성에 대한 연구」를 도와주기도 하였습니다. 노년에는 뉴턴의 친구가 되었으며, 의학박사 학위를 취득하였습니다. 1704년 로크는 다년간 친분을 맺어 온 커드워스 딸인 매셤 부인이 읽어주는 시편을 들으며 세상을 떠났습니다.

그의 주요 저서는 『관용론』(1689), 『통치론Two Theatises of Government(원제는 정부에 관한 두 논고)』(1689), 『인간 지성론An Essay concerning Human Understanding』(1689) 등으로서 사회적으로나 철학적으로 많은 영향을 끼쳤습니다.

경험주의의 인식론

로크의 주저 『인간 지성론』(1689)은 영국 철학을 지배하게 된 경험주의의 역사에서 가장 커다란 영향을 끼쳤습니다. 그는 이 저서에서 형이상학적인 논의를 하기에 앞서 관념에 의해 인간의 지식과 기원, 확실성, 범위 및 신념, 의견, 합의의 근거 및 정도를 탐구하였습니다. 그에 의하면, 관념의 기원은 모두 경험에 있는 것이기 때문에 데카르트나 라이프니츠의 본유관념innate idea을 인정하지 않았습니다. 즉 로크가 보기에 인간은 그러한 본유관념을 갖고 태어나지 않았습니다. 우리의 "모든 지식은 경험에 근거를 두고 있으며, 궁극적으로는 경험에서 지식을 도출해 낸다"고 주장함으로써 경험주의 노선을 표방하였습니다. 그리고 경험을

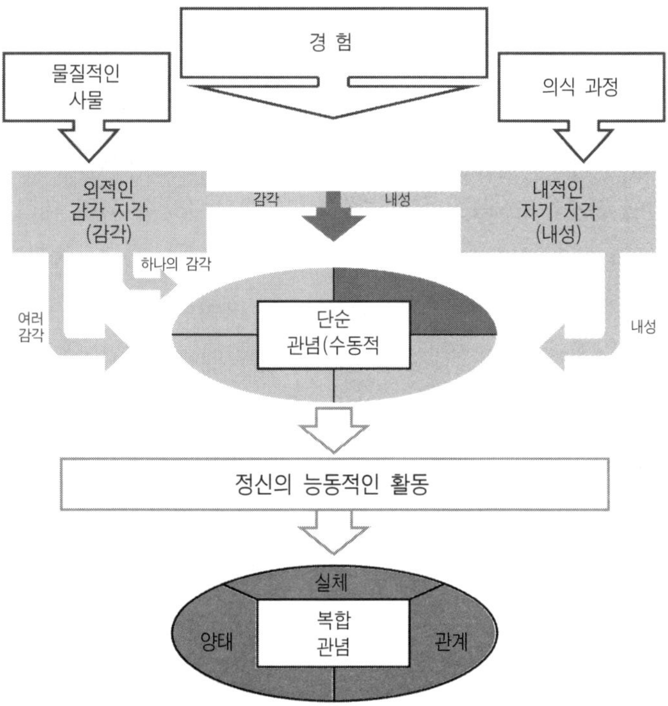

근거로 사유할 때 사유의 대상이 되는 모든 것을 관념이라 불렀으며 이 관념으로부터 지식을 설명해 나갔습니다. 따라서 로크는 지식을 구성하는 모든 관념은 감각적 경험에서 유래한다고 보았습니다. 감각적 경험은 이성에 의해 해명되어야 할 의심스러운 것이 아니라, 그 자체로 직접 지식을 전달하는 원천이라 보았습니다.

지식의 관념들은 우리가 경험하는 대상들에 의해서 생성되는 관념들에 국한된 것입니다. 인간의 마음은 경험을 쌓기 이전의 백지tabula rasa: 아무것도 쓰여 있지 않은 판와 같습니다. 때문에 로크는 인간의 마음을 글자 그대로 'White Paper하얀 백지'라는 단어에 비유했습니다. 그 하얀 백지에는 본유관념이 없다는 것입니다. 로크에 의하면, "내가 만나는 사람들 가운데 열에 아홉은 그들이 착하거나 사악하거나 또는 능력이 없거나 능력은 교육으로 채워진 것"이라고 말합니다. 인간의 정신은 백지에 어떤 그림이나 글씨를 써 넣은 것처럼, 경험에 의해 관념과 이성의 단편을 얻어 나갑니다. 우리의 마음은 본래 백지와 같은 것으로서 아무런 글자도 쓰여 있지 않으며, 아무런 관념도 존재하지 않으며 경험에 의해 비로소 거기에 글자가 쓰이는 것입니다. 로크에게서 관념은 외적 대상을 감각하거나 이것을 반복하고 비교함으로써 형성됩니다. 관념은 어떤 것이건 마음이 그 자체 안에서 지각하는 것, 곧 우리의 마음속에 있습니다.

또한 그는 성질이란 그 관념을 생기게 하는 대상이 지닌 힘이며 우리의 바깥에 있다고 보았습니다. 경험은 외적이며 동시에 내적인 사물의 사태에 관한 것입니다. 로크는 경험에는 감각과 반성 두 개의 원천이 있다고 주장합니다. 우리의 모든 관념들은 이 감각이나 반성 중 어느 하나로부터 나옵니다. 감각sensation은 감각의 대상인 외부의 물체가 우리의 감관을 촉발함으로써 생긴 지각이 감관을 통해 우리의 마음속에 들어온 것입니다. 우리가 갖고 있는 관념들 대부분의 출처는 감관에 의한 외부

세계의 경험을 말합니다. 감각은 자연적이고 근원적인 것으로서 일차적인 것입니다. 감각에 의해 우리가 갖게 되는 관념들은 노랑, 붉음, 뜨거움, 차가움, 부드러움, 딱딱함, 달콤함처럼 우리가 감각적 성질이라 부르는 모든 것에 대한 관념들입니다.

반성reflection은 우리 자신의 마음의 작용을 지각하는 것입니다. 반성은 우리 내부의 경험, 즉 지각, 사유, 회의, 믿음, 추리, 인식, 의지 및 외부 물체에 대한 우리의 감관에서 비롯되는 관념을 주는 정신의 제반활동을 말합니다. 반성은 외부의 사물에 의해 촉발되는 것이 아니라 감각에 의해 수반되는 것으로서 그 이후에 나타나는 2차적인 것입니다. 마음은 그 지각들의 발생을 조절할 수 없으며 받아들여진 지각들의 본성에 관해 일단 무지할 수밖에 없습니다.

제1성질과 제2성질

로크는 관념들을 낳게 해주는 대상들과 관념들과의 관계에 주목합니다. 제1성질과 제2성질의 구분은 근대 과학의 미립자설과 기계론적 세계관을 반영한 것으로서 갈릴레오, 가상디, 보일, 데카르트와 같은 학자들이 제시한 이론이었지만, 로크를 통해서 일반화되었습니다. 또한 그는 뉴턴과 갈릴레오의 물체의 실제적 성질들을 구분한 데서부터 인식론적 문제를 적용하였습니다. 뉴턴은 중력의 원인을 물체의 내부에서, 즉 물체가 가진 성질에서 찾아야 하는가 아니면 물체의 외부에서 발견해야 하는가에 대해 물었습니다. 뉴턴은 중력이 물체에 본질적이라는 것도 이해하기 어려웠고, 그 힘의 역학적 원인도 찾을 수 없다고 보았습니다.

로크에게 있어서 제1성질primary quality이란 실제로 지각과는 관계없이 대상 그 자체 속에 존재하는 성질을 일컫습니다. 즉 제1성질은 물체 자체가 가진 고유한 성질, 즉 모양, 크기, 무게 등을 지칭합니다. 이 성질들은 과학에서 다루어지는 것처럼, 측정 가능하고 수량화된 객관적 특성을 말합니다. 제1성질에 의해 생성된 관념들은 대상 속에 밀접하게 부속되어 있는 그 성질들인 닮음, 충전성, 연장, 형태, 고체성, 모양, 운동, 정지, 수 등 대상에 속하는 성질들 입니다. 예컨대 눈뭉치는 둥글게 보이며 실제로 둥글며, 구르는 것처럼 보이며 실제로 구릅니다.

제2성질secondary quality은 우리의 정신 속에 있는 대상과 전혀 일치하지 않는 관념을 생성(제1성질의 양태)하는 것을 지칭합니다. 즉 제2성질은 물체를 지각하는 주체에 존재하는 성질로서 색깔, 소리, 맛과 같은 감각적인 것들을 말합니다. 이들은 대상 그 자체의 성질이 아니라 감각경험에 나타난 주관적 성질들입니다. 예컨대 뜨거움과 차가움, 밝음과 어둠, 희고 검음, 달고 신 것, 색과 향기 등 감각적 성질이라 일컬어지는 모든 관념을 말합니다. 이러한 것 이외에도 물체에 속하지도 않거나 물체를 구성하고 있지 않는 것도 있습니다. 다시 말해 제2성질들은 대상을 이루고 있는 미립자들의 크기, 형상, 조직, 운동의 기능인 대상이 지니고 있는 힘들을 말합니다. 제1성질과 제2성질의 구분은 물질적 대상들로부터 발산되는 미립자들이 인간의 감각기관을 자극해서 신경체제에 반응을 일으킵니다. 그것은 궁극적으로 그 미립자들 자체와는 종류가 완전히 다른 하나의 실재물인 마음속에 있는 관념을 만들어 냅니다. 따라서 로크가 제1성질과 제2성질을 구분한 이유는 현상과 실재를 구분하고자 함이었습니다.

단순 관념과 복합 관념

로크는 관념을 단순 관념과 복합 관념으로 구분합니다.

단순 관념simple idea은 우리의 지식이 만들어지는 주요 출처, 즉 경험을 통해 생기는 관념을 말합니다. 무엇보다 단순 관념은 감관을 통해 정신에 의해 수동적으로 받아들여집니다. 즉, 이는 감관에서 비롯되며 감각과 반성에서 작용하는 관념입니다. 감각에 의한 것이든 반성에 의한 것이든 관념이 우리 마음에 직접적으로 주어질 때, 그것은 단순한 것입니다. 예컨대 뜨거움과 차가움, 밝음과 어둠, 희고 검음, 달고 신 것, 등 감각에서 오는 것들도 있고 지각, 사유, 의욕, 추리, 판단, 인식, 소신 등과 같은 반성에 의한 관념들도 있으며 쾌락과 고통, 힘, 존재, 단일성 등과 같이 감각과 반성의 혼합에 의한 관념들도 있습니다. 하지만 그 실례는 각양각색이고 일관성이 없다고 할 수 있습니다. 단순 관념은 본질적으로 복합적이지 않기 때문에 단지 단일한 현상uniform appearance이거나 마음속의 개념을 포함하며, 서로 다른 관념들로 구별될 수 없습니다. 마음에 일단 이런 종류의 단순 관념들이 쌓이게 되면, 지성은 거의 무한히 다양하게 이것들을 반복하고 비교하고 통일하는 힘으로써 새로운 힘을 합성해 냅니다. 이렇게 해서 복합 관념이 생겨납니다. 따라서 단순 관념은 경험에 의하여 마음속에 생기는 방식에 의해 나타납니다.

복합 관념complex idea은 수동적으로 이루진 것이 아니라 정신에 의해 단순 관념들의 복합체로 결합됩니다. 일단 우리의 마음이 이러한 단순 관념들을 갖고 나서야 복합 관념이 획득됩니다. 마음은 단순 관념을 받아들이는 데는 수동적이지만, 복합 관념의 형성에서는 능동적입니다. 복합 관념은 실체, 양태, 관계의 세 종류로 구성됩니다. 먼저 실체는 스스로 존재하는 개별자이거나 인간, 식물과 같은 종을 일컫습니다. 로크는 실체를 감각에 의한 것이든 반성에 의한 것이든 마음에 주어진 단순 관념들이 그 안에 존재하고, 그로부터 유래하는 어떤 기체substratum라 규정합니다. 양태란 복합적이라 할지라도 독립적으로 존재한다고 가정할 수 없고 실재의 부수물을 일컫습니다. 예컨대 삼각형, 피트, 마일, 시간, 분노, 질투, 자유, 뛰다, 걷다, 달리다, 구르다, 지속, 시간, 날, 해 등이 이에 속합니다. 관계란 독립적인 관계를 넘어서 다른 관념들과 어떠한 관계에 있는지 보는 것을 말합니다. 예컨대 원인과 결과, 동일성과 다양성, 시간과 공간의 관계, 성질과 정도의 관계, 생물학적 관계, 인간의 행위와 도덕적 판단의 기준과의 관계들이 그러합니다.

로크는 아무리 복잡해 보이는 지식도 단순 관념에서 비롯된 복합 관념에 지나지 않는다고 말합니다. 데카르트의 실체개념도 내적 성찰에서 나온 복합 관념입니다. 감각은 실체에 의해 비롯되었기 때문에 실체개념을 통해 감각을 설명하였습니다. 특정한 실체의 관념은 무엇인지 알 수 없는 어떤 것의 관념입니다. 즉 실체는 언제나 함께 생기게 하는 어떤 것의 관념을 말합니다. 예컨대 황색의 관념, 상당한 무게, 불속에서 타지 않고 녹는 성질, 영혼(정신적 실체), 물체(물질적 실체)들이 그러합니다.

지식의 등급과 범위

로크는 "지식이란 우리가 가진 관념들의 연결과 일치 또는 불일치와 대립에 관한 지각 이외에 아무것도 아닌 것"이라 강조합니다. 즉 관념의 일치와 불일치 속에 지식이 있으며, 지식이 없는 곳에 속견이 있다는 것입니다. 따라서 로크는 인식론적 관점에서 다음과 같이 지식의 등급을 분류합니다.

직각적 지식intuitive knowledge이란 직접 아무런 의심도 남겨 놓지 않고 불완전한 인간이 할 수 있는 가장 분명하고 확실한 것입니다. 이는 자신의 존재나 내부적 절대 확실성은 경험에 의해 생겨납니다. 예컨대 6은 8이 아니라는 것, 햇빛은 검정색이 아니라는 것, 이는 관념들 상호 간의 불일치를 지각하는 것입니다.

논증적 지식demonstrative은 우리의 정신이 전혀 다른 관념들에 관심을 가짐으로써 관념들 간의 일치와 불일치를 발견하려고 노력할 때 생겨납니다. 즉, 논증적 지식은 정신을 존재하는 실재의 한 형태에 대한 지식으로 이끌어 주는 지각의 한 방식입니다. 예를 들어 삼각형의 내각의 합은 그 직각과 같다가 그러합니다. 비실재는 어떤 실재론적인 존재를 낳을 수 없습니다. 이는 경험으로부터 출발합니다.

감각적 지식sensitive은 엄격한 의미로는 지식이 아닙니다. 다만 지식이라는 명칭 아래 통용될 뿐입니다. 감각적 지식은 확실성을 주지 못하며 더 이상 연장되지도 않습니다. 있는 그대로의 사물을 감각하고 있는 것이지 "실체"를 감각하는 것은 더더욱 아닙니다. 따라서 감각적 지식은 감각에 의해서 사물들의 실재적인 연관관계를 인식하지 못합니다.

로크의 시민정부론

로크는 『통치론』에서 법이 부과한 권력의 한계를 준수하는 정치제도를 수립할 수 있는 길을 열어 놓았던 명예혁명의 완성에 기여함으로써 자유주의 사상사에 가장 중요한 유산을 남겨 놓았습니다. 그는 이 저서에서 인간이 자연의 상태에서 도덕법을 인지하여 재산의 보호에 그 목적을 부여했습니다. 무엇보다 그는 정치적인 사회는 만인의 동의에 의거해야 한다고 말합니다. 그래서 그는 토마스 홉스의 절대군주제를 시민정부와는 다른 것으로 생각하였습니다. 또한 그는 통치권은 절대적인 힘이 있어야 하지만, 다수의 국민을 위해서 입법부의 관할을 옮겨 놓아야 한다고 주장합니다. 이런 점에서 그는 권력 분리의 중요성을 강조합니다. 말하자면 행정부는 법 아래에 있어야 하며, 행정부의 권력은 위탁되었고, 단지 선택된 권력에 불과하다는 것입니다. 모름지기 행정부를 제거하고 교체해야 할 최고의 권력은 국민들에게 있어야 합니다.

그는 근대 자본주의 발전에 기여한 제3신분의 입장에서 자연권을 자연 상태에서 인간이 마땅히 가져야 할 권리라 주장합니다. 사실상 자연권은 초기 자본주의 사회를 주도했던 신흥 부르주아의 정치적 입장을 축약한 이데올로기였습니다. 그는 인간의 본성은 자연 상태(제1의 자연 상태)에서 자연권의 보장에 의해 자유롭고 평등한 상태에 있다는 것을 전제합니다. 그리고 인간 본성을 노동과 그것의 성과를 소유권으로 귀결시켰습니다. 그는 이 소유권을 확보하기 위해서는 먼저 동의 계약에 의한 협동체의 확립과 신탁에 의한 공동 사회를 형성하고 더 나아가 저항권을 갖고 있어야 한다고 주장하였습니다. 로크가 말하는 자연 상태란 완전히 자유로운 상태를 뜻합니다. "거기에서는 자연법의 범위 내에서 자신이 적당하다고 믿는 바에 따라 자신의 행동을 규율하고, 그 재산과 신체를 처리할 수 있고, 타인의 허가나 의지에도 의존하지 않습니다." 그리고 평등의 상태란 "일체의 권력과 권한은 상호적이며 누구도 타인 이상의 권한을 갖지 않는 것"을 뜻하였습니다. 예컨대 피조물은 태어나면서 무차별하게 모두가 동등한 자연의 이익을 향유하고 동등한 능력을 이용할 수 있습니다.

로크는 제2단계의 자연 상태가 있어야 한다고 말합니다. 앞에서 언급하였듯이, 제1의 자연 상태란 자유롭고 평등한 인간들의 질서를 일컫습니다. 여기서 자유롭고 평등한 인간들의 자연 상태라는 가정은 명백하게 절대왕정과 대립시키기 위한 것은 아니었습니다. 제2의 자연 상태란 화폐제도의 발명과 사회형성 이전 단계인 자연 상태에서의 역사적 사건임을 전제합니다. 즉 제2의 자연상태는 자본주의 발전의 전제인 자본축적을 가능하게 하는 자연법적 제한을 철폐하는 제2단계의 목적에 있었습니다. 따라서 로크의 자연 상태란 이성의 법칙인 자연법에 따라 생활하는 상태로서 인간은 모두 독립적으로 존재이기에 평등하며 일정한 인권자연권을 부여받아야 한다는 것입니다.

그가 생각하는 인간의 권리 구조는 다음과 같습니다. 첫째, 자연 상태에서 개인은 자연권을 가지며, 둘째, 국가를 창설함으로써 자연인이 사회인이 되고 사회권, 즉 참정권을 가집니다. 그래서 권리의 구조는 개인으로서 갖고 있는 전 국가적인 자연권, 공민으로서 국가에 대해 갖는 참정권입니다. 셋째, 주권재민의 입장에서 저항권을 가집니다. 로크는 명예혁명의 이론적 정당성을 밝히기 위해 왕권신수설을 부정하였고, 사회계약에 어긋난 정부에 대해서는 저항권을 주장하였습니다.

궁극적으로 로크는 생명Life · 자유Liberty · 재산권Property을 통칭하여 자산Property이라 부르고, 국가는 개인의 자산을 함부로 빼앗거나 양도할 수 없다고 주장하였습니다. 즉 그는 자신을 국가에 양도하는 사회계약은 성립할 수 없고 국가 권력은 자유권의 본질적인 내용을 침해할 수 없다고 강조하였습니다.

시민 정부론의 의의

첫째, 로크의 시민 정부론은 근대 시민사회의 출현에 큰 영향을 끼쳤습니다. 그의 시민정부론은 봉건제도를 타도하는 데 근대 시민혁명의 이론적 기초를 마련하였으며 근대적인 인권보장을 정당화하기 위한 초석을 다져 놓았습니다. 그리고 그는 국가권력의 존재 이유를 생명 · 자유 · 재산에서 찾았으며 그 권리를 침해할 경우 정부에 시민들의 저항권을 부여해야 한다는 주장은 근대 인권보장의 이론에 크게 기여하였습니다.

둘째, 로크의 시민 정부론은 1776년 버지니아 인권선언의 선구가 되었으며, 1789년 프랑스 혁명과 유럽 각국의 헌법에 인권조항이 명시되는 데 초석을 다졌습니다. 그리고 그의 시민정부론은 민주주의의 투쟁을 강력하게 촉발시키면서 시민들의 불평등 문제를 노동자 계급의 사회권 투쟁으로 발전시켰습니다.

셋째, 로크의 시민 정부론은 소유권 중심의 인권론에 기초하여 소유자를 주축으로 한 국가참여, 즉 제한선거를 인정하지 않을 수 없어서 참정권의 범위를 한정시켰습니다. 향후 그의 소유권 이론은 시민들의 소유권의 축적에 대해 불평등의 갈등을 촉발하는 계기가 되었습니다. 따라서 그의 시민정부론은 노동을 팔아 생존이 가능한 노동자 계층의 역사의식을 각성시켰으며 민주주의의 투쟁을 불러 일으켰습니다. 그리고 민주주의의 투쟁의 결과는 인권의 폭을 점차 확대시켰습니다.

03

조지 버클리George Berkley, 1685~1753: 존재는 피지각이다

조지 버클리

버클리는 영국의 남부 킬케니군에서 태어났습니다. 그는 1700년 더블린에 있는 트리티니대학에 입학한 후에 학생, 연구원 등으로 20여 년을 보냈습니다. 1709년 성공회에 성직자로 들어가 1724년 남부 애란에 소재한 런던데리의 주사가 되었고, 1734년에는 클로인의 감독이 되었습니다. 18년간 클로인에서 성직생활을 하다가 옥스퍼드에서 은퇴하였습니다. 그는 20대 중반에 그의 저작들 가운데 가장 영향력 있는 것으로 평가받는 세 권의 저서를 출간했습니다. 『신시각론An Essay Towards a New Theory of Vision』(1709), 『인간지식의 원리론A Treatise Concerning the Princioles of Human Knowledge』(1710, 1734), 『하일리스와 필로누스 사이의 세 대화Three Dialogues Between Hylas and Philonous』(1713)가 그것입니다.

주관적 관념론: 존재는 피지각이다

영국 대성당의 주교였던 버클리는 『인간지식의 원리론』에서 물질의 존재를 부인否認하였습니다. 버클리는 데카르트와 로크가 사용한 관념이라는 개념을 그대로 이어받아 '지각한다'는 것을, '관념을 갖는다'는 것과 동일시하였습니다. 하지만 데카르트와 로크가 관념을 지각된 대상과 지각하는 행위 모두에 무분별하게 사용하는 것과 다르게, 그는 관념의 의미를 지각된 대상을 가리키는 데 한정합니다. 버클리는 우리가 지각하는 관념을 전적으로 수동적인 것으로 보고 관념을 감각과 동의어로 사용하였습니다.

그의 실재론은 로크의 표상적 실재론이 지닌 난점을 지적하고 우리가 직접 지각하는 것들이 실재적인 것들이라 생각하는 데서 출발합니다. 그는 지각되는 것과 실재로 존재하는 것을 구별하는 미립자들의 주장에 반대하고 지각되는 것, 곧 관념의 존재만을 인정합니다. 그에게 있어서 관념은 더 이상 외부 대상 세계의 표상으로서 매개물이 아닌 감각적 사물자체입니다. 즉 물질적인 대상은 오직 지각을 통해서만 존재한다는 것입니다. 그래서 그는 "존재는 곧 피지각이다To be is to be perceived: esse est percipi."라는 유명한 명구를 남겼습니다. 우리가 직접 지각하는 것들은 실재하는 것입니다. 버클리에 의하면, 우리가 지각하고 인식하는 것들은 그것이 외적 지각이든 내적 지각이든지 간에 혹은 제1성질이든 제2성질이든지 간에 단순 관념이든 복합 관념이든지 모두 지각하는 정신 속에서만 존재하며 우리들 밖에 존재하는 것은 결코 아니라고 말합니다. 그래서 사물의 존재는 우리들에게 지각됨으로써만 성립합니다. 따라서 존재=피지각esse est percipi이라는 명제가 성립합니다. 존재가 지각되어지는 것이라면 지각하는 자가 있어야 합니다. 버클리는 그것을 정신이라 하였습니다. 직접 지각된 것들은 관념이고 관념들은 오직 마음속에서만 존재합니다. 따라서 모든 실재는 정신적mental인 것임을 입증하는 것입니다. 우리가 사물을 지각하는 것이 아니라 성질을 지각하는 것입니다. 그 성질은 지각하는 사람과 상대적일 뿐입니다.

버클리의 관념론에서 직접 지각된 것들은 오직 마음속에서만 존재하는 관념이라는 생각입니다. 관념들은 정신을 떠나서는 더 이상 생각할 수 없습니다. 이런 그의 사유를 주관적 관념론이라 불렀으며, 그는 로크의 제2성질만을 인정하였습니다. 로크가 물체 그 자체에 속하는 성질이라 보는 연장·고체성·형태와 같은 것도 사실은 제2성질과 크게 다르지 않습니다. 버클리 의하면, 내가 정말로 모든 성질을 제거해 버린다면 연장도 남지 않을 것이며 전혀 아무런 성질도 거기에 남을 것이 없다는 것입니다. 물체라는 실체는 아무런 성질도 갖지 못하며 결국 무로 돌아갈 수밖에 없습니다. 그 대신에 물체 자체에 속하는 것으로 믿었던 다양한 성질이 모두 나의 주관적 관념으로 되돌아갑니다. 그렇게 하여 정신적 실체인 나와 나의 관념의 내용만이 남습니다. 버클리는 로크의 '무엇인지 알 수 없는 어떤 것'으로서 물질적 실체는 사실상 존재하지 않는다고 주장합니다. 우선 그는 물질적 실체의 이론적 근거인 제1성질과 제2성질의 구분은 그 근거가 뚜렷하지 못하다고 비판합니다. 하나의 감각기관에 의해 얻어지는 색깔, 맛을 주관적인 것으로, 연장이나 고체성처럼 둘 이상의 감각기관을 통해서 얻어지는 물질적 실체에 속하는 것을 실재적인 것으로 여겨야 할 아무런 이유가 없습니다. 예컨대 우리는 사물의 크기를 본다고 생각하지만, 실제로 우리는 크기를 볼 수 없습니다. 우리의 시각에 주어지는 것은 일정한 강도를 지닌 색깔의 감각뿐이기 때문입니다. 우리가 크기를 지각하는 것은 색깔의 감각과 촉각에 의한 감각들의 결합에 의한 것입니다.

물체적 존재가 있다는 것은 지각된다는 것을 의미합니다. 감각이 지각되는 대상은 오직 정신들이 그것을 지각할 때에만 비로소 지각된다는 것을 뜻합니다. 인간의 인식 대상은 모두 관념입니다. 각자는 지각하며, 인식하며, 의욕하며, 관념들 주변에서 활동하는 능동적 이성으로서 자기 자신에 대한 직접적인 지식을 갖습니다. 궁극적으로 버클리는 정신과 그의 관념만이 존재한다고 믿었습니다. 따라서 모든 실재는 정신적인 것이고 그 밖에 독립적으로 존재하는 외계는 별개로 있을 수 없다는 것입니다.

유신론有神論

유신론은 버클리 철학의 핵심사상이라 할 수 있습니다. 그는 신의 존재에 대해 강력히 주장하였습니다. 그는 물리적 대상의 존재는 부인하였지만, 실체로서의 물체를 부인하지는 않았습니다. 오히려 그는 존재하는 것은 정신에 의해 지각된 것이라 말합니다. 모든 존재는 정신, 즉 무한정신인 신infinite sprite에 의해 가능하게 됩니다. 따라서 버클리는 모든 존재는 무한정신인 신에 의해 야기된다고 주장하였습니다. 그래서 우리의 감각경험의 원인은 물리적인 대상에서가 아니라 신에 의해서라는 것입니다.

신의 정신은 세계의 웅대한 조직을 구성하는 수많은 관념들의 존재를 유지하고 있습니다. 이 광대한 자연세계는 유한한 정신들이 그들의 관념

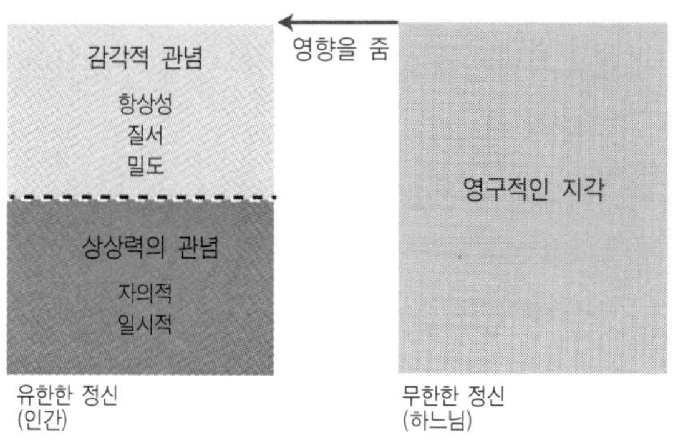

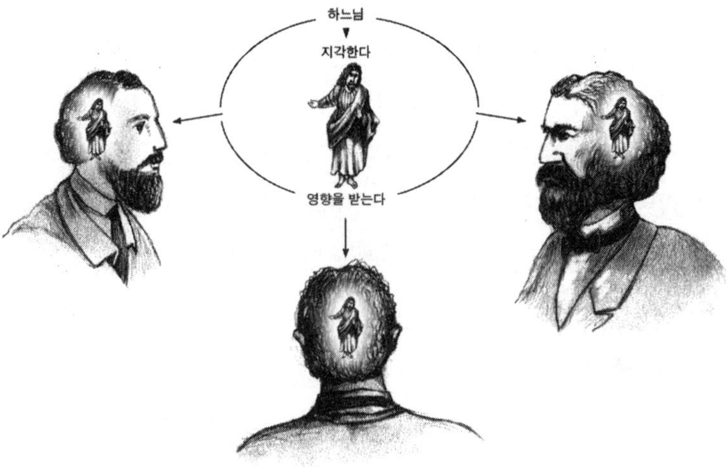

으로서 품지 않을 때에도 계속하여 존재합니다. 모든 사물이 사유하는 나의 정신 속에서만 존재한다면 낮에 내가 실제로 보는 태양과 밤에 꿈속에서 보는 태양은 어떻게 다를까요? 그의 대답은 의외로 간단합니다. 현실적인 태양은 모든 사람의 정신에 꼭 같이 지각되지만 꿈속에 나타난 태양은 나 한 사람의 정신 속에서만 존재한다는 것입니다. 그러면 태양이 모든 사람의 정신 속에 똑같이 지각되고 또 태양이 지속적으로 존재하는 까닭은 무엇입니까? 그것은 신으로부터 모든 정신이 주어졌기 때문입니다. 신은 공평하며 불변적인 존재이기 때문에 모든 정신에 언제나 똑같은 방법으로 관념을 부여합니다. 따라서 나의 지각이 없어지더라도 태양은 여전히 존재합니다.

누군가가 버클리에게 물었습니다.

> "당신 부인은 지금 안 보이는데(지각되지 않는데), 그럼 존재하지 않는 건가요? 멀쩡한 마누라를 죽었다고 할 수야 있겠습니까?"

생각 끝에 버클리는 대답했습니다.

"전능하신 하나님께서 지각해 주시기 때문에 우리 집사람은 존재하고 있다오."

04

데이비드 흄David Hume, 1711~1776: 회의懷疑주의

데이비드 흄

흄은 스코틀랜드의 수도 에딘버러에서 소지주의 막내 아들로 태어났습니다. 부모가 모두 훌륭한 가문 출신이었는데, 아버지는 흄이 두 살도 채 못 되었을 때 사망하였습니다. 그때부터 그의 모친이 세 아이들을 홀로 맡아 키웠습니다. 21살에 흄은 에딘버러 대학에 입학하여 그리스어, 논리학, 형이상학, 뉴턴의 자연철학을 배웠습니다. 흄은 1725년 학위를 취득하지 않은 채 학교를 떠났으며, 이후 수년 간 집에서 공부하였습니다. 이 시기에 흄은 성공적인 문필가가 되려는 야심을 품게 됩니다. 그는 '나의 문학상의 체질을 향상시키는 것 이외에는 모든 목적을 보잘것 없는 것'이라고 생각할 만큼 고집이 센 사람이었습니다. 그는 1745년 에딘버러 대학의 윤리 및 종교 관련 철학 교수직을 제안 받지만 그를 무신론자와 회의론자로 규정한 반대세력에 의해 좌절됩니다. 그 후로 그는 개인교사와 장군의 비서관으로 일하며 경제적 자립을 준비합니다. 흄은 1767년부터 1769년까지 런던 동부에서 내부차관으로 지내다가 자신의 고향인 에딘버러에서 은퇴하였습니다. 그는 『인간 본성에 관한 연구

Treatise of Human Nature』(1739), 이를 개작하여 『인간오성론An Enquiry Concerning Human Understanding』이라는 제목으로 바꾸었습니다. 또한 『도덕과 정치론 Essays Moral and Political』(1742), 『도덕의 원리An Enquiry Concerning the Principles of Morals』(1751), 『정치강론Political Discoursea』(1752), 『자연종교에 대한 대화Dialogues Concerning Natural Religion』(1799) 등의 저서들이 있습니다.

흄은 로크가 세워 놓은 경험주의 철학을 회의론이라는 막다른 골목길로 몰고 갔습니다. 그는 영국경험론의 마지막 주자로도 일컫습니다. 흄이 재평가된 것은 20세기에 들어 와서입니다. 최근에는 그를 회의주의자로 평가하기보다는 자연과학주의자로 여기기도 합니다. 즉 그는 회의론자이면서 자연과학주의자였습니다.

인식론

흄의 인식론은 그의 주저인 『인간 본성에 관한 연구Treatise of Human Nature』(1739)를 통해 전개하였습니다. 이는 문자 그대로 풀어보면, 인간 속에 드러난 '자연'을 관찰하는 연구가 됩니다. 그것은 인간의 과학을 뜻하기도 합니다.

먼저 흄은 주관주의에서의 실재론으로 나아갔습니다. 흄은 인간의 마음은 백지와 같다는 로크의 성찰을 수용하였습니다. 그래서 로크와 유사하게 인간정신의 모든 경험을 인상과 관념으로 구분하였습니다. 그는 인상과 관념 중에는 인상이 더 근원적이라고 말합니다. 인상impression은 보통보다 뚜렷하고 생생하며vivid 분명한 지각, 즉 직접적인 것을 말합니다. 다시 말해 어떤 하나의 외적 또는 내적인 지각에 의해 현실적으로 주어지는 것은 인상입니다. 인상은 원초적이며 사물을 보고 생긴 것입니다. 인상은 우리가 무엇을 보고 느끼고 사랑하고 미워하고 욕구하고 또는 의지할 때 갖게 되는 경험입니다. 즉 인상은 마음에서 주는 것이기에 더 신뢰할 수 있습니다.

반면에 관념idea은 마음이 만든 인상의 사본 내지 복사물입니다. 관념은 인상보다 덜 생생한 지각을 말합니다. 이미 한번 거쳐서 만들어진 것, 인상보다 엷은 흔적 또는 기억에 지나지 않는 것을 의미합니다. 인상이 기억 및 상상에 의해 가져다주는 것은 관념입니다. 즉 관념은 우리가 경험을 회상하거나 상상력을 가동할 때 그 대상이 되는 것을 말합니다. 관념은 인상의 모사로서 언제나 그 의미와 타당성을 인상으로부터 얻습니다. 관념은 공상적인 것일 수도 있고 그것이 모사하는 인상을 발견했을 때 신뢰할 수 있습니다. 우리는 인상들에 대해 반성할 때, 그것들에 대한 관념을 갖습니다. 따라서 관념은 인상의 기억이나 결합으로 만들어진 것입니다. 예를 들어 고통을 느끼는 것은 하나의 인상이며 이 감각에 대한 기억은 하나의 관념입니다. 인상 없이는 관념이 있을 수 없습니다. 사과가 지금 앞에 없지만 예전에 본 사과를 떠올리거나 사과밭이라는 말을 만든다면 관념인 것입니다. 인상과 관념의 차이는 어떤 사고로 눈을 잃은 장님을 생각하면 손쉽게 이해할 수 있습니다. 선천적인 장님은 사과란 말을 들어도 아무것도 떠올리지 못하기 때문에 그는 인상도 관념도 갖지 못합니다. 그러나 사고로 눈을 잃은 장님은 사과란 말을 듣고 빨간 색의 먹음직스러운 과일을 떠 올릴 수 있습니다. 그는 인상은 갖지 못해도 관념은 가질 수 있습니다. 로크가 관념을 그 기원에 따라 분류한 것에 대해 흄은 그 강도의 여부에 따라 인상과 관념을 구별합니다. 관념의 확실성은 그것의 인상과의 일치되는 정도에 따라 다르다고 할 수 있습니다. 결국 흄이 인상과 관념에 관한 탐구를 통해 당도한 결론은 모든 관념은 그에 앞선 인상에서 온다는 것입니다. 흄은 인상이 지식의 근원이기는 하지만, 인상의 원인에 대해서는 알 수 없다고 말합니다. 여기에 흄의 회의론Scepticism의 근원이 되고 있습니다.

관념 연상의 법칙

흄에 의하면, 인과의 관념은 시·공간적인 근접성, 유사성의 연상, 원인과 결과의 필연적 결합의 관념으로 이루어집니다. 여기서 그는 필연적 결합이라는 관념의 근원이 무엇인지를 탐구하는 데 초점을 맞추고 있습니다. 관념들은 우연히 결합하는 것이 아니고 어떤 연합의 끈some bond of union에 의하여 연관됩니다. 이 연합의 끈에 의하여 한 관념이 다른 관념, 즉 지각의 다발, 감각의 꾸러미를 불러낸다는 것입니다. 흄은 이 방식을 관념 연상의 법칙laws of association of ideas이라 말합니다.

먼저 복합 인상이란 동시에 지각된 여러 인상들이 한데 모여 하나의 그룹을 이룬 것입니다. 예를 들어 파리시에 대한 어떤 인상 같은 것입니다. 복합 관념은 한 관념에서 그 밖의 다른 관념을 도입하려는 어떤 관련된 성질을 말합니다. 즉 어떤 결합의 끈이 있어야 합니다. 이 성질들은 유사성의 연상association by resemblance, 즉 유사한 관념끼리 서로 불러일으키는 연합입니다. 수학은 이 법칙에 의해 관념의 결합이 성립됩니다. 이 법칙은 보편타당한 법칙을 이끌어 내는 것을 말합니다. 우리가 그림을 보고 그것의 원본을, 흰색을 보고 눈을, 한국의 지도를 보고 토끼를 연상하는 것과 같습니다. 시·공간적인 근접성association by contiguity이란 시간과 공간이 서로 근접해 있는 것의 관념끼리 서로 불러일으키는 연합입니다. 예컨대 "비가 오면 땅이 젖는다"와 같은 명제는 같은 경험을 여러 번 되풀이하는 가운데서 '비가 온다'는 사실과 '땅이 젖는다'는 사실에서 오는 관념을 결합한 것입니다. 또한 바늘을 보고 실을, 잉크를 보고 펜을, 담배는 성냥을, 백두산은 천지를, 1960년은 4.19혁명을 연상하는 것이 그것입니다. 인과성cause and effect이란 원인과 결과의 관계에 있

다고 생각되는 관념들이 서로 불러일으키는 연합입니다. 이는 근접연합의 법칙과 같습니다. 예컨대 상처는 고통을, 구름은 비를, 죄는 벌을, 불은 따뜻함을, 노력은 성공을 연상하게 됩니다.

원인과 결과의 관계

흄은 원인과 결과의 관계에 대해 자세하게 분석하였습니다. 그에 의하면, 인과의 관념이 존재한다면 먼저 인상이 있어야 합니다. 하지만 원인과 결과의 인상으로부터 그것을 제대로 찾을 수가 없습니다. 관념들은 인상의 모사이기 때문에 흄은 어느 인상이 우리에게 인과율이 관념을 주는가?라고 묻습니다.

관념에 대응하는 인상은 없습니다. 우리가 대상들 간의 어떤 관계를 경험할 때 인과율의 관념이 생겨납니다. 원인과 결과란 A가 B의 원인임을 말합니다. 이러한 경험은 우리에게 세 가지 관계를 말해 주고 있습니다. 첫째, 근접의 관계에서 A와 B는 항상 근접해 있다. 둘째, 일정한 경험계기 A뒤에는 항상 B가 있다. 셋째, 시간의 선행성, 즉 원인은 결과를 선행한다. 그래서 A와 B에는 첫째, 둘째, 셋째에서 없는 대상들 간의 필연적인 관계를 내포합니다. 우리가 한 대상의 존재를 다른 사물로부터 추론할 수 있는 것은 경험에 의한 것입니다. 예컨대 우리는 금속에다 열을 가하면 그것이 팽창한다는 것을 알고 있을 때, 우리가 열을 아무리 분석하더라도 거기에서 팽창하고 있다는 결과는 나오지 않습니다. 원인과 결과의 관계에서 실제로 주어져 있는 것은 시간적 · 공간적인 접근이라든지 원인을 시간적으로 선행하는 것 이외에 아무것도 없습니다. 따라서 시공간적으로 근접해 있고, 계기繼起하는 것이 곧 인과관계라 할 수 없습니다. 흄은 인과율이 모든 종류의 지식에 중심을 차지하고 있다고 말합니다. 그러면 원인과 결과 사이에 필연성은 어디에서 연유하는 것일까요? 그 필연성은 원인과 결과라는 두 현상의 근접과 선행의 계기를 반복해서 경험한데서 생긴 습관habit에 불과한 것입니다. 인과율에 있는 필연성은 사실적인 것이 아니고 심리적인 것에 불과합니다. 즉 이는 심리적인 개연성이며 단지 확률에 불과합니다. 그러므로 인과의 법칙이란 단지 마음속의 습관에 기인하는 주관적 결합일 뿐이지 결코 객관적 사실의 필연적 결합을 의미하는 것은 아닙니다. 궁극적으로 흄은 원인과 결과 사이의 필연적 관계를 인정하지 않습니다. 따라서 흄에게 있어서 인과관계는 우리의 경험적 습관에 의해 내린 판단일 뿐이며, 그것이 계속 미래에도 인과관계가 유지될 수 있는지는 알 수 없기 때문입니다.

실체의 부인否認: 회의주의懷疑主義에 빠지다

흄은 버클리가 물체의 실체를 부정한 것에서 한 걸음 더 나아가 정신적 실체도 부정해 버립니다. 앞에서 살펴보았듯이, 그는 우리들의 의식 내용을 버클리처럼 관념이라 말하지 않고, 직접적인 생생한 것을 인상이라 부르며 인상의 직접적인 형성물을 관념이라 부르고 있습니다.

흄은 관념연합의 법칙을 물적인 대상에다 적용하였습니다. 우리들에게 현실적으로 주어진 것은 물체의 성질, 형상, 작용 같은 인상과 관념일 뿐이지 물체 자체는 아니라는 것입니다. 하지만 경험이 되풀이됨에 따라 관념연합의 법칙에 의해 마치 외계의 물체가 있는 것처럼 생각되는 것뿐입니다. 따라서 물체의 존재는 의심스럽다는 것입니다.

종종 우리는 자아가 일생을 통해 동일한 것이라 생각하곤 합니다. 흄은 이 관념도 마찬가지로 회의적인 결론에 도달합니다. 왜냐하면 우리는 자아의 관념에 상응하는 인상을 찾을 수 없기 때문입니다. "만일 어떤 인상이 자아의 관념을 일으킨다면, 그 인상은 우리 삶의 모든 과정을 통해서 불변하는 동일한 것으로 유지되어야 할 것입니다. 왜냐하면 자아란 그런 방식으로 존재한다고 상정하기 때문입니다. 그런데 그런 항시적이고 불변하는 인상은 없습니다." 따라서 흄은 모든 종류의 실체를 부인하였습니다. 즉 그는 자아, 물질적 실체, 신의 존재도 모두 부정하였습니다. 그는 "인상에 없는 관념은 존재할 수 없다"는 경험론적 원리를 내세워 실체를 부인하였습니다. 시간의 흐름 속에서 대상이 불변적으로 존재한다고 생각하는 것은 오직 상상이 만들어 낸 허구라는 것입니다. 그는 나와 독립적인 현존에 대한 관념은 감각에 의해서도 이성에 의해서도 제공되지 않으며, 이 둘에 의해 정당화될 수도 없다고 주장합니다. 우리를 독립적이고 지속적인 대상의 존재로 인도하는 것은 바로 상상력인 것입니다. 또한 지각에 단순히 주어진 것을 넘어서 원인과 결과 사이의 필연적 연관이 있다는 믿음이나, 구체적인 관념을 넘어서 그 관념들을 묶어 준다고 여기는 인격이나 자아가 있다는 믿음도 상상력에 의해 형성된다는 것입니다. 따라서 흄에게 있어서 실체는 인간의 상상이 위조한 허구에 불과한 것이라 보았습니다.

제8장

독일철학의 황금기

제 8 장

독일철학의 황금기

01

임마누엘 칸트Immanual Kant, 1724~1804: 비판철학

임마누엘 칸트

임마누엘 칸트는 동프러시아의 쾨니히스베르크Königsberg라는 작은 도시에서 마구장이의 아들로 태어났습니다. 칸트의 임마누엘이라는 이름은 '신이 그와 함께 있다'라는 뜻을 지니고 있습니다. 그 이름에는 위로 두 아이를 첫돌 이전에 잃은 그의 어머니의 염려가 담겨져 있다고 합니다. 어머니는 그가 14세 때에 40세의 나이로 세상을 떠났습니다. 그는 쾨니히베르크의 대학에서 철학·수학·자연과학을 배웠습니다. 특히 그는 라이프니츠와 뉴턴의 이론을 자세히 연구하였습니다. 그는 졸업 후 잠시 가정교사를 하다가 1755년에 쾨니히스베르크 대학의 사강사의 직을 얻어 15년 동안 강사생활을 하다가 1770년에 그 대학의 정교수가 되었습니다. 여러 대학에서 초빙을 받았으나 응하지 않고 시계처럼 규칙적인 생활을 하며 한평생을 조용히 그의 고향에서 보냈습니다. 그는 임종 순간에 "좋다Es ist gut"라는 말을 남겼는데 그 의미는 아무도 모른다고 합니다.

칸트는 『실천이성비판』의 서문에서 "생각할수록 나를 놀라게 하는 것이 둘이 있으니, 하나는 하늘에 반짝이는 별들이고 다른 하나는 나의 마음속에서 울려오는 양심의 소리다"라고 말합니다. 칸트는 『실천이성비판』의 결론 부분에서 이 유명한 문구를 시작하고 있는데, 이 저서는 "나의 안에 있는 도덕법칙"의 여러 측면들을 다루기 위해 계획된 것이며, 앞서 출간한 『순수이성비판』은 별이 빛나는 하늘 자체를 다루고 있지는 않지만, 최소한 우리가 그것을 인식하기 위해서는 어떤 조건을 필요로 하는가를 다루고 있습니다.

칸트의 철학하는 방법: 비판철학

칸트는 『순수이성비판』에서 과학적 사유와 도덕적 사유를 해석함으로써 철학에 새로운 기능과 생명을 제공하였습니다. 그는 이성의 독단주의와 경험론의 회의주의의 잠에서 깨어나면서 합리주의와 경험주의의 철학을 종합하였습니다. 칸트는 라이프니츠와 볼프 등의 관념론 철학자들의 독단적 형이상학을 따르지 않았습니다. 대신 그는 흄의 저서를 읽고 그 충격을 이렇게 표현하였습니다. "나는 흄으로 인해 독단의 잠에서 깨어났다!" 이렇게 칸트를 형이상학의 독단의 잠dogmatic slumber에서 깨어나게 한 것은 흄 철학의 자극과 비판정신이 강한 본인 자신의 정신에서 생겨났습니다. 이제까지 독단론과 회의론이 그릇된 길로 간 이유는 인간의 인식 자체를 깊숙이 성찰하지 않고 무조건 이성의 만능을 믿거나 혹은 그 기원이 경험에 있다는 단순한 이유에서 인식의 타당성을 의심하였기 때문입니다. 그래서 칸트는 이성의 인식능력을 비판해야 된다고 보았습니다. 이런 점에서 칸트의 철학을 비판철학kritische Philosophie 또는 선험先驗철학이라 부릅니다. 칸트는 자신의 비판철학을 합리론과 경험론의 참된 중도der wahre Mittelweg라고 주장합니다. 여기서 중도란 합리론과 경험론의 절충적인 중간을 뜻하는 것이 아니라 두 입장을 넘어서는 고차원적인 길이라 할 수 있습니다. 또한 그가 비판이라 말하는 의미는, 단지 책이나 학설의 비평이 아니라 "경험으로부터 독립해서 얻어지는 일체의 인식에 관한 이성능력의 비판"을 말합니다. 그것은 이성 이외의 권위에 의해 가해지는 것이 아니라 이성의 자기비판을 의미합니다. 칸트는 인간이성의 관심을 세 가지 물음으로 요약할 수 있다고 보았습니다.

> 첫째, 나는 무엇을 알 수 있는가?Was kann ich wissen?
>
> —『순수이성비판』(1781)
>
> 둘째, 나는 무엇을 행할 수 있는가?Was soll ich tun?
>
> —『실천이성비판』(1788)
>
> 셋째, 나는 무엇을 바랄 수 있는가?Was darf ich hoffen?
>
> —『판단력비판』(1790)

첫째 물음은 인간이 무엇을 알 수 있으며 그것을 어떻게 알 수 있는가라는 존재론적, 인식론적 물음이며, 둘째 물음은 인간의 도덕적 행위의 기준이 무엇인가에 대한 윤리학적 행위의 문제이며, 셋째 물음은 이론적으로는 인식하지 못하지만 우리가 믿고 희망할 수 있는 것이 과연 무엇인가라는 종교적 및 심미적인 물음입니다. 이들의 문제에 대한 해결은 첫째가 지식철학이며, 둘째가 도덕철학이며, 셋째가 종교철학과 미학입니다. 칸트는 이 세 가지 물음을 인간이란 무엇인가?라는 물음으로서 인간의 행위, 당위, 도덕, 목적 등에 관한 문제들을 총괄하고 있습니다.

코페르니쿠스적 전환이란?

칸트의 『순수이성비판』은 "나는 무엇을 알고 있는가?"라는 물음에 대한 해답서입니다. 그 해답은 두 가지로 구분됩니다. 하나는 시간과 공간 속에 나타나는 자연계에 대한 지식이며, 다른 하나는 현상계를 넘어선 형이상학적 영역에 대한 지식입니다. 전자에 대해서는 보편타당한 지식으로서 만인에게 인정되고 적용되고 있는 자연과학과 수학의 가능근거를 밝힘으로서 그 기초를 마련하는 것입니다. 후자는 그러한 근거가 없다는 것을 지적함으로써 합리적인 형이상학을 부정하는 데 있습니다. 따라서 칸트는 인간의 이성능력에 대한 분석을 통해 그의 사상체계를 형성하였습니다. 즉 그는 이성능력에 대해 비판적 탐구를 하였고, 이성과 오성이 모든 경험과 별도로 무엇을 얼마나 알 수 있는가를 질문하였습니다. 칸트에 있어서 비판철학은 형이상학의 부정이 아니라 형이상학을 위한 준비작업의 단계라 말할 수 있습니다.

이 세계에 대한 설명은 대상에 따라 달라집니다. 우리는 지금껏 대상을 가운데 놓고 그것을 알기 위해서 우리가 그 대상의 주변에 있다고 생각해 왔습니다. 지금까지의 방법이 프톨레마이오스의 천동설처럼 대상을 지구처럼 중심에 놓고 우리의 인식은 태양처럼 그 주위를 돌면서 이해하고자 노력해 왔다면, 칸트는 대상을 알기 위해서는 대상이 우리가 갖고 있는 생각하는 능력과 맞아야 한다고 생각했습니다. 무엇보다 대상 자체가 기준이 되는 것이 아니라 생각하는 오성능력이 중심에 서게 됩니다. 아무리 대단한 대상도 우리 인식 능력의 범위 안에 들어와야 인식된다는 것입니다. 이 방법은 사유방법 전체의 전환이 없이는 불가능합니다. 이러한 인식의 전환을 칸트는 코페르니쿠스적 전환이라 표현했으며 철학의 지동설이라 말할 수 있습니다.

칸트는 선천적 종합판단의 난점을 정신과 대상들 간의 관계에 대한 새로운 가정을 사용하여 해결하고자 시도하였습니다. 그는 구성설을 주장하였는데, 정신이 대상에 반응하는 것이 아니라 대상들이 정신의 작용에 반응한다는 것입니다. 정신은 경험 속에 언제나 있는 유일한 요인입니다. 정신은 필연적이고 보편적인 경험의 여러 양상의 원천으로 여겨집니다. 즉 정신의 보편적이고 필연적인 요소들은 정신이 대상들에게 부과하는 조건들에 연유한 것입니다. 그의 코페르니쿠스적 전환은 정신을 경험하는 대상들에 무엇인가를 부여해 주었습니다.

선험적 종합판단은 어떻게 가능한가?

우리의 지식은 경험과 함께 출발하지만, 모두 경험에서 나오는 것은 아닙니다. 우리는 인과성에 관한 지식을 갖고 있으며 이 지식은 감각적 경험으로부터가 아니라 이성적 판단능력으로부터 직접적으로 획득되는 것입니다. 선험적인 지식은 먼저 선험적a priori 개념의 근원을 밝혀야 합니다. 칸트는 인식능력 중에서 선험적a priori 요소가 있다는 것을 발견했습니다. 선험적이란 말은 인간의 경험과 무관하다는 뜻은 아닙니다. 라틴어 a priori라는 개념은 '무언가 앞서다'라는 뜻입니다. 당시까지 철학은 인간의 인식을 자연계의 산물이든 현상이든 관계없이 수동적으로 받아들이는 존재로 생각해 왔습니다. a priori는 인간이 태어날 때부터 가지고 있다는 의미가 강한 선험적이라는 말보다는 인간의 경험과 아무런 관계가 없거나 인간의 경험과 독립적이라는 뜻이 더 강합니다. 선험적 지식이라고 말하는 것은 태어날 때부터 알고 태어났다는 뜻이 아니라 경험을 통해 습득되지 않았다는 것을 의미합니다. 다시 말해 선험적이란 시간적으로 모든 경험에 앞서는 것이 아니라 "경험을 성립시키는 조건으로서" 우리의 인식 능력 속에 있다는 것을 부정하는 것이 아닙니다. 물론 우리의 인식은 경험에서부터 유래합니다. 그러나 그것은 결코 선천적 형식의 조건으로서 우리의 인식 능력 안에 있는 것을 부정하는 것은 아닙니다. 칸트는 인식에 대해 다음과 같이 말합니다. "우리의 인식은 경험과 더불어 시작됩니다. 그러나 모든 인식이 반드시 경험에서 나오는 것은 아닙니다." 예컨대 2+3=5라는 지식을 태어날 때부터 갖고 있었다는 것이 아니라 지식을 경험으로부터 또는 지각을 통해 습득하지 않았다는 뜻입니다. 반면에 우리의 경험에 의한 것을 경험적 또는 후험적a posteriori이라 말합니다. 예컨대 "모든 총각은 결혼하지 않았다"라는 문장은 선험적입니다. 이는 경험을 통해서 아는 것이 아니기 때문입니다. "모든 총각은 행복하다"라는 문장은 경험적 또는 후험적이라는 것입니다. 왜냐하면 이 문장은 선천적으로 알고 있는 것이 아니라 우리의 경험을 통해서 아는 것이기 때문입니다.

우리의 인식이 모두 경험적이고 후험적인 것이라면, 우리 자신 속에 결코 보편적이고 필연적인 인식을 갖지 못합니다. 흔히 경험적인 인식은 어떤 사실을 있는 그대로 가르쳐 준다고 말합니다. 하지만 그러한 인식은 어떤 필연적인 관계나 보편성을 말해 주지 못합니다. 우리가 갖고 있는 지식 중에서 보편타당한 것이 있다면, 그것은 우리의 선험적인 인식이 형성된 증거라 할 수 있습니다. 즉 칸트의 선험적 지식은 선천적 종합판단의 가능성을 묻고 있습니다.

칸트는 모든 판단을 분석판단analytische Urteil과 종합판단synthetische Urteil으로 나누어서 파악합니다. 분석판단analytische Urteil은 술어가 주어를 되풀이하거나 혹은 주어를 여러 요소로 나누어서, 이미 주어 속에 모호하게 들어 있는 여러 가지 요소들 가운데 어떤 것을 분명하게 드러내는 판단을 말합니다. 이는 선험적입니다. 분석판단은 판단으로서 올바르지만,

주어개념을 분석하여 그 속에 포함된 어떤 특징을 이끌어 내어 명료하게 만드는 데 불과하며 우리의 지식을 보다 확장시키지 못합니다. 이러한 분석판단을 설명판단이라고도 합니다. 분석판단은 지식을 선천적으로 연역하는 판단이지만, 우리에게 아무런 지식도 가져다주지 못합니다. 예를 들어 모든 물체는 연장延長: 공간의 일정부분을 차지하는 물체의 성질을 갖습니다. 왜냐하면 물체라는 개념은 본래 연장하여 있다는 뜻을 가지고 있기 때문입니다. 삼각형의 세 각의 합은 180도입니다. 삼각형의 세 각의 합은 각각 90도를 합친 것이기 때문입니다.

종합판단synthetische Urteile은 후험적이며 술어가 주어 속에 포함되지 않는 판단을 말합니다. 또한 종합판단은 주어개념에다 새로운 술어개념을 첨가하여 우리의 지식을 확장시키는 판단이기 때문에 이러한 종합판단을 확장판단이라고도 합니다. 종합판단은 새로운 지식을 우리에게 가져다주지만, 대부분 후천적으로 경험을 통해 성립합니다. 그렇지만 경험적 지식은 보편성과 필연성을 갖지 못합니다. 예를 들어 모든 물체는 무게를 가집니다. 왜냐하면 물체는 사실상 무겁지만, 물체란 단순한 개념 속의 무게란 특징을 포함하고 있지 않기 때문입니다. 이러한 분석판단과 종합판단들의 초점은 과연 선험적 종합판단이 사실상 성립하느냐에 있습니다. 칸트는 선험적 종합판단이 사실상 존재한다는 것을 흄이 분석판단이라고 보았던 수학에서 발견하였습니다. 즉, 선험적 종합판단synthetische Urteile a priori은 수학, 물리학, 윤리학, 형이상학에서 발견할 수 있습니다. 예를 들어 5+7=12라는 명제에서 우리가 7+5라는 개념을 아무리 분석하더라도 그 속에 12라는 개념은 들어있지 않습니다. 또한 '두 점 간의 직선은 두 점 간의 최단거리이다'라는 기하학의 명제에 있어서 직선이란 개념을 아무리 분석해도 거기에서 가장 짧은 선이라는 개념은 나오지 않습니다. 직선이라는 개념은 점 또는 짧은 개념을 포함하고 있지 않습

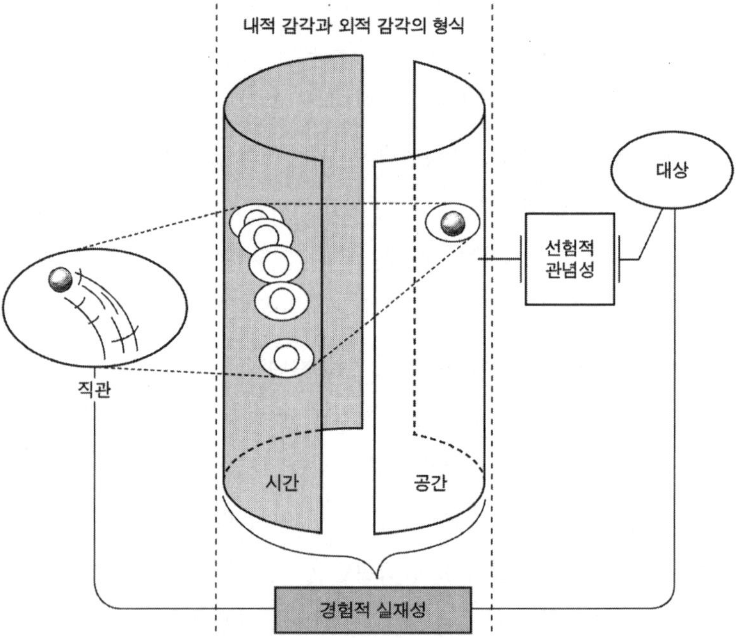

니다. 여기서 가장 짧다는 것은 분량의 규정이므로 양쪽에 어떠한 공통점도 없기 때문입니다. 때문에 이는 분석판단이 아니라고 할 수 있습니다. 이들의 명제는 모두 분명히 종합적입니다. 그렇지만 이들의 명제는 확실히 필연적으로 선험적인 명제입니다. 이렇게 하여 수학에 있어서 선험적 종합판단이 존재한다는 것이 입증되었다고 할 수 있습니다. 이러한 부류의 명제는 자연과학에서도 가능합니다. 이를테면 '물체의 모든 변화에 있어서 물질의 양은 일정불변이다'라는 명제의 경우, 물질이란 개념 속에 양의 불변성이란 개념은 포함되어 있지 않습니다. 그러므로 이 명제는 종합적이며 필연성을 가진 명제, 즉 선험적인 명제입니다. 따라서 이 명제는 선험적 종합판단입니다. 물론 이러한 구분은 칸트의 독창적인 생각은 아닙니다. 흄이 지식을 '관념들의 관계에 관한 명제'와 '사실의 문제에 관한 명제'로 구분한 것이라든지, 라이프니츠가 진리를 '이성적 진리'와 '사실적 진리'로 구분한 것과 동일한 이치입니다. 따라서 칸트의 선험적 종합판단이란 우리의 인식능력이 대상을 따르는 것이 아니라 대상이 우리의 인식능력이 지닌 법칙에 따른다는 것을 의미합니다.

칸트의 인식론

칸트는 세계에 대한 인식의 관계를 감성, 오성, 이성의 세 가지로 구분하여 말하고 있습니다. 그에 의하면, "우리의 세계는 아마도 평범한 그러나 우리에게 알려지지 않은 근원으로부터 유래하는 인간의 인식의 원천, 즉 감성Sinnlichkeit과 오성Verstand이 있다"고 말합니다. 감성은 우리들이 감각하는 성질에 해당하며, 오성은 사고하는 성질을 뜻합니다.

먼저 감성은 감각적 대상에 의한 수동적인 수용능력을 말합니다. 다시 말해 감성이란 우리의 정신(시각, 청각, 미각, 촉각, 후각) 등을 통해서 대상들을 받아들이는 능력입니다. 즉, 대상들은 감성을 통하여 우리에게 주어집니다. 그는 "선험적 감성론"에서 정신이 부과하는 그리고 모든 감관적 내지 지각적 경험에서 드러나는 감성의 형식들을 논합니다. 감성은 본래 우연적이고 개인적이며 주관적입니다. 단지 인식의 필연성과 보편성은 그 질료Materie에 의해서가 아니라 형식Form에 의해서라고 할 수 있습니다. 또한 인식의 형식이 모든 사람들에게 필연적이며 보편적이기 위해서는 경험에 의존하지 않는 것이어야 하며 경험에 앞서는 것, 즉 선험적a priori이어야 합니다. 이에 반해 질료는 후험적a posteriori입니다. 칸트는 감성형식으로서의 시간과 공간이 선험적이라는 이유를 다음과 같이 논증하고 있습니다.

첫째, 시간과 공간은 외적 경험에서 얻어진 경험적 관념이 아닙니다. 왜냐하면 어떤 경험이 성립하기 위해서는 우리가 먼저 시간과 공간을 상상하지 않으면 안 되기 때문입니다.

둘째, 우리는 현상 없는 시간, 공간을 생각할 수 있으나 시간, 공간 없는 현상은 생각할 수 없습니다.

셋째, 공간과 시간은 일반개념이 아니라 순수직관입니다. 왜냐하면 관념은 여러 표상으로부터 추상되는 것이지만 다양한 시간, 공간은 유일한 시간, 공간의 부분이기 때문입니다.

넷째, 시간과 공간은 무한합니다. 공간과 시간은 사물들 자체가 공간과 시간 속에 있다고 단정지울 수 없지만, 경험 속에는 공간과 시간이 보편적으로 들어 있습니다. 공간과 시간은 경험적으로는 실재성을 지니고 있으며, 선험적으로는 관념성을 띠고 있습니다. 그 까닭은 그것이 경험 속에서는 어디에서나 현실적으로 존재함을 볼 수 있기 때문입니다. 그것들이 또한 정신에서 우러나온 것이기 때문입니다. 공간은 모든 외적 경험의 형식이며 시간은 모든 외적 및 내적 경험의 형식입니다.

오성悟性은 지각된 내용에 의해 사유되는 능력입니다. 즉 오성이란 감성을 통해 얻은 내용들을 정리하여 개념을 받아들이는 능력을 말합니다. 그는 "선험적 분석론"에서 정신이 모든 경험에 대해서 만족시키기를 요구하는 오성의 범주들을 기술하였습니다. 감성과 오성의 형식은 다음과 같은 도표로 나타낼 수 있습니다.

감성의 형식	오성의 형식
시간과 공간	범주들: 속성, 관계, 양질
직관적으로 부여함	생각하면서 찾아냄

범주는 모두 12범주로 탐구됩니다, 즉 실체성, 인과성, 상호성의 범주가 그것입니다. 실체성의 범주란 자연안의 모든 변화에 의해 그 양이 늘

지도 줄어들지도 않는 하나의 영속적인 요소가 존재한다는 것입니다. 인과성의 범주란 시간에 있어서 사건들의 순서가 명료하게 이해될 수 있는데, 그 순서는 순간들의 단기가 그러하듯이, 우연적인 것이 아니고 필연적인 것이어야 합니다. 상호성의 범주란 우리가 지각하고 인식하는 모든 것에 대해서 근본적인 것입니다.

범주: 선험적인 개념

1. 분량
전칭판단(모든 S는 P이다.)
특칭판단(어떤 S는 P이다.)
단칭판단(이 S는 P이다.)

2. 성질
긍정판단(S는 P이다.)
부정판단(S는 P가 아니다)
무한판단(S는 非P이다.)

3. 관계
정언판단(S는 P이다.)
가언판단(X가 P라면, S는 P이다.)
선언판단(S는 P이거나 Q이다.)

4. 양상
개연판단(S는 P일 것이다.)
실연판다(S는 P이다.)
필연판단(S는 반드시 P이다.)

위의 판단표에 따라 범주표는 아래와 같이 됩니다.

1. 분량(Quantität)
총체성(Allheit)
다수성(Vielheit)
단일성(Einheit)

2. 성질(Qualität 양상)
실재성(Realität)
부정성(Negation)
제한성(Limitation)

3. 관계(Relation)
실체성(Relation)
인과성(Kausalität)
상호성(Gemenschaft)

4. 양상(Modalität)
가능성(Mäglichkeit)
존재성(Dasein) 또는 현실성 (Wirklichkeit)
필연성(Notwendigkeit)

따라서 감성이 없으면 어떠한 대상도 우리에게 주어지지 않을 것이며, 오성이 없으면 어떠한 대상도 사유되지 않을 것입니다. 내용 없는 사유는 공허하며, 개념 없는 직관은 맹목입니다. 그러므로 '개념을 감성화하는 것'(즉 개념에 대해 그 대상을 직관에 부여하는 것)은 직관을 오성화하는 것(즉, 직관을 개념 아래 넣는 것)이나 마찬가지로 필요합니다. 이 둘의 종합에 의해서만 인식이 나올 수 있습니다.

칸트에 의하면 이성이란 정신이 경험을 넘어서 "물자체Ding an sich, things-in-themselbes"를 알려고 하는 유혹들을 받게 되는 그러한 것을 말합니다. 그는 선험적 변증론에서 이에 대해 자세히 논하고 있습니다. 물자체란 정신이 아무리 해봐도 구성할 수 없는 대상들의 성질을 결정하기 위해서 감성의 형식과 오성의 범주들을 넘어서고자 하는 변증론입니다.

관념은 절대적 자아, 세계의 전체성 및 최고의 존재를 의미합니다. 이성적 심리학은 영혼의 본성, 영혼이 하나의 실체, 단순, 한 개이며 신체와 구별됩니다. 이는 오류추리이며, 초월적입니다. 이성적 우주론은 세계의 전체성, 즉 한 쌍의 모순되는 명제These, Antithese ⇔ Antinomie입니다. 이성적 신학은 하나님의 존재를 증명할 것을 요구합니다. 칸트는 존재의 세 가지 증명, 즉 본체론적, 우주론적, 목적론적 증명을 시도하였습니다.

칸트에게서 물자체는 생기生起함에 있어서 선험적 조건들에 얽매여 있지 않습니다. 물자체는 우리의 인식능력과 상관없이 존재한다고 여겨지는 사물 자체입니다. '그 자체로 있는' 사물이 어떻게 우리의 인식능력에 종속되어 우리의 인식능력의 법칙을 따를 수 있겠는가?하는 물음입니다. 우리 이성의 관심이 되는 대상은 이성에 의해 규정됨으로써 우리의 인식능력에 따라 나타나는 대로의 대상인 현상Erscheinung일 뿐입니다.

따라서 물자체는 인식의 대상이 아닌 것입니다. 사물들 자체는 경험에 맞서는 것을 내세울 수 있습니다. 우리는 물자체를 과학에 의해서도 인식할 수 없으며, 그것들에 대한 경험도 가질 수 없습니다. 그는 경험들이 사물에 대해서 가질 수 있는 인식의 유일한 종류는 오직 감성뿐임을 인정합니다. 누우에나noumena, 가상적 존재는 이성에서 본 대상을 의미합니다. 물자체에 대해 우리가 알 수 있는 것은 불가지不可知론적 이라는 것, 즉 알 수 있는 가능성이 전혀 없다는 것뿐입니다. 따라서 우리에게 있어서 감각의 원인이 되는 물자체는 공간과 시간 속에 있는 것이 아닙니다. 물자체는 실체가 아니며, 범주라고 부르는 어떤 일반개념으로서는 부를 수 없습니다. 예컨대 천문학을 통해 별의 운행은 알 수 있을지언정 '왜 별이 운행하는가'는 영원히 알 수 없으며, 식물과 동물의 상태는 알 수 있을지언정 장마가 발생하는 이유와 사자나 호랑이의 존재 이유는 알 수 없다는 것입니다. 또한 인간은 영원불멸한가?, 우주는 무한한가? 등의 물음에 대한 해답 역시 얻을 수 없습니다. 우리가 이에 대한 해답을 얻고자 한다면, 영혼은 육체와 함께 쇠퇴합니다. 칸트의 이러한 주장은 놀라운 것이었는데 플라톤 이후 거의 2,300년 동안 내려오던 서양철학의 전통을 흔들어 놓았습니다. 따라서 우리는 물자체를 경험하지 못합니다.

도덕철학: 정언명법定言命法, Kategorischer Imperativ

칸트의 도덕철학은 『윤리형이상학정초Grundlegung zur Metaphysik der Sitten』(1785), 『실천이성비판』(1788), 『도덕형이상학』(1797) 등에서 체계적으로 기술하고 있습니다. 처음의 두 저작은 그의 혁명적인 메타윤리학을 서술하는 데 반해, 마지막 저작은 구체적인 윤리학을 제공하고 있습니다.

칸트에게 있어서 도덕철학의 임무는 모든 인간을 결속시키는 행동원리에 대해 우리가 어떻게 도달할 수 있는가를 발견하는 것입니다. 이성적 존재로서의 나는 무엇을 할까? 라는 물음은 "나는 어떤 임무를 해야 한다"라는 의무를 말합니다. 칸트는 도덕철학을 상식적인 도덕의 사실로부터 출발하였습니다. 그는 도덕적 상식을 분석함으로써 도덕성의 형식적 최고원리를 확립하고자 했습니다. 칸트의 윤리학은 그의 윤리적 이론의 세 가지 핵심개념, 즉 선의지Guter Wille, 의무Pflicht, 그리고 도덕Moralische Gesetz 또는 정언명법Kategorischer Imperative을 통해 이해할 수 있습니다. 이 세 개념은 상호 내재적으로 긴밀히 연관되어 있습니다.

칸트는 상식적으로 생각하고 있는 좋은 것das Gute을 상기시키는 것에서부터 시작합니다. 일반 사람들이 좋은 것善이라고 부르는 것 가운데는 명석한 두뇌, 뛰어난 판단력, 풍부한 해학, 용기, 권력, 부, 건강과 같은 행복들이 있습니다. 세상 사람들은 인생의 최고의 목적이 무엇인지 묻는다면 대체로 행복이라 대답할 것입니다. 그런데 칸트는 "세계 안에서나 세계 밖 어디에서도 무제한으로 선하다고 생각할 수 있는 것은 오직 선의지뿐입니다"라고 말하면서 인생의 최고목적은 행복이 아니라 선의지善意志라고 하였습니다. 인생의 가치는 이미 얻은 행복의 분량에 의해 측정되는 것이 아니라 선의지가 얼마만큼 인생에 나타났으며 인생을 어떻게 형성하느냐에 의해 측정되어야 합니다. 그에 의하면, 도덕적 심성을 가진 사람이라면 행복이 인간이 추구해야 할 최고목표는 아니라는 것입니다. 선의지는 오직 의욕 자체만으로도 선합니다. 선의지는 그것이 무엇을 실현하고 성취했기 때문에 선한 것이 아니며, 또한 그것이 어떤 설정된 목적을 달성하는 데 쓸모가 있기 때문에 선한 것도 아닙니다. 만일 우리가 선의지에만 주목한다면 우리는 선의지가 의지의 모든 결과물들보다 훨씬 우월하다는 것을 알 수 있습니다. 어떤 목적에 도달하기 위해 유용하다는 것은 결코 선의지를 선하게 만드는 근거일 수 없습니다. 그 목적이 아무리 가치 있는 것이라 할지라도 매한가지입니다. 도덕적으로 가치 있는 선은 용기, 절제, 행복 등을 최상의 목표로서 추구되어야 합니다. 상식은 이미 선의지가 최고 가치라는 것을 알고 있습니다. 따라서 칸트는 상식 속에서 선의지 개념을 분석함으로써 사람들을 철학적 인식에로 이끌어 가려고 하였습니다.

칸트는 선의지의 개념을 분명히 하기 위해 의무개념을 다루고 있습니다. 칸트에게 있어서 "의무는 모든 가치를 능가하는 그 자체로 선한 의지의 조건입니다." 이러한 목적을 위해 칸트는 선의지의 개념을 의무Pflicht라는 개념으로 강조합니다. 이렇게 선의지라는 개념은 의무라는 개념에서 나왔습니다. 의무는 법칙에 대한 존경에서 나오는 행위의 필연성입니다. 행위의 모든 도덕성은 행위가 산출하게 될 것에 대한 애정과 애착이 아니라 의무에서 그리고 법칙에 대한 존경심에서 나오는 행위의 필연성에서 정해지는 것입니다. 곧 선의지와 의무와의 관계는 애착심에서나 공포감에서가 아니라 의무의식에서 의욕하고 행위하였을 경우에 곧 선의지가 있다는 것입니다. 칸트에게 있어서 도덕적 행위는 오직 의무의식에서 나온다고 보았습니다. 예컨대 천성적으로 어진 사람이 있다고 가정해 볼 경우, 그가 친구의 곤궁한 생활 처지를 보고 가슴 아파 견딜 수 없어 동정을 했다고 가정해 봅시다. 이때 그의 자선행위가 아무리 의무에 합당하고 가상한 행위를 하였다 할지라도 결코 도덕적이라 할 수 없습니다. 왜냐하면 그러한 행위는 도덕의식에서 나온 행위가 아니라 자애심에서 나온 행위이기 때문입니다.

또한 칸트는 도덕률이 당연히 존재한다고 말합니다. 도덕률은 모든 사람에 대하여 "모름지기 마땅히 … 해야 한다"라고 명령합니다. 그것은 도덕적 실천에 있어서의 보편적 법칙입니다. 그것은 "만일 … 한다면 … 해야 한다"라는 식의 가언적假言的 명령 내지 조건적 명령이 아니라 무조건 "해야 … 한다"는 정언명법Kategorischer Imperativ입니다. 즉 정언명법은 법칙이 객관적으로 누구에게나 타당한 명령으로 주어지는 것을 일컫습니다.

이들 도덕적 행위들은 실천이성의 힘을 반영합니다. 이성적 존재들에 적용되고 이른바 선이라는 행동으로 인도하는 이러한 원리들에 대한 탐구가 곧 도덕철학입니다. 도덕적 행위는 의무를 소중히 여기는 동기에서 수행된 행위입니다. 의무는 도덕법칙에 대한 경외심에서 행동하지 않을 수 없게 하는 것입니다. 의지가 선善할 때에만 도덕적으로 선합니다. 선의지는 다른 모든 것의 도덕적 가치의 불가결한 전제조건입니다.

칸트의 정언명법은 도덕적 명령, 모든 존재들에게 적용합니다. 이는 다른 목적과는 관계없이 그 자체에서 필연적입니다. 정언명법은 모든 이성적 존재들에 즉각적으로 적용되며 그것에 입각하여 행위 해야만 하는 원리입니다. 무엇보다 보편적 법칙이 될 수 있는 격률에 입각해서만 행위하며 추상적 형식으로만 나타납니다. 따라서 칸트의 정언명법은 다음과 같이 정식화됩니다.

첫째, 보편법칙의 정식: 너의 준칙이 보편법칙이 될 것을 그 준칙을 통하여 네가 동시에 의욕할 수 있는 그런 준칙에 따라서만 행위하라.

둘째, 목적 자체의 정식: 너 자신의 인격에서, 다른 모든 사람의 인격에서 인간성을 단순히 수단으로서만 사용하지 말고 항상 동시에 목적으로서 사용할 수 있도록 행위하라.

셋째, 목적 왕국의 정식: 너 준칙을 통하여 너 자신이 항상 보편적인 목적의 왕국을 세우는 구성원인 듯이 행위하라.

미적 취미판단

칸트는 『판단력 비판』에서 인간의 인식 능력들에는 지성과 이성 사이에 중간항이 있는데, 이것이 판단력이라 말합니다. 판단력에 상응하는 쾌와 불쾌의 감정은 인식능력과 욕구능력 사이에 놓여 있습니다. 그런데 판단력은 이성과 지성이 각기 자유와 자연이라는 자신의 고유한 입법 영역을 갖고 있는 것은 아닙니다. 하지만 판단력은 지성이나 이성과 마찬가지로 법칙을 탐구하기 위한 자기의 원리를 갖고 있습니다.

칸트는 판단력을 '개별적인 것을 일반적인 것 아래 포함된 것으로 사유하는 능력'이라 불렀습니다. 그래서 판단력은 우리에게 쾌, 불쾌의 감정을 일으키는 경험을 매개로 하여 판단을 내립니다. 이러한 판단력은 규정적subsmierend이거나 반성적reflektierend인 것으로 구분됩니다. 전자는 특수를 보편자 아래 포섭하는 능력이고, 후자는 특수자들로부터 보편자로 나아가는 능력입니다. 미적 판단은 반성적 판단으로서 자기 자신으로부터 도출됩니다. 반성적 판단이 필요한 이유는 체계의 통일성을 이루기 위해서입니다. 반성적 판단력은 자연의 합법칙 통일성을 완성하는 것뿐만 아니라 더 나아가 자연의 세계와 자유의 세계를 하나로 설명하기 위한 기획을 완성하는 매개체입니다. 이러한 반성적 판단은 인간이 대상을 통해 아름다움을 느낄 수 있는 원리로서 작동합니다. 말하자면 반성적 판단력은 다양한 형식들 속에 존재하는 자연의 합목적성Zweckmäßigkeit der Natur의 원리입니다.

인간의 선천적 능력 중에는 공통감각sensus communis, Gemeinsinn이라는 것이 있어 아름다움에 관하여 함께 나눌 수 있습니다. 공통감각에는 세 가지 기준이 적용됩니다. 첫째, 스스로 생각하라(계몽의 준칙), 둘째, 모든 사람들의 입장에서 생각하라(확장된 심성의 준칙), 셋째, 언제나 자기 자신과 일치하도록 생각하라(일관성의 준칙). 이렇게 칸트에게 있어서 공통감각이란 판단력Urteilskraft의 개념과 밀접하게 연관되어 있습니다.

칸트는 공통감각을 전통적 개념에 도입하였습니다. 그는 "취미판단에 의해 주장된 필연성의 조건은 공통감각의 이념die Idee의 원리에서 동의에 대한 나의 요구를 정당화할 수 있는가를 이끌어냈습니다. 그러한 원리는 오직 공통감각으로 간주될 수 있습니다." 그러나 칸트에게 공통감각은 이미 형성된 공통성을 나타내는 판단이 아닙니다. 칸트의 취미판단은 다른 사람의 찬성과 동의를 이미 획득한 판단을 뜻하는 것은 아닙니다. 나의 만족의 감정이 나의 사적인 만족으로 머물지 않고 다른 사람과 공동으로 갖는 감정을 요구할 뿐입니다. 따라서 칸트는 공통감각에 보편성 혹은 일반 타당성에 대한 주관적인 요구만을 담고 있습니다. 칸트는 공통감각을 감정의 보편적 전달 가능성의 필연적 조건으로서 상정했습니다. 만일 공통감각이 단지 형식적인 능력에 불과한 것이라면, 그것은 옳음과 그름을 식별하는 실제적인 규준이 될 수 없습니다.

칸트는 공통감각이 일종의 지성보다는 감정Gefühl이어야 한다고 말합니다. 이런 측면에서 칸트는 공통감각을 전통적인 '건전한' 것으로 파악하기보다는 '공통된 인간 지성'으로 다음과 같이 언급합니다.

> "만약 취미판단들이 인식판단들처럼 일정한 객관적 원리를 가지고 있다면, 그러한 원리에 따라 취미판단을 내리는 사람은 자기 판단의 무조건적인 필연성을 요구주장한다. 취미판단들이 순전한 감관취미의 판단들처럼 일체의 원리를 갖고 있지 않다면, 취미판단의 필연성이란 전혀 생각할 수도 없다. 그러므로 취미판단들은 개념들에 의해서가 아니라 단지 감정에 의해서, 그리고 보편타당하게 무엇이 쾌적하고 무엇이 불쾌한가를 규정하는, 하나의 주관적 원리를 가진 것이 틀림없다. 그러한 원리는 단지 하나의 공통감각으로 볼 수 있다. 그러나 이 공통감각은, 때때로 그 역시 보통 공통감각이라고 부르는 보통의 지성과는 본질적으로 구별되는 것이다. (…) 그러므로 오직 하나의 공통감각—그러나 이것을 우리는 어떤 경외감이 아니라, 우리 인식력들의 자유로운 유희에 의한 작용결과로 이해하고 있다는 전제 아래에서만, 그러한 공통감각의 전제에서 취미판단을 내릴 수 있다."

이와 같이 칸트에게 있어서 공통감각은 보편적 동의를 요구하는 취미

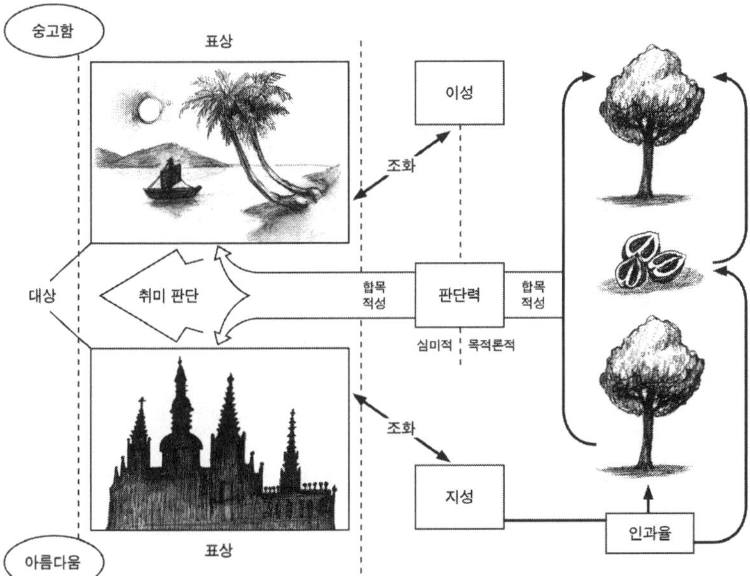

판단의 주관적 원리이며 하나의 감정입니다. 다른 사람들이 취미판단에 동의해야 한다는 사실은 "판단을 위해 요청되는 모든 자료가 주어질 때조차도 오로지 조건적으로만 표명"되는 요구인 것입니다. 대상의 지각과 다양한 종류의 배경 지식이 주어지더라도, 나에게 여전히 증명에 의해 대상의 미를 다른 사람들에게 확신시킬 방법은 없습니다. 필연적으로 동의해야 할 나의 요구를 정당화해 줄 공통의 근거는 누락된 것처럼 보입니다. 그러한 공통의 근거가 다른 사람들이 동의할 필연성의 조건이 됩니다. 그의 공통감각은 옳고 그름을 판별하기 위한 규범적 내용을 제시하는 것이 아닙니다. 칸트의 공통감각은 내용적으로 공허한 주관의 형식 능력입니다. 칸트는 공통감각으로 감성적 취미판단만을 받아들였습니다. 감성적 취미판단은 분명한 개념에 의해 판단하지 않습니다. 감성적 취미는 개념적이지 않고 감각적인 것임에도 불구하고, 보편적인 동의를 요구합니다. 칸트는 참된 공통감각을 다음과 같이 취미라고 표현하고 있습니다.

> "취미는 건전한 지성보다 훨씬 더 정당하게 공통감각이라고 할 수 있다. 그리고 만약 사람들이 감각이라는 말을 순전한 반성이 마음에 미친 작용결과에 대하여 사용하고자 한다면, 그때 감각이란 쾌의 감정을 뜻하므로, 지성적 판단력보다는 오히려 미감적 또는 감성적 판단력이 공통감각이라는 이름을 가질 수 있다. 그뿐 아니라 사람들은 취미를 주어진 표상에서의 우리의 감정을 개념의 매개 없이 보편적으로 전달 가능하게 하는 것을 판정하는 능력이라고 정의할 수도 있다."

이와 같이 칸트는 취미를 건전한 오성보다 훨씬 더 정당한 공통감각이어야 한다고 말합니다.

영구평화론: 세계시민주의Cosmopolitanism

칸트는 『영구평화론Zum ewigen Frieden』(1795)에서 다듬어 낸 국제법의 이념을 담은 미래 지시적인 글을 기술했습니다. 칸트는 『영구평화론』에서 ① 개별국가의 공화주의적 헌법, ② 국가들의 연방주의적 평화연맹, ③ 제약된 세계시민법을 제시했습니다.

칸트가 설계한 평화조약의 다섯 번째 예비조항, "어떤 국가도 다른 국가의 헌법과 통치에 간섭하지 말아야 한다"는 항목은 지금도 여전히 유효하게 작용하고 있습니다. 그렇지만 국가주권의 제한과 함께 국가의 개별적 성원들이 국제적 평화보장의 진정한 수혜자로서 고유의 국제적 주체인가는 여전히 논란거리라 할 수 있습니다. 여기서 국가의 주권은 공화주의적 정치체제의 의미에서 인민주권으로 새롭게 해석되고 있습니다. 공화주의적 정치체제란 민주제와 대비되는 것이 아니라 독재정치와 대비되는 것을 말합니다. 나아가 국가 간의 평화가 유지되기 위해서는 자유로운 국가의 연방제 기초한 국제법이 설정돼야 합니다. 이러한 칸트적인 해석은 동시에 고전적 국제법을 세계시민권으로 전환시키고자 하였습니다. 칸트는 전쟁이라는 제도에 가장 날카로운 도덕적 비판자 가운데 한 사람이었습니다.

> "우리 안의 도덕적-실천적 이성은 자기의 저항할 수 없는 거부권을 표명한다. 전쟁은 있어서는 안 된다."

칸트는 도덕적으로 정당한 전쟁은 존재한다고 보았습니다. 하지만 단순한 전쟁의 동기와 전쟁수행이 엄격한 도덕적 규범 아래에서 벌어지는 것은 아니라는 생각입니다. 칸트는 국제국가나 세계정부가 아니라 세계시민적 상태 또는 국제연맹을 추구하고자 했습니다. 그 이유는 각 국가나 민족이 자신의 권리와 자율성을 보장받기 위해 모든 국가나 민족을 포함하는 하나의 세계정부가 아니라 각 국가가 연합을 이루는 세계시민적 상태나 국제연맹의 형태가 바림직하다고 보았기 때문입니다. 그래서 그는 일종의 국제연맹을 창설해야 할 의무감을 갖고 그의 논의를 전개해 나갔습니다. 그는 국제연맹의 창설이 세계국가를 대신하는 것은 아니지만, 전쟁의 발발을 제한할 수 있다는 신념을 갖고 있었습니다. 20세기 들어 1945년 이후에야 비로소 국제연맹이 창설되었고, UN이 지금에 이르고 있습니다. 칸트는 어느 나라든 정착할 수 있는 세계시민법의 권리를 가질 것을 강조합니다. 세계시민법은 보편적 환대의 조건에 제한되어야 하는 것입니다. 여기서 환대란 외국인이 특정한 국가에서 적으로 간주되어서는 안 된다는 인간의 보편적 권리를 말합니다. 칸트는 한편으로 그 당시 계몽주의적 세계시민주의가 민족주의 시대에 급속히 증발하는 것을 목도하면서 커다란 고민에 빠졌으며, 다른 한편으로 결국에는 이성적 이념으로 되돌아올 것이라는 확고한 기대를 가졌습니다.

칸트는 세계시민주의의 글을 포함한 계몽주의의 위대한 성과를 수용하면서 세계시민법 관점을 전개해 나갔습니다. 200년 전前 칸트에 의해 구상되었던 고전적 국제법의 질서는 새로운 세계시민적 질서로 변형될 가능성을 암시하고 있었습니다. 칸트는 그 구성원이 입헌적 공화국이어야 한다고 했습니다. 개별 국가는 자기 자신의 안전을 위해 다른 국가들와 함께 각 국가의 권리를 보호할 수 있는 시민적 입헌 조직과 유사한 입헌 조직 속에 들어가야 한다는 사실을 요구할 수 있고 이는 결과적으로 '만민의 연합체'를 건설하는 것이었습니다.

칸트는 시민사회와 국제적 공동체의 공존적 일치를 통해 국가들 사이의 자연 상태를 제거할 것을 요구했습니다. 세계시민적 차원에서 교전 당사국들 사이의 관계는 중요한 요소로서 작용합니다. 고전적 국제법은 칸트적인 의미에서 세계시민국가와 같은 방향으로 전환되어 왔습니다. 세계시민은 그 당시 전 세계적으로 국가들이 번성할 수 있는 조건을 만드는 데 일차적 목표를 갖고 있었습니다. 각 국가들은 모든 구성원들이 목적으로 대우받을 수 있는 사회적 여건을 만들고자 했습니다. 그러한 조건은 제도적 그리고 현실적으로 가능해야 합니다. 그 당시에 세계시민이라는 개념은 부정적 의미가 강했습니다. 왜냐하면 사회 구성원을 보호해줄 명확한 주권이 부재하였기 때문에 그밖에 신체가 어떤 보호도 없이 노출된 상태, 즉 어디에도 분명한 귀속 권력이 없는 상태를 의미하기도 했습니다. 주권국가의 구성원이라면 법적으로 보장된 권리와 의무를 갖는 것은 당연합니다. 이처럼 세계시민이라는 개념은 국경 없이 일정한 곳을 떠도는 것을 의미하기도 했습니다.

세계시민들은 지구의 모든 사람을 단일한 자손들로서 세계를 하나의 국가로 간주했습니다. 수많은 합리적 존재와 더불어 세계시민들은 한 국가의 시민들로서 자연의 일반법칙에 따라 전체의 완전성을 위해 함께 도모하면서 각자 자기 나름의 방식으로 자신의 복지를 이루고자 노력해 왔습니다. 칸트는 국제법의 헌법화를 통해 생겨날 새로운 개별적인 세계 시민의 권리를 인권이라 보았습니다. 세계 시민권을 통해 인권은 인권으로서 법적으로 실현하게 된다는 것입니다.

칸트의 세계시민주의Cosmopolitanism 개념에는 두 가지 요소가 중첩되어 있습니다. 하나는 우리에게 타인에 대한 의무, 즉 혈족의 유대나 형식적인 시민의 유대를 더욱 확산할 의무입니다. 다른 하나는 우리가 보편적인 인간의 삶뿐만 아니라 특수한 삶의 가치도 진지하게 고려해야 한다는 것입니다. 칸트의 이러한 생각은 삶에 의무를 부여하는 관행과 믿음에 대한 관심에서 나왔습니다. 그래서 세계시민주의는 보다 다양한 생각들을 공유합니다. 그러기 위해 먼저 아무리 자신의 지역에서 헌신한다고 할지라도 인간 각자가 서로에 대해 책임이 있다는 사실을 잊어버리지 않아야 합니다. 우리는 모든 외국인들을 저버리는 민족주의자를 편들지 않으며, 자신의 친구나 동료 시민들을 냉담하고 불공평하게 대우하는 극단적인 세계시민주의를 편들어서도 안 된다는 것입니다. 칸트가 정치적으로 구성하고자 했던 세계사회를 제도적으로 어떻게 형성해 나갈 것이지 현재의 관점에 비추어 다음과 같이 살펴볼 수 있습니다.

첫째, 칸트의 『영구평화론』은 오늘까지 이념사적으로 가장 중요한 참조할 만한 내용을 담고 있기 때문에, 법철학적 및 국제법적 세계국가의 논의에 대해 지속적으로 자극을 받아 왔습니다. 칸트의 이러한 자극은 주권의 관점에서 극명하게 드러났습니다. 칸트는 국가들 간의 대외적인 주권을 완전히 행사하는 것을 근본적으로 포기함으로써 국가들 사이의 주권 자체가 의문에 빠지게 될 것이라고 보았습니다. 칸트는 분명하게 국내적 분쟁과 문제에 불간섭의 원칙을 고수했습니다.

둘째, 칸트는 통일적 세계국가의 설립이 이성에 따르는 것이라고 말합니다. 칸트는 모든 것을 포괄하는 세계공화국의 이념 대신에 동등한 권리를 가진 국민국가들의 국제동맹이라는 "부정적 만남"에 대해 종종 언급해 왔습니다. 국제동맹은 초국가적 차원이 아닌 가장 근본적인 국제적 차원에서 있을 수 있는 평화보장의 과제로서 돌봐야 합니다.

셋째, 세계 중앙 국가인가? 국제동맹인가? 이 양자가 진지하게 고려해야 할 유일한 두 가지 대안인가? 칸트의 평화론에 대한 해석자들은 이러한 물음에 대해 다소 부정적인 관점을 견지하였습니다. 국가 간 차원에서 지역적으로 조직된 제도와 협상체계들이 유럽연합의 모델에 따라 경제나 환경문제와 같이 국경을 초월한 주요문제들에 대해 법적 구속력이 있는 합의에 도달해야 하는 안건들이 그러합니다.

칸트는 인간의 자유 법칙에 따라 행하는 자유보장에 대해 영구평화를 향한 의도의 세 가지 본질적 측면, 즉, 국법, 국제법, 세계시민법에 따른 국가 주권에 의해 시민의 자율성을 중재하도록 방치해서는 안 된다고 보았습니다. 세계시민법의 핵심은 집단적 국제법 주체를 뛰어넘어 개인적인 법 주체에게 자유 평등한 세계시민들의 연합체에 중개되지 않은 회원자격을 부여하는 것입니다. 칸트는 역사가 군사적 폭력에 대해 국제법을 통해 순화하는 것에서부터 침략전쟁에 대한 금지로 나아가야 한다고 보았습니다. 그렇게 했을 때 칸트는 세계시민법을 제정하려는 목표에 보다 근접한 방향으로 진행될 수 있을 것이라 믿었습니다.

칸트는 "세계정부 없는 세계 내 정책Weltinnenpolitik ohne Weltregierung"을 통해 세계정부 없는 세계사회와 관련해 많은 숙고를 했습니다. 세계시민적 질서라는 칸트의 프로젝트가 전통적인 관점에서 거부되거나 법보다 권력에 사회 존재론적 우위를 부여하는 현실주의자들의 반대논리에만 직면하게 된 것은 아니었습니다. "세계정부 없는 세계 내 정책"은 민주적인 세계사회 안에서 UN은 평화보장, 인권 그리고 환경의 실존적 상황으로부터 강력한 초국가적 방향에 점차 집중하고 있습니다. 다층적 체계는 초국가적 수준에서 유엔헌장의 목표인 평화와 인권을 달성하고 다국적 수준에서는 주요 강대국들 간의 타협을 통해 세계의 내정 문제를 다루고 있습니다. 하지만 이러한 세계정부 없는 세계정부 체계의 구상은 세계공화국에 대한 개념적 대안을 설명하고자 할 뿐입니다. 세계조직의 틀 속에서 평화와 인권을 실현하는 권력을 갖춘 "세계정부 없는 세계적 내정"에 대한 생각은 세계공화국이나 만민 국가의 칸트적 프로젝트가 취할 수 있는 유일한 제도는 아니었습니다. 칸트는 자신의 세계시민적 상태Weltbürgerlicher Zustand라는 개념으로 전적으로 국가에만 집중된 국제법을 넘어서는 발걸음을 내딛고자 했습니다. 그 이후로 국제법은 단지 전문적인 법 분과로 발전하는 데서 종결된 것은 아니었습니다. 제1, 2차 세계대전을 겪은 후에 국제법의 입법화는 칸트가 제시한 노선에 따라 세계시민법으로 진화했습니다. 그리고 제도적으로 국제적인 헌법과 조직, 그리고 절차의 형태를 취하게 되었습니다. 세계정부 없는 지구적 통치의 지지자들은 국가들 사이에서 작동하는 제도와 협상체계들에서 희망을 가질 수밖에 없었습니다. 세계정부는 국민국가를 넘어서 있지만, 세계국가수준의 밑자리에 정주하게 되었습니다. 단지 세계정부는 세계적 규모로 확대된 입헌국가만으로 "세계시민적 상태"를 위해 필요한 추상적 요건들을 충족하는 것은 아니었습니다. 세계공화국의 모델은 단지 국제법으로부터 세계시민법으로 이행하는 과정에서 필요한 일련의 단계들을 세계적 차원으로 확대된 입헌국가라는 목표를 설정해야 한다는 점을 확인하는 것이었습니다. 칸트가 주장했던 세계시민적 상태는 시민권과 인권을 국가적 수준에서, 그리고 국제적 수준으로 제도화하려는 시도였기 때문에 까다로운 요구들을 충족시키고자 했습니다. 칸트는 국제법을 세계시민법으로 변혁하고자 했고, 나아가 개인들은 더 이상 그들 국가의 법적 주체로서 시민에게만 한정하는 것이 아니라 단일한 지도부를 둔 세계시민적 공동체를 구성하고자 했습니다.

영구평화는 세계시민적 상태의 중요한 특징일 수 있지만, 단지 어떤 상태의 징후에 불과할 수도 있습니다. 칸트는 국가 간의 세계시민적 상태의 법적 개념화 문제를 해소시키고자 했습니다. 자연 상태에서 모든 법이 국제법의 시효에 유효한 반면, 세계시민법은 국가적으로 승인된 법과 같이 자연상태를 최종적으로 종식시키고자 한 것입니다. 이런 까닭에 현대 철학자 하버마스Jürgen Habermas는 세계시민적 상태로 이행하고자 했던 칸트의 주장을 특정 국가의 사회계약으로 맺고자 했습니다. 말하자면 칸트의 세계시민적 상태는 국가들의 개별 시민들처럼 상위 권력의 공적 강제법률에 복종하는 것이 아니라 자신의 독립성을 견지한다는 점에서 국내의 법 상태와 구별되어야 하는 것이었습니다. 칸트의 세계시민적 상태는 상호 교류하는 가운데 전쟁수단을 최종적으로 포기하는 자유국들의 예견된 연합을 회원국들 사이에 주권을 침해받지 않아야 하는 것이었습니다. 이는 국가 간 관계의 변화된 성격 및 주권국가의 행동반경의 규범적 제한과 관련되어 있습니다. 이렇게 요구되는 근본개념들의 수정은 국제연합과 세계시민적 상태의 구상에 대해 중요한 결과를 미쳐 왔습니다. 그동안 까다로운 규범들은 세계시민적 상태를 부분적으로 수정해 왔습니다. 따라서 현재의 세계상황을 국제법에서 세계시민법으로 이행해 가는 단계로 이해할 수 있습니다. 칸트는 국가 간 자연상태의 세계시민적 평정의 이념이 시대에 맞게 재정식화되어야 한다고 보았습니다.

칸트는 세계시민적 상태를 실현하는 것만이 전쟁의 종식을 막을 수 있다고 생각했습니다. "우리가 추구하는 것은 피통치자의 동의에 기초하고 인류의 결집된 의견을 통해 유지되는 법의 지배입니다."

제9장
독일 관념론

제9장
독일 관념론

01
요한 고틀리프 피히테Johann Gottlieb Fichte, 1762~1814: 자아와 비아의 지식학

요한 고틀리프 피히테

피히테는 독일의 작센주 라메나우에서 끈 만드는 가난한 직공의 아들로 태어나 어린 시절에 거위를 돌보는 일을 했습니다. 그는 루터교 목사에게 개인 교습을 받았고, 그 명문학교로 알려진 포르타에서 교육을 받았습니다. 그는 예나 대학교 신학과에 입학하였고 그 후 라이프치히 대학교로 전학했습니다. 그는 졸업 후 가정교사를 하였으며 그때 칸트를 알게 되었습니다. 칸트를 만나기 전에 가정교사 생활을 전전하며 경제적으로 어려운 생활을 하던 그는 칸트 철학을 삶의 위안으로 삼았습니다. 그는 가정교사로 돈을 모은 후 쾨니히스베르크로 떠나 칸트를 만났지만, 그다지 호의적인 대접을 받지 못했습니다. 그러나 이때 칸트

철학의 원리에 충실한 종교철학에 관한 포괄적인 논문인 『모든 계시에 대한 비판시도Versuch einer Kritik aller Offenbarung』를 저술하여 후에 칸트의 알선으로 일약 스타가 됩니다. 그로 인해 1794년 예나 대학의 철학 교수로 전격 초빙되었고 1799년에 예나를 떠나 베를린에서 강의를 하게 됩니다.

그는 1807년 나폴레옹의 점령하에서 베를린에서의 강연 『독일 국민에게 고함Reden an die Deutsche Nation』을 저술함으로써 반나폴레옹 전쟁 이데올로기의 주인공이 되었습니다. 1807년 말부터 그는 국가에 관한 연속강연을 맡았는데, 이 강연을 책으로 낸 것이 그 유명한 『독일 국민에게 고함』입니다. 그는 이 책에서 민족에 대한 사랑과 애국심을 일깨우는 대중교육을 통해 치욕스러운 이민족의 지배에서 민족을 해방시킬 방도를 찾고자 했습니다.

> "나폴레옹의 정신에 도덕적 의무감이 조금이라도 있었다면, 그는 인류의 구원자며 해방자가 될 수도 있었을 것입니다. 그러나 지금 그는 신의 손에 쥐어진 채찍 노릇을 하고 있습니다. 우리는 신 앞의 제단인 양 우리의 벌거벗은 등을 채찍 앞에 내놓고 핏자국이 맺힌 채 "주여! 주여!" 하며 구원을 청할 것이 아니라 오히려 그 채찍을 꺾어 버려야 합니다."

피히테는 이 연설에서 나폴레옹의 독일 침략에 대한 비판 이외에도 독일 국민 전체가 한몸이 되도록 도덕적 의식을 북돋았습니다. 그는 베를린 대학의 설립을 도왔고 1810년에서 1812년까지 베를린 대학의 총장직을 수행하였습니다. 후에 독일에서 나폴레옹군의 추방운동에 가담하여 전국적인 강연을 하기 위해 총장직을 사임했습니다. 1814년 그의 아내는 베를린의 여러 병원에서 부상당한 독일 병사를 간호하였는데, 도리어 그의 아내가 열병에 걸리고 말았습니다. 피히테는 아내를 간호하다 전염되어 세상을 떠났습니다.

피히테의 철학적 테제:
테제These, 안티-테제Anti-These, 종합테제synthe These

피히테는 단 두 가지의 철학, 즉 관념론과 독단론만이 가능할 뿐이라 주장했습니다. 그에 의하면, 관념론자는 "지성"으로써 경험을 설명하고자 했고, 독단론자는 "사물 자체"로써 경험을 설명하려고 했습니다. 관념론자와 독단론자 사이의 논쟁은 "사물의 독자성이 자아의 독자성에 희생되어야 하는가, 아니면 자아의 독자성이 사물의 독자성에 희생되어야 하는가"의 문제와 관련되어 있었습니다. 그러므로 피히테는 관념론 철학의 출발점을 '자아Ich'라고 보았습니다. 잘 알려져 있듯이, 그는 독일 관념론의 대표적인 철학자입니다. 그의 철학은 일반적으로 실천적 관념론으로 간주되지만, 버클리처럼 정신적 관념의 실재성을 주장한 인물은 아니었습니다. 그는 칸트의 영향을 받아 "자아"를 유일한 절대적 원리로 생각하였고 따라서 관념을 만들어 내는 활동적인 주체로서 자아의 실재성을 내세웠습니다. 그는 칸트의 철학을 높이 평가하고 받아들이면서 동시에 칸트철학을 넘어서고자 하였습니다. 피히테가 표적으로 삼았던 것은 "인간은 자연계의 현상을 인식할 수 있지만, 사물의 본질을 알 수 없다"는 칸트철학의 대명제였습니다. 피히테는 칸트가 나누어 놓은 물자체와 현상, 대상과 주체를 어떻게 통일적으로 설명할 것인가? 그리고 경험적인 조건에 전혀 제약을 받지 않은 자아를 어떻게 설정할 것인가?를 그의 주된 철학적 대상으로 삼았습니다.

피히테는 자신의 전 철학체계를 통일적으로 이끌어 내는 것을 지식학Wissenschaftlehre이라 규정하였습니다. 왜냐하면 철학은 다른 학문들처럼 대상을 다루는 것이 아니라 지식 자체를 다루는 학문이라 생각했기 때문입니다. 다시 말해 지식학이란 자신의 본질적인 통일성 안에서 자기 스스로를 서술하는 지知라고 정의했습니다. 피히테는 칸트의 비판철학이

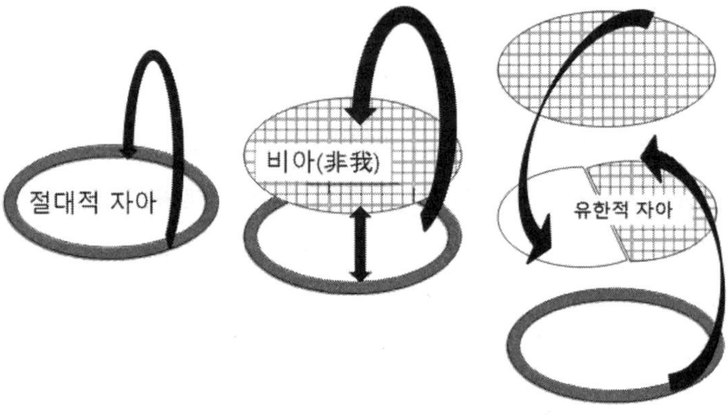

이러한 체계를 제대로 수행하지 못했다고 보았습니다. 칸트는 인식의 능동성과 자발성을 분명하게 제시하고자 했지만, 동시에 인식은 외부의 대상에 의존한다는 것을 인정하여 인식의 한계를 분명하게 보여주었습니다. 그래서 피히테는 '자아'를 주체의 중심에 설정함으로서 칸트가 구별하였던 '현상'과 '물자체Ding an sich'를 통일하고자 했습니다. 인간이 자기 자신을 관찰할 때 어느 누구라도 자신의 활동과 자아(이상을 추구하는 의식, 감정) 사이에 거리감을 느낍니다. 그리고 인간은 경험을 통해 그 거리감을 메우고자 합니다. 인간의 행동을 현상으로 하여금 자아를 물자체로 자리바꿈하면 그 절대적 자아에 의해 형상과 사물 자체는 동일화된다는 것입니다.

피히테에 있어서 자연이라는 실재는 인간의 행위에 의해 파악될 수 있습니다. 그에 의하면, "내가 인간의 행위에서 행위해야 하는 자연이란 나와 독립적으로 존재하며 내가 침투해 들어갈 수 없는 어떤 낯선 실재가 아닙니다. 자연은 나 자신의 사유법칙들에 의해 형성되며 나의 사유와 조화를 이루고 있습니다. 자연은 단지 나와 나 자신간의 연관들만을 표현할 뿐입니다. 따라서 내가 나 자신에게 자연에 대한 탐구를 약속할 수 있으며, 그만큼 확실하며 나는 나 자신에 대한 인식을 희망할 수 있습니다." 그가 자연을 인식할 수 있다고 생각한 것도 바로 이러한 이유에서 입니다. 그의 철학은 동일성의 원리에서 출발합니다. 동일성의 원리란 A는 A와 동일하다는 명제입니다. 그는 이 명제를 "존재하는 A는 단언된 A와 동일하다"고 보았습니다. 피히테는 A가 일단 사유의 대상으로서 정립되었다면, "A=A"라는 진리로 나아갈 수 있다고 주장합니다. 하지만 내가 A의 정립을 정당하게 만드는 것은 무엇일까요? 정확한 답변은 없습니다. 오직 사유작용 자체 안에서 정립되는 어떤 것을 찾아낼 수 있어야만, 우리는 어떤 것을 지식이라고 주장하기 위해 스스로 정당화하는 기반에 도달할 수 있습니다.

첫째, 자아는 '나는 나다.' 자아는 다른 무엇보다 자아 자신에 정립되어 있습니다. 여기에는 아무것도 전제하지 않는 필연적인 진리가 있습니다. 스스로 정립하는 자아는 동일률의 진정한 근거이며 논리학 자체의 근거입니다. 자아는 사유의 형식인 동시에 내용이며, 거기에 자아의 존재가 있습니다. 자아는 움직이는 것에 의해 자아로서 있지만, 이 자아에 있어서 "나는 생각한다"란 곧 "나는 있다"라는 의미입니다. 따라서 피히테는 자기인식은 자아를 '직관하는 것'이라 표현하였습니다. 그는 이것이야말로 유일한 지성적 직관이며, 실재하는 모든 것들로 다가서는 시발점이라 주장했습니다. 그러므로 이 직관의 가능성을 설명하는 것이 철학의 제일과제입니다. 요컨대 "자아는 스스로를 정립함으로써 그 자신을 직관"할 수 있습니다.

둘째, 자아는 비아非我, nicht-ich, 나 아닌 것가 대립합니다. 자아를 정립하는 것은 또한 비아를 정립하는 것입니다. 왜냐하면 내가 정립하는 것은 언제나 인식의 객체인데 객체는 주체가 아니며 자기인식의 작용 속에서 내가 직관한 것은 비아로서 직관되기 때문입니다. 이것이 반정립의 원리입니다. 그러므로 비아는 절대적 자아의 소산입니다. 비아는 어떻게, 그리고 무엇 때문에 자아에 의해 정립될까요? 피히테는 이것을 실천적 본성이라 생각하였습니다. 실천적인 자아는 스스로 움직이는 것에 의해 자기에게 대립하는 것을 부정하고 자아에 동일화됩니다. 자아는 비아에 의해 규정되거나 한정되며, 또한 비아는 자아에 의해 한정됩니다. 이는 마치 자기의식이 쉽게 오갈 수 있는 관문을 통과하는 것과 같아서 비아가 있는 것은 무엇이든 자아에서 전이轉移된 것입니다. 하지만 자아와 비아 양쪽은 자기정립의 작용에서 유래하기 때문에 어느 쪽이든 자아가 아닌 것이 없습니다. 하지만 비아의 자아는 수동적입니다. 이 수동적 객체를 시간과 공간, 그리고 인과성과 같은 개념 아래 포섭하여 자연의 질서 속에 위치시키는 데 아무런 모순도 없습니다. 산출된 비아는 오히려 자아에게는 장애로 나타나고 자아의 절대성은 이것을 극복함으로써 보존됩니다. 여기서 그의 의지적 인격을 반영한 실천적인 경향을 볼 수 있습니다.

셋째, 자아와 비아는 전체적 자아 안에서 서로를 한정하고 규정합니다. 이는 자아와 비아를 종합하는 것입니다. 자아와 비아의 이러한 관계는 정립이 반정립을 만나고 거기에서 종합지식이 생겨난다는 점에서 변증법적으로 전개해 나갑니다. 밖으로 향한 모든 모험은 자아의 소외이며, 자아는 오직 자기분할이라는 오랜 노고를 거친 후에 비로소 자유와 자기인식을 성취하게 됩니다. 궁극적으로 피히테의 지식학은 칸트처럼 선험적 철학을 발전시키고자 하였지만, 선험적 주체가 아니라 자아, 즉 무규정적 자아에서 출발하였습니다. 때문에 그의 지식학은 자아의 절대성을 철저히 주장했으며, 점차 종교적 색채를 띠게 되었습니다.

02

프리드리히 셸링Friedrich Wilhelm Schilling, 1775~1854: 낭만주의의 철학자

프리드리히 셸링

셸링은 독일의 루터교의 학자 겸 목사의 아들로 태어났습니다. 그의 아버지는 그가 태어난 지 2년 뒤에 튀빙겐 근방의 동방 언어학 교수가 되었습니다. 어린 시절부터 그는 좋은 환경에서 교육을 받았고 일찌감치 뛰어난 학문적인 재능을 보였습니다. 셸링은 11살 때 이미 전 과목을 통달해 가르칠 것이 없다고 하여 학교에서 집으로 돌려보낼 정도로 천재였습니다. 그는 15세 때에 튀빙겐대학에 입학하여 다섯 살 위였던 헤겔, 독일 낭만주의의 대표적 시인인 헬덜린Friedrich Hölderlin, 1770~1843 등과 한방을 같이 쓰며 친교를 맺습니다. 셸링은 당시 최신 철학이었던 칸트와 피히테의 철학에 많은 영향을 받았습니다. 특히 셸링은 피히테의 철학을 우상화하고 신봉할 정도로 영향을 받았습니다. 셸링은 19살의 나이에 『철학일반의 한 가지 형식의 가능성에 관하여』라는 책을 쓰게 되는데, 피히테의 『전체 지식론의 기초』라는 저서에 영향을 크게 받았습니다. 이 시기에 그는 헤겔에게 보낸 편지에서 다음과 같이 쓰고 있습니다.

> "피히테는 철학을 정점으로 올릴 것이며 그 앞에서 이때까지의 칸트주의자들 대부분은 현기증마저 느끼게 될 것이다. 내가 새로운 영웅, 피히테를 진리의 땅에서 환영하는 최초의 사람들 중 하나라 해도 충분히 행복하다."

그는 25세의 나이에 『초월적 관념론의 체계』를 쓰면서 피히테의 주관적인 철학에서 자연세계를 다루는 객관적 철학체계를 포함해야 한다는 주장을 내놓았습니다. 셸링은 23세 때 독일의 학문적 중심지였던 예나대학의 철학 교수로 발탁되었습니다. 그는 곧 유명해졌고 31살의 나이에 독일 귀족의 이름 앞에 쓰는 폰von이라는 칭호를 부여받았습니다. 그의 철학적 활동은 예나대학 시절에 가장 활발하였는데, 낭만주의자 그룹과 친교를 맺습니다. 특히 슐레겔 형제와의 친교 그리고 슐레겔 부인 카톨린과의 애정관계는 그의 생애에 큰 의의를 갖습니다. 그 후 카톨린은 슐레겔兄과 이혼하고 셸링과 결혼을 하게 됩니다. 그의 주저로는 『철학의 원리로서의 자아』(1795), 『자연철학』(1797), 『선험적 관념론 체계』(1801) 등이 있습니다.

자연철학

셸링의 자연철학은 선험적 관념론의 체계를 구축하는 것이었습니다. 셸링은 주체와 객체, 정신과 자연 사이의 대립을 통일하는 데 주안점을 두었습니다. 즉 그는 우리 안의 정신과 우리 밖에 있는 자연의 동일성을 어떻게 확보해야 하는지에 대해 고심했습니다. 그리고 직감(천재적 직관)을 중요시하고 헤겔의 체계를 존중하였습니다. 먼저 셸링은 칸트나 피히테의 반성철학, 정신과 물질, 인식주관과 객관, 존재와 인식 등 이원론을 비판의 대상으로 삼았습니다. 피히테가 주관에서 출발하여 객관으로 나아갔다면, 셸링은 그와 반대로 객관에서 주관으로 나아갔습니다. 즉 피히테가 우리 바깥에 있는 자연을 '자아'에 의한 '비아'로 설정했다면, 셸링은 '자연'을 주체로 내세웠습니다. 셸링은 자연을 두 가지로 파악합니다. 주체로서 자연은 절대적 '생산성'입니다. 대상으로서의 자연은 그렇게 생산된 단순한 생산물에 불과합니다. 자연은 '장애'라고 하는 일종의

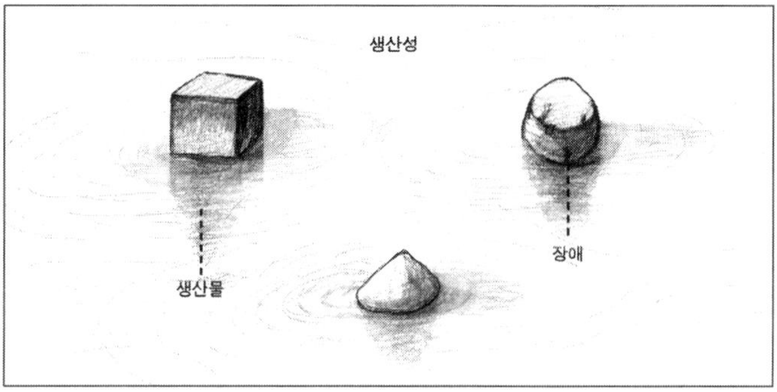

반작용을 일으켜 스스로 대립 운동을 하면서 끊임없이 대상을 생산합니다. 이 생산적인 자연이 전체 자연에 생명을 불어 넣는 힘입니다. 셸링에 의하면, 우리의 자연세계는 우리 자신의 정신에 의해 대상화된 현상이 아니라고 말합니다. 자연은 그 자체로 무한한 활동성을 지닌 무제약자이며 자유입니다. 이런 점에서 정신과 물질은 하나라고 말합니다. 이런 점에서 그는 예술에서의 정신을 특히 강조하였습니다.

셸링의 다양한 사상 가운데 가장 영향력 있는 사상은 자연철학이었습니다. 그는 자연철학을 개척하여 자연 속에 숨어있는 정신적인 것을 인정하였습니다. 이는 어느 정도 피히테철학의 반작용에서 영향 받았습니다. 피히테는 살아 있는 자아와 구별되는 창조물로서 생명 없는 우주를 단정하였습니다. 반면에 셸링은 모든 생명은 한때는 생명 없는 물질의 세계였던 자연의 창조물이라 말했습니다. 또한 셸링은 인간의 정신에 대해 "거대한 유기체인 자연계의 일부이므로 자연은 곧 정신이다"라는 자연철학을 주장했습니다. 그는 자연이 영혼을 가지고 있는 살아 있는 유기체로 보았습니다. 심지어 물, 공기와 같은 무기물도 살아 있는 것으로 간주합니다. 비록 무생물은 운동이 억제되어 있기는 할지라도 그 안에는 생명에로 나아가려는 충동이 항상 깃들어 있기 때문입니다. 자연의 밑바탕에 언제나 정신이 있기 때문에 인간의 정신이 존재합니다. 그는 자연은 영원히 발전하는 창조적인 실재라 주장했습니다. 처음에 자연은 아무것도 아니었고 다만 죽어 있는 물질이었습니다. 하지만 점차 자연 안에 생물이 출현하였고, 이는 먼저 식물로 발전하였고 그 다음에는 동물로, 최종적으로 인간의 형태로 발전하였습니다.

그래서 셸링은 '정신과 자연의 동일성'을 다음과 같이 표현하고 있습니다: "자연은 가시적인 정신이어야 하며, 정신은 비가시적인 자연이어야 합니다." 인간의 정신(주체)은 자연을 자신과는 다른 것으로 받아들입니다. 그러나 지적 직관을 갖게 되면 이 두 가지를 통일적으로 이해할 수 있습니다. 왜냐하면 자연과 정신의 근저에는 절대적 동일자(유기체로서의 자연)가 있으며 자연이든 인간의 정신이든 간에 모두 절대적 동일자의 다른 표현법에 불과하기 때문입니다. 셸링은 이러한 생각을 근원적 동일성 또는 절대적 무차별성이라 불렀습니다. 다시 말해 자연과 정신, 객관과 주관이 실제로 똑같다고 하는 것, 후세 사람들은 이러한 철학을 동일철학同一哲學, Identitätsphilosophie이라 불렀습니다. 셸링의 입장에서 자연적 태도에서의 인식은 주객미분의 동일성에서 출발합니다. 즉 셸링은 정신과 자연의 동일성을 이루는 근본원리가 무엇인지를 진지하게 탐구했습니다. 그는 "존재하는 모든 것은 그 자체로 '하나'인 '절대적 동일자'에서 나오는 것"이라 주장합니다. 이러한 절대적 동일성 속에서 모든 대립은 무차별적으로 나타납니다. 인간은 다시 주관과 객관을 일치시키고 동일한 것으로 확인합니다. 셸링에게 있어서 동일철학은 주관과 객관이 절대적 동일성의 관계에서 드러나며 인식의 주관이 인식객관을 그 동일성의 차원에서 주객의 무분별의 절대자가 가능합니다.

따라서 우리 안에 있는 정신과 우리 밖에 있는 자연의 절대적 동일성 속에서 어떻게 자연이 우리의 외부에 있을 수 있는가의 문제를 해결해

영원한 실체

야만 합니다. 그는 자연정신의 밑바닥에 실재적인 것과 관념론적인 것의 동일한 절대자를 생각하였습니다. 이것에 대한 물심양계物心兩界 현상은 상대적 동일성을 드러냅니다. 이는 각자의 능력을 주장함을 말합니다. 만년에 셸링은 신비주의적 경향으로 흘러 영혼과 자연, 의식적인 것과 무의식적인 것, 이상과 실재의 합일을 보이려고 시도하였습니다.

03 게오르그 헤겔Georg Wilhelm Hegel, 1770~1831: 관념론 철학의 완성자

헤겔은 독일 슈투트가르트Stuttgart에서 태어났습니다. 그의 아버지 게오르그 루드비히George Ludwig는 16세기에 케른트Kärnt에서 종교박해를 받고 이주한 프로테스탄트 가정의 자손으로 뷔르템베르크 공국의 재무관이었고 그의 어머니는 그가 13세 때 세상을 떠났습니다. 그는 셸링처럼 조용한 천재도 아니

게오르그 헤겔

었고 피히테처럼 정열가도 아니었으며 젊은 낭만파 시인들처럼 부푼 포부를 안고 있지도 않았으나 조용한 가운데서 그의 사상은 점차 성숙해 나갔습니다. 튀빙겐대학 시절 그의 동료 중 헤겔에게 사상적으로 많은 영향을 미친 사람은 셸링이 있었습니다. 셸링이 지적으로 조숙했던 반면에 헤겔은 평범하였습니다. 따라서 그의 철학은 셸링에게서 많은 영향을 받았고 셸링의 철학보다 15년 정도 뒤에 나타났습니다. 헤겔은 개인의 사강사와 신문편집인을 거쳐 김나지움의 교장으로 일했습니다. 처음에는 하이델베르크에서 교수로 재직하다가 베를린대학으로 옮겼습니다. 그의 주요 저작으로는 『정신현상학』(1806), 『논리학』(1812), 『법철학』(1821) 등이 있습니다. 최초로 출간된 책은 피히테와 셸링의 비교연구였는데 그것은 『피히테와 셸링철학체계의 차이』(1801)였습니다. 1829년 헤겔은 베를린(Berlin)대학교의 총장으로 선출되었고, 학문에 대한 공헌과 대학 총장으로서의 행정 업무에 대한 보상으로 국가로부터 훈장을 받았습니다. 헤겔의 사상적 발전은 다음과 같이 네 시기로 나누어 볼 수 있습니다.

① 칸트의 이성주의의 시기
② 셸링의 영향아래 있었던 비합리적 낭만주의의 시기
③ 정신현상학이 출판한 시기를 기점으로 독자적으로 선 시기
④ 이성적인 것이 지배권을 갖지만, 비이성적・낭만적인 것을 인정하여 양자가 융합한 고차원의 이성주의의 시기

헤겔은 1831년 11월 14일 밤새도록 앓다가 급작스럽게 사망했습니다. 헤겔의 사망 원인은 만성적 위염이 갑자기 악화된 것으로 보고 있습니다. 헤겔은 사망 후 평소 존경하던 피히테의 무덤 옆에 묻혔습니다. 헤겔 사후 그의 철학은 헤겔 좌파(마르크스, 포이에르바하, 슈트라우스, 미슐레)와

헤겔 우파(괴셸, G. 가우워, 바우워), 헤겔 중도파(로렌츠크란츠) 등으로 갈라졌습니다. 헤겔 좌파의 세례를 받은 마르크스는 헤겔의 변증법을 적용시켜 사회 · 경제 · 역사적 방법을 설명하였습니다. 키에르케고르는 헤겔철학과의 대결을 통해 실존철학의 새로운 세계로 이끌고 갔습니다. 점차 헤겔의 철학은 마르크스주의, 실존주의, 분석철학 등과 같은 폭넓은 철학으로 발전하였습니다.

헤겔 관념론 철학의 출발점

헤겔의 체계적인 철학은 셸링에 대한 비판에서 출발했습니다. 셸링은 절대자를 자연과 정신의 동일성(무차별성)이라 주장했지만, 헤겔은 아무런 차별이나 대립도 인정하지 않는 원리는 차별과 대립의 현실세계를 설명할 수 없다고 보았습니다. 헤겔에 의하면, 진정한 절대자란 차별성을 넘어서 있는 것이 아니라 차별성을 인정하고 차별성에 내재한다는 것입니다. 이러한 절대자를 헤겔은 이념Idee이라 불렀습니다. 절대자는 자기 자신을 발전시키고 있는 이성 혹은 이념인 것입니다. 이 때문에 그의 철학을 변증법의 논리라고 지칭하기도 합니다. 우리의 모든 세계는 자연, 정신, 사회, 역사에 의해 지배받고 있습니다. 그리고 모든 세계의 발전은 변증법 논리의 법칙에 의해 전개되어 왔습니다. 헤겔은 자신의 범논리주의적 믿음을 『정신현상학』에서 "이성적인 것은 현실적인 것이며 현실적인 것은 이성적인 것이다"라는 유명한 명제로 표현하였으며 오늘날까지도 많은 사람들에게 회자膾炙되고 있습니다. 현실적인 것의 전개는 어느 때, 어느 곳에서든지 논리적으로 진행되며, 논리적인 진행은 사상이 발전하는 데 필연적이라는 것입니다.

하나의 사상은 반드시 그에 대립하는 혹은 모순되는 사상을 낳으며, 이러한 두 사상은 보다 성숙한 사상에 의해 종합되었습니다. 처음의 사

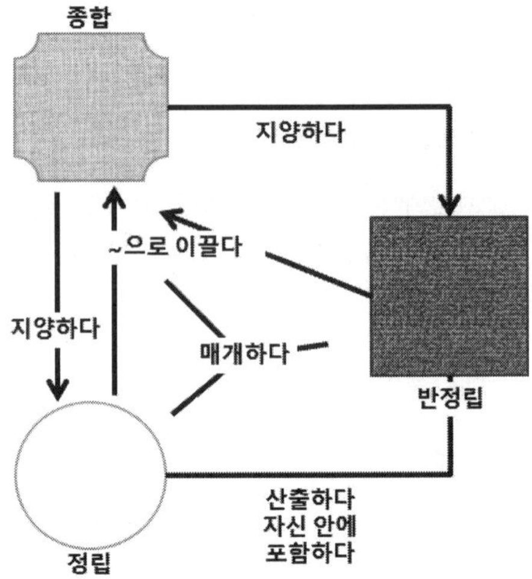

상에서 정正, These, 그것에 대립하는 사상에서 반反, Antithesis, 최후에 보다 성숙한 합合, synthesis으로 도달합니다. 여기서 정과 합은 부정의 부정을 통해 지양止揚, aufheben하게 됩니다. 지양이란 변증법의 고유한 용어이며 "폐기하다", "보존하다", "끌어올리다"라는 뜻을 갖고 있습니다. 이러한 헤겔의 변증법의 논리는 단순히 논리학의 법칙이나 사유의 법칙이 아닙니다. 그것은 자연과 사회, 역사에 내재해 있는 법칙이라는 것입니다. 이런 점에서 헤겔의 변증법은 단지 논리학이라기보다 형이상학이며 역사철학이며, 사회철학이면서 법철학이라 말할 수 있습니다. 종합적으로 보았을 때, 헤겔의 변증법은 절대정신의 자기 운동법칙인 것입니다.

헤겔은 『법철학』 서문에서 "미네르바의 올빼미는 황혼과 더불어 날개를 펴기 시작한다"고 기술하고 있습니다. 미네르바라는 여신은 제우스 신의 딸로서 지식과 예술을 맡아보는 신입니다. 그 신이 사랑하는 동물이었던 올빼미는 햇빛이 쨍쨍한 대낮에는 올리브 나무 가지에서 눈을 감고 잠자고 있다가 땅거미가 지기 시작할 무렵이면 날개를 펴고 날기 시작한다는 것입니다. 철학도 미네르바의 올빼미와 마찬가지입니다. 사람들은 철학을 현실보다 앞서 가는 것, 미래를 조명하는 것이 철학의 임무라고 생각합니다. 또 어떤 사람은 철학을 현실과 더불어 걸어가는 것이라고 생각합니다. 그러나 헤겔은 철학을 언제나 현실이 지나고 난 이후에 이념적으로 관찰하는 것이라고 강조합니다. 따라서 헤겔은 철학을 그 시대의 아들이라고 보았습니다.

그는 역사의 변화과정을 정신Geist이라 하고 존재의 궁극적인 본질은 현존에 근거하고 있다고 표명했습니다. 헤겔에게서 정신은 단순한 인식능력이 아니라 세계와 역사를 움직이는 원동력입니다. 정신은 마치 유기체와 같이 잠시도 쉬지 않고 자기를 형성하고 변화·발전시키려고 합니다. 그래서 정신과 세계는 둘이 아니라 하나입니다. 역사도 쉬지 않고 움직이는 정신의 역사입니다. 그것은 서로 분리될 수 없습니다. 세계는 정신이 그 운동의 가정에서 밖으로 나온 것이며 이는 곧 정신이 외화外化한 것입니다. 인간의 행동과 사회 정치적 유기체들은 정신을 구현하고자 했습니다. 따라서 그는 여러 제도들을 역사 변증법적 운동의 산물로 간주하였습니다. 역사의 전 과정은 자기의식과 자기지식을 향한 정신의 발전과정입니다. 헤겔에 의하면, 이른바 역사는 자유정신의 발현입니다. 이러한 상태에 이르렀을 때 존재하는 모든 것들은 조화롭게 하나가 될 것입니다. 헤겔은 이것을 모든 것의 동일성을 자각하는 절대자라 불렀습니다. 그는 존재의 본질적인 근거를 비물질적인 어떤 것으로 보았기 때문에 그의 철학을 절대적 관념론이라 부르고 있습니다. 헤겔의 절대적 관념론은 자연의 영역과 이성 또는 정신의 영역을 구별한 칸트적인 이분법을 불만스럽게 생각한데서 나왔습니다. 절대적 관념론은 자연과 이성을 통일시키고자 하는 의도, 즉 “현실적인 것은 이성적인 것이고 또한 이성적인 것은 현실적인 것”임을 드러내 보이고자 했습니다. 그래서 헤겔의 절대적 관념론은 물리적인 자연의 영역뿐만 아니라 사회적이고 문화적인 영역까지도 광범위하게 포괄하고 있습니다. 그의 거대한 철학체계와 그 안에 들어 있는 다양한 주제들, 변증법적 방법론은 관념론과 무신론, 유물론에 이르기까지 다양한 해석의 여지를 남겨 놓았습니다.

이러한 절대적 관념론의 철학을 헤겔은 그리스도교 신앙과 결합시켰습니다. 하지만 그의 추종자들 중 일부는 범신론으로, 다른 부류는 무신론으로 각각 다르게 받아들였습니다. 헤겔의 후예자들 가운데 가장 급진적인 사상가였던 마르크스는 헤겔의 사상에서 가장 많은 영향을 받았습니다. 이후 마르크스는 역사과정의 주체는 정신이 아닌 물질적인 것이라 주장하였습니다. 그는 인간 소외개념에 관심을 표명하여 각종 제도 · 이념 · 규칙 · 종교에 대한 체계적인 저서를 저술했습니다.

헤겔의 관념론의 철학체계

헤겔의 철학체계는 『철학강요: 엔치클로페디Enzyklopädie』(1830)에서 다음과 같이 구분하고 있습니다.

I. 논리학(변증법의 논리): 즉자적이고 대자적인 이념의 학

II. 자연철학: 타자에 있어서의 이념의 학

III. 정신철학: 그 타자에서 자기에게로 회귀한 이념의 학

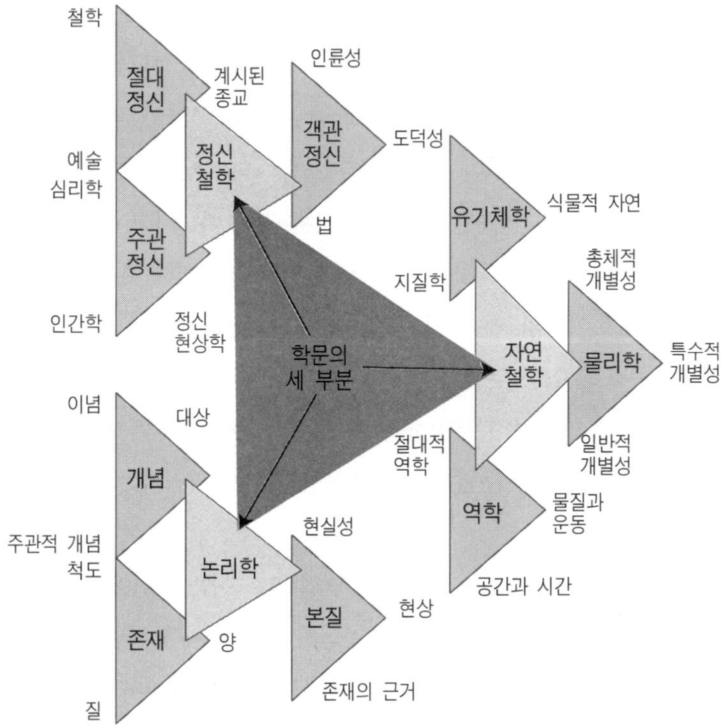

논리학변증법의 논리

헤겔의 논리학은 사유법칙에 관한 형식적 이론이 아니라 순수 이념을 다룬 학문입니다. 헤겔은 논리학이 자연과 유한한 인간 정신의 창조 이전에 신의 영원한 본질에 관한 서술이라 규정하고 있습니다. 말하자면 헤겔의 논리학은 자연과 정신이라는 유한자를 자기의 계기로서 자기 안에 포함한 절대자에 관한 학(學)인 것입니다. 여기서 절대자는 칸트와 같이 현상의 배후에 숨어 있는 인식 불가능한 물자체가 아니라 현상의 계열 속에 자기를 전개하여 나타납니다. 이는 곧 절대정신absoluter Geist이자 신입니다. 헤겔의 논리학은 세 가지 측면을 지니고 있습니다.

첫째, 추상적 또는 지성적인 측면입니다. 이는 사물을 고정적이고 정적으로 보는 측면이며 형식논리학에서 나타납니다. 이러한 측면에서 헤겔은 동일률, 모순율, 배중률과 같은 형식논리학의 사고의 원리를 제시하였습니다. 동일률이란 A는 그 자신과 동일하다(A=A)는 원리입니다. 모순율은 A는 그 자신과 동일하게 있지 않은 것이 아니다(A≠A)는 원리입니다. 배중률은 A는 그 자신과 동일하게 있는 것이거나 혹은 있지 않은 것이거나 그 이외의 제3자일 수 없다는 논리입니다.

둘째, 변증법적 또는 부정적 이성의 측면입니다. 이는 사물을 대립적이고 모순적으로 파악하며 부정하는 이성의 측면입니다. 여기서 이성은 형식적인 사고의 오성과 구별하여 객관적인 이치를 발견하는 것을 일컫습니다.

셋째, 사변적 또는 긍정적 이성의 측면입니다. 이는 사물을 종합적이고 통일적으로 보며 긍정하는 이성적 측면입니다. 여기서 사변적이란 종합의 단계를 일컬으며 전체적, 구체적, 현실적인 것으로 나타납니다.

또한 헤겔의 변증법의 논리학은 크게 세 부분으로 나누어집니다. 존재das Sein, 본질das Wesen, 개념der Begriff의 논리가 그것입니다.

존재의 논리는 질質, 양量, 한도限度라는 세 단계로 전개하고 있습니다. 질이란 일반적으로 질이 없으면 그 자리가 무너지는 토대를 지칭합니다. 예컨대 책이 과학책이냐 철학책이냐, 소설이냐, 혹은 그 사람이 친구냐, 스승이냐 등을 말하는 것은 질(관계적 특성)을 염두해 두고 있다는 것을 뜻합니다. 양量은 크기를 규정합니다. 이것은 질과는 무관합니다. 헤겔의 양의 논리는 순수 양, 즉 양의 일반적인 것을 다루고 있습니다. 양은 공간 · 시간 · 물질 등 무한히 분할되며 동시에 분할되지 않습니다. 이것이 칸트의 이율배반입니다. 이율배반은 헤겔 방식으로 말한다면, 하나는 양이 연속적으로 나아가거나, 다른 하나는 양이 비연속적으로 전개되어 왔습니다. 그러나 양이 이 양자兩者를 통일해야 하기 때문에 어느 것이든지 일면적입니다. 한도das Mass는 구체적으로 존재하는 질인 것도 양인 것도 아니며 양자가 통일되어 있는 것을 말합니다. 즉 헤겔은 질과 양이 통일되어 있는 것을 한도라고 불렀습니다.

본질의 논리(참 있음)는 외부에서부터 부정함으로써 발견되는 것이 아니라 "있음 자체의 운동"에 의해 나타납니다. 본질은 "자기 안에 있는 있음In-sich-sein"이요, 자기 안으로 이중으로 된 존재입니다. 이런 점에서 존재의 자기분열이라고도 합니다. 따라서 헤겔에게 있어서 본질의 논리는 내적인 반성이라 할 수 있는 본질 자신과 이러한 본질이 외부에서부터 드러나는 현상으로 전개되어 갑니다.

개념의 논리begreifendes Logik는 존재를 최초로 부정한 본질에서 나타납니다. 그 본질 때문에 존재는 가상적인 지위로 전락될 수 있습니다. 다시 말해 개념은 존재를 다시 회복한 것이라 말할 수 있습니다. 헤겔에 의하면, 개념이라는 것은 "자각적으로 존재하는 구체적 힘으로서의 자유" 이며 "모든 생명의 원리요 어디까지나 구체적인 것"을 말합니다. 개념은 형식논리에서는 주어와 술어의 형식적 관계를 가지며, 사고는 내용을 떠난 추상적 작용을 갖고 있습니다. 하지만 개념의 논리에서 술어는 주어의 내용이 되며 동시에 주어는 술어의 내용이 됩니다. 즉 주어는 술어에서 독립한 주어가 아니라 변증법적 운동의 주체인 것입니다. 이런 측면에서 개념의 논리는 주어적 논리라 할 수 있습니다.

자연철학

자연철학은 순수이념이 시·공간 속으로 전개한 것을 다루고 있습니다. 자연은 정신에 의해 창조되고 그 창조자의 징표를 드러내 놓고 있습니다. 그러나 정신은 아직 자연 속에 함몰되어 자기 자신이 자연의 본질이라는 것을 모르고 있습니다. 자연철학의 과제는 자연에 외화되어 있는 정신이 자기 자신을 알아가는 과정인 것입니다. 인간 안에서 자연은 자기의식으로 성장해 나갑니다.

헤겔에게 있어서 이념은 정신적인 것이지만, 이러한 이념은 자기 자신을 발전시키기 위해 무의식적인 자연의 형태로 나타납니다. 이념이 자연으로 변모한다는 것은, 정신이 의식으로서 발현하기 위한 것이며, 정신이 자신을 실현하기 위한 것입니다. 이러한 논리적 진행과정에서 이념이 일시적으로 타자로 존재하는 형태가 자연인 것입니다. 자연은 타자 중의 이념입니다. 또는 이념이 그 자신에서 떨어져 나가 직접 외화된 것이 자연입니다. 자연은 이념 또는 정신의 과정입니다. 자연철학은 기계학역학 · 물리학 · 유기체학생물학의 세 단계로 드러납니다.

기계학die Mechanik은 첫째, 가장 추상적이고 일반적인 자연의 규정인 시간과 공간을 다루고 있으며 둘째는 물질과 그 운동을 기술하며 셋째로는 역학을 순차적으로 다루고 있습니다.

물리학은 양적 관계에서 벗어나 질적인 성질을 취급하고 있습니다. 첫째는 천체의 빛 · 원소(공기, 불, 물, 흙)등을, 둘째는 밀도 · 응집 · 음향 등을, 셋째로는 자기 · 전기 화학적 과정 등을 각각 문제 삼았습니다.

유기체학은 물체의 참된 통일체인 생명을 다루고 있습니다. 첫째 단계는 생명의 지질학인 자연이며, 둘째 단계는 생명의 식물학적인 자연이며, 셋째 단계는 양자를 통일한 동물학적 자연입니다. 자연은 한 단계에서 반드시 다른 단계로 나아가는 단계들의 체계로 전개되어 나아갑니다.

기계학(역학) →	공간과 시간	물리학 →	일반적 개성	유기학 →	지질적 자연
	물질과 운동		특수한 개성		식물적 자연
	인력		전체적 개성		동물적 자연

헤겔이 자연철학에서 주장하고자 하는 바는, 단지 과학적인 사실이 아니라 자연이라는 이념의 변증법적인 변화입니다. 따라서 헤겔의 자연철학에서 확실한 이념은 진화단계의 체계이지만, 외부에서 자연적으로 나타난 것이 아니며 자연의 근거가 되는 내적 이념에서부터 기계학에서 물리학을 거쳐 유기체학으로 전개하였습니다.

정신철학

정신철학은 타자 존재인 자연과 외부세계로부터 자신에게로 회귀하는 정신의 이념에 주목하고 있습니다. 헤겔은 거대한 철학체계를 통해 역사와 자연을 포함해 이 세계가 어떠한 방향으로 진행되는지를 그려 놓았습니다. 즉 그것은 정신의 자기인식이자 자기회복의 과정입니다. 자연이나 역사는 정신에 의해 산출되어 나아갑니다. 그러나 정신은 자연과 역사 자신이 주인인지도 모르고 소외되어 있습니다. 정신이 자연과 세계 속에서 자기 자신이 주인이라는 것을 인식하고, 그러한 세계를 되찾아가는 과정을 세계사라 보고 있습니다. 정신의 담지자인 모든 사람이 자기의 자유를 되찾고, 모두의 자유를 법으로 명문화한 프랑스 혁명을 헤겔은 세계사의 필수적인 사건일 수밖에 없다고 보았습니다. 헤겔은 프랑스 군대가 독일의 "예나"라는 아름다운 도시가 점령되던 날 다음과 같이 전하고 있습니다. "나는 정찰을 하기 위해 말을 타고 시내를 가로지르고 있는 황제-이 세계 혼dieses Weltseele-를 보았습니다. 사실 말 위에 앉아 여기에서 전력을 한 곳에 집약시키고 세계를 장악하여 지배하는 그런 경탄스러운 느낌을 갖게 합니다." 또한 프랑스가 1807년 프로이센에 승리를 거둔 후 그의 제자 첼만Zellmann에게 다음과 같이 서신을 보냈습니다. "문화적 형성이 조야성粗野性을 이기고 또한 정신이 정신없는 지성과 약삭빠른 궤변을 이겨 승리를 거둔다는 사실에 대해 그날의 역사보다 더 확신을 주는 것은 없을 것입니다."

정신은 자연의 진리라 할 수 있습니다. 자연에서 자기의 외화를 지양하여 자기에게로 돌아온 것이 정신입니다. 정신은 자연에서 벗어나 자기 자신에게로 되돌아갑니다. 이것을 자각한 이성이 곧 정신입니다. 헤겔에 따르면 정신은 3단계로 전개되는데 주관적 정신(인간학 · 정신현상학 · 심리학), 객관적 정신(법 · 도덕 · 국가), 절대적 정신(예술 · 종교 · 철학) 등이 그것입니다.

주관적 정신이란 이성이 자기의식에 도달하여 자연에서 자기 자신으로 돌아오기는 하였지만, 아직 자연의 상태에서 벗어나지 못하고 개인정신이 보다 나은 단계적 전개를 거쳐 객관적 정신과 자기와의 동일성을 의식하는 데까지 이르는 단계를 말합니다. 이 단계의 학문은 자연으로부터 정신이 독립하는 이유를 제시하는 인간학과 자연에 대한 개인정신의 발달을 파악하는 정신현상학과 개인의식을 다루는 심리학에서 다루고 있습니다.

객관적 정신은 정신이 자연의 속박으로부터 벗어나 점차 자유로운 변증법적 과정에서 드러납니다. 먼저 객관적 정신은 법으로서 나타납니다. 법이란 자유인의 협동생활에 불가결한 제약의 총체를 말합니다. 객관적 정신은 제1단계에서도 정신은 정(법)―반(불법)―합(형벌)으로 전개되어 나아갑니다. 양심은 주관적 정신, 즉 개인의지에게 객관적 정신이 복종할 것을 명령합니다. 양심은 일체의 제약을 없게 한 자기 내면의 고독입니다. 인간의 양심은 더 이상 어떤 특수한 목적에 단순히 속박 당하지 않습니다. 인간의 양심이야말로 근대 세계가 표방하는 고차적인 관점이며 이러한 고차적 세계에 이르게 되면 비로소 의식과 자기몰입에 빠지게 됩니다. 인간은 양심에 따라 무엇이 옳고 무엇이 그른지, 그리고 무엇이 권리이고 무엇이 의무인지를 스스로 인식하게 됩니다. 하지만 주관적인 양심은 객관적이고 확고한 가치를 부여할 수 없습니다. 주관적 양심에 따라 의지의 형식이 주체적인 모습을 드러낼 때, 의지의 개념은 일치하지 않습니다.

도덕성은 적법과는 달라서 행위라는 외형보다는 내심의 동기 여부에 관한 것입니다. 하지만 이와 같은 양심은 본래 주관적인 것이기 때문에 불확실하며 양심상 선도행위로 나타났을 때 악일 수가 있습니다. 따라서 양심만을 근거로 하는 도덕은 최고의 것이 되지 못합니다. 헤겔은 도덕성을 모든 제도, 국가, 사회 등 근대세계에 기반한 것으로 보았으며, 주체적인 도덕의지, 양심에서 자아의 자유를 찾고자 했습니다. 따라서 도덕성을 주체의 특수한 원리 또는 전·근대를 구분 짓는 중요한 개념으로서 다음과 같이 파악하였습니다.

> "주체의 특수성의 원리 또는 같은 의미로 주관적인 자유의 원리야말로 근대와 고대를 구별 짓는 전환점이며 중심점이다. 이것은 하나의 새로운 형식의 세계를 위한 보편적이고 현실적인 원리이다. 이 원리가 세부적으로 형태화한 것은 사랑, 낭만적인 것, 개인의 영원한 축복을 목적으로 한다. 이것은 도덕이나 양심, 그 밖의 다른 형식을 드러낸다. 한편으로는 시민사회의 원리나 정치적 기본체제를 위한 요소로서 모습을 드러낸다. 다른 한편으로 역사 속에서 특히 예술·학문·철학의 역사에서 드러낸다."
>
> —『법철학』, §124

진정한 도덕은 개인도덕이 아니라 사회도덕, 즉 인륜성Sittlichkit을 기반으로 하는 도덕입니다. 헤겔의 다양한 인륜성의 개념들은 직접적인 단계(가족: Familie)에서 시작하여 상대적 매개의 단계(시민사회: bürgerliche Gesellschaft)를 거쳐 보편자의 현실화의 단계(국가: Staat)에서 완결하고자 합니다. 다시 말해 그는 인간이 태어나면서부터 관계를 맺고 있는 인륜성의 실체를 가족·시민사회·국가의 세 단계로 나누어 고찰하고 이 단계를 통하여 인륜적 공동체를 실현하고자 했습니다.

절대적 정신은 절대자가 자기 전개하는 제3의 단계입니다. 정신은 객관화된 영역에서 자기 자신을 자각함으로써 자기 자신에게로 되돌아옵니다. 즉 법과 도덕 및 인륜을 통하여 자연적 주관을 극복한 정신은 그 다음 단계에서 순수한 자유로 발전해 나갑니다. 그리하여 정신은 이 단계에서 자기 자신이 절대자라는 것을 인식하기에 도달합니다. 따라서 헤겔의 사상은 도덕적, 사회적, 정치적 사상의 체계로써 통일성을 구축하였습니다.

ⓐ 주관적 정신

인간학 → 자연적 마음
자기감정
현실적 마음

정신현상학 → 자기 자신
자기의식
이성

심리학 → 이론적 정신
실천적 정신
자유

ⓑ 객관적 정신

법 → 소유
계약
형벌

도덕법 → 기도
의도와 복지
선과 악

인륜생활 → 가족
시민사회
국가 혹은 세계정신

ⓒ 절대정신 객관적인 것의 분야로부터 자기 자신에게 돌아가는 정신
(절대적 이념을 아는 것) (a) 예술 (b) 종교 (c) 철학

제10장
생의 철학

제 10 장
생Leben의 철학

01
아르투르 쇼펜하우어Arthur Schopenhauer, 1788~1860: 맹목적인 삶의 의지

아르투르 쇼펜하우어

쇼펜하우어는 1788년 폴란드의 단치히에서 태어났습니다. 그의 가문은 네덜란드 출신이지만, 오랫동안 이 도시에서 옛 전통과 더불어 상업적인 한자 동맹과 연관을 지닌 채 정착하여 살아왔습니다. 그의 조상들은 상당한 명성과 부를 누렸습니다. 쇼펜하우어의 초기 교육은 9살 때 프랑스에서 시작되었습니다. 그곳에서 그의 교육은 상인으로서의 경력에 필요한 과목에 집중되었으나, 곧 철학에 강한 호기심을 나타냈습니다.

아버지는 은행사업에도 관계하는 유복한 사업가로서 쇼펜하우어에게 자기 사업을 물려주려 했으나, 쇼펜하우어는 상속한 유산을 생활 수단으로 삼아 평생을 철학과 저술 활동에 전념했습니다. 어머니는 여러 문학

작품을 남긴 작가였습니다. 어린 시절부터 영국 · 프랑스 등 유럽 여러 나라를 여행했던 일이 그의 세계관 · 예술관에 많은 영향을 주었습니다. 작가였던 어머니 요한나와의 불화 · 대립은 그가 여성을 혐오하고 멸시하게 되는 하나의 원인이 되기도 했습니다.

그는 1809년 독일 괴팅겐 대학에 입학하여 자연과학과 철학을 전공하였으나, 1811년에 베를린 대학교(현재의 훔볼트대학교)로 옮겼습니다. 1813년 루돌슈타트에서 「충족이유율의 네 가지 근원에 대하여」(1813)라는 박사학위 논문을 완성하여 예나 대학으로부터 철학박사학위를 받았습니다. 이어 그는 괴테의 색채론에 자극 받은 『시각과 색채에 대하여Über das Sehen und die Farben』라는 저서를 완성했으며 『의지와 표상으로서의 세계』(1819)를 발표했습니다. 이 저서는 당시 높은 평가를 받지는 못했으나, 이 저서로 인해 1819년 베를린 대학교의 강사가 되었습니다. 쇼펜하우어는 베를린 대학교에서 독일 관념론의 완성자 헤겔Friedrich Wilhelm Hegel, 1770~1831과 맞서는 강좌를 개설했다가 완패한 뒤에 은둔 생활 속에서 학문 연구에만 몰두했습니다. 그는 그 당시 철학계에서 가장 명성을 떨치고 있던 철학자 헤겔과 같은 시간에 강의를 담당할 만큼 자신감에 차 있었습니다. 그러나 헤겔의 수강생들은 만원을 이루며 강의실이 북적거렸지만, 그의 강의실은 소수에 불과했습니다. 헤겔과 라이벌 의식으로 견주려 했던 쇼펜하우어의 강의 실패는 그에게 불쾌한 감정만을 가져다주었습니다. 그는 곧바로 대학에서의 강의를 그만두고 독일에서 예술의 도시, 고전음악의 도시로 널리 알려진 드레스덴Dresden으로 이사를 하였습니다. 지금도 독일인들의 대다수가 그러하지만, 그도 개를 한 마리 키우고 있었는데 그 삽살개를 "아트마(세계영혼 내지 헤겔)"로 지칭하면서 헤겔에 대한 분풀이로 대신하였다고 전해지고 있습니다.

그는 서양에서 태어났지만 동양적인 요소에 깊은 관심을 갖고 있었습니다. 그는 기독교를 싫어하고 인도의 종교, 즉 힌두교와 불교를 좋아했습니다. 그는 직업적인 철학자들보다 예술가나 문학가들과 친분이 두터웠고, 사상도 어느 한 곳에 얽매이지 않고 자유분방하였습니다. 그는 부유한 장사꾼 출신인 부모님과의 관계는 별로 좋지 않았습니다. 집에는 호강을 누릴 수 있을 정도의 많은 돈이 있었으나 행복은 없었습니다. 아버지가 쇼펜하우어의 17세가 되던 해에 죽은 뒤에 아들의 일보다 자신의 일만을 생각하는 어머니와 사이가 나빠졌습니다. 그 이후로 어머니와 점점 사이가 벌어지면서 여자를 멸시하는 버릇이 생겼다고 합니다. 또한 어머니도 쇼펜하우어가 자신을 증오하고 멸시한 것처럼, 그를 경시하였습니다.

무엇보다 쇼펜하우어의 어머니는 문학에 대해 상당한 포부를 갖고 있는 숙녀였습니다. 그의 어머니는 문인들을 위한 살롱을 마련하고 책을 쓰며, 교양 있는 사람들과 사귀었다고 합니다. 젊은 쇼펜하우어가 어머니에게 강하게 반발하였던 것은 그의 아버지가 사고로 중상을 당하여 죽음에 임박했을 때도 아버지를 간호했던 사람은 연로한 하인뿐이었고, 어머니는 태연하게 피로연장을 다니며 여러 사람과 교제를 하였기 때문이었습니다. 쇼펜하우어는 여자, 특히 아내의 사랑이 이런 것인가에 대해 크게 실망하였습니다.

그런데 그녀는 아들에 대해서 별로 애정이 없는 반면에 그 결점에 대해서는 민감한 눈을 갖고 있었다고 합니다. 그의 어머니는 아들에게서 찾아볼 수 있는 허풍과 허망한 감정을 경계하였습니다. 쇼펜하우어는 이 같은 어머니의 그릇된 사랑이 괴로웠습니다. 이런 저런 이유로 그는 어머니를 싫어했으며 아버지에 대해서는 그나마 즐거운 추억을 남기고 있습니다. 그는 성인이 된 후에 어머니로부터 상당한 재산을 상속받았습니다.

그는 1931년에 프랑크푸르트에 정착하여 여생을 보냈습니다. 그는 이웃 사람들에게 심술꾸러기로 보였고 심지어는 무례하게 보였습니다. 그래서인지 항상 혼자였고 친구가 거의 없었습니다. 대신에 많은 여자와 관계하였고 자기가 육욕肉慾에 사로잡혀 있는 것을 항상 부끄럽게 여겼습니다. 그리고 여자를 가리켜 많은 인간적 불행의 근원이라고 공공연하게 깎아내렸습니다. 특히 만년의 수필 『여성에 대하여』에서는 반여성적인 여러 가지 감상들을 서술하고 있습니다. 즉 "여자의 자태나 형태를 보면 여자는 정신적으로나 육체적으로 커다란 일을 지향하고 있지 않음을 가르쳐 주었습니다." 또한 "우리들의 어린 시절의 양육과 교육을 담당하는 사람으로서 여자가 선택된 것은, 여자가 원래 어린이 같고 어리석고 선견지명이 없는 다 자란 어린애이기 때문입니다. 여자는 본래 어린이와 남자 사이의 중간자입니다." 이와 같이 쇼펜하우어가 여자를 혐오하게 된 이유는 어머니와의 사이에서 유쾌하지 않았던 개인적 사정이 큰 원인으로 작용하였기 때문입니다.

그가 세상의 인정을 받게 된 것은 『의지와 표상으로서의 세계』의 보충이라고 할 만한 『인생을 생각한다』라는 말년의 저서를 출간하면서 부터였습니다. 이 책으로 그는 대중적인 인기를 얻게 되었습니다. 따라서 쇼펜하우어는 칸트의 인식론, 플라톤의 이데아론, 인도 베단타 철학의 범신론, 불교 등의 사상에서 많은 영향을 받은 독창적인 철학자였으며, 니체를 거쳐 삶의 철학, 실존철학, 철학적 인간학 등 후세의 철학자들에게 많은 영향을 미쳤습니다. 그는 1860년 9월 21일 72세의 나이에 프랑크푸르트에서 생을 마쳤습니다.

쇼펜하우어는 『의지와 표상으로서의 세계』(1819), 『자연에서의 의지에 관하여』(1836), 「인간의지의 자유에 관하여」와 「도덕의 기초에 관하여」를 묶은 『윤리학의 두 근본문제』(1841), 『독일 철학에 있어서의 우상 파괴』, 두 권으로 된 철학적 수상집인 『여록과 보유(행복론과 인생론)Parerga and

Paralipomena』(1844~1851) 등의 저서를 남겼습니다.

맹목적인 삶의 의지

쇼펜하우어는 염세주의적인 측면이 많았지만 인간의 의지를 강조하였습니다. 그는 자신의 주저인 『의지와 표상으로서의 세계Die Welt als Wille und Vorstellung』(1818)에서 의지로서 세계에 대한 방식을 전개하였습니다. 이 책은 우리가 경험하는 세계, 즉 우리 자신의 표상과 우리의 관계에 관한 추상적인 논의로부터 출발합니다. 흔히 이 책은 네 개의 악장으로 이루어진 교향곡에 비유하기도 합니다. 이 책은 "세계는 나의 표상이다"라는 문장으로 시작하고 있습니다. 쇼펜하우어가 사용한 표상이라는 단어는 문자 그대로 '앞에 놓여진' 또는 '앞에 위치한 것', 또는 '제시한 것'을 의미합니다. 왜냐하면 표상은 우리의 의식이나 지성 앞에 위치한 모든 것, 또는 제시된 모든 것을 지시하기 때문에 "표상으로서의 세계", 또는 "나의 표상"은 우리가 생각하는 것을 지시할 뿐만 아니라 우리가 듣고 느끼는 것, 또는 다른 방식으로 지각하는 것을 의미합니다.

쇼펜하우어가 보기에 표상의 세계를 이루는 것은 주체의 나를 통해서 직접적으로 표현되는 삶의 맹목적인 충동으로서의 의지입니다. 동시에 자연의 세계에서도 의지의 객관화된 현상을 고찰했습니다. 그래서 쇼펜하우어가 주장하는 표상세계는 주체에 의해 인식된 세계입니다. 모든 표상은 주체의 인식행위에 의해 주어집니다. 먼저 표상은 눈, 코, 손 등 주체의 감각기관에 의해 단순한 감각자료로서 받아들여집니다. 주체에 의해 인식된 세계는 내부의 시간과 외부의 공간, 그리고 지성Verstand을 통해 표상으로 파악합니다. 말하자면 우리 눈앞에 보이는 세계는 주체가 지각하는 것을 인과적으로 파악하는 것입니다. 이러한 주체에 의해 받아들여진 감각자료는 인과성을 통해 직관으로 파악하게 되고, 여기서 인과법칙을 적용하는 능력이 지성입니다. 최초이자 가장 단순하고 언제나 존재하는 지성의 표출은 현실세계에 대한 직관에 의해서입니다. 예컨대, 태양이 나타남으로써 세계가 우리의 눈앞에 드러나듯이, 지성은 몸의 감각기관이 제공하는 자료들을 갖고 직관을 만들어 냅니다. 지성은 몸에 도달한 감각을 결과로서 그 원인을 물질로서 직관합니다. 몸은 주체의 직접적인 객체인 것입니다. 우리는 몸이 경험하는 변화를 직접적으로 감지하고, 이것의 원인을 하나의 객체로서 직관하는 것입니다. 몸에서 일어나는 이러한 인식작용이 순수한 지성의 인식방법입니다. 지성에 의해 감각자료들은 비로소 일정한 형태를 갖춘 표상으로 직관됩니다. 이런 점에서 지성에 의한 직관은 경험적인 직관인 것입니다. 실제로 직관은 단순한 우리의 표상이며, 표상으로서 남아 있습니다. 그래서 우리가 경험하는 표상세계는 지성에 의해 시간과 공간이 서로 통일된 표상이라 볼 수 있습니다. 그렇기 때문에 표상으로서의 세계는 인식 주체가 우리의 눈앞에서 사라지면 존재할 수가 없습니다. 왜냐하면 표상으로서의 세계는 주체와의 관계 속에서 존재하기 때문입니다.

쇼펜하우어의 『의지와 표상으로서의 세계』는 네 개의 악장으로 이루어진 교향곡에 비유하기도 합니다. 쇼펜하우어는 주체가 세계를 근거 짓는 형식들을 충분근거율 또는 근거율이라고 불렀습니다. 주체가 근거율을 통해서 객체를 인식하고, 이러한 근거율이 없이 객체가 인식될 수 없습니다.

쇼펜하우어는 「충분근거율의 네 가지 뿌리에 관하여Über die vierfache Wurzel des Satzes vom zureichenden Grunde」(1813)에서 충분근거율을 네 가지로 구분했습니다.

첫 번째 충분근거율은 생성의 충분근거율principium rations sufficientis fiendi입니다. 생성의 충분근거율은 우리가 경험할 수 있는 표상의 모든 사물이 우연히 발생하는 것이 아니라 시간 속에서 어떤 것의 결과로 또는 어떤 것을 원인으로 하여 생성된 것을 의미합니다. 여기서 생성의 근거율은 인과법칙에 따릅니다. 사물의 상태변화에만 인과법칙이 적용될 수 있습니다. 왜냐하면 인과법칙은 오로지 시간 안에서, 상태들의 변화에서 선행하는 것은 원인, 뒤따르는 것은 결과라는 것을 알려주기 때문입니다. 쇼펜하우어는 원인과 결과사이의 인과관계를 원인, 자극, 동기 등의 세 가지 형태로 구분했습니다. 먼저 원인은 무기체의 영역에서 일어나는 변화입니다. 이것은 역학, 물리학, 화학의 탐구대상이 됩니다. 그 다음으로 자극은 식물의 생명현상과 동물의 무의식적인 행동부분의 변화를 지배합니다. 마지막 동기는 동물의 생명과 의식적인 모든 행동을 지배합니다. 동물에게 동기가 없다면, 식물처럼 자극에 따르는 움직임만 있을 것입니다.

두 번째 충분근거율은 인식의 충분근거율principium rations sucientis cognoscendi입니다. 동물과 다르게 인간에게만 고유한 인식능력이라 할 수 있는 이성의 역할이 있습니다. 이를테면 인간의 이성에 의한 반성, 개념에 의한 사유, 숙고의 능력은 인간을 동물로부터 구분합니다. 무엇보다 인간은 언어를 필요로 하며 언어 능력을 갖고 있습니다. 인간은 이성에 의한 추상적인 개념을 만들어내고, 이성에 의해 언어를 사용하고, 선택을 결정하고, 숙고에 따른 행위를 하게 됩니다.

세 번째 충분근거율은 존재의 충분근거율principium rations sufficientis essendi입니다. 이것은 공간과 시간의 부분들이 그 관계들에 대해 서로 규정하는 법칙입니다. 이 존재의 근거율은 인식과정에서 표상의 형식인 시간과 공간의 결합에 의해 물질이 지각되는 단계에 관여합니다. 공간은 위치, 시간은 순서를 존재형식으로 하게 되는데, 이들은 오직 선험적인 순수직관에 의해서만 파악될 수 있습니다.

네 번째 충분근거율은 행위의 충분근거율principium rations sufficientis agendi

입니다. 행위의 충분근거율은 주관의 자기인식을 위한 근거율입니다. 쇼펜하우어는 네 가지의 근거율 중에서 행위의 충분근거율이 가장 중요하다고 보았습니다. 그 이유는 주체의 내적의식은 외부의 사물들처럼 대상으로 인식할 수 없기 때문입니다. 인식 주체는 내면의 느낌과 욕망으로 자기 자신을 의식합니다. 자기의식은 인식되는 것이 아니라 의욕하는 것입니다. 이러한 의욕은 인간의 행위를 이해하는 동기가 됩니다. 이러한 동기는 자극, 원인과 함께 인과성의 세 가지 형식 가운데 하나입니다. 특정한 동기가 원인이 되어 인간의 특정한 행위가 발생하게 됩니다.

따라서 "모든 객체는 그것의 기원이 어디에 있든 간에 이미 주체에 의해 조건 지어진 객체로서 존재하며 따라서 단지 주체의 표상일 뿐입니다. 표상은 감성과 지성의 근본 형식들인 공간과 시간, 그리고 인과성에 의해 '질서 있게 배열된' 주관적인 상태입니다. 표상의 배후에 있는 사물 자체에 대한 탐구는 우리의 사유를 자연 세계로 돌리는 한, 무의미한 일입니다." 나의 신체로서 지각에 나타나는 것은 참된 나의 의지입니다. 그는 의지라는 말을 넓은 의미로 사용하고 있습니다. 예를 들어 바위 한 덩어리도 의지의 표현입니다. 그가 말하는 의지는 지성에서 나오는 것이 아닙니다. 그것은 대부분의 인간들을 고통스러운 삶의 운명으로 몰아넣는 방향 없는 맹목적인 의지입니다.

"의지는 가끔 우리 주의의 자연세계에서 맹목적인 분투입니다. 자기의 목적을 의식하고 있는 의지들도 그 목적에 도달하는 수단을 구사하지 못하고 충동이 끌고가는 대로 이리저리 헤매고 있습니다. 그리고 인간에게서처럼 의지가 지성의 도움을 받고 있는 경우에도 아주 숭고한 의지는 아닙니다."

왜냐하면 쇼펜하우어는 의지가 지성의 도덕적 행위를 보증하는 것이 아니라고 생각했기 때문입니다. 즉 그에게서 세계는 관념인 동시에 의지이며 세계의 본질은 의지로 나타납니다. 인간에게 목표를 설정해 주는 것은 이성이 아니라 의지 그 자체입니다. 세계는 내적인 본질에서 의지입니다. 여기서 그가 말하는 의지는 칸트가 언급하는 물자체와 동의어라고 볼 수 있습니다. 쇼펜하우어에게서 현상세계는 의지가 시간과 공간에 한정되어 나타나지는 않습니다. 모든 객관적인 것은 의지가 나타난 것이며 이는 의지의 객관화입니다. 그러나 쇼펜하우어가 세계의 본질이라고 하는 의지는 여러 현상의 단계로 다가오는데 결국은 의지의 부정이 고통스러운 삶으로부터의 해방이라는 결론에 도달합니다. 의지는 삶에의 의지이기 때문에 무한한 욕구로부터 벗어날 수 없는 고통을 안겨다 줍니다. 그래서 쇼펜하우어는 의지의 부정을 이끌어 냈습니다. 의지 그 자체는 맹목적이며, 그의 현상의 대부분이 무의식적으로 현상화되어 갑니다. 의지에서 뇌를 산출하면, 뇌 속에서는 고유한 자아에 대한 의식, 인식하려는 자아와 의욕하는 자아와의 일치가 성립했을 때 나타나고 있습니다. 단순한 의지는 뇌를 통해서 인식을 의욕하는 것으로 객관화되어

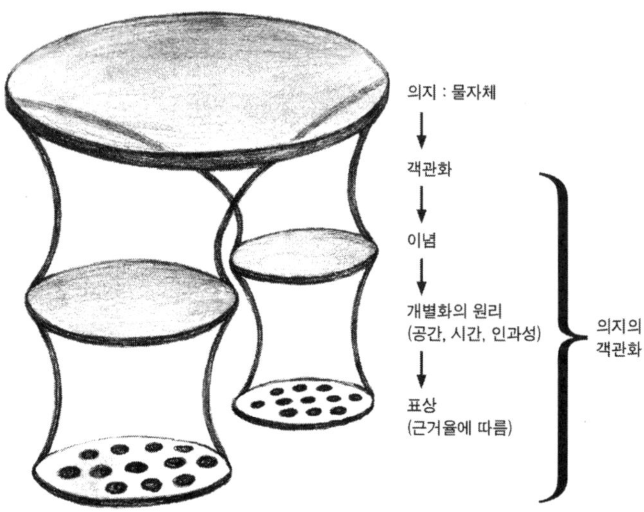

갑니다. 인간의 의지와 인식과의 불화는 인간에게 나타나는 성욕 · 고통 · 불만족 · 고뇌 · 질투 · 야심을 낳는데 그중에서도 강력한 것은 성욕입니다. 그는 성욕을 인간의 내부에서 생겨나는 의지의 가장 명확한 형태라고 말합니다. 남녀의 관계는 인간의 행동과 능력을 보여주는 중심점입니다. 색욕色慾은 전쟁의 원인도 평화의 목적도 될 수 있습니다. 생식기는 의지의 초점이며, 인간은 구체화된 성욕입니다. 성욕은 인간의 남녀 사이의 성교에 의해 생겨나며 인간의 욕망 중의 욕망은 이성과 교제하기 때문에 생겨납니다. 이 욕망만이 인간 전체의 현상을 결합하여 영속시키게 됩니다. 따라서 고유한 인간의 본질은 인식하는 의식 속에 존재하는 것이 아니라 근본적으로 내부의 의지 그 자체에 있으며, 인간의 반성적인 추상적 능력도 오로지 의지의 도구일 뿐입니다. 그는 철저한 의지의 부정을 통해 그의 철학관을 최상의 목표로 삼았습니다. 따라서 쇼펜하우어의 의지관은 맹목적인 삶의 의지라고 불리고 있습니다.

행복의 본질

쇼펜하우어는 의지론과 다소 다르게 『행복론』에서 행복의 본질을 다음과 같이 네 가지의 커다란 범위 안에서 정리하고 있습니다. 이는 현대를 살아가는 우리에게도 마찬가지로 유사한 행복관이라 하겠습니다.

첫째, 명랑한 질서, 행복한 활기가 중요합니다. 이것이 인간이 누리는 괴로움과 기쁨의 정도를 결정합니다.

둘째, 명랑하기 위해서는 무엇보다 몸이 건강해야 합니다. 건강은 명랑한 정서와 아주 밀접하게 연관되어 있으며, 이를 위한 필수조건이라고 말할 수 있습니다.

셋째, 정서적인 평온이 중요하고 말할 수 있습니다. "행복의 대부분을 이루고 있는 것은 현명함입니다", "가장 즐거움 삶의 본질은 무념무상無

念無常입니다." 그는 고통과 행복의 감정은 주관적인 것이라고 말합니다. 즉 우리는 가난한 사람들이 부유한 사람들 못지 않게 즐거운 모습을 볼 수 있으며, 그러한 모습은 부유한 사람들보다 가난한 사람들에게서 더 자주 발견할 수 있습니다. 그의 마음의 평정은 "어려울 때에는 늘 평정을 잃지 않도록 하라. 행복할 때의 마음이 지나친 기쁨을 다스릴 수 있다"는 것입니다.

넷째, 외부의 재물 내지 자산이 중요한 요소입니다. 하지만 아주 약간만 있으면 됩니다. 따라서 그는 에피쿠로스의 견해에 따라 이렇게 구분하고 있습니다.

① 당연히 필요한 동시에 꼭 필요한 자산
② 당연히 필요하지만 꼭 필요하지 않은 자산
③ 당연히 필요하지도 꼭 필요하지도 않은 자산

여기서 쇼펜하우어는 행복이 가르쳐야 할 것은 첫 번째 요소인 행복의 활기와 두 번째의 인간의 몸의 자산을 얻는 방법이라고 말하고 있습니다.

02

빌헬름 딜타이Wilhelm Dilthey, 1833~1911: 삶을 삶 그 자체로 이해한다

딜타이는 라인강江가의 비브리히Biebrich am Rein에서 목사의 아들로 태어났습니다. 그의 가계에는 법관이나 성직자가 많았습니다. 그의 아버지는 나사우의 궁정목사였고 그의 어머니는 피아니스트였습니다. 딜타이의 조부祖父는 "마탄의 사수"로 우리에게 잘 알려진 작곡가 마리

빌헬름 딜타이

아 폰 베버Maria von Weber와 같은 훌륭한 음악가를 배출하였습니다. 이렇듯 딜타이는 유년기에 그의 가계의 예술적 소양을 많이 받고 자라났습니다.

딜타이는 1830년 7월 혁명과 1948년 혁명 사이의 시기에 청년기를 보냈습니다. 유럽의 정치적 상황은 빈 회의 이후에 프랑스 혁명의 이념에 대항하여 연합하였던 보수 세력에 의해 장악되었습니다. 진보 세력 역시 보수 세력에 대항하여 확고한 기반을 얻지 못하는 상황에 있었습니다. 1852년 여름학기에 딜타이가 하이델베르크에서 신학 공부를 할 무렵에는 보수 세력이 주도권을 장악하고 있던 시기였습니다.

딜타이는 1860년 『슐라이어마허의 해석학 체계: 전기 프로테스탄트 해석학과의 대결』이라는 논문을 제출하여 슐라이어마허 재단에서 수여한 우수상을 받았습니다. 그는 이 현상논문을 『해석학의 기원』(1900)이라는 제목으로 자신의 사상을 발전시켰습니다.

정신과학의 토대로서의 삶의 이해

딜타이는 삶das Leben을 중요하게 간주합니다. 그래서 그는 삶의 철학을 기초로 정신과학의 철학적 근거를 정립하고자 하였습니다. 따라서 딜타이 철학의 출발점은 "인간을 어떻게 이해하고 있느냐?" 하는 물음에서 시작합니다. 인간은 영구불변한 실체를 갖고 있는 주체가 아니라 구체적인 역사적, 사회적 상황 속에서 생동적으로 살아가고 있는 개체입니다. 딜타이는 인간이 가진 인식의 능력을 역사성으로 규정하고 있기 때문에 어떤 보편타당하고, 체계적이고, 성숙된 지식에 도달할 수 없다고 말합니다. 무엇보다 딜타이의 정신과학의 목표는 삶의 복합성을 인식론적 차원에서 심도 있게 고찰하는 것이었습니다. 이런 문제의식 속에서 그는 칸트의 경험개념이 너무 협소하다고 파악하여 칸트의 『순수이성비판』을 비판하는 것에서부터 시작하였습니다. 그는 인식론을 구성하는 데 있어서 칸트가 제시한 선험적 형식들은 인간 일반의 경험을 개인의 경험으로 제대로 구성하지 못했다고 비판했습니다. 그래서 그는 칸트의 거시적 담론인 비판철학을 검토하고 개인적 삶의 사회적-역사적 사실에 바탕을 둔 역사이성비판을 정립해 나가고자 했습니다.

딜타이는 『해석학의 기원』(1900)이라는 논문에서 이해개념에 대한 동기를 제시했습니다. 그의 정신과학의 토대는 인식론적이고 논리적인 이해의 방법론적인 분석을 주요 과제로 삼았습니다. 여기서 그는 보편적 의미의 정신과학을 해석학이라 불렀습니다. 그리고 그의 『정신과학의 입문』(1883)에서 이해의 문제와 해석학사에서 드러난 정신과학을 최고의 가치로서 부여했습니다. 왜냐하면 그가 언급하는 모든 정신과학의 원리는 인간의 자기이해와 함께 역사와 심리학, 삶에서 경험한 인간의 문화적 능력과 그 부산물들을 총체적으로 다루고 있기 때문입니다.

딜타이의 정신과학의 연구는 크게 두 단계로 나눌 수 있습니다. 첫 번째 단계는 이해를 하나의 정신적 사실 내지 과정으로서 수용한 단계이며, 두 번째 단계는 정신의 이해가 심리적 인식이 아니라고 주장하는 단계입니다. 여기서 정신적 이해란 독립적인 구조와 합법칙성을 근거로 하여 정신의 심상心想에로 되돌아감을 말합니다. 즉 정신의 이해는 의미의 세계로 돌아가는 정신적 연관성을 실현하는 것이며 이러한 연관성을 의미의 세계로 되돌아가게 합니다. 딜타이의 정신의 객관화에 대한 논증은 체험 · 표현 · 이해라는 삼위일체에서 성립합니다. 즉 이와 같이 그의 정신과학은 삶 · 표현 그리고 이해의 상호 연관성에서 진행되어 갑니다.

삶의 객관적 타당성은 어디에서나 내적인 것과 외적인 관계를 함께 포함하고 있습니다. 그러한 삶의 객관적 보편타당성은 그 무엇인가에 대한 독자적인 내용들에 대해 삶을 단순화시킵니다. 그리고 객관적 타당성은 모든 다른 사람에게 설명을 필요로 하는 체험에 관계하고 있습니다. 그래서 딜타이는 심리학과 역사를 아주 밀접한 관계로 생각하고 정신과학의 근거를 기술적 심리학에서 찾았습니다. 여기서 정신의 통일체는 개인의 내·외적인 상호작용과 삶의 역사적 고찰을 통해 생성됩니다. 이러한 심리학의 인식의 근거는 체험과 이해입니다. 여기서 심리학은 정신과학을 설정하고 심적인 대상과 연관됩니다. 따라서 이해는 모든 정신과학의 삶에 대해 복합적으로 진행되어 나아갑니다. 이렇듯 딜타이 삶의 철학에서 모든 심리학은 우리의 정신적 구조연관인 삶과 체험의 전체성에서 출발했습니다. 결국 딜타이는 심리학을 심리적인 삶의 진행과정의 철학으로 이행하는 것으로 간주하였고, 동시에 삶의 진행과정으로 편입시켰습니다. 따라서 그는 심리학적인 구조연관의 개념을 삶의 진행과정으로 이해하였고 정신적인 삶의 현상과 연관시켜 규명하고자 하였습니다.

해석학적 순환: 체험·표현·이해

딜타이는 자신의 해석학을 이해하는 데 있어서 부분과 전체의 관계에 대해 부분은 전체의 의미로서, 그리고 다시 전체는 부분의 의미로 순환한다고 보았습니다. 즉 개체는 전체로서, 그리고 전체는 다시 개체로 진행됩니다. 그러므로 이해는 순환하는 구조로서 전체와 부분의 상호의존하는 관계에 있습니다. 이런 관점에서 딜타이 정신과학의 근본테제는 전체와 부분의 순환관계 속에서 "삶을 삶 자체로 이해하기를 원한다"라는 표현으로 집약됩니다.

딜타이는 『정신과학에 있어서 역사적 세계의 구성』(1910)이라는 논문에서 "우리는 외부에서 주어지거나, 내부에서 인식한 부호 속에 있는 과정을 이해"해야 한다고 생각했습니다. 딜타이의 이해 개념은 일반적으로 문화 대상 · 객관적 정신 · 삶의 객관성 · 역사적-사회적 현실을 해명하는 것을 가리켰습니다. 즉, "이해란 너 안에서 나를 재발견하는 것입니다. 정신은 점점 높은 단계들의 연관 속에서 자신을 다시 발견합니다." 나 안에서, 너 안에서, 한 공동체의 모든 주관 안에서, 문화의 모든 체계 안에서, 궁극적으로는 정신의 총체성과 보편사 안에서 정신과학의 다양한 기능들의 협력을 가능하게 해 줄 수 있습니다.

딜타이는 심리적 현상의 출발점은 체험Erlebnis이라 보았습니다.

체험은 외적 지각äußere Wahrnehmung과는 다소 다르게 내적인 지각innere Wahrnehmung에서 직접 주어지고 있습니다. 여기서 체험은 전체적인 연관을 통해 조명하고 있지만, 내적 심리적인 삶 속에서 밝혀내고자 합니다. 즉 체험은 전체적인 심적인 연관과정에서 함께 움직이게 됩니다. 정신과학의 방법론적인 근본개념은 이해입니다. 딜타이에게 있어서 이해는 삶의 의미성Bedeutsamkeit을 직접 파악하여 삶의 연관 속에서 드러내 보이는 것이었습니다. 딜타이의 해석학은 "이해의 일반적 이론과 이해의 방법론"으로서 구별하였습니다.

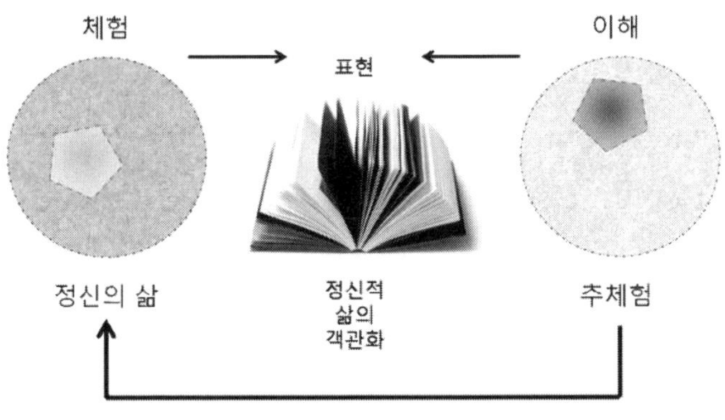

특히 이해의 일반이론은 먼저 방법론적인 이해의 구조를 분석하여 이해의 타당성 요구를 밝혀내는 것입니다. 딜타이는 『정신과학의 역사적 세계구성』(1910)의 논문에서 체험과 이해를 행위의 단계로 확충하고 역사적 세계의 객관적 지식을 통해서 삶의 이념적인 연관을 규명하고자 하였습니다. 또한 『해석학의 기원』에서는 "해석학적 순환"이라 부르는 체험Erlebnis · 표현Ausdruck · 이해Verstehen의 3박자를 발견합니다. 딜타이는 해석학적 순환을 역사학자 드로이젠J. G. G. Droysen의 『역사학 강요』를 인용하여 "개별적인 것은 전체적인 것 속에서 이해되고, 전체적인 것은 개별적인 것으로 이해된다"고 하는 데서 출발했습니다. 내가 전체를 이해하려는 것은 전체는 개별적인 표현으로, 개별적인 표현은 전체적인 것으로 보충해 나갑니다. 해석학적 순환은 정신과학의 인식론을 밝혀내기 위한 중요한 과제입니다. 이것을 딜타이는 순환하는 과정으로서 체험 · 표현 · 이해의 관계를 제시하였습니다. 즉, 정신과학은 체험 · 표현 · 이해의 관계에 의해 각인되어 집니다. 이러한 관계는 정신과학의 대상을 외부 대상에서 이끌어 내는 것이 아니라, 그 내부의 심적 체험에 의해 밝혀내는 것입니다. 따라서 그는 체험 · 표현 · 이해의 상호관계에 의해 정신과학이 정립된다고 보았습니다. 이런 관점에서 정신과학의 대상은 체험 · 표현 · 이해의 관계에 의해 구성되며 동시에 이러한 연관성 속에서 그 기능을 수행해 나가는 것입니다. 따라서 체험 · 표현 · 이해의 관계는 정신과학의 방법론과 정신과학의 해석학으로 전개되어 갑니다. 이러한 과정은 상호소통하면서 정신의 모든 객관화에 대한 이해를 확대해 나갑니다. 그렇기 때문에 정신과학의 이해는 낯선 삶의 체험을 통해 자신의 체험을 충족시키며, 전이轉移에 의해 체험과 이해를 재현하게 됩니다. 딜타이는 체험 · 표현 · 이해 중에서도 특히 체험을 중요한 부분으로 간주했습니다. 체험은 인식론에서 잘 알려진 대로 "내면화함Innewerden"의 의미와 연관되어 있습니다. 체험에서 내적인 것과 내가 지각하는 것은 하나입니다. 즉 내면화와 내적인 것에서와 마찬가지로 체험하는 자와 체험된 것은 대립적인 관계가 아닙니다. 다시 말해 체험은 결코 의문의 여지가 없는 독자적인 확실성을 지니고 있습니다. 이런 점에서 체험은 개별적이고 사적인 사건입니다. 개별적 인간은 체험의 당사자이며, 결코 어느 누구와도 대체할 수 없습니다. 하지만 체험을 대신한 전이轉移된 사유는 언제든지 대체 가능합니다. 이러한 체험의 전이를 가능하게 하는 내적인 관계는 모든 해석학적 규칙의 전제조건이 됩니다. 이미 지나간 과거를 체험한 이해는 이러한 전이의 도움을 받고 나타납니다. 지나가 버린 체험의 표현이라는 것은 완전하게 사라져 버린 것이 아니라 현재에 때때로 다시 나타날 수 있습니다.

따라서 그의 이해이론은 우리의 표현들을 원초적으로 체험하는 것이 아니라 심리적 사실에 대한 표현으로 이해하고 있습니다. 이러한 이해이론은 주관적인 심리학적 체험에 근거합니다. 따라서 딜타이의 삶의 철학은 사회적-역사적 세계gesellschaftlich-geschichtliche Wirklichkeit에 기반을 두고 있으며, 이러한 사회적-역사적 세계의 현실들은 개별적인 개체의 체험 가능한 심리적 연관성을 넘어서고자 하였습니다.

정신과학과 자연과학의 구분

딜타이는 "자연은 설명하고 정신은 이해"하며, 그 정신은 사회적-역사적 삶의 이해이어야 한다고 말합니다. 그는 정신과학과 자연과학을 다음과 같이 나누어 구분했습니다. 자연과학이 대상의 외부로부터 또는 현상으로서 의식에서 성립되는 반면에, 정신과학은 내부의식의 살아 있는 관계에서 독자적으로 구성되어 있습니다. 여기서 자연과학은 자연의 관계에서 주어진 가설을 매개로 하여 보충적인 추론에 의해서 설명됩니다.

이와 다르게 정신과학은 내부의 심적인 삶Seelenleben의 연관에 근거하고 있습니다. 정신과학은 내부의 경험에서 정신의 개별적인 부분이 전체적인 것을 구성합니다. 이렇게 그는 자연과학과 정신과학의 대립을 통해 그의 철학적 구상을 밝혀내고자 했습니다.

하지만 이해와 설명의 구분은 그렇게 간단히 형식화되는 것은 아닙니다. "왜냐하면 정신과학과 자연과학은 그것을 구성하는 두 개의 사실영역으로서 논리적으로 정확히 구분할 수 없기 때문입니다. 생리학도 인간의 한 측면을 다루고 있습니다. 사실의 상태에서 두 분류를 정확히 설정할 수 없습니다." 여기서 이해는 현실에서 적용되는 일정한 방법론의 형식이며, 이에 반해 설명은 자연의 보충적인 다른 형식입니다. 이렇게 딜타이에게서 이해와 설명의 대립은 그 배후에서 내적인 지각 및 외적인 지각Wahrnehmung을 구분하여 전개해 나갔습니다. 특히 딜타이가 대립의 쌍으로 선보이는 자연과학과 정신과학과의 관계는 역사적 과정의 출발점에 서 있습니다. 흔히 자연과 정신의 관계는 근원적으로 존재한 것이 아니라 역사적으로 생성된 이원론인 것입니다.

잘 알려져 있듯이, 자연과학은 하나의 가설적인 개념을 설정하고 있습니다. 자연과학은 어떤 개념을 타당한 것으로 수용할 경우에 그것은 인과성의 원리에 의해 규정하고 있습니다. 하지만 정신과학에서 인과성은 체험 가능한 범주입니다. 일반적으로 자연은 우리에게 무한한 힘으로 나타나며 정신은 우리의 존재 전체를 경험하게 됩니다. 실재적으로 정신과학은 자연과학과 결코 동일하지 않습니다. 자연과학에 적용되는 대상이 정신과학에서도 언제나 타당하다고 볼 수 없습니다. 자연과학은 어떤 실체나 사건을 일으키는 작용인으로서의 개념들을 새롭게 전개해 나갑니다. 이와 같은 자연과학적 인식의 개념들은 정신과학과 별개로 독립적으로 만들어집니다. 정신과학은 개인의 생애에서부터 모든 인류에 이르기까지 역사적 세계에 방식의 연관들을 아주 제한된 범위 안에서 묘사할 뿐입니다.

이렇듯 딜타이는 현대의 철학적 논쟁에서 해석학과 심리학을 통한 정신과학의 철학적 근거를 마련하였습니다. 또한 그는 20세기 정신사에서 많은 우리 시대의 정신적 사유를 선취하였고 그 유산을 남겨 주었습니다. 딜타이의 궁극적인 계획은 역사적 삶의 보편적 철학을 실현시키는 것이었습니다. 20세기 정신사에서 딜타이의 해석학을 계승하고 발전시킨 하이데거와 미쉬G. Misch, 가다머H-G. Gadamer, 하버마스Habermas, 리꾀르P. Ricouer와 같은 해석학의 철학자들도 기본적으로 방법론적인 계획을 설정하여 역사성의 보편성을 부각시켰습니다. 딜타이 이후의 해석학은 하이데거와 가다머를 거치면서 정신과학의 방법론만으로 제한되지 않는 존재의 이론으로 발전해 나갑니다. 또한 하버마스와 아펠K-O. Apel을 통해서 사회과학과 실천철학의 방법론으로 전개되었습니다. 리꾀르와 푸코M. Foucault에게서는 현상학, 구조주의 등 다양한 계기와 접합하면서 초기의 해석학과는 다소 다른 모습으로 성장하게 됩니다.

03

프리드리히 니체Friedrich Wilhelm Nietzsche, 1864~1900: 신은 죽었다

니체는 개신교 계열의 성직자 집안에서 태어났습니다. 니체는 뢰켄Röcken의 목사였던 카를 루드비히 니체Carl Ludwig Nietzsche와 뢰켄의 이웃 마을 목사의 딸 프란치스카 욀러Franziska Oehler 사이의 첫째 아들로 태어났습니다. 니체의 친할아버지는 루터 교구의 감독직을 맡고 있었으며,

프리드리히 니체

친할머니는 5대조 선조부터 목사 집안의 딸이었습니다. 어렸을 적에 니체도 그의 친구들에게 작은 목사로 불릴 정도로 기독교에 신심이 깊은 소년이었습니다. 그는 20세가 되던 해에 본Bonn대학에 입학하여 문헌학과 신학을 공부했지만, 한 학기를 마친 후에 신학을 중단하고 문헌학에만 전념하게 됩니다. 그는 목사의 피를 양兩부모로부터 이어받아 성장했지만, 청년기에 들어오면서부터 신의 사망선고에 대한 작업을 서서히 준비하고 있었습니다. 니체는 학교에서 주로 고전을 공부하였습니다. 그는 매우 명석했고 20대 중반에 박사학위나 교수 자격 논문 없이 리츨 교수의 추천으로 스위스 바젤대학의 전임교수가 되었습니다. 이는 매우 드문 일이었습니다.

거기다 니체는 정식으로 철학 공부를 한 적이 없습니다. 그가 철학을 입문하게 된 계기는 쇼펜하우어의 책을 접하게 되면서 부터였습니다. 그는 건강이 좋지 않아 학교에 사표를 내고 학계에 남아 있는 것을 포기하고 오랫동안 스위스와 이탈리아에서 고독하고 한적한 삶을 살았습니다. 니체는 학창시절 쇼펜하우어의 『의지와 표상으로서의 세계』라는 책을 읽고 사상적으로 깊은 영향을 받았고 바그너Richard Wagner, 1813~1883의 음악에 매료되었습니다. 니체는 사상적으로는 쇼펜하우어로부터, 예술적으로는 바그너의 오페라, 민족음악 등에 깊은 영향을 받았습니다. 그의 철학관은 음악과 철학이론 그리고 그리스 고전이론을 어떻게 조화시키는가에 관심을 집중시켰습니다. 니체는 쇼펜하우어의 영향을 특히 많이 받았는데 니체가 쇼펜하우어를 알게 된 것은 1865년 어느 고서점에서 우연히 그의 주저인 『의지와 표상으로서의 세계』를 우연히 발견하여 통독하면서 부터였습니다. 그때 쇼펜하우어는 이미 5년 전에 죽었고, 노년에 어느 정도 명성을 누렸으나 그다지 유명하지도 않았습니다. 쇼펜하우어의 글을 탐독한 후 그의 열광은 오래가지 않았습니다. 한때 그의 염세주의에 경도되었지만, 시간이 흘러 생을 긍정하고 그 의미를 고양하는 생의 철학자의 길을 가면서 염세주의를 극복의 대상으로 보게 되었습니다.

아직까지도 니체만큼 예술과 철학의 접목에 커다란 재능과 관심을 보인 학자는 드물다고 할 수 있습니다. 그가 항상 외치고 있던 힘에의 의지도 이들의 이론과 예술들의 결정체라고 해도 무방할 것입니다. 16년이 넘는 세월 동안 니체는 수많은 난해한 저작들을 쏟아 냈습니다. 우리에게 잘 알려진 그의 처녀작품인 『음악정신으로부터 비극의 탄생』(1872)을 비롯하여 『인간적인 너무나 인간적인』(1881), 『즐거운 학문』(1872), 『도덕의 계보』(1887), 『선악의 저편』(1887), 『차라투스트라는 이렇게 말했다』(1891) 등 수많은 주옥같은 저서를 남겼습니다.

비극 예술의 탄생: 아폴론과 디오니소스

니체는 처녀작 『음악 정신으로부터 비극의 탄생Der Geburt der Tragödie aus dem Geiste der Musik』(1872)에서 아폴론과 디오니소스를 전면으로 등장시켰습니다. 니체는 이 저서에서 아폴론적인 휴머니즘의 이상형보다는 이성의 타자他者로서 감성적인 디오니소스의 미학적 현상을 힘주어 강조합니다. 그는 아폴론적 요소가 팽배한 서구 근대문명에 디오니소스적인 요소를 부활시켜야 한다고 강하게 주장했습니다. 니체 사유의 중심점은 미적인 세계를 이성의 타자로 설정하고 미적인 형이상학으로 표현하였습니다. 니체가 초기 저작에서 미적인 현상이라 부르는 것은 근대 예술의 미적인 경험을 디오니소스적 상태를 설명하는 데 초점을 맞추었습니다. 니체는 『비극의 탄생』에서부터 그의 말기 작품인 『이 사람을 보라』(1908)에 이르기까지 삶의 디오니소스적인 최고의 축제를 거듭 표현하고 있습니다. 니체는 예술의 발전이 아폴론적인 것과 디오니소스적인 것의 이중성과 결합되어 있다고 주장하는 가운데 이야기를 전개해 나갔습니다. 즉 예술은 아폴론적 요소질서와 디오니소스적인 요소무질서라는 두 요소로 이루어진다는 것입니다.

아폴론제우스의 아들, 태양의 신은 그리스 정신에 깃든 질서, 명석함, 균형, 형식의 조화를 표상합니다. 아폴론적 힘은 그리스 조각과 시각예술에서 구현된 이상적인 인물의 모습과 맞닿아 있습니다. 아폴론적 요소로는 질서와 구속의 형식을 통해 미를 창조하는 힘이며, 조각에서의 표현, 개체화의 원리, 삶의 역동적인 과정을 통제하고 구속합니다. 그래서 아폴론은 개별화의 원리principium individuationis에 대한 신적인 상, 다시 말해 수數에 속하지 않고 초연히 존재하는 아름다운 인물을 표상한다고 할 수 있습니다. 아폴론은 개별화의 원리를 지배하는 변신의 신이며 변신을 통해 형상적 구원을 성취하는 신인데, 니체는 아폴론적인 것을 통해 경험되는 형식적 미에서 숭고의 형식을 발견해 냈습니다.

반면에 디오니소스제우스의 아들, 술의 신는 모든 형식적 구조의 완결성을 위협하는 무질서하고 도취적인 원기의 상태를 표상합니다. 디오니소스

아폴론과 디오니소스의 차이

아폴론	디오니소스
꿈	도취
합리	비합리
질서	무질서
형상/한계/가상	무정형
조각/건축	음악
절도/한계	과도/불손
개체화의 원리	탈개체화의 원리

적 숭배는 성애性愛, 무의식적 욕망, 자연의 힘이 지닌 무도덕성 등을 찬양하는 것으로서 자율적 개인의 세련된 개별화를 파괴하고, 우리를 자연의 '가장 내밀한 핵심'과 재결합시키고자 하였습니다. 예컨대 디오니소스는 음악을 가장 훌륭한 분위기로서 표현합니다. 디오니소스는 삶과 인간의 합일을 상징하며 혐오스러운 욕정과 잔인함을 혼합하고 있는 것으로 묘사되고 있습니다.

따라서 니체의 『비극의 탄생』은 인간의 삶은 불가피하게 암흑 속에 밀려드는 감정의 힘들을 내포합니다. 비극의 탄생 혹은 예술의 창조란 병든 디오니스적인 광포狂暴의 도전에 의한 인간의 건강한 요소로서 아폴론적인 것의 응전이라 할 수 있습니다. 니체는 디오니소스를 삶과 연관시켜 파악합니다. 즉, "디오니소스는 삶의 이성 비판으로서 드러납니다. 디오니소스적인 개념이 삶의 이성 비판으로 나타날 때, 그 개념은 각기 다른 개인과 서로 관련되어 있습니다. 여기서 개인으로서 인간은 예술을 구제하고 또한 예술을 통해서 삶이 구제되며, 개인의 삶과 연관된 이성 비판은 생활 조건의 비판에서 가해집니다." 우리의 일상적인 생활 조건은 거대한 세계를 구성하며, 세계는 개인과의 관계 속에서 형성됩니다.

> "삶은 예술가의 렌즈 아래서 학문을 보려는 것이지만, 삶 속에서 예술을 보는 것입니다."

이러한 목적을 니체는 위대한 예술 현상의 사례에서 그리스의 아폴론과 디오니소스의 비극을 탐구하고자 하는 것이며, 그 내면의 목적은 잘못된 가치 설정을 수정하거나 이의를 제기하여 삶의 정당화를 올바르게 이해하려는 데 있었습니다. 아폴론과 디오니소스의 두 예술은 미적인 형이상학으로 설명됩니다. 니체는 쇼펜하우어의 『의지와 표상으로서의 세계』의 모델에 따라 의지를 디오니소스의 세계로서, 표상을 아폴론적 세계로서 이해하고 있습니다. 니체는 쇼펜하우어의 현상 세계와 의지 세계의 대립을 아폴론과 디오니소스의 이중성으로 표현하였습니다. 니체의 초기 예술관의 주된 개념은 아폴론적이고 디오니소스적인 이중성 Duplicität의 관계에 있습니다. 즉, "우리는 미학에 대해 많은 것을 얻고 있습니다. 우리는 미학을 단지 논리적인 통찰만 얻으려는 것이 아니라, 직접 직관의 확실성을 획득하려는 데 있었습니다." 니체의 이러한 예술의 전개는 아폴론적이고 디오니소스적인 이중성과 서로 결합되어 있습니다. 니체의 예술철학에서 디오니소스와 아폴론의 이중성은 서로 대립적인 예술 원리입니다. 아폴론이 형상적이고 구체적인 모습을 보이고 있다면, 디오니소스는 도취적이고 술취한 모습을 보이고 있으며, 아폴론이 거울같이 반영적이라면, 디오니소스는 소모적이고 퇴폐적인 형태로 나타납니다.

니체의 관점에서 그리스 비극의 아폴론적인 것은 잠정적으로 "조형가의 예술"로 규정되며, 디오니소스적인 것은 "음악의 비형상적인 예술"로 표현됩니다. 두 예술적 충동Kunsttrieben 사이에는 그 유래와 목적에 따라 많은 대립이 있어 왔으나, 디오니소스적인 것이 아폴론적인 예술 작품을 창조한다는 것입니다. 아폴론적이거나 디오니소스적인 예술적 충동은 예술가의 매개 없이 자연 그대로 나타납니다. 이러한 예술적 충동은 꿈의 아폴론적 예술 세계와 도취하는 디오니소스적인 예술 세계로 등장합니다. 이러한 두 예술적 충동은 대립 파트너인 "꿈과 도취"의 예술 세계를 구성합니다. 여기서 아폴론적이고 디오니소스적인 대립적인 파트너는 꿈과 도취의 대립 속에서 다시 반영되고 있습니다.

그러면 니체에게 꿈의 예술 세계는 무엇이고, 도취의 예술 세계는 어떤 모습으로 나타날까요? 니체는 꿈과 도취에서 아폴론적이고 디오니소스적인 관계를 연결했습니다. 아폴론적이고 디오니소스적인 사유는 자연의 예술 상태로써 꿈과 도취의 모습으로 나타납니다. 아폴론의 원리는 꿈의 개념에 의존해 있으며, 그 꿈은 조형 예술에 대한 자연의 모형입니다. 꿈은 니체가 생각하는 것처럼, 그리스 아폴론의 신으로써 인간의 조형을 창조하는 힘의 표현이며 동시에 상상력의 산물입니다. 꿈의 세계는 "광명의 신이며, 내적인 환상 세계의 아름다운 가상Schein"을 지배합니다. 이런 점에서 꿈의 세계는 그림과 가상의 세계입니다. 이곳에서 우리는 꿈의 현실에 대한 최고의 삶을 가상 속에서 "서광이 비치는 지각Empfindung"을 깨닫게 됩니다. 우리는 꿈의 세계에서 드러난 아름다운 가상도 예술가들의 창조물이라 간주합니다. 단지 꿈의 세계는 개인의 예술가적인 교육이나 지적인 수준에만 관여하지 않고 완전성을 추구하고자 합니다. 예술가적인 기질을 지니고 있는 인간은 꿈의 현실에 관련하여 환상 세계의 아름다운 가상을 출현시킵니다. 여기서 니체는 꿈속에도 현상 세계가 있으며, 공간, 시간, 인과율의 형식 등에서 분명하게 나타난다고 보고 있습니다. 따라서 꿈의 세계는 경험적 현실로서 타자의 높고 완전한 현실을 모방하고 있습니다.

처음부터 디오니소스와 아폴론 사이의 첨예한 대립은 단지 변증법적인 대립이 아니라 디오니소스와 소크라테스 사이에 심각한 대립의 간극이 있었음을 뜻합니다. 니체는 비극에 대립하는 이유도 비극이 죽음으로 몰고 간 것도 아폴론이 아니라 새로 태어난 마신魔神 소크라테스였다고 강력하게 주장했습니다. 또한 소크라테스는 디오니소스적이지도 않고 아폴론적이지도 않다고 보았습니다. 따라서 그리스의 비극작품은 이러한 대립으로 인해 몰락한 것은 아니라는 것입니다. 니체는 소크라테스에 대해 다음과 같이 말합니다.

"생산적인 모든 인간에게는 본능이야말로 창조적이고 긍정적인 힘이며, 의식은 비평적으로 부정적인 힘인 반면에 소크라테스에게서 본능은 비판적인 것이 되고 의식은 창조적인 것이 됩니다."

니체에 의하면, 소크라테스는 퇴락데카당스의 최초의 천재입니다. 왜냐하면 그는 관념을 대립시키고 삶을 관념에 의해 판단하며, 또한 삶을 관념에 의해서 파산되고 정당화되고 예속되는 것으로 보았기 때문입니다. 소크라테스가 우리에게 요구하는 바는 부정의 무게로 짓눌린 삶이 그 자체로 욕망되고 체험할 만한 가치가 없는 것으로 생각하도록 만든 것입니다. 즉 소크라테스는 이론적 인간의 유형이자 시조이며 비극적 인간의 참된 대립자입니다. 그는 마부馬夫의 자리에 가장 어울리는 사람이 소크라테스라고 말합니다. 왜냐하면 소크라테스는 "그 이전에는 전혀 없었던 삶의 양식을, 즉 이론적 인간의 유형"을 잘 보여주었기 때문입니다. 니체는 여기서 이론적 인간을 예술가적 인간과 대비시켰습니다. 이 두 인간의 유형은 "눈 앞에 있는 것에 무한한 기쁨을 느끼면서 염세주의적 실천"을 비껴간다는 점에서 공통점을 갖고 있습니다.

하지만 기쁨과 만족을 느끼는 최종적 대상이 서로 다르다고 니체는 강조합니다. 즉, 예술가는 진리의 베일 배후의 것(진리 자체)에 시선을 고정시키는 반면, 이론적 인간은 그 베일에서 그리고 성공적인 베일 벗기기 과정 자체에서 기쁨을 얻는다는 것입니다. 여기서 니체는 이론적 인간의 이론적 활동을 학문이 진리 자체를 대상으로 삼는다고 가정해 보자고 제안합니다. 그는 소크라테스의 문화를 오페라 문화의 전형이라 간주합니다. 즉 니체는 알렉산드리아적이며 이론적인 소크라테스의 문화를 오페라 문화라고 불렀습니다. 그리고 소크라테스의 문화는 특유의 소박성으로 자신들의 의지와 인식을 오페라의 영역에서 표명하였기 때문에 이 오페라 문화의 중요성은 더욱 부각되었습니다. 니체는 소크라테스가 고대 비극의 몰이해로 인해 미학적 소크라테스주의는 살인적 원리라 불러도 무방하다고 강하게 비판합니다. 따라서 우리는 "미적인 소크라테스주의가 고대 예술의 디오니소스적인 것을 지향하고 있었다면, 소크라테스는 디오니소스의 적敵, 새로운 오르페우스를 보게 됩니다."

노예의 도덕과 주인의 도덕

니체의 철학은 기존의 도덕과 가치를 고수하는 우리의 태도에 대한 가치의 전환을 맹렬히 요구하면서 시작했습니다. 니체는 이제까지의 도덕과 가치는 고대 그리스와 유대, 기독교에서 비롯된 것이라 주장합니다. 니체는 우리가 받아들이지 않은 토대 위에 세워진 가치체계에 복종하여 살 수만은 없다고 강조했습니다. 그래서 그는 해머를 들고 기존의 낡은 체계를 해체하고 새로 가치체계를 개편해야 한다고 말합니다. 그리고 우리의 이제까지의 가치를 공격하여 과감히 버려야 한다고 외칩니다. 왜냐하면 동물 상태에서 인간이 출현하고 문화와 문명이 발전된 것은 강자와 약자, 능력 있는 사람이 무능력한 사람을, 지혜로운 사람이 어리석은 사람을 지속적으로 도태시켰기 때문입니다. 무릇 가치라 함은 강자에 비해 약자를 보호하는 법칙이 있어야 하고 힘이 아닌 정의가 지배해야 하며, 모험적인 사람이 아니라 겸손한 사람이 세력을 가져야 한다는 것입니다. 니체는 그리스도적 도덕이 근본적으로 '노예도덕'에 기원한다고 보고 그것을 '주인도덕'과 구별했습니다. 주인도덕이 탁월함, 예외성 그리고 독립성에서 기원하는 데 반하여, 노예도덕은 평균적, 무리Herde적 본능에 뿌리를 내리고 있습니다.

니체는 『도덕의 계보』의 세 편 모두에서 도덕적 현상의 기원을 다루고 있습니다. '선과 악'을 '좋음과 나쁨'과 대조시킨 첫 번째 단계는 주인과 노예의 도덕을 병치시키고, 둘째 단계는 '죄', '양심의 가책'과 그와 유사한 문제를 고찰하며, 세 번째 단계는 금욕적인 이상이란 무엇인지를 탐구한느 것입니다.

첫 번째 단계에서 니체는 '노예의 도덕'과 '주인의 도덕'을 구분하였습니다. 가치평가를 '고귀한 가치평가방식'과 '고귀하지 않은 가치평가방식'의 두 가지 형태가 존재한다고 보았는데 전자를 주인도덕, 후자를 노예도덕이라고 불렀습니다. 또한 주인도덕의 경우 '좋음과 나쁨'의 도덕적 가치평가를, 노예의 도덕은 '선과 악'의 가치평가를 가능하게 했다고 인식했습니다. 그리고 니체는 계보학적 접근을 통해 다음과 같은 도덕을 추론해 냈습니다. 즉, "지금까지 자신을 지배해 왔고 또 여전히 지배하고 있는 조금 더 세련되지만, 거친 많은 도덕을 편력하면서 나는 어떤 특질이 규칙적으로 서로 반복되거나 연결되어 있다는 것을 알았습니다. 결국 두 가지 기본 유형이 드러났고 하나의 근본적인 차이가 나타났음을 알았는데 주인과 노예의 도덕이 그것입니다."

먼저 노예의 도덕은 안정을 추구하는 자들의 도덕인데, 이는 사회에서 가장 약하고 천한 자들의 도덕입니다. 약한 자, 억압당하는 자, 자신감이 결여된 자들이 노예의 도덕을 신봉합니다. 노예의 도덕은 고통과 괴로움을 달래줄 수 있는 미덕을 추구하는데 즉, 동정심, 인내, 친절, 겸손, 등과 같은 행위들이 노예의 도덕을 구성합니다. 노예의 도덕은 공리적인 차원을 지니고 약자를 위한 도덕입니다. 그리고 노예의 도덕은 타자에 대한 부정과 비난에서 출발합니다. 노예의 도덕에서 긍정과 부정은 귀족적인 것과 노예적인 것을 가르는 가장 중요한 기준이 됩니다.

반면에 주인의 도덕은 노예의 도덕과 매우 대조됩니다. 도전과 침착, 지배욕, 영혼을 소유하고 고매하며, 외부의 행위를 받지 않고 스스로 판결하며 불행을 돕는 것을 풍요로운 힘에 의한 충동에서 발생한 것이라 보고 권력의 모든 형성을 명예롭게 여깁니다. 이것이 귀족의 도덕, 즉 강한 자의 도덕입니다. 여기서 말하는 귀족이란 우리가 통상적으로 알고 있는 특권 계급이 아니라, 고귀한 자신임을 깨닫는 과정에서 자신을 긍정하는 사람을 일컫습니다. 강한 자는 보통 사람과 달리 스스로 자신의 가치관과 도덕을 창조합니다. 때문에 그는 자기 운명의 주인이며, 스스로 자신의 운명을 통제합니다. 따라서 그는 자신의 행위에 대한 평가를 집단에 의존하지 않고 자신의 행위를 스스로 판단합니다. 그는 권력에의 의지를 통해 스스로의 영광을 구합니다. 그러므로 노예의 도덕은 인간의 가장 기본적인 본능인 힘에의 의지를 부정하며 이는 곧 삶을 부정하는 것과 같습니다. 니체는 노예의 도덕이 득세하게 된 원인을 기독교에서 찾았는데, 기독교의 윤리가 신의 이름을 빙자해 서구 문명에 적용됨으로써 도덕의 타락을 가져왔다고 믿었습니다. 즉 니체에게 근대의 평등 이념이 가진 부정적 성격은 근본적으로 그리스도교 도덕의 그것과 일치했습니다.

니체는 주인의 도덕이 선한 것이며 반면에 노예의 도덕은 악한 것이라고 말하지 않습니다. 혹은 양심의 가책과 금욕적 이상은 열등한 것이며 반면에 그 두 현상에 선행하는 야만적 상태가 우월한 것이라고 왜곡하려고도 하지 않았습니다. 니체는 통상적으로 의문이 제기되지 않는 도덕적 평가, 도덕적 현상, 도덕적 이상이 어떻게 나쁘며 어떻게 어두운 모습을 지니게 되는가를 보여주려고 했습니다. 말하자면 주인이 좋다고 생각하는 것은 바로 노예가 생각하는 나쁜 일이 됩니다. 우리는 노예도덕에 속박되지 않고 자유롭게 스스로의 존재를 실현해야 합니다. 이렇게 우리가 생각하는 가치란 상대적인 것이고, 누가 어떤 입장에서 보느냐에 따라 좋고 나쁨이 결정됩니다. 니체에게 있어서 힘에의 의지에 근거한 도덕이야말로 노예의 도덕으로 조심스럽게 위장해 온 것들에 대한 변형입니다. 이는 힘에의 의지로서 새로운 삶의 긍정적 시도를 감행해야 합니다. 궁극적으로 니체는 힘에의 의지를 통해 낙관주의로 나아가고자 하였습니다.

힘에의 의지: 자기극복Übermensch

지난 20세기의 오랜 100년 동안에 전공자와 비전공자를 불문하고 가장 많은 사람들에게 회자된 인물은 역시 니체였습니다. 니체는 쇼펜하우어의 철학처럼 염세주의적인 관점이 아니라 긍정적이고 낙관적인 힘찬 삶에 대한 "힘에의 의지Wille zur Macht"로 표현됩니다. 그의 삶 자체가 역동적일 뿐만 아니라 많은 사람들에게 일상적인 삶의 모습을 표본적으로 잘 보여 주고 있습니다. 니체는 긍정과 용기를 불러일으키는 삶을 말해주는 철학자이기 때문에 복잡한 현대를 살아가는 우리에게 삶의 에너지를 한층 불어넣어 줍니다. 니체에게 있어서 힘의 발생은 삶Leben, 생명으로부터 나옵니다. 니체에 따르면, 삶은 "자신의 형태를 강제합니다." 힘은 삶의 의지, 즉 힘에의 의지에서 나타난 결과입니다. 삶이란 본질적으로 그 근본기능부터 다치기 쉽고, 폭력적이며, 착취적이고 파괴적으로 작용합니다. 삶이란 "침해, 폭력, 착취, 파괴 그 자체에서 불법적인 것은 아닙니다. 삶의 의지는 권력의 복합체의 투쟁에 사용되는 수단이 아니라 모든 투쟁 일반을 방지하는 수단으로 생각한다면, 이는 삶에 적대적인 원리이며, 인간을 파괴하는 자이자 해체하는 자입니다. 그리고 미래를 암살하려는 기도, 파괴의 징후, 무에 이르는 사잇길입니다. 그래서 힘은 견고하고, 강력하고, 부드러운 삶이 확대되어 폭력적인 것을 중단하고 안전한 곳으로 나아가고자 하는 것입니다. 말하자면, "힘이란, 멀리 떨어진 곳을, 또한 먼 곳에 살고 있는 것들을 넘겨 볼 수 있는 것이 아니기 때문에, 자기중심적이지 않은 어떤 것과 접촉합니다." 니체가 보기에

"침해", "착취", "폭력", "파괴"와 같은 힘의 개념들은 "삶의 본질"적인 것이었습니다. 삶은 "침해, 폭력, 착취를 억제하여 자신의 의지를 타자의 의지와 동일시하는 민주사회"를 이루어내는데 있습니다. 하지만 이러한 삶은 "민주주의가 설정한 사회의 근본원리인 평등화를 근본적으로 부정하는 의지이고 해체와 타락의 원리"입니다. 이렇게 니체에게서 삶은 침해, 폭력, 착취, 억압 등을 통해 발생한 것이기 때문에 애초에 도덕에서 발생한 것이 아니었습니다. 따라서 니체의 관점에서 삶은 "도덕으로부터 고안해 낸 것이 아니었으며, 기만이었고, 기만으로부터 살아가야 하는 것이었습니다."

하지만 니체는 힘을 단순하게 삶에서 나타난 착취, 억압, 폭력과 같은 부정적인 개념의 형식으로만 이해하지 않았습니다. 삶은 힘에의 의지에 의해 지배를 받습니다. 니체는 힘에의 의지가 "억압된 자나 노예들에게서는 자유를 원하는 의지로서, 단순히 벗어나는 것이 그들에게는 목표처럼 보인다"는 것입니다." 이런 점에서 니체의 힘에의 의지는 "주인이 되고자 하며 보다 더 크고 강력해지는 것"을 의미했습니다. 그래서 니체는 "삶에의 의지? 거기서 나는 언제나 힘에의 의지"를 찾는다고 보았습니다. 삶은 본질적으로 이질적인 것과 약자를 자신의 것으로 만들며, 남에게 상처 입히고, 침해하고, 제압하고, 억누르고, 냉혹한 것입니다. 이런 점에서 삶은 "자기 형식을 강요하여 자기 것으로 만들며, 가장 부드럽게 말한다 해도 적어도 착취"입니다. 이러한 착취는 "타락하거나 불완전한 원시 사회"에서만 있는 것은 아닙니다. 이렇게 그의 철학의 핵심은 "힘에의 의지"로 표현할 수 있습니다.

니체는 『도덕의 계보』에서 약한 자들에 의한 도덕을 분석하면서 "힘에의 의지"에 대한 철학을 근거로 삼습니다. 인간은 누구나 약한 자의 모습으로도 나타날 수 있기 때문에 위버멘쉬Übermensch: Overman, 자기극복인를 갖는 것이 중요하다고 강조합니다. 여기서 인간의 자기 극복을 체현하는 사례가 위버멘쉬입니다. 위버'Über~'는 높음 또는 자기 형성이라는 의미에서 '위의' '~보다 나은' 등의 뜻을 지닌 접두어입니다. 즉 인류의 자아가 자유의지라는 허구나 도덕주의의 흔적이 전혀 없는 어떤 존재의 경험으로 가장 높이 고양되는 것을 암시합니다. 또한 '위버~'는 '~저편의', '~을 넘어서는' 등의 뜻도 지니고 있습니다. 니체는 이 두 번째 뜻이 갖는 것을 활용하여 인간을 특징짓고자 하였습니다. 쇼펜하우어가 맹목적인 힘의 의지를 강조했다면, 니체는 적극적이고 긍정적인 힘에의 의지를 힘주어 외칩니다. 그의 힘에의 의지의 철학관은 거시적인 유럽문명에 대한 비판에서 시작하고 있습니다. "우리의 모든 유럽문화는 천재지변으로 인해 불안해하고 있으며, 폭력적이고 당황하면서 이미 오래 전부터 매 세기마다 증가하는 긴장의 고문 속에서 움직이고 있다"고 절규합니다.

> "우리는 새로운 정열, 왜 야만으로부터 가능한 귀환을 두려워하고 싫어하는 것인가? 야만이 인간을 현재보다 더 불행하게 만들 것 같기 때문인가? 아, 틀렸다! 모든 시대의 야만인들은 더 행복했다. 우리는 생각하지 말자! 오히려 우리의 인식에 관한 충동은 우리가 인식 없는 행복을, 또는 강하고 확고한 망상의 행복을 평가할 수 있는 것보다 더 강하다."

우선 니체는 "힘에의 의지"에서 유럽의 니힐리즘을 고찰하고, 그 다음으로 지금까지의 최상의 가치를 살피고 부정하며, 세 번째로는 새로운 가치체계의 원리를 제시하고 마지막으로는 그리스 신화에서 등장하는 술의 신인 디오니소스적인 것, 자기극복인Übermensch을 훈련하고 길들이고자 하는 것이었습니다.

무엇보다 니체에게서 진정한 힘에의 의지란 자기를 강화하고 자기 극

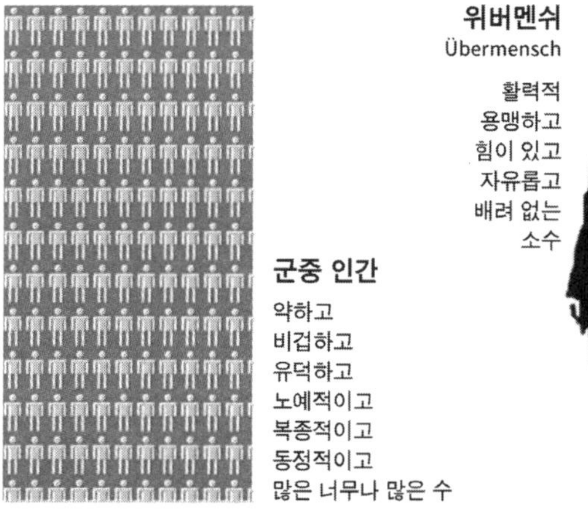

복에의 의지이며 자신의 힘으로 자신도 구원하고자 하는 의지입니다. 힘에의 의지는 자기를 극복하고 어떤 상태에서도 끊임없이 도달하려는 힘에의 의지의 본성입니다. 그에게서 힘에의 의지는 자기 자신을 통제하고 자기가 이세상의 주인이 되는 것을 말합니다. 힘에의 의지는 주인이 되고자 하며, 더 많은 힘을 얻고자 애쓰며, 더욱 강해지고자 하는 의지들이 내재하는 본성입니다. 따라서 의지들은 외적인 원인들에 의해서 나타나는 것이 아니라 자체 내의 운동에 의해서 그 원인을 갖고 있습니다. 힘에의 의지는 끊임없이 자신을 고양시키는 것, 즉 자기 자신을 아주 높은 단계로 끌어올리고 자신에게 깊이와 풍요로움, 그리고 통일성을 부여하는 것을 의미합니다. 이러한 자기극복이 힘에의 의지의 본질입니다. 즉 힘에의 의지는 자신을 스스로 명령하고 지배하려는 의지, 그렇게 하여 자신을 극복하려는 의지입니다.

니체는 "모든 존재자의 투쟁은 힘을 얻으려는 투쟁이고, 쾌락은 힘으로부터의 감정에서 나온다"고 단호하게 말합니다. 또한 그는 자기극복인으로서 행복을 말합니다. "나의 행복에는 도대체 무엇이 있단 말인가!

나의 행복은 빈곤 · 더러움 · 가련한 쾌락일 뿐이다. 그러나 나의 행복은 생존 그 자체를 시인하는 것이어야 한다!" 따라서 그에게서 힘에의 의지는 그 활동의 목적을 그 자체 속에 있으며, 이러한 목적은 의지의 본질과 똑같은 것입니다. 진정한 힘에의 의지는 무의미하게 생성변화하는 지상으로부터의 도피를 통해서가 아니라 바로 이 지상의 현실세계에서 자신의 구원을 이루어 내는 것입니다. 이런 점에서 그는 과감히 자기 자신으로부터 신을 죽이는 행위를 주저하지 않습니다.

신의 죽음: 니힐리즘의 극복

> "나는 인간이 아니다. 나는 다이너마이트다. 그리고 그 모든 것에도 불구하고 종교 창설자의 그 어느 것도 내 안 존재하지 않는다 — 종교는 천민의 일이며, 나는 종교적인 인간과의 접촉 후에 내 손을 씻을 필요가 있다."

우리가 니체에게서 가장 익숙한 격언은 "신은 죽었다"라는 문구일 것입니다. 니체는 "신이 죽었다"라고 외친 것을 더 넘어서 우리가 신을 죽였다고 과감히 말합니다. 그리고 이러한 신의 살해를 가장 위대한 행위라고 말합니다.

신의 살해 행위는 인간이 신에 대한 의존과 종속 상태에서 벗어나 독립적으로 일어서기 위해서 아기가 어머니 품에서 벗어나 내딛는 첫걸음과도 같은 것이기 때문에 지금까지의 행위 중에서도 가장 위대한 행위라고 말합니다. 그래서 그는 다음과 같이 말합니다. "우리는 행복을 발명해 냈다. 최후의 인간은 이렇게 말하고는 눈을 깜빡거린다." 연구의 깊이가 더해가면서 니체는 자신이 살아온 시대를 "신이 죽은 시대"라고 부르기를 주저하지 않았습니다. 니체는 『차라투스트라는 이렇게 말했다』에서 다음과 같이 말합니다.

"모든 신들은 죽었다. 이제 우리는 위버멘쉬(자기극복인)로 살도록 원하겠다(Tod sind alle Götter: nun wollen, daß der Übermensch lebe)."

위 인용문에서도 보듯이, 니체에게 있어서 신의 살해는 인간이 신에 대한 의존과 종속의 상태에서 벗어나는 가장 위대한 행위라 보았습니다. 신의 죽음으로 인해 우리는 니힐리즘으로 빠질 수 있으나 자기의 의지로써 니힐리즘을 극복하고 인간의 창조적인 기능을 발휘할 수 있습니다.

니체는 신이 죽은 우리의 시대를 니힐리즘nihilism이 지배하는 시대라고 말합니다. 니힐리즘이란 낱말의 니힐은 "공허한 무nihil"를 의미하는 라틴어이며, 흔히 니힐리즘은 허무주의라 표현하기도 합니다. 니힐리즘이란 우리의 삶이나 이 세상은 신의 죽음으로 더 이상 어떤 가치나 의미도 없고 오직 공허한 무만이 있을 뿐이라는 생각입니다. 단적으로 니힐리즘은 모든 존재하는 것을 절대적으로 부정하는 입장입니다. 이 세상에 존재하는 모든 것들, 즉 니힐리즘은 존재자 전체의 무제한적이고 완전한 부정을 의미합니다. 니체는 "니힐리즘이란 무엇인가?"라는 물음에 대해 최고의 가치들이 이제는 더 이상 없음을 의미한다고 말합니다. 최고의 가치들이 없어짐은 동시에 모든 가치들의 전도顚倒현상이 수행되고 있음을 뜻합니다. 니힐리즘의 현상은 19세기의 정신적 분위기와 연결되면서 신의 죽음을 그의 시대정신 속에서 발견했습니다. 그런데 니체는 누가 신을 죽였고 왜 신은 죽었는가?라는 물음을 계속합니다.

이러한 니힐리즘의 진정한 극복은 인간의 자기 강화, 인격의 강화에 의해서만 가능한 것입니다. 니체는 신의 죽음에서 비롯된 의미와 공백이 삶의 공허감으로 사로잡힐 수도 있지만, 오히려 이러한 신의 죽음이야말로 인간의 모든 창조적인 기능을 발휘할 수 있는 절호의 기회라고 생각하였습니다. 니힐리즘이라는 낯선 손님이 우리를 반기고 있지만, 이는 이 세상이 절망이나 공허감으로 가득 찬 것이 아니라 오히려 이 지상에서의 은총과 은혜를 가져다줄 수도 있기 때문입니다. 니체는 신의 죽음이란 사망선고를 통해 신의 천부적인 양심의 권위에 기대었던 이른바 절대적이고 무조건적인 가치에 구속받지 않는 "자유로운 열린 시야"를 가질 것을 촉구하였습니다. 신의 죽음은 인간의 정신과 육체를 진정으로 건강하고 강인하게 만들 수 있는 가치들을 새롭게 창조할 수 있는 계기가 된 것입니다. 오로지 힘에의 의지는 자기 자신만을 북돋으며 더 높은 곳을 추구하려는 것을 목적으로 삼기 때문에 자기 이외의 어떤 가치도 귀중한 것으로 인정하지 않습니다. 따라서 니체가 비판하던 기독교의 신도 인간의 힘을 성장시키는 데 도움이 될 때야 비로소 가치가 있을 것이라 말합니다. 그래서 니체는 니힐리즘 시대에 직면하여 "힘에의 의지"라는 새로운 삶의 긍정적 시도를 감행한 것입니다. 따라서 그는 힘에의 의지Wille zur Macht라는 삶의 긍정을 말합니다. 니체는 처음부터 허무주의, 염세주의, 퇴폐주의 등 근대성에 둘러싸여 있었지만, 힘에의 의지를 굳건하게 지키면서 낙관주의로 나아갔습니다.

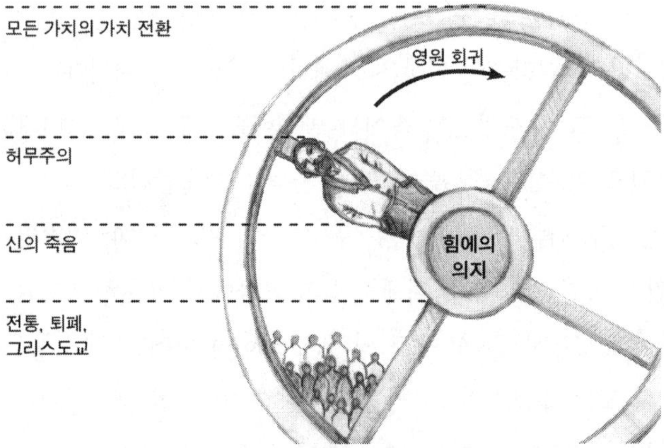

동일한 것의 영원 회귀

이러한 의미에서 니체의 삶의 철학은 피안과 미래라는 환상을 통해서 인간을 위로하고 달래려는 값싼 위로의 철학이 아니라, 인간을 위험과 고통에 처하게 하여 그를 단련시키려는 기존의 낡은 체계에 대해 해머를 들고 해체하여 새로 재편시키려는 의지가 충만한 철학입니다. 우리가 니체의 삶 철학을 조망하는 것도 현대인의 점점 박약해져 가는 의지뿐 아니라 타인이나 절대적인 힘의 소유자에게 나약하게 자신을 맡기려는 태도에 대해 반성적 경구를 제공해 주고 있습니다. 결국 힘에의 의지는 어떤 강력한 육체적인 힘을 의미하는 것이 아니라 자신의 내부에서 나오는 강한 정신적 의지의 산물인 것입니다.

04

앙리 베르그송Henri Bergson, 1859~1941: 생명철학Philosophie De la vie

앙리 베르그송

베르그송은 프랑스 파리에서 태어났습니다. 베르그송이 탄생한 1859년은 다윈의 『종의 기원』이 출판되었고 프래그머티즘의 아버지라 불리는 듀이가 탄생한 해이기도 합니다. 22세 때에 그는 앙제 리세Angers Lycée의 철학 교사가 되었으며, 1900년에는 콜레주 드 프랑스의 근대철학 분야의 정교수로 임명되었습니다. 그는 주목할 만한 저서들을 남겼는데 『의식에 직접 주어진 것들에 관한 시론』(1889), 『물질과 기억』(1897), 『사유와 운동』(1903), 『창조적 진화』(1907), 『도덕과 종교의 두 원천』(1932) 등이 이에 포함됩니다.

베르그송 철학은 시간의 철학, 생명철학, 범생명주의, 지속과 자유의 형이상학, 진화론 철학, 직관의 철학, 유기체 철학, 신비주의 등 다양한 명칭이 따라 다닙니다. 그의 철학은 인간은 언제나 자연 연속선상 사이에서, 그리고 생명의 진화선상에서 전개하고 있습니다.

지속과 직관의 세계

베르그송은 『의식에 직접 주어진 것들에 관한 시론Essai sur les données immédiates de la conscience』(1889)의 박사학위 논문에서 순수지속durée pure으로서의 시간론을 전개하였습니다. 여기서 시간론은 생명의 약동, 약동하는 창조적 생명력이 물질의 저항을 돌파한다는 믿음으로부터 비롯된 것입니다. 그의 시간에 대한 문제제기는 과학적 사고와 분석으로서는 시간을 제대로 이해할 수 없다는 생각에서 출발했습니다. 끝없이 흘러가는 시간의 흐름을 양적인 단위로 환원하기 위해 정태적으로 관찰하고 분석하여 계량화하는 것은 정신의 내적 인식의 방법인 직관과 대치되며 연속적인 시간의 흐름을 공간화합니다. 베르그송은 이제까지의 객관적이고 물리적인 시간개념이었던 동질적인 시간관에서 벗어나 의식적이고 구체적인 시간으로서 순수지속의 시간관을 제시하였습니다. 동질적 시간은 수학적이고 과학적인 지성의 방법론에 의해 표상됩니다. 지속으로서의 실재 대상을 보지 못하게 하는 지성의 한계는 순수지속으로서의 시간도 지속 자체로 보지 못하게 했습니다.

베르그송은 이러한 동질적이고 공간 위에 병렬적으로 배치된 시간이 아닌 것, 즉 중단되지 않는 순수한 의식의 흐름을 지니는 순수지속을 지향합니다. 이 순수지속을 가능케 하는 방법은 지성적이고 분석적인 것이 아니라 지속을 인식하게 하는 직관l'intuition입니다. 이 직관을 통해 인간의 본래 자아, 즉 내적 자아를 인식할 수 있으며 직관의 실재 대상인 지속을 인식하게 됩니다. 그의 직관은 지성이 보편적인 개념을 만들기 위해 조작하는 논리적이고 이성적인 작업으로서의 방법과는 다릅니다. 직관은 사유와 분석 이전에 지성의 토대가 되는 근본적인 인식능력으로서 지성작용이 아닙니다. 직관은 대상을 있는 그대로 실재로 파악할 수 있는 능력이며, 이때 자아는 직관이라는 인식근거로써 순수지속으로서의 질적 시간을 파악할 수 있습니다. 직관은 내적 자아뿐만 아니라 타인의 감정과 공감할 수 있는 능력을 지니고 있습니다. 이러한 직관은 순수지속으로서의 시간을 인식 가능하게 하며, 마침내 생명의 약동을 파악할 수 있도록 합니다. 다시 말해 그는 직관을 통한 시간을 순수지속이라 말합니다. 또한 그는 지속이 단순한 흐름이 아니라 약동하는 생명의 흐름이라고 강조합니다. 시간은 의식에 대해서 그리고 한 순간은 다른 순간으로부터 생기고 그것은 그 뒤를 잇는 또 다른 순간을 낳는, 끝없이 흐르는 과정인 지속으로서 주어집니다. 지속의 경험은 오로지 내적으로만 유효하며, 외적 관찰은 시간을 측정합니다.

베르그송에 의하면, 우주 전체를 관통하여 흐르는 생명의 약동이 있다고 말합니다. 이것이 이른바 생명의 약동이며 모든 생명은 여기서 유래합니다. 이 생명의 약동이 곧 순수지속입니다. 그리고 이 우주의 모습은 오로지 공간적인 물질의 세계만을 파악할 수 있는 분석적인 방법으로 인식될 수 있습니다. 그는 대상의 내부로 들어가서 대상의 고유한 것, 곧 표현할 수 없는 것과 합일하는 공감으로서의 직관에 의해서 다가갈 수 있다고 보았습니다. 특히 그는 지속이란 개념을 면밀히 고찰하였습니다. 시간, 지속, 자유, 유기체, 진화 등은 베르그송 철학의 핵심개념이며, 서로 연결되어 있거나 같은 것을 표현하는 다른 맥락의 용어들인 경우가 많습니다. 베르그송은 그의 제자 회프닝Hoffding이 직관이라는 말로 그의 철학을 정리하고자 했을 때, 자신의 철학은 지속의 철학이지 직관의 철학은 아니라고 말합니다. 지속이란 우선 의식 상태들의 존재방식을 일컫습니다. 그것은 의식이 느끼는 시간의 모습입니다. 즉, 의식상태의 강도, 감각, 감정, 의지, 정열, 노력 등의 의식의 내적 상태가 그것입니다. 예를 들어 질적인 차이는 지루한 강의가 길게 느껴지는 반면에 흥미진진한 영화는 짧게 느껴지는 것과 같은 심리상태에서 발견됩니다. 우리들이 어떤 멜로디에 내적으로 일치하여 있을 경우, 가장 순수하게 지속을 체험하게 됩니다. 특히 음악의 심포니에서 그런 경험을 종종 하게 됩니다. 우리가 어떤 행위에 혼신의 힘을 다할 때 그러한 흐름을 감지할 수 있습니다. 즉 이때 분, 초와 같은 개념은 사라지고 시간과 공간이 있다는 사실도 전혀 느끼지 못하며, 과거는 지속적으로 현재 속으로 흘러들어가고, 현재는 분열되지 않은 채 미래를 향해 들어갑니다. 이와 같이 혼신의 행위 속에서 시간은 중지되고 지속이 시작됩니다. 시간은 단순히 지속이 아니라 창조적 생명의 약동이 함께합니다. 그는 지속을 약동하는 생명의 흐름으로 파악하고 과학이 어떻게 지속과 생성을 성공적으로 이해할 수 있는가에 대한 문제에 관심을 돌립니다. 베르그송은 윌리암 제임W. Jamas에게 보낸 글에서 거짓된 시간관을 다음과 같이 부정하고 있습니다.

"나의 정신을 통째로 뒤흔들어 놓은 것은 역학과 물리학에서 사용되는 시간 개념의 분석이었습니다. 매우 놀랍게도 나는 과학적 시간은 지속하지 않는다는 것을, 그리고 만일 실제 전체가 한순간에 단 한 번에 펼쳐진다고 해도, 사물들에 관한 우리의 인식에는 어떠한 변화도 없을 것이라는 것을, 그리고 실증과학은 본질적으로 지속을 배제함으로써 이루어진다는 것을 알게 되었습니다. 과학적 시간에 대한 이러한 고찰이 나의 철학적 방향을 결정하였고 그 이후에 내가 할 수 있었던 모든 성찰들은 그것에 관련되어 있습니다."

이렇게 베르그송은 그의 시간관을 과학적 시간관의 고찰을 통해 철학의 방향을 결정했습니다. 그는 시간에서 기억을 중요한 개념으로 생각했습니다. 즉 기억이란 우리들이 지속을 체험할 수 있다는 사실을 말합니다. 기억은 우리의 지속이 거스르는 과정이며 우리의 통제 속에 있습니다. 기억은 우리를 과거에 접근하게 하며, 또한 과거의 참된 질서를 발견하는 힘을 불러일으킵니다. 이 참된 질서는 의미의 질서입니다. 기억은 시간 속에서 시간을 거치며 살고, 본래의 특성에 따라 시간에 따라 질서 지우는 능력은 의식의 고유한 능력이며, 의식이 결코 물리적 과정이 아니라고 생각할 만한 일종의 근거이기도 합니다. 기억은 시간의 공간 상태를 극복하는 것이고 지나가 버린 것은 지금 있는 것으로서 새로 체험하는 것이며, 우리들이 알지 못한 채 앞으로 다가오는 것으로 움직입니다.

직관이란 지성과 본능의 종합을 말합니다. 직관은 본능과 더불어 현실성 그 자체를 파악합니다. 또한 직관은 본능을 욕망으로부터 해방시키며 본능 속에서 잠자고 있는 의식을 완전하게 각성하도록 일깨워 줍니다. 그러므로 직관은 무관심한 본능이고 자기 자신을 의식하게 하는 본능입니다. "직관에서 사유한다는 것은 지속에서 사유한다는 것을 말합니다." 예컨대 예술의 영역이 그러합니다. 그러나 직관을 신비와 혼동하는 것은 옳지 않습니다. 신비는 이 세계에서 저 세계로 도피하는 것이고 다시 시간-공간적으로 표상되는 것입니다.

창조적 진화

베르그송 철학의 중심은, 우리가 어떤 사물을 인식하는 데 있어서 근본적으로 두 가지 방식이 존재한다고 생각했습니다. 첫째 방식은 우리가 대상의 주변에서 움직인다는 것이며, 둘째 방식은 우리가 대상 속에 들어간다는 것입니다. 첫째 방식은 지식의 양태가 관찰자마다 다르지만, 두 번째 방식은 특수한 관점을 극복하며 실재로서 대상을 파악합니다. 진화의 두 정점은 본능과 지성입니다.

> 본능의 흔적을 발견하지 못하는 지성은 없으며, 특히 지성의 가장자리로 둘러쳐서 있지 않은 본능도 없다. 지성의 가장자리는 그만큼 많은 오해의 원인이 된다. 본능이 언제나 다소간 지성적이라고 해서 사람들은 지성과 본능을 같은 질서에 속하는 것이며, 그것들 사이에는 복잡화와 완성도의 차이만 있고 특히 둘 중 하나가 다른 것의 용어로 표현될 수 있다는 결론을 내렸다. 왜냐하면 그것들이 상보적인 것은 서로 다르기 때문이다. 본능 속에 있는 본능적인 특징은 지성 속의 지성적 특성과는 반대 방향의 것이다.

먼저 본능은 지성과 등가等價의 원칙입니다. 동물(특히 개미)에게 있어서 본능은 인간보다 특기할 만하며 우리에게 풍부하고 충만한 지식을 제공합니다. 하지만 본능은 순수한 무관심이 아니며 언제나 개체의 사물에 정욕적으로 집착되어 있습니다. 그리고 본능은 그 스스로 반성할 수 없습니다. 왜냐하면 본능은 정신적인 것이 아니기 때문입니다.

지성은 이러한 두 가지의 한계를 극복할 수 있습니다. 그러나 훨씬 많은 한계를 지닙니다. 지성은 사멸한 것과 경직된 것, 그리고 움직이지 않는 것에서 파악합니다. 그러한 지성의 모든 개념은 영원하고 불변하며 무시간적입니다. 실제로 지성이란 무엇일까요? 그것은 바로 인간적 사유 방식입니다. 꿀벌에 본능이 주어졌듯이, 지성도 우리에게 주어져 우리의 행위를 인도합니다. 자연은 우리로 하여금 물질을 지배하고 이용하도록 운명 지워 놓았습니다. 이런 이유로 인해 지성은 오직 공간에서만 편안한 마음으로 전개되며, 오직 비유기체 안에서만 마음의 안락을 느낍니다. 원래 지성은 제작에로 향해 있으며, 역학적 기술의 전주곡 역할을 하는 행위를 통해서, 그리고 과학을 표방하는 언어를 통해서 자기 모습을 드러냅니다. 따라서 지성의 개념은 살아서 움직일 뿐만 아니라 다양성을 띠고 있는 삶을 어떠한 방식으로도 수용할 수 없는 형식적인 테두리입니다. 지성이라는 것은 본래부터 세계를 인식하는 데 적합한 것이 아니고, 세계를 지배하는 데 적합한 것입니다. 예컨대 기하학, 논리학, 현대물리학 등이 이에 해당합니다.

인간의 삶이란 삶의 흐름 속에서 나타납니다. 직관 속에서 우리들에게 은폐되어 있는 최후의 현실성은 무엇인가? 그러한 현실성이란 바위나 식물 속에서 혹은 동물이나 인간 속에서 지속적으로 흐르는 하나의 유일하면서도 강제적인 삶의 흐름입니다. 인간에게서 삶이란 자유로이 무한자 속으로 흘러들어갈 수 있는 타개책을 찾아내는 것입니다. 식물이나 동물은 그러한 삶의 흐름이 확정되어 있으나 막다른 골목길에 빠져 있는 인간은 그러하지 못합니다. 오직 인간만이 삶이 자유롭게 발전하면서 흘러가는 방향을 가리킬 수 있습니다. 인간은 식물이나 동물과 다르게 부정의 운동을 삶에 설정할 수 있기 때문에 자유롭습니다. 인간은 자동기계가 아니며 매순간마다 새롭게 창조합니다.

생명의 약동élan vital

베르그송의 삶의 철학은 생명의 약동을 강조합니다. 삶을 줄기차게 전진하도록 하는 가장 내적인 힘은 무엇입니까? 그것은 생명의 약동입니다. 그에 의하면, "약동이란 진화의 선들로 분할되면서 애초에 힘을 지니고 있으며, 적어도 규칙적으로 유전되고, 스스로 축적되어 신종을 창조하는 변이의 근본적 원인"이라 말하고 있습니다. 로켓트가 발사될 때, 새로운 불꽃이 여러 가지 색깔로 나오듯이, 창조적 진화 속에 있는 생명의 약동이 새로운 여러 가지 방식을 산출해 냅니다. 이것이 바로 창

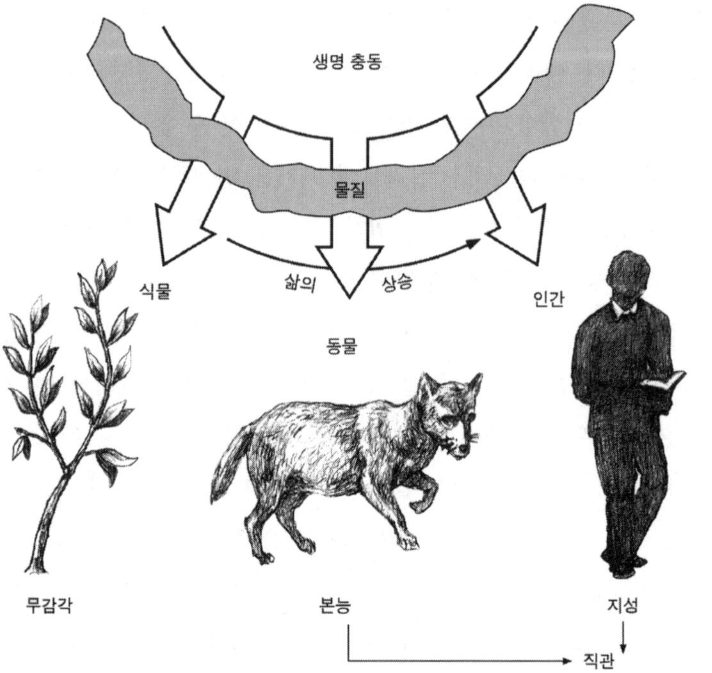

조로부터 창조에로 전진하는 것입니다. 항구적으로 발전하는 운동 속에서 삶을 유지하고자 하는 시도는 생명의 약동이며, 그것은 가장 내적인 힘의 원천인 신입니다. 신 자체도 창조적 진화에서 벗어나 있지 않습니다. 신은 완성된 것이 아니며, 중지할 수 없는 삶이고 영원한 행위이며 영구적인 자유입니다. 창조에 의해 어떠한 새로운 사물이 첨가되는 것이 아닙니다. 그러나 행위가 전진함에 따라 행위 자체가 증대되며, 행동하는 각자가 체험하는 바의 새로운 것을 언제나 창조하게 됩니다.

생명의 약동은 모든 사물의 동기가 되며, 그것은 곧 근원적 실재입니다. 생명의 약동은 모든 생물의 근본적인 내적 요소이며, 모든 사물을 통해 깨어지지 않는 연속성 속에서 운동하는 창조적 생명력입니다. 또한 생명의 약동은 부분들로 환원될 수 없으며 불가역적입니다. 결국 베르그송의 관점에서 보면 생명의 모든 창조적 가능성은 물질로부터가 아니라 의식으로부터 생겨납니다. 지성이 물질을 지향하는 대신에 직관은 생명을 지향한다면, 생명의 진화는 의식을 담고 있는 생명의 약동에 의해 이루어지고 있습니다.

제11장
칼 마르크스

제 11 장

칼 마르크스

칼 마르크스

칼 마르크스: 소외된 노동

Karl Heinrich Marx, 1818~1883

마르크스는 독일의 라인강의 한 지류인 모젤 강변의 트리어Trier라는 중세풍의 조그만 도시에서 부유한 유태인 변호사의 아들로 태어났습니다. 그의 집안은 랍비(유대교에서 율법사에게 쓰는 존칭)를 배출하는 명문가였습니다. 그의 아버지가 유대교에서 루터교로 개종했기 때문에 마르크스는 자유로운 개신교의 분위기 속에서 성장할 수 있었습니다. 트리어의 프리드리히 빌헬름 고등학교를 졸업한 뒤에 17세 때 본Bonn대학교에 입학하여 법률을 공부하였습니다. 그러나 1년 뒤에 베를린Berlin 대학교로 옮겼고, 여기서 이른바 청년 헤겔도를 만났습니다. 그에게 학문적으로 가장 큰 영향을 준 최초의 사람은 헤겔 법철학 교수였던 간스Gans였으며, 그를 통해 헤겔에 몰두하게 됩니다. 헤겔철학에 몰두하면서 마르크스는 법률 대신에 철학을 공부하여 장차 철학 교수가 되고자 결심합니다. 하지만 마르크스를 교수직으로 이끌겠다고 약속한 바우워

Bruno Bauer가 반종교적 활동으로 인해 대학에서 쫓겨남으로써 마르크스의 희망도 좌절됩니다. 학교 당국과 충동을 피하고자 마르크스는 그의 박사학위인 『데모크리토스와 에피쿠로스 자연철학의 차이』를 예나대학에 제출하여 박사학위를 받았습니다. 그는 교직을 포기하고 1842년에 라인일보의 주필이 되었고, 정부의 정간 처분에 의해 사임, 추방, 망명, 연구활동 등을 반복하게 됩니다. 그는 1849년 영국 런던으로 가서 죽을 때까지 그곳에 머물렀습니다. 그리고 1883년 책상 앞에 앉은 채 조용히 숨을 거두었습니다.

그의 대표작으로는 『경제학-철학수고』(1844), 『신성가족』(1845), 『독일 이데올로기』(1846), 『철학의 빈곤』(1847), 『공산당선언』(1848), 『자본론 I, II, III』(1867-1894) 등 주옥같은 책들을 남겼습니다. 마르크스는 고전 독일철학, 영국의 정치 경제학, 프랑스 사회주의를 계승·발전시켰고, 관념론에서 유물론으로, 헤겔 관념론적 변증법의 전도顚倒, 역사적 유물론, 변증법적 유물론을 전개시켰습니다. 또한 양에서 질로의 전환법칙, 대립물의 침투법칙, 부정의 부정의 법칙 등을 전개했습니다.

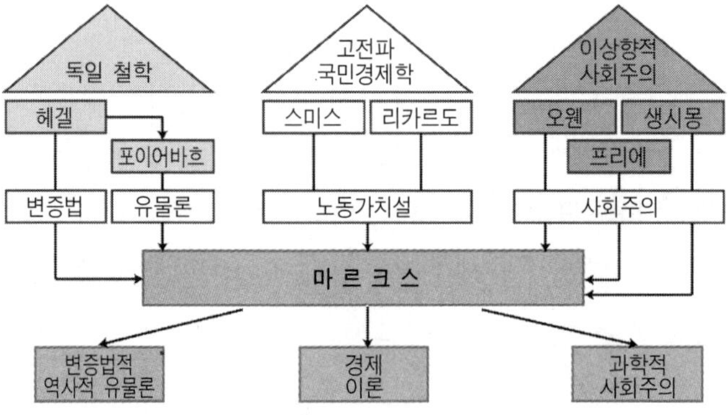

프로메테우스의 사자使者

20세기의 1990년을 기점으로 독일의 통일과 소련의 붕괴 이후로 사회주의는 거의 몰락의 길을 걷고 있지만, 아직도 그의 사상은 자본주의나 사회주의를 막론하고 모든 세계에 걸쳐 많은 영향을 끼쳤습니다. 그래서 마르크스의 많은 업적들은 장구한 사회사상사 속에서도 그에 필적할 만한 대상對象을 찾기란 그리 쉽지 않습니다. 또한 마르크스처럼 일생을 가난한자, 노동자를 위해 헌신하고 그에 대한 연구에 일생을 바친 사람도 별로 없습니다. 그가 추구한 철학은 단적으로 노동자들을 위한 불합리하고 부조리한 사회현실을 변화시키는 것이었습니다. 그의 목표는 지금보다 조금 나아지고 보다 합리적일 뿐 아니라 추함이 전혀 없는 세계, 낡은 쪼가리로 이리저리 붙어있는 지저분하고 다 떨어진 낡은 의복이 아니라 완전한 새 옷, 참으로 아름다운 새로운 세계를 건설하고자 하는 인간의 행복을 꿈꾸는 그러한 사회를 건설하는 것이었습니다.

> "사회 구성원 어느 누구도 우리에게 행복을 가져다주지 못하고 갈등만을 일으키는 물질적 풍요란 무슨 소용이 있을까? 부유한 자와 가난한 자의 대립과 갈등을 없애고 모두가 다 잘살 수 있는 방법은 없을까?"

이것은 마르크스가 고민한 그 시대의 과제였고 또한 해결해야 할 문제였습니다. 사람들은 심지어 청년 마르크스를, 인간을 추위와 어둠으로부터 해방시키기 위해 신에게서 불을 훔쳐 오고, 예술과 과학을 인간에게 건네준 신으로 알려진 불의 신 프로메테우스Prometheus와 비교하기도 합니다. 프로메테우스는 인간의 창조적 재능, 진보와 자유, 그리고 행복을 추구하는 지칠 줄 모르는 충동의 상징이었습니다.

마르크스도 자신의 박사학위 논문인 『데모크리토스와 에피쿠로스의 자연철학 차이』의 서문에서 악화된 시민들의 지위에 대해 프로메테우스가 신들의 심부름꾼인 헤르메스에게 답했던 것처럼 다음과 같이 인용하고 있습니다.

> "당신에게 강제되어 있는 나의 불행한 상황을
> 바꾸지 않겠다.
> 분명히 들어라! 결코 바꾸지 않겠다.
> 아버지 제우스의 충실한 사환이 되느니
> 차라리 이 바위에서 살리라."
>
> —아이스킬로스의 프로메테우스 966~969쪽 인용

마르크스는 어린 시절부터 사회를 위해 일하겠다는 의지를 여러 메모에서 밝히고 있습니다. 한 실례로 "만일 한 인간이 자신의 삶 속에서 인류의 가장 훌륭하게 봉사할 수 있는 위치를 선택한다면, 그는 자신의 철학이 다수에 속하기 때문에 결코 사소하고 한정적인 자기본위의 기쁨에 젖어들지는 않을 것이다"라고 말하고 있습니다. 마르크스에게서 철학은 단지 일상적인 개인의 기쁨이나 안락함 같은 것에서 찾지 않았고 사회개혁자나 혁명가가 그러하듯이, 사회문제의 경과가 어떻게 진행되어 가는가에서 찾았습니다. 그래서 그는 인간의 본질은 "사회적 관계의 총체"라고 말합니다. 마르크스의 대표적인 잠언 중의 하나는 "인간의 의식이 그들의 존재를 결정하는 것이 아니라 사회적 존재가 그들의 의식을 결정한다"는 것입니다. 이것은 많은 사람들이 흔히 얘기하듯이, 사유의 패러다임을 변화시켜야 한다는 것과 상통합니다.

노동의 인간학

마르크스는 사회법칙을 지배하는 법칙을 발견함으로써 노동계급에서 사회적 압제를 떨쳐버리고 삶의 존엄성, 즉 인류 복지와 각 개인의 육체적, 정신적 재능을 창출한 최초의 사상가로 기억됩니다. 서구의 산업혁명을 통한 생산력의 급속한 성장은 인간에 의한 착취를 종식시키고 노동을 해방시켜야 한다는 거대한 역사적 과업을 수행해 나갈 수 있는 현실적 제반 여건을 마련해 놓았습니다. 이러한 서구사회의 급격한 변화와 맞물려 마르크스도 자신의 이론을 현실사회에서 찾았습니다. 그것이 바로 그가 일생을 바쳤던 소외론疎外論에서 전개한 노동의 인간학 및 생산의 유물론인 것입니다. 즉 마르크스는 사회적 노동과 유적類的 역사의 개념, 역사 유물론을 그의 모든 생애에 걸쳐 몰두했습니다. 마르크스에게서 노동의 인간학은 인간의 본질을 노동에 의해 정의定義합니다. 인간은 본질적으로 노동하는 존재라는 사실, 더 정확히 말하자면, 인간의 본질적 활동은 노동에 의해 정의됩니다. 그에게 있어서 노동은 단지 개인적인 차원에서의 노동이 아니라 보다 넓은 의미의 사회적 노동을 의미합니다. 왜냐하면 사회적 노동은 숙련도나 노동의 강도에 있어서 사회적으로 평균적인 노동을 뜻하기 때문입니다. 예를 들어 마르크스가 말하는 사회적 노동은 예쁜 질그릇을 만들기 위해 많은 노력과 시간을 들이는 도예가의 노동이 아니라, 소·도매시장에 내다 팔기 위해 질그릇을 만드는 도자기공의 사회적 노동을 가리키는 것입니다. 마르크스의 초기 사상에 나타난 휴머니즘적 요소를 『경제학 철학수고』, 『독일 이데올로기』 등의 저서에서 마르크스 사상 전체의 핵심으로 파악하고 있습니다. 노동의 인간학을 통한 소외론은 그의 철학의 주요한 특징이라 말할 수 있습니다.

마르크스는 『경제학 철학수고』에서 노동의 소외, 자연으로부터의 소외, 인간의 소외를 다루고 있습니다. 이것은 독자적인 형태의 소외가 아니라 어디까지나 활동의 중심항, 즉 그는 노동소외라는 규정 노동의 인간학으로부터 도출하고 있습니다. 마르크스는 노동의 소외를 명시적으로 노동활동, 즉 인간 유類의 본질을 실현시키는 실천이자 중심범주로 생각하였습니다. 따라서 그는 노동의 소외야말로 그 밖의 다른 사회적·인간적 소외를 발생시키는 원인으로 고정시킨다고 보았습니다. 마르크스에게서 인간의 본질은 정신이 아닌 노동에 있기 때문에 인간은 노동을 통해 자아를 실현하는 것이라 생각하였습니다. 그런데 이 사회는 노동으로 인해서 오히려 인간을 비인간화 내지 소외화시키고 있다는 것을 깨닫습니다. 예를 들어 내 땅에서 열심히 벼농사를 지은 농부는 자기가 노동으로 키운 벼 작물을 통해서 자부심과 삶의 충만함을 느낍니다. 그러나 노예는 그 사정이 다를 수도 있습니다. 노예는 주인이 시키기 때문에 일하거나 죽지 않기 위해서 일할 뿐이기 때문에 그들에게 있어 노동은 고통만을 낳습니다. 자본주의 사회가 진행되면서 사람들의 노동이 노예와 같은 상황으로 만들어 버렸습니다. 자신이 생산한 물건은 대부분 자기 자신의 능력으로 살 수도 가질 수도 없습니다. 단지 노동은 최소한의 생계를 유지하기 위해 치러야 할 고통일 뿐이라는 점입니다. 그래서 그는 자본주의 사회 아래서는 고통이 증가되기 때문에 자본주의가 파괴되어야 한다고 믿었습니다. 자본주의 사회에서 노동자의 운명은 점점 더 악화될 것이라고 생각했기 때문입니다. 자본주의는 일종의 기계와 같고 그 안에 포섭된 노동자들과 마찬가지로 붙잡힌 몸이며 기계가 그들에게 명령하는 것 이외에는 아무것도 할 수가 없다고 말했습니다. 이러한 의미에서 자본주의 사회의 인간은 노동으로부터 소외되어 있습니다.

마르크스의 노동과 실천에 대한 새로운 문제의 설정은 『포이에르바하에 관한 테제』(1845)에서 잘 드러나 있습니다. 이 테제는 "인간의 본질"은 무엇이며, 이것이 "어떻게 소외되었는가?"라는 문제의 설정을 비롯하여 인간 실천 활동의 결과라는 "실정성"에 대한 계기를 마련하였습니다.

마르크스의 실천을 위한 새로운 문제설정은 이 세계에 대한 이해를 넘어서 세계를 변화시키는 데 있었습니다. 그래서 그는 『포이에르바하에 관한 테제11』에서 다음과 같이 언급합니다.

> "이제까지의 철학자들은 단지 세계를 해석해 왔을 뿐이다. 문제는 이 세계를 변혁시키는 데 있다(Die Philosophen haben die Welt nur verschieden interpretiert, es kommt aber darauf an, sie zu verändern)."

이 문구는 후에 마르크스 자신뿐만 아니라 그를 추종하는 많은 사람들에게 광범위한 영향력을 발휘하였습니다. 이 표현은 마르크스 혁명이론의 핵심을 이루고 있습니다. 인간의 의식이 인간의 존재를 규정하는 것이 아니라, 그 반대로 인간의 사회적 존재가 인간의 의식을 규정한다는 것입니다. 마르크스의 관점에서 역사는 자본주의에서 사회주의로 발전하는 혁명을 향해서 움직여 가고 있다는 것을 확신하고 있었습니다.

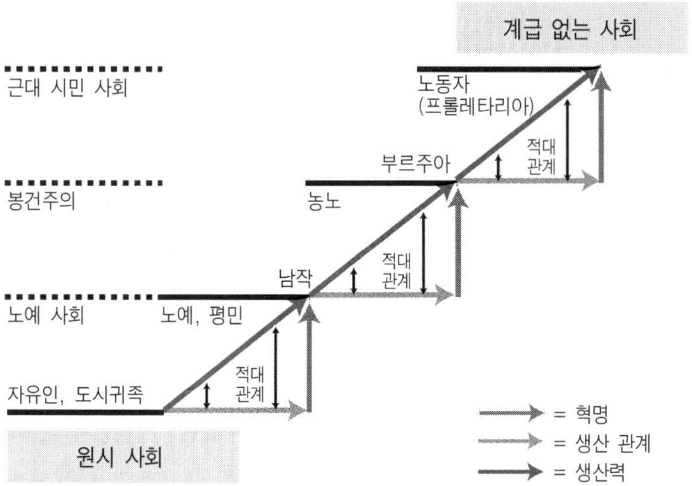

자본주의 사회는 무의미한 노동과 메마른 가정생활 속에 가두어 놓는다는 사실을 깨닫는 것만으로 충분하지 못하다는 것입니다. 중요한 것은 현재의 상태를 완전히 뒤집어 놓는 혁명입니다. 그는 『공산당 선언』(1850)에서 "지금까지 모든 사회의 역사는 계급투쟁의 역사입니다. 억압하는 자와 억압받는 자는 끊임없는 대립상태에 있고 매번 사회 전체의 혁명적 변혁으로 종결되는 투쟁을 벌입니다." 마르크스는 역사 진행과정을 원시사회 ➪ 고대 노예제사회 ➪ 봉건사회 ➪ 근대 시민사회 공산 ➪ 사회계급 없는 사회(프롤레타리아의 사회)로 보았습니다. 그는 사회주의로 향하는 역사, 계급이론을 형성하고 몇 년 후에 경제이론을 발전시켰습니다. 그의 경제이론은 자본주의의 역사발전이 사회주의를 가능하게 하는 조건을 마련한다는 것을 명백하게 하고자 하였습니다.

소외된 노동

마르크스는 노동자 소외개념의 요소를 ① 노동의 생산물로부터의 노동의 소외, ② 노동 활동으로부터 노동자의 소외, ③ 인간 종種, 인간을 주어진 종으로 규정했던 창조적이고 가변적인 활동으로부터 노동자의 소외, ④ 노동자 상호 간으로부터의 소외로 나누었습니다. 따라서 마르크스는 『경제학-철학수고』에서 노동자의 소외개념을 다음과 같이 네 가지의 양상으로 분류하였습니다.

첫째, 노동 생산물로부터의 소외: 이는 "노동자에게 힘을 행사하는 낯선 존재fremdes Wesen로서의 노동의 생산물에 대한 노동자의 관계"입니다. 마르크스는 노동자의 낯선 생산물의 대상화가 의미하는 바가 무엇인지를 소외된 노동에서 해명하는 것입니다: "노동자는 자연 없이, 그리고 감각적인 외부세계sinnliche Außenwelt 없이는 아무것도 생산할 수 없습니다. 자연은 물질에서 노동자의 노동이 현실화되고 활성화되며 물질로부터 그리고 물질의 매개에 의해 노동을 생산합니다." 이러한 사실은 노동이 생산하는 것, 곧 노동의 생산물이 낯선 존재로서 생산자와 무관한 권력으로서 노동과 대립한다는 것을 드러내게 됩니다. 노동자는 자신의 생명을 노동 대상 속에 투여하여 생산물을 만들어 내게 됩니다. 노동의 결과인 생산물은 노동자에게 귀속하지 않고 자본가에게 속하게 되며 노동자의 현실화를 다음과 같이 보게 됩니다. 즉 "노동의 생산물은 하나의 대상 속에 구체화되고 물질적으로 된 노동입니다. 노동의 생산물은 노동의 대상화이고 노동의 현실화는 노동의 대상화입니다. 국민경제적 상황에서는 노동의 현실화로 나타납니다."

둘째, 노동 활동으로부터 노동자의 소외: 노동자는 노동의 밖에서 비로소 자기 자신을 느끼고 노동함에 있어서 자기의 외부에 있습니다 Arbeiter fühlt sich daher erst außer der Arbeiter sich. 즉, "먼저 노동은 노동자에게 자기의 외부에 있습니다. 노동은 노동자의 본질에 속하지 않으며 그래서 노동하면서 자신을 긍정하는 것이 아니라 스스로를 부정하고, 만족을 느끼는 것이 아니라 불행을 느끼며, 그의 육체적, 정신적 힘을 발전시키는 것이 아니라 그의 육체를 억누르며 마음을 황폐하게 만듭니다." 이는 노동자의 자기소외, 곧 자기부정입니다. 마르크스는 노동자가 노동자 자신을 표현하기 위해 노동하는 것이 아니라 생계를 위해 어쩔 수 없이 노동하는 것이라 주장합니다. 만일 그러한 "강제적 조건이 없다면 노동은 회피될 것"이라는 사실입니다. 여기서 마르크스는 강제의 구체적 내용을 대량생산체제의 단순반복 작업을 노동의 일반 형태로서 설정하였습니다.

셋째, 유적類的 존재로부터의 소외: 유類는 인간을 다른 동물로부터 구별해 내는 잠재력을 지칭하는 가능성의 범주입니다. 인간은 자기 자신 속에서 모든 살아 있는 인간의 본성을 발견하고 모든 자연을 인간 자신의 비유기체적 육체로 만드는 유적 존재Gattungswesen입니다. 그러나 소외된 노동은 이러한 인간과 자연의 관계를 전도시키고 인간의 본질을 실존수단으로 전락시켰습니다. 본질은 더 이상 삶의 목표나 내용이 아니기 때문에 삶은 단지 수단으로 변질되었습니다. 마르크스는 "인간의 활동은 동물의 생명활동과는 다르게 육체적인 욕구로부터 유적 존재의 활동이며 자신의 능력을 확장해 가는 활동"이라 파악합니다. 다시 말해 유적 존재의 생산 활동은 단순한 생산이 아니라 인간의 사회적 능력과 관계에 기반 한 생산입니다. 의식적인 생명활동은 인간을 동물적인 생명활동으로부터 직접 구별합니다. 바로 이러한 구별에 의해서만 인간은 유적 존재로서 존재합니다. 대상적 세계를 실천적으로 산출하는 것, 즉 비유기적 자연을 개조하는 것은 바로 인간이 의식적인 유적 존재라는 것을 확증하는 것입니다. 다시 말해서 자기 자신의 고유한 본질로서의 유類나 유적 존재에서의 자기 자신과 관계하는 존재임을 확인하는 행위인 것입니다. 이리하여 인간은 대상적 세계를 개조함으로써 비로소 현실적인 유적존재로서의 자기를 확증하게 됩니다.

넷째, 인간에 의한 인간으로부터의 소외: 이는 노동자의 다른 인간과의 유대관계입니다. 노동의 생산물이 노동자에게 속하지 않고 노동자에게 낯선 세력으로 대립되어 있다면, 그것은 생산물이 노동자 이외의 다른 사람들의 소유가 되었기 때문입니다. 즉, "인간이 자기 자신에 맞서게 되면, 다른 인간과도 맞서게 됩니다. (……) 인간이 자신의 유적 존재로부터 소외되어 있다는 것은 한 인간이 다른 인간으로부터 그리고 양자가 모두 인간의 본질로부터 소외되어 있음을 말합니다.

마르크스의 소외론은 1989년 소련 및 동구권 사회주의 붕괴 후에 소강상태를 보이고 있다가, 2000년 이후 미국의 신자유주의를 비롯한 일방적 독주 체계에서 신물이 나면서 다시 주목받기 시작하였습니다. 말하자면 자본주의 시장경제의 병폐가 전 세계적으로 확산되어 가고 있기 때문이기도 합니다. 왜 자본주의 사회가 이렇게 사회를 전방위적으로 병들고 있는 것일까요? 21세기 자본주의의 병폐는 진정 무엇이고, 그 혁신을 위해 어떻게 해야 할까요?

마르크스는 자본주의를 정의하기를, 노예도 농노도 아니며 자유민인 노동자의 노동을 이용하여 생산수단을 소유하는 자의 사적 이윤을 위해 그 생산수단이 작용하는 사회제도라고 하였습니다. 따라서 노동자 계급이 곧 닥칠 투쟁에서 승리를 쟁취할 것이라 생각했습니다. 마르크스는 소외의 과정을 유물적으로 해석하여 혁명의 이론으로 발전시켰습니다. 현재 소외에 대한 의식이 보편화되어 있는 상황에서 그의 이론은 여전히 많은 시사점을 던져 주고 있습니다. 20세기 이후의 사상가들은 마르크스의 사상에 많은 영향을 받았습니다. 이러한 그의 사상은 후에 프랑크푸르트학파의 비판이론가들, 즉 호르크하이머, 아도르노, 하버마스를 비롯하여 에리히 프롬, 마르크 블로흐, 현상학적 마르크스주의자들인 메를로-퐁티, 사르트르, 유물론적 해석학자들인 잔트 퀼러Hans Jörg Sandkühler 등 수많은 사상가들을 배출하였습니다.

제12장

공리주의: 최대다수의 최대행복

제 12 장

공리주의: 최대다수의 최대행복

01

공리주의

공리주의utilitarianism는 산업혁명을 배경으로 영국에서 18~19세기에 영국의 벤담J. Bentham, 1748~1832과 밀J. S. Mill, 1806~1873에 의해 구체화된 철학입니다. 산업혁명은 18세기에 영국에서 시작되어 빠른 속도로 유럽 전역으로 퍼져 나갔습니다. 그리고 미국, 러시아 등 전 세계로 번져나간 산업혁명입니다. 산업혁명에 의해 사회는 농어촌 중심에서 공장이나 도시중심으로, 육체를 동력으로 하는 시대에서 기계를 동력으로 하던 시대로, 그리고 농경사회에서 산업사회로 바뀌게 됩니다. 넓은 의미에서 산업혁명은 공업화로 대변되지만, 물질적 재화의 생산에 무생물적 자원을 광범위하게 이용하는 조직적인 경제과정이라 할 수 있습니다.

특히 영국에서는 산업혁명에 의해 두 개의 커다란 변화가 일어났습니다. 정치적으로 민주사회의 정치이고, 경제적으로는 산업사회의 출현과 산업 시민계층을 형성해 나갔습니다. 이러한 관점에서 보았을 때, 공리주의는 산업혁명 이후 정착되고 형성된 민주주의 사회의 성격을 드러내게 됩니다. 점차 공리주의는 산업시민층의 사상을 대표하는 철학이라 할 수 있습니다.

공리주의는 효용성utility을 가치판단의 기준으로 삼는 사상입니다. 즉, 공리주의는 행위의 옳고 그름 또는 행위의 선·악을 판단하는 기준을 행위 그 자체에 두고 있지 않습니다. 단지 공리주의는 그 행위의 결과에 따라 우리가 추구하는 목적에 대해 유용한지의 여부를 기준으로 선·악을 판단합니다. 이 경우 선과 악의 내용이 무엇이든 간에 그것은 양量적인 방식으로 측정될 수 있습니다. 벤담은 『도덕 및 입법 원리의 서론』(1789)에서 유용의 기준인 쾌락을 측정하는 방법으로 쾌락의 강도, 지속성, 확실성, 근접성, 생산성, 순수성, 쾌락을 누리는 범위를 제시했습니다. 이러한 측정 기준을 갖고 쾌락을 경험하는 사람들이 많을수록 그 행위가 윤리적으로 옳다고 그는 주장하고 있습니다. 밀은 쾌락을 평가하는 데 있어서 쾌락의 양뿐만 아니라 질적인 측면도 도입하고자 하였으나 그 기준을 명확하게 제시하지는 않았습니다.

도덕적으로 옳은 행위로 판단하는 본래적 가치의 표준을 고전적 공리주의자인 벤담과 밀은 각각 '쾌락'과 '행복'이라 하였고, 20세기 영국의 분석 윤리학자 무어G. E. Moore는 '본래적 선'이라 하였습니다. 무어의 본래적 선은 쾌락 또는 행복 그 어느 것에 의해서도 정의될 수 없는 것입니다. 각각의 공리주의는 쾌락주의적 공리주의, 행복주의 공리주의, 이상주의 공리주의로 분류됩니다. 이 때 각각의 공리주의의 특징은 다음과 같습니다.

- **쾌락주의 공리주의:** 어떤 행위가 쾌락을 가져다준다면 그것은 옳지만, 반대로 고통을 초래하는 경우 그것은 그르다.

• **행복주의 공리주의:** 어떤 행위가 행복을 가져다준다면 그것은 옳지만, 불행을 초래한다면 그르다.
• **이상주의 공리주의:** 어떤 행위가 본래적 선을 가져다준다면 그것은 옳지만, 본래적 악을 초래한다면 옳지 않다.

공리주의는 그것이 어떤 유형의 것이든 간에 우리가 어떤 행위를 선택해야 하는 경우, 도덕적인 행위를 선택할 수 있도록 도울 수 있습니다. 먼저 우리가 선택할 수 있는 가능한 행동에 관한 모든 대안을 구체적으로 밝히고 나서 각 대안을 선택할 때 야기되는 결과들을 측정할 수 있습니다. 이때 중요한 것은 행위결과들에 대한 쾌락이나 행복이 나뿐만 아니라, 이 상황과 관련된 대다수의 사람들에게 부여될 수 있는지 여부를 살펴보는 입장입니다. 이러한 절차대로 모든 대안을 모두 검토한 이후, 여러 대안의 결과를 서로 비교하여 어느 대안이 더 많은 쾌락(행복)과 더 적은 고통(불행)을 산출시키는지 알아내는 것입니다. 물론 행동의 결과를 판단할 가치의 표준을 적용하는 데 있어서 반드시 공평하고 보편적이어야 합니다. 또한 우리가 결과의 가치를 계산할 때, 한 사람의 쾌락은 다른 사람의 쾌락과 똑같이 계산되어야 합니다. 공리주의의 관점에서는 모든 사람은 그들의 이익을 충족시키거나 쾌락을 갖게 될 때 모두 동등한 권리를 지닙니다. 따라서 벤담과 밀이 주장했던 고전적 공리주의 이론은 다음의 세 가지 내용으로 요약될 수 있습니다.

• 첫째, 행위들은 오직 그 결과에 의해서만 옳고 그름을 판단할 수 있다. 그 외의 다른 요인은 어떤 것도 문제되지 않는다. 따라서 옳은 행위란 오로지 최선의 결과를 가져오는 행위이다. (결과주의)
• 둘째, 결과를 평가하는 데 고려되는 유일한 요인은 행위에 의해 생겨

날 행복과 불행의 양이다. 따라서 옳은 행위란 불행 또는 고통의 양을 최소화시키고 행복의 양을 최대화시키는 행위이다.

- 셋째, 행복과 불행의 양을 계산할 때 어떤 사람의 행복도 다른 사람의 행복보다 더 중요한 것으로 계산해서는 안 되며 동일하게 취급해야 한다.

02
제레미 벤담Jremy Bentham, 1748~1832: 양적인 쾌락

제레미 벤담

벤담은 런던의 유복한 변호사의 아들로 태어났습니다. 그는 영국의 옥스퍼드 대학을 15세에 합격한 천재였으며 그곳에서 법학을 전공하여 변호사가 되었습니다. 하지만 그는 철학에 몰두하게 되고 독신으로 살면서 민간 연구자로 활동을 하였습니다. 벤담은 법률가인 동시에 철학자였습니다. 그의 주검은 사후 그의 유언에 따라 해부되어 골격을 재구성하여 조상彫像과 머리는 런던 대학에 보관되어 있습니다. 벤담은 『정부론에 관한 단편』(1776), 『도덕과 입법의 원리 입문』(1789) 등의 저서를 통해 그의 공리주의의 관점을 전개하였습니다. 그는 개인의 관심은 사회의 관심과 일치한다는 견해를 갖고 있었고, 자유주의 개혁운동의 선구자로 불리고 있습니다. 그는 『파놉티콘』(1791)이라는 저서에서 원형감옥을 설계하여 사회에 많은 파장을 불러일으키기도 했습니다.

양적인 쾌락

벤담은 젊은 시절에 읽은 조지프 프리스틀리Josph Prisstley의 『정부론』에 등장하는 "최대다수의 최대행복"이라는 말과 데이비드 흄David Hume의 『인간본성론』에 나오는 공리성功利性이라는 개념을 근거로 하여 정치 · 경제 · 사회 제도에 많은 영향을 끼쳤습니다. 그의 주된 사상은 『도덕과 입법의 원리 입문』에서 언급된 공리의 원리와 자기우선의 원리입니다. 즉, 그는 "자연은 인간을 쾌락과 고통이라는 두 주인의 지배 아래 두었습니다. 그리고 쾌락과 고통이 우리가 무엇을 해야 할 것인가를 결정해 줍니다"라고 말합니다. 쾌락과 고통의 지배를 받는다는 것은 모두가 인정하고 있는 것이며 우리가 쾌락을 원하고 고통을 피하고자 한다는 것도 마찬가지입니다. 모든 인간은 쾌락을 얻고 고통을 피하기 위해 행위하며 더 나아가 자기 자신의 쾌락을 바라며 고통을 두려워하도록 되어 있습니다.

벤담의 공리주의 제1원리는 행복, 곧 쾌락의 추구와 고통의 회피는 누구나 바라는 유일하고도 옳은 행위의 목적입니다. 하지만 제1원리는 증명될 수도 없으며 증명할 필요도 없습니다. 왜냐하면 제1원리는 그 원리로부터 다른 여러 가지의 것을 이끌어 내는 출발점이기 때문입니다. 따라서 제1원리는 그 자체로 증명될 수는 없는 것입니다.

벤담에게서 공리의 원리란 "행동의 옳고 그름을 그 행동이 행복을 증대시키느냐 감소시키느냐에 의해 판정하는 원리"입니다. 그리고 이 원리는 "개인의 행동뿐만 아니라 정부시책의 옳고 그름에 대해서도 적용"되는 것입니다. 행위의 옳고 그름을 그 결과로 판단해야 하는 것입니다. 하지만 행위의 동기와는 무관합니다. 나쁜 결과가 누군가에게 고통을 가져다준다면, 좋은 결과는 행복과 쾌락을 가져다주어야 합니다. 그에 의하면, 공리의 원리에 맞는 행위에 대해서만 '마땅히 행해졌어야 할 행위'

또는 '옳은 행위'라고 말할 수 있습니다. 그는 행위를 효용성utility, 즉 결과를 가져 오는 데에 유용한지의 여부에 따라 판단해야 한다고 주장합니다. 간단히 말하면 공리주의는 "행위의 정당성 여부는 행위의 결과가 좋고 나쁨에 의거하여 평가해야 한다"는 주장입니다. 여기서 벤담이 의미하는 "좋은 결과"란 쾌락입니다. 쾌락은 그 자체로 선이며 고통은 그 자체로 악입니다.

자기우선의 원리란 "인간은 자기의 행복에 최대로 공헌하는 행위를 수행하려는 경향을 지니는 것"을 뜻합니다. 이 원칙은 다른 사람의 행복과 불행에 개의치 않고, 자기의 행복만을 최대로 추구하려는 성향을 말합니다. 각 사람이 공리의 원리와 자기 우선의 원리를 따르면 결과적으로 행복의 사회적 총량이 증대될 수 있으며, 이는 이기성의 원칙에 기초하고 있습니다. 벤담은 쾌락과 고통을 계산 가능한 것으로 보았는데, 실제로 그는 쾌락 계산법hedonic calculus을 고안하기도 하였습니다. 즉 어떤 쾌락이 강도가 강할수록, 지속성이 길수록, 확실성이 높을수록, 가까운 시일 안에 맛볼 수 있을수록, 다른 쾌락으로 연속할 수 있을수록, 고통이 덜 섞여 있을수록, 쾌락을 느끼는 사람의 수가 많을수록 좋다는 것입니다. 쾌락 계산의 기준은 (1) 강도intensity, (2) 지속도duration, (3) 확실도certainty, (4) 근속도propinquity, (5) 생산도fecundity, (6) 순수도purity, (7) 광도범위extent입니다. 여기서 강도와 지속도는 현재 느끼고 있는 쾌고快苦의 가치를 판정하는 기준이며 그것들이 얼마나 강하며, 언제까지 계속되는가를 판정하는 것입니다. 확실도와 근속도는 장차 느끼게 될 쾌고快苦의 가치를 판정하는 기준으로서 확실히 얻어지는 쾌락은 불확실한 쾌락보다 바람직하며 멀리 있는 쾌락보다는 가까이 있는 쾌락일수록 더 큰 가치가 있습니다. 생산도와 순수성은 행위 또는 사건의 평가에 사용되는 기준입니다. 어떤 행위가 계속해서 좋은 결과를 낳을 때에는 생산도가

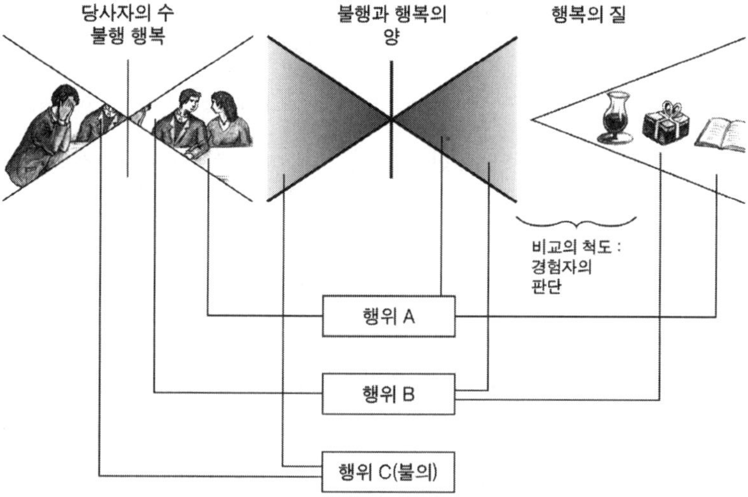

기대되는 행위 결과에 의거하는 행위의 판단과 선택

있다고 하여 칭찬하며 계속해서 좋은 결과만을 낳고 고통이 그다지 수반되지 않을 때 순수도가 높다고 하며, 그렇지 못할 경우에는 순수성이 없다고 합니다. 범위는 쾌고가 얼마만큼 많은 사람들에게 영향을 미치고 있는가를 계산해야 한다는 것입니다. 여기서 그는 쾌락은 양적인 차이만 있다고 보았지, 질적인 차이는 전혀 고려하지 않았습니다. 예컨대 한 대학생이 친구들과 MT를 가서 음주를 했다고 합시다. 음주에 따르는 쾌락은 다른 쾌락에 비해서 강도나 확실도나 근속도에 있어서는 거의 손색이 없으나, 지속도에 있어서는 매우 짧으며 생산도나 순수도에 비추어 보았을 때도 보잘 것이 없습니다. 더구나 광도의 범위에 이르면 의심의 여지가 너무 많습니다. 그래서 그 대학생이 술을 끊었다고 합시다. 이때 그 대학생은 금주가 어떤 종교의 계율이기 때문에 술을 끊는 것이 아니라 음주가 면밀한 쾌락계산에 의해 바람직하지 하지 않기 때문에 금주한다는 것입니다.

궁극적으로 그의 최대다수의 최대행복은 민주사회의 지배원리이고 민주사회에서만 구현될 수 있는 원리라 말할 수 있습니다. 결국 민주사회는 국민이 주인이요, 국민을 위한 사회이기 때문에 최대다수의 최대행복을 지향하게 되고 그에 대한 구현을 가능하게 할 수 있습니다.

파놉티콘panoption

파놉티콘이란 단어는 실제로 우리 주위에서 일어나고 있는 다양한 감시보안장치나 정치권력의 현상들과 마주치는 것을 말합니다. 처음으로 "파놉티콘panoptique/panoption"이라는 개념을 제시한 사람이 벤담(1791)이었습니다. 프랑스어판 『파놉티콘』은 벤담이 1791년 프랑스 국민의회에 제출했던 것입니다. 애초 영어로 쓴 원본은 파놉티콘의 기술적 세부사항을 상세히 다루고 있지만, 프랑스어판은 프랑스 의원들을 설득하기 위해 원본의 핵심만을 뽑아 정리한 것으로 파놉티콘의 원리를 단숨에 이해할 수 있습니다. '감시시설, 특히 감옥에 대한 새로운 원리에 관한 논문'이라는 부제를 단 이 소책자는 프랑스 의원들의 즉각적인 동의를 얻어 그 구상이 실행에 들어갈 예정이었으나 이듬해 프랑스 정국이 급변하면서 폐기되고 말았습니다.

벤담은 1786년 엔지니어인 동생의 작업장을 방문하였다가 아이디어를 얻어 파놉티콘을 고안하였습니다. 『파놉티콘』은 1791년에 파놉티콘의 초안을 담은 21통의 편지에 기술적인 세부사항이 덧붙여져 런던과 더블에서 출간되었습니다. 통제를 쉽게 하기 위해 만든 공간체계로서 실체가 보이지 않는 대상에 대한 불안과 공포의 증폭을 응용하여 만들어졌습니다. 병원, 학교, 공장에도 이용 가능한 이 구조는 의외로 간단합니다. 파놉티콘은 그 후로 한 번도 구상 그대로 실현된 적도 운영된 적도 없지만, 현대철학자 푸코는 이 원리에서 근대 사회의 비밀을 푸는 열쇠를 찾아냈습니다. '최대다수의 최대행복'이라는 말로 유명한 벤담은 행복이 쾌락에서 나온다고 여겼습니다. 쾌락은 선이고, 고통은 악이라고 여겼기 때문에 죄수의 고통도 줄일 수만 있다면 줄이는 것이 사회의 행복에 보탬이 된다고 생각했습니다. 그래서 그는 지하 감옥보다 좋은 환경의 교도소를 만들어야 한다고 주장했고, 파놉티콘이란 개념을 고안해 낸 것입니다. 그래서 벤담은 죄수들을 교화할 목적으로 파놉티콘이라는 원형감옥을 국가에 제시했습니다. 어떻게 하면 단 한 사람이 다수를 완벽하게 감시할 수 있을지, 어떻게 하면 많은 사람이 한 사람에게 집중할 수 있을지에 대해 연구하던 벤담은 원형감옥의 파놉티콘을 그 해답으로 내놓았습니다. 벤담은 이것을 감옥을 만들려는 계획에 한정되어 구상한 것이 아니라 모든 시설로 확대되기를 다음과 같이 원했습니다. "이 원리는 다행스럽게도 학교나 병원, 즉 한 사람이 다수를 감독하는 일을 맡을 경우에 적용될 수 있습니다." 또한 그는 파놉티콘의 원리는 감시와 경제성을 연결해야 하는 거의 모든 시설에 성공적으로 적용할 수 있다고 보았습니다. 파놉티콘식 공장은 한 사람이 수많은 작업을 효율적으로 감독하는 '진정한 산업 건물'이 될 수 있으며, 파놉티콘식 병원은 청결·

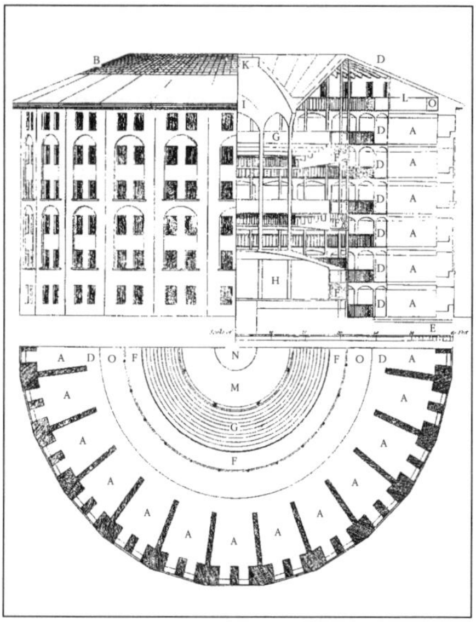

벤담의 파놉티콘 설계도
A: 수감자의 방 / F: 감독관의 감시 공간

환기 · 의약품 관리에서 어떤 소홀함도 허락하지 않는 최상의 병원 모델을 제공합니다. 단적으로 그에게서 감옥의 본질적인 장점은 모든 것을 한눈에 파악할 수 있는 능력을 의미하는 파놉티콘이었습니다. 즉 벤담에게 있어서 파놉티콘은 사회의 모든 곳에 적용되어야 할 모델로 간주되었습니다. 여기서 파놉티콘은 당시 망원경과 유사한 광학기구를 일컫는 용어로 종종 사용되었는데 그리스어로 모두 본다Pan: all + Option: seeing 또는 vision라는 의미를 지닙니다. 즉, '원형 감시 시설'로 옮길 수 있는 파놉티콘은 '한눈에 전체를'pan- '들여다 보다'opticon라는 뜻입니다.

주지하듯이, 벤담은 죄수를 교화할 수 있는 시설로서 원형감옥의 파놉티콘 건축을 제안했습니다. 그의 설계의 핵심은 '시선의 불평등 교환'에 있었습니다. 그의 설계도를 보면 바깥쪽 원주를 따라서 죄수의 방이 들어서고 중앙 원형 공간에 감시탑이 높게 들어섭니다. 중앙의 감시탑 안은 밖에서 들여다볼 수 없지만, 감옥 내부는 감시탑에 서면 훤히 들여다 보입니다. 죄수의 방은 항상 밝게 유지되고 중앙의 감시 공간은 언제나 어둡게 유지됩니다. 간수는 모든 죄수의 움직임을 볼 수 있지만 죄수는 간수가 무엇을 하는지 알 수 없을 뿐 아니라 감수가 자신을 감시하는지, 감시하지 않는지조차 알 수 없습니다. 그래서 죄수들은 결국 규율과 감시를 내면화해서 스스로를 감시하고 감시에 복종하게 됩니다. 여기에서 감시는 정보를 캐내는 것에 한정되는 것이 아니라 제어나 통제로까지 확장하였습니다. 죄수들은 시선을 내면화해 자기 자신을 감시하고 그 감시에 복종합니다. 최소한의 노력으로 최대의 효과를 누리는 완벽한 통제장치인 셈입니다. 벤담은 이 원형감옥의 운영자가 되기 위해서 20여 년 동안 노력을 했었다고 합니다. 이는 그 시기의 감옥과는 전혀 다른 것이어서 사회적인 이슈가 되었습니다. 그러나 현실과는 너무 다르기 때문에 여러 지식인들에게 거부감을 주었고 벤담의 이 제안은 실현되지 못했습니다.

03

존 스튜어트 밀John Stuart Mill, 1806~1873: 양적인 쾌락에서 질적인 쾌락으로

존 스튜어트 밀

밀은 벤담과도 친교가 두텁고 동인도 회사의 최고관리이자 저명한 경제학자였던 제임스 밀의 장남으로 런던에서 태어났습니다. 10세 때에 아버지가 근무한 동인도 회사에서 일하면서 저작활동을 하였습니다. 그는 세 살 때부터 그리스·라틴어를 배우며 철저한 주지주의 교육을 받았습니다. 그는 소년시절 벤담의 저서에 많은 영향을 받았으며 16세 때에 공리주의자학회를 조직하고 공리주의의 연구에 힘썼습니다. 17세부터 동인도 회사에 근무하면서 공리주의 운동에 관계하였지만, 의심을 품고 이상주의로 전환하였습니다. 그는 웨스터민스터시의 국회의원이 되어 여성에게 투표권을 주자고 주장한 첫 번째 국회의원이기도 하였습니다. 그는 21년을 기다린 끝에 사랑하는 여인과 결혼하였으며, 그의 『자유론On Libery』의 저서는 부부의 공동작이라 알려져 있습니다. 그녀는 밀과 결혼한 지 7년 만에 폐출혈로 사망하였습니다. 밀은 여행 중 세상을 떠났는데 프랑스의 아비뇽에서 사망하여 사랑하는 아내 곁에 묻혔습니다. 『공리주의Utilitarianism』(1863)는 밀의 대표작으로 전해져 내려옵니다.

양적인 쾌락에서 질적인 쾌락으로

밀은 스승인 벤담의 공리주의가 "차갑고 기계적이며 호감이 가지 않는 특성"을 지니고 있다고 비판하면서 벤담의 이론을 수정하였습니다. 밀은 벤담의 쾌락 대신에 행복을 선택했습니다. 그에게 있어서 행복은 쾌락이며 고통의 부재라는 벤담의 원칙은 받아들이지만 양量만을 계산하였던 벤담과는 다르게 '쾌락의 질적 차이'를 인정하였습니다. 그래서 밀은 이기적이고 개인적인 성격의 공리를 수정하여 공리주의를 최대다수의 최대행복the greatest happiness of the greatest number으로서 사회적 성격이 강한 철학으로 발전시켰습니다. 밀의 공리주의는 벤담의 이론과 거의 유사합니다. 하지만 쾌락을 양적으로 다루지 않고 질적으로 접근하였으며 벤담이 주장한 쾌락의 계산법에 반대했습니다. 밀에 의하면, 벤담의 경우처럼 쾌락을 단순히 양적인 기준에 의해서만 측정할 것이 아니라 양과 더불어 질적으로도 고려해야 한다고 합니다. 왜냐하면 다른 모든 것들을 평가함에 있어서는 양과 더불어 질을 고려하면서 쾌락의 평가에 있어서만 양에만 의존한다고 생각하는 것은 불합리하기 때문입니다. 밀은 만족해 있는 돼지보다 불만족스러운 인간인 것이 좋고 만족해 있는 바보보다는 불평불만이 많은 소크라테스와 같은 철학인이 것이 더 낫다고 믿었습니다. 즉, 그는 "배부른 돼지가 되기보다 배고픈 소크라테스가 되는 것이 낫다"고 말합니다. 인간은 단순히 쾌락의 양에 의해서만 지배되는 것이 아닙니다. 인간에게는 인격 특유의 품위감이 있기 때문입니다. 품격 있는 사람들과 고상한 감정 능력을 지닌 사람들은 언제나 질적으로 높은 쾌락을 선택할 수 있습니다. 만일 품위감이 손상될 때에는 아무리 육체적 또는 정신적 쾌락을 성취했다고 할지라도 행복을 느낄 수 없을 것입니다. 따라서 쾌락과 고통은 그 자체로서 독립해 있는 것이 아니라 인간의 품성에 달려 있다고 할 수 있습니다. 따라서 그는 인간의 행복에는 쾌락 이외의 다른 도덕적 가치가 있다는 것을 인정하였습니다. 이것이 밀의 공리주의가 지닌 인본주의적 성격인 동시에 행복주의적 공리주의, 질적 공리주의라 불리는 이유입니다.

그러면 밀에게 있어서 공리주의의 제1원리는 무엇일까요? 제1원리는 최대행복의 원리입니다. 이 원리에 의하면, 행복이 단순히 하나의 활동을 위한 목적이 아니라 모든 활동이 그것을 위해서 행해지는 유일한 최고의 원리를 말합니다. 그러면 행복이란 무엇일까요? 행복은 적극적인 의미로는 쾌락이며 소극적인 의미로는 고통의 결여입니다. 마치 불행이 쾌락과 고통의 결여인 것처럼 말입니다.

행위는 인간이 행복을 증진할 때에는 옳으며 불행을 증진할 때는 그르다고 파악합니다. 인간의 본성은 이기적이고 자기중심적인 것만이 아니라 이해, 동정, 자비 등을 지닌 자기 규제적이고 이타적인 존재라 할 수 있습니다. 예컨대 "너의 이웃을 네 몸같이 사랑하라"는 성경 구절이 공리주의 철학의 이상理想이 되었습니다. 행복은 쾌락(혹은 고통의 결여)을 의미하고, 불행은 고통(쾌락의 결여)을 의미합니다. 밀은 행복을 낳는 행위는 선하고 불행을 낳는 행위는 악한 것으로 간주하였습니다. 인간에게는 동물적 욕망만 있는 것이 아니라 지성, 정서, 상상력, 도덕성과 같은 높은 단계의 능력이 있습니다. 행복은 선함을 밝히기 위해서, 우리 각자의 행복은 그 사람에게 선한 것이요, 일반적 행복은 모든 사람에 선한 것임을 보이는 것으로 충분합니다. 하지만 공리주의가 정당화되기 위해서는 '공리'가 '정의'에 의해 보완되어야 합니다. 따라서 밀은 '사회정의나 분배의 정의는 공리의 의미 속에 포함되어 있거나, 혹은 최대행복의 원리에 함축되어 있다"고 주장하였습니다.

제13장

미국의 프래그머티즘: 도구로서의 지식

제13장

미국의 프래그머티즘: 도구로서의 지식

01

프래그머티즘의 어원과 특성

프래그머티즘pragmatism, 실용주의은 미국에서 발생한 미국의 철학이라 말할 수 있습니다. 프래그머티즘은 19세기 말엽 성립하였습니다. 20세기에 접어들면서 프래그머티즘은 지배적인 사상으로서 미국사회에 커다란 영향을 미쳤습니다. 프래그머티즘의 어원은 사실fact이나 행위action를 의미하는 그리스어에서 유래하고 있습니다. 먼저 프라그마pragma는 행동, 실행, 실제 등의 의미를 갖고 있습니다. 영어의 "pratice"행위, 관습, 실행나 "pratical"실제적, 실천적이란 의미도 그리스의 pragma에서 유래한 것입니다. 따라서 행동과 실천을 중시하는 철학이 프래그머티즘입니다.

프래그머티즘은 19세기 퍼스에 의해 처음으로 제창되었고 듀이, 제임스, 미드에 의해 전개된 미국의 독자적인 사상입니다. 미국의 철학은 영국의 경험주의적 성격을 많이 띠고 있습니다. 퍼스의 견해에 따르면, 칸트철학에서 힌트를 얻어 프래그머티즘이라는 명칭을 빌려 왔다고 말합니다. 칸트는 『실천이성비판』의 저서에서 실천이성의 명령을 선천적이며 정언적인 "praktisch실천적"인 것과 경험적이며 가언적인 "pragmatisch실용적"한 것으로 구별하였습니다. 또한 pragma라는 말은 칸트의 『순수이성비판(A 800~B 828)』에서 유래합니다. practical law와 pragmatic law를 구별하였고, practical law는 실천적 법칙으로 도덕률이 이에 속하고, pragmatic law는 경험에 의해 만들어진 법칙입니다. 프래그머티즘에서 pragma는 pragmatic law에서 나왔기에 경험을 중시하는 경험적 사상입니다.

프래그머티즘은 주장하는 사람에 따라 내용과 경향을 서로 다르게 표명합니다. 그 근본적인 입장은 우리의 실생활을 존중하고 지식은 실제 생활에 유용할 때에만 참이라고 보고 있습니다. 퍼스는 "어떤 관념이 참인가 아닌가는 생각이나 말만 가지고 따질 것이 아니라 그것의 실제적인 결과에 따라 판정되어야 한다"고 주장합니다. 프래그머티즘은 한편으로 경험론과 공리주의 그리고 다윈의 진화론에 의해 인간에 대한 전통적인 사고방식을 위협하는 이론을 갖게 되었습니다. 다른 한편으로 데카르트의 이성론에서 시작하여 칸트의 비판적 관념론과 헤겔의 절대적 관념론을 거쳐 19세기 후반 신헤겔주의자들에 의해 낭만적으로 수정된 관념론을 계승하는 전통이었습니다. 따라서 프래그머티즘 철학의 공통된 특징은 다음과 같이 정리할 수 있습니다.

첫째, 프래그머티즘의 철학자들은 모두 다윈의 영향을 강하게 받고 있습니다. 다윈의 진화론은 인간이 신성한 존재라기보다는 지구상에 존재하는 다양한 생물종의 하나에 불과하다는 것을 깨닫게 해 주었습니다.

둘째, 프래그머티즘의 철학자들은 역사주의라 할 수 있습니다. 그들은 다윈의 자연주의를 받아들임으로써 역사주의자가 되었습니다. 인간인 자신이 역사적 진화의 산물이기 때문에 인간의 모든 지식은 역사적인 우연성의 결과물이라는 것을 부정할 수 없습니다. 따라서 프래그머티즘의 철학자들은 영원불변하며 초역사적인 진리는 존재하지 않는다고 생각합니다.

셋째, 프래그머티즘의 철학자들은 천사의 진리보다는 이 세상의 세속적인 삶을 중하게 여기는 세속주의자이자 현실주의자들입니다. 이것은 철학적으로는 반형이상학, 반선험론의 태도와 관련이 있습니다.

퍼스는 의미론, 제임스는 진리론, 듀이는 도구주의로서 실용주의를 발전시켰습니다. 실용주의의 성격은 하나의 철학에 머물지 않고 실험적 방법과 실용적 원리를 사회에 넓게 적용함으로써 교육, 사회, 정치, 종교 등 많은 분야에 영향을 미쳤습니다. 실용주의는 사상적으로 헤라클레이토스의 만물은 변화한다는 것, 소피스트의 인간은 만물의 척도라는 것, 아리스토텔레스, 영국의 경험론 등 경험적 방법에 의존하고 구체성과 현실성을 중시하고 효용성을 진리의 기준으로 삼았습니다. 그리고 헤겔로 이어지는 동적인 세계관에 서 있는 철학 등에 영향을 받았습니다. 그들은 세계를 변하고 진보하는 것으로 파악하여 지식을 상황에 주어지는 문제를 해결하는 도구로 보았습니다. 향후 프래그머티즘은 미국의 개척자 정신의 영향을 주었습니다. 미국의 광활한 땅은 가변성, 가능성, 개방성의 땅을 의미하였습니다.

02

찰스 퍼스Charles Sanders Peirce, 1839~1914: 의미론

찰스 퍼스는 프래그머티즘의 선구자이며 창시자라 할 수 있습니다. 또한 그는 물리학자인 동시에 철학자였습니다. 그는 미국의 매사추세츠 주의 케임브리지에서 출생했습니다. 그는 하버드대학교의 저명한 수학 교수였던 아버지 벤자민 퍼스Benjamin Perice의 영향으로 어려서

찰스 퍼스

부터 다양한 분야의 학문에 접할 기회를 가졌습니다. 그는 하버드대학에서 화학을 공부하였으며 천문학자, 물리학자, 수학자 그리고 철학자 등으로 불릴 만큼 다채로운 경력과 폭넓은 관심을 지녔던 인물이었습니다. 그는 1859년 하버드대학을 졸업한 후에 잠시 대학 교단에 선 일이 있지만, 1861년 이래로 약 30년 동안은 미국의 연안 측량부의 기사로 종사하면서 철학 활동에 몰두하였습니다. 사교적이지 못한 성격 때문에 대학에 자리를 잡지 못한 퍼스는 48세 때인 1887년부터는 펜실버니아의 밀포드Milford에서 칩거하면서 외롭고 고독한 삶을 살다가 1914년 암으로 사망하였습니다.

퍼스는 8만여 페이지에 달하는 방대한 양의 유고를 남겼는데 1931년 이후 그의 유고를 전집으로 간행하는 작업이 지금도 계속되고 있습니다. 그 미발표 원고들은 1931~1958년에 이르는 기간 동안 8권으로 편집된 『퍼스전집The Collected Papers of Charles Sanders Perice』으로 편찬되면서 비로소 세상에 알려지게 되었습니다. 이 전집이 완성되면 30권이 넘는 방대한 양의 도서가 될 것으로 예상하고 있습니다. 그의 주저로는 『어떻게 우리의 관념을 명백하게 만들 수 있는가?』(1878)가 있습니다.

의미론

퍼스가 몰두한 문제는 탐구의 방법에 관한 연구였습니다. 탐구란 우리의 현실생활에 나타난 회의를 출발점으로 하여 새로운 믿음에 이르고자 하는 운동입니다. 그래서 퍼스는 탐구를 “의심에서 믿음으로 나가는 과정”이라 보았습니다. 탐구는 의심에서 시작되며 확고한 믿음에 도달하여 의심이 그칠 때, 그 믿음이 진리이건 아니건 간에, 우리는 전적으로 만족하게 된다고 퍼스는 주장합니다. 그런데 의심은 우리가 이미 어떤 것들에 대한 생각을 지니고 있을 때에 발생합니다. 그렇지만 탐구가 곧바로 진리에 이르게 해주는 것은 아닙니다. 탐구는 모든 현실적인 의심으로부터 해방되어 의견을 확고하게 굳히게 될 때에야 마무리되는 활동입니다. 퍼스는 믿음을 얻는 방법으로서 고집, 권위, 선험적 방법, 과학적 방법 등 네 가지를 비교하고, 각 방법들이 지닌 장점과 문제점들을 지적하고 과학적 방법을 제창합니다. 그는 실재론적인 형이상학을 포기하지는 않았지만, 탐구의 과정이 우리의 행동이나 습관과 밀접하게 연관되어 있는 것으로 보았습니다. 그에 의하면, 우리들의 모든 사색은 현실생활에 있어서 일생생활을 보다 확실하게 할 수 있는 새로운 믿음을 만든다고 말합니다. 즉 그는 믿음belief의 방법을 중요시하였습니다. 그는 믿음을 행위와 연관시켜, 행위의 습관을 믿음이라는 말로 사용하였습니다. 그러므로 믿음이란 명제의 내용만을 지칭하는 것이 아니라 심리적 요소나 종교적 믿음까지도 포괄하는 아주 폭넓은 의미를 가리켰습니다. 무엇보다도 믿음을 확정하는 가장 중요한 방법으로써 과학의 방법the method of science을 들고 있습니다. 그러면 퍼스가 말하는 믿음이란 무엇일까요.

믿음은 어떤 상황에 있어서 행동방식을 어떻게 취해야 하는가를 지시해 주는 것을 말합니다. 바꿔 말해 믿음은 행동의 규칙 내지 마음의 습관에 불과합니다. 믿음이 행동의 규칙에 적용되면 다시 새로운 상황에서 회의를 불러일으켜서 사고활동으로 진행되어 갑니다. 따라서 우리들이 갖고 있는 관념 내지 개념의 의미는 이러한 믿음의 내용에 불과하다는 것입니다. 퍼스에게 있어서 어떤 개념의 의미는, 그 개념이 지니고 있는 실제적인 결과를 고려해야 하는 것이었습니다. 이것을 그는 실용주의의 격률pragmatic maxim이라 불렀습니다.

"실제적인 뜻을 지닌 무슨 결과를 우리의 개념화의 대상이 마음에 떠올렸는지 고찰해 봅시다. 그러면 이러한 결과들에 대한 우리의 개념이 그 대상에 대한 우리 개념의 전체입니다."

퍼스가 이러한 실용주의의 격률을 제시했을 때 실제로 들었던 예시는 "다이아몬드는 단단하다"라는 문장입니다. 어떤 것이 "단단하다"라는 개념의 의미는 무엇일까요? 그 의미는 다양한 사물에 의해서도 손상되지 않는다는 것입니다. 이처럼 무엇을 단단하다고 말할 때 그것의 의미를

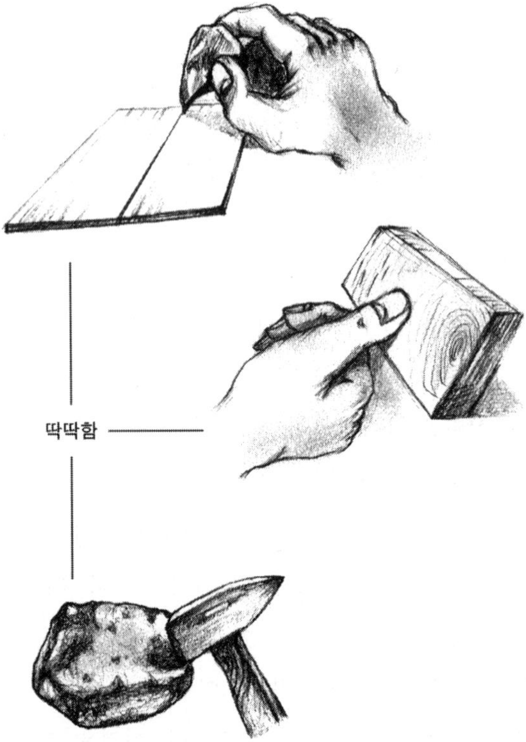

개념이 끼치는, 생각할 수 있는
영향들을 표상함으로써 개념을 명료화함

알기 위해서는 그 대상을 다른 것과 부딪쳐보거나 긁어서 흠집을 내보는 방식의 실천과정이 필요하다는 것입니다. 예컨대 아무것에도 접촉하지 않고 다이아몬드가 솜 위에서 결정하여 그대로 타버렸다고 가정하면, "그 다이아몬드는 무른 것이다"라고 말해도 그것은 잘못이 아니라는 것입니다. 다만 일상의 용어상에서 그것이 다이아몬드라고 인정되는 이상 그에 따른 일정한 경도가 있다고 생각되기 때문에 그렇게 말하지 않을 뿐이라는 것입니다.

이처럼 퍼스는 관념이나 개념을 사실의 문제로서 생각합니다. 실험이란 일정한 의도 아래에서 어떤 대상을 조작해서 거기에 나타나는 긍정적 또는 부정적 결과입니다. 그렇게 함으로써 대상의 성질이 밝혀집니다. 이와 같이 그는 관념을 명료하게 하는 데 실험의 방법을 사용하고 관념의 의미를 관념이 갖고 오는 결과에서 찾았습니다. 그는 데카르트의 명석 판명한 관념에서 힌트를 얻고 있으나 사변적이고 주관적인 것이라 비판합니다. "그러니까 실제의 것은 지금이든 나중이든 결국 정보와 추론에서 나온 것입니다." 관념을 명료하게 함에 있어서 실험적 방법을 사용하고 관념이 갖고 오는 결과를 중시한다는 점에서 퍼스는 실용주의의 선구자입니다. 이런 점에서 실용주의는 결과를 중시하는 방법을 뜻합니다. 따라서 실용주의는 결과가 같으면 같은 것으로 되고, 결과가 없으면 무의미한 것으로 됩니다.

03

윌리엄 제임스William James, 1842~1910: 실용주의 진리론

윌리엄 제임스

윌리엄 제임스는 매우 유복한 가정의 장남으로 미국의 뉴욕에서 출생했습니다. 유명한 소설가인 헨리 제임스Henry James, Jr.의 형이기도 합니다. 제임스의 아버지는 신비주의자인 스웨덴보리Swedenberg의 영향을 깊이 받은 문필가였으며, 자녀들이 독단에 빠지지 않도록 소질과 취향에 따라 다양한 교육을 받도록 배려하였습니다. 어린 시절 제임스는 주로 가정에서 교육을 받았으며, 공식적인 기관에서의 교육은 부정기적으로 이루어졌습니다. 그러다가 1855년부터 1860년까지는 영국, 프랑스, 스위스, 독일 등지의 학교에서 교육을 받았습니다. 그는 하버드대학에서 의학과 생리학을 연구하였으나, 곧 외부 세계에서 내부세계로 관심을 돌리게 됩니다. 그는 1869년 하버드대학에서 의학 박사학위를 받은 후 1872년 생리학과 교수로 임명되었습니다. 그는 1873년부터 하버드대학에서 해부학과 생리학을 가르쳤으며 1875년에는 심리학을, 그리고 1879년에는 철학을 가르치기 시작했으며 1907년 은퇴할 때까지 교수로 재직하다가 1910년 심장병으로 사망하였습니다. 그는 모교인 하버드대학에서 수년간 심리학과 철학, 생물학, 생리학, 의학, 심리학 등을 연구하면서 『심리학의 원리』(1890), 『종교적 경험의 다양성』(1902), 『프래그머티즘』(1907) 등 다방면에 걸친 많은 저서를 남겼습니다.

실용주의 진리론

퍼스의 철학이 추상적, 일반적 방법론과 논리학에 있었다면, 제임스의 관심은 특수적, 구체적, 종교적, 윤리적인 방면에 널리 걸쳐 있었습니다. 그는 퍼스의 의미이론에 한정하지 않고 실용주의의 진리이론으로 발전시켜 나갔습니다. 먼저 과학적 개념에 대한 퍼스의 이해방식을 모든 믿음으로 확대해 나갔습니다. 즉 믿음을 참이게 하는 것이 무엇인가를 묻고 이에 대해 실용주의의 진리론을 유력한 대답으로 제안하였습니다. 제임스는 지금까지의 전통철학자들이 일반적인 제일원리로부터 진리를 도출해 내거나 다양한 철학체계의 교의들을 합리적으로 증명하거나 반증하려고 많은 시간을 허송했다고 비판하였습니다. 우리가 특정한 철학체계를 선택하여 고려할 경우에는 실천적 결과가 무엇인지를 묻는 것이라 주장하였습니다. 즉 그는 "실천적 경험에 있어서 그 믿음의 현금가치가 무엇인가? 믿음의 참이나 거짓임에 따라 이 세계에 어떤 특별한 차이가 생겨날 것인가?"를 묻는 것이 중요하다고 보았습니다. 제임스에게 있어서 진리란 믿음으로서 좋은 것, 확정적이며 지정 가능한 이유에서 좋다는 것을 스스로 입증한 것들에 대해 이름 붙였습니다.

제임스는 진리의 문제에 대해 "어떤 관념이 참이냐 아니냐는 그 관념에 따라서 우리가 행동하는 경우 실제경험으로서 어떠한 결과가 나타나는가에 달려 있다"고 하였습니다. 그에 의하면, 관념이 우리의 경험에서 유용하게 될 경우에만 진리입니다. 즉 하나의 관념은 그것이 불러일으키는 행동에 의해 검증verify됩니다. 우리가 직접적으로 눈앞에 경험하는 순수 경험을 중시하면서도 경험의 범위를 순전히 검증 가능한 것, 혹은 과학적으로 설명 가능한 것에 국한시키려는 실증주의의 입장을 반대합니다.

하지만 제임스에게서 검증은 반드시 직관적으로 하지 않아도 좋다는 견해입니다. 우리가 믿고 있는 진리의 대부분은 현금가치에 의해 통용되고 있습니다. 예컨대 은행수표가 통용되고 있는 것은 현금에 의해 뒷받침되고 있는 것처럼, 우리는 누군가에 의해 언젠가 이미 실제로 검증된 진리를 언어의 수단에 의해 사용하고 있습니다. 제임스의 실용주의를 특징짓는 용어는 현금가치cash-value라는 단어입니다. 만일 저 개념보다 이 개념이 참이라면, 이것은 어떤 사람에게 실제로 무슨 효과를 낳겠는가?에 대해 따집니다. 참된 것은 당연히 실천이나 경험을 통해 주어져야 한다는 것입니다. 그것을 제임스는 현금가치라 말합니다. 즉 구체적 결과를 갖는 것만이 의미를 지닌다는 견해입니다. 따라서 추상적인 진리들은 구체적인 사실들에 영향을 주지 않는 한 무의미합니다. 예컨대 신, 물질, 절대자 등과 같은 형이상학적 용어나 개념들도 현금가치를 지녀야 한다는 것입니다. 이제껏 전통적인 철학자들은 세속적인 이해관계를 벗어나 언제나 천상의 진리를 추구해 왔습니다. 실용주의자들이 말하는 현금가치는 무엇이든 돈이 최고라는 의미가 아닙니다. 그것은 우리의 지식과 믿음이 그 자체로서 가치를 지니는 것이 아니라, 우리의 삶을 향상시키는 역할을 할 때에만 비로소 가치를 갖게 된다는 것을 뜻합니다.

진리란 우리의 생활에 실제로 유용하게 작용하는 관념일지라도 항상 필요한 진리만을 갖는 것은 아닙니다. 우리는 상황에 따라 진리가 될지도 모르는 관념도 기억 속에 저장하고 있습니다. 예컨대 책에서 작업한 것들이 얼마든지 저장되어 있습니다. 그러나 이러한 관념들은 언제든지 필요할 때 끌어내어 현실생활에 유효하게 사용할 수 있는 자격이 있는 것입니다.

제임스는 『프래그머티즘Pragmatism』(1907)에서 어떤 세계관, 강령은 교리를 갖는 것이 아니고 하나의 방법에 불과하다고 말합니다. 우리의 진리(관념, 이론, 지식)는 확정된 것이 아니고, 하나의 가설에 불과합니다. 그래서 그것은 참일 수도 있고 거짓일 수도 있는 개연적이고 가변적이며 잠정적입니다. 우리의 관념은 그것이 가져오는 성과에 의하여 또는 효과 effects와 결과consequences에 의해 의미를 지니게도 되고 참된 것으로 되기도 합니다. 한 실례로서 우리는 열매를 맺는 것을 통해 나무를 알 수 있습니다. 즉, 우리의 관념은 그것이 의미 있고 참된 것으로 되기 위해서는 경험에 기초해야 하며, 경험적으로 검증될 수 있어야 합니다. 예컨대 성공적인 경험은 검증과정입니다. 그의 이론은 진리와 유용성이 서로 밀접하게 연결되어 있습니다. 곧 유용성이 진리의 징표이고 유용한 관념이 진리입니다. 진리이기 때문에 유용하냐, 유용하기 때문에 진리이냐는 동일한 의미인 것입니다.

제임스는 진리란 무엇인가를 향해 성장해 나가는 것이라 보았습니다. 마치 눈사람처럼 낡은 진리에서 새로운 진리에로 성장해 나가는 것과 같습니다. 새로운 진리라는 것은 새로운 경험과 낡은 진리가 서로 결합하고 수정하는 결과입니다. 이처럼 그는 진리를 동적인 것, 상대적인 것으로 보았습니다. 또한 낡은 진리를 새로운 진리에로 창조해 나가면서 우리의 현실을 시정하고 건설해 나가고자 하는 개선주의의 세계관이라 할 수 있습니다. 제임스는 "인간에게는 각자가 이 세계를 더 좋은 것으로 만들어야 할 책임이 있다"고 말합니다. 각자가 이 책임을 다하지 않는다면 세계는 그만큼 미완성 상태로 방치될 것입니다. 따라서 그의 실용적 진리론은 미래지향적인 사상이며 이러한 그의 미래지향성은 실용주의 성격을 단적으로 표현한 말이기도 합니다.

04

존 듀이John Dewey, 1859~1952: 도구주의instrumentalism

존 듀이

듀이는 미국의 뉴잉글랜드 지방에 있는 버몬트 주州의 버어링톤이라는 조그만 시골에서 태어났습니다. 그가 태어난 해는 다윈의 『종의 기원』이 출판되던 해였고, 마르크스의 『경제학 - 철학 수고』가 나온 해이기도 합니다. 그 당시 미국 학계에서는 진화론의 영향이 컸습니다. 그것은 자연과학과 전통적인 종교 사이의 모순에 대해 젊은 듀이의 주목을 끌기에 충분하였으며, 나아가 철학적인 문제에 관심을 갖도록 자극하였습니다. 그 당시 듀이는 콩트의 실증주의 철학에 관심을 가졌고, 기성사회가 허물어지고 새로운 사회가 건설되기 위해서는 과학이 어떤 역할을 해야 하는지에 대해 진지하게 고민하게 하였습니다. 그러나 그의 보다 심화된 철학은 1882년 존스홉킨스대학에 들어가면서 부터였습니다. 존스홉킨스대학에서 박사학위를 받고 미시간대학, 미네소타대학을 거쳐 시카고대학에서 철학, 심리학, 교육학 등을 가르쳤습니다. 초년에 헤겔주의자였던 듀이는 훗날 형이상학을 비판하는 자연주의자가 되었으며, 주된 관심영역도 심리학과 심리철학에서 교육학과 교육철학을 거쳐 사회철학과 예술철학 및 인식론으로 옮겨갔습니다.

그는 1952년 92세의 나이로 세상을 떠날 때까지 철학, 심리학, 윤리학, 교육학 등 광범위한 영역에 걸쳐 훌륭한 저서를 남겼습니다. 특히 교육과 행정 및 사법 절차의 운영에 영향을 미쳤고, 미국을 넘어 전 세계에 영향을 미쳤습니다.

듀이의 도구로서의 관념적 특성

첫째, 관념은 플라톤의 이데아와 같이 불변하는 절대적인 것이 아니고, 인간 경험의 성장에 따라 변해갑니다.

둘째, 관념은 영국경험론에서의 관념처럼 수동적인 경험이 아니라 인간의 능동적 지성이 만들어 낸 창조적 산물입니다.

셋째, 관념은 그 자체로 의미 있는 것이 아니고 인간의 환경을 개선하고 인간의 삶을 향상시키는 도구로서의 의미를 함축하고 있습니다.

넷째, 관념은 행동과 분리된 것이 아니고, 둘이 하나로 통일된 것입니다. 좋은 관념만이 좋은 행위를 낳게 됩니다.

도구주의의 문제적 상황

듀이는 퍼스가 주장한 의심·믿음의 도식을 논리화하여 탐구의 논리로 체계화시켰습니다. 듀이의 철학은 도구주의 또는 실험주의라 일컫고 있습니다. 도구주의에 대한 듀이의 입장은 부분적으로 그가 여러 해 동안 설명해 온 생각들을 나타내는 데 적절한 표현법을 찾는 방안으로 이루어져 있습니다. 그는 반이원론적 헤겔주의의 관념론을 추구하였습니다. 그는 자신의 실험적 관념론 또는 신헤겔주의를 규정했던 생각들이 중요했음에도 불구하고 다른 언어로 과거의 이원론에 반대하였던 주장을 펼쳤습니다. 철저한 자연주의자라 할 수 있는 듀이는 경험이라는 개념을 새롭게 해석하면서 도구주의를 제창하였습니다. 그는 인간이 하나의 유기체로서 환경에 적응해 가는 모든 과정을 경험이라 생각했습니다. 먼저 도구주의에서 경험은 알려질 수 있고, 규칙에 따르고 있으며 이로부터 관계를 이끌어내려고 시도했습니다. 그 관계는 유기체의 환경과 상호작용에 잠재해 있습니다. 경험은 본래적인 의미를 가진다고 그는 보고 있습니다. 곧 경험의 제어制御가 자연에서 도덕으로 전개해 나갑니다. 경험의 유의미성은 '가치 있는 존재 및 인간의 이해를 가능하게 하는 것'으로 이루어지게 됩니다. 말하자면 "생명이란 환경에 대해 작용하는 행동을 통해 자기를 새롭게 개척해 나가는 과정입니다." 이러한 학문은 유기체가 환경에 적응하기 위한 하나의 수단이나 도구로써 간주하게 됩니다. 이것이 듀이가 강조하는 도구주의의 핵심내용이었습니다.

듀이에 의하면, 우리의 모든 관념이나 사상은 우리의 현실생활의 곤란과 혼란을 해결하는 도구에 지나지 않는다는 것입니다. 인간은 하나의 유기체에 불과합니다. 유기체로서의 인간도 다른 생물과 마찬가지로 자연의 품속에 살고 있습니다. 인간은 동물이나 식물처럼 환경의 적응을 통해서만 상호관계가 가능한 것입니다. 그래서 인간에 관한 모든 문제는 유기체와 환경의 관계를 한 순간도 떠날 수 없습니다. 우리가 살아간다는 것은 곧 환경과 상호관계를 맺는다는 것을 뜻합니다. 하지만 우리가 살아가는 매순간이 탄탄대로인 것만은 아닙니다. 우리의 생활에 곤란한 상황에 맞부딪혔을 때, 또한 상황이 순탄하지 못할 경우, 우리는 그것을 극복하기 위해 몰두하게 되며 이때 비로소 사고思考 작용이 일어나게 됩니다. 말하자면 우리의 생활에 문제가 발생했을 경우 그 문제해결을 위한 기능이 곧 사고 작용인 것입니다. 이 경우 사고 작용은 지적 요구에 의해 나타나는 것이 아니라 당면한 문제해결을 위해서 나타나는 것이기 때문에 추상적인 것이 아니라 구체적인 것이어야 합니다. 듀이에 의하면, 사고는 당혹감의 문제를 초래하는 경험의 특정한 갈등으로부터 시작됩니다. 사고의 가장 분명한 특징은 사실과 직면하는 것, 즉 사고는 탐구, 면밀하고 광범위한 조사, 그리고 세심한 관찰을 해야 합니다. 인간은 자연 상태에서 대처해야 할 문제, 극복해야 할 어려움이 존재하지 않을 때에는 사고하지 않습니다. 때문에 안락한 삶, 노력 없이 성공하는 삶은 생각이 없는 삶입니다. 생각하는 존재는 그의 삶이 속박되고 제한되어 있어서 성공적인 목적 달성을 향해 직접 행동의 과정을 이행할 수 없는 그런 존재입니다. 이렇게 사고는 인간이 불안, 위험, 고난 등에서 벗어나려는 노력이며 이러한 장애와 문제에 봉착하였을 때 비로소 사고가 시작됩니다. 여기서 유기체가 불안을 느끼며 거기에서 벗어나고자 하는 상황을 문제적 상황problematic situation이라 말합니다. 사회에 살고 있는 우리 모두는 어디서든지 문제적 상황이나 불확실한 상황indeterminate situation을 마주치게 됩니다. 여기서 문제problem란 어원상으로도 우리 앞에'pro-' 장애물로 놓여진 것'bleme'을 가리킵니다. 이러한 문제를 극복하는 것이 문제해결이며, 사고의 기능은 문제해결에 있습니다. 듀이가 문제해결의 방식 중에서 유독 강조한 것은 과학적인 방법, 민주주의 방식, 지성적인 방식이었습니다. 그래서 그는 과학, 민주주의, 지성을 거의 동의어로 활용하기도 했습니다.

문제적 상황은 도구주의의 출발점입니다. 인간은 언제나 자연적, 사회적 상황에 놓여 있습니다. 그 상황은 인간에게 끊임없이 문제를 제기합니다. 사고와 탐구는 문제적 상황에서 출발합니다. 즉 문제적 상황이 사고와 탐구의 출발점인 것입니다(예: 자동차의 고장). 사고와 탐구는 추상적인 것이 아닌 구체적이며, 사변적인 것이 아닌 경험적인 것이어야 합니다. 사고와 탐구는 문제적 상황에서 시작되고 문제해결의 수단으로 나온 것이 관념(지식, 이론, 사상)이기 때문에, 관념과 지식은 문제해결의 도구tool나 기구instrument의 역할을 해야 합니다. 그러나 우리의 관념이나 이론도 문제해결에 도움이 되지 못한다면, 이것을 개량하거나 바꿔어야 합니다. 탐구란 불확정한 상황을 확정된 상황으로 바꾸는 것입니다. 탐구는 어떤 불안한 상황에서 시작되어 다른 어떤 확정된 상황에서 끝나지만, 그것이 다시 문제적 상황으로 되기 때문에 우리는 무한한 탐구의 과정을 겪습니다. 이것을 탐구연속의 이론doctrine of the continuity of inquiry이라 부릅니다. 듀이의 도구주의는 단순히 진리라는 것은 참된 언명이나 지식을 일컫는 것이 아니라 '보증된 주장 가능성'을 뜻합니다. 이것은 탐구의 과정을 거쳐서 얻은 지식이 실제로 문제해결에 보탬이 되어 이를 개선하는 것입니다. 그가 생각한 탐구연속의 단계를 통한 문제적 해결방식은 다음과 같습니다.

(1) 탐구의 선행조건: 미결정의 상황The antecedent conditions of inquiry으로 주어진 환경에 어떻게 반응해야 할지 결정해야 하는 불확정의 상황을 말합니다. 이 단계는 의심스러운 상황을 말하며, 여기서 의심스럽다는 것은 주관적인 것이 아니라 우리가 처해 있는 환경에 대해 어떻게 반응해야 할 것인지에 대해 결정하는 상황을 뜻합니다.

(2) 문제의 설정문제의 설정Institution of problem: 어떤 상황을 인식하고 문제를 설정하는 단계입니다. 분명하게 문제를 인식한다는 것은 문제가 무엇인지를 인식하고 그것을 탐구하기 위한 첫 번째 과정입니다. 문제는 불확정의 상황을 확정의 상황으로 바꾸는 데 도움이 됩니다.

(3) 문제와 그 해결에 대한 결정The determination of problem-solution: 문제를 분명히 하고 가능한 해결책을 찾는 단계입니다. 여기서 가능한 해결책은 아이디어 형태로 나타납니다.

(4) 추론Reasoning: 해결책들을 서로 관련지어 검토해 봄으로써 어떤 해결책이 좋을지에 대해 생각하는 단계입니다.

(5) 사실의 의미가 가지고 있는 조작적 성격The operational character of facts-meanings: 관찰된 사실과 아이디어는 둘 다 조작적인 의미를 갖습니다. 이와 관련된 사실은 증거로서 이용하고 가정된 사실은 테스트합니다.

(6) 상식과 과학적 탐구Common sense and scientific inquiry: 상식과 과학적 탐구는 동일한 패턴을 갖고 있습니다. 양자의 방법이나 논리에서 다른 것이 아니라 다루는 주제가 다를 뿐입니다.

이러한 탐구의 절차를 거쳐 이끌어 낸 결론을 듀이는 '진리나 참된 지식'이라는 단어 대신에 '보증된 주장 가능성warranted assertibility'이라는 용어를 사용했습니다. 그는 이러한 탐구의 방법론을 통해 과학의 문제, 정치적 문제, 민주주의 실험의 가능성을 실험해 볼 수 있다고 생각하였습니다. 듀이의 탐구연속의 이론은 과학의 방법을 유기체와 환경의 상호작용과 교섭의 과정을 경험에 도입한 것뿐만 아니라 더 나아가 과학은 물론 사회적 탐구조차도 환경에 적응하는 도구라는 관점입니다. 즉 경험이란 갖가지 도구를 활용하여 문제적 상황을 해결해 가는 지속적인 일련의 탐구과정입니다.

요컨대 듀이는 다윈주의Darwinism 수정자라고도 불리고 있으며, 그의 다윈주의는 적자생존의 원리를 역설하였습니다. 그래서 듀이는 그의 철학의 출발점은 다윈주의적이었습니다.

> 데카르트가 "물질적 사물의 본성은 완성된 완전한 상태로 일거에 만들어졌다고 생각될 때 보다는 서서히 발달해 왔다고 볼 때 더욱 쉽게 이해된다"고 말했을 때, 근대세계는 그 후로 근대세계를 지배하게 된 논리, 곧 다윈의 『종의 기원』을 최신의 과학적 업적으로 하는 논리를 자각하게 되었습니다. (....) 갈릴레오가 지구에 대해 그래도 지구는 돈다고 말한 것을 다윈이 종에 대해 말했을 때, 다윈은 듣고 설명을 구하는 도구로서 발생에 대한 실험적 관념을 한꺼번에 해방시켰습니다.

초자연적 인과관계에 의해서가 아니라 환경에 있어서 사물의 위치와 기능에 의해 사물이 설명되어야 합니다. 즉 모든 생물은 환경의 지배하에 있으며 그 환경에 적응하면 살아남고 적응하지 못하면 사멸하게 됩니다. 왜냐하면 인간은 환경을 적극적으로 변혁하고 개선해 나가는 능동적 존재이기 때문입니다. 따라서 인간은 미래를 향한 창조적인 관념이라는 도구를 사용하여 능동적으로 환경을 변혁해 나갈 수 있는 존재인 것입니다.

05

리차드 로티Richard Rorty, 1931~2007: 신新실용주의neopragmatism

리차드 로티

로티는 뉴욕태생으로 아버지 제임스 로티James Rorty의 문학에 영향을 받고 자랐습니다. 로티의 부친은 실용주의자 듀이의 제자이자 철학자인 후크Sidney Hook와 절친한 사이였습니다. 한때 그의 아버지는 후크와 함께 트로츠키언으로 활동하였습니다. 트로츠키란 말은 로티의 어린 시절 그의 부친세대인 좌익 지식인들에게 공적인 삶의 의미를 상징하는 메타포였습니다. 저널리스트였던 제임스 로티는 1933년 자유주의자로 전향하였습니다. 로티는 14살 때 시카고 대학교에 입학하여 문학부에서 석사학위(1952)를 취득하였습니다. 그는 15세에 플라톤을 읽고 20세까지 플라톤주의자가 되고자 최선을 다했다고 고백합니다. 플라톤주의자가 되려는 노력은 그의 프린스톤 대학 교수 시절까지 이어진 것으로 보입니다.

그는 문학적인 자질이 없다고 스스로 판단하고 진로를 바꾸어 철학을 공부하기로 하고 예일대학교 대학원에 입학하였습니다. 예일대학교의 박사과정에 입학한 로티는 바이스Paul Weiss의 지도 아래 「아리스토텔레스의 가능태에 관한 연구」(1956)로 철학박사 학위를 받았습니다. 그리고 1958년부터 3년 동안 학위를 받은 후 웨슬리 대학의 철학부 강사와 조교수를 거쳐 1961년에 분석철학의 경향이 강한 프린스턴대학교의 철학교수가 되었고 1981년까지 재직하였습니다. 여기서 그의 첫 번째 주저인 『언어학적 전환』(1967)을 출간하였습니다. 그리고 1970년에는 프린스턴대학의 스튜어트 석좌교수가 됩니다. 로티를 세계적으로 유명하게 만든 저서인 『철학과 자연의 거울philosophy and the Mirror of Nature』(Princeton University Press, 1979)을 발표한 이후, 1982년 이후 버지니아 대학의 키넌 기념 인문학교수가 됩니다. 그는 1989년 이후부터 스탠포드 대학의 비교문학과로 옮겨 2007년 타계할 때까지 재직하였습니다. 이 시기에 그의 가장 대표저서인 『우발성, 아이러니, 그리고 연대』가 출간되어 세계적인 주목을 받게 됩니다. 로티는 전통철학에 반기를 들었던 자신의 선구자로서 비트겐슈타인, 하이데거, 그리고 듀이와 같은 세 철학자를 거울로 삼았습니다. 그는 전일주의全一主義, Holism의 언어관으로 대변되는 비트겐슈타인, 역사의식을 주장한 하이데거 철학보다 정치에 우선권을 둔 듀이의 세 관점을 엄격히 분리하고자 했습니다.

프래그머티즘의 진리

로티는 스스로 자신의 철학을 프래그머티즘 및 실용주의實用主義라 부르고 있습니다. 프래그머티즘이란 아주 복합적인 사상의 운동입니다. 프래그머티즘이란 제12장에서 살펴보았듯이, 퍼어스Charles S. Peirce, 제임스William James, 그리고 듀이John Dewey에 의해 확립된 미국적인 사상을 일컫습니다. 이러한 프래그머티즘의 사상은 과학에 대한 존중, 실험주의, 경험의 존중, 이론과 실천의 불가분성의 주장, 결과에 대한 강조 등을 특색으로 합니다.

로티가 하이데거를 실용주의자로 생각하는 이유는 하이데거가 현존재라고 부르는 세계-내-존재를 진리의 근원적 현상에 대한 기초로 파악하고 있다는 점입니다. 하이데거는 진리와 존재의 동일한 근원성(同根原)에 대해 “진리가 존재하는 경우에 단지 존재와 존재자 사이의 관계가 아니라 진리가 존재한다는 것입니다.” 그리고 그 진리는 현존재가 존재하는 한, 존재한다는 것입니다. 그래서 존재와 진리는 동일한 근원성으로 존재하는 것입니다. 로티는 자신의 철학을 "우리 프래그머티즘we pragmatism"이라고 즐겨 부릅니다. 1980년 이후 그는 프래그머티즘에 대한 새로운 해석을 통해 복원과 재부흥을 주도하였습니다. 그는 그 자신의 이론의 배후에 언제나 미국의 프래그머티즘이 버티고 있다고 강조합니다. 그리고 모든 고전적인 실용주의자들은 철학가가 합목적적이 아니라, 삶과 삶의 실천적 문제들과 결부되어 있다고 말합니다. 그는 "분석철학 자체가 발전을 통해 자살하였다"고 주장합니다. 특히 그는 분석철학에 담긴 과학주의와 실재론을 비판하는 반표상주의를 표방하였습니다. 궁극적으로 그는 프래그머티즘을 새롭게 해석한 문예비평으로서의 철학을 주창합니다. 로티는 분석철학이 비트겐슈타인-셀라즈-콰인-데이비슨 등을 거치면서 애초에 표방하였던 표상주의의 프로젝트가 틀렸다는 것을 스스로 입증하는 상황에 이르렀다고 봅니다.

로티에 의하면, "철학자는 두 가지 역할을 수행합니다. 첫 번째는 견문이 넓은 애호가, 다방면에 걸쳐 활동력이 많은 사람, 다양한 담론들 사이에 소크라테스 방식으로 개입하는 사람의 역할입니다. 두 번째는 모든 사람들이 공통적인 근거를 인식하고 있는 문화적인 감독자의 역할을 하는 것입니다. 첫 번째의 역할은 해석학hermeneutics에 적합하며, 두 번째의 역할은 인식론에 적합합니다." 로티는 통상적인 담론과 비통상적인 담론을 다음과 같이 말합니다.

> "인식론적 행동주의에 의해 제시된 지식에 대한 프래그머티즘의 접근은 공약가능한 담론과 그렇지 못한 담론 사이에 그어진 선을 단지 통상적인 담론과 비통상적인 담론 사이에 그어진 선으로 해석합니다. 이러한 구분은 쿤의 정상과학과 혁명적 과학 사이의 차이를 일반화한 것입니다. (…) 에피스테메는 정상담론의 산물입니다. … 비통상 담론의 산물의 넌센스에서 지적인 혁명에

이르기까지 어느 것 하나 이루어질 수 없습니다. 그리고 예측 불가능한 것을 연구하고 창조하는 학문 이외에 그것을 기술해줄 학문은 없습니다. 그러나 해석학은 어떤 통상적 담론의 관점에서 바라본 비통상적 담론의 연구입니다."

위 인용문에서 로티는 해석학과 인식론 사이에서의 담화를 통상적 담론discourse which can be rendered commensurable과 비통상적 담론으로 구분하고 있습니다. 통상적 담론은 무엇을 질문에 대답하는 것으로 간주하는 걸까요? 그 대답에 좋은 논변이 제시되고 있는 것일까요? 그렇지 않은가요? 등에 대해 동의를 얻어낸 일련의 규약 안에서 일어나는 담론입니다. 여기서 '통상 가능하다'commensurable는 말은 다양한 의미가 있으나, 진술들이 갈등을 일으킬 때 어떻게 합리적 합의에 도달할 수 있는지에 대한 규칙을 말합니다. 그 규칙들은 그 밖의 불일치가 비인식적이거나, 단지 말뿐이거나, 일시적인 것으로 해소될 이상적 상황을 어떻게 구성하는지에 대해 제시하는 것입니다.

먼저 로티의 해석학은 담론을 대화의 관계, 대화가 지속되는 한에서 합의점을 이루기 위한 희망을 갖고 있는 관계로 보는 것을 말합니다. 이 희망은 공통된 기반 찾기의 희망이 아니라 단순히 합의에 대한 혹은 최소한 성과 있는 불일치에 대한 희망입니다. 합리적이라는 것은 대화를 진행하는 데 있어서 먼저 듣는 자는 그 스스로에게서 들을 수 있어야 합니다. 인식론에서 대화가 암묵적인 탐구에 비유된다면, 해석학에서는 그저 평범한 대화일 따름입니다. 로티에게서 인식론의 구축이란 타인들과 최대한의 공통 근거를 찾아내는 일입니다. 그 공통 근거는 때때로 우리 바깥에 있거나 우리 내부에 존재하거나 언어 속에서도 존재합니다. 그러한 공통 근거가 존재하지 않는다는 제안은 합리성에 대한 위협으로 보이게 될 수 있습니다.

비통상적 담론은 그러한 규약에 대해 아무 것도 모르거나 혹은 그러한 규약을 무시하는 사람이 담론에 참여했을 때 일어나는 담론입니다. 일반적으로 비통상적 담론은 청중들에게 이상하게 들리는 담론입니다. 통상적 담론은 사람들이 원칙에 의거하여 공통된 견해에 이르고자 하는 담론입니다. 통상적 담론에 대한 통상적 참여는 세계 속에 존재하는 방식 가운데 한 프로젝트에 불과합니다. 그렇지만 비통상적 실존적 담론은 언제나 통상적 담론에 기생적寄生的이라 할 수 있습니다. 해석학은 언제나 인식론의 가능성에 기생적이며, 교화는 언제나 당시의 문화가 제공하는 재료들을 채택한다는 한계성을 지닙니다. 우리는 어떤 인식론의 모델을 적용할 때, 통상적으로 그 모델이 제시하는 원칙으로부터 보편적 결론을 도출해 냅니다. 하지만 이러한 구상은 모든 사람이 최소한의 제약을 가지고 참여하는 대화에는 그다지 잘 들어맞지 않습니다.

로티에 의하면 인식론이 행해야 할 곳에서 해석학을 고집하는 것은 잘못된 관점은 아니지만, 이것은 곧 대화교육의 부재라고 합니다. 따라서 로티는 인식론 중심의 구성적인 철학, 즉 체계적인 철학에 반대합니다. 로티는 대화에 의한 의견들의 일치가 해석학적 대화의 목적이라 생각하지는 않습니다. 그 이유는 이러한 대화방식은 해석학적 대화가 아니라 인식을 목적으로 하는 대화이기 때문입니다. 로티는 이러한 인식을 목적으로 하는 대화를 다른 말로 표현하여 공약가능하게 될 수 있는 담론 혹은 통상적인 담론이라 말합니다. 그래서 그는 해석학을 인식론과 대비시켜 제시합니다. 그의 해석학은 매우 독특한 의미를 지닙니다. 이런 점에서 그는 통상적으로 언급되는 의미의 해석학과 명확히 구분합니다. 로티의 해석학은 인식론의 방법론이나 연구 프로그램이 아닙니다. 하지만 해석학이란 인식론의 소멸로 남겨진 문화의 빈 공간이 채워지지 않은 채로 남겨지기를 바라는 희망의 표현입니다. 그 희망은 제약과 대치가 더 이상 요구되지 않는 문화를 바라는 희망입니다. 로티에 의하면,

인식론은 담론의 공약 가능성을 가정한 바탕 위에서 진행되지만, 해석학은 그러한 가정에 대한 대립된 투쟁입니다. 이제까지 인식론이 통상적 담론이었고 해석학이 비통상적 담론이었다면 그 관계를 새롭게 정의해야 한다는 것입니다.

네오프래그머니즘: 반표상주의

로티는 1980년대 들어서면서 전통철학을 비판하고 새로운 형태의 프래그머티즘을 천명합니다. 이것이 네오프래그머티즘Neo-pragmatism, new-Pragmatism, 新實用主義이라 부르는 반표상주의Anti-representationalism 또는 반정초주의反定礎主義: antifoundationalism입니다. 표상주의란 플라톤을 기점으로 로고스 중심주의의 철학들이 갖고 있는 기본적인 입장입니다. 플라톤의 철학은 인간에게 진리를 거울처럼 비출 수 있는 어떤 본성일 수 있다는 것을 가정합니다.

이에 반해 반표상주의는 플라톤 이래로 서양 사상의 전통인 이성중심주의에 대한 비판으로서 진리중심의 담론을 버리고 문예중심의 담론을 지향하자는 철학 패러다임의 전환을 주창하는 사상입니다. 반표상주의의 일차적 비판의 표적은 주로 분석철학입니다. 로티는 『철학과 자연의 거울』에서 이성중심주의의 핵심으로 간주된 것, 즉 인식론적 정초작업의 기본전제를 허물고자 분석철학적 전통에서 표상주의를 비판했습니다. 다시 말해 반표상주의는 플라톤 이래로 서양 사상의 전통인 이성중심주의에 대한 비판으로서 진리중심의 담론을 버리고 문예중심의 담론을 지향하자는 철학 패러다임의 전환을 주창하는 사상입니다. 즉 반표상주의는 후기 비트겐슈타인, 하이데거, 듀이, 콰인, 셀라즈, 데이비슨, 퍼어스와 같은 철학자들에 의해 형성된 것으로서 어떤 특정한 사회제도나 도덕적 신념을 비판하기 위해 보편적 형이상학의 적용을 거부합니다. 로티에 의하면 서구의 철학적 전통은 주로 어떤 명제나 관념에 의해서 형성된 것이 아니라 거울의 이미지를 중심으로 구축되었다는 것입니다. 그의 반표상주의는 분석철학의 비판을 통해 다음과 같이 출발합니다.

> "나는 분석철학의 여러 영역, 예를 들어 심리철학에서는 브로드Broad에서 스마트Smart까지, 언어철학에서는 프레게Frege에서 셀라스Sellars까지, 과학철학에서는 카르납Carnap에서 쿤kuhn까지, 전개되고 있는 변증법이 몇 단계 더 진전될 필요가 있다는 점을 독자들이 확신하기 바랍니다. 덧붙여 할 단계들을 통해 분석철학 그리고 사실상 칸트 시대 이래로 이해되었던 철학 자체에 대한 바로 그 생각을 비판하는 위치에 서게 됩니다."

이런 점에서 로티는 점차 콰인, 데이비슨, 퍼트남 등의 연구 작업을 통해서 분석철학으로부터 탈출하려는 단계를 밟아 나갑니다. 로티는 새로운 이론을 구성하는 데 관심이 있는 것이 아니라 프래그머티즘을 통해 철학의 해체에 이르는 길을 선택했습니다. 그는 자신의 이러한 시도를 네오프래그머티즘이라 불렀습니다. 로티가 주장하는 반표상주의란, 우리의 지식이나 언어 혹은 이성 등이 자연이나 실재의 표상이라고 보는 견해에 반대하는 입장입니다. 이런 점에서 네오프래그머티즘은 실재와의 대응이라는 진리의 개념을 비판합니다. 그는 전통적인 진리대응설이 갖는 여러 난점들 이외에도 두 가지의 관점을 강조했습니다. 즉 이것은 언어의 불투명성과 개방성입니다. 언어의 불투명성은 인식주관이 실재나 대상을 파악함에 있어서 거울처럼 투명한 것일 수 없다는 의미를 함축하고 있습니다. 언어의 개방성이란 언어의 한계에 해석할 수 있는 여지가 무한히 열려 있다는 점을 강조합니다.

로티는 표상주의적 인식론의 종말을 선언하고 그가 독특한 의미로 이해한 해석학을 반표상주의의 철학으로 제시합니다. 반표상주의를 표방하는 로티의 메타포는 "철학은 자연의 거울이 아니다"는 것입니다. 철학은 체계가 아니라 대화이며, 객관성이 아니라 연대성을 지향해야 합니다. 따라서 신실용주의의 반전통철학적 견지를 지탱하는 힘은 "철학은 곧 자연의 거울"이라는 메타포에 대한 비판이나 해체에서 비롯됩니다. 로티가 『철학과 자연의 거울』에서 제시한 메타 철학적 메타포는 "대화conversation", "인류의 대화", 그리고 해석학이었습니다.

로티는 반표상주의에서 근대의 인식론적 기획은 하나의 강박관념의 소산이라 말합니다. 그것은 인간을 표상하는 존재로 보고 모든 다른 지식의 표상을 찾고자 하는 표상주의의 발상을 통해 철학을 마치 자연의 거울로 여기는 잘못을 범했다는 것입니다. 지금껏 인간의 이성이나 언어가 외부대상 세계나 실재를 잘 표상하였을 때, 그 본래적 기능이나 역할을 이루어낼 수 있다는 생각에 사로잡혀 왔다는 것입니다. 반면에 반표상주의는 우리가 언어를 사용하여 세계의 일부에 대해 말하는 것은 단지 세상사에 대처해 가는 한 방편에 불과하다고 봅니다. 따라서 인간의 언어사용이나 탐구 활동은 사회생활의 문제해결을 위한 대처의 수단이나 과정입니다.

로티는 『철학과 자연의 거울』에서 체계적인 철학Systematic Philosophy과 교화적인 철학敎化的 哲學: edifyng Philosophy을 구분했습니다. 체계적인 철학이란 본질주의적 진리의 발견에 힘쓰며, 그것을 위한 공통적인 진리 인식의 기반을 탐구하는 철학을 일컫습니다. 교화적 철학이란, 지식이나 진리의 문제보다 삶의 지혜를 추구하는 철학입니다. 로티는 교화적 철학을 체계적인 철학에 대한 의도적인 비판이라 규정하고 있습니다. 이러한 관점은 그가 앞 장에서 제시한 통상적 담론으로서의 인식론과 비통상적 담론으로서의 해석학에 대한 대비와는 약간 다른 관점을 제시한 것으로 이해될 수 있습니다. 따라서 비체계적 철학으로서 교화적 철학은 비트겐슈타인이 강조한 언어 치료적인 철학을 행하는 것과 유사합니다. 이런 점에서 로티의 반표상주의 철학은 체계적인 철학이 아니라 교화적인 철학이라고 주장합니다. 따라서 그는 체계적인 철학과 교화적인 철학을 두 유형으로 나누어 이렇게 설명합니다.

> "위대한 체계적 철학자들은 건설적이며 논증을 제시합니다. 위대한 교화적 철학자들은 저항적이며 풍자와 비꼬는 말, 격언을 내놓습니다. 이러한 교화적 철학자들은 자기들이 저항하는 시대가 끝나면 자신들의 작업의 생명이 끝나는 것도 알고 있습니다. 그들은 의도적으로 일시적인 존재가 됩니다. 위대한 과학자들과 마찬가지로 위대한 체계적 철학자들은 영원의 집을 짓습니다. 위대한 교화적 철학자들은 자기시대의 사람들을 위하여 파괴합니다. 체계적 철학자들은 그들의 탐구주제를 과학의 탄탄대로 위에 설정하기를 원합니다. 교화적 철학자들은 시인들이 가끔 불을 질러놓은 놀라움의 세계를 열어 놓습니다. 그 놀라움의 세계는 언어로 묘사할 수도, 설명할 수도 없는 참으로 태양 아래서 처음 보는 새로운 무엇입니다."

로티는 위 인용문에서처럼, 두 부류의 철학자들을 구별하면서 체계적 철학자들의 예로서 후설, 러셀, 그리고 데카르트와 칸트를, 교화적 철학자로는 후기 비트겐슈타인과 후기 하이데거, 키에르케고르, 그리고 니체를 들고 있습니다. 로티에 따르면, 체계적 철학자들은 건설적이며, 논변을 제시하지만, 교화적 철학자는 반동적이며 풍자, 조롱, 경구를 제시합니다. 체계적 철학자는 영속성을 위해 체계를 구출하는 반면에 교화적 철학자는 자신의 세대를 위해서 파괴를 행합니다. 우리는 비트겐슈타인이나 하이데거처럼 단순히 말을 던짐으로써, 탐구에 종사하게 되는 것이 아니라 대화에 참여함으로써 실현될 수 있는 것입니다.

결과적으로 로티는 비체계적인 철학의 성립가능성을 주장하고 있습니다. 로티는 지금까지 자연이나 실재를 비춘다는 인간의 정신이란 것은 근대철학이 꾸며낸 허구이며, 그것 없이도 정신현상들은 설명될 수 있다고 합니다. 그리고 자연, 세계, 실재 등을 있는 그대로 파악하는 특권적인 지식, 즉 모든 지식의 기초나 바탕이 될 어떤 정초(토대, 기반)도 없기 때문에 정초주의적 인식론은 성립될 수 없습니다. 따라서 탈표상주의 시대의 철학은 해석학 즉 교화적 철학이 되어야 합니다. 로티에게서 교화적 철학이란 어떤 의미에서 전문적인 철학자들만이 알 수 있는 어려운 지식으로서의 철학이 아니라 지혜의 고민에 대해 해답을 해줄 수 있는 구체적이며 세속적인 지혜를 알려주는 철학입니다. 다시 말해 교화란 주로 어떤 견해가 부적절하다는 것을 깨닫는 것, 혹은 문제의 해소를 위한 안목을 찾아내는 것을 가리킵니다. 그래서 대화에 참여하는 교화적 철학

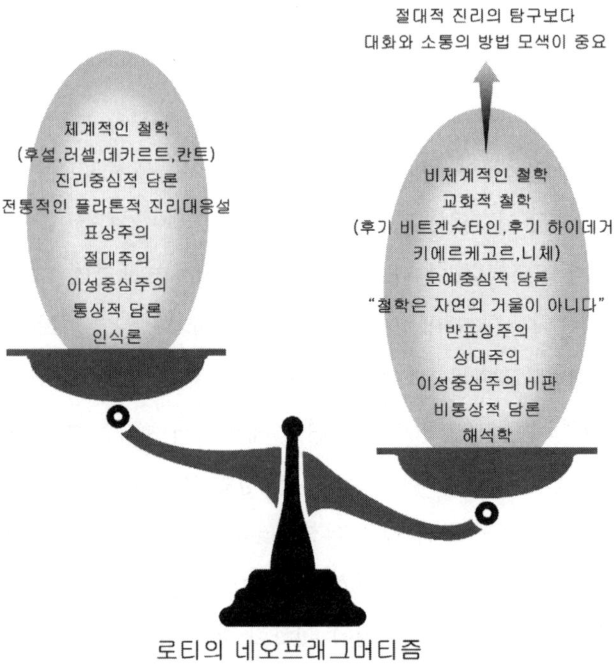

로티의 네오프래그머티즘

자는 "어떤 관觀: views을 갖는 것에 대한 또 다른 관을 갖지 않도록 피하면서 관을 갖는다는 관념 자체를 비난해야 합니다."

인간을 자아창조의 존재로 보고 새로운 안목을 갖게 해주는 교화적인 노력은 우리 문화와 낯선 타문화가 공약 불가능함에도 불구하고 연결을 하려는 해석학적 활동으로 이루어집니다. 로티는 인식론 중심의 철학이라는 관념의 배후에는 인간에 대한 특별한 그림이 놓여 있기에 그것부터 해체해야 한다고 말합니다. 철학에 대한 우리의 현재 관념은 모든 지식과 주장을 공약 가능하게 하고자 하는 칸트적 시도와 밀접히 연관되어 있기 때문에 인식론이 없는 철학을 상상하기 어렵습니다. 그러한 어려움은 플라톤주의자, 칸트주의자, 그리고 실증주의자들이 모두 공유하고 있는 관념에서 연유한 것입니다. 즉 로티는 인식론 중심의 철학을 폐기하기 이전에 인간 존재에 대한 이 고전적인 그림이 먼저 폐기되어야 한다는 것입니다. 현대철학에서 해석학은 바로 그러한 시도에 대한 명칭입니다.

인식론적 행동주의에 의해 제안된 지식에 대한 프래그머틱한 접근방식은, 공약 가능한 담론과 불가능한 담론 사이에 그어진 구분을 토마스 쿤Thmas Kuhn, 1922~1996의 『과학혁명의 구조』(1962)에서 주장하는 정상과학과 혁명과학 사이의 구분을 일반화하여 통상적 담론과 비통상적 담론의 구분으로 해석하고자 하였습니다. 정상과학은 좋은 설명의 기준, 문제 해결의 기준 등을 합의하고 그것을 배경으로 문제를 풀어 나갑니다. 혁명적 과학이란 설명의 새로운 패러다임에 따라 새로운 문제들을 소개한 것입니다.

통상적 담론은 합의된 규약들을 바탕으로 진행되는 담론입니다. 반면에 비통상적 담론은 규약을 모르거나 그 규약을 뒤엎으려는 사람이 담론에 참여할 때 발생합니다. 학문적 지식은 통상적 담론의 산물입니다.

비통상적 담론의 산물은 넌센스로부터 지적 혁명에 이르는 것들을 포함합니다. 해석학은 통상적 담론의 관점에서 볼 때 비통상적 담론에 대한 연구이며, 우리가 인식론적 설명을 확신하지 못하는 것에 대해 무언가 의미를 부여하려는 시도입니다. 해석학은 어떤 규범에 대해 주관적일 수 있습니다. 하지만 새로운 관점에서 희망을 갖고 진행하는 한에 있어서 해석학은 주객의 성격을 넘어설 수 있습니다.

로티는 철학에 대해 어떠한 해결책을 제시하려고 하지 않습니다. 다만 자신이 이해한 것을 스스로 거부합니다. 왜냐하면 그는 전적으로 비판자이기 때문입니다. 로티는 실증주의적으로 경도된 경험주의의 철학관에 대해 설득력 있는 내부비판의 틀을 제공해 주었습니다. 쿤이 과학철학의 분야에서 이루었던 것과 비교할 만한 업적을 로티는 분석철학이라는 전통 안의 메타철학에서 그 성과를 이루었다고 생각했습니다. 로티는 진리에 대해 쓸모없는 탐구에 몰두할 것이 아니라 오히려 말하기와 대화의 소통을 위한 방법의 모색이 더 중요하다고 강조합니다. 진리란 언어의 속성이기 때문에 말하는 자에게 더 나은 의사소통의 가능성을 제공하며 진리의 구성을 위한 새로운 접근가능성을 창출해 내야 한다는 관점을 견지합니다.

로티는 실용주의자 듀이의 충실한 계승자로서 듀이가 민주주의를 하나의 실험이라 파악한 관점을 거의 그대로 이어받고 있습니다. 그는 심리철학보다 민주주의가 우선이라는 제목의 논문을 쓰기도 했습니다. 로티는 니체 이후의 철학이 우연성을 인식하여 자아창조를 이루고자 하는 노력과 우연성을 넘어서 보편성을 성취하려는 노력 사이의 기나긴 싸움이라 보았습니다. 전자가 반표상주의 입장이고, 후자는 전형적인 플라톤주의 입장입니다. 그는 반플라톤주의자의 입장에서 상대주의적 관점을 취함으로써 포스트모더니즘의 논쟁점을 제공했습니다.

제14장
실존철학

제 14 장

실존철학實存哲學, Existenzphilophie

실존철학은 사상적으로 18~19세기의 이상주의적 관념론과 실증주의에 대한 반동으로 일어났습니다. 사회적으로는 근대유럽 문명이 막다른 골목에 도달한 정신적 상황의 반영으로서 1920년대 후반부터 1930년에 이르러 구체화된 사상입니다. 이러한 실존철학은 제1차 세계대전의 패전으로 심각한 불안에 직면한 독일에서 하이데거1889~1976, 야스퍼스1883~1969 등에 의해 제창되고 제2차 세계대전 이후 프랑스에서 사르트르1905~1980를 중심으로 활발히 전개되었던 사조입니다. 실존철학은 1945년 9월 사르트르가 "실존주의는 휴머니즘인가?"라는 강연을 한 이후 유럽 전역에 널리 유행하게 되었습니다. 실존철학이라는 용어를 현대철학으로 사용하게 된 것은 독일의 문학자 하이네만Heinrich Heinemann에 의해서 입니다. 특히 하이네만은 하이데거의 철학을 실존철학이라 칭할 때 실존을 정신과 생生의 종합으로 보았습니다.

프랑스에서는 사르트르에 앞서 마르셀1889~1973이 독자적으로 실존철학을 전개해 나가고 있었습니다. 그 원류는 조금 멀리는 19세기 후반의 덴마크의 철학자 키에르케고르1813~1885와 니체로까지 소급해 올라갑니다.

01

실존철학(주의)의 특징

실존철학은 인간의 구체적이고 일상적인 체험을 중요시하였고 인간의 상황 전체와 관련하여 인생의 의미를 부여하는 것이 어떻게 가능한가를 밝혀보고자 한 이론입니다. 실존철학의 공통된 특징은 "존재는 본질에 앞선다"라는 것과 인간은 "주체성으로부터 출발해야 한다"라는 관점입니다. 실존철학은 유신론적 실존철학과 무신론적 실존철학으로 분류합니다. 유신론적 실존철학에는 키에르케고르를 위시하여 야스퍼스, 마르셀이, 무신론적 실존철학에는 니체를 위시하여 하이데거, 사르트르와 같은 철학자들이 각기 그들의 이론을 펼쳤습니다. 실존철학에서 강조하고자 하는 핵심은 본질essence이 아니라 실존existence입니다. 실존existence이란 현실존재를 줄여서 쓰인 용어이지만, 사물이나 생물을 지칭하는 것은 아닙니다. 실존이 인간의 현실존재를 가리키게 된 것은 19세기 중엽 키에르케고르에 와서 입니다. 그는 실존이란 개념에 어떠한 정의나 규정을 내리지 않으면서 전통철학에서 사용하는 말을 피해 사용하였습니다. 그래서 실존주의자들은 전통적 철학자들과는 다르게 인간의 본성nature에 대해 많은 관심을 가졌습니다. 이런 점에서 인간의 본성은 개별성과 주체성을 제거하고 인간을 일반화시키는 데서 성립하였습니다. 그리고 인간의 현실존재는 본질 밖으로 나와서 각자의 독자적인 방식으로 자기를 형성해 나갔습니다. 실존은 어의만으로 보면, '실제로 존재함'을 의미합니다. 키에르케고르 이후에 하이데거, 사르트르는 실존이란 용어를 '자신의 삶을 스스로 선택하고 결단함으로써 의미 있게 산다'라는 특별한 의미로 간략하게 사용하였습니다. 예컨대 하이데거는 "기투Entwurf"함으로써, 사르트르는 "앙가주망engagement"함으로써 실존한다고 말합니다. 기투란 자신의 존재 가능성을 향해 그 자신을 던진다는 의미이며, 앙가주망은 역사적 · 사회적 현실에 제 스스로를 잡아매는 것을 뜻합니다. 또한 사르트르에 의하면, 인간은 무로부터 출발합니다. 인간은 무無이지만 스스로 만들어 내는 자유를 가지고 있습니다. 인간이 스스로 만들어 낸 것, 그 것이 곧 인간의 본질입니다. 이런 의미에서 실존철학은 "실존이 본질에 앞선다"라고 말할 수 있습니다. 실존철학은 인간이 존재하고 있다는 사실이 먼저 나타나며 "인간이란 무엇일까?"라는 질문을 통해 인간의 본질을 진지하게 물었습니다. 이러한 인간의 물음을 통해 인간의 자유를 구사하는 다양한 결과들이 나타났습니다.

02

유신론적 실존주의

쇠렌 키에르케고르: 주체성이 진리다

Soeren Kiekegaard, 1813~1855

쇠렌 키에르케고르

덴마크 코펜하겐에서 태어난 키에르케고르는 빛나는 작품들을 남겨 놓은 채 42세를 일기로 세상을 떠났습니다. 키에르케고르는 아버지 미카엘Michael Pedersen Kierkegaard과 어머니 안네Ane Stendatter Lund 사이에서 7남매의 막내로 태어났습니다. 키에르케고르는 어려서부터 몸이 허약하여 "육체와 정신의 불균형" 때문에 일생 동안을 고민하였습니다. 그의 어둡고 우울한 성격은 아버지에게서, 밝고 명랑한 성격은 어머니에서 이어받았습니다. 1880년 17세에 키에르케고르는 아버지의 소망에 따라 코펜하겐 대학 신학부에 입학하였습니다. 그러나 그는 대학에서 신학보다는 문학과 철학에 열중하였습니다. 그는 1819년부터 1834년 사이에 맏형과 자신을 제외한 다섯 형제들이 33세 이전에 사망하였다는 사실 때문에 자신도 33세까지밖에 살 수 없다는 생각을 하게 됩니다. 1835년부터 1838년까지의 기간을 키에르케고르는 '방탕의 길' 또는 '방랑시대'라고 불렀습니다. 그는 1843년에서 1846년까지 저작 활동에 몰입하였습니다. 『이것이냐 저것이냐』(1843), 『반복』(1843), 『공포와 전율』(1843), 『인생행로의 제 단계』(1845), 『철학적 단편』(1944), 『철학적 단편에 대한 완결적 비학문적 후서』(1846) 등을 익명으로 출판했습니다. 1847년에서 1850년에 걸쳐 기존의 교회를 비판한 『기독교에 있어서의 훈련』을 위시하여, 『사랑의 생과 업적』, 『죽음에 이르는 병』, 『마음의 순결』 등 다수의 종교적 저술들을 출간하였습니다.

1854년부터는 본격적으로 교회를 비판하는 논문을 20여 편 발표하고 죽기 직전인 1855년 5월부터는 『순간』이라는 자신의 소책자를 출판하여 매호마다 7, 8개씩 실었습니다. 그 결과 1855년 봄에는 덴마크교회에서 그의 추방을 논의하기에 이르렀습니다. 그는 1855년 10월 2일 『순간』 제10호를 준비하던 중 길에서 쓰러졌습니다. 그리고 한 달 후인 11월 11일 눈을 감았습니다.

키에르케고르가 대학을 다닐 무렵은 헤겔철학의 전성기였습니다. 이성중심주의적인 헤겔철학은 키에르케고르의 주체적인 고뇌와 파토스를 만족시키지 못했습니다. 키에르케고르는 코펜하겐대학에서 헤겔철학을 배웠으나 그다지 깊은 인상을 받지 못했습니다. 후에 독일 베를린Berlin, 지금의 홈볼트대학교 대학교에서 헤겔에 대해 비판적이었던 셸링의 강의를 듣고 그의 비판에 동의하였습니다. 키에르케고르가 생각하기에 헤겔은 희극배우였습니다. 왜냐하면 헤겔은 모든 사상 체계를 포용하고자 했지만, 인생에서 가장 중요한 요소인 실존을 간과했기 때문입니다. 즉, 키에르케고르의 입장에서 헤겔철학의 불만은 그의 철학체계가 너무 포괄적이고 일반적이라는 데 있었습니다. 헤겔은 세계의 모든 것을 절대정신의 변증법적인 전개과정이라 보고 거대한 체계를 구축하였습니다. 하지만 키에르케고르는 헤겔철학의 체계는 그의 이론을 설명하는 데 있어서 자기의 구미에 맞는 사례만을 끌어들였다고 보았습니다. 또한 헤겔의 철학은 개인을 경시하였습니다. 그는 절대정신, 영원한 법칙, 자유정신의 개념들을 언급하고 있지만, 우리 자신이나 주변의 개인적인 일상사는 간과하고 있었습니다.

실존의 변증법: 실존의 3단계

키에르케고르의 관심은 독자적인 자기가 "어떻게 살아가야 할 것인가"의 문제, 즉 개인의 실존문제에 깊숙이 빠져 있었습니다. 그래서 그는 헤겔처럼 사변적인 도덕철학이 아닌 "구원받기 위해서 나는 무엇을 해야 하는가?"라는 복음서에 대한 물음에 몰두하였습니다. 키에르케고르는 "주체성이 진리다"라고 단호히 주창합니다. 여기서 주체성이란 이성주의에서 추상적인 순수 자아나 인식론적 주관을 이야기하는 것이 아니라 예외자, 단독자로서의 주체를 말합니다. 그에게서 참된 진리란 나 자신에 대해서 참되며, 성실하다는 뜻입니다. 즉 인간의 실존적 과제는 참된 자기 자신, 본래의 자기 자신으로 되돌아가는 것입니다.

키에르케고르의 중요한 개념들을 두 가지만 손꼽자면, 실존과 불안입니다. '실존'이란 자유로운 개인을 기술하는 개념입니다. 실존한다는 것은 '이것이냐, 저것이냐'의 자유로운 선택을 통해서 자신을 실현합니다. 그에게 있어서 충만한 실존이 궁극적으로 발현하는 형태가 '신 앞에선 단독자'라는 개념입니다. 키에르케고르는 "나"라는 인간, "나"라는 개인, "나"라는 주체는 남과 절대로 바꿀 수 없는 유일무이한 존재라고 말합니다. 나는 이 세상에 단 하나밖에 없는 단독자입니다. 남과 절대로 바꿀 수 없는 단독자, 따라서 "나"라는 주체가 곧 실존입니다. 그는 신 앞에 철저하게 홀로 섰을 때 인간은 자신에 대한 실존적인 선택을 한다고 생각했습니다. 단독자가 부딪히는 물음은 "인간은 무엇을 해야 하는가?"라는 물음이 아니라 "내가 무엇을 해야 하는가"라는 물음입니다. 이것이 곧 실존적 물음입니다. 충만한 실존으로 귀결되는가의 여부는 그것을 원하는 자가 매번 행하는 '실존적 선택'에 달려 있습니다.

다른 하나는 실존적 선택을 해야 하는 인간의 근본적 기본이 '불안'입니다. 불안은 자유의 가능성에 대한 기대입니다. 따라서 실존적 인간이 선택을 통해서 자신을 실현하는 인간의 삶의 방식은 3단계설로 나타낼 수 있습니다. 제1단계는 심미적 · 에로스적 실존이고, 제2단계는 윤리적 실존이며, 제3단계는 종교적 실존입니다.

제1단계: 심미적 · 에로스적 실존

심미적 · 에로스적 실존die ästhische Existenz은 현실의 권태감을 없애고자 향락을 추구하는 단계입니다. 즉 심미적 · 에로스적 실존은 인생의 모든 쾌락을 누리고자 하는 생활태도입니다. 탐미주의자들이 관심을 갖는 것은 아름답고 흥미로운 것뿐입니다. 그들에게 있어서 어떤 것이 아름다운가, 아닌가 혹은 재미있는가, 없는가의 구별이 있을 뿐이지 어떤 것이 선한 것인지 아닌지의 구별은 중요하지 않습니다. 탐미주의자들에게 도덕적인 원칙은 어떠한 구속력도 지니지 못합니다. 예컨대 마치 나비가 이 꽃에서 저 꽃으로 단물을 찾아서 날아다니는 것처럼 부동적, 자의적인 생활태도와 같습니다. 그러나 심미적 실존에 있어서 향락의 순간에 권태와 불안 등이 엄습해 옵니다.

키에르케고르는 "태초에 권태가 있었다"라고 말합니다. 이러한 권태와 불안으로부터 벗어나는 길은 앞에서 일어나는 변화에 의한 기분전환입니다. 예컨대 농부가 일정한 기간에 따라 윤작을 하는 것처럼, 시골생활에 싫증을 느끼면 도시로 이주하고, 모국이 싫어지면 외국으로 나가는 것처럼 자기 기분이 내키는 대로 제멋대로 하는 생활태도입니다. 이처럼 결코 만족할 수 없는 공허한 것이 심미적 실존입니다. 그렇게 되었을 때 우수와 권태, 다양과 분열의 생활을 다시 되풀이 할 수밖에 없습니다. 하지만 심미적 실존의 단계는 그 자체가 모순이라는 것이 드러날 때 생활은 전환의 분기점에 서게 됩니다. 이 단계를 상징하는 인물은 감각적 충동의 화신이라 할 만한 '돈 주앙'입니다.

> "돈 주앙은 처녀들을 행복하게 만든 후에 불행하게 만듭니다. 그러나 이상한 것은 그럼에도 불구하고 처녀들은 돈 주앙의 사랑을 원한다는 것입니다. 단 한 번만이라도 돈 주앙과 함께 지내는 행복을 얻기 위해서 불행을 감내하려고 하지 않는 처녀는 진정한 처녀가 아니리라!"

제2단계: 윤리적 실존

윤리적 실존die ethische Existenz이란 인간의 존재에 따르는 불안과 근심을 회피하지 않고 현실을 있는 그대로 받아들이는 생활태도입니다. 이 단계에서 인간은 양심의 소리에 따라 도덕적으로 살려고 합니다. 하지만 도덕적으로 살려고 하면 할수록 자기 자신이 얼마나 비도덕이고, 나쁜 인간인가를 점점 깨닫게 됩니다. 다시 말해 이 단계는 삶과 죽음, 영원을 추구하면서 유한하지 않을 수 없는 자기 모순들을 자각하고 받아들이는 태도입니다. 윤리적 인간은 더 이상 아름다움이나 육체적 놀이를 삶의 원리로 삼지 않고 도덕적 선을 삶의 원리로 삼습니다. 윤리적 실존은 심미적 실존에 대한 깊은 회한을 매개로 하여 성립합니다. 키에르케

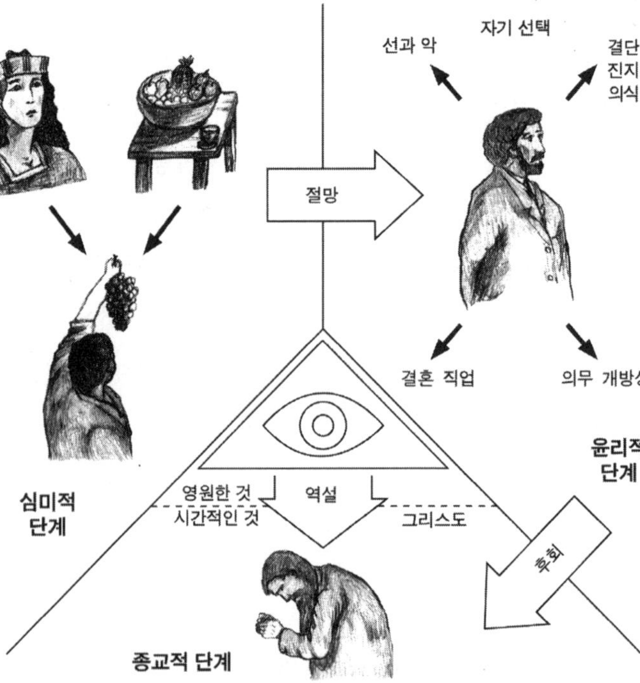

고르는 윤리적 인간과 심미적 인간의 차이를 성행위에 대한 양자의 태도에서 찾았습니다. 즉 심미적 인간은 매력적인 대상이 존재하면 언제든지 충동에 굴복하지만, 윤리적 인간은 이성의 표현으로 결혼의 의무를 준수합니다. 돈 주앙이 심미적 인간을 대표한다면, 윤리적 인간은 보편적 법칙의 영역을 대표하는 인물인 소크라테스입니다. 윤리적인 인간은 도덕적으로 자기 충족감을 갖습니다.

윤리적 실존은 자기 자신이 그 어떤 것과도 바꿀 수 없는 독자적인 인격체라는 것을 자각하는 동시에 자신이 가족의, 사회의 한 사람이라는 것을 자각하는 것입니다. 여기서 윤리적 실존은 단독자인 동시에 역사적, 사회적인 것이라 할 수 있습니다. 그래서 윤리적 실존은 자유의 주체로서 역사적, 사회적 상황을 미적 실존과는 다르게 부부관계, 친우관계, 직장관계 등을 가지며 그 의무를 수행하게 됩니다. 윤리적 실존은 심미적 향락의 노예에서 벗어나 양심을 가지고 살아가는 생활태도입니다. 그리고 현실 속에서 맡은 바 의무를 다하고 선량한 시민으로서 자기의 직무를 다하는 성실한 생활 태도입니다. 심미적 실존의 단계가 연애의 단계라면 윤리적 실존의 단계는 결혼의 단계라 할 수 있습니다. 하지만 윤리적 실존의 단계가 절망에 빠질 때 새로운 실존에의 길이 열립니다.

제3단계: 종교적 실존

심미적 단계로부터 윤리적 단계로 이행하는 단계는 선택과 기투企投의 행위를 요구합니다. 이 단계에서는 인간을 이성에 기대어 참여를 이끌게끔 나아갑니다. 하지만 윤리적 단계에서 종교적 단계로의 이행은 전혀 다르게 나타납니다. 종교적 단계로의 도약은 자신의 모든 것을 버리고 신 앞에 홀로 나서는 것입니다. 즉 '신 앞에 선 단독자'가 되는 것입니다. 간단히 말하면, 종교적 실존의 단계die religiöse Existenz는 신앙을 가지고 사는 생활태도입니다. 그러면 신앙을 가지고 산다는 것은 과연 무엇일까요? 이것은 역설paradox을 믿는 것입니다. 역설을 믿는다는 것은, 불합리하기 때문에 믿는 것이 아니라 부조리하기에 믿을 수밖에 없다는 것입니다. 역설적 신앙은 자기의 좌절을 겪은 이후에 의지의 결단에 의한 선택이라 할 수 있습니다. 그것은 지양에 의한 종합이 아니라 좌절에 의한 비약을 말합니다. 이것을 실존변증법 혹은 역설변증법이라 지칭합니다. 인간은 자신의 힘으로는 어떤 방법으로도 영원한 진리에 도달할 수 없습니다.

"사람에게 있는 것, 그것은 오직 허위와 죄뿐입니다. 사람은 하나님과 본질적으로 다릅니다. 하나님은 하늘에 계시고, 사람은 땅에 있습니다. 하나님은 거룩하시고, 사람은 죄인입니다. 하나님과 사람의 이 무한한 질적인 차이, 무한한 거리, 어떻게 이 양자 사이에 다리가 놓이고 만남이 이루어질 수 있을까요?"

인간과 신 사이의 간격을 이어주는 유일한 길, 이것은 헤겔적인 사변적 이성이 아니라 신앙인 것입니다. 따라서 키에르케고르에게 있어서 종교적 실존은 개인이 어떻게 해서 참된 기독교인이 되는가의 문제입니다. 기독교의 진리는 무엇인가가 아니라 기독교에 어떻게 관계하느냐의 주체적인 물음에 달려 있습니다. 그것은 곧 신 앞에서 단독자로서의 결단이라 할 수 있습니다. 심미적 실존이나 윤리적 실존은 반드시 좌절하지 않을 수 없었으며, 좌절은 다시 "이것이냐 저것이냐Entweder-Oder"의 선택의 결단에 의해 비약할 수 있습니다.

가브리엘 마르셀

가브리엘 마르셀: 희망이란 무엇인가?

Gabriel Marcel, 1889~1973

기독교 실존주의의 대표적 철학자로 알려진 마르셀은 추밀원의 고문이자 스웨덴 주재 프랑스 대사인 아버지와 유태계 어머니 사이에서 외아들로 태어났습니다. 4살 때 어머니를 잃었는데, 그는 어머니가 자신과 신비한 방식으로 언제나 연결되어 있다고 믿었습니다. 1929년 프랑소아 모리악의 권고로 가톨릭으로 개종했지만, 그의 작품들에 남아 있는 신비적 경향들은 이러한 영향 때문이었습니다. 20세에 그는 소르본느 대학교 학부를 졸업한 후 전문적인 철학자의 길을 걷지는 않았습니다. 하지만 그는 자크 마리탱Jacques Maritian, 장 폴 사르트르Jean Paul Satre, 리쾨르Paul Ricoeur, 샤를 뒤 보Charles Du Bos, 장 발Jean Wahl과 같은 철학자들과 교류하였습니다.

마르셀은 反마르크스주의자였으며 나치즘, 파시즘과 같은 모든 열광주의에 반대하면서 조용한 시골 마을에서 희곡을 쓰고 작곡과 피아니스트 연주를 하며 살았습니다. 그는 성공적인 극작가이자 연극비평가였으며, 작곡가였습니다. 또한 종교가인 동시에 철학자였습니다. 실존적 체험과 사유를 통해 인간의 정신적 실체와 그 의미를 탐구하였고, 그것을 일상적 언어의 문체로 저술하였습니다. 그의 철학의 핵심은 존재이며 주제는 사랑, 구원, 희망, 신비, 절망, 죽음, 성실, 가족 등과 같은 개념이라 할 수 있습니다. 저서로는 『형이상학 일기』(1927), 『존재와 소유』(1933), 『존재와 신비』(I, II)(1951), 『인간존엄의 실존적 배경』(1963) 등이 있습니다.

희망이란 무엇인가?

마르셀의 실존철학은 존재의 문제에 초점을 맞추었습니다. 여기서 존재란 문제가 아니라 신비라고 하는 존재의 특성에 의해 규정됩니다. 존재가 신비인 것은 지성에 의해서 분명하게 알 수 있지만, 또한 지성에 의해 이해될 수 있는 것도 아닙니다. 존재는 주어지는 것이 아니며, 주어진 것을 주는 자입니다. 자아는 존재가 등장하는 공간입니다. 자아와 존재는 신비의 두 축입니다. 존재를 무시한다는 것은 자아를 버린다는 것입니다. 철학한다는 것은 말 없이 현전presence하는 존재를 발견하는 것입니다. 그래서 존재는 자유롭게 증언될 따름입니다. 따라서 마르셀의 실존철학은 두 가지의 확고한 사항에 의해 지배된다고 보았습니다. 하나는 존재에의 요구이고, 다른 하나는 존재들에 의한 관심입니다. 이는 각 개체에 의해 파악된 존재들과 그것들을 서로 묶어주는 신비의 관계에 의해 파악된 존재들에 대한 관심입니다.

그에게 있어서 존재란 플라톤, 플로티누스의 일자一者, 아우구스티누스의 신과 유사합니다. 이 때문에 인간은 존재를 통해서만 구원을 얻을 수 있는데, 이 존재에 다가가는 유일한 방법은 사랑입니다. 왜냐하면 사랑을 하는 관계 안에서만 우리는 상대를 어떠한 존재물로서가 아닌, 존재로서 곧 그의 "있음"을 알 수 있기 때문입니다.

먼저 그는 "나는 누구인가"라는 인간적인 문제에 관심을 보였습니다. 그는 내가 있다고 하는 실존성에 의해 우리의 존재가 있다는 것을 확신할 수 있다고 보았습니다. 인간의 실존성은 헤매는 인간, 언제나 생성하면서 있는 존재자의 실존성으로서 나타납니다. 마르셀의 희망에 대한 사유는 인간 존재의 해명을 위한 사유와 연관됩니다. 그래서 그에게서 영혼은 희망을 통해서만 실존을 갖게 됩니다. 희망은 영혼을 만드는 소재입니다. 이렇게 그의 희망론은 철학의 본질 속으로 사유해 들어가는 시발점이 되었습니다. 그리고 그가 서술하는 희망론은 무지를 초월하는 앎이며, 은총으로서의 앎입니다.

> "희망은 본질적으로 창조적인 힘에 대한 하나의 호소입니다. 인내와 겸손은 진정한 희망과 병존합니다. 동시에 그것들은 신뢰와 사랑이라 할 수 있는 희망입니다. 희망은 자신을 앞으로 내던지는 것이 아니라 하나의 절대적인 것을 위해 물러나는 것입니다."

마르셀은 합리적인 분석을 일삼지 않고 오히려 실존적인 체험을 자유롭게 기술하는 방법을 사용합니다. 그의 실존철학은 어디까지나 반反체계적 입니다. 그에 의하면, "나로 하여금 내가 되게끔 하는 것, 즉 실존은 객관적인 판단을 규명해 내지 못한다"라는 것입니다. 실존은 외적인

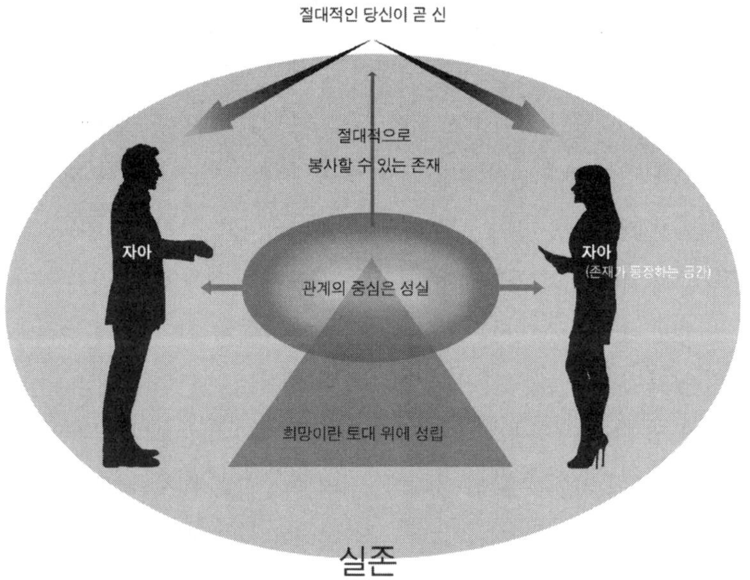

것으로도 무엇이라 단정하여 규정할 수 없는 존재입니다. 그리고 나 이외의 다른 것도 나에게 외면적으로 가까워질수록 실존은 외적으로도 규정할 수 없습니다. 그런데 인간 상호 간의 이해는 양자兩者의 관계에서 성립됩니다. 타자에 의해 내가 존재하기 위해서는 그리고 그가 나와 함께 하기 위해서는 먼저 내가 그와 만나는 데서 두 사람이 나와 너로 되어야 합니다. 말하자면 인격과 인격과의 만남입니다.

이는 인격 대 인격의 깊은 상호이해입니다. 이러한 만남이란 인생에 있어서 드문 일이기는 합니다. 예컨대 우정이나 연애와 같이 현실에서 만날 수 있는 것들입니다. 우리가 서로 사랑함으로써 나 자신을 높이면서 너에게 봉사하기를 원하고, 너 또한 나에게 그와 같이 될 때 거기에 만남이 있습니다. 이러한 관계를 마르셀은 '너'의 관계라고 합니다. '너'의 관계의 중심은 성실입니다. 부부나 친구가 서로 변치 않겠다는 성실할 것을 맹세할 때에 나와 너는 하나가 되어 영원한 우리가 되고, 이 우리가 두 사람에게 깊은 영향을 미쳐 그 내면에 커다란 변화를 일으키게 됩니다. 여기서 성실의 기초에는 희망이 있어야 합니다. 성실은 희망이란 토대 위에서 성립합니다. 마르셀에 의하면, 객체에 의한 객관적 판단이란 누군가 말하거나 생각한다고 하더라도 객관적으로 타당한 판단이란 나의 실존과는 무관하다는 것입니다. 객체는 나로 하여금 이렇게 있게 하고 그 이외의 것이 아니게 하는 실존과는 아무 상관이 없습니다. 나의 것에 대한 나의 사랑이라든지, 신과 나와의 융합과 같은 남에게 전달할 수 없는 독자적 가치를 가진 것은 이른바 객관적 판단이나 합리적 사고에 의해 설명될 수 없습니다. 그에게 있어서 객관적 존재와 실존은 근본적으로 존재의 차원을 달리 합니다. 이러한 상황은 인간의 신체적 존재에 있어서 명료하게 드러납니다. 나의 신체와 나 자신과의 관계는 존재라 할 수도 소유라 할 수도 없습니다. 나는 나의 신체일 뿐입니다. 그러나 나의 신체와 나는 동일시할 수는 없습니다.

이러한 신체성은 "문제problem"와 "신비mysterium"를 명백히 구별하게 하는 것입니다. 문제란 내 앞에 던져져 있는 것, 내가 마주치는 것, 나의 길을 가로막는 어떤 것이며, 내가 방관자로서 관찰할 수 있는 어떤 것에 관계된 것입니다. 즉 인간의 실존은 항상 나의 문제였으며 오늘날에도 앞으로도 문제로 남을 것입니다. 반대로 신비는 그 속에서 내가 끌려가 들어가 있는 어떤 것이며, 본질적으로 나의 바깥에 있을 수 없는 것입니다. 철학이 관여해야 할 것은 이러한 신비입니다. 따라서 철학은 초객관적, 인격적, 극적인 요소를 아울러 지녀야 합니다. 예컨대 나는 내가 사랑하는 상대자를 제3의 입장에서 판단할 수 없습니다. 여기서 모든 객관적인 설명은 무력해 집니다. 단지 제3자임을 그치고 '당신'으로 됩니다. 당신에게서 진정한 교제가 이루어집니다. 이러한 교제 속에서 비로소 존재가 드러나며, 존재는 우리가 보고 만지고 소유하는 것과 엄격히 구분됩니다. 내가 나 이외에 다른 것과 성실하게 교제할수록 그만큼 존재에 가까워집니다. 성실 없이는 존재도 없습니다. 그런데 나의 성실을 다하여 절대적으로 봉사할 수 있는 존재가 바로 신입니다. 따라서 절대적인 당신이 곧 신인 것입니다. 다시 말해 너 중에서도 절대적인 너가 있으니 그것이 곧 신이라는 것입니다. 우리는 신의 존재를 증명할 수 있는 합리적 방법을 쉽게 찾아내지 못합니다. 하지만 사랑과 숭배의 심정으로 참된 존재에 참여하는 곳에서 신과 만나게 됩니다.

칼 야스퍼스: 실존조명

Karl Jaspers, 1883~1969

칼 야스퍼스

칼 야스퍼스는 독일 올덴부르크Oldenburg에서 고급관리의 아들로 태어났습니다. 그는 변호사를 지망하여 대학에서 법률학을 공부하다가 의학부로 옮겨 정신병리학과 심리학을 전공하여 1909년 「향수와 범죄」라는 논문으로 의학 박사 학위를 취득하였습니다. 그가 의학을 공부한 것은 인간을 인식하기 위한 길을 찾기 위해서였습니다.

그 이후 하이델베르크대학의 정신병리학과에 임상 조교 겸 강사로 있으면서 『일반정신병리학Allgemeine Psychopathologie』(1913)과 『세계관의 심리학Psychologie der Weltanschaaung』(1919) 등을 펴냈습니다. 이 저서들이 야스퍼스를 일약 유명인으로 만들어 놓았습니다. 그는 키에르케고르의 실존사상에 강한 영향을 받았으며, 키에르케고르와 니체가 제기한 철학적 물음에 대한 응답으로서 이해할 수 있습니다. 야스퍼스는 그의 실존사상을 주저인 『철학 I, II, III』(1932)에서 전개하고 있습니다. 그의 『철학 I, II, III』에서 떠받들고 있는 것은 좌절을 통한 초월에의 의욕입니다. 이는 세계로부터 실존에로, 실존에서부터 신에로의 초월로 나타납니다. 이에 대응하여 세계, 실존, 신(초월자)이 세 부분으로 성립되며 이에 따라 그의 『철학』은 철학적 세계정위, 실존조명, 형이상학의 세 권으로 구성되어 있습니다. 그 이후에도 야스퍼스는 많은 저서들을 출판하였습니다. 그는 독일 나치당의 쓰라린 경험과 일신상의 건강으로 1948년 스위스 바젤대학의 철학 교수로 자리를 옮겼습니다.

실존조명Existenzerhellung

야스퍼스는 『철학』 2권에서 실존조명이라는 제목을 붙여 실존철학의 방법으로서 실존조명의 특성과 의의를 설명해 나갔습니다. 먼저 야스퍼스에게 실존은 본질적으로 나의 자아를 형성하는 모든 것입니다. 실존은 현존이 나타날 때 존재하는 것이 아니라 존재할 수 있고 존재해야만 하는 것, 그렇게 하여 시간적으로 존재가 영원한 것인지를 결정하는 존재입니다. 이러한 존재가 실존으로서의 나 자신입니다. 야스퍼스는 인간의 실존을 가능하게 해주는 독특한 상황이나 사고방식들을 실존조명 Existenzerhellung이라 불렀습니다. 야스퍼스는 실존조명의 특성을 다음과 같이 설명하고 있습니다.

> "실존을 마치 보편타당한 것처럼 언표하는 여러 가지 객관화에 있어서는 그것이 존재의 진술이건 요구이건 평가이건 간에 어떤 것이든지 그것은 말하는 자에 있어서는 무제약적이며 또한 다른 가능적 실존에게는 호소입니다. 그러나 실존은 현존하는 모든 사람에게 있어서 입증 가능한 지식은 아닙니다. 그뿐 아니라 실존의 객관화 즉 일반화는 다의적인 것입니다."

말하자면 실존조명은 실존이 스스로 자기 자신을 밝혀감으로써 참된 자기 존재를 파악하는 것을 가리켰습니다. 그래서 실존조명은 실존이 무엇인지, 실존이 어떻게 가능한지에 대해서 관심을 갖고자 합니다.

인간은 외부적인 조건이 만드는 자명한 보호 속에 살고 있기 때문에 자기 자신을 실존으로 돌아가게 하는 자극을 필요로 합니다. 야스퍼스는 실존의 세 가지 특성을 다음과 같이 말합니다. 첫째, 실존은 자기를 선택할 수 있고 자기를 만들 수 있는 자유로운 존재 가능성이 있는 존재입니다. 둘째, 실존은 교통하는 존재입니다. 실존은 단독자인 동시에 타자와 교통하는 존재입니다. 셋째, 실존은 역사적 존재입니다. 항상 실존은 개인의 결단을 통해 행동하고 그 행동을 통해 역사에 참여합니다. 이러한 실존은 한계상황을 자각하게 될 때 실존의 자각을 촉진하게 됩니다.

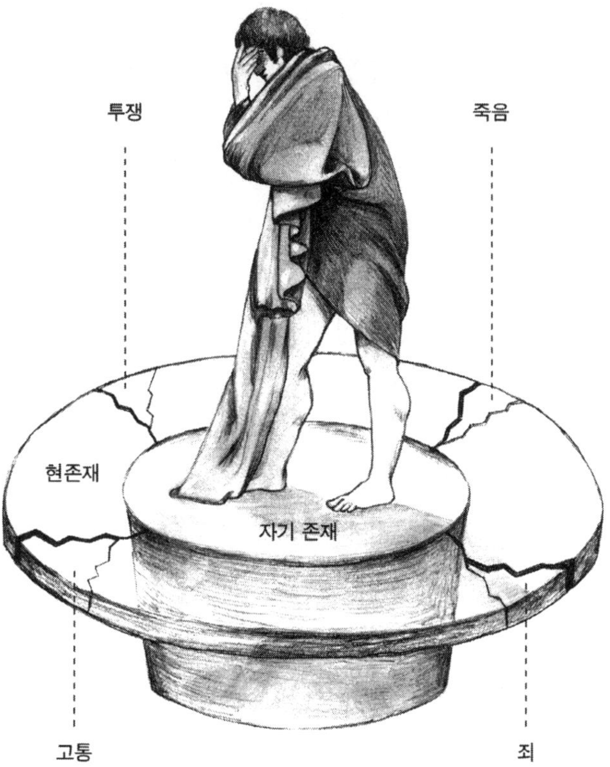

그가 말하는 한계상황이란 소극적인 상황을 말하는 것이 아니라 구체적이고 근원적인 삶의 상황을 가리킵니다. 그러한 한계상황은 죽음, 경쟁, 고통, 죄와 같은 개념들입니다. 이 같은 한계상황에서 실존은 유한성을 깊이 깨닫게 하며 좌절에서 초월에로의 비약을 불가피하게 합니다. 실존은 이러한 한계상황에서 자기 자신을 절망함과 동시에 초월자가 주재하는 현실에 눈을 돌립니다. 그렇게 하여 존재의 의식을 변혁시키면서 본래의 자기 존재에로 회생하게 합니다. 즉 한계상황은 실존을 각성하게 하는 근본계기라고 할 수 있습니다. 이 네 가지 한계상황은 다음과 같이 말할 수 있습니다.

먼저 죽음은 인간으로서 피할 수 없는 한계상황입니다. 어떤 누구도 죽음 앞에서 피해 갈 수가 없습니다. 죽음의 목전에서 본질적으로 남아 있는 것은 실존적으로 행해져 있는 것입니다. 없어지는 것은 단순한 현존재입니다. 두 번째로, 인간에게 생존경쟁은 피할 수 없습니다. 인간이 삶을 유지하는 동안 어떤 형태로든지 다른 사람들과 경쟁할 수밖에 없습니다. 세 번째로는 인간에게는 가난의 고통, 질병의 고통, 부모나 사랑하는 사람을 떠내 버린 고통 등 피할 수 없는 고통이 많습니다. 마지막으로 누구나 죄를 짓지 않고 성실하고 건전하게 살아가기를 바라지만 죄에서 벗어날 수는 없습니다.

이렇듯 인간은 한계상황에 부딪힐 때마다 좌절하고 실의에 빠질 수 있으며 이러한 한계상황은 자신의 유한성을 깨닫게 하고 자기를 반성하는 계기를 갖게 합니다. 하지만 야스퍼스는 실존을 밝히는 실존조명을 넘어서는 포괄자(신, das Umgreifende)에게로 나아가게 합니다. 그에게 있어서 포괄자란 모든 개별적인 존재자를 포괄하면서 자기 자신은 어떤 것에도 포괄되지 않는 것을 뜻합니다. 그것은 존재 그 자체입니다. 또한 포괄자는 모든 주관·객관을 넘어서는 것입니다. 그는 포괄자를 형이상학에서 추구한 본래적 존재 또는 존재자체das Sein라고 말합니다. 포괄자는 주관과 객관이 어느 방향에서도 생각될 수 있습니다. 야스퍼스는 포괄자를 다음과 같이 말합니다: "우리는 주관도 아니고 그렇다고 객관도 아닌 것, 오히려 주관・객관의 틈에서 양쪽 모두인 존재를 포괄자라고 부릅니다. 비록 이러한 포괄자는 적절한 대상이 될 수 없더라도 우리는 철학함 속에서 이러한 포괄자에 대해 언급하고자 합니다." 여기서 그는 "존재 그 자체의 포괄자"와 "우리들의 포괄자"를 구별합니다. 즉 "존재 그 자체의 포괄자"는 세계라는 초월자입니다. 우리들의 포괄자는 현존재, 의식일반, 정신, 실존 등의 네 가지 양태가 있습니다. 이러한 네 양태는 주관과 객관 모두를 포함합니다. 넓은 의미의 신은 어느 양태에 있어서나 양쪽의 대립이 해소된 상태입니다. 이 상태를 야스퍼스는 현재성Gegenwärtigkeit이라 불렀습니다.

그러나 인간은 현존재의 제약 없이 그의 실존을 실현할 수 없습니다. 인간은 현존과 실존, 필연성과 자유, 시간과 영원의 통일성으로서의 역사성에서 드러납니다. 물론 실존은 자기 혼자 힘으로는 자기실현에 도달하지 못하고 다른 사람을 필요로 합니다. 타자를 통해서만 인간은 자신에 대한 명확성에 도달합니다. 야스퍼스의 이와 같은 근원은 초월에 근거를 두고 있습니다. 초월에서 실존은 방향을 찾으며 초월은 실존적 자유의 근원이자 가능성입니다. 그는 포괄자론을 통해 그의 생각을 더욱 체계화합니다. 그는 포괄자가 드러나는 방식을 7가지로 보고 있는데 그것은 현존재Dasein・의식일반Bewußtsein überhaupt・정신Geist・실존Existenz・세계Welt・초월Transzendenz 그리고 이성Vernunft입니다.

야스퍼스에 따르면, 현존재는 인간의 존재방식 중에서 가장 아래에 있는 존재방식입니다. 인간은 이러한 존재방식을 취하게 될 때, 충동적이고 본능에 의해 제약되어진 존재형태를 갖게 됩니다. 이 단계에서 인

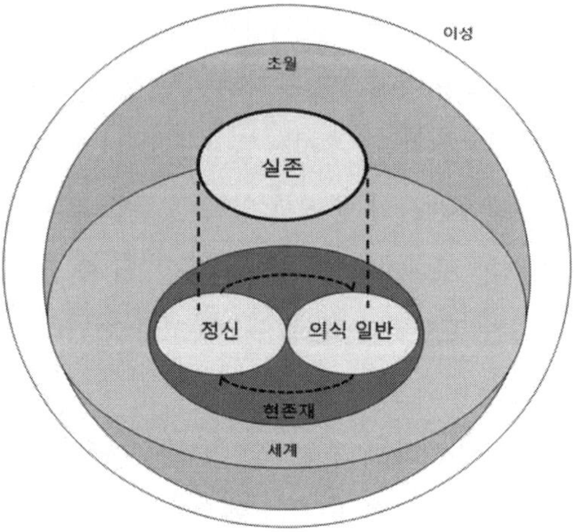

간은 자신의 생물학적인 필요성만을 충족시키기 위해 존재할 뿐입니다. 의식일반의 단계는 단순히 현존재의 다음 단계인데, 현존재보다 진전된 단계에 놓이게 됩니다. 의식일반의 단계에서 인간은 대상과 구분하며 또한 대상과 자기 자신을 구분하는 분별력을 갖게 됩니다. 이 단계에서 인간은 보편적인 것을 찾아내는 능력을 지니게 됩니다. 다음 단계는 정신입니다. 인간은 단순히 현존재의 상태나 오성의 상태, 즉 의식 일반의 상태에 머무르는 것이 아니라 자기 자신을 끊임없이 전개해 나가고자 합니다. 의식이 이렇게 자기 자신을 전개해 나가는 과정은 이념Idee을 실현하는 과정입니다. 네 번째 단계는 실존입니다. 이 단계는 앞에서 언급한 세 가지 인간의 단계에서 벗어난 단계로 실존의 단계에서 도약, 비약을 통해 가능합니다. 이 단계에서 자기 자신의 존재를 얻게 되며 참다운 자유를 갖게 됩니다. 야스퍼스는 세 가지의 포괄자의 형식, 즉 현존재, 의식일반, 정신에 대립하는 것이 세계라는 포괄자입니다. 나머지의 포괄자는 이성이라 일컫습니다. 이때의 이성은 각각의 포괄자의 존재방식을 결합시키는 역할을 합니다. 이성은 주관・객관의 틀 속에서 존재자들을 대상화하는 것이 아니라 각각의 다양한 포괄자의 존재방식들을 결합, 통일시키는 근원적 작용입니다. 다시 말해 이성은 실존과 초월을 연결하는 것이며 포괄자의 고유한 존재방식이라 보았습니다. 초월은 인간이 근원적으로 다가가야 하는 과정으로서 인간으로 하여금 자유를 누리게 하고 본래적인 자기 자신으로 다가가게 하는 것입니다. 즉 야스퍼스에게 있어서 초월은 본래적인 존재 혹은 신神이라는 용어를 뜻하였습니다.

야스퍼스는 초월을 포괄자의 포괄자로, 모든 존재의 근원이라 불렀습니다. 초월에 다가가는 길은 암호에 의해서 입니다. 암호는 인간의 실존조명 속에서 신을 만나는 방식입니다. 이것은 결코 대상화되거나 개념화될 수 없는 초월의 언어입니다. 초월은 이러한 암호에 의해서 다가오며 인간은 이러한 암호를 해독함으로써 초월에 다가섭니다. 초월은 내재해 있는 초월의 언어인 암호(상징)를 통해 실존에 의해서만 경험할 수 있습니다. 암호를 해독하는 과정에서 내재는 초월을 향해 투명해질 수 있습니다. 따라서 이성은 모든 다른 양태들에 적용하는 힘, 통일을 찾고 진리를 추구하는 힘입니다.

03

무신론적 실존주의

마틴 하이데거: 현존재의 실존철학

Martin Heidegger, 1889~1976

하이데거는 농부의 가정에서 자라난 어머니와 독일 슈바르츠발트에 위치한 조그마한 마을인 메르키르히Meßkirch에서 술 창고를 지키면서 그 마을의 성 마르틴 교회에서 허드렛일을 맡아보던 아버지 사이에서 태어

마틴 하이데거

났습니다. 하이데거는 1913년 신칸트학파의 대표자 중의 한 사람이었던 하인리히 리케르트Heinrich Rickert, 1863~1936를 지도교수로 하여 『심리주의에서의 판단이론』(1913)이라는 논문으로 박사학위를 얻었고, 2년 뒤에는 다시 리케르트의 지도 아래 『둔스 스코투스의 범주론과 의미론』(1916)이라는 논문으로 교수 자격을 취득하였습니다. 그는 1915년부터 사강사로서 강의를 시작하였으며 학생들에게 커다란 호응을 얻었습니다. 그의 제자였던 한나 아렌트Hana Arendt에 의하면, 프라이부르크의 젊은 명강사에 대한 소문은 이미 1920년대 초반에 독일 전역의 학생들 사이에서 널리 퍼졌고, 하이데거는 독일 사상계의 제왕으로 인정받게 되었다고 전합니다. 그러나 프라이부르크대학의 총장 재임 시기 동안 나치에 부역한 혐의를 받고 끊임없이 그의 사상을 괴롭게 하였습니다. 1976년 5월 26일 하이데거는 프라이부르크의 자택에서 부인이 아침상을 준비하는 동안에 심장마비로 세상을 떠났습니다. 그의 시신은 자신의 고향 메스키르히의 묘지에 안장되었습니다.

하이데거의 실존개념

하이데거와 실존철학은 20세기 현대철학의 주요 흐름으로 고찰되어 왔습니다. 사실상 하이데거와 후설은 상호 연관관계를 맺고 있습니다. 특히 하이데거는 그의 『존재와 시간』(1927)에서 후설의 『이념』 등을 비롯해 광범위한 의미를 부여하고 있습니다. 하이데거의 존재물음은 인간적 실존의 의미와 현존재의 정체성을 나타내 주는 데 그 특징이 있습니다. 그는 실존으로서 존재이해를 통해 새로운 관점을 제시해 주고자 하였습니다. 하이데거는 『존재와 시간』에서 이런 저런 존재와 현존재 사이에 열려진 가능성을 실존Existenz이라 일컫습니다. 또한 현존재가 이렇게 혹은 저렇게 처신할 수 있고 항상 어떤 방식으로든지 처신하는 존재 자체를 실존이라 불렀습니다. 현존재는 자신의 가장 고유한 가능성을 선택할 때마다 자기 자신이 실존을 결단합니다.

하지만 실존은 자신을 얻고자 하기 때문에 동시에 자신을 상실할 수 있습니다. 현존재는 이 세상에서 이러 저러한 존재 이유를 묻지 않고 살아갑니다. 현존재는 이 세상에 살고 있으면서 자기의 삶에 관심을 기울입니다. 이것을 실존이라 합니다. 따라서 현존재에 대한 물음은 "내가 무엇이냐" 즉, 나의 무엇을 묻는 것이 아니라 "내가 어떻게 살고 있으며, 향후 어떻게 살 수 있는가?"에 대한 물음입니다. 즉 실존의 문제는 현존재의 관심사입니다. 이렇게 현존재는 자신의 실존 속에서 존재의 곁에 머물러 있습니다. 이런 점에서 존재와 현존재는 서로 분리하여 이해할 수 없습니다. 현존재의 존재이해는 존재론적 존재이해라 말합니다. 그리고 이것은 현존재의 분석을 주제로 하는 기초존재론의 출발점이 됩니다. 왜냐하면 현존재의 이해 없이 전기 하이데거에서 기초존재론은 이해할 수 없기 때문입니다. 이러한 현존재의 존재이해는 다른 존재자들을 이해하게 되며 나아가 세계를 이해하는 능력이 됩니다. 하이데거는 이러한 존재자들과의 관계는 존재의 관계와 다소 다르게 실존범주의 관계로서 이해합니다. 이에 반해 현존재와 존재의 관계는 실존론적인existenzial 관계 위에서 가능합니다. 하이데거의 실존범주는 인간을 인간으로서 기술하는 인간의 근본규정을 염두해 둔 것입니다. 하이데거가 독창적으로 창안해 낸 실존범주란 현존재가 취하는 모든 행동의 존재론적 성격을 가리킵니다. 현존재는 도구처럼 수중에 있는 것이 아니라 그냥 실존하고 있을 뿐입니다. 다시 말해 현존재의 모든 언어와 행동의 표명을 포함한 존재방식 내지 존재양식은 모두 실존범주에 속합니다.

우리는 매일 일상생활 속에서 살아가고 있습니다. 일상적 삶에 대해 사람들은 단순히 애매하게 말하는 것이 아니라 명료하게 말할 수 있습니다. 우리가 살아가고 있다는 표현은 언제나 특정한 정서나 기분의 상태에 있다는 것을 의미합니다. 여기서 기분Stimmung은 해명하는 기능을 말합니다. 기분은 현존재의 존재로서의 존재가 거기에 있는 방식이라 할 수 있을 만큼 존재는 인식에 의해서가 아니라 기분에 의해서 해명됩니다. 존재가 거기에 있는 다른 방식은 이해에서 드러납니다.

하이데거는 『존재와 시간』에서 존재의 의미에 대한 새로운 물음을 기초 존재론이라 불렀습니다. 그의 근본 물음은 존재물음Seinsfrage이었습니다. 그에게 있어서 존재물음은 초창기부터 후기에 이르기까지 가장 핵심적이고 기본적인 물음입니다. 존재물음이란 존재의 의미에 대한 물음입니다. 현존재는 존재물음을 던지는 존재자입니다. 존재물음을 던지는 존재자는 현존재일 뿐이며, 이러한 현존재는 다른 존재자들에 대해 우월성을 가집니다. 그의 존재물음의 근본관심은 현대인이 상실하였던 고향의 재건이라는 사실에 역점을 두었습니다. 존재의 의미에 대한 물음이란 지극히 추상적으로 들릴 수 있습니다. 여기서 하이데거는 물음자인 존재자를 현존재Dasein라 불렀습니다. 따라서 현존재는 "현존재의 분석론"을 전개해 나가는 중심적인 용어였으며 기초존재론의 중심주제로 등장하였습니다.

본래성 회복으로서의 현존재

하이데거가 인간이라는 일반적인 명칭을 사용하지 않는 이유는 아직까지 "무엇"으로 규정하지 않았다는 것을 함축합니다. 그는 현존재에 대해 다만 "여기da에 있음Sein"이라는 추상적인 규정으로 말합니다. 현존재라는 용어는 좁은 의미로 da를 현現으로, Sein을 존재로 옮긴 것입니다. 지금 "여기에 나타나 있음"이라는 의미에서 Dasein은 본래 의미를 적합하게 함축하고 있습니다. 현존재란 인간 각자를 가리키는 술어이며 그러한 현존재는 존재이해를 갖고 있습니다. 이 존재이해 때문에 존재가 현존재에로 열려지게 되며, 이것을 현존재의 개시성開示性: 활짝 열려져 있음이라 부릅니다. 그는 현존재의 해석을 통해 존재의 본래적 의미를 밝혀내고자 했습니다. 인간은 '현da'이라 지칭합니다. 바로 여기서 존재자는 그 존재로서 비로소 시작됩니다. 하이데거는 주관·객관의 대립을 넘어 존재를 문제의 중심에 놓습니다. 존재에 대한 일반적 이론은 존재자와 존재를 구별합니다. 그래서 존재하는 모든 것은 존재자입니다. 예컨대 사물들, 즉 인간들, 세계 그리고 최고의 존재자로서의 신들은 모든 것이 존재자입니다. 이에 반해 "존재는 사물, 인간, 세계 그리고 신이 그것으로 존재하고 있는 것으로 만들고 있는 바로 그것입니다." 존재자는 거기Da라고 말하는 데에서부터 존재를 갖는 것이며, 또한 현존재Dasein의 존재자인 것입니다. 하이데거는 존재자를 넓게 두 부류로 나누고 있습니다. 하나는 인간이라는 존재자이고, 다른 하나는 인간 이외의 존재자가 그것입니다. 전자를 그는 현존재의 존재라 명명합니다. 그리고 우리는 이러한 존재자를 묻고 존재 가능성을 가지고 있는 존재자를 현존재로서 술어화 합니다. 이 존재자가 존재이해의 양식 속에서 존재하고 있음을 말합니다. 따라서 하이데거에 있어서 이해는 인식의 양식이 아니라 존재양식입니다. 그의 존재론은 인간이 언제나 관계 속에서 맺고 있으며, 함께 어울려 있고 또한 역사적으로 의존해 있습니다. 이런 의미에서 그는 인간의 근본구조를 어떤 "상황에 처해 있음Befindlichkeit", "던져져 있음Geworfenheit"이라 말합니다.

인간은 주관과 객관이 분열하기 이전의 원상태에서 현상들을 체험합니다. 그리고 세상을 살아가는 데 있어서 적극적이라기보다는 오히려 수동적인 측면이 많습니다. 인간이 일정한 상황 속에 던져져 있다는 것은 바로 숙명적임을 뜻합니다. 인간의 가장 근본적인 "상황에 처해 있음"은 잠재적으로 불안이라는 감정입니다. 인간은 불안의 기분을 통해서 실존을 체험합니다. 인간은 처해 있는 상황 속에서 이해를 구성하고 이러한 이해는 상황 속에서 채색되어 버립니다. 이것을 하이데거는 인간 현존재의 근본양식이라 말합니다. 인간이 일정한 공간을 무심코 차지하고 있다고 생각할지는 모르지만, 단지 이해 없이 존재한다는 것은 어떤 인간의 의미를 구성하지 못하는 것과 같습니다. 따라서 인간이 존재한다는 것은 바로 이해한다는 의미입니다. 존재의 세계는 결코 본래부터 객관적인 이해평가를 갖고 있는 것이 아닙니다. "상황에 처해 있음" 속에 있는 실존이 비로소 해석을 부여하는 이해작용에서 비롯됩니다.

하이데거는 현존재가 자신의 존재 가능성을 스스로 떠맡기거나 선택하는 것을 본래성이라 불렀습니다. 실존은 스스로를 실현시켜 본래성의 존재 양태로 있거나 아니면 자신의 선택을 남에게 맡겨 비본래성의 양태에 머무를 수 있습니다. 하지만 "사람들이 자신의 가능성을 스스로 선택하지 않고 일상적으로 살아가듯이, 그렇게 휩쓸려 살아가는 방식을 비본래성이라 합니다. 즉 본래성이란 현존재가 자기 자신을 선택하여 획득하는 것이며 비본래성은 자기 자신을 상실하는 것을 뜻합니다." 또한 비본래성은 인간의 현재 모습을 조명한 현실성이며, 반면에 본래성은 향후 자각적 계기에 의해 자신을 찾아나가는 가능성으로 이해할 수 있습니다.

세계-내-존재

앞에서 언급한 하이데거의 현존재는 세계-내-존재와 연관되어 있습니다. 세계-내-존재란 현존재의 근원적 구조를 전체적으로 가리키는 명칭입니다. 현존재는 그때마다 현존재인 가능성으로부터 규정되기 때문에 현존재의 이해는 그의 실존에서 기원합니다. 현존재의 근본구조는 "~와 친밀하다, ~에 익숙해 있다, ~를 다룬다"는 의미에서 세계-내-존재입니다. 세계-내-존재라는 개념은 다음과 같은 특성을 갖고 있습니다.

첫째, 현존재의 존재방식은 곧 실존으로서 본질적으로 세계-내-존재로 규정됩니다. 즉 "현존재에는 한 세계 내에 존재한다고 하는 것이 본질적으로 속해 있습니다." 하이데거는 세계-내-존재를 통해 "현사실적 현존재의 모든 존재유형에 존재를 규정합니다. 그리고 세계-내-존재가 관통하는 하나의 선험적 필연적 구성 틀을 그 본질적인 구조들"에서 끄집어냈습니다.

둘째, 현존재의 존재방식은 인간적 현존재의 존재 유형으로서의 실존을 본질적으로 규정하고 가능하게 하는 것은 존재입니다.

셋째, 현존재의 존재방식은 현존재의 현사실성 안에서의 존재이해라는 형이상학의 원초적 사실입니다. 이러한 존재 이해의 근거 위에서 존

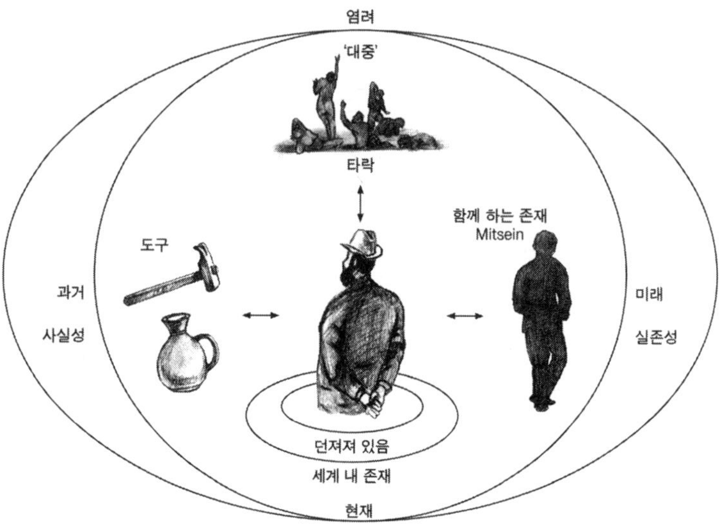

재자 일반으로 침투가 일어나며 실존이 비로소 가능해 집니다. 하이데거는 인간을 이렇게도 저렇게도 살아갈 수 있는 존재로 파악합니다. 그리고 그는 인간을 가능존재로서 파악합니다. 그런데 이해가 실존범주라면, 이것은 이렇게도 저렇게도 존재할 가능성이 이해 안에서 해명된다는 것을 말합니다. 이해는 "해명이며 세계-내-존재의 근본상태"에 관계합니다. 이해는 현존재의 존재이해와 그것에 의한 개시성열어 밝힘Erschließen에서 규명됩니다. 이해는 개시성開示性으로서 현존재가 그것 때문에 존재하는 궁극적인 목적에 근거합니다. 여기서 하이데거의 실존은 세계-내-존재에 대해 동근원적同根原的임을 뜻합니다. 이는 곧 현존재가 세계-내-존재 자체에 관여하는 존재자라는 의미입니다. 개시성은 현존재의 본질적인 특징이며 세계로부터 닫혀진 존재가 아니라 활짝 열려 있는 존재자로 파악합니다. 말하자면 개시성은 현존재가 주관 안에 갇혀 있는 것이 아니라 주관과 객관 사이에 놓여 있는 상태를 말합니다. 현존재는 이러한 사이의 존재인 것입니다. 따라서 시간의 근원에 대한 하이데거의 물음은 그 자체가 존재 일반의 의미에 대한 그의 물음과 긴밀하게 연결되어 있습니다.

이것은 현존재가 세계-내-존재라는 근본적인 존재구성 틀의 구조를 갖게 된 것을 의미합니다. 현존재의 존재구성 틀의 구조는 실존범주에서 볼 수 있습니다. 염려의 3중주 구조로 구성된 세계-내-존재라는 구체적인 실존범주, 즉 이해 · 말 · 정황성 · 불안 · 개시성 · 죽음에의 존재 · 결단성 등의 개념에서 나타납니다. 특히 인간존재의 실존론적 존재 구성 틀은 마음 씀Sorge에서 고찰할 수 있습니다. 즉 현존재의 기본구조는 마음 씀입니다. 여기서 마음 씀의 존재론적 존재의미에 대한 물음은 실존론적인 존재 구성 틀에 대한 논의입니다. 곧 마음 씀은 시간의 본질로서 실존론적 시간성에 대해 해명하는 것입니다. 하이데거는 존재일반의 의미가 열어 밝혀진 개시성의 차원 속에서 시간의 근원을 규명하였습니다. 이러한 과정에서 밝혀진 시간을 하이데거는 근원적 시간이라 불렀습니다. 근원적 시간은 마음 씀의 수행과정에서 열어 밝혀진 존재 자체의 개시성에 의해 규정됩니다. 이것이 현존재의 존재방식이자 현존재의 본질인 실존입니다. 이렇듯 하이데거의 실존은 현존재의 독특한 존재의 거대한 구성 틀을 이루고 있습니다.

양심의 부름

현존재는 이미 자신의 가능성의 틀을 사실상 한정하는 세계 안에 늘 던져져 있음을 압니다. 여기서 대중이 타락하는 양태가 지배적이며, 현존재는 이 양태로부터 빠져나와 본래성으로 회복하고자 합니다. 하이데거는 불안의 기본정조에서 현존재가 자기 자신과 자신의 가장 고유한 가능성과 만난다고 생각합니다. 불안의 대상은 공포에서처럼 세계 내부에서 규정되는 어떤 것이 아니라 세계-내-존재 그 자체입니다. 불안 속에서 현존재는 자신이 죽음을 향한 존재임을 경험함으로써 자신의 유한성과 무 또한 자신에게 활짝 열려져 있음을 깨닫습니다. 현존재의 가능성들 중에서 이와 같은 극단적인 가능성으로 열려감은 현존재가 대중 속에서 상실되어 있음을 드러냅니다. 왜냐하면 죽음 앞에서는 더 이상 타자에게 어떠한 의존도 할 수 없기 때문입니다. 죽음으로 앞질러 감은 현존재가 자신이 되고 죽음을 향한 존재에로 자신의 전체를 깨닫게 됩니다. 따라서 현존재는 죽음에의 존재이기 때문에 유한한 존재입니다. 이러한 유한성이 역사성의 본래적 근거입니다. 궁극적으로 하이데거에게 있어서 현존재는 죽음에 이르는 존재입니다. 현존재는 본래적 존재가 될 수 있음을 양심의 부름에 의해 알게 됩니다. 양심은 특정한 어떤 것을 부르는 것이 아니라 현존재가 양심 속에서 자기 자신을 그의 존재 가능성 앞으로 불러 오는 것입니다.

하이데거에게 있어서 현존재에 대한 구조 전체의 대답은 시간성입니다. 현존재는 앞선 결단을 통해 자신의 가능성을 향해 자신을 내던집니다. 그러한 선행하는 결단은 현존재가 자신에게로 다가갈 수 있게 하는 미래의 현상을 통해서만 가능해집니다. 그러나 현존재는 이미 있었던 바대로 과거에 이미 지나가 버린 자신을 받아들임으로써, 자신에게 되돌아오도록 미래에로 가까이 다가갈 수 있게 합니다. 단지 현존재의 있음으로서만 인간은 주위의 세계와 만나고 그 주위의 세계와 함께합니다. 과거, 현재 그리고 미래로서의 시간성은 전체존재임을 가능하게 하고, 이 시간성은 염려함을 뜻합니다. 즉 본래성의 양태에서 현존재의 시간화는 앞질러 감(미래), 순간(현재), 반복(과거)의 일련의 연쇄고리입니다. 결국 하이데거가 『존재와 시간』에서 존재의 의미에 대한 물음을 통해 현존재의 자기이해로부터 해명하려는 시도는, 존재 자체가 스스로를 드러내는 방식으로서 존재를 이해하게 되는 것입니다.

장-폴 사르트르

장-폴 사르트르: 실존은 본질에 앞선다

Jean-Paul Sartre, 1905~1980

사르트르는 프랑스 파리에서 태어났습니다. 그의 아버지는 해군장교였으며 사르트르가 출생한 지 얼마 지나지 않아 세상을 떠났기 때문에 외할아버지에게서 어린 시절 교육을 받았습니다. 1924년 고등사범학교에 진학하였고 그곳에서 문학을 공부하고 있던, 훗날 『제2의 성』을 써서 일약 베스트셀러 작가가 되는 시몬 드 보부와르를 만납니다. 그들은 서로 결혼은 하지 않았지만 평생의 동료로서 서로에게 필요한 존재가 됩니다. 1933~1934년 사이에 사르트르는 독일 베를린에서 공부할 기회가 있었는데 이때 후설의 현상학에 몰두하게 됩니다. 1964년 그는 노벨문학상 수상자로 결정되었으나 거부하였습니다. 그리고 1968년 전 유럽을 휩쓸었던 학생운동에서 시위자의 대변자로서 거리에 나서 체제개혁과 반자본주의 운동에 앞장서게 됩니다. 그는 강단철학에 머무르지 않고 글과 행동으로써 치열하게 삶을 살다 갔습니다. 그의 실존주의 철학을 대표하는 저작은 『존재와 무』(1943)입니다. 이 책의 전개방식은 많은 부분 헤겔의 영향을 받고 있습니다. 또한 『실존주의는 휴머니즘이다』(1946)는 사르트르가 대중에게 제대로 알리고자 했던 강연을 기록한 짧은 분량의 강연록입니다.

실존주의는 휴머니즘이다

사르트르는 철저히 무신론을 표방합니다. 사르트르는 『실존주의는 휴머니즘이다』라는 저서에서 "만약 신이 존재하지 않는다면 어떠한 일도 가능할 것"이라 말합니다. 사르트르는 신을 전적으로 부정하는 입장에서 "인간은 먼저 실존하고 그 후에 정의定義하는 것"이라 말합니다. 인간이 탄생하기 이전에는 신도 보편적 관념도 없었습니다. 인간을 미리 규정하는 본성 같은 것이 인간에게는 없습니다. 그에게 있어서 실존의 개념은 '실존은 본질에 앞선다'라는 명제입니다. 먼저 본질이란 사물을 그것이 있게 하는 성질입니다. 사물은 그것의 본질에 의해 규정되고 제한될 수밖에 없습니다.

사르트르는 본질의 개념은 인간이나 다른 누군가에 의해 미리 설계되고 정해진, 그리고 일정한 목적을 위해 조직되고 만들어진 존재들의 속성을 가리키는 것이라고 말합니다. 예컨대 책이나 물그릇 또는 탁상시계는 탁자 위에 놓여 있기 이전에 각자의 생각과 목적에 따라 설계되고 고안되었을 것입니다. 즉 이 경우 모양, 색상, 크기, 값 등이 그것을 만든 사람에 의해 정해지고 그 정해진 본질에 따라 만들어지게 됩니다. 따라서 책, 물그릇, 탁상시계 등은 그 본질에 의해 한정될 수밖에 없습니다. 이는 보는 사람에 따라 목적을 각기 다르게 하고 사용할 수는 있지만, 의도를 갖고 만든 사람이 없다거나 목적 자체가 없다고 말하는 사람은 없습니다.

이에 반하여 "실존은 본질에 앞선다"라는 말은 인간의 창조자를 부인한다는 뜻입니다. 즉 인간이 창조자에 따라 만들어지는 본질을 부인한다는 것입니다. 이것들을 부인할 때는 실존은 본질에 의해서 규정되거나 한정되는 존재가 아니고 자기의 본질을 스스로 만들어 나가는 자유로운 존재가 됩니다. 이런 관점에서 '실존이 본질에 앞선다'라는 명제는 인간은 본질에 의해 한정된 존재가 아니고 자유로운 존재이며 가능성이 있는 존재이며, 궁극적으로 자신의 본질을 스스로 만들어 나가는 존재라는 뜻입니다. 이렇게 인간에게 본질을 말할 수 있다면, 그것의 본질은 바로 실존입니다. 실존은 자신에게 맡겨진 것으로서 전적으로 인간의 자유입니다. 인간은 자신의 몸, 과거나 현재, 친구와 비우호적인 사람, 어려운 장애와 유리한 조건을 가지고 실존하며 바로 이러한 상황에 처해 있으면서 자신의 자유를 갖게 됩니다. 따라서 인간은 현 상황에 자신의 의도와 미래에 대한 목표를 세우면서 어떠한 상황이든지 바로 그 상황을 자신의 자유로운 행위의 동기로 만들어 나갑니다. 따라서 인간은 결코 미리 정의定義될 수도 없고 오로지 스스로 만들어 나가는 존재인 것입니다. 이러한 실존은 주체성이라는 말로 표현됩니다. 실존은 자신의 행동을 선택하고 자신의 미래를 기획하는 주체입니다. 단지 본질에 따라 살아가는 존재가 아니고 본질을 만들어 가는 존재인 것입니다.

인간은 자기 자신을 매번, 매순간 선택합니다. 심지어 인간이 선택하지 않았다 할지라도 여러 선택 가능성 가운데 하나로 받아들입니다. 아무것도 하지 않은 것도 선택이라는 것으로 받아들일 수 있으며, 우리의 선택은 부단하며 끝이 없습니다. 우리가 매 순간 결단을 내리고 그것이 나를 형성해 나간다면, 나의 삶은 끊임없는 선택의 과정입니다. 각자가 스스로 자기를 선택하는 이상, 그 소임에 대해 책임을 다해야 합니다. 자기가 선택한 자기의 생활양식과 개성에 대해서도 역시 책임을 져야 합니다. 그러나 각자는 자기를 선택함과 동시에 각기 다른 인류를 선택합니다. 왜냐하면 내가 일정한 행위를 선택하는 것은 그것이 동시에 다른 모든 사람에게 있어서도 적절한 것이라고 생각하기 때문입니다. 이와 같이 나는 나 자신에 대해 그리고 만인에 대해 책임을 지며 내가 선택하는 어떤 인간상을 만들어 나갑니다. 여기서 나는 모든 인류와 떼일 수 없는 정체성을 가집니다.

존재存在와 무無

사르트르는 1930년대 이후로 헤겔철학을 자신의 철학에 수용하였습니다. 그는 헤겔의 『논리학』에서 "즉자An-sich"와 "대자Für-sich" 와 같은 주요 개념들을 받아들이고 현상학적 방법론이라는 기준을 설정하여 그의 이론을 전개해 나갔습니다. 사르트르의 『존재와 무—하나의 현상학적 시도—』(1943)는 데카르트, 키에르케고르, 후설, 하이데거에게서 많은 영향을 받았으며 존재의 물음을 통해 그의 논의를 펼쳤습니다.

사르트르는 이 책에서 즉자존재An-sich-sein, 卽自存在와 대자존재für-such-sein, 對自存在를 구별했습니다. 즉자존재는 의식과는 무관하게 그 자체로 존재하는 것, 예컨대 책상과 의자와 같은 사물의 존재입니다. 그리고 이것은 자기 자신을 의식하지 않고 그대로 존재합니다. 이에 반해 대자존재는 자기에 대해 의식하는 존재를 뜻하는 것으로서, 인간존재를 의미합니다. 인간은 자신의 존재를 문제 삼습니다. 인간은 자신이 책상이나 의

자가 다른 존재라는 것을 의식합니다. 바꿔 말해 사르트르는 의식과 대상의 두 영역을 인정합니다. 대상(객관적 존재)은 나의 의식을 떠나서는 생각할 수 없고 나의 의식도 내가 의식하는 대상 없이는 생각할 수 없습니다. 그래서 그는 이를 의식으로서의 존재(즉자존재)와 그것의 대상으로서의 존재(대자존재)라 주장했습니다. 즉자존재는 인간의 의식을 넘어서 그 자체로 존재하는 것입니다. 그런데 의식은 즉자와 같이 그 자체로 있지 않고 존재와의 관계에서 성립하게 됩니다. 다시 말해 그냥 그대로 있는 것, 충만된 것, 안정된 것, 즉 대상으로서의 모든 사물을 가리킵니다. 사람도 대상화되면 즉자존재가 됩니다. 이에 반해 대자pou-soi존재는 그 무엇에 관한 의식으로서만 있는 의식입니다. 의식이 "그 무엇의 의식이라는 것"은 의식이란 본래 자기 자신을 벗어나 자기를 넘어서 자기 아닌 것으로 향하는 것이라는 의미입니다. 예컨대 아름다운 분재를 보고 있을 때 분재의 내용을 지향하는 의식이 있고, 막 떠나가려는 기차를 붙잡으려고 힘차게 뛰어 갈 때 기차를 지향하는 의식은 있지만, 이 의식 안에 자아가 들어 있다고 할 수는 없습니다. 오히려 대상(분재, 기차)을 지향하는 익명의 의식이 있을 뿐입니다. 자아 역시 다른 실재적 대상이나 관념적 대상처럼 의식 안에 있는 것이 아니라 의식에 주어지는, 의식 바깥의 대상일 뿐입니다. 의식은 그 안에 자아라는 내용물을 갖지 않는 한 완전히 텅빈 의식입니다.

인간은 항상 하나의 무無 때문에 자기의 본질로부터 분리되어 있습니다. 우리가 우리 자신이 누구인지 알기 위해 자신을 되돌아본다고 합시다. 우리의 의식은 우리가 무엇을 하며 어떤 가치관을 지닌 사람임을 반성적으로 알 수 있습니다. 인간의 의식은 받아들이는 것을 통해서 모두 대상화됩니다. 그로 인해 의식이 자기 자신에게 향할 경우 의식은 대상화되며, 따라서 의식이 생생하게 움직이고 있는 자기 자신을 받아들이는 것은 불가능하게 됩니다. 즉 우리의 의식은 우리의 존재를 정립합니다. 그런데 이런 반성을 수행하고 있다는 그 사실 때문에 반성에 의해 자신과 완전히 일치되거나 자신을 완전히 파악하는 것은 불가능합니다. 다시 말해 반성되고 있는 존재는 이미 우리 자신의 것이 아닙니다. 우리의 의식이 우리의 과거 존재로부터 벗어나 그것을 관조하고 반성한다는 것은 이미 우리의 의식이 이 존재로부터 분리되어 있음을 뜻합니다. 즉 의식은 이 존재가 현재는 자기 자신이 아니라고 부정합니다. 그러면 이 의식이란 무엇일까요? 그것은 오직 모든 존재와 거리를 두는 힘이라고만 할 수 있을 뿐입니다. 어떤 고정된 본질을 지닌 존재도 이 의식이 될 수 있을 뿐 의식 자체는 아닙니다. 이 의식은 아무것도 아닌 것, 바로 무입니다. 의식은 아무런 내용도 갖지 않는 텅빈 무입니다. 나의 자아나 육체를 비롯해 내용을 지니는 것들은 이 텅 빈 의식이 바라보는 외적 대상일 뿐입니다. 아무것도 규정되지 않았기에 인간존재는 자유이며 아무것도 규정되지 않은 인간에게는 무엇이든 할 수 있는 자유가 운명처럼 주어져 있습니다. 다시 말해 무는 고정된 본질에 충실한 존재가 아니므로 전적으로 자유라 불릴 뿐입니다. 이 자유 때문에 우리는 고정된 존재에 머

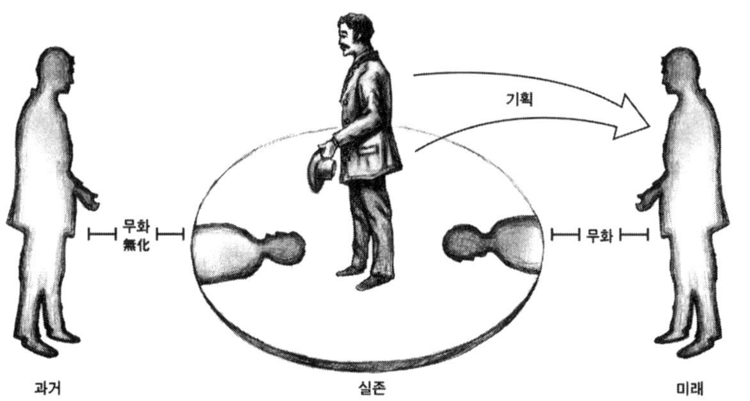

무르지 않고 언제나 그것을 부정하고 새로운 미래의 존재를 향해 나아가야 한다는 것입니다.

의식의 중심에는 분열이라는 부정적인 것, 즉 무無가 있습니다. 무란 존재의 구멍이며 이 무의 출현에 의해 대자라는 구조가 생겨납니다.

> "그러므로 무는 이런 존재의 구멍이며 즉자의 자기에로의 추락인데 이것에 의해 대자가 구성된다. [.....] 즉자의 자기현존으로 전락하는 이 끊임없는 행위를 우리는 존재의 행위라 부를 것이다."

대자 존재는 존재의 구멍이 있으며 공허한 것, 욕망하는 것, 불안정한 상태에 있습니다. 이것은 곧 의식을 가진 인간을 뜻합니다. 이와 같은 인간존재를 다른 사물과 구별하여 실존實存이라 부르고 있습니다. 사르트르는 대자존재(인간의식)에는 마치 과일의 심에 벌레가 들어 있는 것처럼 본래 무無가 들어 있다고 합니다. 그러나 '무가 있다'는 것은 모순된 표현이므로 그는 '무는 있지 않고 있어 진다'라고 말합니다. 따라서 사르트르는 바로 이 무의 작용 때문에 대자존재는 부정하고, 항거하고, 자유로울 수 있다고 말합니다.

이처럼 1960년 이후로 사르트르를 비롯한 현대사상의 흐름은 실존주의로부터 구조주의로, 그리고 포스트모던으로 이행하였고, 사르트르의 사상은 향후 주목을 덜 받을 수도 있습니다. 하지만 지금, 여기에 있는 나의 실존은 결코 사라지지 않을 것입니다.

04

한나 아렌트Hannah Arendt, 1906~1975: 인간실존의 조건과 정치철학의 경계에서

한나 아렌트

한나 아렌트는 당시 독립적이었던 린덴(지금은 독일 하노버의 일부)에서 쾨니히스베르크(현재는 칼리닌그라드, 칸트의 고향) 출신인 아버지 파울Paul 아렌트와 어머니 마르타Martha 아렌트의 외동딸로 유대인 집안에서 태어났습니다. 당시 아렌트 가족은 하노버 근처의 린덴에서 살고 있었는데, 아버지가 병으로 직업을 유지할 수 없게 되자 다시 고향인 쾨니히스베르크로 돌아가 아버지가 1913년 10월, 40세의 나이로 사망할 때까지 쾨니히스베르크에서 자랐습니다. 20세기 초 쾨니히스베르크 주민의 대부분은 러시아인이었지만, 약 5천 명의 유대인들도 살고 있었습니다. 아렌트의 친계와 외계의 조부모들은 모두 계몽주의와 자유정신을 추구하는 시민 계급에 동조하는 개혁 유태주의에 속해 있었습니다. 하지만 아렌트 부모는 독일 주류사회에 동화되어 살고 있었기 때문에 아렌트에게 유대적인 것은 거의 강요하지 않았습니다. 아렌트는 어린 시절부터 철학책을 접했고, 지적으로 상당히 조숙했습니다. 16세 때에 칸트의 『순수이성비판』, 『이성의 한계 안에서의 종교』, 야스퍼스의 『세계관의 심리학』을 읽었습니다. 아렌트는 1922~1923년까지 대학 진학을 위해 베를린대학교에서 개설한 고전과 신학연구반에서 공부하면서 대학입학자격시험Arbitur에 합격하여 1924년 마르부르크 대학에 입학하였습니다. 이 대학에서 하이데거Martin

Heidegger와 신학자 불트만Rudolf Bultmann에게서 철학을 공부했습니다.

아렌트는 마르부르크 대학에서 많은 사유의 동반자를 만났는데, 평생 친구인 생태철학자 한스 요나스Hans Jonas를 알게 되고, 첫 번째 남편 귄터 슈테른Günther Stern(훗날 우리에게 귄터 안더스Günther Anders라는 필명으로 더 알려진 철학자)과 만나게 됩니다. 하이데거와 아렌트의 연애는 1년이라는 짧은 기간이었지만, 아주 유명하게 알려져 있습니다. 아렌트와 하이데거의 관계가 중요한 것은 아렌트가 평생 하이데거의 철학적 영향을 받았기 때문입니다. 이후 나치에 적극 협력하던 하이데거에게 깊은 환멸을 느끼게 되어 그를 떠나 1926년 하이델베르크로 이주하였습니다. 하이델베르크 대학교에서 실존주의 철학자인 야스퍼스Karl Jaspers의 지도하에 『아우구스티누스에 나타난 사랑의 개념』(1929)에 대한 논문으로 박사학위를 받았습니다. 아렌트는 야스퍼스에게서 세계시민의 관점에서 정치를 이해하는 방식을 배웠습니다.

아렌트는 이 시기에 낭만주의 시대의 유대인 여성의 삶을 다룬 『라헬 파른하겐Rachel Varnhagen, 1771~1833[1]의 운명』(1933)에 대한 교수자격 논문을 썼으나, 유대인이라는 이유로 교수 자격 취득을 금지 당해 독일 대학에서 강의하는 것도 좌절되었습니다. 1933년 아렌트는 파리로 피신하여 시온주의자들과 활동을 하게 됩니다. 파리에서 아렌트는 문학 평론가이며 마르크스주의자인 벤야민Walter Benjamin, 브레이크, 츠바이크와 같은 저명한 지성인들과 교류하게 되는데, 그중에는 두 번째 결혼(1940)을 하게 되는 독일의 시인 하인리히 블뤼허Heinrich Blücher도 있었습니다. 아렌

1) 라헬 파른하겐은 독일 유대계 여성입니다. 그는 베를린 살롱을 운영하며 철학과 예술을 옹호했습니다. 아렌트는 라헬을 통해 유대인의 정체성을 확인할 수 있었으며, 이 전기를 통해 자신의 모습을 간헐적으로 드러냈습니다. 아렌트는 "라헬에 대한 책을 집필하는 것은 결코 나의 의도가 아니었습니다. 다만 나의 관심을 끌었던 것은 라헬 자신이 말할 수 있었던 삶에 대해 이야기하는 것"이었다고 회고하고 있습니다.

트는 파리에 머무는 동안 유대인 문제에 관한 글을 쓰는데, 이 글은 후에 『전체주의 기원』(1951)의 일부가 됩니다. 제2차 세계 대전 중 프랑스가 선전포고를 한 뒤 독일이 프랑스 일부를 군사적으로 점령했습니다. 유대인이 수용소에 강제 이송되게 되자, 아렌트는 프랑스에서 도주해야 했습니다. 1941년에는 피레네 산맥을 넘어 결국 뉴욕에 오게 됩니다. 아렌트를 포함하여 2,500명 정도 되는 유대계 망명자에게 불법으로 비자를 발행해 준 미국 외교관 하이램 빙엄 4세의 도움으로 남편과 어머니와 함께 미국으로 망명하여 1951년에 시민권을 얻게 됩니다. 아렌트는 미국 시민권을 획득하기까지 상당히 오랫동안 무국적자로서 삶을 영위했습니다. 그녀는 그 뒤 독일 출신 유대인 공동체에서 활발하게 활동했으며, 주간 ≪아우프바우Aufbau≫지에 기고하기도 했습니다. 아렌트는 1946년에서 1948년까지 뉴욕의 한 출판사에서 책임편집자로 활동하였고, 그 후 1959년에는 프린스턴 대학에서 전임 교수직에 지명 받은 최초의 여성이 되었으며, 1963년 시카고 대학의 교수로 재직하였습니다. 『정신의 삶』을 집필하던 과정 중에 1975년 심근경색으로 생을 마쳤습니다. 아렌트의 저서로는 주저인 『인간의 조건』(1958)을 비롯하여 『혁명론』(1960), 『과거와 미래사이』(1961), 『예루살렘의 아이히만』(1963), 『공화국의 위기』(1970), 유고집으로 『정치의 약속』, 『정신의 삶』(1978), 『칸트철학 강의』 등이 있습니다.

인간실존의 조건: 노동, 작업, 행위

아렌트는 정치 철학자로 평가되지만, 아렌트 자신은 항상 철학은 "단독자인 인간"에 관심을 갖는다는 이유로 그러한 호칭을 거절했습니다. 그는 대신에 자신을 정치 이론가로 묘사하고 있는데, 그 이유는 그의 업적이 "'한 인간'이 아닌 '인류'가 지구에 살며 세계에 거주한다."는 사실에 중심을 두고 있기 때문입니다.

아렌트는 『인간의 조건』(1958)에서 인간이 인간답게 살 수 있는 조건, 즉 활동적 삶이라는 개념으로 인간의 세 가지 근본 활동을 "노동labor, 작업work, 행위action"로 분류했습니다, 인간의 세 활동은 활동적 삶이라 불렸던 영역을 세분화한 것이며, 이 세 가지 모두 인간적 삶에 필요한 것입니다. 활동적 행동vita activa의 삶만이, 개인들의 삶을 의미 없게 만들려는 경향이 강한 현대에 들어 인간실존의 완전한 잠재력을 실현할 수 있는 공동체의 밑바탕이 될 것이라 희망합니다. 세 가지 활동과 각각의 조건들은 인간실존의 가장 일반적인 조건, 즉 탄생과 죽음, 탄생성과 사멸성과 밀접하게 연관되어 있습니다.

첫째, 노동은 인간 신체의 생물학적 과정에 상응하는 활동입니다. 신체의 자연발생적 성장, 신진대사와 부패도 여기에 속합니다. 다시 말해 노동은 육체를 생물학적으로 유지하기 위한 활동으로, 신진대사를 하는 신체기관의 작용에 상응합니다. 즉, 노동은 농사, 수렵, 가사 노동 등 생존과 직결되는 일과 가사 도우미의 일처럼 음식을 만드는 일을 말합니다. 우리는 먹지 않으면 죽기 때문에, 노동은 생존하기 위해 필수적이고 필연적인 인간 활동입니다. 그래서 노동의 인간적 조건은 삶 그 자체입니다. 노동의 대상은 순환성, 반복성을 특징으로 합니다. 노동은 소비를 통해 얻을 수 있는 만족감으로 기쁨과 성취감을 주기도 하지만, 반복성 때문에 권태를 낳기도 합니다. 그래서 사람들은 노동에서 해방하기 위해 노예를 부리거나 노동력을 구매했던 것입니다.

둘째, 작업은 생활과 관련된 활동을 말합니다. 즉 인간 실존의 비자연적인 것에 상응하는 활동입니다. 작업은 모든 자연적 환경과는 분명하게 구분되는 다른 '인공人工적'인 사물을 만드는 활동입니다. 노동이 생존과 연관되어 있다면, 생활에 필요한 집, 가구, 자동차, 옷, 등은 작업의 산물입니다. 그래서 작업은 주거 공간 및 그에 부속하는 물품 혹은 의복 등과 같이 인간적 삶에 필요하지만, 생명유지를 위한 긴급성을 요구하는 일을 말합니다. 각각의 개별적 삶은 그 경계 안에 자리 잡고 있지만, 이 세계 자체는 개별적 삶보다 더 오래 지속되고 이를 넘어서는 것으로 여겨집니다. 다시 말해 작업의 인간적 조건은 세계성입니다.

셋째, 행위는 사물이나 물질의 매개 없이 인간 사이에 직접적으로 수행하는 활동입니다. 여기서 행위는 자신의 고유한 특성을 드러내는 활동을 말합니다. 일반적으로 행위를 한다는 것은 시작하다(그리스어로 archein은 '시작하다, 선도하다, 나중에 지배하다'라는 뜻)를 의미합니다. 인간들은 출생으로 시작하는 사람이기 때문에 그들은 시도하고 행위에 참여합니다.

인간의 모든 움직임이 활동이라면, 행위는 인간의 판단과 의지가 개입된 활동만을 말합니다. 윤리적 행위, 정치적 행위 등이 행위의 실례實例입니다. 아렌트가 다루는 행위는 정치적 행위입니다. 행위란 생존의 요구와 생활의 필요에 따른 것이 아니라, 개성에 따른 실존적인 욕구와 함께 살아가야 한다는 필요에 따른 것입니다. 행위는 인간의 복수성을 기반으로 합니다. 사람들은 동일한 사건을 놓고도 서로 다르게 이해하고 판단합니다. 사람들이 더불어 살아가기 위해서는 같은 사건을 접하고 함께 다루어가야 합니다. 이처럼 행위는 개성을 드러내는 표현의 기능도 있지만, 공동의 삶을 꾸려 나가기 위해 서로의 행위를 조정하는 소통의 기능도 있습니다. 따라서 노동의 활동은 생명의 조건에, 작업의 활동은 세계성의 조건에, 행위의 활동은 다원성의 조건에 부합합니다.

이러한 구분을 통해서만이 자신이 이해하는 정치, 즉 행위의 올바른 의미가 드러납니다. 가난하거나 아프다는 것은 신체의 필연성에 구속되어 있음을 의미하며 노예가 된다는 것은 인간의 폭력에 예속됨을 의미합니다. 따라서 인간의 "노동, 작업, 행위"의 인간 활동은 각각 발휘되는 공간이 따로 존재합니다.

사적 영역과 공적 영역

아렌트는 고대 그리스에 있었던 역사적 사실을 통해 사적 영역과 공적 영역, 즉 오이코스oikos와 폴리스polis를 설명하는 데서부터 자신의 논의를 시작합니다. 여기서 그녀는 사적 영역과 공적 영역 개념의 이론적 분석을 자연스럽게 연관시킵니다. 즉 아렌트는 사적 영역과 공적 영역을 구분한 그리스인들의 사례에 따라 그의 이론을 전개하고 있습니다.

> 사적 영역과 공적 영역이라는 구분은 가정과 정치적 영역의 구분에 상응하며, 이 두 영역은 고대 도시국가가 발생한 이래로 뚜렷이 구별되는 실체로서 존재해 왔습니다.

이러한 구분 위에서 사적 영역과 공적 영역은 인간 활동과 연관됩니다. 정치적 공동체의 확립에 대한 문제는 궁극적으로 그것을 이루는 개인들이 어떻게 살아야만 개인적으로 그리고 한걸음 더 나아가 집단적으로 의미 있는 삶을 영위하며 인간답게 살 수 있는가의 문제로 말할 수 있습니다.

아렌트에게 있어서 사적 영역의 특징은 공동생활이 전적으로 필요와 욕구의 동인動因에 의해 이루어집니다. 이러한 추진력은 "삶 자체"입니다. 이 삶은 개체의 유지와 종족의 보존을 위해 타인과의 교제를 필요로 합니다. 가정이라는 자연적 공동체는 필연성의 산물이며 거기에서 수행되는 모든 활동은 필연성의 지배를 받습니다. 이런 측면에서 가정은 어느 누구도 쉽게 물리칠 수 있는 것이 아니며, 이는 피할 수 없는 필연적 공동체입니다. 하지만 가정은 가장과 가족 구성원의 관계에서 볼 수 있

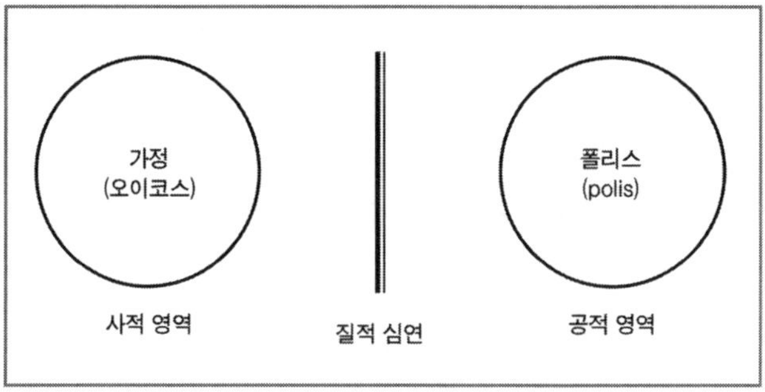

고전적 모델

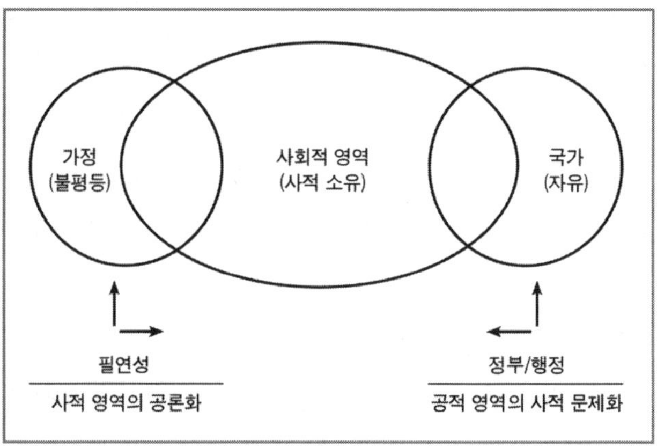

현대적 모델

는 것처럼, 불평등이 지배하는 영역입니다.

이에 비해 정치적 영역Police은 평등에 근거한 자유의 영역입니다. 두 영역 사이의 연관성은 가정의 삶에 필수적인 것을 충족시키는 폴리스의 자유의 조건이라는 관점에서 보는 것입니다. 이러한 자유는 그리스인이 행복한 삶의 조건이라고 부르는 데 부합하는 본질적 조건입니다. 행복한 삶은 우선 부와 건강에 의존하는 객관적 상태입니다. 가정 안에서 생명에 필요한 것의 충족은 정치영역의 자유를 위한 조건이 됩니다. 자유는 정치영역 안에 위치하며 어떤 상황에서도 사회보존의 수단을 담보할 수 없습니다. 가정이 가장 엄격한 불평등의 장소라고 한다면, 정치영역은 오직 평등만을 고려합니다. 이렇게 아렌트가 고대 그리스에서 법을 통해 사적(가정) 영역과 공적 영역(폴리스)의 구분을 구체화하고 공간화한 이유는 공간적인 정치적 문제가 사적인 문제에 제약받지 않도록 하고자 하는 의도였습니다.

먼저 사적private이라는 용어는 원래 박탈된privative이라는 의미를 함축하고 있습니다. 완전히 사적 생활을 한다는 것은 인간에게 필수적인 것들이 박탈되었음을 의미합니다. 이를테면 타인이 보고 들음으로써 생기는 현실성의 박탈, 공동 사물세계의 중재를 통해 타인과 관계를 맺거나 분리됨으로써 형성되는 타인과의 '객관적' 관계의 박탈, 삶 자체보다 더 영속적인 어떤 것을 성취할 수 있는 가능성의 박탈 등을 의미합니다. 타인에게 관심을 갖고 있다면, 사적 인간이라는 것은 잘 나타나지 않습니다. 사적인 인간이 행하는 것은 무엇이나 타인에게는 아무런 의미도 없고 중요하지도 않다는 것을 뜻하기도 합니다.

반면에 공적이란 개념 속에는 공개성이라는 개념과 고유성이라는 개념이 모두 포함되어 있습니다. 다시 말해 공개되지 않고 공유되지 않은 어떤 것에 대해서 공적이라는 말을 사용할 수 없습니다.

하지만 아렌트는 사적 영역과 공적 영역에 한정하지 않고 사회적 영역의 출현에 강조점을 두었습니다. 이는 생명과 재생산의 출발점이 되는 가정의 경제가 공적 영역으로 부상하여 가정을 유지해야 하는 것과 관련된 모든 문제가 집단적 관심사가 되었다는 점입니다. 아렌트에 따르면, "사회적인 것의 등장"은 많은 것을 변화시켰습니다. 사회적인 것의 발생이라 불렀던 것은 역사적으로 근대에 들어 사적 소유의 관리가 사적인 관심사에서 공적인 관심사로 변하던 시기에 이루어졌습니다. 사회가 처음 공적 영역으로 들어갔을 때, 그것은 소유주所有主의 조직으로 위장했습니다. 이 소유주들은 부富를 통해 공적 영역에 접근하기보다 더 많은 부를 축적하기 위해 공적 영역의 보호를 요구했습니다.

사적인 가정의 영역으로 추방된 활동의 결과였던 공동의 부common wealth가 공적 영역을 인수하게 되었을 때, 사적 전유專有는 세계의 지속성을 근저에서부터 파괴하기 시작했습니다. 부가 아무리 오랫동안 지속된다 할지라도, 그것은 언제나 사용되고 소비되는 대상으로 남는 것에 불과합니다. 자본의 주요기능은 보다 많은 자본의 증식이라 할 수 있습니다. 부가 이런 자본이 되는 경우에만, 사적 소유는 세계에 내재하는 영속성과 동등한 성격을 가지게 되거나 그것에 가까운 것이 됩니다. 그러나 영속성의 본질은 다르다고 할 수 있습니다. 사적 소유는 안정적 구조의 영속성이기 보다 과정의 연속성입니다. 영속적인 부의 축적과정이 없다면, 부는 즉시 사용과 소비를 통해 분해되는 반대의 과정으로 전락하게 됩니다. 그러므로 공동의 부는 결코 우리가 말한 공동세계의 의미에서 공동common의 것이 될 수 없습니다. 이렇게 아렌트가 그리스 시대의 사적 영역과 공적 영역에서부터 근대사회를 특징짓는 관점은 사회의 등장이었습니다. 여기서 사회의 등장은 인간의 활동을 통해 노동으로 나타나게 됩니다. 말하자면 노동은 생산과 소비의 끊임없는 자동적 순환과정입니다. 노동으로써 소멸 과정에 맞서 안정적이고 인위적인 세계를 세우지 않으면, 유의미한 인간적 삶은 불가능하게 됩니다. 따라서 아렌트의 인위적인 세계는 정치공동체의 안정적이고 지속적인 제도적 세계를 가리킵니다. 이제 사회구성원들은 오로지 경제적 이해관계를 중심으로 하여 먹고사는 문제에 온 신경을 곤두세우게 되었고, 정치를 경제적 이해관계의 함수로서 여기게 되었습니다. 이러한 측면에서 아렌트는 정치의 독자성의 위기뿐만 아니라 한 걸음 나아가 민주주의의 위기가 초래되었다는 것입니다.

공적 영역에서 근대 이후 사회적인 것이 등장함으로써 인간의 활동 가운데 노동과 작업을 지나치게 중시하게 되었습니다. 이와 더불어 인간의 복수성複數性에 기반을 둔 행위에 대한 진정한 평가가 소멸되면서 문제가 발생하게 되었습니다. 곧 현대사회에서는 경제적 관심이 지배적이게 되었습니다. 아렌트에 의하면, 사회가 복잡해지면서 한편으로 정치영역으로부터 근대사회에서 제도적으로 분화되었고, 다른 한편으로 경제(시장)와 가족의 분화를 이해하게 되었습니다. 역사적 과정 속에서 근대의 헌법국가는 사회적 상호작용의 영역에서 생성되었습니다. 즉 한편으로는 가정경제 사이에서, 다른 한편으로는 정치국가 사이에서 생성되었습니다.

아렌트는 그리스인들에게 사적 영역과 공적 영역을 가정과 정치적 영역, 생계유지에 연관된 활동과 공동세계에 연관된 활동의 구분에 따릅니다. 아렌트의 공적 영역에서 공적public이란 개념은 누구나 볼 수 있고, 들을 수 있는 현상의 공간이 갖고 있는 공공성을 가리킵니다. 또한 공적 영역이란 세계가 우리 모두의 공동의 것이고, 우리의 사적인 소유와 구별되는 세계 그 자체를 말합니다. 아렌트 입장에서 정치적 행위는 개인의 정체성을 드러내는 인간성을 실현하는 것입니다. 단지 이러한 정체성

	사적 영역	공적 영역
영역	가정(oikos)	폴리스
활동유형	노동/생산	행위
삶	필연성의 지배 (부양을 위한 남자의 노동과 출산하는 여자의 노동)	자유의 영역 (지배와 피지배가 존재하지 않는 영역에서 활동함)
삶의 조건	획일성	다원성
지배방식	전제정치	민주정치

은 고립된 개인이 아니라 다원성, 즉 다수의 인간으로 구성된 정치 공동체를 전제로 합니다. 이는 정치 행위에 개인적 계기와 공동체적, 세계적 계기가 동시에 들어 있음을 함축합니다. 아렌트가 인간됨의 발현의 조건으로 든 정치적 공동체를 만들고 공동세계를 유지하려는 노력은 인간이면 누구나 참여해야 할 모두의 공적인 일res publica인 것입니다. 이렇게 아렌트의 공적인 요소는 많은 사람들이 함께 모여서 정체성을 드러내는 발언을 하고 이러한 행위를 위한 공간을 함께 열고 유지하고자 합니다.

우리는 아렌트에게서 사회적인 것과 정치적인 영역 사이의 구분에서 놀랄 만한 규범적 입장을 만날 수 있습니다. 아렌트는 『인간의 조건』에서 한편으로 공공성을 구분하였고, 다른 한편으로는 사회적인 것과 사적인 것의 구분을 통해 공적 영역과 사적 영역을 보다 확실하게 이해하고자 하였습니다. 따라서 그녀가 주장하는 정치적인 것이란, 신뢰할 만한 영역으로 구분하여 인간의 실존을 고찰하고자 하는 것이었습니다. 하지만 정치적인 것이 사회적 영역과 사적인 영역에서 자유로운 정치적 결단을 반드시 이끌어내고, 무엇인가 새로운 어떠한 관점을 전개하고자 하는 것은 아닙니다. 이런 측면에서 아렌트는 정치철학의 중요한 범주로서 공공성을 새롭게 발견하고자 하였습니다. 따라서 아렌트의 공적 영역은 정치적 합법성과 공공성을 가능하게 결합시키고자 합니다.

아렌트에 의하면, 루소가 주장하는 것처럼, 시민이 함께 할 수 있는 것은 일반의지 내지 공동의 의지a common will에서가 아니라 공동세계a common world를 통해서 시작한다고 봅니다. 즉 그녀에게서 "공적 영역은 수많은 관점에서 동시에 존재한다는 사실에 근거합니다. 공동세계는 이러한 관점들과 양상들 속에서 존재하지만, 공통적으로 적용되는 척도나 공통분모는 있을 수 없습니다. 공동의 세계가 모두가 함께 만나는 곳일지라도 그 안에 있는 사람들은 서로 다른 위치를 갖고 있습니다. 두 대

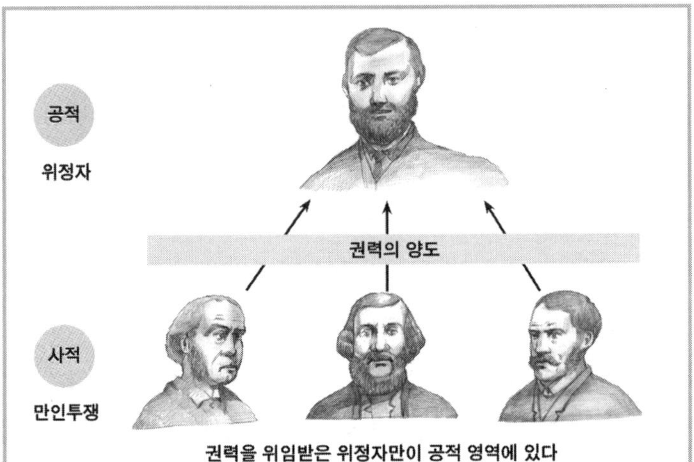

권력을 위임받은 위정자만이 공적 영역에 있다

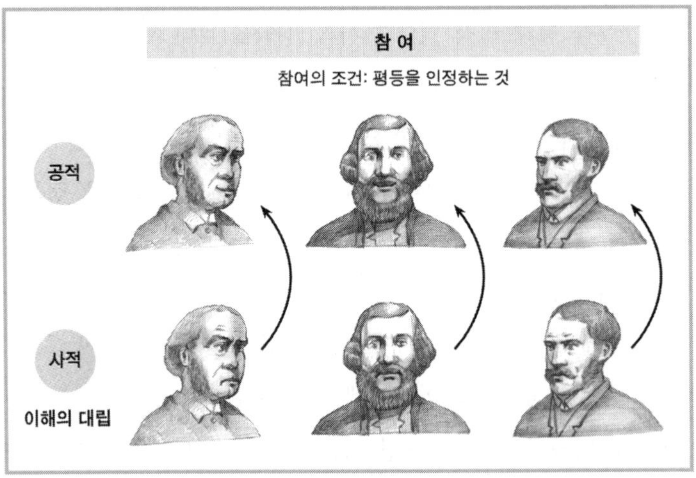

모든 사람이 공정 영역에 참여할 수 있다. 참여의 절대조건은 '평등'을 인정하는 것이다.

상의 위치가 다르듯이, 한 사람의 위치와 다른 사람의 위치는 일치할 수 없습니다. 타인들에 의해 보여주고 들려진다는 의미가 모든 사람들이 서로 다른 위치에 바라보고 듣는다는 사실에 있습니다. 이것이 공적인 삶의 의미입니다."

공화주의

아렌트는 칸트의 정치적 사유의 관점에 많은 영향을 받고 그의 공화주의를 전개하고 있습니다. 즉 아렌트는 칸트의 공화주의에서 정치적이라 할 수 있는 사고방식을 발견했습니다. 칸트의 입장에서 인간은 어떤 공동체의 구성원으로 평가하는 데 반해, 아렌트는 인간을 "세계 공동체의 구성원"으로 포착하고 있습니다. 인간 자신은 "계약의 이념"을 지켜야 하며 그러한 이념에서 출발하였을 때 정치적 행동이 분출될 수 있을 것이라고 아렌트는 믿었습니다. 아렌트는 자유로운 개인은 서로 다른 견해를 가지고 있지만, 상호 소통할 때야 비로소 공동체적인 행동을 할 수 있는 공통감sensus communis을 이해하게 된다고 말합니다. 아렌트의 공화주의는 "정치적 참여"와 공동의 실천을 주장하고 정치가 갖는 구성적 역할을 강조한다는 점에서 기존의 고전공화주의와 유사할 수 있습니다. 하지만 아렌트는 정치를 도덕과 단절적으로 파악하는 자율적 정치관을 갖고 있다는 점에서 고전적인 공화주의와는 다소 다르다고 말할 수 있습니다.

공화국의 시민들을 묶어주는 것은 그들이 같은 공적 공간에 거주하고, 공동의 관심사를 공유한다는 사실입니다. 만일 의사의 만장일치나 의지의 통합이 이루어진다면, 이는 오히려 위험의 신호입니다. 그래서 아렌트는 의지나 진리보다 의견을 더 중요시합니다. 그렇게 하여 우리는 공적인 일에 대한 공적인 토론 속에서 각자의 의견을 나름대로 형성하게 됩니다. 따라서 아렌트에게 있어서, 이해들은 한 곳으로 수렴될 수 있지만, 그 의견들은 하나의 안으로 수렴할 수 없다는 것입니다. 민주주의의 참여모델은 가능한 확산을 넓혀가고자 하는 그 자체로서의 참여를 고려합니다. 여기서 정치적 판단은 공공성의 영역과 정치적 기회를 현실화시키고자 하는 제도적 전제조건이 됩니다.

아렌트의 공화주의 이념에서 눈여겨볼 대목은 그리스 시대 이후로 사적 영역과 공적 영역을 넘어선 사회적인 것의 등장이라는 현상입니다. 아렌트가 추구하고자 했던 그리스적인 정치적 공적 영역은 사적 영역에서의 부담에서 해방된 성인남성으로 구성된 시민의 탁월성, 용기의 미덕을 표현하고 타인을 서로 인정하는 공연장이었습니다. 이렇게 사회적인 것의 등장은 인간의 활동을 건전한 노동을 통해 안정적인 인간의 세계를 구축하여 유의미한 삶을 만들어 냈습니다. 따라서 아렌트가 추구하고자 한 인간이 만든 인위적인 세계는 공화주의라는 정치공동체에서 안정적이고 지속가능한 세계를 만들어 나가야 한다는 사실입니다. 21세기 다원화된 사회에서 안정적이고 지속가능한 세계를 공고히 하기 위해 시민들의 공적인 토론을 통해 누구나 참여할 수 있는 공동의 세계를 만들어 나가는 장이 필요하겠습니다.

제15장
영미 분석철학

제 15 장

영미 분석철학

분석철학은 주로 20세기에 영미를 중심으로 전개된 형이상학을 비판하는 대표적인 철학운동을 말합니다. 분석철학의 목표는 철학에 있어서 형이상학의 배제라 할 만큼 반反형이상학적 이었습니다. 먼저 분석철학은 헤겔의 절대주의적 사변철학의 비판을 통한 철학적 태도에서 생겨났습니다. 여기서 철학태도란 형이상학적 전제를 세우는 것을 배제하여 논리적 분석에 의한 문제의 명확화와 그 해결책을 꾀하는 것이었습니다. 여기서 분석analysis이란 우리의 사상이나 사고는 주로 언어에 의해 전개되고 표현되는 것이기 때문에 언어분석을 중요한 과제로 간주하였습니다. 이러한 방법 내지 태도를 언어분석학파라 하며 이를 통칭하여 분석철학analytic philosophy이라 일컬었습니다.

언어분석학파는 영국의 캠브리지학파Cambridge School of Analysis를 비롯하여 오스트리아의 비엔나학파Winer Kreis, 독일 베를린의 경험철학 학회Die Gesellschaft für empirische Philosophie 구미분석학파, 옥스퍼드를 중심으로 하는 일상언어학파Ordinary Language School, 의미분석학파semanticist 그리고 프랑스 · 스위스 · 이탈리아의 과학그룹 등이 그 경향들을 각기 다르게 전개하였습니다. 분석철학이 지향하고자 하는 바는 철학을 과학화하는 데 있었습니다. 따라서 분석철학의 일반적 특성은 첫째, 철학을 과학화하기 위해 결함이 많은 자연언어natural language를 순화하고자 하였고, 둘째, 기호논리학을 응용하여 엄밀한 인공언어artifical language를 보조수단으로 설정하는 것이었으며, 셋째, 자연언어를 엄밀히 사용하는 방법을 명확히 하였습니다.

01

논리실증주의Logical positivism

비엔나학파Vienna Circle / Winer Kreis

비엔나학파는 수학자와 과학자 및 철학자들이 1920년대에 오스트리아의 수도 빈Wien에서 집단을 형성하였습니다. 그들은 자신들을 논리실증주의자 혹은 논리경험주의자logical empiricism라 불렀으며 곧 비엔나학파로 알려지게 되었습니다. 그들의 일반적 특징은 앎은 오로지 경험에서 나온다고 했으며, 형이상학의 모든 체계를 부정하고 나섰습니다. 애초에 비엔나학파란 통상적으로 철학자들이 아니었습니다. 그들은 철학자이기 이전에 물리학자, 수학자 그리고 사회학자들이었습니다.

비에나학파란 슐리크Moritz Schlick, 1882~1936 교수가 물리학자로 출발하여 1922년에 빈대학의 철학 교수로 재직한 시기에 그의 주변에 모여 든 철학자 및 수학자, 물리학자의 집단을 말합니다. 철학 방면에서는 슐리크를 비롯하여 바이스만Fredrich Waismann, 1834~1914, 카르납Rudolf Carnap, 1891~1970, 노이라트Otto Neurath, 1882~1936, 화이글Herbert Feigal, 크라프트Victor Kraft를, 수학방면에서는 하안Hans Hahn, 맹거Karl Menger, 괴델Kurt Gödel, 1906~1978을 들 수 있습니다. 비트겐슈타인은 이 그룹과 공적인 자리에 한 번도 참가한 일이 없었으나, 개인적으로 슐리크나나 바이스만과 친교가 있었습니다. 사실상 이 그룹은 비트겐슈타인의 사상으로부터 많은 영향을 받고 있었습니다. 비트겐슈타인의 『논리철학 논고Tractatus Logico-Philosophicus』는 비엔나학파의 텍스트였다고 말해도 과언이 아닐 정도로 주목받았습니다.

하지만 논리실증주의의 특징을 나타내는 견해의 대부분은 1918년에 출판된 슐리크의 『일반인식론Allgemeine Erkenntnislehre』에서 제창되었습니다. 이들은 1929년 프라하시에서 대회를 열고 '비엔나 학단의 과학적 세계 파악Wissenschaftliche Weltauffassung'이라는 선언서를 발표하면서 학회를 정식으로 발족시켰습니다. 역사적으로 보았을 때, 논리실증주의는 프레게, 러셀, 화이트헤드에 의해 연역법을 형식화한 기호논리학의 체계에 성공한 데 자극받아 탄생했다고 할 수 있습니다. 1930년대에 「통일과학Einheitwissenschaft」, 「철학연보Annalen der Philosophie」, 「인식Erkenntnis」 등 논문집이 출간되면서 르네상스를 맞이하였습니다. 노이라트는 빈학파의 사상운동을 독일, 폴란드, 영국, 미국, 스칸디나비아 등 국제적 규모로 확대시켰습니다.

논리실증주의란 이렇게 매우 광범위하게 퍼져 있었기 때문에 그 용법에 있어서는 다소 애매하게 적용됩니다. 논리실증주의 철학의 주요한 과제는 웅장한 이론체계를 구성하는 데 있는 것이 아니라 문제의 논리적 분석에 있다는 것을 강조합니다. 우리가 사용하는 일상용어는 애매하고 그다지 정확하지 못하기 때문에 사유에 혼란을 줄 수 있습니다. 그래서 이러한 언어로 표현된 철학적 명제를 언어의 관습적 문법으로부터 해방하여 그것을 논리적이고 엄밀한 이상언어로 번역 내지 환원함으로써 명제의 논리적 구조를 명석하게 하는 데 있습니다. 분석철학자 가운데 가장 반反형이상학적 입장을 보인 사람들은 논리실증주의자들이었습니다. 먼저 논리실증주의자들은 기존의 형이상학에 대해 적대감을 뚜렷이 나타냈습니다. 주지하듯이 형이상학이란, 우주의 근원적 실재를 탐구한다던가, 우주의 근원적 목적을 발견한다든가, 일상세계에서 초감성적 세계를 밝혀내고자 하는 것 등을 말합니다. 논리실증주의자들은 러셀과 비트겐슈타인이 이루어 놓은 논리학과 언어와의 관계에 대한 체계에 힘입어 형이상학의 불가능성을 주장합니다. 빈학파는 흄의 경험론적 전통의 후예자라 자처합니다. 그들은 이 전통에서 수학과 과학의 엄밀한 논증을 받아들였습니다. 그들의 목표가 과학과 그 밖의 과학의 언어를 명료하게 하는 데 있었다면, 처음에 해야 할 일은 명료성의 규준을 설명하는 것이었습니다. 이 규준으로 내세운 것이 검증원리Verification principle였습니다.

카르납

특히 그들 가운데 대표자 격인 카르납Rudolf Carnap, 1891~1970은 『과학의 통일The unity of science』(1934), 『철학과 논리학의 결어법Philosophy and Logical Syntax』(1935) 등의 저서에서 자신이 발견한 검증원리에 의해 형이상학을 거부했습니다. 하지만 논리실증주의자들이 형이상학을 배제하는 방식은 지금까지의 경험론에서처럼 형이상학적 명제가 거짓이라는 것을 증명하는 데 있지 않습니다. 그는 의미를 가진 명제들만이 학문연구의 대상이 될 수 있다는 기본적인 신념에서 출발했습니다. 카르납은 오직 수학과 경험과학의 명제들만이 의미를 갖고 있다고 주장했습니다. 단지 형이상학적 명제는 진위를 가릴 수 없는, 인식적으로 무의미하다는 것을 지적함으로써 형이상학의 학으로서의 지위를 부인하였습니다.

논리실증주의는 전통적 경험론을 경험할 수 있는 것만이 실재한다고 주장합니다. 즉 논리실증주의는 사실에 관한 지식으로서의 형이상학의 잘못을 지적하여 형이상학의 언어표현을 분석함으로써 그것이 무의미meaningless하다는 것을 폭로하고자 하였습니다. 이렇게 논리실증주의는 검증원리란 이름으로 알려져 있는 유의미한 규준을 적용하여 그러한 결론에 도달하고자 했습니다. 분석적으로도 경험적으로도 검증될 수 없는 명제는 인식론적으로 무의미한 명제입니다. 논리실증주의자들은 형이상학적 명제 가운데 이러한 무의미한 명제가 많이 내재해 있다고 말합니다. 예컨대 "절대는 진화와 발전하는 가운데 있다. 그러나 절대 자신이 진화하거나 발전할 수는 없다"라는 명제는 검증 불가능하며 때문에 그 명제의 진위를 가릴 수가 없습니다. 말하자면 형이상학적 명제는 명제의 형태는 갖추었지만, 인식하는 것으로서 무의미한 사이비명제pseudo proposition라는 것입니다. 그렇다고 해서 형이상학적 명제가 무의미하고 사이비명제라고 해서 아무런 가치도 없다는 것은 아닙니다. 형이상학적 명제 가운데에도 우리가 살아가는 데 많은 교훈을 주고 귀감이 되는 것들이 많이 있습니다.

02

루드비히 비트겐슈타인Ludwig Wittgenstein, 1889~1951: 말할 수 없는 것에 대해 침묵하라

루드비히 비트겐슈타인

비트겐슈타인은 오스트리아 헝가리 제국에서 가장 부유하고 높은 관직을 차지한 가문에서 5남 3녀 중 막내로 태어났습니다. 그의 부친인 카를 비트겐슈타인은 1890년대에 중금속 산업 분야를 주도한 인물로서 막대한 부를 축적하였습니다. 그의 어머니 레오폴디네는 예술, 특히 음악의 수준이 빼어나게 높은 교양인이었습니다. 그래서 이 집안의 호화로운 저녁 모임에는 브람스, 슈트라우스, 말러, 브루노 발터와 같은 당대의 뛰어난 음악가들이 참석했습니다. 이러한 분위기에서 자란 비트겐슈타인은 한동안 지휘자의 포부를 품었을 정도로 음악적 재능이 뛰어났습니다. 그는 중학교를 자퇴하고 집에서 독학을 하다가 베를린의 기술학교를 마쳤습니다. 그 후 그는 1908년 항공학을 공부하기 위해 맨체스터로 갔습니다. 그러나 철학을 공부하기 위해 공학을 중단하고 케임브리지로 옮겨서 러셀B. Russell, 1872~1970을 찾아갑니다. 러셀은 그를 두고 말하길 "내게 처음에 제자로 왔다가 그 뒤 동료로 지냈으며 결국에는 스승이 되었다"라고 했으며 비트겐슈타인을 가리켜 "가장 완전한 천재"라 말할 정도였다고 합니다. 1929년 케임브리지에서 이미 1921년에 출판한 『논리철학논고』로 박사학위를 취득하고 케임브리지 특별연구원으로 5년간 일하였습니다. 그리고 많은 재산을 시민들에게 기부한 채 수도원에서 정원사로, 그리고 시골의 교사 등으로 일하면서 영국인으로 캠브리지에서 일생을 마감했습니다.

비트겐슈타인은 생전에 남긴 저서는 『논리철학 논고』가 유일하지만, 20세기 철학사에 지대한 영향을 끼친 천재 철학자였습니다. 나머지 저작들은 사후에 출간되었습니다. 그의 『논리철학 논고』가 1930년대에 생겨난 논리실증주의의 모태였다면, 『철학적 탐구』는 1945년대 이후 등장한 일상 언어학파의 활동 근거가 되었습니다. 비트겐슈타인의 철학은 『논리철학 논고』로 대표되는 그의 전기철학과 『철학적 탐구』로 대표되는 그의 후기 철학으로 분류합니다. 그의 철학은 분석철학의 두 중심 사조인 논리실증주의와 일상언어학파의 태동에 결정적인 영향을 끼쳤으며 1960년대까지 분석철학을 지배하였습니다. 1970년대부터 분석철학 내에서 비트겐슈타인의 철학은 다소 영향력이 약화되었으나, 분석철학을 넘어서 유럽대륙 철학과 인문학 전반, 그리고 사회과학에 이르기까지 그 영향을 점차 넓혀갔습니다.

명제의 명료화

비트겐슈타인은 "철학적 문제들의 본성을 어떻게 이해할 것인가?"의 물음에 대해 이제까지의 전통적 철학의 입장을 완전히 뒤엎는 새로운 입장을 제시함으로써 철학에 혁명을 일으켰습니다. 지금까지의 서구 전통 철학이 철학적 문제들에 대한 올바른 해답을 찾아냄으로써 이것들을 해결하고자 했다면, 비트겐슈타인은 철학적 문제들이 무의미하다는 것을 보임으로써 문제 자체를 해소하고자 하였습니다. 비트겐슈타인은 자신의 전기철학과 후기철학 모두에서 철학적 문제의 본성에 대한 이러한 견해를 견지하였습니다. 그러나 그의 전기와 후기철학은 언어적 의미에 대해 서로 다른 이론을 발전시켰고, 철학적 문제들이 어떻게 무의미한지에 대해서도 제각기 다른 설명을 제시하였습니다.

그의 전기는 『논리철학논고Tractatus Logico-Philosophicus』(1922)를 중심으로 전개하고 있습니다. 그는 『논리철학논고』에서 철학의 목적은 사상의 논리적 명료화에 있다고 말합니다. 이를테면 철학의 성과는 철학적 명제의 수가 아니라 명제의 명료화에 있습니다. 그는 『논리철학논고』 6.54에서 다음과 같이 서술하고 있습니다.

> "나의 명제들은 다음과 같은 방식으로 명료화를 수행하고 있습니다. 나를 이해하는 사람은, 만일 나의 명제를 거쳐서— 그것들을 딛고서— 그것들을 넘어 올라간다면, 결국 나의 명제들은 무의미한 것으로 인식합니다. 나는 이 명제들을 넘어서야 합니다. 그러면 나는 세계를 올바로 볼 수 있습니다. 그것은 어떠한 윤리적 명제도 낳을 수 없습니다. 철학의 과제는 더 이상 실재의

본질을 탐구하는 것도 우주를 설명할 수 있는 완전한 체계를 수립하고자 하는 것도, 행위에 대한 도덕적, 정치적, 및 종교적인 철학을 형성하는 것도 아닙니다. 철학자는 이제 자신이 세계와 인간에 대한 독특한 유형의 정보를 발견할 수 있다고 생각해서는 안 됩니다. 철학자는 언어의 명료성과 유의미성을 점검해 주는 교정원의 역할에 만족해야 합니다."

그에 의하면, 위 인용구에서 보여주듯이, 철학에서 나타나는 문제들은 언어의 논리를 오해하는 데서 발생한 것이며 철학이란 해명과 명료화를 위한 행동이라 주장했습니다. 그래서 그의 전반기 철학의 핵심은 언어이론을 중심으로 전개하였습니다. 따라서 그는 그림이론picture theory과 진리함수이론truth functional theory을 중심으로 전반기의 철학을 펼쳤습니다. 특히 비트겐슈타인은 『논리철학논고』에서 의미에 대한 그림이론을 제시하였습니다. 하지만 그는 그림이론의 내용을 그림이론이라는 용어로 정식화하지는 않았습니다. 그림이론에서 명제가 의미를 가질 수 있는 이유는 자신이 묘사하는 사태에 대한 논리적 그림의 역할을 할 수 있기 때문이었습니다. 비트겐슈타인은 사태와 사실, 요소명제와 복합명제 등 어려운 전문용어를 사용하여 논리를 전개해 나갑니다.

먼저 사태란 대상들의 연결입니다. 예컨대 A와 B의 칼싸움이 곧 사태이며 대상들의 배열이 사태를 형성합니다. 그리고 이것에 대응하는 표현이 요소명제elementarsatz입니다. 예컨대 'A와 B가 칼싸움하고 있다'라는 명제가 요소명제입니다. 요소명제는 이름들로 이루어지며 이름들의 한 연결, 한 연쇄입니다. 기호로는 p, q, r… 등으로 표기하거나, F(x), L(x, y)… 등으로 술어논리를 표현합니다. 사실이란 사태의 연결입니다. 즉 사태들의 구조들로 이루어집니다. 그리고 이것에 대응하는 언어적 표현이 복합명제zusammengesatzt입니다. 예컨대 '승식이가 노래한다'와 '수연이가 춤춘다'가 요소명제이고, '승식이가 노래하고 수연이가 춤춘다' 는 복

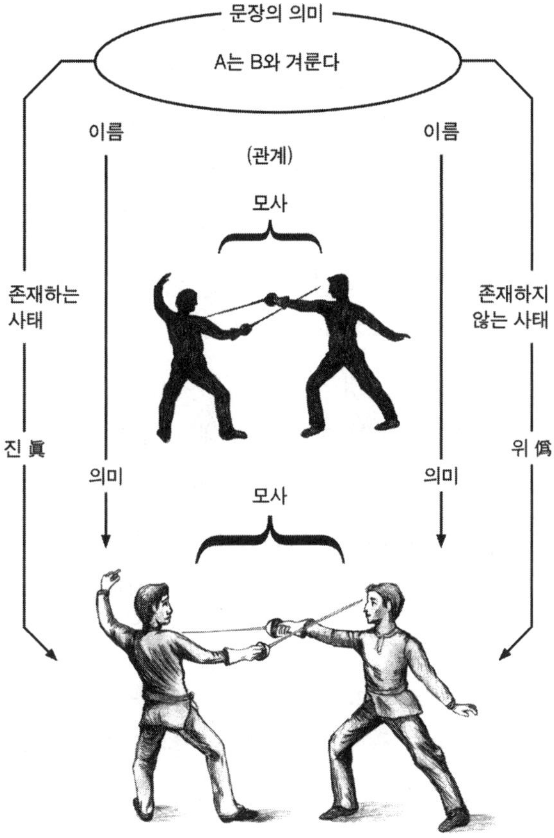

모사이론 : 상형문자의 예

합명제인 것입니다. 이때의 복합명제는 이론상으로는 무한정한 요소명제들로 연결시킬 수 있지만, 어떤 경우라도 복합명제의 참과 거짓은 요소명제의 참과 거짓에 따라 결정됩니다.

이와 같이 비트겐슈타인 『논고』의 출발점은 사물들이 아니라 사실들 Tatsachen의 세계를 이룬다고 하는 이념입니다. 사실들은 존립하는 사태들이며, 사태들은 가능한 사실들입니다. 사실들의 확정과 함께 세계는 규정되어 있습니다. 말하자면 우리가 어떻게 하나의 그림, 즉 하나의 명제를 형성할 수 있는가 하는 근본적인 물음입니다. 비트겐슈타인은 그림을 통해 세계에 외적으로 유사한 어떤 것을 생각하지 않았습니다. 그는 그림과 사실 사이의 형성관계를 근본적으로 물었습니다.

명제가 사태의 논리적 그림이 될 수 있기 위해서는 그 사태와 논리적 형식을 공유해야 합니다. 모든 사태는 우연적이며 존재할 수도 존재하지 않을 수도 있습니다. 명제가 논리적 형식을 공유하는 사태가 존재할 때 그 명제는 참이며 그렇지 않을 때는 거짓입니다. 명제와 사태가 공유하고 있는 논리적 형식은 명제가 사태를 묘사하기 위한 토대이기 때문에 이 논리적 형식을 다시 기술할 수 있는 명제는 없습니다. 하지만 논리학의 명제들은 이러한 형식들을 기술하고자 합니다. 따라서 이 명제들은 의미가 없습니다sinnlos. 왜냐하면 우리는 철학적 명제들을 통해 우연적으로 존재하는 사태들을 넘어서 영원히 불변하는 사태들을 묘사하려고 시도하기 때문입니다. 그림이론에는 "명제들은 세계와 어떻게 관련되어 있는가?"와 "언어의 기능은 무엇인가?"에 대해 주로 다루고 있습니다. 주요 내용은 다음과 같습니다. 1. 세계란 전체의 경우들로 되었다. 1.2. 세계는 사실들로 나누어진다. 2. 경우, 곧 사실은 원자적 사실들의 발생이다. 2.01. 원자적 사실(사태)은 대상들과의 결합이다. 2.1. 그림은 실재에 관한 모델이다. 2.141. 하나의 그림은 하나의 실재이다. 2.21. 그림은 실재와 대응하거나 대응하지 않는다. 그림은 바르거나 그르다. 2.222. 그림의 의미가 실재와 일치하느냐 일치하지 않으냐가 그 그림이 참인가 거짓인가를 결정한다. 2.223. 그림이 참인가 아닌가를 알기 위해, 우리는 그 그림을 실재와 비교해야 한다. 2.224. 그림을 가지고서는 그 그림이 참인지 거짓인지를 알 수 없다. 3. 사실들에 대한 하나의 논리적인 그림은 하나의 생각이다. 4. 생각은 의미를 지니고 있는 명제이다. 4.01. 명제들의 총화는 언어이다. 4.01. 명제는 실재에 대한 그림이다. 5. 명제들은 요소명제들의 진리함수이다. 6.53. 철학의 올바른 방법들은 다음과 같은 것이다: 말할 수 있는 것 이외에는 아무 말도 하지 않아야 한다. 예컨대 말할 수 있는 것이란 자연과학의 명제들이며… 7. 말할 수 없는 것에 관해서는 침묵을 지켜야 한다.

비트겐슈타인은 복합명제의 참과 거짓이 요소명제의 참과 거짓에 따라 변화는 것을 진리함수라 불렀습니다. 따라서 비트겐슈타인은 "명제는 요소명제의 진리함수이다"라고 선언합니다. 비트겐슈타인의 주장들을 요약하면 다음과 같이 정리할 수 있습니다. 대상들의 연결이 사태이고, 사태들의 연결이 사실이고, 사실들의 총합이 세계입니다. 그리고 이름들의 연결이 요소명제이고, 요소명제들의 연결이 복합명제이며, 명제들의 총합이 언어입니다. 그런데 대상은 이름에 대응하고, 사태는 요소명제와 대응하며, 사실은 복합명제와 대응하고, 세계는 언어와 대응합니다. 나아가 복합명제는 요소명제들의 진리함수입니다. 따라서 언어는 명제들의 진리함수입니다. 그래서 사실은 사태들의 진리함수이고, 세계는 사태

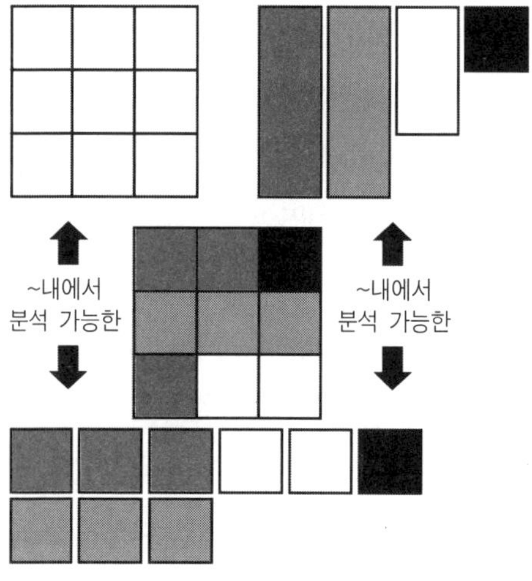

들의 진리함수입니다.

그렇지만 비트겐슈타인에게 있어서 모든 문제가 언어를 해결했다고 주장하는 것은 아닙니다. 말할 수 없는 것을 말하는 것은 논리적으로도 도덕적으로도 무의미한 말이며, 또한 세계는 말할 수 없는 것이 있는 것도 사실입니다.

언어놀이

비트겐슈타인은 후기에 『철학적 탐구』(1936~1949)를 통해 새로운 철학을 시도하였습니다. 즉 『논리철학논고』에서 논리학을 기반으로 한 언어사상을 부정하고 일상사에서의 단어사용법에 주목하여 우리의 일상 언어를 내재적인 시점에서 구체적으로 분석하였습니다. 그는 『철학적 탐구』로 대표되는 그의 후기 철학에서 의미에 대한 '사용이론'을 제시합니다. 그의 사용이론에 따르면, 언어적 표현의 의미는 바로 그 표현을 사용하는 것입니다. 각각의 표현은 그 표현의 사용을 규제하는 규칙들, 즉 비트겐슈타인이 그 표현의 문법이라 부르는 규칙들을 갖고 있었습니다. 한 표현의 사용을 규제하는 문법적 규칙들이 그 표현의 의미에 한계를 설정합니다. 이제까지 철학적 명제들에 나타난 표현들은 자신의 문법을 위반하고 있으며, 자신이 나타낼 수 있는 의미의 한계를 넘어서고 있다는 것입니다. 따라서 철학적 명제들은 무의하다는 것입니다. 우리가 철학적 명제들의 무의미성을 깨닫지 못하는 이유는 지식, 존재, 대상, 자아 등 철학적으로 문제가 되는 용어들의 문법이 우리가 사용하는 언어에서 분명하게 드러나지 않기 때문입니다. 『철학적 탐구』의 임무는 이러한 용어들의 문법을 철저히 조망함으로써 철학적 명제들의 무의미성을 밝혀내는 것입니다. 그는 언어의 구체적이고 다양한 모습의 언어게임이라는 개념에 커다란 관심을 보였습니다. 한 단어는 항상 한 대상을 모방하는 것이 아니라 언어 안에서 그리고 문맥 안에서 바르게 이해할 수 있다고 보았습니다. 또한 그는 '언어가 어떻게 세상을 나타낼 수 있는가?'라는 문제에 관심을 집중하였습니다. 이 질문에 대한 답변이 그림이론입니다.

비트겐슈타인은 "언어는 세계에 대한 일종의 그림이며 그런 한에서 언어는 의미를 갖는다"고 말합니다. 언어의 의미는 언어와 사물이 어울리는 데 있는 것이며 그 사용에서 찾아야 한다는 것입니다. 그에 의하면, 무수한 언어놀이가 있는데 그림이론은 그 무수한 언어놀이 가운데 하나입니다. 이러한 일련의 흐름을 그는 '언어학적 전회'라고 불렀습니다. 예를 들어 과학자, 철학자, 문학가, 예술가와 같은 인간도 각 장면에서 다른 언어놀이를 영위하고 있으며, 문장의 의미는 그 문장이 쓰이는 문맥이나 그 문장이 속한 언어놀이의 법칙에서 이해되어야 합니다.

비트겐슈타인의 『철학적 탐구』에 의하면 "언어에 본질적 특징 같은 것은 없으며, 여러 가지 언어사용과 용례에서 드러난 것과 같은 가족유사성family resemblance"이 있을 뿐이라는 것입니다. 가족유사성이란 한 가족 구성원들이 하나의 유일한 특징이나 공통점으로 이해하는 것이 아닙니다. 아버지와 아들은 체구가, 어머니와 아들은 눈매가, 기질은 엄마와 딸이 유사성을 보이는 것과 같은 데서 생각해 냈습니다. 이렇듯 한 가족의 구성원들은 서로 닮고 있을 뿐일 수 있습니다. 다시 말해 "그들 중 어떤 사람은 코가 같고, 또 어떤 사람은 눈썹이 같으며, 또 다른 사람은 걸음걸이가 비슷한데, 이 유사성들은 겹칩니다." 한 가족의 구성원들은 그 가족의 유일한 한 가지 특징을 모든 구성원들이 공유하지 않은 채, 다양한 가족 유사성을 가질 수 있습니다. 비트겐슈타인은 한 종류에 속하는 것들이 하나의 유사성만을 가질 수 있고, 이러한 것들의 모두는 공통적으로 지니고 있는 것이 없다고 말하고자 하였습니다.

이는 언어가 대상 지칭(지시)적이라는 하나의 기준으로 평가되던 입장을 버리고 상황과 맥락에 따라 다양한 기능과 역할을 한다는 점을 강조한 것입니다. 예컨대 벽돌이라는 단어나 이름은 공사현장에서는 "벽돌 좀 줘"라든지 "벽돌을 가지고 가" 등 벽돌로 사용자가 수행할 수 있는 행위나 작업을 가리킵니다. 하지만 건축기재 전시회에서 '벽돌'이라는 푯말이나 이름표는 실제 벽돌 자체를 가리킵니다.

그래서 비트겐슈타인은 말할 수 있는 것은 모두 명석하게 말할 수 있다고 언급하면서 "철학자란 말할 수 없는 것에 관해서는 침묵해야 한다"고 주장합니다. 종합적으로 보았을 때, 그는 『논리철학논고』 4.112에서 철학은 이론이 아니라 활동이며 철학의 결과는 철학적 명제들이 아니라 명제들을 명료하게 하는 것이라 말합니다. 『철학적 탐구』에서는 "우리는 어떤 이론도 세워서는 안 된다. 우리의 고찰 속에는 어떤 가설적인 것도 있어서는 안 된다. 모든 설명은 사라져야 하고, 오직 기술만이 그 자리에 들어서야 한다"(탐구, &109)고 말하고 있습니다. 이러한 이론들은 다소 주장의 불일치로 인해 당혹스러울 수 있으나 철학적 문제들의 본성을 규명하고자 했다는 측면으로 이해할 수 있습니다.

03

조지 에드워드 무어George Edward Moore, 1873~1958: 메타윤리학

무어는 영국 런던 근교의 어퍼 노어우드에서 태어났습니다. 무어는 1892년 케임브리지 대학교에 고전문헌을 공부하러 입학하면서 버트런드 러셀을 알게 되었고 철학에 관심을 갖게 되었습니다. 무어는 대학교를 졸업한 이후에 1898년 장학금 연구원(펠로)으로 선발되면서 종종 러셀과 철학 문제에 대해 많은 논의를 하였습니다. 그는 1911년 케임브리지 대학교 강사가 되었고, 1925년에 철학 · 논리학 교수로 취임하였습니다. 1921년부터 1947년까지는 철학 잡지 『마인드』의 편집 주간을 맡아보았습니다. 그는 주저인 『윤리학 원리Principia Ethica』(1903)를 집필하였고 영국에서

조지 에드워드 무어

신실재론新實在論: new realism의 선구자로 간주했던 논문인 「관념론 논박Refutation of Idealism」(1903)을 『마인드』지에 발표하였습니다. 그 이후 1925년 「상식의 옹호A Defense of Common Sense」에서 영국 헤겔학파의 관념론을 비판하였고 이는 20세기 영국의 신실재론을 대표하기도 했습니다. 그는 이 실재론을 통해 가치문제를 적용하여 실재론적 가치 위에 새로운 윤리설을 세웠습니다. 그래서 무어는 후기 비트겐슈타인Ludwig Wittgenstein, 러셀Bertrand Russell, 프레게Gottfrid Frege 등과 함께 현대분석철학의 케임브리지 학파를 개척한 철학자로 잘 알려져 있습니다. 그는 윤리학에서 비자연주의非自然主義를 주창하면서 철학적 방법론의 하나로서 상식을 강조했습니다. 그의 이름을 땄던 무어의 비자연주의적 역설은 비트겐슈타인에 의해 널리 알려졌습니다.

한편 무어는 논리실증주의자들이 채택한 분석방법의 정식화나 공식화를 부정하고 각각의 문맥이나 상황에 따라 그 분석방법이 다를 수 있다고 주장했습니다. 철학적 문제의 대부분은 언어의 일상적 용법을 명확히 알지 못하는 데서 생긴다고 파악한 이 관점은 그 후에 길버트 라일G. Ryle, 오스틴J.L. Austin, 스트로슨P.F. Strawson 등 옥스퍼드대학 철학자들에게 계승되어 이른바 일상언어학파school of ordinary language를 형성했습니다. 여

기서 일상언어학파란 일상언어를 중시하는 관점입니다. 일상언어학파는 옥스퍼드 출신들이 중심적 역할을 많이 했기 때문에 옥스퍼드학파Oxford school라 지칭하기도 합니다. 이러한 일상언어 분석의 활동은 초창기에는 무어의 『윤리학』에서 그 단서를 찾아볼 수 있습니다. 이러한 활동은 후기의 비트겐슈타인의 주장에도 뚜렷이 그 영향을 볼 수 있습니다. 이 운동이 논리실증주의나 그 밖의 분석철학의 운동으로부터 스스로를 구별하여 독자적인 운동으로 전개한 것은 제2차 세계대전 후의 일이었습니다. 무어는 그의 자서전에서 다음과 같이 회고하고 있습니다.

> 세계나 과학이 내게 철학적 문제를 암시해 주었던 적이 한번이라도 있었다고 생각하지 않습니다. 내게 철학적 문제를 암시해 준 것은 남들이 세계와 자연과학에 언급했던 것들입니다.

무어의 철학적 특성들은 전통적 철학에서 지금까지 찾아볼 수 있었던 철학적 동기, 철학적 문제, 그리고 철학적 방법과 정면으로 대립된다고 말할 수 있습니다. 또한 일반 사람들이 상식적으로 생각하고 있는 철학적 의도, 철학적 문제, 그리고 철학관과도 대립하고 있었습니다.

이렇게 1950년대 말에 무어의 일상언어 분석은 논리실증주의의 언어분석 방법과 완전히 대립하고 있었고, 넓은 의미의 언어분석철학의 주류가 되었습니다. 그의 사상의 근본은 관념론과의 대결입니다. 관념론의 근본 전제는 "존재하는 것은 지각되는 것이다"라는 명제로 요약됩니다. 여기에 함축된 애매성과 혼란을 지적하고 지각의 대상과 대상의 지각과의 구별, 곧 의식의 대상은 그 자체로서 의식의 작용으로부터 독립하여 존재한다고 주장합니다. 또한 그의 주된 관심은 윤리학에 있었으며, 가치를 자연적 · 형이상학적 존재로부터 단절시키면서 그 객관적 실재성을 보장하려고 했습니다. 특히 무어는 체계적 철학을 부정하고, 언어 분석 또는 논리 분석을 이용하여 철학의 다양한 문제들을 해결하고자 노력했습니다. 로크와 버클리, 흄 등으로 이어지는 영국경험론 전통을 계승하고 있던 당대 영국의 철학계는 러셀과 초기 비트겐슈타인의 논리적 원자론의 영향을 받고 있었습니다. 그 당시 철학계는 오스트리아 빈Wien 학파의 논리실증주의에 기우는 듯했으나, 무어가 후기 비트겐슈타인과 함께 일상언어 분석의 방향으로 나아감으로써 영국 분석철학이 주축을 이루게 되었습니다. 무어는 철학에서 새로운 문제를 발견해 가는 이른바 분석적 방법을 개척하여 현대의 영국 · 미국 철학 등에 결정적인 영향을 주었습니다. 따라서 무어는 러셀, 비트겐슈타인, 화이트헤드 등과 학문적 친교를 맺으면서 영국 철학회에서 주도적 역할을 맡았습니다. 그는 케임브리지에서 85세의 생애를 마쳤습니다.

그의 대표 저서인 『윤리학원론』은 현대 앵글로 아메리카에 등장한 메타윤리학의 동향을 결정하기도 했습니다. 무어의 「관념론 논박」(1903), 「상식의 옹호」(1925), 「외부 세계의 증명Proof of an External World」(1939)에서 이러한 시도를 발견할 수 있습니다. 「상식의 옹호」와 「외부 세계의 증명」은 무어의 『철학 논문집Philosophical Papers』(1959)에, 그리고 「관념론 논박」은 L.L. Blackman(ed.), *Classics of Analytical Metaphysics*(1984)에 실려 있습니다. 이 밖의 그의 저서로는 『철학의 주요 문제』, 『철학 연구』 등이 있습니다.

메타윤리학이란 무엇인가?

전통적으로 윤리학은 규범윤리학normative ethics이라 규정해 왔습니다. 우리는 주로 마땅히 어떤 일을 해야 하며(당위), 또한 어떠한 행위가 선善인가라는 물음에 대립하는 일이었습니다. 제15장에서 비트겐슈타인의 전후기 철학을 살펴보았듯이, 영미분석철학에서 언어의 논리적 분석을 윤리적 명제에 적용함으로써 과학의 새로운 윤리학을 구상하는 것을 분석적 윤리학, 또한 메타윤리학meta ethics이라 말할 수 있습니다. 지금까지 당위ought 내지 가치value의 문제를 탐구한 학문이 규범윤리학이라면, 윤리학의 학문으로서의 가능성 여부를 묻는 탐구를 메타윤리학이라 불렀습니다. 따라서 메타윤리학은 행위의 규범이라든가 도덕적 판단을 문제삼았던 지금까지의 규범윤리학과 다른 시각에서 윤리적 문제에 접근했습니다. 이를테면 메타윤리학은 윤리적 발언ethical terms, 윤리적 명제ethical proposition의 의미와 진위를 분석했습니다. 따라서 메타윤리학의 중심과제는 평가적 발언의 타당성을 검토하는 방법론의 문제라 할 수 있습니다. 메타윤리학의 기본적인 문제는 다음과 같이 말할 수 있습니다.

① 선악good and bad, 옳고 그름right or wrong과 같은 윤리적 발언의 의미 또는 정의는 무엇인가?
② 도덕의 본성은 무엇인가? 도덕적인 것과 비도덕적인 것을 구별하는 기준은 무엇인가?
③ 윤리적 판단이나 가치판단은 어떻게 성립하며, 그 판단에 관한 증명, 정당화는 가능한가?
④ 자유, 실재, 양심, 의도, 이유, 동기 등은 무엇을 의미하는가?

이렇게 볼 때 메타윤리학은 어떤 구체적인 윤리학을 제창하기보다는 오히려 규범윤리학을 비판하여 윤리학을 과학으로서 재구성하고자 하는 운동이라 말할 수 있습니다. 이러한 메타윤리학은 일반적으로 4유파流派로 분류되고 있습니다.

① 윤리적 자연주의ethical naturalism

좋음과 같은 윤리적 발언은 자연적 성질을 지시하는 언어로 정의하거나 번역할 수 있다는 입장입니다. 이는 페리R.B. Perry, 듀이J. Dewey, 레비스C.I. Lewis 등의 주장에서 찾아볼 수 있습니다.

② 윤리적 비자연주의ethical non-naturalism

좋음이나 옳음과 같은 성질은 객관적으로 존재하기는 하지만, 그것은 결코 자연적인 성질을 갖고 있는 것이 아니라는 주장입니다. 윤리적 비자연주의는 정의가 불가능하며 오직 직각intution에 의해서만 파악될 수 있다고 하여 직각주의intuitionism라고도 불렀습니다. 무어, 프리차드H.A. Prichard, 로스W.D. Ross, 에윙A.C. Ewing 등이 이에 속합니다.

③ 비인지주의non-cognitivism / 이모티비즘emotivism

윤리적 언어나 판단은 단순히 발언자의 주관적 감정을 표현하거나 혹은 청취자의 마음속에 어떤 감정을 환기하는 구실밖에 하지 못하며, 어떤 객관적 사실을 나타내는 것이 아니라고 봅니다. 따라서 윤리적 발언은 비인지적이며 유의미한 명제가 될 수 없다는 관점입니다. 카르납R. Carnap, 에이어A.J. Ayer, 스트븐슨C.L. Stevenson 등이 이 계열에 속합니다.

④ 일상언어학파ordinary linguistic school

상식을 존중하는 옥스퍼드학파의 윤리설입니다. 일상언어학파는 윤리적 판단의 객관성에 대한 판단에 주목하여 일상어의 분석을 통해 윤리적 명제의 독자적 논리를 탐구함으로써 학으로서의 윤리학을 제창하고자 했습니다. 헤어M. Hare, 툴민S. Toulmin, 라일G. Ryle 등이 이 계열에 속합니다.

메타윤리학: 윤리적 비자연주의

'선善 혹은 좋음이 무엇인가?'라는 물음은 윤리학에 있어서 가장 기본적인 문제입니다. 먼저 "이 최초의 물음이 충분하게 이해되고 그 참된 해답이 분명하게 인식되지 않는다면, 윤리학의 그 밖의 부분은 체계적인 지식이라는 관점에서 거의 쓸모가 없을 것이다."라고 무어는 주장합니다. 이와 같은 무어의 입장은 "윤리학의 직접적인 목적은 지식에 있지 실천이 아니"라고 말합니다.

무어는 윤리학의 과제를 첫째, 선good 혹은 좋음이란 무엇을 의미하는가? 둘째, 어떠한 사물이 그 자체로서 선한 것인가? 셋째, 세상에 존재하는 것들을 가능한 한限, 최선의 것으로 만들기 위해 어떠한 수단을 사용할 것인가? 라고 묻습니다. 이 세 가지 물음 가운데서 무어는 첫째 물음이 중요하다고 보았습니다. 무어에 따르면, 윤리학의 기본과제는 개별적 도덕문제를 논의하는 것이 아니라 일반적으로 선善의 본질을 탐구하는 데 있습니다. 선의 본질을 탐구한다는 것은 선의 소재나 선의 실현방안을 묻는 것이 아니라, 선의 정의定義를 묻는 것입니다. 무어는 단순히 개인적인 충고나 권유를 베푸는 것은 윤리학자의 임무가 아니라고 단언합니다. 지금까지 전통윤리학이 다루어 왔던 인간의 행위에 관한 선악의 문제, 도덕적 의무의 탐구에 중점을 두어 왔던 것과는 다르게, 무어는 "좋음 일반goodness"에 관한 연구를 윤리학의 가장 기본적인 과제라 생각했습니다. 왜냐하면 행위 이외에도 좋고 나쁨이 있으며, 또 어떠한 행위가 좋고 어떠한 행위가 나쁜가를 판단하기 이전에 먼저 "좋음"이라는 말의 의미가 밝혀져야 하기 때문입니다.

> 선(좋음)이 의미하는 것은, 사실상 그것의 대립된 말의 "악"을 제외한다면, 윤리학에서만 볼 수 있는 단순한 사고대상일 뿐이다. 따라서 이에 내리는 정의

는 윤리학의 정의 중에서 가장 근본적인 것이며, 더욱이 이 물음을 잘못 파악하면 윤리판단을 잘못 내리는 나쁜 결과가 다른 어떤 문제보다 더 심각하게 야기될 것이다. 이 첫 번째 물음이 온전히 이해되지 않는다면, 그리고 이에 대한 참된 답변이 분명하게 인식되지 않는다면 윤리학의 나머지는 체계적인 지식의 관점에서 볼 때 쓸모없는 것이나 마찬가지다.

무어의 첫 번째 물음인 '선 혹은 좋음이란 무엇을 의미하는가?'의 물음은 이제까지 윤리학자들이 선에 대해 내린 정의가 거의 타당하지 않다는 주장입니다. 쾌락주의자들은 '좋다'와 '즐거움을 주다'를 동일한 의미로 주장합니다. 또한 자연주의자들은 '좋다'는 '욕구되다'의 뜻이라고 주장합니다. 그러나 이와 같은 정의定義도 타당하지 않다는 주장입니다. 무어는 타당하지 않은 이유에 대해 어떤 사물이 즐거움을 주며 또한 욕구되고 있음을 분명한 사실로 믿으면서도, 그것이 "좋은 것"은 못된다고 믿을 수도 있다는 사실을 들게 합니다. 만약 "X는 좋다"와 "X는 즐거움을 준다"가 동일한 의미를 가진 말이라면, "X는 즐거움을 주기는 하지만, 좋은 것은 못된다"는 발언은 자기모순일 것이기 때문입니다. 또한 "좋다"라고 하는 것은 도덕적 시비是非와 같은 특수한 감정을 일으킬 수 있다는 의미라고 정의합니다. 왜냐하면 좋은 사태는 "비록 그 사태에 대해 그 특수한 감정을 느끼는 사람이 전혀 없다고 할지라도, 그 사태는 여전히 그 자체로서 "좋은 것"이라는 의심할 여지없이 명백하기 때문이라는 것"입니다. 그러면 '선 혹은 좋음을 어떻게 정의 내려야 할 것인가?'에 대해 무어는 이것은 본래 정의할 수 없다고 대답합니다. 선 혹은 "좋음"을 정의할 수 없는 이유는 그것이 더 이상 분석할 수 없는 단순한 관념이기 때문입니다. "좋음"이라는 개념은 마치 "노랑yellow"이라는 색이 단순관념인 것처럼, "좋음"이라는 개념도 단순관념이기 때문입니다. 노란색을 본 적이 없거나 모르는 사람에게는 노란색을 설명하는 것만으로 이해시킬 수 없습니다. 우리는 노란색을 모르는 사람에게 노란색을 띤 여러 가지의 물건을 보여 주고 그 물건들에 대해 공통된 색깔을 가리킴으로써 노란색이라는 것을 식별할 수밖에 없을 것입니다. 이와 마찬가로 "좋음"에 대해 아무 것도 모르는 사람에게 "좋음"이라는 설명만으로 이해시킬 수 없습니다. 다양한 좋은 것을 체험하게 하여 그것들에 대해 공통적인 성질을 갖고 "좋음"이라는 것이 어떤 것인지 가르쳐 주는 수밖에 없을 것입니다. 그래서 이것이 결코 "노랑"이나 "좋음"의 정의는 아닙니다. 왜냐하면 노랑이나 "좋음"이라는 개념은 단순관념이기 때문에 아무리 분석해도 다른 개념으로 환원될 수가 없기 때문에 직각直覺, intution으로만 인식될 수 있는 일종의 인식대상인 것입니다. 무어에게서 직각이란 다른 명제로부터 유출될 수 없는 것이거나 증명 불가능한 것이라는 의미입니다. 즉 직각이란 단순하게 긍정하거나 부정하거나 할 수밖에 없는 어떤 명제, 즉 다른 명제로부터 논리적으로 연역할 수 없는 명제라는 뜻입니다. 바꾸어 말하자면 명제의 증명은 다른 명제에 의해 가능하지만, 어떤 종류의 명제는 결코 증명될 수 없으며, 그것은 증명을 기다릴 필요도 없이 아주 자명하다는 뜻입니다.

하지만 이것이 우리들이 윤리적 직각이라는 어떤 특수한 능력을 갖고 있으며, 이 능력에 의해서만 참된 윤리적 판단을 이끌어낼 수 있다는 의미는 결코 아닙니다. 이를테면 무어는 "좋음"을 "좋은 것"의 자연적 특성의 하나라고 생각하는 것은 아니라는 것입니다. "좋음"과 "좋은 것"은 엄연히 구별되어야 한다는 사실입니다. 무어가 정의 불가능하다고 주장하는 것은 어디까지나 "좋음"이라는 성질을 지닌 "좋은 것"에 대해서가 아니라는 것입니다. "좋은 것"은 마치 좋은 집, 좋은 차, 좋은 사람처럼, "좋은"이라는 형용사가 그것에 적용되는 것이며, "좋음" 그 자체와는 구별됩니다.

따라서 정의定義의 가장 중요한 의미는 어떤 하나의 전체를 불변적으로 구성하고 있는 부분들을 진술하는 데 있기 때문에 우리가 그것을 구체적으로 분석하지 않고는 아무 것도 정의할 수 없다는 것입니다. 이런 점에서 무어는 선 혹은 "좋음"을 비자연적인 성질, 즉 형이상학적 세계에 속하는 실재로 보았던 것입니다. "좋은 것"은 자연현상으로서 시간과 공간 안에 존재하지만, "좋음" 그 자체는 시공간 안에 있을 수 없으며, 지각의 대상이 될 수도 없다는 것입니다. 무어는 정의할 수 없는 "좋음"을 정의하려는 잘못을 자연주의적 오류naturalistic fallacy라고 명명하였습니다. 다시 말해 정의할 수 없는 "좋음"을 정의하려고 하며, 비자연적인 성질인 "좋음"을 자연적인 성질과 혼동하는 데서 나타나는 오류라고 할 수 있습니다. "좋음" 그 자체는 정의할 수 없는 것임에도 불구하고 이것을 정의하려고 시도하는 여러 윤리학자들을 일컬어 자연주의적 오류를 범했다고 무어는 비판했습니다. 왜냐하면 그 윤리적 이론들은 윤리적 판단을 사실판단과 동일시하고 있기 때문이었습니다. 따라서 무어는 윤리와 무관한 용어에 의거해서 "좋음"에 의해 정의된 때때로 의문의 여지가 있다는 간단한 논증들이 그릇되었음이 입증되었다고 주장했습니다.

결국 무어의 주장은 사물이나 사태가 좋은 것이냐 나쁜 것이냐 하는 문제는 추리나 논쟁으로 따짐으로써 해결될 수 없는 성질의 것이라는 데 있습니다.

04

알프레드 화이트헤드Alfred North Whitehead, 1861~1947: 유기체philosophy of Organism의 철학

화이트헤드는 영국 캔트 주州의 한 마을에서 태어났습니다. 그는

알프레드 화이트헤드

셔본 스쿨에서 교육을 받았고, 케임브리지대학의 트리니티에서 수학을 가르쳤습니다. 화이트헤드가 러셀과 함께 그 유명한 『수학원리Principia Mathematica』(1910)를 저술한 곳도 바로 이곳이었습니다. 트리니티에서 런던대학으로 옮긴 후 그는 이공학부 교수에 이어 칼리지 학장과 교수평의회 의장을 역임했습니다. 런던에서의 13년 동안 그는 고등교육의 문제에 깊은 관심을 보였으며 특히 현대 산업문명이 교육에 미치는 영향에 관심을 보였습니다.

그의 과학철학에 관한 저서로는 『자연과학의 원리에 관한 연구Enquiry concerning the Principles of Natural Science』(1919), 『자연의 개념The Concept of Nature』(1920), 『상대성의 원리The Principle of Relativity』(1922)가 있으며, 러셀과 공저한 『수학원리Principia Mathematica』(1910~1913)가 있습니다. 화이트헤드는 정년이 임박한 63세가 되서야 하버드대학의 철학 교수로 임명되었습니다. 이 시기에 논리학자, 수학자, 과학철학자, 형이상학자로서 그의 저서들이 첨가되었는데 『과학과 근대세계Science and the Modern World』(1925), 『과정과 실재Process and Reality』(1929), 『관념의 모험Adventures of Ideas』(1933) 등이 그것입니다. 그는 1947년 87세에 세상을 떠날 때까지 하버드대학의 교정 근처에서 살았습니다.

화이트헤드는 "서구의 철학적 전통은 플라톤에 대한 일련의 주석으로 성립"하고 있다고 말합니다. 그리고 그는 19세기 말의 다윈주의Dawinism, 20세기의 양자물리학, 상대성 이론 등의 영향을 받고 독창적인 유기체 철학을 전개했습니다. 화이트헤드의 기본적 존재형태는 현실적 존재자Actual Entity, 파악Prehension, 결합체Nexus, 주관적 형식Subjective Form, 영원한 대상Eternal Object, 명제Proposition, 다수자Multiplicity와 대조Contrast 등의 개념들을 구별하여 자신의 이론을 전개하였습니다.

자연은 살아 있다

화이트헤드의 근본사상 중의 하나는 자연은 살아있다는 것입니다. 그는 물리학과 수학의 성과 위에서 그의 과정과 활동을 정립하였습니다. 그리고 자연은 죽은 것이라는 견해에 반대하였습니다. 다시 말해 자연은 빈 허공의 공간에서 움직이는 물체의 영원한 사물들, 즉 각각의 형태, 질량, 운동, 색깔, 냄새를 지니고 있는 물질로 구성되어 있다는 견해를 근본적으로 반대하였습니다. 때문에 그의 유기체Organism에 대한 개념을 이해하는 것은 중요하게 작용합니다. 그 자신도 독특하다고 표현했던 유기체라는 용어는 생물학에서 말하는 유기체와는 다르다고 볼 수 있습니다.

화이트헤드는 18세기 후반 영국관념론을 주창한 브래들리F. H. Bradley에게 경의를 표하고 있었습니다. 브래들리는 세계를 하나의 통합된 유기체라고 보아 사물들이 그 속에서 서로 내적으로 관계를 맺고 있다고 주장합니다. 세계 내의 사물들이 외적으로는 서로 분리된 것처럼 보이지만, 사실상 내적으로 유기체적인 전체라는 것입니다. 화이트헤드는 이러한 브래들리의 유기체적인 세계상을 수용합니다. 하지만 그의 입장은 브래들리와는 달랐습니다. 화이트헤드는 낡은 관념론이나 유심론을 부흥시키는 데는 관심이 없었고, 새로운 우주관을 세우는 데 관심이 있었습니다.

그는 우리 외부의 사물들이 서로 분리되고 독립되어 있는 것처럼 보이지만, 실제로는 유기적인 전체라고 주장하였습니다. 세계는 통합된 전체이며 모든 사물들은 서로 유기적으로 긴밀하게 연관되어 있기 때문에, 사물들의 관계가 변한다면 사물 자체도 변화합니다. 화이트헤드는 유기체의 개념을 2가지의 의미로 사용하였습니다. 하나는 현실적 존재자actual entity가 유기체라는 것입니다. 현실적 존재자라는 것은 여러 여건에 의해 유기적인 전체로 짜여 진 종합의 과정입니다. 다른 하나는 그 현실적 존재자의 결합체nexus 또한 유기체라는 것입니다. 그 연쇄를 이루고 있는 여러 부분들 사이에는 구조적인 관계의 과정이 있다는 것입니다. 따라서 그가 유기체라고 표현할 때 그것은 모두 현실적 존재자들의 사회society, 즉 일종의 현실적 존재자들의 결합체nexus를 의미하였습니다. 화이트헤드는 데모크리토스나 뉴턴이 말하는 원자라는 단어를 거부하고 그 대신에 현실적 존재자 혹은 현실적 계기actual occasion라는 말을 사용했습니다. 그의 현실적 존재자는 살아 있는 유기체로서의 자연을 반영하고 있습니다.

화이트헤드의 관점에서 진정한 의미의 모든 존재는 경험을 통해 자기를 구성하는 주체적 과정으로서 존립하고, 이 경험의 과정을 떠나서는 더 이상 진정한 의미의 존재일 수 없습니다. 즉 주체적 존재는 경험과 더불어 생성되고 경험과 더불어 소멸합니다. 이것은 경험행위를 일반화한 것으로서 이해되는 현실태의 관념을 일컫습니다. 여기서 현실태란 자기구성의 활동 중에 있는 존재를 뜻합니다. 현실세계는 이러한 단위존재들의 구성체이며, 이 단위존재를 현실적 존재자라 말합니다. 다시 말해 현실적 존재자는 그것의 경험, 곧 생성하는 가운데서 존재합니다. 화이트헤드는 이를 가리켜 과정의 원리Principle of Process라 불렀습니다. 화이트헤드는 환경의 영향을 받기도 하고 환경에 영향을 끼치기도 하는 유기체를 현실적 존재자와 유사한 의미로 사용하였습니다. 그러므로 생성과정 중에 있는 현실적 사물들의 공동체가 곧 유기체입니다. 화이트헤드는 유기체의 성격이 그 환경의 성격과 밀접하게 연관되어 있다고 보았습니다. 그가 규정하는 환경의 성격은 "공동으로 그 환경을 구성하는 현실적 존재자의 여러 사회의 성격들의 총화"입니다. 즉, 환경은 관념적인 것이 아니고 유기체 속에 파고들어 또 다른 유기체를 형성하는 구체적인 것입니다. 그리고 유기체가 반응해야 하는 대상을 여건data이라 하는데 환경은 그 여건들의 전부, 즉 주체인 유기체를 둘러싸고 있는 모든 것을 의미한다고 볼 수 있습니다.

화이트헤드의 유기체 철학Philosophy of Organism에서는 절대적인 주체도 절대적인 대상도 존재하지 않습니다. 그는 반복해서 유기체와 환경의 협력을 강조합니다. 개별 유기체가 살아남기 위해서는 각각의 유기체가 다른 여러 유기체들과 더불어 환경에 유익한 영향을 끼치도록 해야 한다는 것입니다. "환경은 종과 함께 자동적으로 발전하며, 종 또한 환경과 함께 자동적으로 발전합니다." 자연 생태계에서 관찰할 수 있는 많은 생물 종들 가운데는 서로에게 유리한 환경을 주고받는 제휴 관계를 유지하고 있는 유기체들을 많이 볼 수 있으며, 이러한 제휴관계가 잘 유지되는 유기체는 환경에 적응하여 잘 살아남는 것을 우리는 쉽게 발견할 수 있습니다.

화이트헤드는 자연이 발전할 수 있는 두 개의 요소, 즉, 환경과 이에 적응하는 유기체, 그리고 창조성creativeness을 주장하였습니다. 여기서 창조성은 모든 개별적 현실태들에 공통적인 자기 생성의 기본적인 활동을 말합니다. 창조성은 자연과정의 근본적인 특성입니다. 즉 창조성은 다자The many가 복합적인 통일체로 구성되는 궁극적인 원리입니다. 그래서 창조성은 궁극자라고도 표현되며, 궁극적 사실을 특징짓는 "보편성의 보편성"이라고도 말합니다. 그가 말하는 유기체는 자연에 순응하고 환경과 조화를 이루고 살아가지만, 자신에게 유리한 환경을 만들어 나갈 능력을 지니고 있습니다. 현실적 존재자는 자신이 주체적 경험의 산물이기 때문에 그런 의미에서 창조적 존재입니다. 따라서 유기체는 창조적 본성을 지니고 있기 때문에 자신에게 유리한 환경을 창조할 수도 있습니다. 그러나 창조에 필요한 충분한 힘을 얻기 위해서는 반드시 협력하는 유기체들의 사회가 필요합니다. 화이트헤드는 이러한 협력의 여하에 따라 환경이 진화의 윤리적 양상 전체를 바꾸어 놓을 수 있는 유연성을 가지고 있다고 봅니다.

과정의 원리

화이트헤드는 과정의 원리에서 "현실적 존재자가 어떻게 생성되는가?"라는 물음은 그 현실적 존재자가 어떤 것인가를 결정한다고 말합니다. 그에게 있어서 현실적 존재자는 서로 독립해 있지 않습니다. 현실적 존재자의 '있음'은 그 '생성'에 의해 구성됩니다. 화이트헤드는 주체로서의 현실적 존재자가 하나하나 객체적 요소들을 사유화私有化: appropriation하는 각각의 활동을 파악prehension이라 불렀습니다. 여기서 사유화란 현실적 존재자가 자신의 생존의 기초로서 그것이 생겨나서 온 우주의 다양한 요소들로 구성하고 있는 것을 뜻하였습니다. 그래서 파악이란 개념은 지금까지 우리가 경험이라는 일반적 술어를 막연하게 통칭해 왔던 현실적 존재자의 자기 구성 활동 하나하나를 대변하는 기본범주입니다. 여기서 화이트헤드는 파악을 크게 두 종류로 구분합니다. 하나는 느낌feeling이라 부르는 긍정적positive 파악, 다른 하나는 느낌으로부터 배제를 의미하는 부정적negative 파악이 그것입니다. 긍정적 파악, 즉 느낌은 우주의 일부 요소들을 느낌에 대한 주체의 실질적 내재 구조를 이루는 구성요소로 만들기 위한 사유화 기능을 합니다. 이에 반해 부정적 파악은 정반대의 역할을 합니다. 그것은 그 여건으로 하여금 그 주체를 구성하는데 참여하지 못하도록 하는 기능을 합니다.

환경에 반응하는 유기체는 자신의 삶을 마치고 난 뒤 다른 유기체의 여건이 됩니다. 즉 다른 유기체의 여건이 된다는 것은 다른 유기체의 환경이 된다는 것을 의미합니다. 현실적 존재의 합생은 내적으로는 결정되어 있지만, 외적으로는 자유롭습니다. 유기체는 대상화된 유기체(환경)를 받아들여 성장하게 되는데, 이때 유기체는 이행transition과 합생concrescence의 과정을 겪게 됩니다. 여기서 합생이란 현실적 존재자가 생성되는 과정을 뜻하며 다자가 일자의 통일 속에 들어가는 경우를 말합니다. 즉 합생이란 다수의 사물들로 이루어져 있는 우주가 그 다자의 각 사례를 새로운 일자 속에 진입시킴으로써 새로운 개체적 통일성을 획득하게 되는 것입니다. 그렇게 됨으로써 그 과정은 만족에 도달하게 되며 하나의 생성의 과정은 끝을 맺게 됩니다. 그러나 새로운 현실적 존재자는 새롭게

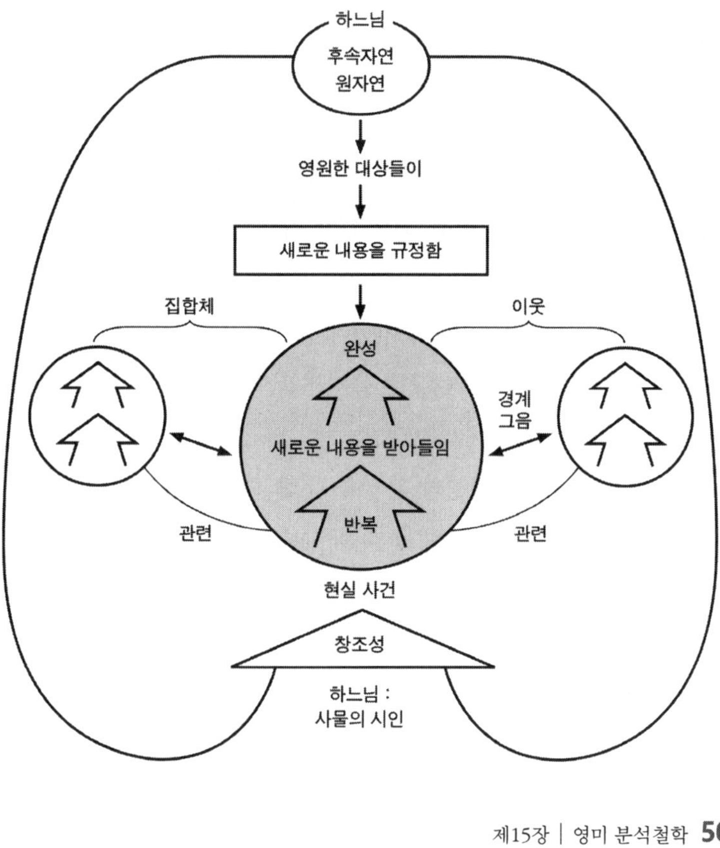

발생될 현실적 존재자의 여건이 되며 이러한 과정은 영원히 계속됩니다. 이를 화이트헤드는 미시적 과정이라 했습니다. 우리가 자연계에서 가시적으로 볼 수 있는 현상은 거시적 과정인 이행뿐이지만 그 안에서 이루어지는 미시적 과정인 합생이 존재하는데 이 둘은 불가분의 관계를 맺고 있습니다.

> 과정에는 두 종류, 즉 거시적 과정과 미시적 과정이 있습니다. 거시적 과정은 성취된 현실태로부터 성취 중에 있는 현실태로의 이행인 반면 미시적 과정은 단순히 실재적일 뿐인 조건들을 결정적인 현실태로 전환conversion시키는 것입니다. 전자의 과정은 현실적인 것the actual으로부터 단순히 실재적인 것일 뿐인 것the merely real으로의 이행을 가능하게 하며, 후자의 과정은 실재적인 것으로부터 현실적인 것으로의 성장을 가능케 합니다. 전자의 과정은 작용인을 수반하며 후자의 과정은 목적인을 수반합니다.

합생 중에 있는 유기체는 목적인을 가지고 어느 정도 자유롭게 창조적 행위를 할 수 있지만, 이행 중에 있는 유기체는 환경이 되어 다른 유기체에 작용인으로서 영향을 미치게 됩니다. 이때 유기체는 환경을 수동적으로 받아들이기만 하는 것이 아니라 자신이 능동적으로 받아들일 힘이 없어지게 되면 그 자신이 다른 유기체의 여건이 되어 영향을 미치게 됩니다. 유기체 철학에서는 살아 있는 하나의 유기체는 끊임없이 생성과 소멸을 반복합니다. 즉 합생의 과정을 통해 하나의 유기체는 성장하며, 이행의 과정을 통해 한 세대에서 다음 세대로 유전자를 전달합니다. 유기체는 자신의 유전정보를 다음 세대에게 전달하고 또한 새롭게 태어나는 유기체는 앞선 유기체의 영향을 받습니다. 이때 앞선 유전자는 새로 태어나는 유전자의 환경이 됩니다. 유기체는 자신의 생명이 끝나지 않은 상태에서도 합생과 이행을 거듭합니다. 자신이 항상 주체로만 있는 것이 아니라 여건이 되기도 하며, 그 여건을 수용해서 다시 새로운 주체가 되기도 합니다. 그러므로 우리가 보는 환경은 어느 하나도 예외 없이 과정 중에 있습니다. 거시적으로 볼 때, 한 유기체에게 저장된 정보는 합생의 과정에서 선택되기도 하고 배제되기도 하여 다음의 유기체에 표현되기도 하고 잠재되기도 합니다. 그러므로 새롭게 태어나는 유기체는 자신에게 환경(여건)을 제공한 유기체의 영향을 받습니다. 따라서 지금까지 이야기한 화이트헤드의 사상을 요약하면 다음과 같습니다.

- 현실적 계기들로서의 사건은 최초의 것이지만 실체는 아니다.
- 각각의 사건은 그 이전의 사건들과 관계를 맺고 있다.
- 사건들의 목적은 폭넓은 창조성과 경험의 강도를 최대화하는 것이다.
- 사건들은 여러 대안들 사이의 역동적인 선택이다.
- 신체와 마음은 상호 연관적이다.

제16장
사회 비판이론: 프랑크푸르트학파

제 16 장

사회 비판이론: 프랑크푸르트학파

01

비판이론 등장의 배경

프랑크푸르트학파는 1923년에 창설된 프랑크푸르트 '사회과학연구소The Institute of Social Research'에 모였던 유태계의 학자들, 특히 1931년 호르크하이머Max Horkheimer, 1895~1973의 소장 취임 이후 그의 지도 아래서 활동한 지식인들을 아우르고 있습니다. 이들은 나치에 쫓겨 미국으로 망명하여 전쟁 중 미국에서 망명자의 급진주의 경향을 드러냈으나 1950년에 서독으로 귀화한 호르크하이머, 아도르노Theodor W. Adorno, 1903~1969 등의 활동을 계기로 프랑크푸르트학파를 형성하게 됩니다. 그들의 비판이론은 서구에서 1960년대 학생운동의 이론적 기반이 되었으며, 그 결과 그들의 박식함과 탁월함은 학계에 강력한 인상을 주면서 일반 시민들에게까지도 커다란 영향을 끼쳤습니다. 아도르노, 프리드리히 폴록Friedrich Pollock 1894~1970, 발터 벤야민Walter Benjamin, 1892~1940, 허버트 마르쿠제Herbert Marcuse, 1898~1979, 레오 뢰벤탈Leo Löwenthal, 1900~1993, 에리히 프롬Erich Fromm, 1900~1980, 프란츠 노이만Franz Leopold Neumann, 1900~1954 등은 전쟁 중의 제1세대이고, 전쟁 후의 알프레드 슈미트Alfred Schmidt, 1931~2012, 위르겐 하버마스Jürgen Habermas, 1929~ , 벨머Albrecht Wellmer, 1934~2018, 슈네델바하Herbert Schnädelbach, 1936~ 등은 제2세대이고, 악셀 호네트Axel Honneth, 1948~ 가 제3세대로서 전성기는 지났으나 간헐적으로나마 그 명맥을 이어오고 있습니다.

프랑크푸르트학파의 전신은 '마르크스주의연구소 주간'이라 불리는 연구회(1921)였던 것에서도 알 수 있듯이, 연구소의 목적은 마르크스사상을 학술적으로 연구하는 데 있었습니다. 하지만 초대 회장이었던 카를 그륀베르크와 호르크하이머 사이에 마르크스에 대한 이해의 결정적 시각 차이가 있었습니다. 그륀베르크는 소박한 경제결정론에 근거하여 자본주의에서 사회주의 사회로의 발전법칙에 대한 인과적인 실증적 연구를 하였지만, 호르크하이머는 마르크스 사상의 이론으로서의 사회비판적 기능을 중시하였습니다. 그들은 자신들이 이해했던 마르크스주의를 비판이론이라 불렀습니다. 비판이론은 수차례에 걸친 논쟁을 통해 학풍을 이어갔습니다. 즉, 나치스 등장 전야의 제2차 가치판단의 논쟁, 1960년대의 합리주의 대 비합리주의의 논쟁, 1940년대의 권위주의적 퍼스낼리티에 관한 방법론 논쟁, 1960년대의 사회과학의 논리에 관한 실증주의 논쟁, 에리히 프롬이 떠난 계기가 되었던 프로이트이론의 수정 논쟁과 마르쿠제를 중심으로 전개되었던 후기 산업사회의 논쟁 등이 그것입니다. 이 논쟁들을 통해 서유럽 사회에서 지배적이었던 막스 베버Max Weber의 몰가치성의 원리와 객관적인 인식의 기준을 실증주의라 하여 비판에 주력하기도 하였고 하버마스를 비롯한 현대 사회비판가들이 베버의 이론을 확대시켰습니다. 이처럼 프랑크푸르트학파가 1930년 이후로 지금까지 그들의 이론을 공유할 수 있었던 것은 명분 있는 연구 때문이었습니다. 따라서 프랑크푸르트학파는 현존사회를 비판하고 대안적 사회를 모색한다는 철저한 학문적 의식을 갖고 있었기 때문에 지금까지도 그 전통을 계승해 오고 있는 것입니다.

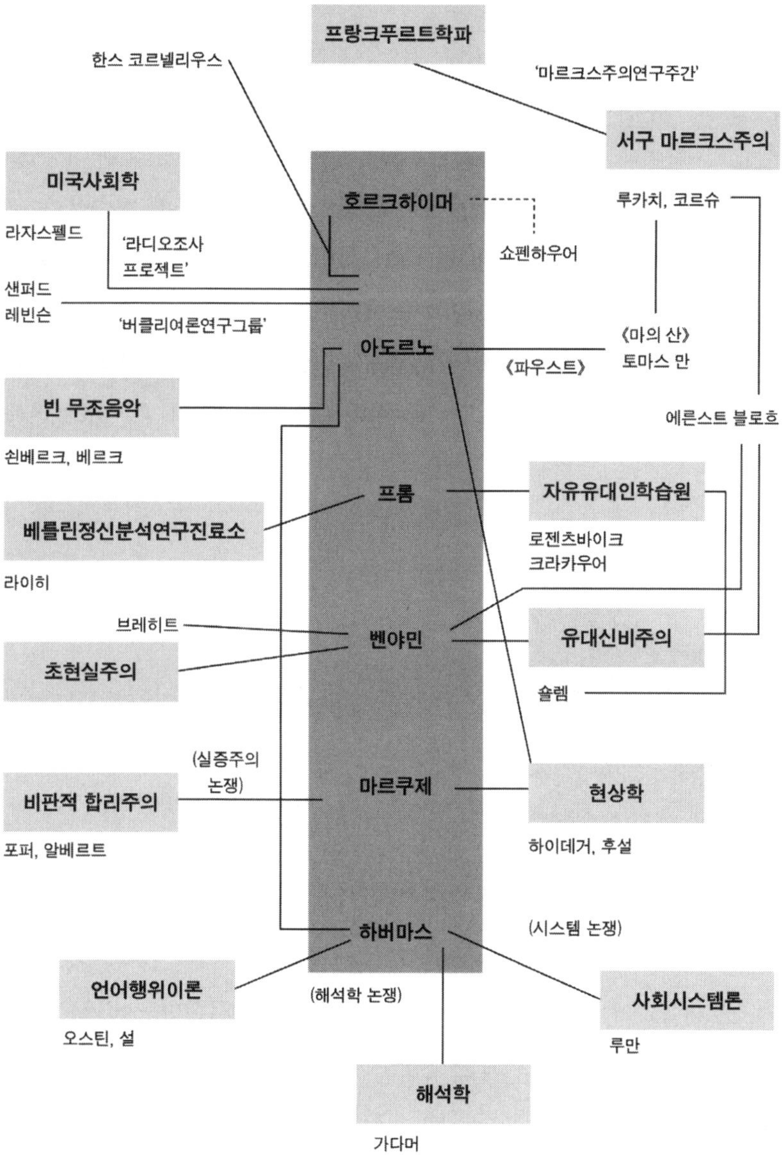
프랑크푸르트학파
한스 코르넬리우스
'마르크스주의연구주간'
서구 마르크스주의
미국사회학
호르크하이머
루카치, 코르슈
라자스펠드
'라디오조사
프로젝트'
쇼펜하우어
샌퍼드
레빈슨
'버클리여론연구그룹'
아도르노
《마의 산》
토마스 만
《파우스트》
빈 무조음악
에른스트 블로흐
쇤베르크, 베르크
프롬
자유유대인학습원
베를린정신분석연구진료소
로젠츠바이크
크라카우어
라이히
브레히트
벤야민
유대신비주의
초현실주의
숄렘
(실증주의
논쟁)
비판적 합리주의
마르쿠제
현상학
포퍼, 알베르트
하이데거, 후설
(시스템 논쟁)
하버마스
언어행위이론
(해석학 논쟁)
사회시스템론
오스틴, 설
루만
해석학
가다머

02

비판이론의 제1세대: 막스 호르크하이머Max Horkheimer / 아도르노Th. Adrono

막스 호르크하이머와 아도르노의 공저인 『계몽의 변증법』(1947)과 아도르노의 『부정의 변증법』(1966), 『미학 이론』(1970)은 철학의 관심에만 머물러 있지 않고 새로운 길을 제시하였습니다. 호르크하이머는 그의 저서 『도구이성비판』에서 합리성과 과학으로부터 기술적으로 왜곡된 개념은 인간이 목적을 이루기 위해 수단을 정당화시켰기 때문이라 비판합니다.

막스 호르크하이머

막스 호르크하이머: 도구적 이성비판

Max Horkheimer 1895~1973

막스 호르크하이머는 독일 슈트트가트에서 공장주의 아들로 태어났습니다. 그는 처음에 상인이 되기 위한 훈련을 받았지만 1922년 코르넬리우스에게서 박사학위를 받고, 「칸트의 판단력 비판」에 관한 논문으로 대학 교수 자격을 획득하였습니다. 그는 1930년 프랑크푸르트대학교의 교수가 되었고, 아울러 대학 부설 '사회연구소'의 소장이 되었습니다. 당시 그가 이끄는 연구소는 주로 사회이론의 분석적 연구에 중심을 두었습니다. 1933년 그는 스위스로 건너가 사회연구소 분소를 설립하였다가 다시 파리를 거쳐 뉴욕에 정착하여 콜롬비아대학에 사회연구소를 설립하였습니다. 여기서 그는 사회연구지를 통해 지속적으로 사회이론에 관한 논문을 발표하였습니다. 1944년에는 미국 유대인협회 수석자문위원이 되었고, 1947년 『이성의 부식』을 출간하였습니다. 1950년 독일로 돌아와 사회연구소를 재건하였습니다. 1951년 프랑크푸르트대학 총장을 지냈으며, 1954~1959년에는 시카고대학 교수를 역임하였습니다. 또한 그는 1955년 괴테상을 수상하였고, 1960년부터 사회이론 이외에 정치에 관한 제반문제를 연구하였습니다. 그의 저서들은 대부분 1930년 미국 망명시절에 발표되었으며, 1960년대 후반에 와서 독일에 소개되기 시작하였습니다. 그는 마르쿠제와 함께 신좌파운동에 지대한 영향을 주었습니다.

도구적 이성비판

호르크하이머는 사회 연구지에 출판된 『이성의 종말』이라는 논문에서 역사철학의 개요를 제시하면서 처음으로 이성의 변화된 견해를 밝혔습니다. 호르크하이머는 역사철학을 인간의 자연 지배에 대한 해방 과정으로 파악한 것이 아니라 이성의 자기 파괴의 과정으로 보았습니다. 이러한 관점에서 그는 이성의 개념을 독일의 국가사회주의 모델을 통해 철학 이론으로 수용함으로써 파시즘에 대해 다음과 같이 강력하게 비판합니다.

> "새로운 파시즘의 질서는 비이성적인 것으로 그 스스로 이성의 모습을 드러낸 이성입니다."

호르크하이머는 이러한 문구에서 이성을 현재적 의미로 파악하였을 때 도구적인 이성이 나타난다고 보았습니다. 파시즘에서 드러난 도구적인 이성은 제2차 세계대전 이후에 복원된 자본주의에서 다시 등장하였

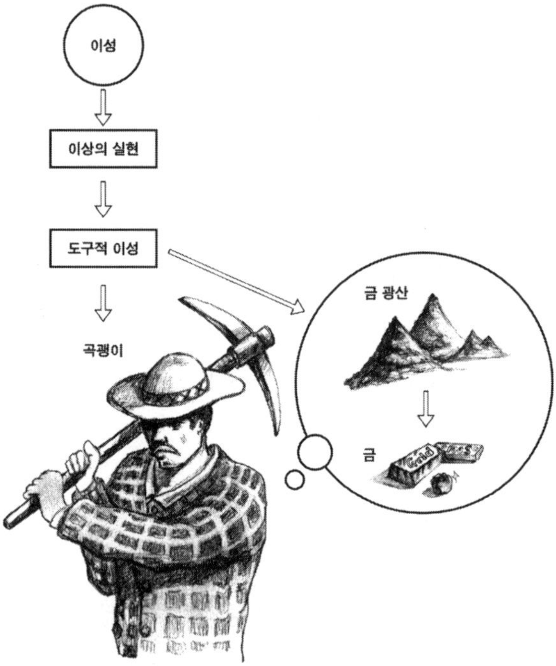

습니다. 호르크하이머는 『이성의 부식』(1947)에서 이성과 자연의 복잡한 관계를 고찰하면서 인간의 자연회귀와 도구적 합리성과의 연관 관계를 규명하고자 하였습니다. 그는 지속적으로 강도 높게 파시즘을 비판합니다. 파시즘은 이성과 자연 사이의 악마적인 결합이라 규정해도 무방하다는 것입니다. 이러한 악마적 결합은, 철학이 이제껏 꿈꿔 왔던 것과 정반대되는 것이었습니다. 이제 우리가 자연을 돕는 유일한 방법은 자연과 대립시키는 사고방식을 자유롭게 벗어던지는 것입니다. 호르크하이머는 이른바 마르크스가 제시한 인간의 자연화와 자연의 인간화라는 대립적 측면보다 양자의 조화로운 결합을 강조하였습니다. 이러한 맥락에서 호르크하이머는 그의 저서인 『도구이성비판』(1946)에서 새로운 역사철학을 계획하고 주관적 이성과 객관적 이성 사이의 두 가지 이성 개념을 구분하였습니다. 그러나 두 가지 이성 개념은 각각 분리된 것이거나 정신의 독립된 방식이라 주장한 것은 아니었습니다.

주관적 이성은 이미 당연시되어 있는 목표를 달성하기 위한 수단과 목적의 효율적인 조정에 관심을 갖고 목표 그 자체가 합리적인가의 여부는 거의 고려하지 않습니다. 주관적 이성은 개연성을 계산할 수 있으며, 주어진 목표를 달성하기 위해 적절한 수단을 찾아내고 계산해 내는 능력입니다. 주관적 이성은 도구적인 이성으로서 목적과 수단이 전도되어 이성이 자기 도구로 전락해 버렸습니다. 다시 말해 현재의 이성은 이해의 관심에 따라 사물을 분리, 추리, 연역하는 주관적인 능력에 지나지 않으므로 한낱 도구적인 이성으로 수단화되고 형식화되고 말았습니다. 따라서 호르크하이머가 현실화하고자 하는 인간의 이념과 진보는 도처에서 목적을 파괴하고 위협하고 있습니다. 그러므로 그들에게서 이성의 이념은 그동안 목적과 수단의 관계를 규제했던 이상理想을 성취해야 하는 것이었습니다.

한편, 객관적 이성은 근본적인 구조 법칙(존재의 보편적이고 기본적인 구조)으로써 자연의 질서에 기초를 두고 있습니다. 객관적 이성은 자연의 질서와 더불어 자유·정당성·진리 등의 개념을 말합니다. 즉 객관적 이성은 사회적 견해에 대해서 주관적 이성보다 강한 힘을 갖고 있습니다. 왜냐하면 객관적 이성은 자연의 질서에 의해 그 능력을 발휘할 수 있기 때문입니다. 그러나 객관적 이성이 주관적 이성의 반대 개념으로 언제나 주어진 것은 아니며, 또한 존재론적인 개념으로 파악되는 것은 아닙니다. 왜냐하면 인간은 계몽의 진보와 더불어 철저히 형이상학적인 지식을 잃어버렸기 때문입니다. 객관적 이성은 객관적 질서를 반성하거나 개인적인 욕망과 이해, 관심으로부터 동떨어진 포괄적인 구조이기 때문입니다. 시간이 경과함에 따라 도구적인 이성은 객관적 이성을 무색하게 만들었습니다. 자연의 기술지배는 그 내적인 과정에서 인간의 지배로 변했고, 지적으로는 인간을 위한 합리적인 과학으로, 실천적으로는 사회 조직을 통한 세련된 인간관계로 변형되었습니다. 이렇게 되면서 계몽주의는 실증주의로 변했고, 자본주의를 위해 봉사하는 수단으로 전락하였으며 파시즘을 완성시키기 위해 도구적인 이성을 잘 활용하여 객관적 이성이 실현할 수 있는 가능성을 사실상 봉쇄시켜 버렸습니다.

이성은 인간의 자기 보존의 목적을 위해 자연을 지배하면서 이성적인 도구로서 나타났습니다. 주관적 이성과 객관적 이성의 결정적인 차이점은 개인적인 자기 보존을 위해 목적을 수단으로 행사한다는 데에 있습니다. 우리가 "이성의 이념에 기초할 때 혹은 이성이 단지 수단과 목적의 관계로 규제될 때, 보다 많은 것을 성취할 수 있습니다. 이성이 목적으로 이해되거나 규정하는 것은 도구적인 것으로써 간주되는 것입니다." 호르크하이머에 따르면, 이 두 이성 개념이 대립되면서 이율배반적으로 표면화될지라도 서로 분리되었거나 전혀 다른 의미로 드러난 것은 아니었다고 합니다.

호르크하이머는 이성의 지위를 복권시키고자 많은 노력을 기울였으며, 이미 물상화되고 계량화되어 버린 도구적인 이성을 극복하는 것이 현재의 우리 이성 앞에 주어진 가장 큰 임무라고 주장하였습니다. 이러한 시도를 통해 호르크하이머는 새로운 신화에 대한 비판적 판단을 하는 것이 20세기의 신화라 보았습니다.

테오도르 아도르노: 계몽의 변증법

Theodor W. Adrono, 1903~0969

테오도르 아도르노는 프랑크푸르트에서 유태계 상인의 아들로 태어났습니다. 그는 소년시절부터 음악과 철학에 대단한 관심을 보였고, 프랑크푸르트대학에서 철학을 공부하였습니다. 1924년 현상학자 후설에 관한 박사학위 논문을 제출하였고, 1925~1928년까지는 오스트리아 빈에서 알반 베르크의 제자로서 음악을 공부하기도 하였습니다. 음악을 공부하던 시기에 그는 대학교수 자격을 획득하기 위해 칸트와 프로이트에 관한 논문을 제출했지만, 곧 철회하였습니다. 그 이유는 이미 마르크스 사상과의 연관성을 깊게 연구하면서 호르크하이머와의 친교로 인한 영향 때문이었습니다. 1928년 프랑크푸르트로 돌아온 후에 다시 대학교수 자격을 획득하기 위해 키에르케고르에 관한 논문을 제출하였고 1931년부터 철학 강의를 맡았습니다. 1933년 나치정권에 의해 교수직을 박탈당하고 베를린으로 거처를 옮겼다가 그 다음 해에 영국의 런던으로 가서 3년간 옥스퍼드대학에서 연구를 계속하였습니다. 그 후 그는 다시 뉴욕으로 건너가 호르크하이머의 도움을 받아 사회연구소의 일원이 되어 호르크하이머, 한스 아이슬러, 토마스 만 등과 함께 철학, 음악사회학 등 공동 연구 작업에 매진하였습니다. 1949년 독일로 돌아와 프랑크푸르트대학의 교수로 있으면서 사회연구소의 소장으로 활동하다가 1969년 사망하였습니다.

테오도르 아도르노

계몽의 변증법

아도르노와 호르크하이머의 『계몽의 변증법』(1947)은 그들의 다양한 저서 중에서 가장 주목할 만하다고 평가받고 있습니다. 프랑크푸르트학파의 가장 중요한 연구과제는 아도르노와 호르크하이머가 그들의 저서인 『계몽의 변증법』 서두에서 주장한 바와 같이, '왜 인류는 진정한 인간적인 상황으로 발전하지 못하고 새로운 종류의 야만주의barbarism에 빠져 있는가?'에 있었습니다. 특히 이 책이 출판될 당시의 시대 상황은 나치 정권의 테러하에 있었고 현실에 대한 비판이 불가능한 시기였으나, 그들은 이 저서를 통하여 자유와 현실의 휴머니즘 경향을 추구하고자 했다는 측면에서도 귀중한 가치를 지니고 있습니다. 이러한 인식에 도달하기 위해 아도르노와 호르크하이머는 마르크스의 강력한 영향 아래 있던 이론을 변형시키고 자신들의 사회이론으로 적극 수용하였습니다. 즉 그들은 가공할 만한 20세기의 야만주의는 인간을 단지 대상으로만 다루려는 도구적이고 형식적인 이성에서 비롯된 것이라 파악합니다. 이러한 그들의 물음은 현재 21세기를 살아가는 현대인에게 많은 반성의 경구를 되새겨 주고 있습니다.

호르크하이머와 아도르노는 『계몽의 변증법』에서 이성의 자기 파괴를 분석하고 주체를 비판하면서, 역사철학을 인간의 주체에서 나타난 도구적인 기관으로 이해하였습니다. 아도르노의 역사철학은, 인간이 자연을 지배하는 해방 과정으로 이해한 것이 아니라 이성의 자기 파괴 과정으로 보았습니다. 이러한 이성과 계몽에 대한 이해에서 아도르노와 호르크하이머의 『계몽의 변증법』은 한쪽에서는 합리성의 해체, 다른 한쪽에서는 화해와 자유, 계몽에 대한 이성을 수용하는 것이었습니다. 『계몽의 변증법』에서 계몽과 신화의 두 테제는 "이미 계몽은 신화다. 그리고 계몽은 신화로 되돌아간다"는 것입니다. 이 두 테제는 독일 관념론자들의 사유에 의해 제기된 전통적인 문제들을 재평가하였고 역사적·변증법적인 맥락에서 이성과 진리에 대한 관심을 한층 고조시켰습니다. 『계몽의 변증법』에서 신화와 계몽이 서로 변증법으로 이행될 때 진리의 증명은 모순적인 양상으로 나타날 수 있습니다. 말하자면 계몽의 전통에서 계몽을 통한 사유는 신화에 대한 대립 및 신화에 반대하는 힘으로 이해하고자 했습니다.

호르크하이머와 아도르노는 『계몽의 변증법』에서 인간은 자기 자신의 관점에 따라 환경을 정복하는 일에 자신의 합리성을 이용해 왔다고 보았고, 그래서 인간의 이성을 단지 지배의 도구로만 삼았다고 파악합니다. 지금까지 인간은 자신의 관점에 따라 자연을 정복하였고, 그의 이성을 자연지배의 도구로 만들었습니다. 따라서 자연에 대한 인간의 지배는 다른 인간에 대한 인간의 지배를 만들어 놓았습니다. 자연 지배의 정도가 가속화되면서, 현재의 과학기술은 지상에서 낙원의 상태로 되었을지라도 그것과는 훨씬 동떨어져 있거나 그 근처에 잠재적인 파멸의 그림자가 드리워져 있습니다. 이렇게 장래의 어두운 측면을 아도르노와 호르크하이머는 제2차 세계대전 이후의 사회 상황에서 그 원인을 찾았습니다. 그들의 이론은 그 당시의 정치적이거나 과학 기술의 전체주의에 대한 비판으로 등장하게 되었습니다. 이것은 현대의 과학 기술의 무비판적인 낙관주의에 그 근거를 두고 있었으며, 과학은 이런 부정적인 전망을 저지시키기보다 오히려 이를 심화시켰다는 데 있었습니다. 우리가 과학과 기술의 발전으로 인해 인간의 삶을 크게 변화시킨 긍정적인 점은 인정한다 하더라도, 선진산업사회는 인간에 대한 소외화 현상을 야기시켰습니다. 이러한 소외화 현상은 모든 것을 도구적으로 해결하려는 태도와 능률지상주의로 나아가는 데 있었으며, 이것은 우리가 나아가야 할 목적 설정의 정당화 문제와 아주 상반된 것이었습니다. 이러한 관점을 제2세대 비판이론가인 하버마스는 과학과 기술이 언제나 현실 속에서 공존해 있기 때문이라 파악하고, 이것은 올바른 사회를 형성하고 결합시켜야 한다고 주장합니다. 건전한 사회로 나아가고자 하는 이유는 "단순한 이성적 의식이 아니라 현실 속에서 이성적 의식을 형성해야 하기 때문입니다." 향후 『계몽의 변증법』은 역사철학적 측면에서 후세대 비판이론가들의 합리화 이론을 구상하는 동기를 제공해 주었습니다.

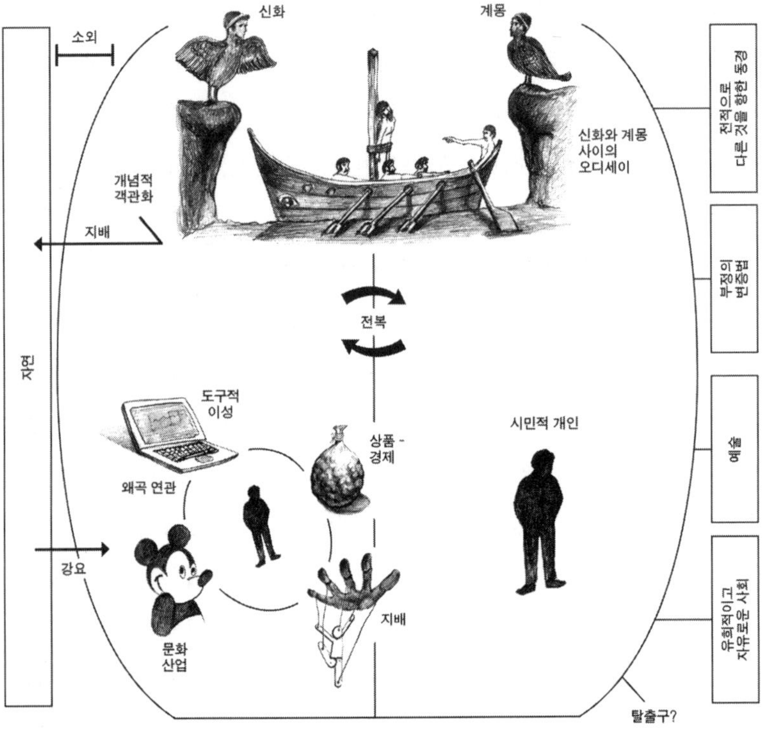

03

비판이론의 제2세대: 마르쿠제Herbert Marcuse / 하버마스Jürgen Habermas

허버트 마르쿠제: 일차원적 인간

Herbert Marcuse, 1898~1979

마르쿠제가 1979년 7월 29일 80세의 노령으로 서독의 조그만 마을 슈테른베르크에서 서거하자 매스컴들은 그의 생애와 사상을 조명하기에 바빴습니다. 그는 현대의 가장 중요한 사상가 중의 한 사람으로 평가받고 있습니다. 마르쿠제의 마르크스주의적 비판철학과 20세기 서구사회에 대한 프로이트적 심리학의 분석은 특히 1968년 서베를린, 뉴욕의 컬럼비아대학교, 파리의 소르본대학교에서 일어난 반체제 학생운동 이후 좌익급진파 학생들에게 인기가 있었습니다. 그는 프라이부르크대학에서 독문학으로 박사학위를 받은 후 하이데거와 후설 밑에서 철학을 공부했습니다. 사회민주당에 입당한 마르쿠제는 1922~1932년까지 이곳에서 철학연구를 지도했고 프랑크푸르트 사회연구소의 공동발기인이 되었습니다. 히틀러가 정권을 장악하자 1933년 제네바로 망명했다가 이듬해 미국으로 건너갔고 컬럼비아대학교에서 교수생활을 했습니다. 미국의 컬럼비아대학교 및 하버드대학교, 브랜다이스대학교, 샌디에이고 캘리포니아대학교 등에서 학생들을 가르쳤으며 은퇴 후 죽을 때까지 캘리포니아대학교의 명예철학 교수로 있었습니다. 마르쿠제는 비판이론을 체계화했던 호르크하이머, 아도르노 등과 함께 이른바 프랑크푸르트학파의 대표적 이론가이자 신좌파의 대표적 사상가로서 68학생운동의 이론적 지도자였습니다. 기존의 억압적인 낡은 체제를 거부하면서 자유와 해방을 갈망하던 수많은 학생들과 젊은이들에게 마르쿠제는 정신적 지주이자 영웅이었습니다. 그의 주요 저작으로는 『에로스와 문명Eros and Civilization』(1955), 『일차원적 인간One-Dimensional Man』(1964) 등이 있습니다.

허버트 마르쿠제

일차원적一次元的, One-Dimensional Society 인간

마르쿠제의 철학은 사회적, 문화적 체계를 경제적 여러 관계에서 보는 하부·상부구조의 이론을 정립하는 것에서부터 시작합니다. 그는 마르크스와는 다르게 선진산업사회가 경제적, 사회적 위기 없이 안정되어 있다는 것을 입증할 수 있다고 믿었습니다. 오늘날 구미 선진산업사회에서 지배적인 경향은 안정이라는 것이며 그가 『일차원적 사회』에서 검토한 대상은 선진산업사회의 현상을 유지하고 있는 이데올로기였습니다. 그는 『일차원적 인간』에서 미국을 비롯한 선진산업사회의 이데올로기 분석을 통해 지배와 억압이 없는 새로운 현실의 가능성을 현존하는 사회 속에서 실질적인 가능성으로 모색하고자 했습니다. 그는 그러한 가능성의 실현을 방해하는 이데올로기의 은폐성, 허위성을 폭로하였습니다. 따라서 이 책의 부제목에서 보여주듯이, 『일차원적 인간』은 "선진산업사회의 이데올로기에 대한 연구"입니다. 마르쿠제의 기본적인 논리체계에 따르면, "과학과 기술에 의해 자연의 지배체제는 필연적으로 인간존재에 의해 지배로의 새로운 지배체제를 가져 오게 되었다"는 것입니다. 그래서 사회는 사물과 인간의 기술적 연관성을 교묘하게 결속시켜 나가게 되었습니다.

마르쿠제에 의하면, 선진산업사회는 사람들에게 반항을 일으킬 수 없도록 그 현존질서에 동조하게끔 소비 형태를 동일화시키려 한다는 것입니다. 즉 선진산업사회의 물질적 풍요가 시민들에게 기존질서의 변화를 바라지 않게 만들었습니다. 이와 같은 사회현상은 기술지배의 결과이며 과학과 기술은 인간에 의한 자연지배의 도구단계를 넘어서 인간에 의한 인간의 지배를 위한 수단이 되었습니다. 자동화와 컴퓨터의 발명은 노동시간을 엄청나게 단축시키면서 노동자들을 억압적 노동에서 자유롭게 만들었습니다. 또한 향락과 여가를 누릴 수 있는 경제적 여건을 조성함으로써 기존 질서에 대해 불만을 갖지 못하도록 만들었습니다. 말하자면 사람들의 욕구를 충족해 주는 생산기구와 그것을 생산해 내는 상품과 서비스는 기존의 질서를 유지해 주는 기반이 되었습니다. 선진산업사회에서 인간은 그러한 가능성의 차원을 상실하고 단지 현실성의 차원으로 매몰되어 버리고 말았습니다. 그래서 그는 선진산업사회가 "일차원적 인간One-Dimensional man"으로 살아가게 된 것이라고 파악했습니다.

무엇보다 선진산업사회에는 생산성과 효율성의 논리가 지배하게 되면서 비판적 의식이 사라지고 순응적 태도가 확산되는데 이런 사회를 "일차원적 사회"라고 부르고 있습니다. 따라서 선진산업사회는 기술의 진보를 바탕으로 현실에 대한 비판을 효과적으로 억제시킬 수 있게 된 것입니다. 비판이 마비되고 반대를 찾아 볼 수 없는 현실, 바로 "일차원적 사회"는 압도적인 효율성과 경제적 생활수준 향상이라는 조건 위에서 사회적 모순과 갈등을 희석, 은폐시키게 됩니다. 인간은 일차원적 사유에서 지배적인 체계의 수동적인 도구가 되어버리고, 이는 문화의 파괴를 통한 전체주의로 나타나게 됩니다. 문화는 평준화되고, 그것은 인간을 일차원적으로 만들어 버립니다. 즉, 선진산업사회에서는 시민들에게 물질적 풍요를 만족하게끔 부여하여 반항을 모르게 한다는 것입니다. 그러므로 선진산업사회의 물질적 풍요는 기술지배의 한 형태이며 기술발달이 기존의 질서체계에 부정을 없게 하여 남는 것은 일차원적 사유밖에 없게 되었습니다. 그는 변증법적 사유를 이차원적으로 파악하여 일차원적 사유와 대립시켜 전개하였습니다.

마르쿠제는 두 개의 사유방식, 즉 일차원적 사유와 이차원적 사유를 구분하고 안정된 사회의 성격을 설명하고자 하였습니다. 이차원적 사유는 주어진 현실의 구성 틀을 넘어서 보다 나은 가능성을 실현하기 위해 대립하는 반면에, 일차원적 사유는 현실을 이성의 구체화로 파악하고 이러한 현실의 보다 합리적인 조직화를 일삼으며 주어진 현실의 틀을 넘어서는 것을 거부합니다. 선진산업사회는 바로 이 두 번째의 사유가 일차원적 사유를 구체화시키는 것입니다. 그는 일차원적 사유가 이 사회 모든 구성원들의 두뇌를 전면적으로 지배하는 일반적인 사유양식으로 전환했다고 주장합니다. 따라서 선진산업사회의 일차원의 가속화는 사회 내의 모든 모순과 대립을 압제하고 모든 부정적 요소를 말소시켰습니다. 때문에 앞으로의 과제는 선진산업사회의 "안정성" 명제에서 혁명론을 이끌어내는 일입니다. 예컨대 마르쿠제는 변혁의 주체는 이제 노동자와 같은 민중이 아니라 실업자나 불법 이주자와 같은 체제 외부세력을 변혁의 주체로 간주합니다. 그는 선진자본주의 사회의 민중이 이전에는 사회의 변혁 요소였지만, 이제는 사회통합의 요소가 되었다는 것입니다. 즉 체제 외부에 존재하는 실업자, 불법 이주자, 인종 차별을 받는 유색 인종 등이 반체제적인 혁명적 성격을 갖게 되었습니다. 하지만 이들은 노동자 계급처럼 강한 연대 의식이 부족하고 소수 세력에 불과하기 때문에 변혁의 주체로는 한계에 부딪히게 됩니다. 이러한 소수의 체계 외부세력으로는 변혁을 성공적으로 이끌 수 있다는 확신을 갖지 못하기 때문에 비관주의에 빠지게 되었습니다.

따라서 마르쿠제는 부정적 사유야 말로 사회비판이론의 토대가 되는 창조성의 근원이라고 보았습니다. 그러나 선진산업사회는 물질적 풍요를 안겨줌으로써 부정적 사유의 원천인 적대 세력들을 융화시켜 버렸고 이것은 모든 저항의 배제를 가져오게 됩니다. 이성을 기준 삼아 이성적이지 못한 현실을 비판하고 부정하며, 더 나아가 이성적인 사회가 실현될 수 있는 가능성을 제시하는 것이 비판적 이성의 과제입니다. 결국 그는 현실이 지닌 모순의 원인을 규명하여 그것을 제거할 수 있는 가능성을 제시해야 한다고 보았습니다.

위르겐 하버마스: 소통하는 이성

Jürgen Habermas, 1929~

위르겐 하버마스

하버마스는 독일의 뒤셀도르프Düssldorf에서 태어났습니다. 어린 시절에는 쾰른Köln에 가까운 도시 굼머스바흐Gummersbach에서 자랐으며, 아버지는 이곳에서 시市 상공국장으로 일했고 할아버지는 그곳의 목사였습니다. 하버마스는 이곳에서 고등학교까지를 마치고 1949년 괴팅겐Göttingen대학에서 철학공부를 시작했습니다. 스위스의 취리히Zürich대학, 독일의 본Bonn대학에서 철학, 역사학, 심리학, 경제학, 독문학 등을 공부했으며, 1954년 본Bonn대학에서 로타커Erich Rothacker 교수와 베커Oskar Becker 교수의 지도 아래 「절대자와 역사: 셸링 사유에서 불화를 중심으로Das Absolte und die Geschichte; Von der Zwiespältigkelt in Schellings Denken」라는 논문으로 박사학위를 받았습니다. 박사학위를 마치고 그는 마르크스와 루카치 등의 사상에 관심을 갖기 시작합니다. 1954년 2월 그는 신문사의 기자로 취직하여 2년간 여러 신문사를 돌아다니며 일했습니다. 이때 그는 아도르노와 호르크하이머의 공저인 『계몽의 변증법』(1947)을 읽고 큰 감명을 받습니다. 그에게 감명을 준 이유는 이 책이 마르크스의 사상을 그대로 받아들이지 않으면서도 나름대로 활용하고 있다는 점입니다.

1920년대 말 독일 프랑크푸르트대학에서 형성된 프랑크푸르트학파의 비판이론 운동은 호르크하이머, 아도르노, 마르쿠제가 주축을 이루었습니다. 그리고 이들은 1930년 초에 나치를 피해 미국으로 망명하여 그곳에서 활약을 하다가 1950년대에 다시 본고장으로 돌아온 후 하버마스가 이 학파에 참여하여 전후세대의 계승자로 인정받습니다. 하버마스의 사회

철학이 본격적으로 형성된 시기는 비판이론의 본고장인 프랑크푸르트 사회연구소의 연구조교 자리를 얻으면서부터입니다. 여기서 호르크하이머와 아도르노의 비판이론을 본격적으로 접하게 되면서 루카치와 마르크스의 사회 · 정치 · 이데올로기 문제를 광범위하게 연구하게 됩니다. 1959년에 독일 연구협회Deutsche Forschungsgemeinschaft에서 장학금을 받아 마르부르크Marburg대학에서 「공공성의 구조변환Strukturwandel der Öffentlichkeit이라는 논문으로 교수 자격 논문Habilitaritionsschrift을 취득하였습니다. 1983년 그는 프랑크푸르트대학에 다시 교수로 초빙 받아 아도르노의 자리를 물려받습니다. 그리고 정년으로 은퇴할 때까지 이곳에서 철학과 사회학을 가르쳤습니다.

소통하는 이성

하버마스의 사상은 루카치의 『역사와 계급의식』과 아도르노와 호르크하이머에 의해 쓰여진 『계몽의 변증법』에서 많은 영향을 받았습니다. 하버마스는 이들의 이론을 통해서 전통사회에서 현대사회로의 이행과정 중에서 각 개별적인 사회계층을 이해하는 문제가 철학의 중요한 과제라고 보았습니다. 하버마스의 해석학적 개념구상은 아펠의 철학적 관심과 공통된 부분이 많았습니다. 그와 다른 점이 있다면 언어능력Sprachkompentenz이라고 하는 촘스키Naum Chomsky의 언어학적 개념을 의사소통 상호능력Lommunikative Kompetenz이라는 개념으로 바꾸어 놓았다는 것입니다. 의사소통 상호능력이란 말하는 자와 듣는 자의 상호작용을 말합니다. 하버마스는 촘스키의 언어의 심층구조와 표면구조의 이념을 분석하였습니다.

하버마스의 다양한 저서 중 『의사소통행위이론』(1981)은 이제까지의 그의 저서 중에서 최고의 노력을 기울인 가장 정점에 이르는 책이라 평가됩니다. 이 저서에서 하버마스는 실천적인 의도를 갖고 사회이론을 계획하고 기술하였습니다. 그리고 이 저서를 통해 프랑크푸르트학파를 비판적 관점에서 고찰하고 구체적인 이론적 형태를 계획하였습니다. 여기서 그의 이론은 초기 호르크하이머와 그의 동료의 사회이론 계획을 연관시키는 것을 의미하였습니다. 하버마스는 이 책의 머리말에서 "의사소통행위이론은 어떤 메타이론이 아니라 자기의 비판적 척도를 현실 속에서 입증하고자 노력하는 사회이론의 시작이다"라고 자신의 입장을 표명하고 있습니다. 이런 점에서 그의 『의사소통행위이론』은 현재의 비판이론의 과제와 그 가능성에 대한 새로운 규정으로 이해될 수 있습니다. 그의 비판이론은 먼저 자본주의 사회구조를 마르크스의 소외개념으로 분석하였습니다. 즉, 생산관계에서 일어나는 자본가에 의한 노동집단 사이의 비이성적 상황들을 문제로 제기하기보다는 생산과정에서 합리화가 비인간화를 결과한다는 명제를 경제적 하부구조와 문화적 상부구조 간의 연관관계로서 밝혔습니다. 특히 그는 서구 문명의 인간 조건을 극복하기 위한 방안으로 실천철학을 제시했습니다. 즉 그는 비판이론의 비판을 통해 사회이론의 보다 명료한 방향을 제시하고자 했습니다. 그는 호르크하이머와 아도르노의 비판이론은 단지 역사철학적인 측면에서 규범적 근거만을 확정하고자 하였기 때문에 경험적인 연구계획을 수립할 수 없다고 파악하고 자신만의 독특한 사회이론을 전개시켰습니다.

하버마스는 이러한 다양한 관점의 사회이론을 개진하기 위해 패러다임의 전환Paradigmenwechsel이 필요하다고 보았습니다. 그는 서양철학사에서 오랫동안 전개되어 왔던 패러다임, 즉 의식철학은 언어철학이자 주관의 철학이며 이것을 상호 주관성의 철학으로 패러다임을 전환시켜야 한다고 주장합니다. 이러한 패러다임의 전환은 인식론·진리론·과학이론·윤리학 등 다양한 분과에 걸쳐 진행시켰습니다. 이제까지의 윤리학과 정치학은 테제 중심의 이론에서 생활세계의 해방론으로 새로운 사상을 체계화시켜 전환되어야 합니다. 그래서 그는 패러다임의 전환을 좁게는 목적 합리성으로부터 의사소통적 합리화의 전환, 또는 행위체계와 체계이론과의 상호연관관계를 가리켰습니다. 하버마스는 패러다임의 전환, 즉 "나는 의사소통행위이론을 위한 패러다임의 전환을 도구적 이성 비판의 시대와 단절하여 비판적 사회이론의 정체된 과제를 다시 도입하고자 하는 것입니다"라고 말합니다. 이러한 그의 패러다임의 전환은 의사소통행위의 합리화를 객관적 세계로 나아가 어떤 고립된 주체와의 관계로서가 아니라, 상호 언어를 이해하고 행위할 수 있는 상호주관적인 관계로써 모형을 삼는 것입니다.

대화는 합의다

하버마스의 합의이론은 의사소통행위이론과 밀접한 상관관계를 맺고 있습니다. 그의 의사소통행위이론은 비판이론을 극복하는 것이었으며, 보편적 화용론에 원칙을 적용하여 모든 지배와 억압으로부터 자유로운 삶의 지표를 내세웠습니다. 그는 이러한 자유로운 삶의 지표에 체계와 생활세계, 노동과 상호작용, 목적 합리적 행위와 의사소통적 행위, 도구적 합리성과 의사소통적 합리성의 이원론적 개념들을 적용하였습니다. 이런 근거 위에서 하버마스는 해석학을 사회이론으로 확장해 보고자 했고, 해석학의 여러 조건들을 사회비판의 관점에서 반성하고자 하였습니다. 이렇게 제기된 문제가 합의이론입니다.

그의 합의이론은 사회적 실천을 실행하기 위한 것이었기 때문에 한층 주목을 받고 있습니다. 하버마스의 입장에서 합의는 상호 논증을 통해 대화의 형식으로 나아가는 것입니다. 즉 그에게 있어서 합의는 먼저 상호 논증의 전제를 통해 해방적, 비판적 의식의 영역으로 확장하여 상호 이해를 해야 합니다. 즉, 합의에 도달하기 위해서는 서로 상대방을 이해

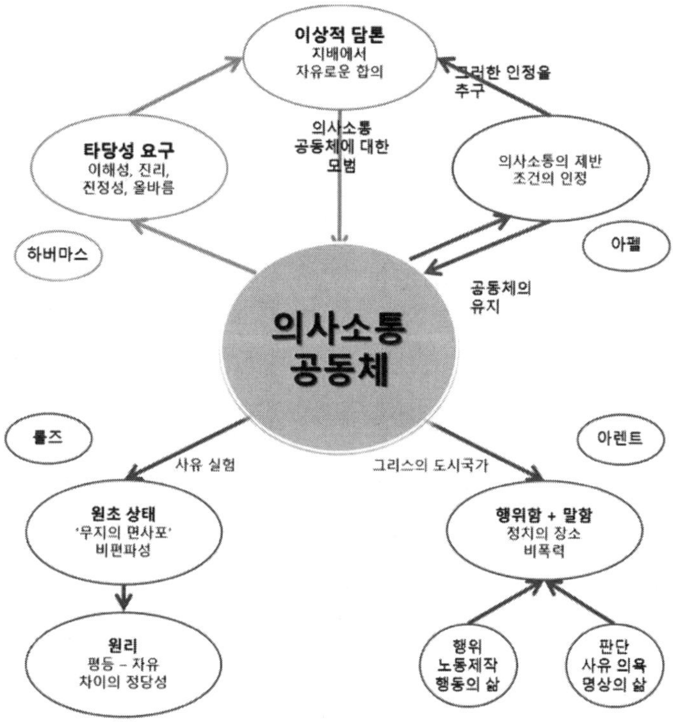

하며, 서로 상대방과 지식을 공유해야 하며, 서로 상대방을 믿고 화합하는 가운데서 참된 합의를 도출해 내야 하는 것입니다. 이러한 합의의 논의를 가능하게 하는 이론을 그는 의사소통적 능력이론이라 불렀습니다.

의사소통능력이란 말은 이미 인식을 주도하는 관심을 뜻합니다. 여기서 능력Kopetenz은 권한, 자격을 가리키며 언어학자 촘스키의 언어 생산적 규칙의 추상적 체계를 지배하는 이상적 화자의 능력이란 용어에서 빌려 왔습니다. 하버마스는 이 능력을 구체적으로 표현하여 실천이라는 말은 의사소통으로, 의사소통은 다시 대화로, 대화는 '이상적 언어상황'으로 환원시켰습니다. 그러므로 그의 의사소통 능력이론은 "인식과 관심" 아래에서 상대방과 의사소통을 할 수 있는 능력을 말합니다. 이러한 의사소통능력이론은 어떤 특정한 인식론적 전제조건이나 개념에 의존하지 않고, 말하는 자가 문장들을 묘사, 표현하고 상호 합법적인 개인의 관계를 맺는 것을 의미합니다.

하버마스는 의사소통행위와 합의를 구별하여 사용하였습니다. 의사소통행위는 타당성의 요구가 명제로 될 때, 정당성을 확보할 수 있어야 합니다. 이것은 소박한 형태로서 발언에 사용된 문장, 행위, 육체적 체험표현의 규칙에 적용됩니다. 그러나 합의는 의사소통 행위에서 이루어진 합의를 문제 삼아 그 타당성의 근거를 재조명하는 논증적 이해diskursive Verstandigung에 주목하고 있습니다. 여기서 합의는 언어적 발언만을 허용합니다. 즉 합의는 상호소통의 억압된 상황을 눈여겨보면서 억압이 이루어진 상황에 대해 그것이 타당한 지의 여부를 묻습니다. 하버마스는 이러한 논의 과정을 거쳐 상호소통 행위의 억압이라든지 강제를 해방시킬 수 있다고 생각하였습니다. 그래서 하버마스는 모든 사람이 지배로부터 자유로운 토론의 척도를 현대사회에서 인간이 나아가야 할 중요한 과제로 보았습니다. 그는 자연에 대한 기술적 지배에 의한 자연적 강제로부터 인간해방과 인간에 대한 지배로부터의 해방Herschaftsfreiheit을 제시하였습니다. 특히 그가 관심을 보인 것은 인간의 사회적, 정치적 해방에 초점을 맞추었습니다. 즉 그는 지배로부터 해방된 상태를 이상적 언어상황에서 찾았습니다. 이른바 이상적 언어상황이란 의사소통의 외적인 우연한 방향을 통해서 방해받지 않을 뿐만 아니라 의사소통 구조로부터 촉발되는 강요에 의해서도 방해받지 않는 상황을 말합니다.

따라서 하버마스의 이상적 언어상황은 사람들이 동등한 발언 기회를 갖고 토론에 참여하여 합의Konsensus에 도달하는 것입니다. 이렇게 그의 의사소통행위는 상호 행위의 기대를 기획하며 적어도 두 사람 이상의 행위 주체에 의해서 이해되고 인정되어야만 합의 규범을 지향할 수 있습니다. 이런 점에서 합의규범은 일상 언어의 의사소통 안에서 행해지고 있습니다.

이상적 언어상황

하버마스는 비판적 사회이론의 출발점을 이상적 언어상황에 두었습니다. 그는 이상적인 언어상황을 세 가지 요소로써 제시했습니다. 첫째, 이성적 언어상황은 이성적 논의에 의해 합의에 이르고, 둘째, 상호작용에 참여하는 사람들 사이에 완전한 상호 이해가 이루어져야 하며, 셋째로, 대화에 참여하는 상대자는 자유로운 대등자로서 진정한 권리가 인정되는 것입니다.

이렇게 이상적 언어상황은 진정한 의미의 합의가 이루어졌었을 경우에 가능해질 수 있습니다. 이때 모든 합의는 거짓 의사소통의 위협을 갖고 있을 수 있는데, 어떻게 거짓 의사소통으로부터 참다운 의사소통을 구별해 내느냐 하는 것이 중요한 관건일 수 있습니다. 참다운 합의를 거짓 의사소통으로부터 구별시키는 규제원칙을 규명하는 작업이 하버마스의 합의이론의 타당성 여부를 가늠하는 중요한 근거가 됩니다. 이렇게 하버마스의 합의이론은 진술의 참과 규범의 옳음을 위한 조건을 밝히는 데 있었습니다. 참다운 합의를 얻어 내기 위해서는 이상적 언어상황의 전제가 필요하며 이제까지의 존재론적인 참의 기준을 넘어서야 합니다. 그런데 대화에 참여하는 사람들이 합의를 기만할 수도 있기 때문에 모든 합의가 참다운 합의는 아닐 수도 있습니다. 따라서 이상적 언어상황은 보편적 합의에 도달할 수 있는 조건을 만들어야 합니다.

그것이 실행되기 위해서 하버마스는 이해 가능성, 진리성, 적합성, 진실성이라는 네 가지의 규범이 충족되어야 한다고 보았습니다. 이상적 언어상황은 보편적 합의에 도달할 수 있는 조건이 됩니다. 첫째 화자의 말이 청자에게 이해 가능해야 합니다(이해 가능성). 이는 실제적으로 의사소통을 위한 기본적인 조건이 됩니다. 둘째, 화자의 말이 명제적 차원에서 거짓이 아니어야 합니다(진리성). 거짓된 명제를 알려주었다면, 비록 그 결과가 우연히 참으로 산출되었다고 할지라도 논리적으로 참된 의사소통이라고 할 수 없습니다. 셋째, 아무리 화자가 참된 명제를 전달했다고 하더라도 그 말이 효과가 있으려면 화자와 청자 사이에 형성된 관계에 부합해야 합니다(적합성). 넷째, 화자는 진실한 자세로 말해야 합니다(진실성). 그렇지 않으면 청자는 그의 말을 거부할 것이고 이는 곧 의사소통이 제대로 작동하지 않음을 초래할 것입니다. 하버마스는 이러한 네 가지 조건을 '타당성 요구'로 정의합니다. 이 타당성의 요구가 완벽하게 실현될 때, 비로소 참된 의사소통이 이루어집니다. 타당성의 요구가 실현된다는 것은 곧 의사소통이 주체와 주체 사이에서 개방적으로 이루어지고 있음을 뜻합니다. 참된 의사소통을 하고자 한다면, 청자는 화자에게 그러한 타당성 요구를 할 권리가 있으며 화자 또한 청자의 그러한 요구에 부응해야 할 의무가 있습니다. 이것이 추구될 때 모든 합의가 그 자체에 참된 합의로서 타당한 조건을 제시하게 됩니다.

이러한 논의가 방해 없이 진행된다면 그 결과는 참된 합의라 말합니다. 동시에 합의의 참과 거짓을 결정하는 기준은 이상적 언어상황의 조건충족이 있어야 합니다. 그러나 이 조건을 충족시켜 판단할 외적 기준이 없으면 실제 대화에서 이러한 조건이 충족되었다는 확신을 가질 수 없습니다. 따라서 이상적 언어상황은 가능한 한 참여자들이 언어행위를 선택하고 수행하는 기회의 균등한 분배가 잘 이루어져야 합니다. 여기서 비판적 사회이론은 일상 언어적 상호소통의 구조 안에서 상호주관적으로 타당한 가치판단의 합리성을 규명해 내고자 합니다.

하버마스는 상호소통행위의 구조를 생활세계, 소통적 행위, 사회체계와 연관시켰습니다. 그는 『의사소통행위이론』에서 이상적 언어상황의 담론을 언어적 행위의 분석을 통해 생활세계 이론을 수용하여 그 구조를 명확하게 밝혀내고자 했습니다. 하버마스는 먼저 생활세계의 개념을 상호소통 과정의 상관개념으로 받아들이고 의사소통에서 행위하는 주체와 생활세계의 지평과 연관시켜 이해했습니다. 하버마스에게서 의사소통행위는 생활세계의 지평에서부터 "말하는 자Sprecher와 듣는 자Hörer"가 객관적 세계 · 사회적 세계 그리고 주관적 세계와 밀접히 관련되어 있다고 보았습니다. 생활세계는 말하는 자와 듣는 자가 만나는 선험적인 장소입니다. 여기서 생활세계는 객관적 세계, 사회적 세계, 그리고 주관적 세계가 조화를 이루어 상호간에 요구하는 것을 수용하는 것입니다. 이를테면 말하는 자와 듣는 자는 객관적 세계, 사회적 세계, 그리고 주관적 세계가 서로 조화를 이루어 공통적인 생활세계로 함께 나가야 합니다. 그렇게 되었을 경우에 생활세계는 말하는 자와 듣는 자의 상호 주관성의 형식을 가능하게 합니다. 따라서 하버마스는 말하는 자와 듣는 자의 상호언어 소통행위를 다음과 같이 파악하고 있습니다.

① 객관적 세계의 어떤 것(진실된 대화가 가능한 실재의 전체로서)
② 사회적 세계의 어떤 것(합법적이고 규칙적인 개인의 내적 관계로서)
③ 주관적 세계의 어떤 것(말하는 자가 대중 앞에서 진실된 것을 표현할 수 있는 전권을 갖고 접근할 수 있는 결과의 전체로서)

이것은 다음과 같이 도표화할 수 있습니다.

행위 방식	타당성 요구	세계 관계
이론적 행위	진 리	객관적 세계
규범적 행위	정당성	사회적 세계
연출적 행위	진실성	주관적 세계

위와 같은 맥락 속에서 하버마스는 말하는 자와 듣는 자가 공통적으로 파악한 것을 상호 조정해야 한다고 봅니다. 생활세계에서 합의된 것을 갖고 말하는 자와 듣는 자의 참여자들에게 매 순간마다 사실적이고 타당한 규범 · 주관적 체험 등의 목표를 설정하여 체계화하는 것입니다. 하버마스의 생활세계에 대한 이해는 다소 복잡하지만, 확고한 배경적 논증Hintergrundüberzeugung을 구성하고 있습니다. 따라서 하버마스의 생활세계는 말하는 자와 듣는 자의 참여자들이 전제된 상황에서 유용하게 적용하도록 하는 데 있습니다.

궁극적으로 하버마스의 이상적 언어상황은 이상적인 화자들이 모여 단지 인격적 특성을 결집하는 것이 아니라 대화에서 역할을 올바르게 인식하고 대화행위에 맞는 특성을 찾고자 하는 것입니다. 따라서 하버마스의 비판적 사회이론은 모든 억압과 왜곡으로부터 인간해방을 위해 의사소통 구조에 의해 정립해 나갑니다. 왜곡되지 않은 의사소통행위란 우리가 임의적으로 선택할 수 있는 주관적 규범이 아니라, 언어적 상호 주관성에 의해 수행됩니다. 그래서 하버마스는 이러한 의사소통행위를 더 이상 권력의 산물이 아닌 의사소통적 합리성의 개념으로 나아가야 한다고 생각합니다. 때문에 그는 이상적 언어상황에서 이루어진 이성적 합의가 진리와 정당성을 판정할 수 있는 궁극적 기준이라 간주합니다.

하지만 이상적 언어상황이 현실에서 성취될 수 없는 이념이라 할지라도, 그것은 우리 사회가 지향하려는 민주주의의 궁극적 지표가 되어야 하며, 그 지표에 의해 끊임없이 형성되는 권력-지식연계의 틀을 평가하고 비판할 수 있는 근거를 마련해야 합니다. 결국 하버마스의 이상적 언어상황은 언어의 실천 행위가 담보되었을 때, 그가 궁극적으로 추구하고자 하는 의사소통적 합리성에 의해 사회, 정치, 경제 등 사회의 지배현상의 근거를 마련할 수 있을 것입니다.

그의 철학의 진정한 의미는 이성이 불신 받고 있는 이 시대에서 계몽주의의 긍정적 유산을 현대적으로 되살리기 위해 의연하게 노력해 왔다는 데 있습니다. 또한 현대철학의 중요한 논쟁들 가운데 우뚝 서서 신선한 문제의식을 끊임없이 제기했다는 데 있습니다. 이성에 바탕을 둔 현대의 새로운 계몽을 요구하는 그의 의사소통행위이론은 과학기술의 무분별한 근대화 과정의 결과로서 도구적 가치의 만연, 관료주의의 폐해,

원칙과 합의가 결여된 왜곡된 의사소통 등 많은 구조적 불합리성을 겪고 있는 우리 사회의 현실에 많은 시사점을 제공해 주고 있습니다.

04

비판이론의 제3세대: 악셀 호네트Axel Honneth, 1948~ : 인정투쟁

악셀 호네트

악셀 호네트는 독일의 공업지역인 에센Essen 지방에서 태어났습니다. 그는 보쿰대학 시절에 SPD독일 사회 민주당 청년조직에 가입하여 정치적 참여에 눈을 떴습니다. 이 시절에 그의 철학적 문제는 노동자 운동의 관점에서 해명하는 것이었습니다. 호네트가 자란 에센은 탄광과 공장이 많은 루르 공업지역이었습니다. 어버지가 의사였던 호네트는 유복한 유년기를 보냈고 중등학교에 입학하고 나서 광산노동자 가정의 친구들을 사귀면서 일상의 곤궁함을 배웠습니다. 호네트는 당시를 이렇게 회상합니다. "우리는 서로 창피함을 느꼈다. 한쪽은 자신들의 부유함을, 다른 한쪽은 그들의 가난함을 부끄러워했다." 아마도 이러한 경험이 호네트에게 노동과 분배의 문제를 계속해서 자신의 이론에 있어서 원동력의 축으로 작용하였을 것으로 생각됩니다.

그는 루카치, 블로흐, 코르슈, 하버마스 등 마르크스주의자들에게 영향을 받았습니다. 독일의 콘츠탄츠대학과 베를린 자유대학 교수로 있다가 1996년부터 하버마스의 후임자로 프랑크푸르트대학의 철학과 교수가 되었고, 2001년 이후 프랑크푸르트학파의 산실인 사회연구소 소장을 역임했습니다. 자신의 대표개념이 된 인정이론을 계속 발전시키면서 심리학과 정신분석학, 사회에 대한 경험적 연구를 종합하여 규범적 의미에서 프랑크푸르트학파의 사회비판의 전통을 이어 나가고 있습니다. 헤겔 좌파적 전통을 계승한 마르크스의 인간해방 사상은 부단한 혁신을 거치면서 프랑크푸르트학파의 비판사회이론으로 이어져 오고 있습니다. 호네트는 제1세대인 호르크하이머와 아도르노, 제2세대인 하버마스의 뒤를 이은 프랑크푸르트학파 제3세대의 대표자로 일컬어집니다. 제1세대가 '계몽의 변증법 테제'를 통해, 그리고 제2세대가 '의사소통행위이론'을 통해 현대사회를 비판했다면, 호네트는 이들의 지적 전통을 계승하면서도 '인정이론'에 기초한 새로운 사회비판이론을 발전시키고 있습니다. 대표저서로 저서로는 『인정투쟁』(1992), 『물화』, 『정의의 타자』(2000) 등이 있습니다.

인정투쟁

호네트 사회철학의 핵심은 인정이라는 개념입니다. 그는 이 개념에 근거하여 새로운 사회 비판모델과 미래사회의 청사진을 제시하였습니다. 일상적으로 쓰이는 인정이란 말은 "남을 인정하라", "남을 무시하지 말라"라는 반대말과 함께 쓰이는 개념입니다. 그만큼 인정이란 개념을 이렇게 표현하는 이면에는 다양한 맥락이 있다는 것을 엿볼 수 있습니다. 예컨대 이주 노동자들을 업신여기거나 우리보다 열등한 존재로 취급하지 않는 것, 가부장적인 의식에서 여성을 남성보다 열등한 존재로 취급하지 않는 것, 다른 지역 출신이라는 이유로 사회적으로 배재하지 않는 것, 성의 정체성이 다르다는 이유로 동성애자를 비정상인으로 취급하지 않는 것 등이 그러합니다.

다원화된 사회에서 우리는 사회적 인정의 대상과 내용을 확장하려는 인정투쟁에 더 많이 직면하게 됩니다. 이러한 인정투쟁은 자신을 무시한 상대방을 파괴한다던지, 자신을 무시한 사회 자체를 철폐하려는 것이 아니라 사회에 새로운 인정 질서를 형성함으로써 개인의 삶을 보호하려고 한다는 점에서 도덕적 정당성을 지니는 것입니다.

호네트의 이론적 작업을 주도하는 관심은 '단지 어떤 사회가 올바른 사회인가?'를 묻는 것이 아니라 '어떤 사회가 인간의 행복한 삶을 가능하게 하는가?'를 실천적으로 이행하고자 하는 데 있었습니다. 다시 말해 그는 인간에게 행복한 삶을 가능하게 하는 사회적 조건이 무엇인가에 주안점을 두었습니다. 따라서 호네트는 타자의 사회적 인정을 자신의 성공적인 자아실현의 필수적 조건으로 규정하였습니다. 이렇게 사회적 인정이 보장되었을 때, 그는 행복한 삶이 가능해질 수 있다고 보았습니다. 즉, 호네트는 사회 병리의 극복을 위한 인정투쟁을 사회비판의 주된 테제로 보았습니다. 사회 병리현상이란 소외, 물화, 상품의 물신숭배, 공동체의 상실, 탈개성화, 상품과 같은 개념 등을 일컫습니다. 호네트의 관점에서 한 사회를 좋은 사회라 부를 수 있으려면 그 사회가 구성원들에게 보람차고 성공적인 삶을 살아갈 수 있도록 토양을 제공해야 합니다. 따라서 사회의 잘못된 발전을 진단하는 병리학으로서의 사회철학은 그동안 축적해 온 경험적 지식을 바탕으로 좋은 삶을 살아가기 위해서 필요한 공동의 인간적 조건을 재구성할 수 있어야 합니다. 호네트의 인정개념은 다음과 같이 세 가지 형태로 이해할 수 있습니다.

첫째, 상호인정 관계는 사랑Liebe이란 형태에 있습니다. 호네트는 막스 셸러Max Schler의 사랑 공동체Liebegemeinschaft, 사회Gesellschaft, 연대에 기초를 둔 인격 공동체를 사회적 통합의 본질형태로서 구분합니다. 셸러는 이러한 형태들을 헤겔이나 미드George Herbert Mead, 1863-1931처럼 인격적 존재의 실현 단계로 놓았습니다. 헤겔은 사랑을 남녀 사이의 성적 충족관계이상으로 규정했습니다. 헤겔은 사랑개념을 가족 내의 부모와 자식 간의 정서적 관계에 적용하고 있는데, 이는 사랑이 첫 번째로 상호인정관계라는 사실입니다. 왜냐하면 사랑의 실현은 그 주체들이 서로 본능적 욕구를 가진 존재로 확증하고 인정하기 때문입니다. 남녀는 충만한 사랑으로 서로를 향하고 있다는 것을 경험을 통해 알게 되며 자신들의 욕구 속에서 서로가 의존하고 있다는 사실을 알게 됩니다. 그래서 인정은 정서적 일치와 격려라는 성격을 갖게 됩니다.

모든 사랑의 관계는 생후 6개월간의 어머니와 아이의 근원적인 상호융합 상태의 체험에 대한 무의식적 회상에 근거를 두고 추진된다는 가정에서 시작됩니다. 이러한 공생적인 내적 관계는 일생 동안 주체들의 배후에서 타인과 융합하고자 하는 욕구를 불러일으킨다는 점에서 충만한 만족감을 경험합니다. 인간은 타인과의 관계에서 사랑이라는 인정을 경험하면서 자신감이라는 긍정적인 자기의식을 형성합니다. 여기서 호네트가 말하는 자신감은 사랑의 경험이 해당하는 당사자에게 가져다주는 심리적인 동반현상을 말합니다. 예컨대 내가 어떤 여성을 사랑한다면, 나는 그녀의 아픔을 나의 아픔으로 느낄 것입니다. 왜냐하면 그녀는 분명 나와 다른 존재지만 바로 내 안에 있기 때문입니다. 그렇다고 하여 나에게 느껴지는 아픔이 바로 나의 직접적인 아픔은 아닙니다. 그래서 나는 내가 아닌 그녀를 위로하게 됩니다. 사랑을 통해 그 당사자들은 정서적인 욕구를 지닌 존재로 인정되며, 사랑을 통해 요구가 충족됩니다. 서로 분리되면서 하나가 되는 정서적 결속 상태, 그렇기 때문에 상대방의 욕구와 필요를 자신의 욕구와 필요인 것처럼 공감하면서 상대방을 배려하는 관계, 이것이 바로 상호작용하는 사랑입니다. 이처럼 인간에게는 정서적 욕구와 지속적인 긍정과 인정의 힘이 필요합니다. 이러한 인정은 연인, 가족, 친구와 같은 정서적으로 친밀한 관계 속에서 구현됩니다. 그래서 호네트는 이러한 정서적 차원에서의 인정을 사랑이라 불렀습니다.

둘째, 상호인정관계는 법적 권리의 동등한 인정을 통해 형성됩니다. 이 관계에서는 인정 행위의 도덕적 의미에서 출발합니다. 호네트에 따르면, 인간은 타인의 인정을 지속적으로 경험할 때 자신에 대한 긍정적 의식을 형성할 수 있으며, 이러한 긍정적 자기의식 아래서 자기 자신을 적극적으로 실현할 수 있다고 말합니다. 개인들은 한 사회의 정상적인 구성원들이 향유하는 제도적 권리가 자신에게 부여될 때 자기 자신이 사회의 구성원으로 대우를 받고 있다고 느끼며 자신에 대한 존중의식도 갖게 됩니다. 동등한 권리를 향유하였을 때 긍정적인 자기의식을 갖는다는 것은 역으로 동등한 권리를 향유하지 못할 때 긍정적인 자기의식을 제대로 갖기 어렵다는 말이 성립됩니다. 예컨대 외국인 노동자들이 내국인들 보다 동등한 권리를 갖지 못하고 차별받고 있다고 생각할 때 외국인 노동자들은 긍정적인 자기의식과 존중의식을 가지 못하게 될 것입니다.

따라서 우리가 인간의 삶을 단지 개인들의 이기적이고 생물학적 생명 보존이 아니라, 자기의식에 기초한 자아실현 과정으로 이해한다면 타인의 인정은 성공적 삶의 조건일 뿐만 아니라 행복한 삶의 조건이 될 수 있습니다. 왜냐하면 타인이 나의 인격을 존중하거나 나의 개성을 긍정적으로 평가하고, 나 또한 자신에 대한 자신감, 자존심, 혹은 자긍심을 가질 수 있다면 만족스런 삶을 영위할 수 있기 때문입니다. 즉 개인은 자주적이고 도덕적인 판단 능력이 있는 존재로 인정됩니다. 모든 인간주체가 어떤 권리든지 인정될 수 있는 것은 그가 공동체의 성원으로서 사회적 인정을 받을 수 있다는 기본적 사실입니다. 예컨대 분업적으로 조직된 사회적 결사체의 구성원에게 사회적으로 부여된 역할에 따라 제각기 구성원들은 특정한 자신의 권리를 얻게 될 수 있으며 그 권리가 저해될 경우에는 보통 권위를 갖춘 기관에 탄원함으로써 소송을 제기할 수 있습니다. 권리인정의 구조는 법적 의무에 대한 도덕적 지식과 주체의 상대자들이 도덕적 의무를 어떻게 적용할 것인지에 있습니다.

우리가 도덕적 인정행위를 전제한다면 이를 통한 사회 비판은 가능합니다. 왜냐하면 누구를 인정하고 무시하며, 어떤 존재로 인식하는가는 개개인의 임의적 기준에 따라 다양화되는 것이 아닙니다. 그 기준은 언제나 일반화할 수 있는 반복적 현상으로 나타납니다. 이런 점에서 우리는 인정과 무시 행위를 통해 사회구성원들 간의 일상적 관계에 사회적 인정질서에 대해 이야기할 수 있으며, 이러한 사회적 인정질서 속에서 사회 구성원들이 과연 인정을 통해 성공적 자아실현을 보장받고 있느냐에 따라 우리가 살고 있는 사회를 비판할 수 있습니다.

셋째, 사회적 연대감입니다. 인간은 사회적 연대를 경험하면서 자긍심이라는 긍정적인 자기의식을 형성합니다. 개인은 자신이 공동체의 구성원으로부터 가치 있는 존재로 인정받을 때 공동체 내의 사회적 연대를 경험하며, 이를 통해 자신에 대한 긍지를 갖는 긍정적인 자기의식을 형성하게 됩니다. 여기서 각 개인은 자기만의 특수한 속성을 지닌 존재로 인정됩니다. 각 구성원의 주체들은 자신들의 다양한 삶의 길을 드러내는 상호관계의 방식을 연대라는 개념으로 이해합니다. 이 주체들은 서로가 동등한 방식으로 가치평가를 합니다. 여기서 실천적 목표는 개인에게서 타인의 능력과 속성의 중요성을 인정할 수 있게 하는 상호주관적 가치지평을 산출하는 강력한 동의를 형성하는 것입니다. 예컨대 어떤 개인이나 집단이 사회적 연대에서 배제된다면 어떻게 될까요? 우리가 가정에서, 학교에서, 직장에서 그리고 사회 전체에서 따돌림을 당한다면 우리 자신은 공동체에서 소중한 존재로 평가받고 있다는 의식을 가질 수 없을 것입니다. 또한 가부장적 전통이 지배하는 사회에서 여성의 사회진출이 어렵다면, 여성들은 자기 자신에 대한 긍지와 자신의 존재를 부정적으로 의식할 수 있습니다.

현대사회에서 사회적 인정질서와 갈등하는 개인이 점차 증가하고, 또한 이들의 갈등 경험이 일반화되거나 집단화되었을 때 사회는 사회적 인정의 대상과 내용을 확장하려는 인정투쟁에 더 한층 직면하게 됩니다. 곧 성공적 자아실현, 행복한 삶의 조건을 확보하기 위한 사회적 저항과 집단적 투쟁이 가시화될 수 있다는 것입니다. 이러한 인정투쟁은 자신을 무시한 상대방을 파괴한다든가 자신을 무시한 사회 자체를 철폐하려는 것은 아닙니다. 다만 인정투쟁은 새로운 인정질서를 형성함으로써 개인의 삶을 보호하려고 한다는 점에서 도덕적 정당성을 갖습니다.

따라서 호네트는 인정의 원칙이 정의의 원칙과 그 타자를 포섭할 수 있는 제3의 원칙으로 발전시키고자 하는 것은 한갓 이론적 구상에 지나지 않는다고 보았습니다. 따라서 그는 궁극적으로 그의 이러한 구상이 보다 좋은 사회를 위해 어떻게 가능하게 실천될 것인지는 윤리학과 정치철학의 근본문제들에 대해 인정의 원칙이 얼마나 응용력을 가질 수 있는지 검토하고자 하였습니다.

제17장
사회정의론

제 17 장

사회정의론

01

존 롤즈John Rawls, 1921~2002

존 롤즈

존 롤즈는 미국 메릴랜드 주州 볼티모어에서 5형제 중 둘째 아들로 태어났습니다. 그의 아버지는 변호사였고, 어머니는 여성의 권익을 옹호하는 활동을 하였습니다. 그는 대학에 입학하기 이전에는 주로 교회재단이 운영하는 사립학교에서 교육을 받다가 1939년 프린스턴대학교에 입학하여 철학을 공부하였습니다. 그는 최우등으로 졸업한 후 군에 입대하여 태평양 전쟁에 보병으로 참전을 하게 됩니다. 그는 1946년 다시 프린스턴으로 돌아와 박사과정에 입학하여 1950년 철학박사를 받고, 1952~1953년도에 영국의 옥스퍼드에 가서 벌린Isaiah Berlin, 햄프셔Stuart Hampshire 등의 강의를 듣게 됩니다. 그는 코넬대학과 매사추세츠 공과대학MIT을 거쳐 1961년 이후 하버드대학의 철학과 교수로 재직했습니다.

1958년 「공정으로서의 정의」를 발표한 뒤 그의 관심은 정의正義문제만을 파고들었고 때문에 우리에게는 단일주제의 철학자로 잘 알려져 있습니다. 그의 관심은 사회 정의문제에 대한 현대적 해석에 집중되어 분배적 정의, 시민불복종, 정의감 등 여러 논문들을 발표하여 학계에 주목을 끌기 시작하였습니다. 그의 이론의 기본적 특징은 자유, 평등, 사회경제적 복지 증진이라는 사회정의 실현에 있어서 세 가지 주요한 요청을 특유하게 조정하였습니다.

롤즈는 『정의론』(1971), 『정치적 자유주의』(1993), 『만민법』(1999) 등의 저서들에서 다원주의의 현실을 반영하였습니다. 특히 그는 『정의론』에서 질서정연하게 체계 잡힌 민주사회를 규제하는 공평성으로서의 정의관正義觀을 하나의 포괄적인 철학적 학설로 제시하고자 했습니다. 그리고 이러한 그의 학설을 근거로 하여 정의로운 사회의 안정성과 기본적 도덕적 신념을 확보하려는 목적을 갖고 있었습니다.

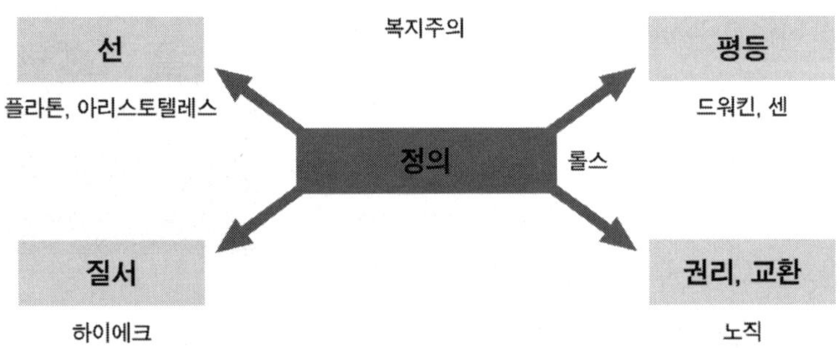

공정으로서의 정의관

존 롤즈는 몇 가지 질문을 놓고 연구를 시작했습니다. 그 결과 새로운 사회정의론의 핵심 사상들을 발표할 수 있었습니다. 1950~1960년에 걸쳐 연구에 매진한 결과 『정의론A Theory of Justice』(1972)을 발표하였습니다. 이 책은 26개의 언어로 번역되어 전 세계적으로 커다란 반향을 일으켰습니다. 롤즈는 자신의 이론을 공정으로서의 정의라 불렀습니다.

롤즈는 공과desert와 필요need의 개념에 초점을 맞추어 다양한 사회정의이론들을 두루 잘 알고 있었습니다. 그럼에도 그의 비판은 공리주의에 맞추어지고 있습니다. 공리주의는 전체 효용이 가장 높을 때 정의롭다고 주장하는 학설로서 흔히 "최대다수의 최대행복"이라는 슬로건으로 대표됩니다. 영국의 철학자 벤담, 밀을 위시로 하여 고전 공리주의에서 시즈위크Henry Sidgwick, 피터 싱어Peter Singer로 이어지는 공리주의 전통에 있습니다. 그는 어떻게 하면 공리주의의 정의원칙의 문제점을 드러내면서도, 그를 대체할 만한 정의원칙을 제시할 수 있을까?에 대해 깊이 생각했습니다. 그 결과 고안한 것이 "원초적 입장"이라는 아주 특별한 사유실험이었습니다. 원초적 입장이란 자신의 이익 증진에 관심을 가진 합리적 인간들이 그들의 공동체의 기본조건을 정하기 위해 논의하는 상황이라 정의할 수 있습니다. 원초적 입장은 현실에서 발견할 수 있는 것이 아니라 우리의 생각 속에서 이루어지는 가상적인 실험일 뿐입니다. 다시 말해 사람들이 모여 국가의 기본구조에 대해 논의하고 합의한다면, 그것은 무엇일까에 대해 생각해 보는 것입니다. 이 가상적인 사유실험이 중요한 이유는 현대에 가장 큰 영향력을 미치고 있는 공리주의 정의원칙의 문제점을 드러내고 그보다 우월한 정의원칙을 찾을 수 있는 가능성을 내포하고 있기 때문입니다. 롤즈가 무엇보다 중요하게 생각한 것은 사회제도의 정의로움입니다. 그는 사회체제를 인간의 힘으로 어쩔 수 없는 불변의 질서가 아니라 인간의 힘으로 바꿀 수 있는 가변의 질서라고 보았습니다. 사회제도는 인간 활동을 규정하는 방식과 사회를 배열하는 방식일 뿐입니다.

롤즈는 원초적 입장에서 합의과정에 참여하는 구성원은 무지의 베일 속에 있다고 가정합니다. 무지의 베일 속에 있다는 것은 합의의 당사자들이 자기 자신에 관련된 사실들에 대해 알지 못한다는 것입니다. 각 당사자들은 자신의 사회적 지위나 계층, 타고난 재능이나 체력, 도덕적 종교적 선호나 심리적 성향을 알지 못할 뿐만 아니라 자신이 속한 사회의 경제적, 정치적, 문화적 사정에 대해 알지 못합니다. 또한 그는 자신이 속한 세대, 즉 유년기, 청년기, 노년기 중 어디에 속하는지 알지 못합니다. 그가 아는 것은 인간사회에 대한 일반적 사실뿐입니다.

롤즈는 무엇보다 사회의 효율성을 중시하면서도 더 나아가 사회의 공명정대함이 충족되어야 한다고 생각했습니다. 이런 점에서 그는 사회의 효율성을 모두가 도덕적으로 동의할 수 있는 공명정대함 또는 흔히 공정함이라고 부르는 것에 소속되어야 한다고 생각했습니다. 롤즈는 원초적 입장에서 무지의 베일 속에 있는 당사자들이 합의하는 두 가지 원칙을 표현할 수 있다고 보았으며, 그것을 정의의 2원칙이라 불렀습니다.

제1원칙: 각 개인은 다른 사람들의 유사한 자유와 양립할 수 있는 가장 광범위한 기본적 자유에 대해 동등한 권리를 가져야 한다.

제2원칙: 사회 · 경제적 불평등은 다음 두 조건을 만족시키도록 조정되어야 한다.

ⓐ 최소수혜자에게 최대의 이익이 되고, ⓑ 공정한 기회균등의 원칙 아래 모든 이에게 개방된 직책과 직위가 결부되어야 한다.

롤즈의 정의의 2원칙 중에서 제1원칙은 "자유우선원칙"이며, 제2원칙 중 ⓐ는 "차등의 원칙", ⓑ는 "공정한 기회균등의 원칙"이라 부릅니다. 여기서 정의원칙은 앞뒤 우선순위가 결정적인 역할을 합니다. 마치 '가'

가 '나'보다 먼저 배치되듯이, 제1정의 원칙이 제2정의원칙보다 우선합니다. 그리고 사전에서 '나'열이 '너'열보다 먼저 나타나듯이, 차등의 원칙이 공정한 기회균등의 원칙보다 먼저 충족되어야 합니다. 이런 순서를 염두해 두고 보았을 때, 그의 정의관에서 가장 중요한 과제는 정치적 자유를 확보하는 것입니다.

정의의 제1원칙은 광범위하고 근본적입니다. 이것은 한 국가를 이루는 여러 정체와 체제들을 포괄하고 조정하기 위한 근본원칙으로서 법·사회·경제·정치제도를 모두 포괄합니다. 이것이 롤즈 정의관의 커다란 특징입니다. 제1원칙은 정치적 자유를 규정·규제하는 원칙입니다. 정치적 자유는 인간의 사회생활에서 우선적으로 요구됩니다. 여기서 정치적 자유는 양심과 사상의 자유, 언론집회의 자유, 사유재산권과 더불어 신체의 자유, 체포와 구금을 당하지 않을 자유 등이 포함됩니다. 중요한 것은 한 개인이 주권을 지닌 시민으로 동등하게 대우받는 것입니다.

정의의 제2원칙은 정의로운 체제 내에서 원활한 사회·경제활동이 이루어지도록 하기 위한 원칙입니다. 제1원칙과 다르게 제2원칙은 사회에 대한 일반적 원칙을 받아들입니다. 예컨대 사회적 평등이란 개인들의 모임이지만, 모두에게 동일한 자질과 역할이 부여되었다고 말할 수 없습니다. 모두가 동일한 자질과 역할을 가지고 있다고 한다면, 협동생활을 할 하등의 이유가 없을 것입니다. 사회 내에서 개인의 능력과 역할은 제각기 다릅니다. 개개인의 능력과 역할을 어떻게 조정하느냐에 따라 사회에 이익이 될 수도 있고 해악이 될 수도 있습니다. 따라서 제2원칙은 인간의 능력과 역할을 조정하려는 원칙이며, 사회의 불평등을 최소화하고 사회협동을 극대화하려는 원칙입니다. 무엇보다 제2원칙은 사회의 불평등을 최소화할 수 있는 관점과 방안입니다. 사회 불평등을 완전히 제거할 수 없다고 한다면, 그 불평등은 사회에 보탬이 되는 방향으로 나아가도록 해야 합니다.

롤즈는 그의 후기 저서인 『정치적 자유주의』(1993)에서 공정으로서의 정의관은 더 이상 보편적인 도덕이론이 아니며 현대의 문제를 다루고자 한다는 점에서 실천적 정치이론이라 파악합니다. 여기서 그는 현대사회의 다원주의를 배경으로 다루고 있습니다. 그리고 동시에 근대 자유주의 국가의 기본구조에 관한 정치윤리의 이론을 제시하였습니다. 이는 국가 공권력 행사의 합법성과 사회의 기본제도에 대한 정치적 정의관을 확보하기 위한 것이었습니다. 그는 초기 근대종교의 기원과 종교적 관용의 논쟁에서 개방된 도덕설의 갈등을 드러내 보였고 이러한 갈등은 우리에게 강력한 정치이론의 역사적 시발점을 제공해 주었습니다. 특히 그는 문화다원주의 사회에서 발생하고 있는 정의正義의 문제에 새로운 통찰을 얻고 자유로운 공정성이라는 개념을 근거로 하여 자유주의의 형식을 제시하였습니다. 이러한 다원주의는 합당하고 포괄적인 교리와 자유롭고 평등한 시민들로 이루어진 안정되고 정의로운 사회를 오랜 기간 유지하는 방도를 찾고자 하는 현대적 과제에 근거합니다.

롤즈의 다원주의 이론은 미국사회에 관한 이론적이고 현실적인 측면에서 그 적실성을 확보하여 왔습니다. 그의 입장에서 다원주의는 단순한 다원주의simple pluralism가 아니라 합당한 다원주의reasonable pluralism를 강조하였습니다. 그 이유는 다양한 포괄적인 종교적, 도덕적, 철학적 교설들이 특색을 보인다는 것 때문입니다. 여기서 포괄적인 교설은 오직 국가권력의 강압적인 힘을 통해 유지될 수 있다는 역사적 경험 때문입니다. 공정으로서의 정의와 관련된 질서정연한 사회의 본질적 특징은 그 사회의 모든 시민들이 포괄적인 철학적 교리라고 부르는 것에 입각해 있습니다. 여기서 포괄적 교리는 공리주의의 원칙과 공정으로서의 정의를 포괄적이고 부분적인 교리로 받아들여집니다. 하지만 문제는 현대사회가 포괄적인 종교적·철학적 그리고 도덕적 교리들의 다원주의에 의해 인정되는 것이 아니라 심각하게 각기 다른 이견異見을 보인다는 데 있습니다.

롤즈에 의해 촉발된 문화다원주의의 주요 논점은 단지 문화일반에 초점을 맞춘 것이 아니라 정치윤리의 문제로 관심을 환기시키는 것이었습니다. 즉, 현실에 내재된 정의문제를 정당한 근거로서 규명하고자 하는 것이었습니다. 문화다원주의의 논쟁은 특히 다인종으로 구성된 미국에서 가장 활발하게 일어났으며 캐나다·영국·오스트레일리아·뉴질랜드로 확산되었고 현재에는 우리나라를 비롯한 아시아와 아프리카를 포함하여 세계 각국으로 퍼져 나갔습니다. 이 논쟁은 모든 가능한 다양한 규범뿐만 아니라, 근대사회 이후 사회가 다원화되면서 인간의 집단은 현 상황에 언제나 의존하여 있습니다. 현대의 문화다원주의의 논의는 한편으로는 문화의 다원성, 즉 복수성에 대한 사실적 명제이며 다른 한편으로는 한 문화가 다른 문화에 대해 취해야 할 태도의 당위성에 대한 규범적 명제를 전제로 합니다. 문화다원주의는 최소한의 사회적 질서를 유지하기 위해서라도 한 사회 내에 불가피한 갈등이 일어났을 때, 그것을 해결하는 합리적인 방법이나 절차가 필요합니다. 즉 모든 사회에 다 같이 적용될 수 있는 비폭력적인 방법으로서의 어떤 원칙을 갖기 위해서라도 보편적인 정치철학의 관점을 견지해야 할 필요성에서 생겨났습니다.

롤즈는 이성의 부담, 판단의 부담을 강조했습니다. 즉 판단을 내릴 때 많은 경우 양심적이고 충분히 합리적인 사람들도 동일한 결론을 내리기가 어렵다고 말합니다. 그렇지만 롤즈가 다원주의적 현실을 인정했다고 하여 상대주의로 빠져 규범적인 이론정립을 포기한 것은 아닙니다. 그는 여전히 안정된 민주사회는 어떤 기본적인 직관적 신념을 포함하고 있으며, 그러한 신념으로부터 정치적 정의관을 구축하는 것이 가능하다고 믿었습니다. 현대철학자인 호네트나 테일러는 타자와의 관계를 설명하기 위하여 인정의 개념을 도입하였는데 이는 자기의 동일성의 확보를 통해 오직 타자들의 인정이 필수적으로 요청되며 대화의 관계를 통해 가능해질 수 있다고 주장하였습니다.

제18장
현대 유럽철학

제 18 장

현대 유럽철학

01

현상학: 에드먼트 후설Edmund Husserl / 메를로-퐁티Mereau-ponty 엠마누엘 레비나스Emmanual Levinas / 한스 요나스Hans Jonas

에드먼트 후설: 판단을 보류하라
Edmund Husserl, 1859~1938

에드먼드 후설

후설은 메렌Mähren 주의 프로스니츠Proßniz에서 유태인 가계家系의 아들로 태어났습니다. 그가 처음으로 학문에 발을 들여 놓게 된 계기는 1876년 라이프치히Leipzig대학에서 공부를 하면서부터 입니다. 그는 고등학교 시절에 모든 과목에서 뛰어난 우등생은 아니었으나 특히 수학에 열중하는 특이한 학생이었습니다. 고등학교 시절의 수학에 대한 관심은 라이프치히대학에 진학한 뒤에도 계속되었습니다. 라이프치히대학에서 3학기를 보낸 후 후설은 1878년 베를린대학(지금의 베를린 훔볼트대학교)으로 학적을 옮긴 뒤 저명한 수학자인 바이어슈트라스K. Weierstraß 교수와 크로네커F. Kronecker 교수에게서 수학을 공부하였고, 파울젠F. Paulsen 교수에게서 철학을 공부합니다. 그 뒤에는 빈대학교의 브렌타노Franz Brentano 교수를 만나 심리학을 공부하였습니다. 1881년 후설은 빈대학으로 학적을 옮긴 후 1882년에 『함수 계산론』이라는 제목으로 박사학위를 받았습니다. 그 이후 그는 오스트리아의 빈대학에 머물면서 1886년 여름학기까지 브렌타노의 심리학 강의에 심취합니다. 1887년에 그는 브렌타노의 추천을 받아 할레대학의 사강사私講師가 되었습니다. 그 당시 할레대학의 교수였던 스툼프Carl Stumpf의 지도 아래 『수 개념에 관하여』라는 논문으로 교수 자격을 취득합니다.

1890년에 그는 괴팅겐대학의 철학 교수로 임명되었으며 1916년에는 프라이부르크대학으로 자리를 옮겼습니다. 그곳에서 그는 하이데거를 가르쳤으며, 현상학적 직관 안에서 단계적 훈련을 거듭하였습니다. 동시에 그는 검증되지 않거나 엄밀하지 않은 철학적 지식은 더 이상 사용하지 말도록 가르쳤습니다. 그리고 1929년까지 프라이부르크대학에서 학생들을 가르쳤으며 그곳에서 자신의 남은 인생을 불행하게 보냈습니다. 왜냐하면 그가 유태인이라는 이유로 근심과 비난 속에서 살아야 했기 때문입니다. 외견상 그의 생애는 극히 단조로운 것이었으며 세인의 관심을 끌만한 극적인 요소도 없었습니다. 그러나 그는 수학자로서 학문에 입문하여 철학자로서 생애를 마칠 때까지 진리에의 열정으로 끝없이 자신을 소진해 가는 처절한 자기투쟁의 연속의 삶을 살았습니다. 어떠한 불확실이나 모순도 허용하지 않으려는 그의 고집스런 열정은 끊임없는 반성과 재검토를 요구하였습니다.

후설의 현상학적 방법

후설은 이제까지의 입장을 주저함 없이 수정해 갔으며, 자신의 주장에만 매몰되지 않고 부단하게 다양한 문제와 대결하여 삶의 올바른 지적 태도란 어떠해야 하는지를 여러 저서에서 보여주었습니다. 후설의 현상학적 방법은 다소 복잡하지만, 일반적으로 다음과 같이 말할 수 있습니다.

첫째, 판단중지괄호치기, Epoche하는 것입니다. 이는 경험적이면서 형이상학적, 자연적 태도의 전제들을 일단 보류할 것을 제안하는 것입니다. 판단중지된 전제들 중에서 가장 의문시되는 것은 우리들의 의식과 독립적으로 존재한다는 것입니다.

둘째, 현상학적 환원입니다. 이것은 사물화되기 이전에 우리의 지향적 경험을 낳는 축으로 돌아갈 수 있도록 하는 것입니다. 이러한 환원을 통해서 우리의 의식에 나타난 것과 동일한 무전제의 선험성의 세계로 나아간다고 믿는 것입니다.

셋째, 자유변경입니다. 판단보류와 현상학적 환원과정을 거치면서 자유변경은 더 이상의 감관에만 주어지는 경험적 사실성으로만 제한되지 않습니다. 이는 자유로운 순수 가능성의 작용으로 나타납니다. 예를 들어 감각의 소여들, 즉 탁자, 나무, 사람 등등은 우리의 의식에 나타날 수 있는 모든 사물에 공통적인 불변의 구조가 재현될 때까지 자유롭게 변형시킬 수 있습니다. 이러한 불변의 구조를 후설은 형상eidos이라 일컬었습니다.

넷째, 여러 차례 자유변경을 통해서 자연스럽게 도출되는 본질 직관의 단계입니다. 여기서 본질직관은 다양한 감각소여를 직접 파악하여 수동적으로 주어져 있던 가능성을 능동적으로 다시 자기화시키는 것입니다.

다섯째, 현상학적 방법은 노에마noema와 노에시스noesis의 본질적 구조를 분석하여 현상학의 궁극적 목적에 이르고자 하는 것입니다. 이는 현상학적 분석을 통해 확보된 이론적 자료를 다른 사람들이 이용할 수 있도록 도와주는 것입니다.

현상학의 어원과 다의적 정의

현상학이란 개념은 후설이 처음 사용한 것은 아닙니다. 자신의 철학을 현상학적이라고 명명한 최초의 철학자는 헤겔입니다. 칸트와 마찬가지로 헤겔은 현상이야말로 우리가 의지해야 할 전부라고 주장합니다. 헤겔에게 있어서 현상은 단지 현상 자체뿐만 아니라 인간사유의 필연적 과정으로서 변증법적인 과정의 매개에 의해 진행됩니다. 현상은 직접 감각을 지각하는 단순한 형태로부터 시작하여 자기의식을 통해 실재는 통일성으로 환원되어 이성에로 나아갑니다. 즉 이성은 현실적인 절대이념, 절대정신으로 도달합니다.

현상학이란 용어는 헤겔의 『정신 현상학』(1807)에서 사용한 것처럼, 철학분야뿐만 아니라 일반과학이나 종교계에서도 널리 사용하여 왔습니다. 즉 현상학이란 용어는 당시에 철학, 심리학, 그리고 자연과학의 영역에서 널리 통용되고 있었습니다. 예컨대 신칸트학파의 빈델반트Wilhelm Windelband, 철학자이자 심리학자인 쉬툼프Carl Stumpf, 분석심리학을 일반철학의 기초학문에 적용한 립스Theodor Lipps, 볼츠만Boltzman, 키르흐호프G. R. Kirchhoff와 같은 자연과학자들도 이론적 설명을 통해 현상학적으로 기술하였습니다. 물리학자이며 철학자인 마하Ernst Mach, 1838~1916는 강연에서 현상학을 포괄적인 물리학적 현상학으로서 요구하였습니다. 마하는 현상학을 이른바 사유경제학Denkökonomie의 프로그램에 따라 물리학에서 불필요한 부가물을 제거하려는 새로운 방법적 사유로 파악하였습니다. 후설은 1897년의 그의 논평에서 현상학이라는 말을 마하의 견해에 따라

종종 사용하였습니다. 현상학이 자리를 잡기 시작한 것은 후설이 할레대학교의 사강사로서 강의한 1887~1901년 무렵이었습니다. 앞서 언급했듯이, 현상학이란 용어는 후설 자신에 의해서만 불린 것은 아닙니다. 이 용어는 람베르트, 칸트, 피히테, 헤겔, 로체 그리고 하르트만과 같은 철학자들에 이르기까지 거슬러 올라갑니다. 호프마이스터J. Hoffmeister에 의하면, 이 용어를 처음 사용한 사람은 볼프Wolff학파의 람베르트J. H. Lambert, 1728~1777라고 보고 있습니다. 그 당시 널리 통용되었던 현상학이라는 용어는 사변적인 것에 반대하여 경험을 통해서 직접 주어진 것, 즉 감각지각 내지 심적 체험들에 관한 이론적 작업으로 이해되었습니다.

현상학이란 말은 칸트의 저서에서 그렇게 많은 빛을 발하지는 못했지만, 헤겔의 『정신현상학』에 이르러 결정적인 철학사적 의의를 지니게 됩니다. 헤겔의 현상은 존재론적 맥락에서 후설의 인식론적 견지에서의 현상개념과는 다소 다르다고 할 수 있습니다. 여기서 헤겔의 현상은 단순한 가상이나 어떤 것의 외적 나타남이 아니라 정신 그 자체가 그때그때 취하는 자기의 모습을 말합니다. 후설이 현상학이란 용어를 처음으로 철학에 대한 명칭으로 사용한 것은 『논리연구 II』(1901)에서 입니다. 그는 현상학을 기술적 심리학이라고 규정하기도 하고 현상학이라는 단어로 사용하기도 하였습니다. 1900년의 『논리연구 I』 초판에서는 경험 심리학이나 인식비판의 기초가 되는 내적 경험의 기술적 현상학이라고 부르기도 하였습니다. 후설의 기술적 심리학이라는 개념은 그의 스승이었던 브렌타노에 의해 영향 받은 것입니다. 현상학 혹은 기술적 현상학이라는 용어는 직접 브렌타노에 의해 빌려 오지는 않았습니다. 브렌타노는 자기의 철학을 기술적 심리학, 심리 구조학Psychognosie이라고 불렀으나 현상이라고 지칭하지는 않았습니다.

엄밀한 학으로서 철학: 사상事象자체로!

후설은 철학이란 가장 엄밀한 것을 다루는 "엄밀한 학Philosophie als strenge Wissenschaft"이 되어야 한다고 말합니다. 후설이 철학에 요구한 엄밀성은 수학에서와 같은 추리과정의 필연성만은 아닙니다. 추리가 필연적이어야 한다는 것은 철학뿐만 아니라 모든 학문에 공통적이고 필연적인 조건입니다. 이때의 엄밀함이란, 추리의 정밀함보다는 정밀한 추리의 출발점으로서 그 발단을 찾아갔을 때의 엄밀함을 말합니다. 철학이 엄밀한 학이 되기 위해서는 제일의 원리, 즉 절대로 의심할 수 없는 최초의 진리를 확보해야 합니다. 따라서 후설의 철학은 절대적으로 정초된 학이 될 수 있도록 전면적으로 개혁할 것을 요구합니다. 그것은 추리의 제1의 원리가 절대적으로 정초되어야 한다는 뜻입니다. 엄밀한 학이란 이런 의미에서 절대 명증적인 제1의 원리에 관한 학, 즉 "제일철학"이라는 뜻입니다.

후설은 "사태 자체die Sach selbst"라는 구호를 외쳤습니다. 철학의 본래적 역할로의 회복은 먼저 이제까지의 모든 이론체계에 대해 무비판적 수용을 유보하는 판단중지Phänomenologische Epoché를 수반합니다. 이 판단중지를 통해 지금까지 우리에게 주어져 있던 모든 이론과 선입견이 정지되면, 남는 것은 우리에게 나타나는 현상뿐입니다. 후설은 우리에게 갖고 있는 인식의 근원을 "근본적으로 부여하는 직관"이라 말합니다. 인식의 근원은 "우리의 직관을 근원적으로 제공되어 있는 것", 또는 "우리가 의식 자체에서, 즉 순수내재성에 있어서 본질적으로 통찰할 수 있는 것"을 말합니다. 따라서 어떤 존재를 정립하거나 어떤 주장을 할 경우에 그 정당성의 근원은 오직 의식을 원본적으로originär 부여하는 모든 직관에 있습니다. 현상학이란 본래 방법입니다. 즉 하나하나의 철학의 영역에서부터 사태에 충실하게 감정을 이입하는 직관과 발견의 도움을 받아

"사태 그 자체"로의 본질 내용이 드러나게 하는 처방입니다. 이 구호가 바로 "사태 그 자체로 돌아가라Zurück zu den Sachen selbst" 였습니다. 하이데거가 지어낸 현상학의 구호 "사태 자체로!"는 바로 의식의 근원적 직관에로의 귀환을 뜻하는 것입니다. 사태 자체에로 돌아감은 본질들이 순수하게 숨겨지지 않는 직관으로 파악하는 것입니다. 간단히 말해서 사태들을 고찰하고 다루어지는 관점들은 사태 그 자체를 바라보면서 발전될 수 있거나 그렇지 않을 수 있다는 것을 의미합니다. 따라서 현상학은 다음과 정리할 수 있습니다. 첫째로, 철학의 뛰어난 학문적 탐구방식, 즉 "사태 자체die Sache selbst"를 근원적으로 볼 수 있게 해 준다는 의미의 현상학적 방법이며 둘째로, 후설 자신이 『논리연구 I』 이후에 비로소 초월론적 철학Transzendental Philosophie의 형태로 발전시켜 나간 철학적 입장으로서의 현상학입니다. 여기서 초월적이란 개념은 어떤 구체적인 경험을 할 경우, 그렇게 경험할 수밖에 없도록 하는 요인들이 무엇인가를 찾아가는 성격을 일컬었고, 그러한 작업을 통해 드러난 활동이나 기능이 갖는 성격을 지칭하는 것이었습니다.

의식의 지향성

후설은 그의 스승이었던 브렌타노로부터 "지향성"이라는 개념을 받아들였습니다. 후설은 지향성을 일반적인 현상학적 구조들에 대한 포괄적인 명칭으로 보았으며 현상학의 주요 주제라 생각하였습니다. 후설에 따르면, "우리가 지향하는 것, 우리가 의미하고자 하는 것들은 의미부여적인 작용에서 의미되는 사물로 향합니다." 모든 심리현상은 비록 동일한 방식으로 진행되지는 않더라도 그 속에 무엇을 대상에 포함시켰습니다. 표상에 있어서는 무엇이 표상되고, 판단에 있어서는 무엇이 승인되거나 부인否認되며, 사랑에 있어서는 사랑하고, 미움에 있어서는 미워지고, 욕망에 있어서는 욕망되어 집니다. 이 지향적 내재존재는 심리현상에만 특유하게 나타납니다. 후설의 "~에 관한 의식"은 "무엇을 의식에 갖고 있음으로서의 의식"으로 이해할 수 있습니다. 지향성이란 마음의 움직임 속에는 언제나 그 대상을 가지고 있는 것을 말하며 대상을 대상으로 성립하게 하는 작용, 이것이 의식의 지향작용입니다. 무엇보다 대상은 언제나 지향작용에 의해 형성됩니다. 후설에게서 현상이란 언제나 "의식현상"입니다. 현상, 즉 나타남이라는 말은 언제나 "~이 ~에게 나타난다"는 이중적 구조를 갖습니다. 의식현상이라는 표현은 "의식에게 나타난 것"이라고 바꾸어 말할 수 있습니다. 또한 "의식에게 주어진 것"이라고도 기술하고 있습니다. 현상학의 탐구 대상은 "의식에게 주어진 것"을 주로 다루고 있습니다. 의식현상이 "~이 의식에 주어졌다"는 구조는 작용의 측면뿐만 아니라 그 내용을 문제시한다는 것을 뜻합니다. 따라서 후설은 의식을 "지향적 체험" 내지 "지향성"으로 규정했습니다. 이때의 지향성은 무엇에 관계하는 의식작용의 특징을 의미하는 것만은 아닙니다. 지향성은 그 구조가 매우 복잡하고 다층적이며 많은 변경의 모습을 보이고 있어서 마치 미로와 흡사합니다. 지향성이란 의식의 임의적인 활동을 가리키는 개념이 아닙니다.

이러한 지향성의 작용은 의식작용noesis과 의식내용noema을 지칭합니

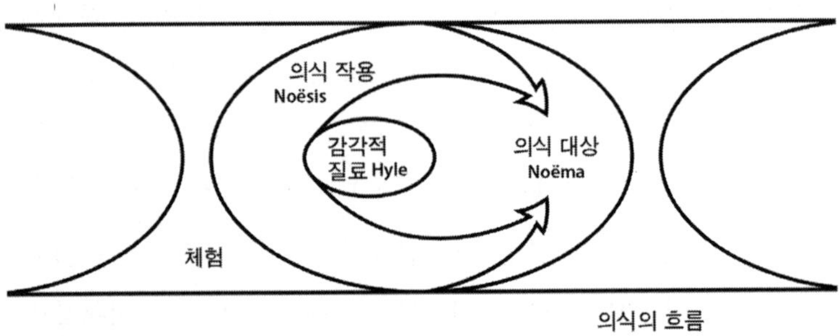

다. 의식은 노에마와 노에시스의 상관구조를 갖습니다. 노에시스와 노에마가 상관관계에 있다는 것이 바로 지향적 의식의 근본구조입니다. 즉 주관이 대상을 형성하는 작용을 후설은 노에시스라고 불렀습니다. 노에시스는 의식이 의미된 대상에로 시선을 향하며 이 대상을 파악하고 시선이 또 다른 대상에로 향할 때, 먼저 파악했던 대상을 기억 속에 확보하여 대상을 설명하고, 대상에 관계하며, 대상을 확신하거나 평가하는 등의 작용을 합니다. 예컨대 우리가 백화점의 진열장을 지나치면서 예쁜 인형을 바라본다고 합시다. 이때 우리는 먼저 이 인형이 지각되는 대로 바라보며 인형이라고 확신합니다. 그러다가 우리는 이러한 인형이 진짜 사람인지 인형인지를 의심하게 되기도 하고 인형이라고 추측하기도 하고, 인형이라고 긍정하기도 하고, 인형이 아니라고 부정하기도 하며, 건성으로 인형이구나 하고 인증해 버리기도 합니다. 이렇게 노에시스의 기본적인 신념은 "지각의 확실성"입니다. 이러한 사고 작용은 감각적 질료와 지향적 형상이라는 두 계기로 구분합니다. 감각적 질료는 우리의 오관이 사물로부터 받아들이는 감각내용들, 즉 색의 자료, 촉각자료, 쾌감, 고통감 등을 의미하며 이것들은 색성, 조잡성, 진동, 쾌감, 고통감을 주는 물리적이거나 생리적인 원인과는 구별했습니다.

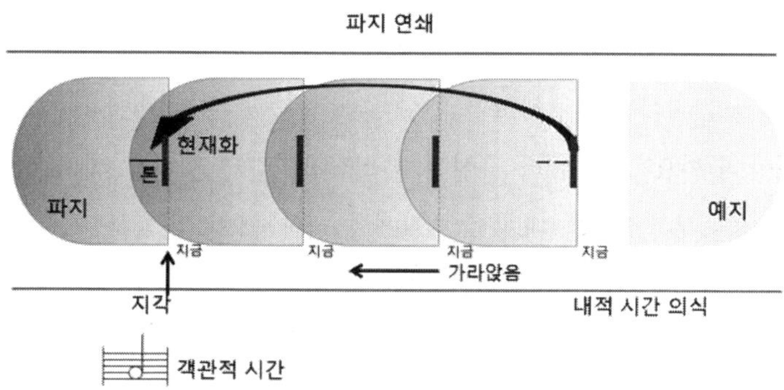

본질직관Wesensanschauung

현상학은 대상을 형성하고 진리를 인식하는 주관 작용의 순수한 유형이며 본질에 관한 학입니다. 후설현상학의 핵심적 요소는 본질개념Wesensbegriff입니다. 후설의 머릿속에서 생각하고 있던 본질개념은 논리적/수학적 사고를 특별한 뉘앙스로서 받아들입니다. 후설의 본질개념은 초월적인 형이상학의 존재요소가 아니라, 논리적·관념적인 성질을 띤 객관적인 요소입니다. 이러한 요소는 "사태와 짝Sachzusammengehörigkeit"을 구성합니다. 왜냐하면 객관 그 자체는 그 내용에 있어서 본질적인 것Wesenheit을 결정짓는 것이기 때문에 주관과 그 밖의 다른 주관이 만나서 정립된 단순한 기능방식이 아닙니다.

후설은 『이념들 1』의 첫 장에서 의식의 지향적 대상에서 사실적인 것Tatsache과 본질적인 것Wesen을 구분합니다. 사실적인 것은 여기에 이렇게 실제로 있는 것을 말합니다. 예컨대 칠판지우개가 있고, 분필들이 여기에 있고 칠판이 여기에 있다는 것은 시공간적 개별적인 사실들입니다. 본질적인 것은 한 개체가 일반성을 띠고 있는 것을 말합니다. 예컨대 여기저기에 우연히 놓여 있는 칠판지우개가 아니라, '칠판지우개, 분필, 칠판'의 질서 잡힌 관계, 즉 어떤 관계가 일반성을 띠고 있는 것을 말합니다. 다시 말해 개별적인 대상의 고유한 존재에서 그것의 어떤 것으로 존재하는 것입니다. 사실과학이 사실의 지식을 향한다면, 현상학은 전적으로 본질의 지식을 확립하고자 했습니다. 그는 본질의 개념을 어떻게 파악해야 할까요? 여기에서 후설은 본질직관이라는 개념을 제시했습니다.

후설은 본질직관을 내재적 본질에서 직관적으로 파악하는 것이라 말합니다. 이러한 본질직관을 가능하게 하기 위해 자연적 태도의 판단중지라는 방법을 도입했습니다. 후설의 본질직관은 모든 원리들 중의 원리이며, 이것을 통해 원본으로 주어진 대상 자체에 본질을 충실히 기술할 때 엄밀한 명증성으로서의 의심할 수 없는 인식에 도달합니다. 구체적으로 본질직관은 직관(방법)에 의해서 본질(대상)을 파악하는 것입니다. 그것은 감각에 의해서 개별적, 특수적인 사실을 파악하는 감성적 직관과 대립하며 또한 추리하는 사고와도 대립합니다. 즉 감성이나 이성에 의한 추리가 아니라 직관을 통해서 본질을 파악하는 것입니다. 본질은 직관이기 때문에 대상을 단번에 파악하는 것으로 생각하기 쉽지만 후설에게서 그것은 자유변경 또는 형상적 환원이라는 특수한 절차를 거쳐야 합니다.

형상적 환원은 사실적으로 주어진 것과 그것의 형상Eidos 또는 본질에로 소급시키는 것을 뜻합니다. 간단히 말해서 형상적 환원이란 본질로의 환원을 의미합니다. 이때의 형상 및 본질은 우리들이 음악의 화음에서 높은 도度를 듣거나, 동그라미를 보거나, 하나의 나무의 종류를 재인식할 때, 근본형태와 법칙구조로서 이미 경험 속에서 기능하고 있는 형상이나 본질을 말합니다. 본질의 형상적 차이는 직관적으로 파악하는 이념적인 사태에 의해서 고양되는 것이 아니라 무엇을 무엇으로서 해석합니다. 본질은 단순히 순간적인 직관의 산물이 아니라 자유로운 변경의 과정 속에서 진행됩니다. 자유변경이란 임의의 방향으로 자유로이 변경하여 무한히 많은 모상을 상상에 의해서 만들어 내어 이 변경 전체를 통해서 겹치고 합치하는 불변의 것이 드러나는 것을 직관적으로 포착하는 것을 말하며, 이것을 본질이라 불렀습니다. 이것은 귀납적 방법을 연상시킵니다. 본질직관을 밝혀내기 위해서 왜 복잡한 절차를 밟아야 할까요? 후설 자신은 본질직관이란 무슨 신비로운 인식작용이 아니라 우리가 늘 일상적으로 하고 있는 정신활동이라 말합니다. 예를 들어 종이 위에 삼각형을 그려 놓고 수학문제를 풀 때, 우리는 본질로서의 삼각형을 다루고 있는 것입니다. 다만 이러한 정신활동 자체를 들여다보고 그 과정을 반성해 보지 않기 때문에 저렇게 설명하면 어렵고 생소한 것같이 느껴지는 것입니다. 궁극적으로 본질직관은 후설 현상학의 근본태도입니다. 후설의 본질직관은 다음과 같이 구성하고 있습니다.

① 어떤 임의의 대상에서 출발하여 자유로운 상상에 의해 무수한 모상을 만들어 나갑니다.
② 이러한 다양한 모상은 전체에 걸쳐서 겹쳐지고 합치하는 것을 종합·통일시킵니다.
③ 자유변경의 전체를 통해서 영향 받지 않는 불변하는 일반성, 즉 본질직관의 논리적인 사실은 언제나 영원불변하고 절대적인 것입니다.

선험적 현상학-자연적 태도

본질기술학으로서 현상학은 본질Wesen을 대상으로 합니다. 앞서 언급했듯이, 후설이 본질직관이라고 하는 것은 내재적 본질의 직관적 파악을 말합니다. 이러한 본질직관이 가능하기 위해서는 내재적 영역으로 들어가야 합니다. 그러기 위해 후설은 자연적 태도에 대한 판단중지Epoché를 제안합니다. 자연적 태도란 우리가 일상적으로 취하고 있는 태도입니다. 우리는 보통 사물을 지각할 때 그 대상과 총체인 세계가 지각된 그대로 실재한다고 확신하고 있습니다. 이것은 각 개별적인 대상에만 한정된 것이 아니라 그 총체인 세계에서도 마찬가지입니다. 물론 개별적인 존재는 착각이나 환각이 있을 수 있으나, 그때에도 세계 자체의 존재는 조금도 의심하지 않습니다. 우리는 이런 통일된 유일한 세계 속에 살면서 사색하며 학문하고 있는 것입니다. 이러한 세계의 확신을 수반하는 생활태도를 후설은 자연적 태도라고 부르고 있습니다. 이 태도가 전제하는 통일된 유일한 세계의 존재나 그 속에서 각 개체의 존재에 대한 소박한 존재확신

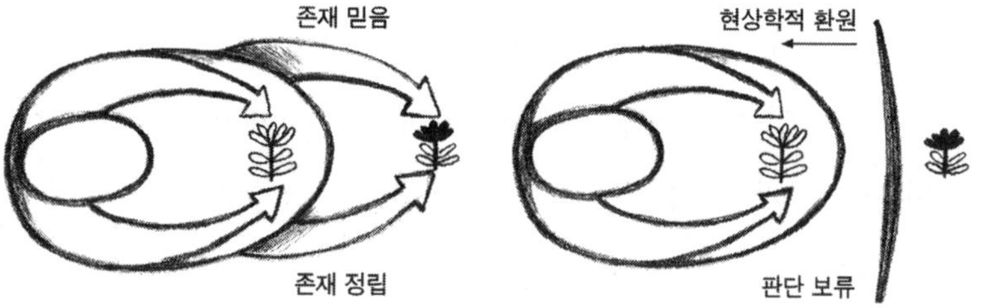

을 자연적 태도의 일반정립Generalthesis der natürlichen Einstellung이라 말합니다. 여기서 후설은 일상적 자연적 태도에 대해 판단을 중지할 것을 권합니다. 그것은 사물이나 세계의 존재를 정립하는 하는 것을 잠시 보류하고 그럼으로써 그 존재확신을 괄호치고 이러한 확신의 힘을 배제하는 것을 의미합니다. 그렇게 하였을 때 우리는 자연적 태도에서 오직 외부대상으로만 향하던 우리의 시선을 내재적 세계로 돌릴 수 있게 되고 주관은 이제 대상을 형성하는 의식체험을 두루 살필 수 있게 되는 것입니다. 즉 판단중지는 초월적 존재로부터 내재적 존재로의 전환을 가능하게 합니다.

판단중지

자연적 태도에 대한 판단중지란 바깥으로 드러나 있지 않은 잠재적인 정립을 고의로 끄집어내서 현실적으로 지배하는 것을 무력하게 합니다. 그리고 그 속에 포함된 주장이나 확신하는 힘을 배제하고 그것을 다시 정립하고 확신한 것에 대해 괄호를 친다는 의미입니다. 후설의 판단중지는 실제에 있어서 의식 초월적인 것을 배제하는 데서 나타납니다. 즉 세계가 의식 초월적이고 객관적으로 실재한다는 확신을 배제하고 괄호를 치는 것입니다. 후설에게 있어서 "괄호를 친다"는 의미는 탐구하는 사람의 심리적 가능성의 현실적인 상태와 관련되어 있는 모든 존재정립에 이르기까지 포괄적으로 적용됩니다.

이것은 자연적 태도에서 익명적으로 소박하게 그것을 실재라고 믿고 있는 모든 존재, 즉 자연적, 물리적 세계와 정신적 세계, 그리고 이것과 관련된 다양한 가치, 법률, 종교, 예술과 같은 모든 문화적 존재들과 이것에 관련된 모든 경험과학 및 정신과학을 배제하는 것입니다. 현상적 판단중지는 각 개별적인 명제에 대한 확증을 바꾸려고 하는 것은 아닙니다. 그것은 항상 우리에게 여기da에 있으며 눈앞에 펼쳐진 자연적 세계에 대한 믿음을 배제하고 괄호 치는 것입니다. 좁은 의미에서 판단중지는 현상학적 환원이라 부르고, 모든 체험들을 포함하는 의미로 이해합니다.

판단중지는 어떤 의미에서 데카르트의 방법적 회의로부터 이끌어낸 것입니다. 그러나 후설은 본질적으로는 다르다고 지적합니다. 의심할 수 없는 실재는 방법론적으로 그러하지만, 실재에 대한 어떤 입장을 취합니다. 일단 판단중지가 내려지면 그것은 결코 철회되지 않습니다. 여기서 우리는 판단중지와 데카르트의 회의懷疑 사이에 차이점을 볼 수 있습니다. 데카르트의 회의의 목적은 궁극적으로 회의하는 것에 관해 얻은 확실성 속에서 회의가 스스로 폐기되는 것입니다. 이와 다르게 현상학은 모든 것의 판단중지가 끊임없이 이루어지는 틀 속에서 완성됩니다. 왜냐하면 판단중지가 회의를 가능하게 모든 요소들을 제거하기 때문에 판단중지가 회의를 제거하는 역할을 해야 합니다. 이러한 요소들은 회의를 다시 불러들이는 자연적 태도의 입장을 견지하지 않는 한 다시 끌어들일 수 없습니다. 판단중지가 수행된 후에 남는 잔여를 탐구해 들어가는 근거가 되는 것은 환원입니다. 지속적으로 판단중지를 적용하였을 때, 환원은 모든 대상성의 유일한 원천으로서의 순수 주관성을 드러냅니다. 그렇게 되었을 때 순수하게 된 본질적인 잔여를 밝혀냅니다.

선험적 · 현상학적 환원

후설은 선험적이란 용어를 칸트철학에서 빌려왔습니다. 그러나 그는 이 말을 칸트보다 넓은 뜻으로 사용하였습니다. 원래 칸트에게서 선험적이란 먼저 선천적이어야 하며 동시에 경험인식을 가능하게 함을 뜻합니다.

> "나는 대상들이 아니라 대상들에 관한 우리의 인식방식을, 선험적으로 가능한 한에서 일반적으로 다루는 모든 인식을 선험적이라고 부른다."

여기서 선험적이라 함은 대상을 직접 문제 삼는 것이 아니라 대상을 인식하는 방식을 말합니다. 후설은 선험적이란 말을 "데카르트의 철학에서부터 출발하였으며, 모든 인식 형성의 궁극적 원천으로 되돌아가려는 동기라 말합니다." 즉 인식하는 자기 자신과 자기를 인식하는 삶을 자기 성찰하려는 근원적인 동기입니다. 이렇게 후설은 주관으로 되돌아가려는 동기를 모두 일컬어 선험적이라 말했습니다. 하지만 후설에게 있어서 선험적은 반드시 선천적이어야 함은 아닙니다. 다만 우리의 시선을 대상에서부터 이것을 형성하는 주관의 의식작용으로 돌리기만 하면 그것은 곧 선험적입니다. 그러므로 후설은 인식의 근원을 찾아서 코기토Cogito로 들어가는 데카르트의 회의적 방법도 선천적이라 하며 또한 지식이 성립하는 심리적 조건을 물었던 로크나 흄의 탐구방법도 선험적이라고 말합니다. 그래서 후설은 선험적이란 말은 선험적 환원을 모든 의식작용에서 대상적 극極의 필수적 상관자인 주관적 극, 선험적 자아와 그 대상영역을 밝히는 것에 주목했습니다. 선험적 자아란 순수자아를 의식하는 것뿐만 아니라 의식의 모든 작용들과 대상들에 통일성과 의미를 부여했습니다. 후설은 "대상성에서부터 이것을 의식하는 주관적 체험 및 활동적 형성 작용에로 되돌아가려는 시도"를 현상학적이라고 합니다. 간단히 말해 선험적이란 순수자아 또는 순수의식의 삶을 드러내어 포착하기 위한 절차인 것입니다. 후설은 자기의 선험적 현상학의 기본입장을 특징짓기 위해 선험적 관념론이라는 표현을 사용하였습니다. 이는 주관과 대상의 긴밀한 연관관계에서 발견할 수 있습니다. 이러한 관계는 자아와 의식 그리고 세계의 지향적 관계로 해석할 수 있습니다. 그는 의식의 상관자인 세계를 자아 또는 의식과 더불어 현상학의 주제로 삼았습니다.

후설이 환원의 방법을 사용한 것은 "엄밀한 학문으로서의 철학"의 이념을 실현하기 위한 시도였습니다. 하지만 그의 현상학적 환원은 대상세계의 존재를 부분적으로 부정하는 것은 아니었습니다. 현상학적 환원은 존재하는 것을 있는 그대로 괄호 속에 묶어 두지만, 그 대상세계에 관해 우리가 갖고 있는 주관적인 믿음만을 부정합니다. 따라서 후설의 현상학적 환원은 일체의 모든 경험적 대상이나 감각의 내용을 배제하고 그것들의 의미구조를 구성하는 의식의 지향작용과 상관관계로서 환원하는 것을 의미합니다.

메를로-퐁티

메를로-퐁티: 몸의 현상학

Maurice Merleau-Ponty, 1908~1961

메를로-퐁티만큼 자신이 살았던 시대에 밀착했던 사람도 없을 것입니다. 그는 한때 20세기 유럽을 지배했던 3대 사조인 현상학과 실존주의 그리고 마르크스주의를 편력하여 그 사상을 통해 인간과 세계를 조망하였습니다.

그는 1930년 파리 고등사범학교를 졸업하였고, 이곳에서 사르트르를 만났습니다. 대학을 졸업하고 여러 중등학교에서 철학을 가르쳤습니다. 그 당시에 그는 레비-스트로스와 사르트르의 부인 보부와르를 만나고 프랑스에서 헤겔 연구가인 코제브의 강의를 들으면서 라캉, 아롱, 바타유 등과 사귀었습니다. 이때 그의 첫 주저인 『행동의 구조』(1938)를 마무리 짓습니다. 그리고 그는 사르트르와는 다소 다른 방식으로 하이데거와 후설의 현상학에 관심을 갖기 시작합니다. 1944년에 그는 벨기에 루뱅에서 파리로 전송된 후설의 유고들을 점검하면서 많은 작업 끝에 500여 쪽에 달하는 『지각의 현상학phénoménologie de la Perception』(1945)을 완성합니다. 그는 이 책을 통해 철학계에서 확고하게 위치를 굳혔습니다. 전쟁이 끝난 후 메를로-퐁티의 사상은 주로 정치 사상적인 방향으로 선회하면서 현상학과 마르크스주의의 결합을 꾀합니다. 이런 입장의 정치사상은 1947년 당시 소련의 사회주의를 옹호하는 『휴머니즘과 테러』를 출간함으로써 한 단계 과정을 정리합니다. 그는 사르트르와 함께 정치부 주임기자로서 사회평론지인 『현대Les temps modernes』를 이끌면서 정치평론과 예술평론에 관한 글을 싣게 되고 이것을 모아서 1948년에 『의미와 무의미』를 출간합니다. 1952년 베르그송의 뒤를 이어 가장 연소한 나이로 프랑스 대학의 교수로 임명되어 1961년 53세에 예기치 않은 심장병으로 생을 마칠 때까지 이곳에서 강의를 하였습니다.

애매성의 철학의 출발점

메를로-퐁티의 현상학은 전통적인 경험주의 철학과 합리주의 철학 사이의 중간노선으로서 흔히 애매성의 철학으로 말해지곤 합니다. 그가 언급하는 애매성은 경험주의와 관념론 사이를 오고 가는 것이 아니라, 이들 양자와 대립되는 상호세계에 대한 실제적인 서술입니다. 애매성은 두 가지의 관점에서 표현됩니다. 첫째, 애매성은 사회적 · 문화적 구조에 의해 표현되며, 동시에 변증법적인 이중적 애매성을 지닙니다. 둘째, 애매성은 인간의 활동으로서 스스로 사용하는 사용대상과 문화대상들을 드러냅니다. 동시에 이것들을 부정하거나 극복하려는 의지를 표명하는 데서 나타납니다. 그의 현상학은 『지각의 현상학』이라는 제목에서 알 수 있듯이, 경험의 1차적 형태인 지각의 체험을 인식의 근원으로 상정해 놓고, 이에 근거하여 인간과 세계, 의식과 대상과의 관계 등을 새롭게 설명하고 있습니다. 그리고 이러한 지각의 현상으로부터 언어와 문화, 이성 그리고 예술적 · 윤리적 · 종교적 체험에 대한 탐구로 확대했습니다. 메를로-퐁티의 철학체계를 이해하는 방법은 그가 계승한 현상학자들, 즉 후설, 사르트르, 하이데거와 밀접한 연관을 맺었습니다. 무엇보다 메를로-퐁티 현상학의 중심인물은 언제나 후설이었고 그의 현상학의 환원을 자신의 해석으로 재해석하였습니다.

그는 자신의 주저인 『지각의 현상학』의 서문에서 "현상학은 세계가 반성하기 이전에 이미 하나의 파기할 수 없는 현존으로서 영원히 이미 거기에 존재하는 철학이요, 세계와의 직접적이고 소박한 접촉을 되찾아 마침내 그것에 철학적 법규를 기울이는 그런 철학"이라고 말함으로써 후설을 따르고 있습니다. 그리고 하이데거가 『존재와 시간』(1929)에서 밝힌 실존적 요소와 세계-내-존재의 개념에 영향을 받고 자신의 철학을 전개해 나갔습니다. 즉 하이데거의 관점에서 기본적 실재는 이 세계가 아니라 존재에 있었으며 지각적인 것을 포함한 모든 인간체험의 분석은 오직 존재에의 근본적인 물음을 제기하기 위한 수단이었습니다. 메를로-퐁티는 인간의 실재성의 특징을 지향성으로서 파악하고, 그 체험 속에서 세계는 인간의 생활세계로 구성된다고 보았습니다. 특히 그는 지각된 세계를 기본적인 실재로서 간주합니다. 따라서 메를로-퐁티는 후설의 현상학적 환원을 자신의 해석을 통해 하이데거의 세계-내-존재의 개념을 위한 필수 불가결한 기초로서 제시하고 있으며, 하이데거의 실존철학이 후설 현상학의 정당한 연장선임을 암시하고 있습니다.

육화肉化된 코기토

메를로-퐁티는 "육화된 코기토incarnate cogito"의 개념을 인간의 근본적인 행위로 보았으며 여기서 세계에 대한 지각현상을 구성하고자 하였습니다. 즉 메를로-퐁티의 철학적 문제란 당대의 비이성적 국면을 탐구하여 그것을 보다 확대된 이성의 개념으로 통합하고자 하는 것이었습니다. 이러한 관계에서 그는 데카르트 이후의 중요한 철학적 물음이었던 의식과 대상의 관계에 주목하였고 인간과 세계, 타인과의 상호소통관계에 대한 현상학적인 고찰을 보여주고자 하였습니다. 단적으로 메를로-퐁티 철학의 핵심은 육화된 의식의 지향성이라 말할 수 있습니다. 먼저 데카르트가 언급했던 "의식은 근원적인 것으로서 단지 내가 생각하고 있는 것이 아니라 내가 할 수 있다"고 언급하는 데서 그 단서를 찾을 수 있습니다. 다시 말해 메를로-퐁티는 이른바 데카르트가 코기토라 부르는 것, 즉 "나는 생각한다"를 육화된 지향성으로서 "나는 할 수 있다"라는 명제로 바꾸어 표현하였습니다.

이제 의식 속에서 현상이 존재하는 것이 아니라 현상의 의식으로서 새로운 코기토의 개념이 등장한 것입니다. 새로운 코기토란, "무엇인가의 의식이며 무엇인가를 제시하는 현상"인 것입니다. 즉 코기토는 "의식의 존재가 존재의 의식"과 동일하게 나타납니다. 데카르트의 "나는 생각한다. 고로 존재한다" 라는 명제는 선후관계에서 유추되는 것이 아니라 서로 동격인 것이라고 메를로-퐁티는 강조합니다. 따라서 의식은 육체의 수단에 의한 사물로 존재하게 됩니다. 또한 사물과 세계는 근본적으로 현재의 개방된 존재라는 점에서 '나'인 것입니다. 그렇기 때문에 사물과 세계는 나로부터 혹은 나와 동일한 주체로부터 체험되었을 때 존재하게 됩니다.

메를로-퐁티에 의하면, "몸은 나의 내부에 있는 표상도 아니며 나의 외부에 있는 사물도 아닙니다. 몸은 결코 대상이 아닌 것입니다. 하지만 동일한 근거로서 나의 몸을 의식하는 것도 아닙니다. 나는 몸의 표상에서 드러난 것을 극복하기 위해 몸을 분해하는 것이 아니라 그것을 다시 통합하는 것입니다." 이런 의미에서 몸은 더 이상 주체와 객체에 따라 분리하여 관찰하지 않습니다. 왜냐하면 몸은 주체와 객체를 동시에 갖고 있기 때문입니다.

몸의 현상학: 몸 · 지각 · 세계

인간의 몸은 무엇을 의미하며, 그 몸은 무엇 때문에 존재하고 있는 것일까요? 메를로-퐁티의 『지각의 현상학』은 존재라는 개념 대신에 실존이라는 용어를 자주 사용합니다. 실존의 토대는 주체로서의 몸입니다. 몸과 세계의 중심은 언제나 몸에 맞추어져 있습니다. 무엇보다 그는 그의 전기철학에서 몸을 주체적인 위치에 올려놓았습니다. 그 과정에서 중요하게 등장하는 개념들은 세계에의 존재, 몸 자신, 지향성, 몸의 도식, 몸의 공간성, 몸의 시간성들과 같은 개념입니다. 다시 말해 메를로-퐁티의 몸의 현상학을 이루는 핵심개념은 몸 · 지각 · 세계가 그 주축을 이루고 있습니다. 그래서 그의 현상학을 몸이 원초적인 기능을 수행하고 있다는 점에서 몸의 현상학이라 불렀습니다. 여기서 원초적인 기능의 수행은 바로 지각에 의해 드러납니다. 몸 · 지각 · 세계가 바로 메를로-퐁티의 현상학의 순환하는 원초적인 영역입니다.

메를로-퐁티는 타자가 보이는 것은 나의 안 보이는 것이고, 나의 보이는 것은 타자의 안 보이는 것이라 말합니다. 이러한 메를로-퐁티의 표현은 타자와 내가 서로 안 보이는 생각과 감정을 주고받는 상관적 관계

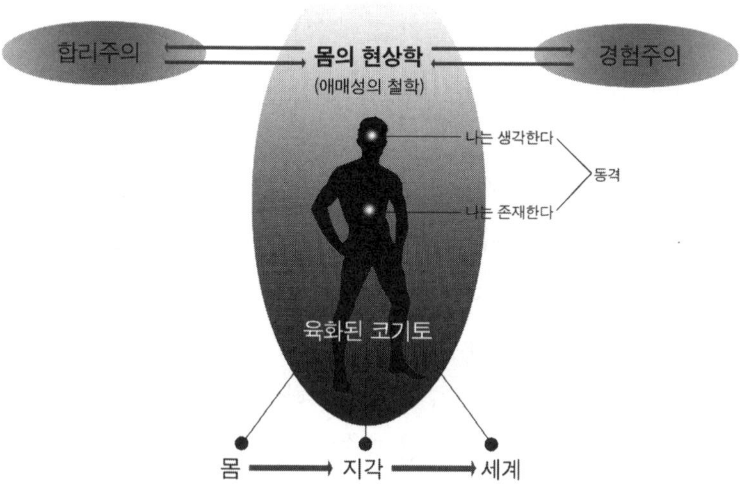

와 같음을 알리고 있습니다. 그러는 동안에 우리가 경험하는 세계는 내적으로 애매하게 구성되어 있습니다. 그렇지만 몸의 주체는 분리된 것이 아니라 서로 지각의 장을 공유하면서 사회적인 의사소통을 하는 가운데 상호 문화적 관계를 맺고 있습니다. 이러한 맥락에서 메를로-퐁티는 후설을 비롯한 전통적인 사상의 노선에 따라 몸의 개념을 분석하고 몸의 역동적인 지향성을 종합하고자 했습니다. 그는 『지각의 현상학』에서 우리의 전통적인 철학의 개념들, 즉 내부와 외부, 자아와 타자, 의식과 존재, 대자존재와 세계-로의-존재의 관계 등을 중요한 의미의 장을 구성한다고 보았습니다. 그래서 메를로-퐁티는 몸의 지식을 세계-로의-존재 être-au-mone / Zur-Welt-Sein라는 개념으로 표현하고 있습니다. 이 개념은 하이데거의 세계-내-존재In-der-Welt-Sein, 세계 존재의 곁에bei-der-Welt-Sein, 세계를 소유한Welt-Haben 것 등으로 혼용하여 사용하였습니다.

그러나 이 개념은 하이데거적인 의미로 이해할 수 있는 것이 아니라 메를로-퐁티의 거대한 철학체계 속에서 이해할 수 있습니다. 메를로-퐁티는 몸의 지식을 세계-로의-존재라는 두 가지의 방법으로 전개합니다. 하나는, 몸의 지식이 세계로 동화되는 것이며, 다른 하나는 몸의 지식이 몸의 세계 안으로 진행되어 가는 과정입니다. 이 양자兩者 사이에서 우리는 몸을 경험하고 의식하며 상호 보완관계를 형성합니다. 내 몸의 경험은 이미 타자의 몸을 전제로 합니다. 여기서 세계는 더 이상 순수의식의 구성물이 아닙니다. 세계는 나와 타자 사이를 나누지 않으며, 지각된 자아를 불가능하게 하지 않습니다. 오히려 내 몸은 세계를 뛰어 넘는 몸의 본질을 추구합니다. 따라서 몸은 세계-로의-존재로 향해 갈 때, 생생하게 살아 있습니다. 그래서 몸은 주변 환경과 하나가 되어 일정한 계획을 설계하며, 그 속에서 꾸준히 관계를 맺습니다. 따라서 그는 몸을 외부세계와 인간을 연결하는 몸의 개념을 도입하였습니다. 이러한 몸과 환경세계와의 관계는 모두 자아를 통합하기 위한 문화적인 경계를 구축하고자 하는 것이었습니다. 동시에 몸의 문화세계는 타자가 등장하며 여기서 상호 문화성의 관계를 설정했습니다. 이러한 문제를 메를로-퐁티는 몸적 존재의 익명성이 상호 공존한다고 표현합니다. 즉 나는 나 사이의 존재 속에서 살아가고 있으며 그 속에서 나와 타자의 갈등이 발생합니다. 그러나 이러한 나와의 갈등은 언제나 완전히 해소되지는 않지만, 의사소통의 방법에서 해결의 실마리를 찾을 수 있습니다. 몸은 자연에 뿌리를 두고 있으며, 타자의 몸과 내 자신의 몸, 그리고 인간의 몸을 인식하는 것은 그다지 쉬운 일은 아닙니다. 메를로-퐁티에 의하면, 나와 타자는 서로를 희생하지 않으면서 두 개의 문화를 교차하게 해야 한다고 말합니다. 즉 타자가 우리의 논리에 의해 희생되지 않으면서 동시에 우리의 논리가 타자에 의해 희생되지 않는 것입니다. 그런데 이러한 상호교차는 우리가 끊임없이 타자에 의해 자아를, 자아에 의해서 자아를 시험해서 알아내야 하는 것입니다.

메를로-퐁티가 파악한 세계는 인간의 몸을 주축으로 자아와 타자, 우리와 세계, 생리학과 심리학, 육체와 의식, 지각된 것과 행위 등 서로 분리되었던 세계가 하나로 통일 내지 통합하는 것입니다. 그래서 메를로-퐁티는 몸의 상관적인 사유의 교호작용이 또 하나의 거대한 몸의 세계를 구축한다고 보았습니다. 몸은 우리가 무엇인가를 항상 보려고 하는 우리들 자신의 세계의 관점에 서 있습니다. 이런 점에서 철학은 반드시 선험철학을 위한 것만은 아닙니다. 그의 철학은 어떤 측면을 설명하려는 단계로 나아가는 것이 아니라 자기의 문제를 1인칭의 주체가 되어 스스로 관찰하는 것입니다. 이것은 지식의 전체적인 설명의 요구를 통로로 하는 것이 아니라 철학의 근본문제로 삼고 이성을 전제로 한 인식에 의해 통찰됩니다.

지각은 단순하게 수용하는 작용이 아니며 창조적인 작용을 하는 것도 아닙니다. 지각은 "세계와 우리의 근원적으로 모호한 관계를 표현합니다." 이러한 관점에서 지각의 현상학은 지각작용의 현상이라기보다는 지각된 세계의 현상학입니다. 그의 사상에서 가장 주목할 만한 측면은 지각된 대상에 대한 구체적인 연구이면서 직접 감각대상의 지각에만 몰두하지 않고 이를 훨씬 뛰어넘는 지각세계의 영역을 포괄하고 있습니다. 따라서 그의 관점에서 몸은 익명성, 이중성과 확실성의 명예를 찾고자 노력합니다.

무엇보다 메를로-퐁티에게 있어서 몸의 현상학은 생활세계를 "지각의 세계"라고 보는 데서 출발합니다. 즉 메를로-퐁티는 몸의 현상학에서 생활세계를 지각의 세계라고 보았습니다. 생활세계는 우리가 직접 지각하고, 지각을 통해 끊임없이 주어지는 세계입니다. 그래서 생활세계는 우리의 기능화 된 몸속에서 존재합니다. 메를로-퐁티는 몸의 세계를 후설의 후기 저서인 『유럽학문의 위기와 선험현상학』(1936)에서 도움을 받아

생활세계의 개념을 착안했습니다. 생활세계는 정립되지 않은 시각의 세계이지만, 지각의 세계를 특징짓습니다. 따라서 생활세계는 우리가 직접 지각하고, 그 지각에 의해 끊임없이 주어지는 세계입니다. 그의 이러한 지각의 문제는 『행동의 구조』(1942)에서 구조·형식 및 형태 등의 중심 개념을 외부의 지각된 인간으로 파악합니다. 특히 그의 『지각의 현상학』에서 몸을 지각의 중심개념으로 상세히 서술하였고, 그 의미와 실존의 개념으로서 주체의 내부를 인식하고 일반화하고자 하였습니다. 우리가 실존에서 인식할 수 있는 지각을 행위에서 이해한다면, 우리가 관계하는 모든 과제는 지각의 문제로 환원됩니다. 이러한 지각의 문제는 구조와 의미 개념의 이중성 안에 놓여 있습니다. "나의 몸은 나의 앞에 있는 것이 아니라 오히려 나의 몸속에 있거나 나는 나의 몸입니다." 이것은 몸이 나의 실존임을 우회적으로 암시한 것입니다. 이러한 몸을 우리는 순간마다 실존의 표현이라 일컫습니다.

본다는 것의 의미

메를로-퐁티의 지각론은 "본다"를 중심으로 3단계로 나누어 설명하고 있습니다.

첫째, 본다는 것은 사유의 구성적 행위와 구별하는 것입니다. 둘째, 본다는 것은 세계와 나의 존재에 몰입하는 형태입니다. 셋째, 본다는 것은 사물 그 자체에 직접 접촉하는 것입니다. 본다는 것은 "보는 동시에 보이는 것"이라는 사실입니다. 보는 것과 보이는 것의 이중적인 관계는 '내 자신이 보는 것'입니다. 여기서 세계의 중심은 나의 몸이 되며 동시에 "내 자신이 보는 것"입니다. 그래서 나는 "보는 것으로서의 세계"에 빠져들게 됩니다. 이러한 시각의 대상은 지각하는 주체, 즉 시선과 사유하는 주체에 대해 존재하는 것이 아닙니다. 단지 우리가 대상을 본다는 것은 대상의 매달림이며 대상을 구성하는 사유작용이 아닙니다. 이것이 의미하는 바는 "모든 외적인 지각은 직접적으로 나의 몸을 어떤 지각과 동일하다"고 보는 것입니다. 또한 나에게서 몸의 모든 지각은 외적 지각의 언어로 설명할 수 있습니다. 즉 "내가 대상을 보고 지각하는 것이 아니라 내 속에 있는 타자가 대상을 보고 지각하는 것"입니다.

그래서 우리의 지각은 대상에 도달했을 때 파악됩니다. 우리가 지각을 통해 우리의 현실적인 현상이 대상에 의해 나타납니다. 예컨대 나는 저 강 건너에 있는 어떤 집을 주시합니다. 우리는 한강의 오른쪽 지류를 주시하고 대상의 또 다른 측면을 보고, 다시 비행장을 응시합니다. 집 자체는 이러한 현상에 있는 것이 아니라 전망이 좋지 않더라도 모든 집 주위를 어디에서든지 보고 있습니다. 몸은 현상학적으로 파악합니다. 나의 몸이 일반적인 기능에 관계하는 것처럼, 몸은 모든 의미의 핵심이며, 몸속에는 질병이 존재합니다. 그 몸속에서 우리는 본질과 실존을 배우고 있습니다. 우리 몸에서 운동을 경험하는 것은 특별나게 인식된 것은 아닙니다. 운동의 경험은 세계와 대상에 접근하면서, 독립적인 대상을 인식할 때 드러납니다. 예컨대 의사가 자신과 마주보고 있는 환자에게 자신의 행동을 구체적으로 따라하라는 주문을 받았을 때, 환자는 흉내 내는 것이 현실적으로 불가능하게 됩니다. 의사가 오른쪽 손으로 자신의 오른쪽 귀를 만지고 왼쪽 손으로 자신의 코를 만지는 행동을 하면, 환자는 그것이 오른쪽 손이건 왼쪽 손이건, 왼쪽 귀이건 오른쪽 귀이건 방향과 상관없이 그것을 만집니다. 이러한 몸짓의 흉내 내기는 언어적인 설명을 통해서 전달됩니다. 최소한 언어의 상징적 입장에서 언어의 일반적인 상징기능은 전이의 능력으로 수행됩니다. 특히 흉내 내기를 적용하는 것은 지각이나 객관적 사유에서 수행됩니다. 그런데 이러한 일반적인 기능은 행위가 성공적으로 이루어졌다고 설명할 수 없습니다. 왜냐하면 환자는 운동을 따라하거나 그 동작을 변형시킬 수 없는 것이 아니라 오히려 그것을 표상으로 해야 하기 때문입니다. 이러한 흉내 내기는 일종의 익명적인 운동이라는 사실에 주목합니다. 흉내는 익명의 몸이 먼저 수행을 합니다. 이런 행위를 수행하는 것이 정신이 아니라 몸이라고 간주한다면, 환자에게 결핍된 것은 정신의 범주가 아니라 몸의 어떤 능력인 것입니다.

메를로-퐁티에 있어서 운동, 느낌, 의미의 경험 및 사물들의 지각은 지향성의 언어에서 엿볼 수 있습니다. 후설에게서 지향성의 개념은 "모든 의식은 무엇에 대한 의식"으로 표현됩니다. 메를로-퐁티는 후설의 표현을 차용하여 몸의 지각은 지향성이라는 사실을 강조합니다. 왜냐하면 몸은 지향성, 경험, 행동의 양태 등의 개념에서 분리되어 나타난 주관적 내지 객관적 인식과정으로 정의할 수 없습니다. 그는 후설의 자아의 몸을 주의 깊게 관찰하고 몸의 선험적 자아를 후설과는 다르게 구성하였습니다. 메를로-퐁티의 몸의 코페르니쿠스적 전회는 선험적 의식으로부터 몸으로 이행하는 과정을 출발점으로 삼았습니다. 그에게 있어서 생활세계는 육체가 중심이 되어 상호교호의 가능성을 상호주관적인 세계 경험의 개방성으로서 표방합니다. 즉 몸의 사회적인 의사소통은 주관과 객관, 내부와 외부로 분리되지 않습니다. 세계는 내부에 있으며, 동시에 나는 나를 외부에 존재하게 합니다. 우리가 지각 속에서 사물을 본다는 것은 "그 스스로 주어진 것, 몸에서 주어져 있는 것"을 의미합니다. 이미 타자는 사물을 "표현의 놀라움"으로 현실화시켰습니다. 외부적인 것은 내부적인 것으로 개방되었고 세계로 내려오는 것을 의미합니다. 몸은 세계 안에 존재하지만, 그 안에서 모든 것을 이해하는 것은 아닙니다. 따라서 사물은 나의 몸과 나의 실존에 상관관계를 맺고 있으며 건강한 몸의 구조에서만 존재하게 됩니다.

엠마누엘 레비나스: 타자의 윤리

Emmanual Levinas, 1906~1995

엠마누엘 레비나스

엠마누엘 레비나스는 유태인 가정에서 태어났습니다. 그는 18세에 가족을 떠나 프랑스에 정착하여 철학을 공부하였습니다. 그는 1928년과 1929년 사이에 독일의 프라이부르크 대학에서 후설과 하이데거에게서 현상학을 배웠습니다. 그 뒤에 그는 「후설의 이념들에 관하여」(1929)라는 제목으로 후설의 『이념들 I』에 대한 서평을 썼을 뿐만 아니라 현상학의 기초개념에 관한 내용을 다룬 「후설 현상학에서 나타난 직관이론」(1930)으로 프랑스의 스트라스부르크Straußburg 대학에서 박사학위를 받았습니다. 이 논문은 단행본으로 출간하면서 프랑스에 처음으로 현상학을 소개하는 역할을 하였습니다.

그는 1930년 무렵에 주로 후설과 하이데거에 관한 논문들을 발표하고 이 논문들을 엮어서 『후설과 하이데거와 더불어 존재를 발견하면서』라는 제목으로 출간하였습니다. 그는 "우리가 철학을 통해서 연구할 수 있는 가능성을 직접적으로 보여준 사람은 후설"이었다고 말합니다. 왜냐하면 후설의 철학 작업은 독단의 체계에 갇혀 있지 않았으며, 혼란스러운 직관에도 사로잡힘이 없는 가능성을 보여 주었기 때문입니다. 현상학은 레비나스에게 있어서 인간존재를 해명하는 최선의 길이었으며, 이러한 현상학적 방법은 현상학의 존재론을 극복하는 길이었습니다. 이러한 방법은 1941년과 1945년 사이에 독일군 포로수용소에서 저술한 『존재에서 존재자로』(1947)와 『시간과 타자』(1947)에서 이루어졌습니다. 이렇게 그의 사상은 현상학과의 관계 속에서 이해할 수 있습니다. 이런 점에서 레비나스 철학의 출발점은 후설의 현상학이 그 중심을 차지하고 있었습니다. 또한 그는 헬레니즘에 대한 철저한 비판과 헤브라이즘의 번역을 통해 양자의 새로운 종합을 꾀했습니다. 그는 이 장대한 사유의 흐름을 『전체성과 무한』(1961)으로 집대성했습니다. 그는 1995년 프랑스 파리에서 사망했습니다.

타자의 윤리

레비나스는 "확실히 나의 글쓰기의 시초는 후설이었습니다. 나는 지향성의 개념을 그에게 빚지고 있다"고 고백합니다. 레비나스를 매료시키고 깊은 영향을 받은 후설의 논문은 「엄밀한 학으로서의 철학」이었습니다. 후설에게 「엄밀한 학으로서의 철학」은 명증성을 지닌 선험적 현상학입니다. 후설이 자신의 현상학을 엄밀한 제일철학으로 확립하고자 했던 절대적 확실성은 필연적인 명증성을 지닌 것이었습니다.

앞장에서 살펴보았듯이, 후설은 『이념』에서 현상학적 환원을 통해서 데카르트적 회의를 명증적으로 탐구하였습니다. 현상학을 엄밀한 제일철학으로서 확립하고자 시도했던 후설은 그 근원 자체를 절대적 확실성, 즉 비존재를 생각할 수 없는 명증성을 확보하고자 했습니다. 후설이 현상학을 제일철학으로 확립하고자 했다면, 레비나스는 윤리학을 제일철학으로 정립하고자 했습니다. 레비나스의 입장에서 후설의 제일철학prima philosophia은 사회를 위하여 스스로 법을 만들거나 사회를 혁명적으로 변혁시킬 수 있는 행동강령을 산출할 수 없다고 보았습니다. 그래서 레비나스는 후설의 세계나 세계구성에 관한 이론보다도 가치론적 지향성에 많은 영향을 받았습니다. 그는 후설 현상학의 중요한 주제인 의식의 지향성이 "이론적 지향성, 혹은 표상적 지향성"이기 때문에 타자의 타자성을 올바로 이해할 수 있는 출구가 막혀 버렸고 이것이 후설 현상학의 한계라고 지적합니다. 레비나스는 후설이 대상을 인식하는 데 있어서 제일 철학의 원리로 삼은 명증의 원칙에 결정적으로 결별하였습니다. 레비나스가 다루는 한계현상이나 모호한 현상들은 그것이 현상되는 사태의 특성상 결코 후설이 주장하는 노에시스와 노에마를 연결하는 명증의 내용이 될 수 없다고 보았습니다. 그래서 레비나스는 한계의 현상들을 새로운 종류의 현상학과 새로운 언어로 주제화하였습니다.

앞장에서 살펴보았듯이, 후설에게서 의식은 언제나 무엇에 대한 의식이며, 무엇인가는 자기가 아닌 것, 자기와 구별되는 무엇입니다. 의식은 이 세상과 동떨어진 절대 고독 속에서 자신의 존재를 갖는 것이 아니라 타자와의 관계 속에서 자신의 존재의의를 찾는 것입니다. 따라서 지향성은 의식의 속성이 아니라 의식의 실체성입니다. 즉 의식은 지향성으로서 존재하는 것입니다. 이런 의미에서 의식은 자기 초월성을 강조하는 것을 그 특징으로 합니다. 레비나스에게서 "지향성으로서 의식의 실체성은 그 자체로 초월해 있습니다." 주지하듯이, 후설의 현상학은 데카르트를 극복하는 것이었습니다. 후설 이후 1960년대부터 현대철학이 매우 강하게 반데카르트적 경향을 띠게 된 것은 그 철학적 목표가 데카르트로 대변되는 근대성의 문화를 극복하는 데 있었기 때문입니다. 그러나 데카르트처럼, 의식과의 관계에서 사물은 독립해서 존재하는 것이 아니라 의식에 대해, 의식에 의해 나타날 때 비로소 사물로서 존재하게 됩니다. 즉 의식과 사물은 지향적 관계에 의해 존재하며, 이들에 대해 주체와 대상의 관계에 있습니다. 여기서 의식 외부의 것, 정신 외부의 것들은 대상으로 전락하여 그 고유한 의미를 상실하게 됩니다. 레비나스는 후설의 이론에 대해 다음과 같이 비판하고 있습니다.

"현상학적 환원은 혁명적 특징에도 불구하고 후설의 철학에서 혁명은 자연적 태도가 이론 정도로만 필요하다. 환원의 역사적 역할과 실존의 특정 순간에 나타나는 의미 등은 그에게 전혀 고려되고 있지 않다."

레비나스는 후설의 현상학이 혁명적인 내용을 담고 있기는 하지만, 다른 사람과의 삶의 의미들을 다루고 있지 않다고 파악하고 있습니다. 후설의 의식은 지향적 관계에서만 세계를 구성하기 때문에 이러한 주장은 불완전한 이론입니다. 레비나스는 한 인간과 다른 인간과의 관계를 지배하는 윤리ethics와 역사 속에서 인간들의 사회, 정치적 관계를 규제하는 관습적 도덕moratity을 구별하고 있습니다. 전자는 근본적이고 일차적인 것이며, 후자는 파생적이고 이차적인 것으로 규정합니다. 이 세상에는 두 사람 이상이 살고 있기 때문에 역사가 존재합니다. 이런 의미에서 구체적인 역사는 인간존재의 파생적, 부차적인 구성요소입니다. 여기서 레비나스는 후설 철학의 윤리적 문제나 타자와의 관계에 대해 언급했던 것을 넘어서 발전해 나갈 가능성을 타진합니다. 이를테면 레비나스에게서 후설의 현상학에 대한 비판은 타자의 현상학을 위한 출발점으로 삼는 것이었습니다. 레비나스는 후설이 말하는 타자와의 존재는 의식철학의 개별적인 주체성에 사로잡혀 있다는 것을 의식하고 있었습니다. 후설의 상호주관성Intersubjektivität은 인간의 존재를 처음부터 다른 사람과의 같이 있음 속에서 파악했습니다. 후설은 우리의 주체성, 공동의 주체성, 나-너-종합, 우리-종합 등의 새로운 개념을 도입하여 타자와의 관계를 표현했습니다. 후설은 "의사전달 공동체의 현상학"의 한 유고집에서 나와 너의 관계를 다음과 같이 다루고 있습니다.

"나는 나에 대해서만 나인 것이며, 타인은 타인으로서 나와 대립해서 존재하는 것이 아니다. 타인은 나의 너이며, 우리는 말하고, 경청하고, 말대꾸도 하면서 나름의 통일된 방식으로 공동의 우리 사회를 형성해 나간다."

위에서 알 수 있듯이, 레비나스나 후설에게 있어 자아는 타자와의 언어적 의사소통 관계 속에서 존재하면서 친숙한 나와 너의 관계를 형성해 가는 것이었습니다. 독일의 현대철학자 토니센M. Theunissen은 후설의 상호주관성의 현상학은 단지 나와 사물로서의 타자의 관계인 "나와 그것"의 관계만을 다룰 수 있을 뿐이며, 나와 인격적 타자의 관계인 나와 너의 관계는 다룰 수 없다고 비판하기도 하였습니다.

타자의 얼굴

레비나스는 후설의 상호주관성의 현상학이 현상의 지면 위에서 전개하였기 때문에 타자를 사물처럼 다룰 수밖에 없고 절대적 타자로서의 타인의 문제를 다루고 있지 않다고 비판을 가하였습니다. 레비나스에 따르면, 지금까지 서양문화와 철학은 도덕과 윤리를 이야기해 오면서도 실제로 끊임없이 타자를 제거하는 전쟁의 문화, 전쟁의 철학, 전체성에 의한 개인의 인격을 제거해 왔습니다. 레비나스는 제2차 세계대전에서 유대인이라는 이유로 부모, 형제가 희생되는 고통을 체험하였습니다. 그에게 있어서 삶의 체험은 전쟁과 평화의 문제를 절실히 깨달게 하는 철학 과제였습니다. 그는 서구철학의 합리주의적 전통은 필연적으로 타자를 자기화하는 동일성의 철학으로 자아의 외재성을 인정하지 않는 폭력의 철학, 전쟁의 철학일 수밖에 없다고 비판하였습니다. 그는 자신의 철학을 평화의 철학으로 그리고 타자의 존재 사실을 인정할 것을 호소했습니다.

레비나스에게 있어서 타자란 자아의 외부성, 자아 밖에 존재하는 것을 총칭합니다. 그의 『전체성과 무한』의 부제인 "외부성에 관한 논의"에서 말하는 외부성은 타자를 의미합니다. 타자는 구체적으로 사물의 세계 · 다른 사람 · 신의 관념 등으로 구별합니다. 즉 타자는 다른 사람과 관계합니다. 이는 타자의 다름, 타자를 존중하고 수용하는 태도의 변화입니다. 지금까지 서양철학은 도덕과 윤리를 말하면서도 인간을 역사의 산물로 또는 자연의 일부나 사회 구조의 한 계기로 봄으로써 전체성의 이름으로 개인에게 폭력을 행할 수 있는 이론을 제공해 왔습니다. 레비나스는 이제까지 모든 이념을 포괄하고 통일하고자 하는 전체성의 이념이 서양철학을 지배해 왔다고 하였습니다. 이는 타자를 배제하고 자아 중심적으로 동화하고, 환원하는 전체주의의 철학, 혹은 전쟁에서 그 모습이 적나라하게 드러나는 총체성의 이념이 형이상학적 존재의 형태로 전개된다는 의미에서 존재론적 제국주의의 모습을 띠고 있습니다. 타자의 사유만이 주체상실의 시대에 진정한 주체를 회복할 수 있는 길인 것입니다. 이렇듯 서양 전통철학은 대부분이 전체성의 철학 또는 전쟁의 철학이었습니다. 모든 것을 자기 혹은 자아의 영역으로 환원하는 철학이었습니다. 여기서 타자, 즉 나와 다른 것과 나와 다른 사람은 배제되거나 나의 틀 속에 대부분 포섭되었습니다. 타자는 기껏해야 나에게 필요한 사람이거나 아니면 나와 함께 사는 사람에 지나지 않았습니다. 그래서 타자의 타자성은 서양 전통철학에서는 인정을 받지 못했습니다.

레비나스는 그의 주저 『전체성과 무한』에서 전쟁 가운데 스스로 내미는 존재의 얼굴은 서양철학을 지배하는 전체성이라는 개념 속에 고착되어 있다고 보았습니다. 그래서 레비나스는 서양의 존재론에 대해 타자를 동일자로 환원하는 전체성의 철학이라 불렀습니다. 타자의 환원불능의 고유성을 무시하고 타자를 전체성 속에서 파악하는 것이 그동안 서양철학의 지배적인 사유방식이었습니다. 이러한 통찰은 제2차 세계대전의 체험에 힘입은 바 컸습니다.

레비나스는 인간이 타자에 대한 윤리적 책임을 상실하고, 타자를 나의 영향권 아래 종속시키기 위해 국가 사회주의와 같은 전체주의의 이념을 강요하는 일이 어떻게 생길 수 있는지를 물었습니다. 나치즘과 파시즘이 일으킨 전쟁은 단순히 정치적, 경제적 관점에서 해명되지 않습니다. 전쟁의 폭력과 서양철학은 전체주의적이라는데 있습니다. 이 양자兩者는 인간의 인격을 전체의 한 부분으로 만드는 하나의 체계에 종속하게 됩니다. 전체의 체계 속에 들어맞지 않는 부분은 어떠한 권리도 누리지 못하고 결국에는 제거되고 맙니다. 전쟁의 폭력은 미리 설정한 전체 속에 맞지 않는 부분이 있으면, 과감히 제거해 버립니다. 이러한 폭력은 근원적으로 인간의 절대적·인격적 가치를 부인하고 전체성을 우선적으로 생각하는 철학으로부터 흘러나온 것입니다. 인간을 전체의 한 부분으로 보는 것은 다양한 측면에서 가능하다고 볼 수 있습니다. 인간은 역사의 힘에 의해 지배되거나, 자연의 한 부분이거나, 사회경제적인 산물이거나, 복합적인 구조의 한계 혹은 한 우주의 요소입니다. 역사나 자연, 사회구조는 인간을 포괄하는 전체성의 체계에서 인간과 현실의 의미를 규정할 경우, 그 전체에 대해 인간은 책임을 질 수 없습니다. 인간은 자신의 외부에 있는 힘에 의해 지배될 뿐입니다.

레비나스에게 있어서 타자의 개념은 타자를 단지 다른 자아로 보는 것은 아닙니다. 타자는 단순하게 나의 공감과 연민, 감정이입의 대상만은 아닙니다. 내가 너에게 타자가 되고, 네가 나에게 타자가 되는 그와 같은 상호적 관계에서 진정한 의미의 타자가 존재하지 않습니다. 내가 타자와 진정 만나기 위해서는 타자의 요구와 도전을 환영해야 합니다. 타자는 서로 침범할 수 있는 가능성 속에서 침범할 수 없는 주권을 행사하고 바로 그 벌거벗은 허약 속에서 명령하는 타자의 호소에 이기심 없이 응답해야 합니다. 타자는 나와 더불어 공동의 존재에 참여하고 있는 다른 자아가 아닙니다. 나와 타자와의 관계는 전원田園적인 조화로운 관계가 아닙니다. 우리가 타자의 입장에 봄으로써 우리 자신이 그와 유사

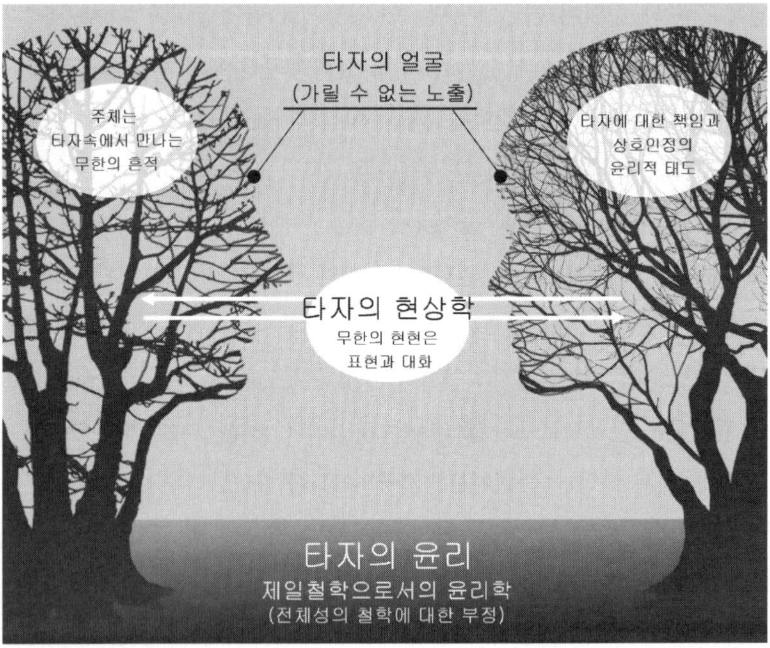

하다고 인식하는 공감이 아닙니다. 나와 타자와의 관계는 우리에 대해 외부적입니다. 나와 타자와의 관계는 신비와의 관계입니다. 그것은 외부 아니면 타자성입니다. 왜냐하면 외부성은 공간의 특성으로서 주체의 존재를 구성하는 빛에 의한 자기 자신으로 환원하기 때문입니다. 그래서 레비나스에게 있어서 얼굴의 외부성은 가장 내부적인 것을 표현하는 빛의 공간입니다. 타인에 대한 얼굴의 외부성은 의미하는 것 자체이며 상대방을 윤리적으로 강요하는 질서를 만들어내고자 합니다.

레비나스는 얼굴을 "가릴 수 없는 노출"이라 표현합니다. 사람의 몸 전체가 얼굴이며, 얼굴과의 관계는 누구도 함부로 죽일 수 없는 윤리적 관계를 전제로 합니다. 윤리란 나와 관계가 있으며 나의 얼굴로 다가오는 것에 대한 책임입니다. 우리가 타자와 인간으로 만난다는 것은 타자에 대한 책임과 상호 인정의 윤리적 태도를 전제합니다. 타자는 오로지 윤리적으로만 접근할 수 있습니다. 이러한 윤리적 접근은 타자에게서 발산하는 지상명령을 경청하고 복종하는 것입니다. 타자에 대한 윤리적 책임을 통해 자아는 진정한 주체가 됩니다. 진정한 주체는 우리 자신을 타자에 종속하게 됩니다. 오직 타자를 위해 우리 자신을 잃어버릴 각오가 있을 때, 우리는 진정 우리 자신을 구원하게 됩니다. 주체성은 "전체에 대한 자기의 이기적인 반항의 차원에서의 주체도 아니며, 죽음 앞에서 고뇌하는 주체도 아니며 무한의 개념 속에 기초한 주체입니다." 주체는 타자 속에서 만나는 무한의 흔적입니다. 형이상학은 무한자와 연관되어 있습니다. 무한자와 나는 다시 나에게로 환원될 수 없는 타자입니다. 타자를 무한자라 부르는 이유는 타자의 수가 무한히 많다거나 타자가 도저히 접근할 수 없기 때문이 아닙니다. 왜냐하면 타자는 나의 인식과 능력의 테두리 안에 가둘 수 없기 때문에 무한합니다. 나는 타자의 얼굴과 만날 때, 비로소 "형이상학의 욕망"과 초월에 대한 갈망이 일어납니다. 따라서 타자와의 윤리적, 사회적 관계에 대한 사유를 형이상학으로 이해합니다. 타자의 얼굴이 현현顯現하는 의미는 현상학의 범주나 모델에 의해서 파괴되는 것은 아닙니다.

얼굴은 어떤 컨텍스트 없이도 근원적 의미를 현현합니다. 타인은 얼굴의 모습을 지니며 우리에게 나타납니다. 타인이 얼굴의 모습으로 우리에게 나타난다는 것은 각별한 의미가 있습니다. 일상에서 얼굴은 사물과 근본적으로 구별됩니다. 사물은 전체의 한 부분으로 또는 전체 속의 한 기능으로 의미가 있지만, 얼굴은 그렇게 규정하지 않습니다. 존재는 얼굴에 의해 더 이상 어떤 형식에 갇혀 있지 않고 우리 자신 앞에 나타납니다. 얼굴은 열려 있고 깊이를 얻으며 열려 있음을 통하여 개인적으로 자신을 보여줍니다. 얼굴은 존재의 동일성 속에서 스스로 나타내는 다른 어떤 것으로 환원할 수 없는 방식입니다. 모든 인간의 얼굴은 나에게 윤리적 호소와 요청을 현현하고 있음을 보여 주고 있습니다. 예컨대 점심을 거르는 결식아동, 빈곤과 병고에 홀로 외로이 죽어가는 독고獨孤의 노인들, 이라크 전쟁의 참화로 아무런 이유 없이 불구가 되고 집을 잃어 울고 있는 어린 아이들과 연약한 여인들…, 이렇게 고통 받고 있는 이들이 우리에게 보내는 메시지의 의미는 진정 무엇일까요? 얼굴이 보내는 직접적인 메시지는 나와 너의 얼굴이 만나는 윤리적 근본언어입니다. 이것은 너는 나를 죽여서는 안 된다는 윤리적 명령과 요청입니다.

> "살인의 불가능성은 단순히 부정적이고 형식적인 의미만을 지닌 것이 아니다. 무한과의 관계, 무한의 이념이 그 의미를 적극적으로 조건 지운다. 무한은 나의 주도권을 무력화시키는 윤리적 저항을 띠는 얼굴로 나타난다. 그리고 직접적으로 드러나는 눈빛으로 자신의 벌거벗음과 결핍의 노출에서 분명하게 드러난다. 우리가 타자의 결핍과 기아를 이해할 수 있을 때, 타자에 대한 가까움이 형성된다. 무한의 현현은 표현과 대화이다. 표현과 대화의 본질은 이들이 제공하는 정보에 있지 않다. 표현에서 존재는 그 자신을 나타낸다. 그 자신을 드러내는 존재는 자신을 표현하며, 결과적으로 우리에게 호소한다."

나는 타자를 바라보며, 타자는 나를 주시합니다. 나의 얼굴이 소중하듯이 타자의 얼굴도 나의 얼굴처럼 소중하게 대하면 주변의 많은 갈등 요소들은 극복될 수 있습니다. 이웃의 가까움은 타자의 발가벗음, 불행, 결핍을 통해서 우리에게 도덕성을 촉구합니다. 타자는 나와 동등한 자유의 주체로서의 타자, 능동적 작용의 주체로서의 타자가 아니라 자기 스스로 어떤 방식으로 지킬 수 없는 무기력한 약자입니다. 여기서 타자는 가능한 폭력 앞에서 아무런 저항의 수단도 갖지 못하는 약자입니다. 타자가 수행할 수 있는 저항이란 윤리적 저항 이외는 아무 것도 없습니다.

이처럼 타자는 우리들 자신과는 다르게 아무런 저항수단도 갖지 않는다는 의미에서 타자이며 무한자인 것입니다.

오늘날 국제사회에서 타자에 대한 공포는 거대한 물리적 힘을 지닌 국가입니다. 주지하듯이, 인류 평화의 문제는 정치적으로 해결해야 할 문제입니다. 현실의 정치에는 윤리도 타인을 배려하는 고려가 없어 보일 수 있습니다. 하지만 인류의 영원한 평화를 모색하기 위해 인간세계, 나와 타자, 진리와 정의 등의 관계를 시급히 새롭게 설정하고 해결해야 하는 과제를 안고 있습니다.

한스 요나스: 책임의 윤리

Hans Jonas, 1903~1993

한스 요나스

한스 요나스Hans Jonas, 1903~1993는 1903년 독일계 유태인의 가정에서 태어났습니다. 그는 1920년에 현상학자라 부르는 후설E. Husserl, 실존주의 철학자 하이데거M. Heidegger, 실존신학자였던 불트만Bultmann과 같은 학문적으로 뛰어난 사상가들의 학풍에 많은 영향을 받았습니다. 요나스 사상의 주제는 이러한 사상가들과 이들이 표방하고 있는 현상학적이고 실존적인 경향으로부터 크게 자극 받았습니다. 그러나 요나스는 구체적인 실험적 사유에서 이들의 영향을 뒤따르고 있지만, 내용에서는 다른 길을 추구해 갔습니다. 그의 대부분의 저술에서 실제적인 방향성을 제시하도록 만든 것은 나치즘의 발발에 직면한 젊은 독일계 유대인 학자가 안고 있는 문제였습니다. 요나스는 칼 뢰비트Karl Löwith, 한나 아렌트Hannah Arendt, 허버트 마르쿠제Herbert Marcuse, 레오 스트라우스Leo Strauss 등 사회 철학자들과 함께 하이데거에게 교육받은 유능한 학생이었습니다. 그는 1930년 마르부르크 대학에서 하이데거와 불트만에게서 가르침을 받아 고대 '그노시스Gnosis의 개념'에 관한 논문으로 박사학위를 받았습니다. 이 논문은 4년 후에 독일에서 출간되었는데, 이 때는 이미 히틀러의 집권으로 인해 이주를 한 후였습니다. 특히 요나스에게 끼친 하이데거의 학문적 영향은 의심의 여지가 없습니다. 『그노시즘, 허무주의, 그리고 실존주의』에서 그는 하이데거의 『존재와 시간』(1927)에서 발견했던 인간존재의 해석에 많은 영향을 받았습니다. 그는 친구이자 하이데거의 마르부르크 대학의 동료인 불트만에 이끌려 고대 그노시즘 연구를 시작하였습니다. 그리고 요나스는 1930년에 『아우구스티누스의 자유의지의 문제』를 처녀 출판하였습니다. 1933년 독일 나치가 맹인을 위한 독일 협회에서 유태인을 추방했을 때, 그는 공동운명의 결속에 대한 나치의 배반에 염증을 느껴 고국을 떠났습니다. 요나스는 독일에서 영국을 거쳐 영국 보호령인 팔레스타인으로 향했습니다. 전쟁이 발발했을 때, 유태계의 영국 8여단에 가담했습니다. 그는 북아프리카와 이탈리아에서 싸웠고, 1945년에 독일로 돌아왔다가 1945년 11월에 팔레스타인으로 되돌아갔습니다. 그는 팔레스타인에서 그의 어머니가 아우슈비츠에서 살해당했다는 것을 알게 되었습니다. 이 사건은 오래 동안 그에게 폭넓은 신학적 전망을 하는 데 많은 영향을 주었습니다.

이러한 신학적 전망은 요나스 사후 로렌스 보겔Lawrence Vogel에 의해 『가시성과 도덕성: 아우슈비츠 이후의 신에 대한 탐구』(1966)라는 제목으로 출간되었습니다. 이 책은 요나스의 중요한 신학적 저서와 함께 그의 사고의 다른 측면을 드러내는 데 중요한 저서입니다. 그는 1948년 팔레스타인에서 초기 이스라엘 군대에 입대하였고 유대국가의 전쟁에 가담하였습니다. 그러나 그는 이스라엘에 정착하지 않고 1949년에 캐나다의 맥길 대학에서 연구원으로 자리를 얻었습니다. 그 후 1955년에 캐나다

오타와의 칼레톤 대학에서 철학조교수가 되었습니다. 1955년부터 1976년까지 뉴욕에 있는 사회과학연구소의 대학New school for social Research의 철학교수로 봉직했습니다. 그는 1987년 『책임의 원칙Das Prinzip Verantwortung』으로 독일서적 판매조합의 평화상을 수상하였고 1993년 89세의 나이로 일생을 마감할 때까지 그곳에 머물러 지적으로 풍부한 해들을 보냈습니다.

지향성의 확장: 자연 · 대상으로의 관심

요나스는 말년에 그의 저서의 주제들을 소개하는 강의를 하면서 많은 곳을 여행하였습니다. 특별히 배려하여 독일에서는 학교 밖에서도 폭넓은 독자를 확보하였습니다. 요나스는 국제회의나 세미나를 통하여 기술공학 확장의 결과로 나타난 긴급한 문제들에 대해 사상가들에게 자신의 생각을 소개하였습니다. 동시에 그러한 토론회들은 철학적 인간학이나 공적인 관심사에 대해 그의 도덕적, 신학적 생각들을 한층 더 발전시킬 수 있는 장을 마련하였습니다. 요나스의 저서는 항상 무엇을 지향하고 있는지에 대해 잘 알려주고 있습니다. 그는 특히 기술공학시대에서 인간의 미래와 관련된 문제에 많은 관심을 가졌습니다. 요나스가 우리에게 요구한 것은 단순히 수동적인 기대와 희망의 태도가 아니라 변화하는 방식으로서 인간의 존재가 언제나 위험에 처해 있는 세계에 능동적이고 합리적으로 행동할 것을 말해 주고 있습니다.

앞에서 살펴본 것처럼, 요나스는 후설 · 하이데거 · 불트만과 같은 위대한 철학자 스승들 아래서 교육을 받았습니다. 그러나 그의 사유방식은 형이상학적이고 실존적인 측면들을 새롭게 조명하였습니다. 그는 후설Edmund Husserl에게서 의식의 지향성, 하이데거에게서는 실존론적인 현존재의 개념을 통해 미래를 향한 존재를 연관시켰습니다. 특히 후설은 지향성의 개념에서 자연의 관점을 서술한 바 있습니다. 요나스는 의식의 지향성을 자연의 지향성으로 확장해 나갔습니다. 지향성은 대상에로의 단순한 시선의 전향이 아니라 대상에 대한 관심이며 배려이고 사랑이라는 사실입니다. 지향성을 염려로 해석한 하이데거는 후설의 지향성을 실존적으로 읽은 것에 불과했습니다. 후설에게서 의식은 항상 어떤 대상에 관한 의식을 뜻하지만, 의식이 대상을 자신에 의해 정립되고 표상되어야 할 어떤 것으로 규정하는 것은 아닙니다. 오히려 의식은 대상에로 다가서려는 합목적적인 활동입니다. 말하자면 지향성은 목적지향성입니다. 이러한 지향성은 "~하기 위하여"라는 목적을 말합니다. 예컨대 사람들은 어디엔가 도달하기 위하여 걸어갑니다. 사람들은 다리를 가지고 걸어가고 신경 근육 장치를 포함해서 다리는 수단이 됩니다. 감각기관은 적극적인 의지 없이도 보고 듣고 냄새를 맡습니다. "~하기 위하여"라는 목적은 주관적 목적으로서 감각기관을 사용하게 됩니다. 지향성은 대상 자체에 대한 관심이며 대상 자체에로 다가서려는 합목적적인 충동입니다. 이렇게 하여 지향성은 자연과 함께 공동체를 만들어 나가게 됩니다. 후설은 초기에 의식의 지향성을 제한적으로 언급했지만, 후기에는 의식의 지향성에서 충동·본능·성애의 영역으로까지 더욱 확장해 나갔습니다. 이렇게 그의 지향성의 확장은 생태학적으로 정향된 인간중심의 환경철학의 동기를 제공해 주었습니다. 따라서 요나스는 인간과 자연을 넘어서 지향적으로 얽혀 있는 이성 중심과 자연 중심의 윤리학을 넘어 새로운 윤리학으로 전개해 나가고자 했습니다.

요나스는 정신적·심리적인 생명현상을 말합니다. 후설의 "사실 자체로"라는 구호는 후대의 철학자들에게 커다란 영향을 미쳤습니다. 사실 자체란 있는 그대로를 선입견이나 편견 없이 "자연의 있는 그대로"를 보는 것을 말합니다. 예를 들어 바깥에 장미꽃이 피어 있다면, 그 장미꽃을 어떤 선입견 없이 바로 보자는 것입니다. 하지만 인간은 언제나 있는 그대로의 장미꽃을 보는 것이 아니라 심상변화에 따라 달리 선입견을 갖고 장미꽃이 아닌 호박꽃이라 착각할 수 있기 때문에 잡념을 없애고 맑은 정신으로 바로 보자는 것입니다. 바로 이 사태 자체로 돌아가서 거기서 출발할 것을 요나스는 제안합니다. 18세이던 1921년에 요나스는 "내가 만났던 사람들 중에 가장 영향력 있는 사람은 후설이었다"고 말합니다. 후설의 현상학적 방법의 본질은 의식의 대상에 대한 순수한 사유를 하는 것을 출발점으로 하여 엄밀한 학문을 세우는 것이었습니다. 후설의 이러한 계획은 그 대상들에 대한 자연현상의 배후를 밝히고자 하는 형이상학적인 모든 문제들을 포함시켰습니다. 요나스는 "엄밀한 학의 철학"을 추구하였던 후설의 현상학적 방법을 그대로 따르지는 않았습니다. 단지 요나스는 순수한 의식이나 순수한 정신을 강조하는 후설의 입장을 현실에 맞게 적용했습니다. 우리에게는 생명 현상이 있다고 하는 "사태 자체"로 돌아가서 그 사태 자체로부터 물질과 생명의 차이를 구별할 수 있는 길이 열려 있다는 것입니다. 생명체가 갖고 있는 내면성의 탐구는 자연과학적 방법으로는 한계가 있다는 것입니다. 고차원적인 내면성의 차원을 갖고 있는 인간은 자신의 내면적 경험을 통해 자연과학의 한계를 보완할 필요가 있습니다. 요나스는 이러한 현상학적 방법을 통해 인간의 내면에 체험한 것을 자명한 현상이라 간주합니다.

하지만 인간의 내면성은 자기중심적입니다. 동시에 내면성은 사물의 나머지 부분과 자기와의 사이에서 자신이 선택한 관계에 따라 다른 입장을 취합니다. 여기서 자신의 내면성이 증명해 주는 것을 바탕으로 내면성에 의해 감정이입感情移入의 형태로 유추해 나갑니다.

이른바 생명체는 언제나 내면성의 차원을 갖고 있는 심리적이고 물리적인 통일체psycho-physische Einheit라 할 수 있습니다. 물질과 정신은 심리적이며 물리적 통일체이기 때문에 상호의존적입니다. 즉, 정신과 육체는 따로 독립되어 있는 것이 아니라 상호 밀접하게 연결되어 있습니다. 이렇게 심리적-물리적 통일체는 자신의 생명을 보존하기 위한 자기의 목적을 갖고 있습니다. 자기목적은 다른 목적을 위해서 존재하는 것이 아니라 하나밖에 없는 자기의 생명을 보존하고자 하는 일차적인 목적을 갖고 있습니다. 이는 생명체의 실존적인 상황을 뜻합니다. 인간을 비롯한 모든 생명체는 살기 위해 부단히 애쓰고 있습니다. 모든 생명체는 내면성에서 나옵니다. 내면성의 현상이 어떠한 형태로든지 살려고 애쓰는 데서 나타납니다. 예컨대 쾌감, 고통, 관심, 욕망의 현상들을 비롯하여 감각능력, 의지능력, 도덕적 능력에 이르기까지 다양하게 드러납니다. 이처럼 요나스는 인간의 다양한 삶의 형태를 이해될 수 있는 질서 잡힌 의미들로 가득 채워지고 있습니다.

전통傳統 윤리학에서 미래의 책임윤리로

요나스의 생태철학은 네 가지 관점에서 살펴볼 수 있습니다. ① 존재론적, ② 기술 윤리적, ③ 환경 윤리적, ④ 책임 윤리적 접근이 그것입니다. 앞의 세 가지 접근 방법은 서로 친밀하게 연관되어 있으며, 이 세 가지 접근 방법은 미래윤리로서의 책임윤리로 수렴됩니다. 미래의 윤리는 현대 기술문명의 미래에 대해 고려합니다. 요나스의 중심주제는 『책임의 원칙』 부제에서도 기술문명시대를 잘 반영하고 있습니다. 요나스는 『책임의 원칙』에서 인류가 그동안 발전시켜 온 과학기술의 결과들로 인해 우리가 살고 있는 삶의 여러 방식들에 많은 변화가 생겼다고 이야기합니다. 요나스는 그러한 삶의 양식의 변화가 환경에 부담을 주는 많은 부정적인 사례를 남겼다는 것입니다.

무엇보다 우리에게 전해 내려온 세계관의 가장 큰 변화는 인간이 갖고 있는 기술의 조작행위를 통해 인간이 자연을 무참히 훼손시켰다는

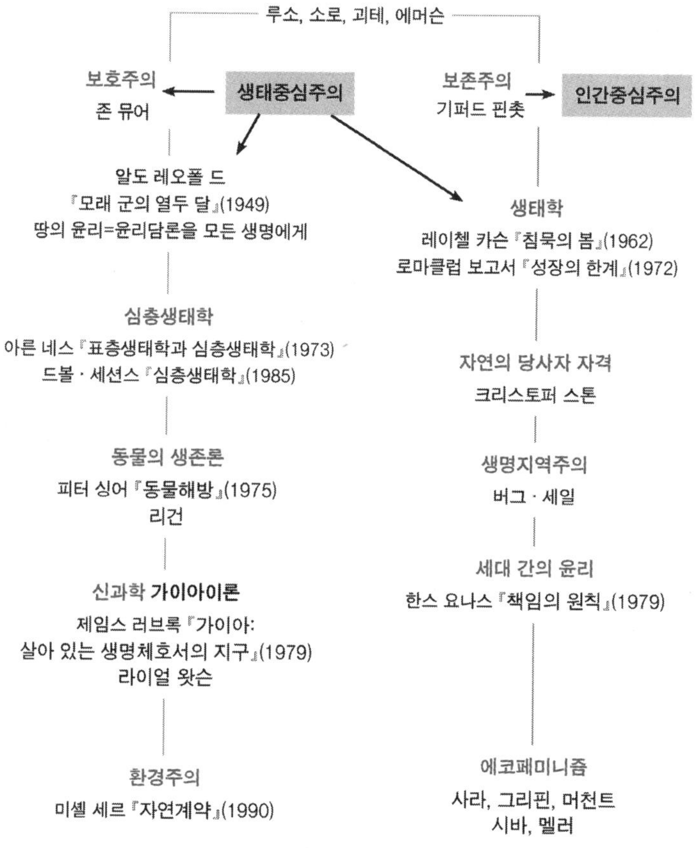

사실입니다. 본래 기술을 가리키는 그리스어 테크네techne라는 개념은 인간의 생산행위를 실행해 완성하고자 하는 영역의 지식을 의미합니다. 오래 전부터 인간이 생산하고자 했던 목표는 광범위한 자연의 힘 앞에서 언제나 자연에 대한 인간영역을 경계 짓는 것이었습니다. 그렇지만 자연은 끊임없는 생산과정의 체계로 진행되고 있다는 점에서 생산구조를 갖고 있습니다. 인간은 주로 자연이 생산하는 생산품들의 원인을 외부에서 찾는 데 비해, 자연은 생산품을 그 내부에서 찾았습니다. 자연과 인간의 기술행위는 생산이라는 개념을 통해 구조가 일치하는 접점에 있습니다.

자연의 자기 생산방식과 마찬가지로 인간이 자신의 영역을 생산하고 있다는 점에서 자연은 인간행위의 규범입니다. 오랜 세월 동안 자연은 자연의 영원불변성과 모든 인간행위를 규정하는 전제조건이었습니다. 이러한 연유로 이제껏 전통윤리는 인간의 영역에만 한정하였으며 주변의 자연에는 관심을 기울이지 않았습니다.

현재 기술공학의 힘은 인간을 인위적으로 간섭하는 통제의 범위를 넘어서 있습니다. 그리고 우리가 행위한 모든 영역을 최대한 동원하여 변화를 주어왔습니다. 이미 자연은 인간에 의해 상상할 수 없을 정도의 피해와 훼손을 심하게 입었습니다. 따라서 21세기의 환경연구생태학는 주변의 사물을 보다 체계화시키고 우리들의 사유방식을 크게 변화시킬 수 있는 계기를 만들 수 있도록 함께 노력해 나가야 합니다. 우리는 엄청나게 성장한 과학기술이라는 권력을 행사하고 있습니다. 인간이 권력을 행사한 만큼 어느 때보다도 윤리적인 책임이 필요하게 되었습니다. 인간이 의존하고 있는 많은 과학기술의 권력은 지구상에 살고 있는 인간뿐만 아니라 자연이나 동물 등 여러 종들을 망라하여 위협을 행사하고 있습니다. 그래서 인간의 행위와 인간의 책임대상에 따라 자연이 훼손되는 강약의 정도도 각기 다르게 나타났습니다. 이런 점에서 "인간은 자연에 대해 마땅히 책임을 져야 하며 지금까지의 윤리이론을 새롭게 심사숙고해야 합니다."

지구의 모든 환경은 서로 영향을 주고받고 있기 때문에 생태계에서 일어나는 광범위한 침해사례들은 우리 모두가 책임져야 할 대상들입니다. 우리 인간은 지금 엄청나게 성장한 과학기술의 권력에 의존하고 있기 때문에 우리가 깨닫지 못하는 잠재적인 위협이 그 어느 때보다 우리 곁에 다가왔음을 알아차려야 합니다. 또한 언제나 인간은 이성이라는 권력을 쥐고 있기 때문에 인간의 책임도 권력에 의존하여 행사하고 있습니다. 이러한 관점에서 우리는 보다 새로운 도덕적 규범과 윤리이론들을 분명하게 제시해야 합니다. 그리고 이제까지 그다지 인식하지 못했던 윤리의 권한행사도 바르게 인식해야 합니다. 왜냐하면 인간행위의 본질이 시대의 흐름에 따라 변화하였기 때문에 변화된 인간행위의 본질만큼이나 윤리의 변화를 강력히 요구하게 되었기 때문입니다. 요나스는 『책임의 원칙』에서 "과거와는 다르게 이미 변화과정을 겪은 인간행위의 본질에 변화를 가져와야 된다"고 하면서 책임의 개념을 윤리학에 제시했습니다. 지금까지 우리가 이성이라는 권력을 갖고 행사하게 되면서 인간행위의 본질도 차츰 변해 왔다는 것입니다. 윤리학이 인간의 행위와 밀접하게 관련되어 있기 때문에, 인간행위의 변화된 본성은 이미 윤리학의 변화를 새롭게 원하고 있습니다. 그런데 변화되어 버린 인간의 행위에서 나오는 권력은 다시금 책임의 역할을 강하게 요구하게 되었습니다.

지금까지의 전통윤리학은 오로지 '지금'과 '여기'에 살고 있는 인간만을 문제 삼아 인간과 인간 사이의 관계에서 생겨나는 선善을 주제로 삼아 왔다고 요나스는 말합니다. 요나스에게 있어서 지금까지 전통윤리학의 책임은 잘못된 행위에 대한 원인과 결과의 인과적 책임만을 의미하였으며, 단지 잘못된 행위도 행위자가 법적이고 도의적인 책임만을 지는 것을 뜻하였습니다. 예를 들어 지금까지 윤리학은 "너의 이웃을 네 자신과 같이 사랑하라, 너의 자녀를 진리의 길로 이끌어라, 인간으로서 가지는 너의 존재와 최선의 가능성들을 발전시키고 실현함에 있어 탁월성을 추구하라, 너의 개인적인 행복을 공익에 예속시켜라, 바르게 살아라. 그렇지 않으면 훌륭한 사람이 될 수 없다, 누구에게든지 거짓말하지 말라. 그러면 그에 대한 벌을 받게 될 것이다, 너의 능력을 최대한 발휘하라. 그러면 행복해질 것이다, 사람을 수단으로 대하지 말고 항상 목적으로 대하라." 이러한 예들 모두가 인간에게서 일어나는 윤리적 상황들입니다. 이렇게 이제까지의 전통윤리학은 인간 중심적인 것으로서 모든 인간 행위에 있는 상황만을 주제로 삼아 왔다는 것입니다.

특히 요나스는 서구의 전통윤리학이라 말할 수 있는 고대 그리스의 윤리학, 유태교의 윤리학, 기독교의 윤리학들이 그러한 측면을 보여 왔다고 말합니다. 하지만 지금은 "인간중심주의"[1]를 한정하여 이야기하는 것은 더 이상 그 타당성을 지니지 못한다는 것입니다. 요나스의 궁극적인 관심사는 자연에 대한 기술권력의 끊임없는 확장에 따르는 새로운 윤리학의 정립에 놓여 있습니다. 전통윤리학이 인간의 자유에 기반하고 있다면, 새로운 윤리학의 토대는 자연입니다. 따라서 요나스는 윤리학이 인간의 자유에 지속적으로 초점을 맞춘다면, 주관적이고 인간중심적인 성향에서 벗어날 수 없다는 것입니다. 여기서 자연은 인간의 자유와 대립하는 것이 아니라 인간까지도 포함합니다. 자연은 인간과 모든 사물의 총체를 뜻합니다. 따라서 요나스는 지금까지의 전통 윤리학에 대해 다음과 같은 의문을 제기합니다.

> "새로운 종류의 인간 행위가 인간의 관심만이 아니라 그 이상의 것을 고려해야 한다면, 어째서 우리의 의무는 더욱 확장되고 모든 전통 윤리학에서 인간

---

1) 인간중심주의자들은 인간존재의 내재적 가치만을 인정하여 인간 이외의 다른 모든 자연의 존재자들을 인간의 목적 실현을 위한 수단으로 활용될 수 있다고 주장합니다. 환경의 위기는 우리의 방만한 생활태도와 무분별한 개발정책이 초래한 부작용에 해당하는 것이기 때문에, 우리의 생활태도를 친환경적인 정책으로 바꾸어 환경문제도 환경기술과 환경산업을 조장함으로써 훼손된 환경을 복원하고 지속 가능한 개발을 도모함으로써 해결할 수 있습니다. 인간중심주의란 인간만이 직접적인 윤리의 배려대상이라는 관점입니다. 즉 인간에게만 내재적 가치를 인정하고 인간 이외에는 단지 수단으로서만 가치가 있고 인간에게 이바지하는 수단 내지 도구에 한에서만 가치가 있다고 하는 사고방식입니다. 그래서 이것은 인간을 다른 종의 구성원들보다 우월하다고 간주하는 인간우월주의라는 비난을 받습니다. 한편으로 인간중심주의는 "인간적 혹은 인간의 의식의 관점에서 인지된"이라는 뜻을 의미하는 것과 같은 빈도수로 "도구적"이라는 뜻을 가진 것으로 사용됩니다. 다른 한편으로 인간중심주의는 모든 자연물을 도구적으로 다루기를 원하지 않는다고 하지만, 여전히 인간이라는 가치 부여자에 의해 창조된 가치입니다.

중심적으로 제한했던 것이 더 이상 타당하지 않는 것일까?"

자연이 인간의 기술에 의하여 복원될 수 없을 정도로 심각하게 손상되었다는 사실은 이제 새로운 윤리학을 요청하게 되면서 기존의 전통윤리학을 반성 대상으로 삼게 되었습니다. 자연에 대해 인간이 잘못을 저질렀다면, 반드시 책임져야 한다는 생각은 이제까지의 전통윤리학에서 찾아볼 수 없었던 새로운 요소입니다. 예컨대 "우리가 나무를 베어 땔감으로 삼거나, 나무를 재단하여 가구로 만들거나, 함부로 폐수를 버려 강물의 수질을 오염시키거나, 자동차 배기가스로 인해 공기를 더럽히거나, 냉장고나 에어컨 등을 가동하여 주변의 공기를 더워지게 하는 것"들은 인간들 관계에서만 일어나는 것이 아니라 자연과 일정한 관계를 맺고 있는 것입니다. 지금까지 주로 인간과 인간 사이의 관계들로 이루어진 윤리학은 이제 인간과 자연의 관계에 대해 새롭게 판을 짜야 합니다. 예컨대 자연, 동물, 식물들이 그 대상에 포함됩니다. 이와 같이 요나스는 전통윤리학의 한계를 지적하고 현대문명이 초래한 생태 위기를 극복하고자 했습니다. 그는 생태 윤리학에서 현세대는 물론 미래세대에게 새로운 윤리학의 방향을 제시하고자 했습니다.

하지만 지금까지의 인간중심의 전통윤리학이 모두 부정적인 내용만 담고 있는 것은 아닙니다. 과거나 지금에도 "인류가 존재해야 한다는 사실은 여전히 인간에게 타당한 첫 번째 명제"입니다. 그래서 요나스는 인간의 기술행위를 통해 나타난 상황에 대해 새롭게 책임질 수 있는 차원으로 책임의 윤리학을 다음과 같이 전개했습니다.

첫째, 인간이 침범한 자연은 인간이 책임져야 할 대상입니다. 자연의 본질은 인간의 권력에 이끌려 왔지만, 자연 스스로 어떠한 원인을 낳는 것은 아닙니다. 여기서 인간의 책임은 인간이 지니고 있는 권력의 전제조건이 되기도 하지만, 반드시 인간의 권력에서 나오는 것만은 아닙니다. 자연에 대한 인간의 책임은 가장 원초적이고 대중적인 의미입니다. 예를 들어 사람들이 야산을 깎아 골프장을 만들거나 스키장을 건설하여 그 여파로 인해 홍수나 태풍을 만나 재해를 입는다면, 이는 인간들이 책임져야 할 사례입니다.

둘째, 과학기술의 결과에서 나타난 부작용은 인간의 지식을 이용하여 그에 대해 책임질 것을 요구합니다. 인간이 행위한 결과에 따라 책임도 일치해야 합니다. 지식은 우리가 행위하는 원인과 결과의 인과적 사실에 따라 일치해야 하지만, 향후 예견豫見할 수 있는 지식은 새로운 윤리적 의미로 받아들여야 합니다. 즉 우리가 예견할 수 있는 지식이라는 권력과 행위라는 권력 사이에서 드러나는 대립관계를 극복하지 못한다면, 심각한 윤리적 문제를 초래할 수 있습니다. 예컨대 에어컨은 우리에게 시원함을 제공하지만, 지속적인 사용은 지구의 온난화를 촉진시키는 원인을 제공합니다. 또한 이상기온으로 눈이 오지 않는다면, 겨울 가뭄은 지구 온난화를 촉진시킵니다. 그렇다면 이에 대한 지식을 개발하여 좋지 못한 결과를 예견하여 그 대책을 마련해야 합니다.

셋째, 자연은 그 자체로 도덕적 요구를 하고 있기 때문에 윤리는 형이상학에 근거합니다. 형이상학이란 자연에서 나타나 있는 그대로를 밝히는 것이 아니라 그 배후의 것들을 밝혀내는 것입니다. 예를 들어 인간이 나무를 베어 의자를 만들어 유용한 도구로 삼을 수 있지만, 나무를 훼손한 결과 산사태를 맞이할 수 있기에 그 뒷면에 나타날 수 있는 부정적 결과를 생각해 보아야 합니다.

이렇게 요나스는 위에서 제시한 세 가지 관점들을 통해 구체적인 이론의 기초를 세웠습니다. 요나스는 과학기술이 고도로 발달된 산업문명사회 속에서 일어나고 있는 환경문제를 생각해 볼 때 인간중심의 전통

윤리학은 수명을 다했고 이를 대신할 수 있는 새로운 윤리학이 필요하다고 생각했습니다. 현대의 과학기술이 낳은 행위들의 규모가 너무나 새롭고 그 한계를 넘어섰기 때문에 기존의 전통윤리의 배움을 통해서 더 이상 자연현상을 이해할 수도 없고 문제점을 해결할 수도 없다는 것입니다. "지금", "여기"에 살고 있는 인간만을 다루는 전통윤리학은 환경문제의 본질을 제대로 이해할 수 없게 되었습니다.

공포의 발견술heuristics of fear

우리는 자연 그 자체가 목적을 갖고 있다고 생각하며 목적론적인 것 그 자체를 선善이라고 말합니다. 인간은 존재하는 모든 것 중에 가장 많은 목적을 지니고 있습니다. 여기서 인간은 자연의 자기목적을 지닌 행위자의 존재를 파악해야 한다. 요나스는 인간은 자연에 의존하고 있다는 사실을 겸허하게 청취해야 한다고 강조합니다. 인간이 자연의 보존에 대한 관심을 도덕적인 관심으로 변화시키는 것이 인간의 운명이라면, 이제까지 모든 인간중심적인 전통윤리는 변화해야 합니다. 이렇게 이제까지의 인간중심적 생각은 21세기 과학기술문명의 시대에는 오히려 방해물이 되고 있습니다. 따라서 요나스가 미래의 상황에 대해 인간들에게 경종을 울려주고자 하는 바는 생태학적인 재앙이 들어 닥치기 전에 보다 강력한 수단을 동원하여 이제까지 올바르다고 당연히 믿었던 사실도 새롭게 반성해야 할 필요성을 제기했습니다. 여기서 그는 공포의 발견술Heuristik der Furcht이라는 개념을 사용하여 지금까지 과학기술의 발달로 인해 인류의 불확실한 미래를 종말론적 상황으로 예상해 보고 그 대안 책으로 미래의 책임윤리를 제시했습니다. 예건대 우리는 살인이 없었다면, 아마도 생명의 존중함을 알지 못했을지도 모르며, 또 "살인하지 말라"는 도덕적 명령이 존중함을 보여주지 못했을지도 모릅니다. 그리고 거짓이

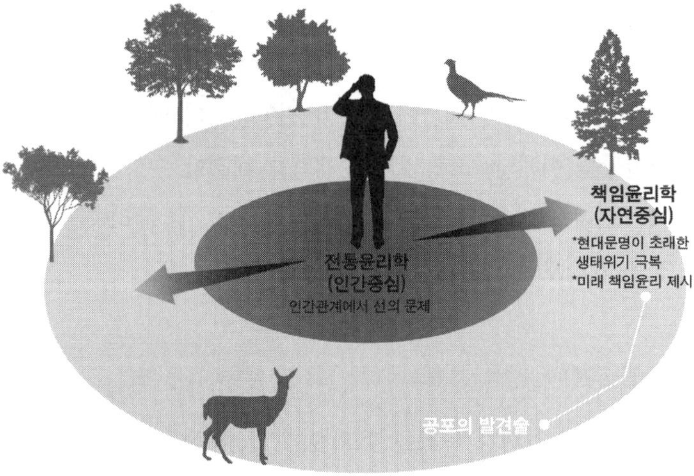

없었다면 진실의 가치를 알 수 없었을 지도 모르며, 부자유가 없었었다면 자유를 알 수 없었을지도 모릅니다.

이런 점에서 우리는 무엇인가 위기에 처해 있다는 사실을 깨달을 때에야 비로소 무엇이 위기에 처해 있는 가를 알게 된다. 왜냐하면 우리의 존재는 어쩔 수 없이 그 밖의 다른 상황에 처할 것이기 때문입니다. 우리에게는 악을 인식하는 것이 선을 인식하는 것보다 훨씬 쉽다는 사실이다. 따라서 우리가 악이라 알고 있는 것은 선이라 알고 있는 것 보다 더 직접적이며 설득력 있고, 의견의 차이에 시달리지도 않으며 더 더욱 가식적이지도 않다는 것입니다. 예를 들어 질병을 보지 않고 건강에 대한 찬가를 읊을 수 없으며, 파렴치한 행위를 보지 않고서는 진실을 찬양할 수 없으며, 전쟁의 처참함을 알지 못하면서 평화를 찬양할 수 있는지 심히 회의적이다. 그는 지금껏 기술공학을 추구해 왔던 우리가 무엇을 행위한다는 것이 오히려 가장 나쁜 결과를 안겨줄 수 있다는 것을 언제나 상상할 수 있도록 우리 자신을 스스로 교육해야만 한다고 말합니다.

이전보다는 오늘날 우리가 하는 행위에 대해 보다 분명한 결과를 예견할 수 있으며, 그렇지 않고 예견되지 않은 새로운 결과가 나타난다면, 행위의 부정적 결과들로 인해 어떤 위험에 처하게 되어 인간의 생존 가능성을 잘 모르게 됩니다. 그는 인류가 기술공학의 혁신을 추구함으로써 "이제까지 인류의 길을 밝혀 주었던 희망의 발견술"을 보여주고자 하는 생각에서 그러한 편견이 필요하다고 관찰합니다. 그는 희망의 발견술이란 것이 과학에 대해서는 물론이고 기술공학에 대한 편견"을 비판합니다. 그는 윤리학에서 "~하라"보다는 "~하지 말라"가 우위에 있었음을 지적합니다." 예컨대 "거짓말하지 말라, 인간을 수단으로 대하지 말라, 싸움을 하지 말라, 부모에게 공경하라, 네 이웃을 사랑하라" 등이 그것입니다. 죄악으로부터 자유를 지키는 것은 도덕적 의무들 내부에서 먼저 나타나고, 악의 유혹이 더 강해질 때 더욱 그러합니다.

그는 공포의 발견술을 우리가 누구나 추구하고자 하는 선善에서 찾기보다는 누구나 싫어하는 불행한 예언을 적용함으로써 미래에 인간이 처하게 될 운명을 진단하고자 합니다. 예를 들어 지구의 온난화, 지구의 사막화 등은 생각하기조차 싫지만, 우리는 실제로 일상생활에서 겪고 있다. 특히 지구 온난화는 이미 홍수와 가뭄, 물 부족, 해안 범람 등의 피해를 일으키고 있습니다.

이러한 관점에서 요나스는 현대 산업사회의 위기상황을 "아는 것이 힘이다"라고 외친 철학자 베이컨의 사상을 출발점으로 하여 칸트, 마르크스, 블로흐, 니체와 같은 철학사상을 현대적으로 새롭게 재조명하였습니다.

02

현대 해석학: 슐라이어마허Daniel Ernst Schleiermacher / 가다머H-G. Gadamer / 폴 리쾨르Paul Ricoeur / 자크 데리다Jacques Derrida

해석학의 어원

해석학의 어원은 그리스 신화의 헤르메스Hermes에서 유래합니다. 이것은 해석하다to interpret로 번역되는 그리스어의 동사 헤르메네웨인ἑρμηνευειν, hermenein과 해석interpretation으로 번역되는 명사 헤르메네이아ἑρμηνεία, hermeneia에서 나왔습니다. 동사로 표현되는 헤르메네웨인과 명사로 번역되는 헤르메네이아는 날개 달린 사자신使者神이라 불리는 헤르메스까지 소급됩니다. 하지만 그 낱말의 어원은 오랜 역사만큼이나 다소 모호합니다. 흔히 헤르메스는 신의 메시지를 인간에게 전달해 주는 전달자, 이를테면 신의 사자使者였으며 신의 말씀을 선포하는 자였습니다. 헤르메스는 신의 메시지를 인간에게 전달하는 단순한 사명뿐만 아니라 신탁을 인간이 이해할 수 있는 언어로 설명하기도 하였습니다. 즉, 그의 사명은 인간의 세계와 근본적으로 다른 세계의 의미연관을 인간의 세계에서 이해되는 의미로 옮겨 주는 것이었습니다. 헤르메스는 제우스나 다른 신들의 말씀을 인간들에게 전달하는 신입니다. 제우스의 말을 전달하기 위하여 헤르메스는 먼저 그의 입으로 어떤 말을 소리 내어 말해야 하고, 듣는 사람이 더 잘 이해할 수 있도록 설명해야 합니다. 신의 말씀을 직접 이해할 수 없는 인간들에게는 외국어를 자국어로 바꾸듯이 번역해야 합니다. 이러한 헤르메네웨인은 통상적으로 세 가지의 의미로 구별합니다. 즉 ① 말하다(표현하다: ausdrücken, 진술하다: to say), 어떤 상황을 설명할 때와 같이

② 설명하다(해설하다, 해석하다: auslegen, to explain), 외국어를 번역할 경우에서처럼 ③ 번역하다(통역하다 übersetzen, to translate)가 그것입니다.

현대 해석학의 전개

해석학은 일반적으로 의미의 해석에 대한 이론이나 철학으로 규정됩니다. 해석학의 근대적 기원이 17세기 초엽 이후부터 예술 철학, 언어철학 및 문예 비평의 논제로 등장하기 시작합니다. 먼저 해석학은 문헌적 해석학을 위한 기초적 · 예비적 분야로 파악합니다. 웹스터 제3국제사전에서는 해석학을 해석과 설명의 방법론적 여러 원리에 대한 연구라 정의하고 있습니다. 또한 해석학은 문학 해석에 적합한 접근방법을 모색합니다. 따라서 해석학은 서로 다르면서도 상호작용하는 두 가지의 관점으로 이야기할 수 있습니다. 하나는 텍스트의 이해이며 다른 하나는 이해와 해석은 과연 무엇인가? 라는 아주 포괄적 물음입니다. 또한 해석학은 이해이론의 두 영역을 함께 취급합니다. 하나는, "텍스트 이해라고 하는 사건 속에 무엇이 포함되어 있는가?" 하는 물음이며, 다른 하나는, "가장 기본적이고 실존적인 의미에 있어서 이해 자체란 무엇인가?" 하는 물음입니다. 따라서 해석학이란 용어는 해석의 이론, 적절한 텍스트 주석의 여러 원리라는 뜻을 함축하고 있습니다. 해석학은 이해시킴에 관한 이론, 즉 해석의 이론Lehre der Auslegung을 일컫습니다. 딜타이는 해석학이란 말의 이러한 용법에 대해 다음과 같이 표현하고 있습니다.

> "문자로 고정된 삶의 표현들을 이해하는 기술에 관한 이론을 우리는 해석학이라 부른다."

이는 단지 문헌들뿐만 아니라 몸짓이나 행동들도 삶의 표현으로서 이해할 수 있다고 보았습니다. 이에 따라 해석학이란 말은 훨씬 넓은 의미로 사용됩니다. 딜타이의 진정한 의도는 정신과학의 기초를 설정하는 일과 더 나아가서 체험표현·행위표현 등에 걸쳐 폭넓은 이해의 기술에 관해 학문적인 근거를 설정하는 데 있었습니다. 다시 말해서 이해의 대상은 결코 문자로 표현된 작품에만 제한되지 않고 인간이 만들어 낸 모든 문화적 표현, 즉 사회, 법, 제도, 종교, 예술 등과 인간의 행위가 인간의 역사에 이르는 전 영역에 걸쳐 있다는 것을 뜻했습니다. 근·현대 해석학의 흐름은 다음과 같이 도표화할 수 있습니다.

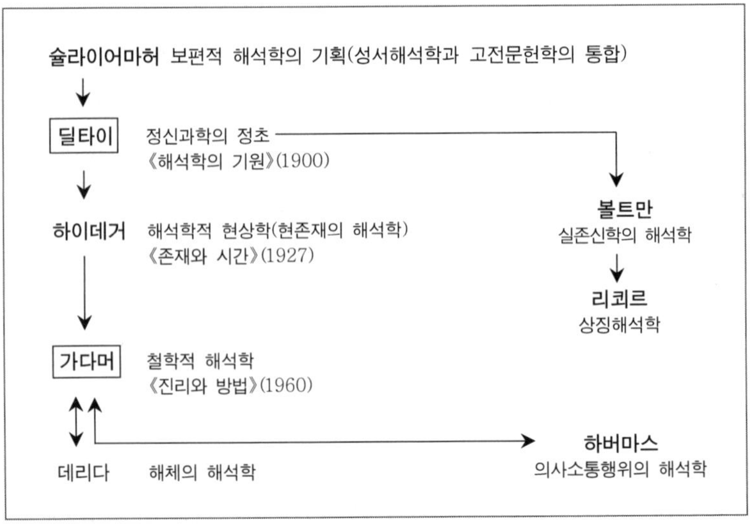

이러한 근·현대의 해석학은 6가지의 상이한 방식들로 정의되어 왔습니다. 따라서 해석학의 분야는 다음과 같이 분류할 수 있습니다. ① 성서 주석의 이론, ② 일반적인 문헌학적 방법론(볼프, 아스트), ③ 모든 이해에 관한 학문(슐라이어마허), ④ 정신과학의 방법론적 기초(딜타이), ⑤ 실존과 실존론적 이해의 현상학(하이데거), ⑥ 신화나 상징의 배후에 있는 의미를 이해하기 위해 사용되었던 우상파괴적인 해석의 체계(리쾨르, 데리다)들이 그것입니다.

보편적 해석학의 기획

슐라이어마허

Daniel Ernst Schleiermacher, 1768~1834

슐라이어마허

슐라이어마허는 독일의 브레슬라우에서 대를 잇는 개혁교회의 목회자 집안에서 태어났습니다. 그의 아버지는 두이스부르크에서 신학을 공부한 뒤 경건주의 종파의 설교자로 활동했습니다. 슐라이어마허도 경건주의의 일파인 헤른후프파의 정신적 분위기 안에서 자라났습니다. 그의 어머니도 또한 오스트리아에서 독일로 이주한 개신교 신앙을 가진 목회자 집안 출신이었습니다. 베를린 시절에 슐레겔 형제를 비롯한 낭만파 그룹과 관계를 맺었으며 온전한 계몽주의의 영향도 받아 1804년에 할레대학의 교목 겸 철학 · 신학 교수에 취임하였습니다. 나폴레옹에 의해 할레대학이 폐쇄된 이후 다시 베를린으로 돌아가 훔볼트Wilhelm von Humboldt, 1767~1835 등과 함께 민족적 자각을 목표로 하는 정치활동에 참가했고 그 연장선상에서 베를린대학Berlin, 지금의 훔볼트 대학의 창설에 기여했습니다. 대학 창립 후 그는 스스로 신학과의 정교수가 되었습니다.

슐라이어마허는 1805년 할레대학에서 처음으로 해석학 강의를 시작하였습니다. 특히 슐라이어마허는 볼프, 슐레겔, 아스트의 해석학적 사유에 많은 영향을 받았습니다. 볼프는 할레대학의 고대어와 문학 교수로서 슐라이어마허의 스승이었습니다. 슐라이어마허는 그 후에 베를린대학에서도 여러 번 해석학 강의를 했습니다. 그의 해석학 강의는 신학은 물론이고 철학에서 많은 영향을 끼쳤습니다. 그의 강의안들 및 강의에 대한 보충안들은 하인츠 킴멀레Heinz Kimmerle에 의해 편집되어 해석학이라는 제목의 책자로 전해져 내려오고 있습니다. 그는 베를린의 샤리테병원에서 원목으로 목회활동을 하였으며 슐레겔, 노발리스 등과 함께 낭만주의 운동을 주도하기도 하였습니다. 그리고 할레대학 교수로 재직하던 중에 훔볼트와 함께 베를린대학을 창립하는 데 주도적인 역할을 담당하였습니다. 이곳에서 신학부 학장 및 철학부 교수, 베를린학술원 회원을 지냈습니다. 또한 고전 문헌학자로서 플라톤 전집을 독일어로 옮기는 등 독일 문화계에 영향을 끼친 문화 철학자였으며, 베를린 삼위일체교회의 설교자로서 국가와 교회의 개혁을 주도한 실천적 지성인이었습니다. 그런 그는 1834년에 갑자기 발병한 폐렴으로 사망했습니다. 슐라이어마허의 해석학에 관한 저서는 생전에 간행되지 못했습니다. 모든 것은 강의, 강연, 유고, 초안의 형태로 남겨진 것에 불과했습니다.

보편적 해석학의 기획: 문법적 해석과 심리적 해석

현대 해석학은 그동안 망각 속에 묻혀 있던 슐라이어마허의 작업을 들추어내고 이를 정신과학의 방법론으로 승화시킨 딜타이의 해석학 작업에서 비로소 시작되었습니다. 오늘날까지도 슐라이어마허의 보편적 해석학의 발상은 해석학에 생동적으로 작용하고 있습니다. 슐라이어마허의 해석학은 보편적 해석학이라 부르고 있습니다. 그 이유는 특정한 텍스트 이해의 기술은 물론이거니와 인간의 보편적 세계인식의 가능한 방법을 지칭하기 때문입니다. 해석학이 이해의 기술로서 이해가 보편적이 될 수 있기 위해서는 보편적 인식능력 일반에 대한 특별한 반성으로부터 출발해야 합니다. 여기서 슐라이어마허의 보편적 해석학의 기본 틀은 언어와 사고라고 하는 인식의 근본원리로서 준비되었습니다. 이러한 슐라이어마허의 해석학은 근대 해석학의 출발선상에 있습니다. 그의 해석학은 문헌해석과 성서해석에 대한 반성에서 새로운 해석학을 위한 토대를 준비하였습니다.

슐라이어마허는 해석을 문법적 해석Die grammatische Interpretation과 심리적 해석Die psychologische Interpretation으로 구별합니다. 그 이유는 모든 말은 "전체 언어와 언어 창작자의 전체의 사유"에 관계하고 있기 때문입니다. 문법적 해석은 말을 언어 속에 도입하는 것에 관계합니다. 그것은 주어진 텍스트 안에서 언어체계를 파악하는 것을 과제로 삼았습니다. 반면에 심리적 해석은 말이 자신의 생각을 전달하고자 하며, 말하는 사람을 전제하고 있다는 사실에 관계하고 있습니다. 이것은 한 텍스트의 저자가 무엇을 주장하는가를 이해하는 것으로 여기서는 주로 말하는 자의 삶의 동기를 주시하고 있습니다. 그렇지만 문법적 해석과 심리적 해석은 전달방식에 따라 그 중요성이 서로 다르게 구별하고 있습니다. 그 이유는 어

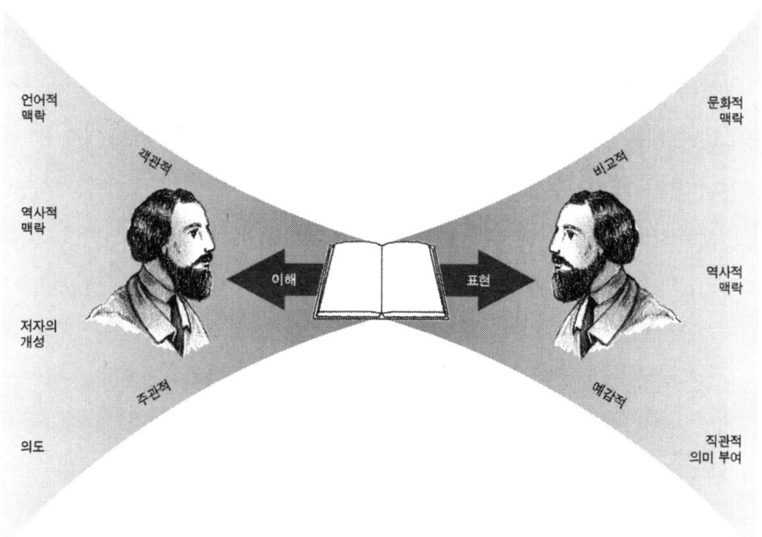

떤 종류의 텍스트는 서술된 텍스트를 위해 저자가 완전히 뒤로 물러나 있기 때문입니다. 다른 텍스트들은 저자가 다시 등장하는 과정 속에서 이해하고 있습니다. 문법적 해석과 심리적 해석의 필연적 교호성은 슐라이어마허 해석학 강의의 대부분을 차지하고 있습니다. 딜타이는 슐라이어마허의 해석학의 개념을 "해석규칙의 형식"으로 받아들이고 이해 자체의 분석을 통해 그 개념에 토대를 제공하였습니다. 그리고 정신과학의 발전에 대한 자신의 연구와 관련하여 해석학의 연구를 수행하였습니다. 원래 해석학은 문헌 해석에서 시작되었기 때문에 "딜타이"[2] 역시 언어 표현에 나타난 해석학의 문제를 다루었습니다. 딜타이 이후로 해석학은 하이데거와 가다머를 거치면서 정신과학의 방법론으로만 제한되지 않는 존재의 이론으로 발전하였습니다. 하이데거는 해석학이라는 명칭을 단지 딜타이처럼, 역사적인 정신과학의 방법론을 의미하는 것이 아니라 현존재의 역사성에 대한 이해와 해석으로 보았습니다. 해석학은 모든 존재론적인 탐구의 가능조건을 마무리 짓는 작업입니다.

무엇보다 그의 목적은 해석학을 현존재의 해석을 통해 존재의 본래적 의미를 밝혀내는 것이었습니다. 인간은 현da입니다. 바로 여기서 존재자는 그 존재로서 비로소 시작되고 있습니다. 이러한 현존재는 세계-내-존재입니다. 세계란 존재자들의 총체를 의미하는 것이 아니고 우리가 존재자를 만나는 방식을 함축하고 있습니다. 즉 하이데거는 해석학을 삶의 다의적인 개념인 실존으로서 현존재의 개념으로 대체시켰습니다.

2) 딜타이 해석학에 관한 자세한 내용은 이 책의 제10장을 참조 바람.

가다머

Hans-Georg Gadamer, 1900~2002

가다머

가다머는 마르부르크의 소도시에서 자연과학자의 아들로 태어났습니다. 그의 부친은 약학계의 저명한 인물로서 한동안 마르부르크대학 총장을 지내기도 했습니다. 어린 시절을 브레슬라우에서 보내고 그곳에서 철학을 시작하였습니다. 그의 회고에 따르면, 1918년 브레슬라우대학에 입학해서야 비로소 철학책을 처음 보았다고 합니다. 그가 처음 접한 철학책은 칸트의 『순수이성비판』이었는데 잘 이해하지 못했다고 회고하고 있습니다. 그 대신에 그는 문학·역사·음악·심리학 등 정신과학의 여러 분야에 걸쳐 관심이 많았습니다. 그 이후에 그는 그 당시 신칸트학파의 본고장이라 불리는 마르부르크대학으로 옮겨 1919년에서 1922년까지 파울 나토르프Paul Natorp와 하르트만Nicolai Hartmann의 지도 아래 철학을 공부하였습니다. 1929년 29살의 가다머는 하이데거의 지도 아래 「플라톤의 변증법적 윤리학」이라는 제목의 교수자격 논문을 제출합니다. 그 당시 그는 자기 생각에 깊이 빠진 채 청중을 잘 쳐다보지 않고 강의를 하였다고 합니다. 철학은 설익을수록 어렵고 고집이 센 경향이 있을 수 있습니다. 명쾌한 스타일로 유명했던 그도 풋내기 시절에는 독일 철학자 특유의 난해함에서 크게 벗어나지 못했습니다. 그는 1968년 은퇴할 때까지 하이델베르크대학에 머물러 강의를 하였습니다. 20세기 사상사에 결정적인 영향을 미쳤던 『진리와 방법』(1960)도 이 시기에 나왔습니다. 이 책은 철학적 해석학의 기반을 닦은 중요한 저작으로 평가받고 있습니다. 가다머는 68세의 나이로 은퇴한 이후에도 학자로서 활발한 활동을 하였습니다. 81세의 나이에 데리다와 유명한 논쟁을 벌이기도 하였고, 100살을 넘긴 나이에도 예비 대학생들을 위한 교양교육 프로그램을 만드는 데 많은 노력을 하였습니다. 그는 2002년 102세의 나이로 숨을 거두었습니다.

철학적 해석학

그의 주저인 『진리와 방법』이란 제목으로 출판한 "철학적 해석학의 개요"에서 해석학을 정신과학의 이해에 대한 분석을 새롭고 구체적인 방식으로 전개해 나갔습니다. 딜타이와 하이데거, 후설의 영향을 받은 가다머는 해석학의 이해를 인간 현존재의 근본특징으로 파악함으로써 정신과학의 이해와 해석에 많은 관심을 기울였습니다. 그는 해석학의 정의에 대해 "이해된 존재는 언어"라고 보았습니다. 그러나 언어는 개별적인 화자를 포괄하는 사건, 즉 역사라 파악합니다. 이해의 새로운 의미를 규명하려는 가다머의 해석학적 사유는 "모든 이해에는 항상 사건이 일어나고 있다"는 전제를 출발점으로 삼았습니다. 이것은 이해가 과학적 방법을 통한 진리경험과는 다른 방식의 진리경험을 가능하게 함을 의미하고 있습니다. 하이데거의 이해가 존재이해이고 현존재의 자기이해라고 규정된다면, 인간에게서 불가피한 선입견Vorurteil을 어떻게 해결할 것인가 하는 문제가 생겨 날 수 있습니다. 가다머는 선입견을 이해작용으로 관련짓기 때문에 역사를 이해하는 데 방해요소가 아니라 오히려 긍정적 의미로 받아들였습니다. 그는 선입견의 개념에 대해 역사를 이해하는 긍정적인 개념으로 받아들이고, 이해에 작용하는 선입견으로서의 역사를 영향사Wirkungsgeschichte라 불렀습니다. 이런 점에서 가다머가 보기에 이해는 그 본질에 있어서 영향사적 과정인 것이었습니다.

제14장에서 살펴보았듯이, 가다머는 하이데거와 마찬가지로 이해를

"존재 자체"의 텍스트와 해석자 사이의 상호관계나 상호 규정하는 관계를 의미하였습니다. 즉 텍스트와 해석자 간의 매개의 종합을 통해 인간 실존의 구조로서 역사 자체가 활짝 열려진다는 것입니다. 따라서 영향사적 과정은 이해의 일반적 구조가 세워질 때 근원적 현상으로서 이해를 해명할 수 있는 계기를 마련하게 됩니다. 이렇게 가다머는 해석학을 이해의 역사성으로 파악하였기 때문에 어떻게 존재론적인 관점에서 해방되어 이해의 역사성에 부응할 수 있는가를 문제 삼았습니다. 그래서 그는 이해의 역사성을 두 가지 의미로서 파악하고 역사를 이해했습니다. 하나는, 역사적 과거의 사실과 전승된 텍스트의 의미연관Sinnzusammenhang을 이해하는 것입니다. 다른 하나는 우리의 이해 자체가 하나의 역사적 사건으로 일어나는 것을 파악하는 것입니다. 따라서 가다머는 이해의 구조와 전통의 연관성을 설명하기 위해 지평이라는 개념을 적용합니다. 지평은 활짝 열려질 수 있으며, 우리와 함께 움직이는 그 무엇입니다. 가다머에게서 지평은 하나의 관점이며, 정확히 정의定義내릴 수 있는 개념은 아닙니다. 역사적 의식이 과거의 것을 대상으로 삼는다면, 이 역사의식은 전승된 것과 거리를 두게 됩니다. 즉 과거의 지평과 내가 속한 지평은 간격을 가질 수 있습니다. 두 지평은 지속하는 전통 속에서 동일한 것이라 할 수 있지만, 서로 분리된 지평이 만날 수 있어야 합니다. 이 두 지평은 영향사적 의식 속에서 지평융합을 이루어 냅니다. 궁극적으로 가다머의 지평융합은 두 지평의 혼합이 아니라 영향사 의식에 의하여 자신이 역사적으로 제약되어 있다는 의식입니다.

가다머는 『진리와 방법』의 궁극적인 과제를 "과학적 방법론의 통제영역을 넘어서는 진리의 경험이 어떻게 정당화될 수 있는지를 해명하는 것"이라 강조하고 있습니다. 그러나 이러한 과제는 그렇게 새로운 관점을 제시하지는 못했습니다. 19세기 중반 밀J. S. Mill, 1806~1873이 그의 『논리학의 체계A System of Logic』(1806)에서 물리학의 방법을 심리학 · 사회학 · 역사학과 같은 인간 현상을 다루는 도덕과학에서도 그대로 사용하자는 방법론적 일원론을 주창하였습니다. 그 이후 많은 반실증주의자들은 자연과학적 방법론의 통제영역을 넘어서는 진리의 경험들도 가능하다는 것을 정당화하였습니다. 가다머가 이와 같은 다소 낡은 문제를 다시 제기한 이유는 딜타이의 실증주의의 방법론적 일원론에 대항하였던 정신과학의 방법론적 기초를 다시 수립하려는 학문의 목표가 있었기 때문입니다.

제10장에서 고찰한 바와 같이, 딜타이는 "자연을 설명하고 정신의 삶을 이해한다"는 유명한 방법론적 이원론을 통해 자연과학과 정신과학을 구별했습니다. 그렇지만 가다머는 딜타이가 제시했던 정신과학의 방법론을 독립적으로 정당화하고자 했음에도 불구하고 자연과학의 모델에 깊은 관심을 보였습니다. 딜타이가 주장하는 이해의 방법은 보다 확실하게 설명이라는 자연과학적 방법과 구별됩니다. 이러한 딜타이 방식의 이해의 방법은 "삶의 객관화"에 집중되어 있기 때문에 자연과학의 방법과 똑같이 객관주의의 이상理想에만 사로잡혀 있었습니다.

가다머는 『진리와 방법』을 발표한 계기를 자연과학에 직면한 정신과학의 올바른 자기이해라는 문제였다고 밝히고 있습니다. 이 저서에서 그는, 정신과학이 학문의 위상을 향유하는 것이 허용되기 위해서는 자신의 고유한 방법을 완성해야 한다는 역사주의와 실증주의에 의해 옹호된 이념에 반대하는 것이었습니다. 그는 먼저 딜타이, 드로이젠, 신칸트주의의 방법론에 회의를 품고 보편타당성을 보장해 주는 방법에 대한 요구가 실제로 정신과학에 적합한지의 여부를 물었습니다. 그래서 가다머는 1862년 자연과학자 헬름홀츠Helmholtz가 하이델베르크에서 행했던 자연과학과 정신과학의 관계에 대한 강연에서 제대로 된 방향을 찾고자 했

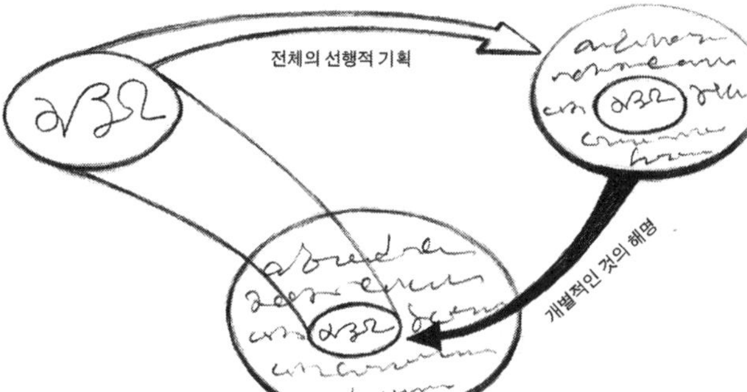

전체의 선행적 기획
개별적인 것의 해명

가다머 : 해석적 순환

『겐지 모노가타리』
『무정』
이해
이해
무라사키 시키부의 지평
이광수의 지평
변화
변화
지평 = 이해의 기반
선입견이
'지평'을
형성하고 있다
가다머

습니다. 자연과학은 수집된 경험적 자료들로부터 규칙과 법칙을 도출해 내는 논리적 귀납의 방법을 사용합니다. 하지만 정신과학은 이와 다르게 심리적인 감지력Taktgefühl을 통해서 인식에 도달합니다. 가다머는 『진리와 방법』의 첫 부분에서 다음과 같이 적고 있습니다.

> "정신과학의 고유한 방법이란 없습니다. 그러나 헬름홀츠와 함께 우리는 이 경우에 방법이 얼마나 중요성을 갖는지, 어쩌면 정신과학의 다른 조건들이 그것의 작업에서 귀납법적인 논리보다 훨씬 더 중요한 것은 아닌지 물을 수 있습니다. 헬름홀츠가 정신과학을 적절하게 평가하기 위해 기억과 권위를 강조하고, 의식적인 추론을 대신하는 심리적 감지력(Takt)에 관해 언급하고 있을 때, 그는 이러한 점을 올바르게 지적했습니다. 이러한 감지력은 어디서 나오는 것일까요? 그것은 어떻게 획득되는 것인가요? 정신과학의 학문성은 궁극적으로 방법보다는 감지력에 달린 것인가요?"

이렇듯 가다머는 헬름홀츠가 제시한 정신과학에 대한 의견과 물음을 통해 자신의 견해로서 받아들였습니다. 정신과학의 유일한 방법이란 없습니다. 가다머의 관점에서 "헬름홀츠는 정신과학을 정당화하기 위해 기억과 권위를 내세우고 의식적인 추론대신에 심리적인 감지력에 대해 말하고자 했다"는 것입니다. 가다머의 입장에서 보았을 때, 딜타이의 방식대로 객관적으로 타당한 인식이 가능하기 위해서는 자연과학과 마찬가지로 반드시 그 무엇을 대상화해야 한다는 것입니다. 딜타이는 정신적 계기가 되는 체험, 지각, 표상과 같은 개념들은 객관적으로 타당한 인식이 불가능하기 때문에 불가피하게 삶의 객관화를 강조하였습니다. 이러한 딜타이가 시도한 삶의 객관화에 대해 가다머는 "객관화되지 않은 대상은 이해할 수 없다"는 전통적 이해개념의 한계를 딜타이가 극복하지 못했다고 진단합니다. 가다머의 해석학적 전략은 해석학 이외의 다른 방법을 찾아내는 것이 아니라 오히려 이해의 현상 속에 깊숙이 파고 들어가야 한다고 보았습니다.

가다머의 이러한 방향 설정은 딜타이의 입장에서 전통적인 이해의 개념에 대해 다른 의미가 포함되어 있다는 사실을 전제하고 있었습니다. 따라서 가다머의 새로운 이해개념은 외적인 진리경험이 어떻게 정당화될 수 있는가?에 대한 근본물음을 통해 해명되어야 한다고 보았습니다. 이러한 물음은 하버마스J. Habermas와 아펠K.-O. Apel 등의 해석학자들에 의해 사회과학의 실천철학적 방법론으로 전개되었습니다. 아펠과 하버마스에 의하면, "철학이 오늘날의 산업사회 안에서 실제로 어떻게 작동하고 있는지, 그리고 철학이 자신의 자리만을 지키고 있지 않고 삶의 이론과 실천을 실제로 매개시키고 있는지"를 진지하게 물었습니다. 따라서 리쾨르와 푸코, 데리다가 주장하는 현상학, 구조주의, 해체주의의 해석학 등 다양한 이론들을 접맥시키면서 초기의 해석학과는 다른 양상으로 전개되어 가고 있습니다.

상징의 해석학

폴 리쾨르
Paul Ricoeur, 1913~2005

폴 리쾨르

폴 리쾨르는 프랑스의 발랑스에서 태어났습니다. 그는 유신론적 실존주의 철학자로 알려진 가브리엘 마르셀로부터 철학과 신학을 배웠습니다. 그는 후설 연구가로도 잘 알려져 있는데 이는 제2차 세계대전 도중에 독일에서 포로생활을 하면서 후설의 저서를 탐독한 것이 계기가 되었고 하이데거, 야스퍼스, 마르셀의 저서들도 가까이 하였습니다. 1950년에 후설의 『현상학의 이념들 1』을 불어로 번역하여 프랑스에 소개하였습니다. 그는 현상학을 소개하는 데 그치지 않고 현상학을 통해 인간존재와 인간의 실존적 유한성을 초월적인 신으로써 해명하고자 하였습니다. 따라서 그가 말하고자 하는 현상학은 후설의 초월론적 현상학이 아니라 해석학과 결합된 현상학이라 할 수 있습니다.

그는 박사학위를 받은 후에 스트라스부르크에서 역사철학 교수(1948~1956)로 지내다가 1956년 소르본대학의 교수가 되었습니다. 리쾨르는 1949년 『의지적인 것과 비의지적인 것』에서 의지에 관한 현상학적 기술을, 1960년 『유한성과 죄악 가능성 I, II』에서 종교적인 상징에 대한 해석학을, 1965년 『해석에 관하여』에서 정신분석학적 상징에 대한 해석학을 분석하였습니다. 그는 1966년 파리를 떠나 프랑스 낭트대학으로 갔는데 1968년 5월 사태가 일어나기 직전의 분위기로 보아 그곳이 좌파 지식인들이 자기주장을 마음 놓고 펼칠 수 있는 곳이라고 생각했기 때문입니다. 그는 자신을 가리켜 '기독교 좌파 지식인'이라 하였습니다. 이러한 그의 생각은 기독교 좌파 지식인들의 잡지인 에스프리를 창간한 엠마누엘 무니에가 주도하였던 모임에 참여한 이후까지 계속되었습니다. 그러나 1970년 3월 그곳에서 해임되었습니다. 1969년 그가 교구직에 오르면서 1968년 5월 학생운동이 좌절되었음에도 불구하고 혁명이 성공할 것이라 확신했던 급진적인 학생들과 지식인들로부터 외면당했기 때문입니다. 또한 파리의 현상학과 해석학 본부의 소장직을 역임하면서 레비나스, 데리다와 친교를 맺습니다.

그 이후 그는 시카고대학과 파리대학을 중심으로 활동하면서 강의와 저술을 병행하였습니다. 그의 철학적 주제도 변화를 겪으면서 상징이 아닌 텍스트를 해석학의 주된 논의로 삼습니다. 상징 언어에 대한 해석이 너무 좁다고 파악하고 텍스트에 대한 논의를 통해 인간의 존재이해에 이르고자 한 것입니다. 1975년에는 『살아 있는 메타포』, 『시간과 이야기』(1983, 1984, 1985)를, 1990년에는 『타자로서의 자기 자신』과 1992년 논문집 모음인 『논문 I, I, III』을 출간했습니다. 그가 철학자로서 명성을 얻게 된 계기는 현상학에 대한 주석가로서의 영향력도 있었지만, 하이데거와 가다머와 함께 맡게 된 해석학적 전회에 대한 그의 독창적인 노력에 힘입은 바가 지대합니다. 그는 50대 이후부터 기호, 꿈, 상상, 텍스트, 설화, 이데올로기 등을 통해 나타난 다양한 의미를 해석하는 데에 열중했습니다. 리쾨르는 니체와 함께 의미를 무의식적 충동으로 환원하는 프로이트, 의미를 계급이해와 다시 연결시킨 마르크스를 의심의 해석학 Hermeneutik des Verdachts의 대표자로 불렀습니다.

상징의 해석학

현대 프랑스 해석학자 리쾨르는 초·중기 철학에서 상징 개념을 가장 많이 등장시켰습니다. 그는 『악의 상징』(1960)에서부터 『해석에 관하여: 프로이트의 시론』(1965)을 거쳐 『해석의 갈등』(1969)에 이르기까지의 저서들은 상징과의 대화라 말해도 과언이 아닙니다. 리쾨르는 상징을 이미지적 상징이나 사물에 대한 상징으로 확장하지 않고 신화나 종교적 고백이나 시, 그리고 정신분석의 대상이 되는 꿈의 언어들에서 등장하는 언어적 상징으로 제한했습니다. 1980년대에 리쾨르는 상징해석학을 인간의 행위나 역사라 보고, 광범위한 텍스트의 해석학으로 확장시켜 나갔습니다. 리쾨르는 하이데거의 존재문제에 정위된 해석학적 착상과 가다머의 영향사적 해석학을 수용하면서 이것을 텍스트의 해석이론으로 발전시켜 나갔습니다. 그는 이 텍스트의 해석이론을 통해 존재론적 성격이 강한 하이데거와 가다머의 해석학에 대한 인식론적 측면을 보완하며, 인식론적 사고와 존재론적 사고, 해석학을 매개하여 연관시켰습니다. 리꾀르의 철학적 주제의 핵심은 주체의 문제였습니다. 그는 『의지적인 것과 비의지적인 것』(1950), 『악의 상징』(1960), 『해석에 관하여: 프로이트에 관한 시론』(1965), 『해석의 갈등』(1969), 『텍스트에서 행위로』(1986), 『한 타자로서의 자기 자신』(1990) 등의 저서에서 주체의 물음과 씨름하였습니다. 즉 그는 주체의 신체적 차원, 주체의 언어적 차원, 주체의 상호 인격적 및 제도적 차원 등 주체의 문제에 관심을 보였습니다. 리꾀르는 하이데거의 『존재와 시간』에서 "나는 생각한다"라는 데카르트의 명제를 통해 주체적 사유를 비판했습니다. 그리고 그는 현존재의 실존개념을 포함하는 "나는 있다je suis"에 의한 해석학을 전개해 나갔습니다. 즉 리꾀르는 "나는 있다"의 해석학만이 비판적 반성철학의 도움을 얻어 관념론적, 유아론적 사유를 극복할 수 있다고 보았습니다. 즉 "상징은 코기토의 존재 안에 있어서 생각을 불러일으켜야 한다"는 것입니다.

리꾀르가 주장하는 상징이란 일종의 언어적 기호입니다. 그는 상징이란 일차적 의미가 그 자체를 넘어서 다른 이차적 의미를 지시하는 이중적 의미를 표현하는 것이라고 말합니다. 이렇게 상징은 기본적으로 일차적 의미를 가진 언어입니다. 다시 말해 그는 일차적 의미에 거주하는 이차적 뜻을 가진 언어기호를 상징개념이라 정의 내렸습니다. 우리는 하나의 유일한 의미의 세계에서 살고 있는 것이 아니라 다의적 의미의 세계에서 살아가고 있습니다. 이런 점에서 일차적 경험에 대한 삶의 세계는 직접적인 체험의 현실세계에서 이차적 경험의 상징세계, 곧 초시간적이고 초공간적 세계에로 나아갔습니다. 즉 상징 언어는 다의적이고 불투명하며, 신화적이고, 원초적인 언어인 것입니다. 다시 말해 상징은 실존적이고 구체적이지만, 애매해서 일의성을 상실하고 있다는 사실 때문에 해석학적 반성을 거쳐야 합니다. 따라서 리꾀르는 상징 언어의 해석을 가리켜 해석학이라 정의했습니다.

상징 언어들에 대한 해석의 중간단계를 거쳐야만 비로소 존재론적 이해가 가능합니다. 우리는 역사와 문화에서 주어지는 기호에 대한 해석과 기호의 의미에 대한 사유로부터 자기존재를 인식하게 됩니다. 상징 언어를 통해 자기존재를 드러내는 것, 특히 그는 신 앞에선 인간존재의 유한성을 나타내고자 했습니다. 그는 초월로서의 신 앞에 홀로 선 인간의 존재를 단적으로 악에 대한 상징으로서의 언어라 말합니다. 그리고 그 상징 언어의 분석에서 인간존재를 다시 드러냈습니다. 그에 의하면, 악이란 바로 올바른 의지의 사용이 아닌 본래적이지 않은 의지의 사용에서 유래합니다. 이러한 본래적이지 않은 의지의 사용, 또한 본래적인 의지의 필연적인 좌절은 온전한 의지에 대한 갈망을 함축하고 있습니다. 리꾀르의 악의 상징에 대한 해석은 내용 그 자체의 해석학을 요구합니다. 본래적이지 않은 것을 보여 주는 것이 해석학적인 것이며, 온전한 의지가 신에게만 가능하다고 보게 되면 신학적인 것이 되는 것입니다. 따라서 그는 신학적인 철학을 추구했습니다. 그는 언어해석의 주요 문제 즉, ① 왜 해석학이 필요하며, ② 어떻게 해석이 가능한지, ③ 해석이 가능하다면 그 해석이 올바른 것인지에 대해 다루었습니다. 하이데거는 해석학을 존재론으로 ①, ②만을 다루었습니다. ③은 존재론으로 유용한 해석을 선별하기만 하면 됩니다. 그러나 리꾀르는 가능한 해석학의 방법들 사이에서 어떤 해석학이 유용한지에 대해 다양한 해석을 내놓았습니다. 여기서 그는 해석학의 가능성들은 통일되어 있어야 하며, 그에 대한 통일은 신비에 싸여 있다고 말합니다. 따라서 리꾀르는 알 수 없고 불명확한 신비로운 해석은 인간존재의 유한성에 부합하고 있다는 증거라고 보았습니다.

자크 데리다

자크 데리다

Jacques Derrida, 1930~2004

자크 데리다는 유태계 출신의 프랑스인으로서 알제리에서 태어났습니다. 그는 1935~1941년 사이에 엘-비아르에서 반유대적인 분위기 속에서 유치원과 초등학교를 다니다 쫓겨나게 났습니다. 1943~1947년 동안에는 벤 아쿠눈 리세에 재입학하여 불규칙하게 학업을 받으면서 프로 축구선수가 되고 싶어 했습니다. 그는 1947년 바칼로레아(대학교 입학시험) 시험에 낙방하였고 한동안 그 여파로 불안과 부적응을 겪으면서 집에서 나오지 않고 일기와 독서에 몰두하면서 시를 썼습니다. 이 시기에 앙드레 지드, 니체, 폴 발레리에 심취했습니다. 1948년 고등사범학교를 준비하면서 뷔고 리세로 옮겼으며 이 무렵에 철학을 공부하기로 결정하였습니다. 이후 1949~1950년 사이에 루이 르그랑 리세에 입학하였습니다. 1951년 말에는 몇 번 낙방한 고등사범학교에 재입학하였습니다. 여기서 부르디외, 세르, 마랭 등과 만나게 되고, 1952~1953년 고등사범학교 시절에 당시 조교였던 알튀세르를 알게 되었습니다. 그와 친교를 맺게 되고 20년간 동료관계를 유지하였습니다. 그는 1950~1960년대 대학교 교수시절에 이르기까지 마르크스주의의 환경 속에서 보냈습니다. 1953~1954년 루뱅을 여행하면서 석사논문인 「후설철학에서 생성의 문제」를 작성하는 등 후설 현상학을 프랑스에 소개한 최초의 인물 중의 한 명이었습니다. 그는 푸코와 친교를 맺고 그의 강의를 들었습니다. 1955년 철학 교수 자격시험에서 떨어지고 이듬해에 합격하였습니다. 그는 어린 나이에 프랑스로 건너와 일찍부터 혁신적인 사상가로 명예를 누렸습니다. 데리다는 30대 초반에 레비나스와 함께 파리에서, 그리고 현상학과 해석학 본부에서 리쾨르와 함께 현상학을 연구했습니다.

해체주의의 해석학

해체주의의 철학자라 불리는 데리다는 1967년에 출간한 세 저서 『글쓰기와 차이』, 『목소리와 현상』 그리고 광범위한 저작 『그라마톨로기』에서 문자이론에 대한 영향력 있는 책을 출판합니다. 그는 이 책들을 통해 후설의 현상학, 소쉬르의 언어학, 레비-스트로스의 구조주의에 대해 심도 있는 비판을 가합니다. 이 책들에서 데리다는 철학적 전통과 현재의 철학적 이론을 비판하기 위한 전략적 과정으로서 해체를 이용했습니다. 이 때문에 그를 가리켜 우상파괴주의자라 불렀습니다. 왜냐하면 그는 기존의 서구 철학이 주장해 온 모든 진리를 우상이라 보고 그 우상들을 철저하게 파괴시켰습니다. 이런 측면에서 그는 망치를 들고 형이상학을 깨뜨리는 철학자라 불렀던 니체의 후예였습니다. 데리다는 이러한 우상을 현전의 형이상학 또는 로고스중심주의를 비판하였습니다. 특히 그는 플라톤으로부터 시작하여 아리스토텔레스를 거쳐 데카르트, 칸트, 헤겔, 하이데거에 이르기까지 서양철학을 로고스중심주의적 경향을 띠고 있다는 강한 의구심을 가졌습니다. 한마디로 서양철학의 형이상학적 경향을 '로고스중심주의'라고 표현했습니다. 로고스중심주의는 유럽적이며 서구사상의 형성물이며 철학과 형이상학, 과학, 언어 및 로고스에 의지하고 있는 모든 학문과 관련되어 있습니다. 그것은 만물의 중심에 로고스 또는 이성적 담론들을 대입代入시켰습니다.

데리다는 이 과정을 통해 하이데거의 형이상학적 방법들을 더욱 발전

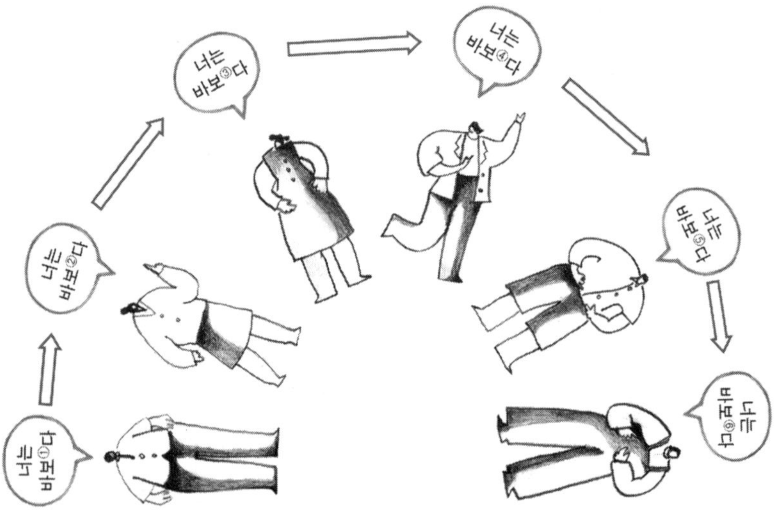

계속해서 전달된 '바보'라는 단어는 그 앞의 '바보'의 재현전 · 대리보충이다

시켰다고 보았습니다. 해체는 이유를 묻는 대신에 그러한 생각이 어떻게 유래하게 되었는지를 질문하였습니다. 또한 해체는 모든 연구의 영역을 끊임없는 텍스트의 일부분으로 파악하고, 어떤 근원에 도착했다는 주장을 하지 않고 끊임없는 연결구조 속에 머물게 합니다. 그리고 해체는 최종적인 원인의 설명에 대해 정확한 답변을 요구하지 않습니다. 이런 측면에서 해체주의는 구체적인 목표를 지향하지 않으며, 개념에 관한 의미전이를 발견하는 것을 목표로 하고 있다는 비판에도 데리다는 동의하지 않습니다. 언어의 이중적 의미는 이미 텍스트에서 다시 다른 텍스트를 참조하는 것인데, 여기서 데리다는 구조주의 음성학에서 기원하는 차이의 원칙을 기본원칙으로 받아들였습니다. 그가 주장하고자 하는 것은 동일성이 아니라 차이였습니다.

또한 『그라마톨로기』에서 음성중심주의로서 서구의 로고스중심주의를 폭로했습니다. 그러면 데리다의 '로고스중심주의'란 무엇을 의미하는 것일까요? 그는 이것을 '현전의 개념에 그 중심을 두고 재현되는 서구 사상의 경향을 특징짓는 용어'로 사용했습니다. 논리중심주의의 대상은 "기초 · 원칙 · 중심과 연관된 모든 용어들, 즉 형상, 아르케, 본질, 목적, 실체, 진리, 주관, 의식 초월성, 인식, 신, 인간 등 변화지 않는 주제로 삼는 형이상학을 특징으로 합니다. 하지만 데리다는 형이상학적 사유에 빠져들게 하는 물질/정신, 주관/객관, 허위/진리, 육체/정신, 텍스트/의미, 내면/외면, 표상/현전, 현상/본질 등과 같은 이분법적 대립을 내버릴 것을 제안합니다. 그래서 데리다는 중심화되는 현전의 개념이 결코 있는 그대로를 드러내는 것이 아니며 '로고스중심주의'와 단절할 것을 제의합니다. 그는 원래의 현전이라고 하는 지배적인 범주를 그 자신의 부재 또는 그것의 보충물 이외에 아무것도 아니라는 것을 보여주려고 시도하였습니다.

03

포스트모더니즘Post-Modernism: 이성중심주의의 종말

포스트모더니즘의 정의定義 및 등장

포스트모더니즘은 20세기 후반의 예술을 비롯하여 사회의 다양한 양상을 설명하기 위한 다의적 맥락에서 사용되어 왔습니다. 포스트모더니즘은 통일되고 일관된 정의는 없지만, 20세기 후반의 예술, 문학, 미술, 건축 등 다양한 분야에서 전개되었습니다. 즉, 이 용어는 모더니티/포스트모더니티, 모더니즘/포스트모더니즘의 대칭적 개념에 대한 논점을 정의내리면서 시작되었습니다. 일반적으로 모더니티(근대성 또는 현대성)는 서양 근·현대를 총체적으로 관통하는 일종의 "시대정신"으로 간주되어 왔습니다.

이탈리아 철학자 바티모Giani Vattimo의 관점에서 "포스트모더니즘의 논리는 단선적 시간을 향한 지속적이고 단일한 과정의 논리"라 말합니다. 이러한 바티모의 간결한 포스트모더니즘의 정의는 프랑스 철학자 리요타르가 『포스트모던의 조건』(1979)에서 "거대 이야기"라 말한 것이나 "메타이야기들에 대한 회의懷疑"라고 정의한 것과 일맥상통합니다. 특히 리요타르는 포스트모더니즘을 메타이야기와 연관하여 논의합니다. 즉 그는 포스트모더니즘의 거대 이야기에 대해 회의적으로 바라보며, 거대 이야기 이후에 그 합법성은 어디에 남아 있는가에 대해 물었습니다.

하지만 근대나 근대성 또는 모던, 모더니티, 모더니즘 더 나아가 포스트모던/포스트모더니즘과 같은 다의적 용어들은 정확하게 정의할 수 없는 애매한 표현들입니다. 그 의미 또한 사용하는 사람의 주관적 의도에 따라 미묘한 차이를 보여 왔습니다. 근대의 특징은 이탈리아의 현대철학자 바티모라든지 독일의 철학자 하버마스가 제시하는 것처럼, 니체가 데카르트에게서 받아들인 "나는 생각한다. 그러므로 나는 존재한다Cogito ergo sum"라는 명제의 분석에 의한 이성의 비판을 주로 다루었습니다. 이러한 시각은 니체와 더불어 포스트모더니즘의 등장으로 보는 계기가 되었습니다. 독일의 현대철학자 벨쉬Wolfgang Welsch는 포스트모더니즘의 선구자로서 여러 차례에 걸쳐 판비츠Rodolf Pannwitz, 1881~1961를 언급하고 있습니다. 판비츠는 그의 저서인 『서양 문화의 위기』(1917)에서 포스트모니즘을 "스포츠맨 정신으로 단련된", "국가적으로 의식화된", "군대식으로 훈련된", "종교적으로 격앙된" (……) 등의 형용사로 표현하면서 포스트모던의 인간을 니체의 위버멘쉬Übermensch, 초인, 데카당스의 니힐리즘을 극복해 나가는 과정으로 보았습니다. 특히 근대철학에서 주요한 의미를 부여하고 있는 극복의 개념은 새롭게 각인되었습니다.

니체는 『반시대적 고찰』, 『인간적인 너무나 인간적인』, 『도덕의 계보』 등의 저서들을 통해서 나의 해체 현상이 나타남을 제시하였습니다. 니체의 이성 비판은 이성 · 진리 · 자유의 이념 등의 개념과 이별의 전주곡을 고告하면서 재차 이성의 계몽에 노력을 기울였습니다. 니체에 의하면 "지식은 그 안에 있는 독소를 변화시켜야 합니다. 이것은 근대 시대에서 나타난 정신의 명령이며, 그 안에서 정말로 무엇인가의 새로움, 강력함, 삶의 약속과 근원성" 등을 찾아내야 한다는 것입니다. 특히 그에게 있어서 서양의 정신사는 고대 그리스 시대의 생활상이나 신화의 몰락 등에서 그 해결책을 찾아 왔다고 보았습니다. 자연과 이성이 점점 대립되면서 이성은 제정신을 잃고 자연을 정복하려는 형태로 나타납니다. 그러나 자연과 이성은 대립되고 서로 모순적이거나 투쟁을 하면서도 화해하려는 노력을 보여 왔습니다. 이러한 관점은 근대의 의식을 고대 그리스의 경험과 연결하고 개방시켜 "국가나 사회 일반, 인간과 인간 사이의 간격을 부드럽게 완화시켜 다시 자연의 심장부로 되돌아가는 것입니다." 포스트모더니즘은 다양한 관점에 따라 상이한 근원지를 찾을 수 있습니다. 포스트모던의 배경에는 니체의 영원회귀Ewiger Wiederkunft 사상이나 니힐리즘의 극복, 하이데거의 형이상학의 극복, 초월의 개념 등이 다시 잠재적으로 내재해 있었습니다.

이러한 니체의 철학적 직관은 후기 산업 사회의 새로운 존재 규정에 대한 포스트모던의 반성의 한 측면으로 나타나면서 단순한 문화 비판으로만 회귀하지 않고 모든 철학과 20세기 초엽의 문화를 통찰하고 진단하는 데 있었습니다. 따라서 니체와 하이데거의 포스트모던의 실행은 유럽 사유의 전통과 함께 그 논쟁의 서장을 열었습니다.

포스트모더니즘의 현대적 논의: 주체의 죽음

포스트모더니즘의 다양한 분야에 걸쳐 논쟁점을 제공한 사람은 하버마스였습니다. 하버마스는 포스트모던의 이성 비판을 하기 전에 『근대의 철학적 담론』(1986)에서 근·현대를 재구성할 것을 요구하였습니다. 하버마스는 근대에서부터 현재에 이르기까지, 즉 헤겔, 니체, 바타유, 하이데거, 푸코, 아도르노, 데리다, 루만 등을 패러다임의 흐름을 통해 개별적 학자들의 견해를 어떻게 포스트모던의 조건으로서 제시하는 것이 가능할 수 있는지를 물었습니다. 하버마스는 이러한 개별 철학자들과의 논쟁을 통해 포스트모던의 지난 흔적을 추적하였습니다. 먼저 그는 근대의 관점을 헤겔과 연결시켜 서술하였고, 철학적인 포스트모더니즘이 어떻게 발생할 수 있는가? 하는 물음을 통해 이성의 근대 비판에 관심을 가졌습니다. 하버마스에게 있어서 근대는 한 시대에 등장한 철학이었습니다. 그에 의하면, 근대는 이제까지 지속적이고 개별적인 원리 없이 다양한 물음을 향한 타당성만 있었기 때문에 이러한 시대적인 정신적 인상으로부터 『근대의 철학적 담론』을 다루어야 한다는 것입니다. 하버마스가 포스트모던과 함께 순수한 철학적 영역에서 논쟁을 시도한 것은 포스트모던의 이성 비판을 다시 부각시켜서 그 주변부 논의를 새롭게 정리하고자 한 것이었습니다. 그는 우리가 이성의 해체에 대한 논쟁을 시도한다면 딜레마에 빠질 것이며, 그 안에서 인간이 논증하려는 어떤 힘을 요청하는 것은 그 자신을 부정해야만 타자他者를 내세울 수 있다고 보았습니다.

무엇보다 포스트모더니즘의 가장 첨예한 철학적 논쟁의 출발점을 제공한 프랑스의 철학자는 리요타르Jean-Francois Lyotard, 1924~1989였습니다. 그는 포스트모더니즘을 유럽의 건축과 관련된 토론이 아닌 "탈산업 사회의 사회학적 논쟁"(투랭, 에치오니, 벨 등)에서 북아메리카에 있었던 논쟁에 초점을 맞추었습니다. 곧 도래할 사회는 새로운 공학의 영향을 갖게 될 것이라 보고, 정부의 대학 상담에 관한 보고서에서 이를 연구물로 제출하였습니다. 여기서 그는 지식은 새로운 정보공학의 영향을 받아서 고도화된 산업사회에서는 어떤 변화를 기대한다고 보고하였습니다. 이 보고서는 1979년 『포스트모던의 조건 : 지식에 대한 보고서』라는 제목으로 발표되었으며, 포스트모더니즘의 철학적 논쟁의 출발점이 되었습니다. 리요타르는 먼저 데카르트 이후 근대철학에서부터 헤겔철학에 이르기까지 주체 중심의 철학에 반대하였습니다. 특히 그는 프랑크푸르트학파였던 아도르노의 주체문제에 대해 비판하였습니다. 그는 아도르노가 주체의 범주에 너무 집착하여 일반화된 의미론을 보지 못했다고 비판합니다. 이런 점에서 리요타르는 의미론의 해결을 선차적으로 해결해야 한다고 요구하였고, 주체 · 의미 · 재현 · 진리와 같은 개념들은 서로 연결된 사슬의 고리이기 때문에 모두 해체되어야 한다고 주장하기에 이르렀습니다. 즉 주체는 이제 재현 장치Ein Produkt der Repräsentationsmaschine에 불과할 뿐이라는 것입니다. 리요타르에게 있어서 포스트모던의 지식은 단지 힘들의 도구가 아닙니다. 그 지식은 차이성에 대한 우리의 감수성을 순화시켜 주거나 실행하기 곤란한 우리의 능력을 강하게 해줍니다. 이러한 포스트모더니즘은 크게 네 가지로 나누어 살펴볼 수 있습니다.

리요타르

첫째는 문화현상으로서 포스트모더니즘을 보는 관점입니다. 문화적 현상이 그 이전의 모더니즘에 비해서 어떻게 다른 것인지를 파악하는 것입니다. 이것은 새롭게 대두하고 있는 문화예술의 사조 혹은 문화양식의 현상입니다. 이제 포스트모더니즘은 대중문화와 혼합한 지 오래입니다. 포스트모더니즘을 20세기의 예술사조로 간주할 경우 다소 질적으로 후퇴하였지만, 대중예술의 차원에서 연예오락물을 비롯한 대중문화의 영역으로 널리 확산되었습니다. 이러한 포스트모더니즘의 현상은 대중문화와 고급문화로 구분되기도 합니다. 이렇듯 20세기 말의 포스트모더니즘의 경향은 철학의 영역에만 있었던 고유한 현상은 아니었습니다. 이제 포스트모던은 현대문화의 전반적인 현상이며 철학보다는 오히려 현대 예술 · 문학 · 건축 등에서 두드러지게 나타났습니다. 먼저 포스트모더니즘은 건축학자인 젱크스가 건축분야에서 쓰기 시작하였으며, 그 이후 문학 · 예술 · 사회학 · 경제학 · 정치학 · 과학 분야에 이르기까지 광범위하게 퍼져 나갔습니다. 따라서 포스트모더니즘은 좁은 의미로 이해할 때, 문학과 예술의 영역에서 일어난 현상이었습니다. 이러한 문학과 예술개념으로서의 포스트모더니즘은 20세기 중반 이후 본격적으로 등장하기 시작하였습니다. 포스트모더니즘의 특징은 일원론보다는 다원론을, 이성보다는 감성을, 전통의 유지보다는 해체를, 그리고 독단주의보다는 관용주의를 더 설득력 있는 이론으로 받아들이기 시작하였습니다.

둘째는 생활세계를 현상적으로 분명하게 보여준 입장이었습니다. 이것은 이성에 대한 절대적 신뢰에 대한 반성에서 기인하였습니다. 서구에서 계몽주의는 이성의 빛, 합리적인 과학, 보편적인 도덕, 자율적인 예술을 부각시키면서 암흑을 추방하고 인간의 성숙함과 해방감을 가져다주고자 하는 시도였습니다. 그러나 포스트모더니즘은 이러한 계몽주의, 이성 중심주의를 대체로 거부하였습니다. 포스트모더니즘은 근대의 기초가 되어 왔던 인간의 주체 · 이성 · 역사의 진보라는 개념들이 모두 신화에 불과한 것이라고 생각하였으며, 실제로는 이성이 인간을 해방시키는 것이 아니라 오히려 인간을 억압해 왔다고 보았습니다.

데카르트 이래로 인간은 이성을 회의懷疑하는 존재로 여기면서 중세

시대의 신중심주의의 사회에서 인간의 이성을 중시하는 인간중심주의의 사회로 점차 변화의 과정을 겪어 왔습니다. 인간의 이성은 합리주의에 기초하여 천부적인 인간의 권리와 자율성을 보장받게 되었습니다. 인간이 갖고 있는 이러한 이성의 능력은 절대적 진리, 보편적인 진리를 확보하는 계기를 마련하였습니다. 이성은 보편적 진리에 대한 소크라테스 이래로 이성중심주의의 오래된 유산이며, 근대 이후로 갈릴레오, 뉴턴, 케플러 등의 과학 혁명가들을 비롯한 대륙 이성론자들과 영국경험론자들에 의해 그 진보의 화살이 더욱 세게 당겨졌습니다.

최근의 포스트모더니즘은 기존의 이성 중심주의를 전면 거부하고 이성의 이름으로 간주해 왔던 이제까지의 모든 지식체계들을 뿌리째 흔들고, 전혀 새로운 시각에서 인간의 역사를 재구성하려는 시도였습니다. 이러한 시도는 이성을 비판하고 이성 그 자체를 거부하려는 급진적인 반이성주의의 운동이었습니다. 그래서 포스트모더니즘은 근대에서 주로 기초로 삼았던 인간주체・이성・역사의 진보와 같은 개념들을 모든 권력의 억압을 합리화한 것이라 비판하고, 그것이 단지 신화에 불과한 것이라 간주하였습니다. 그리고 이성의 총체성을 실제로 억압적이고 전체적인 질서를 정당화하였던 권력과 지식의 상호작용의 관계를 극명하게 보여 주고자 하였습니다. 즉 포스트모더니즘은 근대주의 및 근대의 재구성을 통해 근대를 새롭게 완성해야 한다는 입장이었습니다. 이른바 근대는 이성의 총체성으로서 자본주의를 수정하고 내부의 비판을 통해 보다 바람직한 사회의 건설을 추구하는 데 그 목표가 있었습니다. 따라서 포스트모더니즘은 근대의 합리주의와 그 도구로서 이성중심주의의 사고를 비판하고 지금까지 지배적이었던 가부장제와 형이상학적 전통을 반대하며 탈중심주의를 강조했습니다. 이러한 견해는 마르크스를 비판적으로 재구성하려고 시도한 독일의 철학자 하버마스J. Habermas와 영국의 사회학자 기든스Anthony Giddens의 이론에 크게 의존하였습니다. 그러나 포스트모더니즘을 논의하는 담론은 20년 이상 무성하게 진행되었지만, 그 내용면에서는 여전히 애매모호합니다.

셋째는 포스트모더니즘이 제2차 세계대전과 맞물려 있다는 관점입니다. 나치주의의 절대 권력과 유태인의 대량학살, 나가사키와 히로시마의 원자탄의 투하로 인한 전 인류의 멸망에 대한 공포감, 무차별한 자연환경의 파괴, 폭발적인 인구 증가와 그에 따른 기아에 대한 두려움들이 포스트모더니즘의 발단배경이었습니다. 이러한 일련의 현상들은 직・간접적으로 포스트모더니즘을 생성하고 발달되는 데 적지 않은 역할을 담당하였습니다. 제2차 세계대전 이후 모더니즘 세력이 점차 약화되면서 예술의 일상화, 인터 미디어적인 결합은 포스트모더니즘이 취하고 있는 고급문화/대중문화, 순수미술/상업미술, 본질/형상, 감성/이성, 정신/물질, 마음/신체 등의 전통적 형이상학의 이분법적 구분을 거부했습니다. 포스트모더니즘은 고급문화/저급문화, 엘리트문화/대중문화 사이에 놓여 있던 높다란 장벽이 붕괴되고 마침내 일종의 대화의 물꼬를 열어 놓았습니다. 모더니즘과 포스트모던 사이에 변별적인 구별은 대중문화와 저급문화에 대한 새로운 관점을 제기하였습니다. 이런 점에서 최근의 포스트모더니즘의 현상은 대중화의 세속화 현상과 밀접한 관련을 맺고 있습니다. 이미 우리 문화의 현실은 고급문화와 대중문화의 경계가 허물어진 지 오래이며, 기술 매체의 발달에 따른 이미지 생산과 유통의 환경이 전통적 개념의 미술영역을 제압한 지도 오래되었습니다. 다시 말해서 엘리트주의의 그늘 밑에서 감추어진 채 제대로 빛을 발하지 못하던 대중문화가 존재 이유를 부여받으면서 새롭게 급부상한 것입니다.

넷째, 인식론적인 포스트모더니즘의 논의입니다. 이는 흔히 말하는 후기 구조주의에서 비롯된 인식론으로서 그 이전의 사유체계와 지식을 비판하고 지식을 구하는 방법에 대해 의심의 눈초리를 보내면서 그 안에 숨겨 있는 편견들을 파괴하고 해체하였습니다. 이러한 해체주의의 포스트모더니즘은 1968년 5월 전 세계로 확산되었던 사회 개혁적 학생운동과 깊은 연관을 맺고 탄생하였습니다. 뤽 페리Luc Ferry와 알랭르노Alain Renaut는 『68사상: 현대의 반인간중심주의』에 관한 글에서 '68 프랑스 철학'이라고 표현하였습니다. 이들은 포스트모더니즘을 대표하는 리요타르 · 라캉 · 데리다 · 알튀세르 · 부르디외 · 들뢰즈 그리고 푸코 같은 학자들은 학생운동을 직간접적으로 지원하고 격려하면서 연대를 맺고 있습니다. 뤽 페리와 알랭르노와 같은 대표적인 프랑스 포스트모더니즘의 사상가들은 『68사상』에서 독일 사상가들로부터 많은 영향을 받았음을 밝혔습니다. 데리다는 하이데거주의로, 부르디외는 프랑스의 마르크스주의로, 라캉은 프랑스 프로이트주의자로, 푸코는 프랑스의 니체주의자로 해석되었습니다. 이들 대부분의 사람들은 사회주의 노선과 결별하고 자신들의 독자적인 이론을 세웠습니다. 특히 포스트모더니즘의 개념을 정의하고 그 이론을 다른 철학의 주장들과 구별을 했던 리요타르는 포스트모더니즘의 중요한 계기를 마련하였습니다. 이들은 '68프랑스 철학'이 반인간 중심주의에서 시작되었다고 보고 있습니다. 이는 인간중심주의를 옹호하고 해방의 역할을 자처해 온 인간중심주의가 오히려 억압의 원인이 되었다는 의식에서 출발했습니다. 이러한 인간중심주의의 이성비판은 니체가 항상 그 중심점에 서 있었으며 그 출발점은 니체의 초기 저서인 『음악정신으로부터 비극의 탄생』(1872)이었습니다. 여기서 니체는 그리스시대의 아폴론과 디오니소스의 신神을 등장시키면서 이성과 감성의 첨예한 대립을 선보였습니다. 니체의 현대비판은 그 발단부터가 현대의 기본원리로 간주되었던 진보의 이념과 이성의 우월성 및 현재를 역사화시키는 경향을 비판하는 것이었습니다. 따라서 니체는 이성의 철학보다 감성의 철학 내지 몸의 철학을 내세웠으며, 진리와 비진리에 대한 첨예한 대립의 문제보다 도대체 인간의 삶은 무엇일까? 라는 물음에 관심을 집중하였습니다.

미셸 푸코

미셸 푸코: 불연속의 역사

Micheal Foucault, 1926~1984

미셸 푸코는 프랑스 중서부의 소도시인 프와티에Poitiers에서 의과대학 교수의 아들로 태어났습니다. 친할아버지, 외할아버지, 아버지가 모두 외과 의사를 지낸 전통 있는 의사집안이었습니다. 그는 유년시절을 도시에서 유복하게 보냈습니다. 19세 때에 파리의 예비학교로 상경하여 20세 때에 사르트르, 레이몽 아롱, 메를로-퐁티, 시몬느 드 보부아르 등 프랑스의 최고 지식인들이 거쳐간 명문학교인 고등사범학교ENS에 입학하였습니다. 그는 철학과 심리학, 정신병리학의 공부를 병행하여 1948년에 철학 학사학위를, 1949년에 심리학 학사학위를 받았습니다. 교수 자격시험을 위해 준비하던 고등사범학교의 재학 중에 푸코는 알튀세르의 권유에 따라 1950년 공산당에 가입하였습니다. 이어 1951년에 철학 교사 자격인 아그레가시옹을 획득했고, 1952년에는 정신병리학 학위를 받았습니다. 그는 1961년 5월 20일 파리의 소르본대학에서 『광기와 정신착란: 고전시대 광기의 역사』(우리나라에서 『광기의 역사』로 출간)로 철학 박사학위를 받았습니다. 그리고 학위를 마친 그 다음 해에 프랑스 중부 클레르몽페랑Clermont Ferrand대학의 철학 교수가 되었습니다. 1970년 푸코의 스승이었던 이폴리트Jean Hyppolite, 1907~1968가 사망하자 프랑스 최고의 권위를 자랑하는 콜레주 드 프랑스College de France의 교수로 임명되어 교수 생활을 시작하였습니다. 푸코의 저서는 개념과 그 용어가 쉽지 않음에도 불구하고 그는 현대사상가 중에서 가장 인기 있는 철학자로 자리매김하고 있습니다. 그는 강단철학을 거부하고 대중매체의 단골 토론자로 출연하였고, 무모하기까지 한 인권운동의 기수로서 활동하기도 하였으며 억압된 자들의 권리를 옹호하기 위하여 한평생을 바쳤습니다. 푸코의 전기 『미셸 푸코: 광기의 철학자, 그 고통과 투쟁의 삶』(1989)을 쓴 에리봉은 푸코가 동성애자였다고 말합니다. 동성애를 인정하지 않는 권위적이고 규격화된 도덕률이 지배하는 사회에 감히 저항할 수 없었던 푸코는 자신의 성적 정체성을 감추고 그로 인해 발생하는 억압적 충동을 폭력적 행위와 자살의 시도로 해소했습니다.

불연속의 역사

프랑스의 철학자 푸코의 포스트모던의 경향은 한편으로 블랑쇼, 바타유, 니체에 대한 이질적인 것에 대한 열정에 영향을 받았고, 다른 한편으로 뒤메질Dumézil, 레비-스트로스, 바슐라르의 실증적 연구에도 많은 영향을 받았습니다. 특히 푸코는 레비-스트로스, 바타유, 바슐라르의 이름으로 대표되는 전통적 계보를 뒤따랐습니다.

푸코의 사상을 철학적으로 저술한 책은 거의 발견할 수 없습니다. 예외가 있다면 『지식의 고고학』(1969)을 들 수 있는데 이 책은 『광기의 역사』(1961)로부터 『말과 사물』(1966), 『감시와 처벌』(1975)에 이르기까지 그의 역사 연구를 근거로 하여 인간과학일반에 인식론적인 반성을 시도한 책입니다. 푸코는 전통적 휴머니즘과 주의主意주의적 역사관에 대해 가장 파괴적인 시각을 견지해 온 비판가 중의 한 사람으로 간주되고 있습니다. 그는 주체에 대한 해체주의적 분석에 전념해 왔으며, 反인간중심주의의 대표 주자로 여겨진 주체의 계보학을 재구성하였습니다. 즉 그는

| 담론 실천

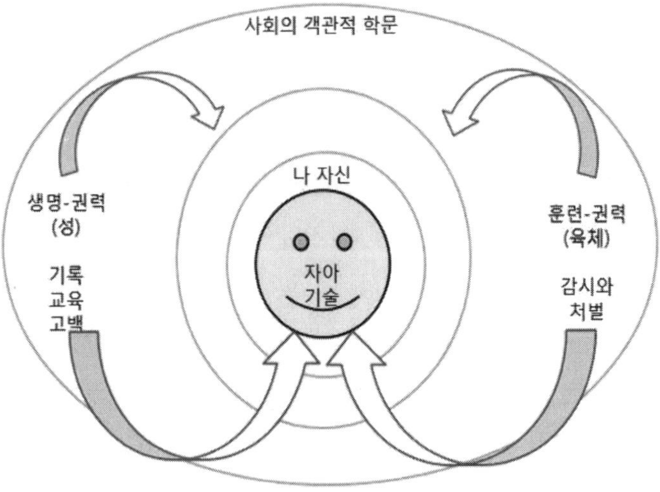

『광기의 역사』로부터 『말과 사물』에 걸쳐 근대적 에피스테메의 역사, 근대인의 일상을 규정하는 시선의 권력에 대해 연구를 하였습니다. 그는 자본주의로 환원되지 않는 근대의 고유한 삶의 방식과 권력의 메커니즘, 그것을 통해 형성되고 유지되는 신체적 및 신비적 무의식에 대한 역사적 접근의 중요한 통로를 제공해 주었습니다.

푸코는 『광기와 사회』(1961)에서 모든 사회 구성원들을 정상인과 비정상인, 문명인과 야만인, 합리적인 인간과 비합리적인 인간으로 자연스럽게 구별하였습니다. 그는 정신의학적으로 정신병이라고 부르는 현상의 배후에는 다양한 광기의 가면들이 숨겨져 있다고 단언하였습니다. 그는 "사람들은 세계의 속삭임에 주의 깊게 귀를 기울여야 하고, 시로 표현되지 않은 많은 이미지들에서 아직 깨어나 있는 상태의 색깔들을 갖추지 못한 많은 환영들을 지각해야 한다"고 힘주어 말합니다. 즉 그의 『광기와 사회』는 정신의학의 모든 역사와 근원사에 관한 연구서라 말할 수 있습니다. 이 저서에서 우리는, 그가 사용하고 있는 담론분석의 수단과 구조주의의 모델을 들여다 볼 수 있습니다. 후기에 들어 푸코는 자신의 지적 여정을 "지식, 권력, 윤리의 축"으로 규정합니다. 그래서 그는 서구의 주체가 어떻게(지식, 권력, 윤리) 만들어져 왔는가를 차례로 물었습니다. 그에 의하면, 주체는 보편적으로 존재하는 것이 아니라 특정한 방식으로 만들어졌다고 파악합니다. 여기서 푸코는 전통적인 인간중심주의에 대해 철저하게 반대하고 주체의 철학적 문제 설정에 전념하는 문제의식을 잘 보여 주었습니다. 그렇게 하여 그는 주체의 형성사를 발굴하고 그것을 문제화하여 재구성된 연구를 역사적 존재론이라 불렀습니다. 푸코에게 있어서 역사적 존재론은 "지식을 가진 주체로서 우리는 어떻게 구성되는가"를 다루는 고고학, "권력관계를 형성하기도 하고 그 앞에 복종하기도 하는 주체들은 어떻게 형성되는가?"를 보여주는 계보학, 그리고 "행위의 도덕적 주체로서 우리가 어떻게 구성되고 있는가?"를 탐색하는 계보학을 구성하였습니다. 따라서 푸코는 지식, 권력, 윤리의 축을 다음과 같이 재구성하여 정리하였습니다.

① 개인은 어떻게 앎의 주체가 되는가? (지식)
② 개인은 어떻게 권력을 행하기도 하고 그것에 복종하기도 하는 주체인가? (권력)
③ 개인은 어떻게 도덕적 주체가 되는가? (윤리)

그는 자신이 제기한 이러한 질문들에 대해 정상과 광기, 병과 건강, 범죄와 법 그리고 실천을 통해 해답을 찾고자 했습니다. 이것은 서구적 주체가 지식, 권력, 윤리적 실천에 의해 어떻게 주체가 되면서 동시에 예속화되는지를 밝히는 작업이었습니다. 푸코는 비정상인, 야만인, 비합리적으로 생각하는 자들을 차별하는 것에 대해 근본적으로 이의를 제기했습니다. 사람들이 이러한 구별을 하는 이유는 인위적인 구별과 실증적 증거에 의존하기 때문입니다. 푸코의 사회비판적 태도는 지금까지 인간을 자율적인 이성의 소유자로 보았던 근대적인 인간관에 대한 근본적인 회의에서 비롯되었습니다. 이제까지 근대적인 인간관은 강제적인 규율을 따르고 있었지만, 그것은 그때그때의 상황에 따라 사회 권력을 정당화하는 수많은 담론들의 한 부분에 지나지 않았습니다. 따라서 근대인이 자랑하는 자율적인 이성은 사회적 권력 메커니즘의 도구에 불과한 것입니다.

니체의 사상에서 크게 영향 받은 푸코의 계보학은 단절과 불연속성에 주목하여 광기, 질병, 성, 범죄, 육체 등에 대해서 사람들이 당연하고 자연스러운 것으로 여기는 특징들의 기초를 재구성함과 동시에 이를 해체하고자 했습니다. 여기서 계보학이란 니체로부터 유래하였습니다. 일반적으로 계보학이란 어떤 대상의 발생과정을 추적하여 그 대상의 내면에 숨겨져 있는 심리적 재료들을 외면화시키는 것을 뜻합니다. 무엇보다 계보학은 전통적인 역사학의 틀을 거부하는 일종의 반反역사로서 나타났습니다. 그리고 그 주체가 특정한 목적의식을 갖고 역사를 창조하며 조율해 나간다는 전통적인 역사관을 단호히 거부합니다. 이런 점에서 계보학은 이제까지의 이성중심주의의 방식을 섬세하게 추적함으로써 이성과 정상성의 경험과 결부된 권력의 효과를 가능하게 해 주었습니다. 말하자면 계보학은 기원의 가치와 가치들의 기원을 의미하여 가치의 절대적인 성격에 대립하였습니다. 결국 푸코는 학교, 감옥, 병원, 공장, 결혼과 같은 우리의 현대 관습이나 제도에 대한 도덕의 계보학을 만들고자 한 것입니다. 이런 관점에서 푸코는 우리가 현실 속에서 부딪히는 우연성, 우리의 존재와 행위, 사유를 넘어설 수 있는 가능성들을 분리해 내는 작업을 계보학적 비판이라 불렀습니다.

자크 라캉: 거울단계론

Jacques Marie Emile Lacan, 1901~1981

자크 라캉

자크 라캉은 지방 대기업의 파리 지사장이었던 아버지 마리 알프레드 라캉과 어머니 에밀리 피리핀 마리 보드리 사이에서 맏아들로 태어났습니다. 라캉의 가족은 보마르셰 거리의 저택에서 유복하게 살다가 몽파르나스 지역으로 이사하였습니다. 라캉은 유명한 가톨릭 학교로 알려진 스타니슬라스중학교에 입학하였습니다. 그는 특히 신학과 라틴어에 출중한 실력을 보였습니다. 십대 때에 이미 철학에 열중하여 스피노자의 『윤리학』에 심취하면서 그의 윤리학의 구조개요를 방 벽에 장식할 정도였습니다. 라캉은 1920년에 의학공부를 시작해서 1926년부터는 정신의학을 집중적으로 전공하였습니다. 이 기간 동안에 그는 파리에서 초현실주의를 주창한 작가, 예술가, 지식인들의 세계에 뛰어들었습니다. 여기서 제임스 조이스, 앙드레 브르통, 클로델, 앙드레 지드, 피카소, 살바도르 달리 등 많은 지식인, 예술인들과 교류를 하였습니다. 라캉은 1932년에 「개성에 비추어 본 망상증」이라는 논문으로 박사학위를 받고, 1937년에 『거울단계』를 해석하면서 언어개념을 원용하였습니다. 라캉은 프로이트의 글을 독일어 본문에 따른 상세한 독해를 통해서 이본異本들과 원고들을 검토하는 연구방법을 진행하였습니다. 박사학위 논문을 준비하는 과정에서 직접 정신분석학자 프로이트Sigmund Freud, 1859~1939의 지도를 받았는데, 인간의 정신세계에 대한 라캉의 뛰어난 통찰력을 보고 현대인들에게 인간과 세계를 바라보는 새로운 시각을 제공할 것이라고 하였습니다. 라캉은 정신의학과 정신 문헌들에만 파고들지 않고 다방면에 걸쳐 독서를 했습니다. 그는 특히 야스퍼스, 헤겔, 하이데거의 저술들에 관심을 가졌습니다. 라캉은 헤겔연구가인 알렉산드르 코제브의 강의도 청강하였는데, 이 강의에 참석한 많은 사상가들은 프랑스 지성사에 커다란 한 획을 형성하는데 조르주 바타유, 레이몽 아롱, 피에르 클로소프스키, 레몽 크노 등이 그들이었습니다. 라캉은 1936년 마리엔바트에서 개최한 국제정신분석협회의 연례총회에서 「거울단계」라는 논문을 처음으로 발표하였습니다.

프로이트로 돌아가자!

라캉은 여러 논문과 세미나에서 현상학자 후설을 직접 언급하면서 자신의 이론형성에 현상학이 영향을 미쳐 왔음을 밝히고 있습니다. 라캉은 『심리적 인과성에 관한 강연』(1946)에서 인간인식의 특징적인 구조를 밝혀내기 위해 "사유의 상징주의" 이론을 세운 후설을 중요 인물로 간주하였습니다. 그는 위의 강연에서 거울단계에 대한 논평을 통해 영상이 인간주체의 형성에 구성적 역할을 할 수 있다고 말하였습니다. 라캉은 「나의 형성자로서의 거울단계」(1946)라는 제목의 유명한 강연에서 인간주체의 형성에 미치는 영상의 영향에 대해 발표를 했습니다. 그가 현상학과 밀접한 관계를 맺는 데 있어서 메를로-퐁티가 그의 오랜 친구로서 학문적 교류를 한 것이 크게 작용하였습니다. 메를로-퐁티가 사망한 이후에 라캉은 『현대』지에 「모리스 메를로-퐁티」(1961)라는 글을 발표하여 그의 죽음을 애도하였습니다. 그 이전에 그는 『세미나 제2권: 프로이트의 이론 및 정신분석학의 기술에 있어서의 자아』(1954~1955)에서 메를로-퐁티가 아직도 동일성의 사고에서 벗어나지 못했다고 비판하기도 하였습니다. 라캉의 체계에 결정적인 초석을 다진 논문은 1956년에 발표한 「정신분석학에 있어서의 말과 언어활동」이었지만, 그의 이론이 큰 반향을 일으킨 것은 『에크리: 選集Écrits: A Selection』(1966)를 발표하면서 부터였습니다. 라캉은 연상들이 결합하는 이동현상을 환유換喩라 하고 연상들이 중복되는 압축壓縮현상을 은유라 불렀습니다. Verdichtung압축이란 독일어는 프로이트의 저서에 처음으로 나타날 때부터 검열을 피하기 위하여 무의식이 사용하는 가장 적절한 수단으로 제시되었습니다. 압축은 프로이트의 꿈의 작업에서 나타나는 대표적인 메커니즘입니다. 꿈의 작업이란 꿈의 재료들을 변형시키는 무의식적인 메커니즘인 것입니다. 또한 압축은 기호표현들이 첨가되는 구조로서 은유의 영역에 속한다고 볼 수 있습니다. 압축이란 독일어에는 Dichtung시란 개념이 포함되어 있습니다. 이러한 실례에서 압축의 심리과정이 얼마나 시에 고유하게 내재해 있는가를 알 수 있습니다. 이동은 의미작용으로 이전되는 구조로서 환유의 영역에 속합니다. 라캉은 완전히 충족될 수 없는 인간의 욕망은 끊임없이 새로운 대상을 찾는다고 보고 있습니다. 라캉은 욕망의 이러한 작용방식을 환유에 비교합니다. 즉 환유는 단어에서 단어로, 기표에서 기표로의 부단한 미끄러짐을 의미합니다. 즉, 끊임없이 새로운 대상을 욕망하는 것입니다.

프랑스의 포스트모던 철학자였던 라캉은 "프로이트로 돌아가자!"라는 슬로건을 통해 자신의 철학을 펼쳤습니다. 그가 특히 관심을 가졌던 철학자들은 야스퍼스, 헤겔, 하이데거와 같은 저술들이었습니다. 하지만 라캉은 직업적인 철학자가 아니라 정신과 의사였습니다. 그는 미국식 정신분석학에 커다란 반감을 갖고 있었습니다. 미국식 정신분석학은 일종의 자아심리학적인 경향이 있었는데, 그들은 프로이트의 정신분석학을 자아의 형성과정에 대한 이론으로 바꾸어 버렸습니다. 정신분석석학을 구순기, 항문기, 성기기 등을 거쳐 하나의 표준적인 자아로 발전해 가는 과정에 대한 일종의 임상심리학으로 바꾸어 버렸다는 것입니다. 라캉은 이것을 한편으로 생물학주의에 의해, 다른 한편에서는 행태주의에 의해 프로이트 이론의 고유한 정신을 훼손한 것으로 간주하였습니다. 라캉은 프로이트의 이론에서 생물학주의의 요소를 제거하고, 나아가 프로이트 이론이 갖는 철학적 의미를 새로이 부각시켰습니다. 특히 그는 소쉬르적인 프로이트주의를 재구성하고자 하였습니다. 여기서 돌아가야 할 프로이트란 "무의식"이라는 새로운 개념을 발견한 프로이트요, 무의식에 대한 풍부한 논의를 포함하고 있는 성숙기의 프로이트를 말합니다.

거울 단계론

라캉의 "거울 단계론"은 상대방에 대한 폭력적인 태도와 유혹적인 태도 사이에서 오락가락하는 아이들의 이해할 수 없는 행동을 설명해 내고 있습니다. 라캉은 그러한 행동의 원인을 두 개인 사이의 갈등과 연관시키지 않았습니다. 그것은 그 원인에 대해 개인의 내부의 갈등에서 파생된 것이며, 그 갈등은 상대방과의 동일화의 결과라고 주장하였습니다. 이것은 아동기에 한 번 나타나고 마는 계기가 아니라 아동발달의 조직적 원리라는 것입니다. 자기 바깥의 이미지에 동일화되고 나면 그 이전과 같은 행동을 할 수 없습니다. 라캉은 이러한 동일화가 일어나는 영역을 상상계라고 불렀습니다. 시각적인 영역과 거울단계의 중요성을 강조하는 이 말은 어린아이들의 이미지 속에 사로잡힌다는 것을 명확히 나타내고자 하였습니다. 라캉은 항상 거울단계를 인간의 자의식, 공격성, 경쟁, 자기애, 질투 그리고 이미지들에 매료되는 현상 전반을 설명하는 가치 있는 패러다임이며 이것을 견고한 이론으로 생각해 왔습니다. 라캉은 상상계・상징계・현실계실재계라는 세 범주를 갖고 프로이트를 재해석할 것을 역설하였고 "프로이트의 복귀Return to Freud"라는 구호로 자기의 이론을 구성하였습니다.

라캉의 상상계란 동물과 다르게 유아기에 자아가 형성되는 영역입니다. 라캉에 따르면, 어린아이는 처음 자신의 육체를 조각난 것으로 여기

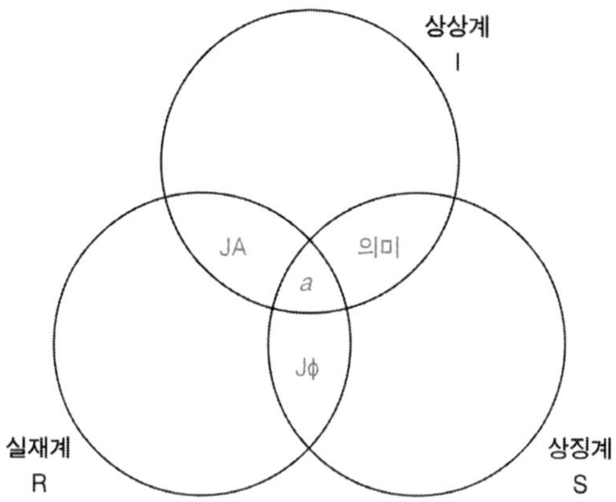

다가 거울 속에 비친 자신의 이미지를 다른 생물체라고 생각하고 그것이 자기 자신이라는 것을 알고는 크게 기뻐합니다. 6개월에서 18개월 사이에 어린아이는 거울에 비친 자기의 이미지를 인식하기 시작하는데, 이때 일반적으로 쾌락이 수반되고 있습니다. 라캉은 구체적으로 인간의 젖먹이와 침팬지의 젖먹이는 구별된다고 말하고 있습니다. 침팬지의 새끼는 거울에 비친 모습이 자신이라는 것을 알게 되더라도 그저 무관심하게 자리를 떠납니다. 어린아이는 처음에는 자신의 이미지를 현실과 혼동하지만, 곧 이미지가 자신의 부분들을 담고 있음을 알아차리고 마침내 그 이미지가 자신의 이미지라는 것을 받아들였습니다. 어린아이는 거울에 자신의 이미지를 보고 처음으로 자신의 몸이 전체의 형태를 갖고 있다는 것을 알게 됩니다. 그리고 어린아이는 자신의 몸의 움직임을 통하여 이미지들의 움직임을 통제할 수 있으며 이를 통해서 쾌락을 경험하게 됩니다. 거울 앞에서 어린이는 자신의 몸이 하나로 되어 있다고 생각하고, 자기가 묶는 이러한 하나에 의해 지배를 받는다고 상상합니다.

이렇게 상상적 통일은 어린이가 거울 속에서 자기 자신의 영상을 보았을 때 구체적인 체험으로 현실화되고, 이 단계가 미래의 자아의 원형으로 보고 있습니다. 만일 자아가 나르시시즘의 지성적이고, 라캉의 주제는 프로이트의 유명한 나르시시즘론이 제기한 질문에 대해 답변을 하는 것입니다. 프로이트는 자아를 구성하기 위해서는 몇 가지 새로운 심적 행동이 일어나야 한다고 말하였는데 그것이 무엇인지 말하지는 않았습니다. 라캉은 거울단계라는 하나의 해답을 발견하였습니다. 자아가 완전한 통일체처럼 보인다고 하더라도 그 너머에는 파편화되고 조화롭지 못한 육체가 존재할 뿐입니다. 따라서 자아란 그다지 믿을 수 있는 것이 아니라 그 기능은 통일성의 결여라는 난처한 사실을 감추고 있습니다.

어린아이가 어머니와 한 몸이라는 착각에 빠져 있는 나르시시즘의 거울단계에서 엄마와 어린아이 사이를 떼어 놓는 것은 아버지입니다. 아버지는 어린아이가 나르시시즘에 빠지지 않게 대화를 통해 어머니에게서 분리시키며 타자의 의식을 심어 주었습니다. 인간은 처음부터 무엇인가 제대로 갖추고 태어나지 않았다고 말합니다. 어린아이의 운동감각 기능의 미성숙, 잘 조정되지 않는 손발의 놀림, 소리 지름 등을 통해 우리는 동물에게 주어지는 자연적 은총과 인간 사이에는 어떠한 틈이 있음을 알 수 있습니다. 생물학자들은 인간이 세계에 대해 개방된 생각을 하는 이유는 이러한 본능의 결핍 속에서 발견된다고 말합니다. 본능의 결핍은 처음에는 감각의 혼돈으로 나타났습니다. 라캉은 이미 여기에서 언어의 중요성이 드러난다고 생각했습니다. 언어는 어린아이에게 안과 밖, 어둠과 밝음 등의 구별을 가능할 수 있도록 도와주었습니다. 점차 언어는 사람들을 구별하는 도구로 사용되기도 합니다. 얼굴 표정 또한 언어로 구성되어 있습니다. 상상계적인 아버지는 어린아이와 대화를 나누며 서로의 욕망을 길들입니다. 아버지는 어린아이로부터 욕망을 빼앗고, 어머니에게는 남근적 대상을 빼앗습니다.

어린아이는 아버지라는 제삼자의 개입에 의해 삼자관계로 돌입합니다. 어린아이의 정체성은 부모의 말을 어떻게 받아들이느냐에 달려 있습니다. 이러한 단계를 상징계라고 라캉은 불렀습니다. 여기서 라캉은 프로이트의 무의식의 세계를 구체적으로 추적해 나갔습니다. 그런데 그는 프로이트와는 다르게 무의식을 단지 생물학적이고 성적인 주체로 보지 않고 언어의 문제와 관련시켰습니다. 그래서 그는 오이디푸스 신화, 즉 아버지를 죽이고 어머니와 결혼하고 싶다는 오이디푸스의 욕망을 언어로 설명하였습니다. 그는 언어의 역할을 강조하면서 "무의식은 언어처럼 구조화되어 있다"고 말합니다. 라캉은 구조화된 언어들이 갖는 힘을 기표단어의 소리, 기의단어의 뜻, 기호, 대립 차이 등 언어학자 소쉬르의 이론을 빌려 사용하였습니다. 특히 기표와 기의는 라캉이 자주 사용하는 설명하는 방법인데 그는 기의보다 기표의 중요성을 강조하였습니다.

그는 언어는 상징적 질서를 통해 잘 짜여진 질서이며, 언어는 나와 타자를 분리시키고 동시에 나와 너를 연결시켜주는 매개체이기에, 언어를 통한 분리와 연결망은 욕망이 또한 욕망으로 자리 잡아가게 됩니다. 라캉은 무의식 내에서의 언어기호들 사이의 관계는 환유換喩와 은유隱喩로 구성되어 있다고 말합니다. 언어의 결합관계와 배열관계는 바로 문장으로 언어가 조직되는 방식이었습니다. 예컨대 "먹었어!"라는 말은 "누가" "무엇을"이란 말과 결합됩니다. 그리고 그 말이 표시되지 않을 경우 그것은 "먹었어!"와 공존합니다. 언어학자들은 이것을 환유라고 합니다. 반면에 "무엇을" 자리에 빵 대신 밥이나 물처럼 유사성을 갖는 말들이 대체되며 선택되는 관계를 은유라고 말합니다. 이처럼 결합관계와 배열관계를 통해 단어들은 문장으로 그리고 언어로 이루어졌습니다. 그래서 그것을 조직하는 규칙이 언어규칙입니다. 즉 연상들이 결합하는 이동현상이 환유입니다. 완전히 충족될 수 없는 인간의 욕망은 끊임없이 새로운 대상을 찾아 나갑니다. 라캉은 욕망의 이러한 대상을 환유에 비교합

① 자신과 외부(세계 및 타자)가 분화되지 않은 상태

② 신체는 타자(특히 부모)를 통해서만 세계와 교섭한다.
이때 타자의 스타일이 이식되어 의식(자아)이 형성된다.

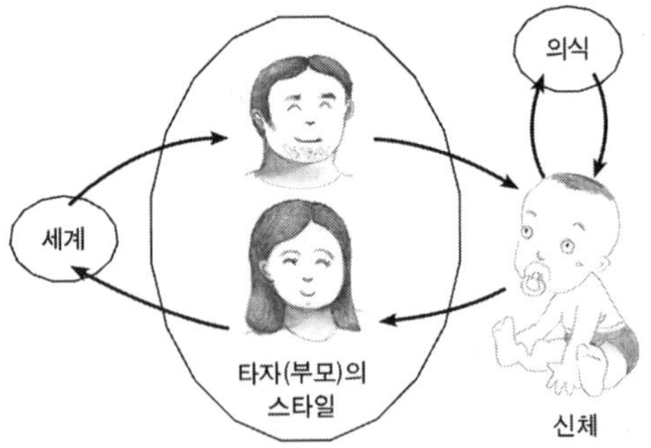

③ 독립한 자아가 세계(타자)와 교섭하고 신체를 대상화한다.
그러나 신체는 ①의 상태를 유지하고 있다.

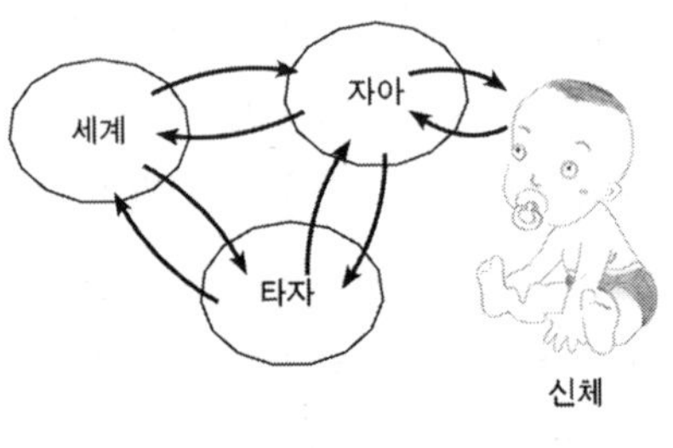

니다.

그는 무의식을 타자의 욕망이라 말합니다. 그리고 욕망désir을 욕구besoin, 요구demande와 구별하였습니다. 먼저 욕구는 식욕, 성욕처럼 가장 일차적인 충동을 말합니다. 만족을 추구하여 그것을 갖고 충족시켜 줄 대상을 찾고자 하는 충동입니다. 즉 욕구는 인간이 가진 자연적, 생물학적 본능에 상응하는 개념으로 순수한 육체적 생존을 이해 충족되어야 할 생물학적으로 필요한 것입니다. 그리고 이러한 욕구는 다른 사람에게 만족시켜 달라는 요구, 대게는 '사랑의 요구'로 나타났습니다. 그렇지만 이 요구는 사회적으로 허용될 수 있는 것으로만 표현될 수 있습니다. 예컨대 엄마와 자고 싶다는 욕구가 그대로 표현될 수는 없습니다. 즉 엄마에게 결혼을 요구하는 일은 일어날 수 없지요. 요구는 사회적 질서와 언어적상징적 질서가 허용하는 범위 안에서만 나타날 수 있습니다. 인간의 욕망은 타자의 욕망 속에서 이루어집니다. 인간의 욕망은 단지 빈 공간에서 생겨나는 것은 아닙니다. 인간이 태어나서 처음으로 만나는 타자는 부모입니다. 어린아이의 욕망은 부모타자의 욕망 속에서 만들어집니다. 인간의 욕망이 타자의 욕망을 통해 만들어진다는 사실은 주체의 형성에 중대한 결과를 낳습니다. 라캉은 이를 낯섦alienation이라 부릅니다. 인간은 스스로 자율적인 존재로 태어나고 욕망하는 것 같지만, 인간의 욕망은 타자의 욕망에 의해 만들어지는 것입니다.

실재계현실계는 상상계와 상징계보다 시간적으로 선행합니다. 하지만 우리들이 직접적으로 인식하거나 전체적으로 파악할 수 있는 것은 아닙니다. 실재계는 개인이 생물학적 존재로서 생존하기 위해 충족시켜야 할 욕구와 현상의 세계, 즉 사물의 세계가 대표적으로 속합니다. 라캉은 삶의 본능과 죽음의 본능, 죽음의 충동과 리비도를 연결된 주이상스Jouissance, 그리고 반복의 충동을 사랑한다고 보았습니다. 여기서 주이상스란 태어나기 이전의 세계로 돌아가고 싶은 해체의 리비도를 뜻합니다. 프로이트의 죽음의 충동과 리비도를 연결시킨 것을 라캉은 주이상스라 이름 붙였습니다. 주이상스는 고통과 뗄 수 없는 쾌락입니다. 또한 그것은 삶의 저편이기에 '대타자의 주이상스'라고도 말합니다. 주이상스는 인간의 욕

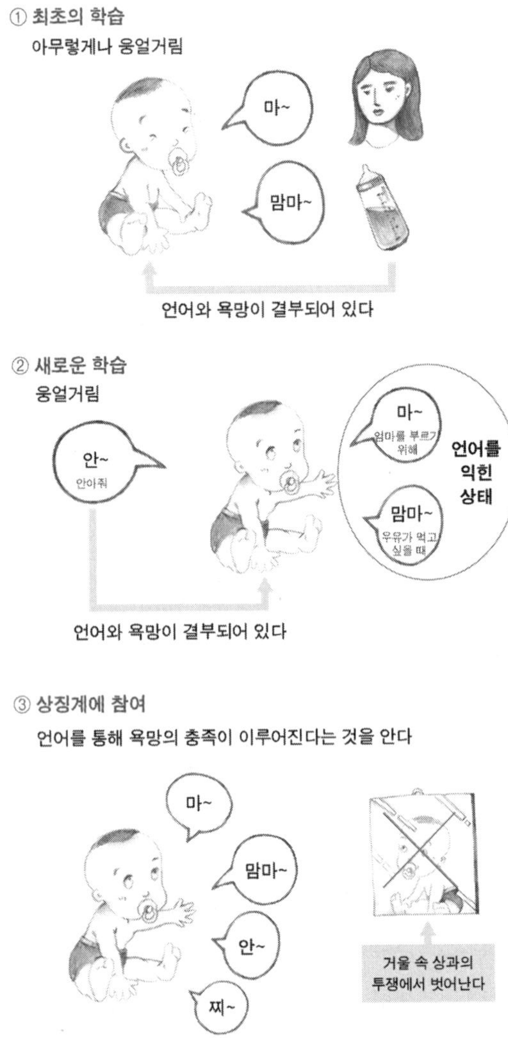

망에 대비되는 것이며, 우리의 욕망이 실패할 경우에 우리가 경험하는 불만입니다. 또한 사랑은 살기 위해 즉각적인 충족을 연장시킨 에로스의 본질입니다. 사랑은 연민의 욕망과 내 욕망을 일치시키는 나르시시즘이 아니라 연인의 입장이 되는 타자에 대한 경험인 것입니다. 따라서 라캉이 강조하고자 하는 세 질서 중 어느 것 하나가 가장 중요한 것이 아니라 이것들이 연결되는 방식이었습니다. 라캉은 정신의 질서를 유지시키는 것이 아버지의 이름이며, 아버지의 이름이 사물과 결합시키고 어떤 의미에서 오이디푸스 콤플렉스의 실현을 보증한다고 주장하였습니다. 그러나 중요한 사실은 아버지의 이름이 아니라 실재계·상징계·상상계라는 세 가지 질서를 결합시키는 장치라 강조하였습니다.

질 들뢰즈: 리좀이론

Gilles Deleuze, 1925~1995

질 들뢰즈

질 들뢰즈는 1960년대 초부터 사망할 때까지 철학, 문학, 영화, 정신분석, 예술 분야에서 영향력 있는 많은 저작들을 남겼습니다. 가장 인기를 누린 책들은 펠릭스 가타리Félix Guattari와 함께 쓴 『자본주의와 정신분열: 안티-오이디푸스L'Anti—Œdipe Capitalisme et schizophrénie』(1972)와 『천개의 고원Mille Plateaux—Capitalisme et schizophrénie 2』(1980)입니다. 1968년에 『차이와 반복Différence et répétition』을 썼으며, 1969년에는 『감각의 논리Logique du sens』를 집필하였습니다. 미셸 푸코는 "아마도 어느 날 이 세기는 들뢰즈의 시대라고 불릴 것이다"라고 선언하기도 했습니다. 들뢰즈는 이에 대해 "우리를 좋아하는 사람은 웃게 만들고 그 외의 다른 사람들은 격노하게 만들려는 의도를 지닌 농담"이라고 말하기도 하였습니다. 그는 파리 8대학의 교수를 맡기도 하였습니다. 들뢰즈는 1950년대에 파리의 매우 경쟁적이고 엄격한 지적 환경에서 철학자로 출발했습니다. 1970년 들어서는 프랑스의 정신분석학자 펠릭스 가타리와 접촉하여 전통에서 탈피한 방식(수학, 생물학, 지질학, 사회학, 심리학, 문학, 음악을 포괄)의 철학적 글쓰기로 그 영역을 확장했습니다. 그 어느 시대의 사상가들보다도 들뢰즈의 저작은 자기 충족 논증들이 전혀 아닌 새로운 방식의 구성으로서의 사유함과 글쓰기를 보여주고 있습니다. 들뢰즈를 철학자로서 주목받게 한 이론은 리좀이론(땅속 줄기)이었습니다. 들뢰즈는 서구의 양대 지적 전통인 경험론과 관념론을 비판적으로 해명하고 이를 극복하고자 했습니다. 또한 기존의 정신분석에 반기를 들고 니체주의적 틀 안에서 프로이트와 마르크스를 통합하여 20세기의 고정관념을 깨뜨렸습니다.

리좀이론

리좀이라는 개념은 들뢰즈가 정신분석학자인 가타리와 함께 저술한 『천개의 고원』(1980)에서 제기했던 개념입니다. 리좀은 뿌리의 줄기를 의미하며 뿌리와 구별됩니다. 리좀과 가장 확실하게 구별되는 것이 나무입니다. 들뢰즈 · 가타리에 따르면, 지금까지 서양의 사유방식은 나무를 모델로 삼아 왔습니다. 나무와 뿌리를 모델로 하는 서양의 사유양식에는 항상 중심(예: 초월적인 시점-신)이 존재하고, '그리고 ... 그리고'로 이어지는 연속성의 논리가 지배합니다. 서양의 지식을 지탱하는 것은 이러한 나무의 형태라고 들뢰즈 · 가타리는 주장하고 있습니다. 나무형태의 사유방식에도 다양성이 존재하는데, 그 다양성은 중심을 가진 다양성에 한갓 지나지 않는다는 것입니다. 리좀이 다양성을 만들려고 한다면, 들뢰즈는 유일l'unique을 빼는 것, 즉 n-1의 다양성을 주장합니다. 리좀은 뿌리나 수염뿌리와는 완전히 다르다는 것입니다. 수염뿌리체계는 이원론, 주체와 객체의 상보성(相補性), 자연적 실재와 정신적 실재의 상보성과 진정으로 결별하지 않습니다. 이를테면 덩이줄기나 구근(球根)은 리좀입니다. 뿌리나 수염뿌리를 갖고 있는 식물들도 아주 다른 각도에서 보면 리좀처럼

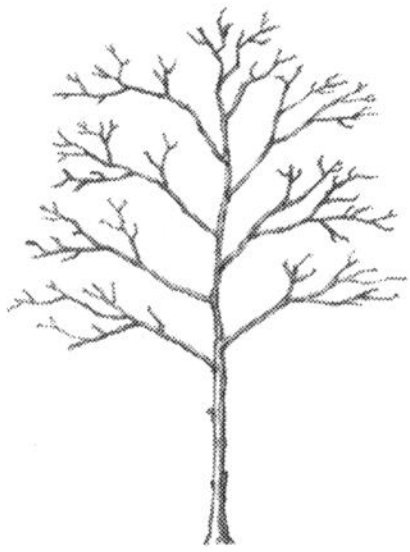

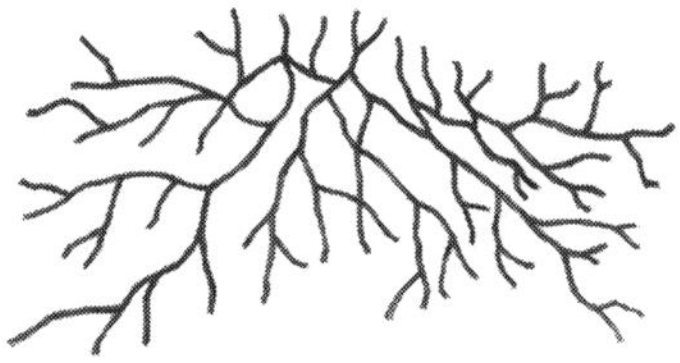

중심을 갖고 있는 나무의 사고양식　　중심이 없는 리좀의 사고양식

보일 수 있습니다. 즉, 식물학의 특성상 완전히 다른 시각에서 보면 리좀처럼 보일 수 있습니다. 리좀은 중심이 없고 처음도 끝도 없습니다. 항상 중간, 사물의 틈새, 존재의 사이, 간주곡을 의미합니다. 들뢰즈·가타리의 『천개의 고원』에는 각양각색의 문화, 언어, 예술, 과학, 종교, 동양과 서양 속에서 드러나는 사유양식이 응집되어 있는데, 그 기본적인 다양한 사유양식들이 리좀이라는 것입니다. 그래서 리좀이란 개념은 다양성에 기반하여 실천적으로 나아가려는 경향이 있습니다. 기존의 서양적 사유를 단순하게 해석하고 비판하는 것을 넘어서 리좀적 사유의 실천적 성향을 들뢰즈와 가타리는 강조합니다. 이런 점에서 리좀이란 개념은 철학에서의 개념을 단순히 창조하는 것을 넘어서 사유한 것을 실천하는 양식과 방법을 제시한 것입니다. 따라서 들뢰즈·가타리 『천개의 고원』은 문학과 예술, 철학 등 실천적인 차원에서 커다란 영향을 미치고 있습니다.

차이와 반복

현대 포스트모던의 기수인 질 들뢰즈는 푸코, 데리다와 마찬가지로 근대 이성주의를 강하게 비판하였습니다. 들뢰즈가 먼저 표적으로 삼은 철학은 피히테, 셸링, 헤겔의 독일관념론의 근간을 이루는 동일철학이었습니다. 이런 점에서 들뢰즈는 『차이와 반복』(1968)의 이론을 주장하고 차이야말로 자연이며 차이와 반복이 생명의 원천이라 주장하였습니다. 차이의 개념이념은 개념적 차이로, 반복의 적극적 본질은 개념 없는 차이로 환원되지 않습니다. 차이와 반복에 대한 들뢰즈 자신의 질문은 차이는 무엇이고, 반복은 무엇인가?라는 매우 단순한 질문으로 구성되어 있습니다. 이러한 질문의 배후에는 차이와 반복은 풀릴 수 없는 애매함이 작용하기 때문입니다. 즉 "어떤 반복들은 단지 외생적인 차이들개념 없는 차이들로 그치지 않고, 어떤 내적 차이들은 내생적이거나 개념적이지 않습니다." 그래서 그는 차이와 반복에서 내면적이거나 외면적인 것을 끌어내어 사실과 다르다는 것을 추론해 냈습니다. 왜냐하면 들뢰즈는 "아직 반복의 본질이 무엇인지 모르기 때문"이라는 것입니다. 우리는 개념 없는 차이라는 표현이 적극적으로 의미하는 것이 무엇인지 모르고, 그것이 함축할 수 있는 내면의 본질이 무엇인지 잘 모릅니다. 바꿔 말해 차이를 개념적 차이로 규정할 때, 우리는 보통 본연의 차이 개념을 충분히 규정했다고 믿습니다. 그렇지만 우리는 여기서도 여전히 차이에 대한 어떠한 이념도, 고유한 차이에 대한 어떠한 개념도 가지고 있지 않다"고 말합니다.

이러한 점은 아리스토텔레스로부터 라이프니츠, 헤겔을 거친 오류라는 것을 주장합니다. 대신에 들뢰즈는 다음과 같은 해법을 제시합니다. 그것은 "차이와 반복"이라는 두 기초개념의 마주침은 결코 처음부터 설정될 수 있는 성질의 것이 아니라는 것입니다. 그것은 오히려 두 노선, 곧 반복은 본질로 이어지는 노선과 차이의 이념으로 이어지는 노선이 교차하고 간섭하는 모습들을 들여다 볼 때에나 비로소 나타나는 마주침일 것"이라고 그는 진술합니다. 들뢰즈는 먼저 차이/없음의 두 측면을 검토했습니다. 한 측면은 분화되지 않은 심연, 검은 무無, 규정되지 않은 동물이라 말하고, 이 안에 모든 것이 용해되어 있다고 말합니다. 다른 측면은 하얀 무, 다시 고요해진 표면이라 말하고, 여기서는 떨어져나간 사지, 목 없는 머리, 어깨 없는 팔, 이마 없는 눈처럼 서로 연결되지 않은 규정들이 떠다니는 것을 말합니다. 이때 들뢰즈가 보기에 차이가 이 두 극단의 중간자에 해당하는 것인지, 유일한 극단, 현전과 정확한 유일한 계기가 아닌지를 물었습니다.

이러한 물음에 그는 간단하게 대답합니다. 차이는 본래적 규정에 대해 말할 수 있는 바로 그런 상태입니다. 즉 두 사물 사이의 차이는 단지 경험적인 차이에 불과하고, 그에 상응하는 보통의 규정들은 외생적 규정들에 불과하다는 것입니다. 이를 정식화하면 "이 사물은 자신을 어떤 사물들과 구별하려고 하는데, 그 어떤 사물은 자신을 이 사물과 구별하지 않습니다." 이러한 들뢰즈의 정식은 바탕과 표면으로 차이를 설명합니다. 말하자면 "바탕이 바탕이기를 그치지 않으면서 표면으로 올라오고 있는 것입니다." 또한 이것은 "포획할 수 없는 적에 대항하는 이 싸움에서는 잔혹한 측면, 심지어는 괴물 같은 양쪽 편에서 다같이 엿보입니다. 이 싸움에서 구별하려는 쪽이 대립하고 있는 것, 그것은 본성상 자신을 그 항과 구별할 수 없는 어떤 것입니다." 그래서 차이는 일방향적인 구별에 해당하는 규정의 상태이고, 차이를 만드는 어떤 것, 만들어지고 있는 어떤 것이 됩니다. 이런 점에서 차이 혹은 본래적 규정은 잔혹성을 갖게 됩니다. 이때 플라톤주의자들에 따르면 "일자가 아닌 것은 자신을 일자와 구별하지만 그 역은 성립하지 않는다"고 말합니다. 왜냐하면 구별 자체가 형상이기 때문입니다.

사유는 차이를 만들어 냅니다. 그것은 "규정되지 않은 개념의 형식 안에서 등장하는 동일성, 규정 가능한 궁극적 개념들 간의 관계 안에서 성립하는 유비類比, 개념 내부적 규정들의 관계 안에서 성립하는 대립,

개념 자체의 규정된 대상 안에서 나타나는 유사성"들을 말합니다. 차이는 이것들로부터 매개됩니다. 다시 말하면, "차이를 재현함으로써 그런 구원이 가능하고, 차이를 개념 일반의 요구들에 존속시킬 때 그런 재현이 가능하다는 것입니다." 이를 들뢰즈는 그리스적인 사유에서 찾았습니다. 들뢰즈에게 "차이를 만든다"라는 표현은 개념 일반 안에 기입될 수 있는지를 판별하는 어떤 선별적 시험을 가리킵니다. 이런 시험은 차이에 대해 큰가, 작은가로 언명되기 때문입니다. 그러나 큰가, 작은가의 차이를 묻는 것에 대해 그는 문제가 제대로 설정되지 않았다고 봅니다. 즉 큼과 작음이라는 시험은 일자에 대해서가 아니라 차이를 식별하기 위해 차이에 국한된 선별적 시험이라는 것입니다.

들뢰즈는 반복과 일반성이 어떻게 다른지를 행동의 관점에서 그리고 법칙의 관점에서 논의하였습니다. 그의 입장에 따르면, "반복은 대체할 수 없는 것과 관련해서만 어떤 필연적이고 정당화된 행동"이요, "교환 불가능하고 대체 불가능한 독특성과 관계"한다는 것입니다. 그는 그러한 반복을 철학의 주제로 프로그램화한 세 사람으로 키에르케고르, 니체, 페기를 손꼽았습니다. 키에르케고르는 신을 전제하고서 사유를 전개한 반면, 니체는 신 없이 사유를 전개했다는 점에서 비록 차이가 있기는 하지만, 두 사람 모두 모든 형식의 일반성에 대해 반복을 대립시키고 있다는 점에서는 서로 공통의 힘을 지니고 있다는 것이 들뢰즈의 관점입니다. 들뢰즈는 그 두 사람이 '반복'을 은유가 아닌 문자 그대로 취하고, 자신들의 문체 안으로 끌어들인 사람들이었다고 말하면서 그들 사이의 일치점을 다음과 같은 네 가지 명제로 제시했습니다.

1) 반복 자체를 새로운 어떤 것으로 만들기, 반복을 어떤 시험, 선별, 선별적 시험 등과 이어 놓기, 반복을 의지와 자유가 향하는 최상의 대상으로 설정하기

들뢰즈의 주장에 따르면, 키에르케고르에게 있어 반복은 정신이 응시하는 어떤 대상이 아닙니다. 반복은 곧 행동입니다. 행동으로서의 반복은 곧 자유요 자유의 임무입니다. 니체는 "반복을 의지의 대상 자체로 만들면서 모든 속박으로부터 의지를 해방하는 어떤 것"으로 만들려 했던 인물이라 들뢰즈는 보았습니다.

2) 반복을 자연법칙에 대립시키기

반복이 새로운 어떤 것 곧 행동이요 자유라고 하면, 그것은 또한 자연법칙에 대립하는 것입니다. 그에 따르면, 키에르케고르는 헤겔의 체계보다는 인간 개인의 의지를 앞세운 사상가였는데, 인간의 가장 내면적인 그 의지가 바로 반복에 해당하는 것이었습니다. 왜냐하면 모든 것이 자연법칙에 따른다 할지라도, 인간의 가장 내면적인 인간의 의지는 자연법칙에 따르지 않을 수 있으며 그 점에 있어서 모든 것이 의지의 주변에서 변화하기 때문입니다. 이와 동일선상에서 키에르케고르는 자연법칙인 반복에 따르려는 인간의 노력을 '미학적감성적 단계'[2]라 하여 비판한 바 있습니다. 니체는 퓌지스Physis 자체 내에서 발견하게 되는, 법칙들의 지배보다 월등한 어떤 사태들을 앞세운 사상가라 볼 수 있습니다. 이때 어떤 사태들이란, "모든 변화들을 가로질러 자기 자신을 의지하는 어떤 의지, 법칙에 반하는 어떤 역량, 표면의 법칙들에 대립하는 어떤 대지의

---

2) 키에르케고르에게서 인간 실존은 주어진 현실적 조건에 안주하는 '미학적(감성적) 단계'에서 출발하여 '윤리적(인륜적) 단계', '그리스도교적(종교적) 단계'로 상승하고, 이 세 단계 각각은 헤겔, 소크라테스, 예수에 의해 대변된다. 자세한 내용은 제15장 키에르케고르를 참조.

내면"을 일컫습니다. 그러한 어떤 사태들은 들뢰즈가 말하고자 하는 반복입니다. 들뢰즈에 따르면, 니체의 영원회귀 안의 반복이 곧 니체에게는 존재였으며, 이러한 반복으로서의 존재는 모든 법률적 형식에 대립되는 것이며 또한 동등함과도 대립되고 유사함과도 대립되었습니다.

3) 반복을 도덕법칙에 대립시키기

"반복"[3]은 윤리의 지연과 보류로, 선악을 넘어선 사유로 만드는 것으로 나타납니다. 들뢰즈는 자신이 언급하고자 하는 반복이 키에르케고르와 니체에게서는 고독한 자(단독자, 사적(私的)인 사유자)의 로고스로 나타났다는 것입니다. 그는 고독한 자의 로고스라 할 수 있는 반복은 교수나 전문적 법률가들의 간접적 형태를 띤 매개에 의한 담론에서는 파악될 수 없다고 보았습니다. 반복을 말하는 사람들은 사적인 사유자, 혹은 혜성 같은 사유자들이라 할 수 있습니다. 들뢰즈는 키에르케고르가 언급했던 욥[4]과 아브라함[5]을 반복의 담지자에 관한 사례를 들고 있습니다. 욥은 도덕법칙에 반反하는 반복을 무한한 항의를 통해 반어적인 방법으로 드러냈으며, 아브라함 역시 도덕법칙에 반하는 반복을 무한한 체념을 통해 해학적으로 드러냈다는 것입니다.

들뢰즈는 반복이란 바로 키에르케고르가 말하는 욥과 아브라함이 보

---

3) 『반복』(反復)은 키에르케고르가 "콘스탄틴 콘스탄티우스"라는 익명으로 1843년 10월 16일에 출간한 책의 이름이기도 하다.

4) 구약성서의 한 책인 욥기에 나오는 주인공.

5) 아브라함은 B.C. 2000년경에 활동한 히브리 족장들 가운데 최초의 인물이다. 그에 관한 이야기는 구약성서 〈창세기〉 11장부터 그의 죽음이 언급된 25장까지에 중점적으로 등장한다. 키에르케고르가 말하는 아브라함의 무한한 체념에 관한 이야기는 창세기 22장에 나온다. 아브라함은 그의 나이 100세에 아내 사라에게서 약속의 상속자가 될 적자(嫡子)인 이삭을 얻었다. 하나님은 아브라함의 믿음을 시험하려고 이삭을 제물로 바치라고 명령했고, 아브라함도 기꺼이 순종할 마음을 가졌지만(체념), 하나님이 숫양을 대신 준비해둠으로써 아들을 제물로 드리지 않아도 되었다. 『성경전서』, 독일성서공회판, 대한성서공회, 1997, 25-48쪽 참조.

여준 심리적 의도로서의 항의와 체념의 저변에 공통적으로 관계하고 있는 "초월적"[6]인 어떤 것이었습니다. 또한 그는 니체에게 있어서 법칙에 대립하는 반복의 사례로서 차라투스트라를 들었습니다. 니체가 차라투스트라를 통해 "네가 무엇을 의지하든 그것의 영원회귀를 의지하는 방식으로 그것을 의지하라"고 했을 때 니체는 칸트식의 형식주의를 통해 그 형식주의를 전복하고 있었다는 것입니다. 달리 말하자면 니체의 영원회귀는 무매개성의 난폭한 형식으로서 보편성과 독특성을 하나로 엮는 형식으로 들뢰즈가 말하고 싶어 했던 반복의 형식이라는 것입니다.

4) 반복을 습관의 일반성들뿐 아니라 기억의 특수성들에 대립시키기

들뢰즈에 따르면, 니체와 키에르케고르가 습관과 기억을 반복 앞에서는 다만 사라질 뿐인 "심리학적 운동"으로 보았다는 점에서 이 두 사람은 일치했습니다. 또한 들뢰즈는 반복을 플라톤의 고전의 범주라 할 수 있는 상기기억, 그리고 흄의 근대의 범주라 할 수 있는 습관에 대한 논의도 대립되는 미래의 사상이라 보았습니다. 상기와 연관되는 망각이 비로소 실증적 역량이 되고 습관과 연관되는 무의식이 비로소 실증적이고 월등한 무의식이 되는 것은 바로 반복에 의한 것이었습니다. 이어서 그는 "모든 것이 역량 안에서 하나로 집약된다"고 언급함으로써 반복=역량임을 강조했습니다. 키에르케고르에게서는 그것이 무한자, 영원, 무의식 등에 해당하며, 니체에게서는 그것이 "힘에의 의지"에 대한 무매개적 표현인 영원회귀와 다름없다고 보았습니다. 즉, 들뢰즈에게 있어서 반복은 니체의 영원회귀요, 키에르케고르의 무한자(영원, 무의식)들을 일컬었습니다.

6) 여기서 들뢰즈가 말하는 초월적이란, 경험에 앞선다는 뜻의 선험적이라는 뜻과 함께 경험의 실질적 조건이자 발생 원천이라는 의미를 담고 있다. 인식능력과 배타적으로 관계하면서 그 능력 자체를 낳아 주는 사태를 함의하는 개념이다.

영화론

들뢰즈의 철학과 다소 동떨어져 보였던 예술이나 미학은 그의 후기 저작으로서 일정한 체계성과 안정성을 보여주었습니다. 들뢰즈의 영화에 대한 철학적 접근은 대중적 이미지에 철학적 논의를 진행시켰습니다. 그의 감각적 이미지에 대한 철학적 사유와 다양한 형태는 포스트모더니즘의 사조에 의해 특성화되었습니다. 들뢰즈는 그의 저서 『시네마』에서 영화라는 제7의 예술을 그 기원에서부터 1970년대 말에 이르기까지 독특한 영화철학을 전개하였습니다. 『시네마 1, 운동—이미지』는 집합과 지속 안에서의 운동이라는 개념들로부터 출발하여 기호와 형태들이 어떤 형식으로 공간과 세계의 양상을 드러내는지에 대해 다소 분류학적인 방식으로 다루고 있으며, 『시네마 2, 시간—이미지』에서는 시간에 대한 독자적인 견해를 펼쳤습니다. 그는 자신이 이미 다른 철학서에서 전개하였던 진리관, 즉 플라톤 비판, 이질성으로서의 시간 등과 같은 분석들을 채택하였습니다. 특히 현대 영화가 보여주는 시간 이미지를 통해서 사유의 새로운 돌파구를 찾으려고 한 점에서 단순히 그의 이전 철학을 미적인 영역에 적용한 것이 아니라 새로운 철학의 모색을 시도하였습니다.

이렇게 영화에 대한 심도 있는 연구를 통해 들뢰즈는 현상학에서 후설과 메를로-퐁티, 그리고 베르그송의 철학이론이 영화에 많은 영향을 받았습니다. 들뢰즈는 영화, 정신분석, 미술에 관한 책을 썼지만 접근방식에는 고유한 철학적 성격을 주로 강조하였습니다. 예컨대 영화에 관한 책들은 우리가 시간과 운동을 어떻게 사유하거나 개념화하는지를 다루고 있습니다. 바로 이러한 점들이 들뢰즈의 저서를 철학적으로 꾸미게 됩니다. 그 이유는 철학적 개념들이 기예技藝이기 때문입니다. 하지만 들뢰즈는 영화가 우리에게 철학을 하게끔 이끈다고 말합니다. 철학자가 시간과 이미지들 사이의 관계 자체를 개념화하게 된 것은 현대영화가 시간의 이미지를 포착한 이후에야 가능하게 되었습니다. 영화 그 자체는 이미지와 기호의 새로운 실천이며 철학은 그 이미지와 기호 이론을 개념적 실천으로서 생산해야 합니다.

들뢰즈는 기존의 심리학이론들은 이미지들을 의식 속에 넣거나 운동을 공간 속으로 넣는 입장들을 유지하기 힘들어 중대한 위기를 맞이하게 되었다고 말합니다. 이전까지의 심리학은 연장 없는 질적인 이미지는 오직 의식 속에서만 존재하고 양적으로 연장된 운동들은 공간 속에서만 존재합니다. 그러나 운동들이 지각에서처럼 하나의 이미지를 만들고 또는 이미지들이 갑자기 하나의 운동을 의도된 행위에서처럼 종래의 심리학에서는 제대로 설명할 수가 없다는 것입니다. 들뢰즈는 한편으로, 이미지의 개념을 현상하는 것으로 규정합니다. 현상하는 것은 바로 우리가 살고 있고 경험하고 있는 우리 밖의 세계를 말합니다. 다른 한편으로, 이미지는 우리 자신에게 나타나는 것이기도 합니다. 우리에게 나타난다는 것은 우리 내부의 심상을 말합니다. 따라서 들뢰즈는 이미지를 우리의 외부 사물 내지 세계를 의미하는 것으로 볼 수 있고, 우리 내부의 심상으로 볼 수 있는 근본적인 이중성을 가진 것으로 간주합니다. 기본적으로 이미지란 객관적인 사물도 아니며 주관적인 심상도 아닌 그 중간에 존재하는 것으로 규정합니다. 상식적인 의미에서 이미지라는 개념은 지각된다는 것과 밀접한 연관을 갖고 있습니다. 이미지의 상식적인 의미는 단순히 나타난다는 것을 보태어 그것의 의식에 드러나는 것을 함축하고 있습니다. 의식에 나타나지 않는 수많은 이미지, 즉 운동이 존재합니다. 이런 점에서 이미지=운동=물질이라는 등식이 성립하게 됩니다. 우리가 지각하지 못하는 이미지가 존재하고, 우리가 목격하지 못하는 이미지가 존재하듯이, 우리가 보지 못하는 물질이 존재합니다. 이미지 그 자체가 운동이기 때문에 이미지는 운동을 재현할 필요가 없고 운동을 시각적으로 담을 필요도 없습니다. 이렇게 들뢰즈는 이미지를 규정하는 데 있어서 인간에 의한 지각을 부차적으로 설정하여 지각의 개념을 인간의 중심성을 넘어 확장시키고자 하였습니다.

잘 알려져 있듯이, 영화는 운동 이미지라는 기계적 배치라는 규정에 적합한 특징을 갖고 있습니다. 영화가 지각 이미지가 될 수 있는 것은 영화에서도 카메라의 장치가 물질 또는 이미지와 만나기 때문입니다. 들뢰즈에 의하면, 영화가 운동하는 이미지를 넘어서 운동-이미지가 될 수 있는 것은 카메라의 순수한 운동을 추론하기 때문입니다. 예를 들어 움직이는 기차나 달리는 사람을 이미지에 담는 것에 그치지 않고, 카메라의 운동이나 몽타주의 연속은 기차나 사람으로부터 해방된 순수한 운동을 발생하게 됩니다. 이런 의미에서 카메라는 운동의 일반적 등가이며 카메라의 지각이미지는 끊임없이 변이하는 유동성을 특징을 갖고 있다고 볼 수 있습니다.

04

반反포스트모더니즘의 철학: 주체의 복귀
알랭 바디우Alain Badiou / 쟈크 랑시에르JacquesRanciére / 조르조 아감벤Giorgio Agamben

제18장 포스트모더니즘 논의에서 살펴보았듯이, 포스트-근대의 사유는 합리적이고 이성중심주의의 정신이 지배했던 20세기를 일관되게 비판했으며, 기술의 지배와 과학의 전횡이 가져온 도구적 이성을 폭로하였습니다. 그러한 이성비판의 과정은 제2차 세계대전을 비롯해 '역사적 세기'를 해석함으로써 그 세기에 행해진 참혹한 전쟁, 타락과 범죄를 폭

로하고 '윤리적' 회복으로 나아가는 방향을 제시하고자 했습니다. 그 중심에는 제18장에서 고찰하였듯이, 푸코, 들뢰즈, 라캉, 리요타르, 데리다와 같은 이성중심주의를 반대하는 포스트모더니즘이라 잘 알려진 철학자들이 있었습니다.

이제 포스트담론을 통해 21세기의 새로운 시대가 도래했습니다. 2000년대 들어 포스트담론은 한편으로는 그 이론을 계승하고, 다른 한편으로는 그 이론과 경쟁하면서 새로운 종류의 포스트-포스트 담론이라는 형태로 변화되었습니다. 이러한 새로운 담론은 포스트담론이 정치를 대체하는 문화적, 미학적 담론으로 이끌어왔던 것에 비해, 역으로 훨씬 더 정치적인 담론으로 소개 · 전개되고 있는 형국이라 할 수 있습니다. 바디우의 『존재와 사건』(1988), 랑시에르의 『불화』(1995), 아감벤의 『호모 사케르』(1995) 등이 그 대표적인 사례라 할 수 있습니다. 바디우, 랑시에르, 아감벤과 같은 현대 정치철학자들은 다양한 사상적 원천과 이론적 문제설정이 제각기 다름에도 불구하고, 공통의 지적 · 정치적 입장을 공유하고 있습니다. 이들 철학자들은 해방의 정치를 추구하고 있으며, 정치를 제도정치의 바깥(예외)에서 찾았습니다. 이들은 현대 정치의 대표적인 모델로 간주되는 자유민주주의 정치를 이상적인 정치체제가 아니라 정치를 억압하거나 배제하는 지배의 체제로 간주합니다. 따라서 이들 철학자들은 시민의 권력으로서 민주주의를 실현하기 위해서 자유민주주의 체제 바깥에 존재하는 진정한 정치의 장소를 발견하고자 합니다. 그것에 근거하여 이 체계를 넘어설 수 있는 방법을 모색하고자 합니다.

또한 이들 철학자들은 주체의 정치, 정치적 주체화, 예외적 주체화를 통해 주체의 개념을 복권시켰습니다. 레비나스와 푸코로부터 출발하여 아감벤에 이르는 현대의 독특한 철학적 성찰의 계보는 19세기에 완성된 철학적 주체의 일관적인 형상을 기각棄却하며, 다른 주체의 가능성을 모색할 것을 요구했습니다. 단지 '인간 주체의 죽음'이라는 사실상 주체의 제거로 끝나는 허무주의적 사유가 아니라, 새로운 방식으로 다른 주체를 모색하라는 일종의 철학적 요청을 받아들였습니다. 20세기 중반 이후 주로 프랑스에서 나타난 새로운 주체에 대한 철학적 작업은 바로 이러한 요청에 대한 응답이었습니다. 주체의 개념에 대한 새로운 시도들은 서로 다른 이론적 배경에도 불구하고, 어떤 집중점을 향해 움직이고 있습니다. 이 주체들은 일관적이고 통일적인 과거의 주체개념에서 벗어나 틈과 간격, 사이와 공백에 위치하고 있습니다. 그런 점에서 현대 철학이 제기하고 있는 주체의 문제는 그 자체로 예외성의 문제를 포함하고 있다고 말할 수 있습니다. 주체에 대한 새로운 사유가 정치적인 성격을 띠는 것은 바로 이러한 예외성에서 기인한다고 할 수 있습니다. 통일성을 확보하고, 일관적인 통치를 목적으로 하고 있는 지배 질서에 균열을 일으키는 것이 바로 그러한 예외의 존재라 할 수 있습니다. 주어진 세계를 변화시키는 모든 정치적 실천은 어떤 방식으로든 그 예외성과 연결될 것일 수밖에 없습니다. 이들 철학자들은 예외에 대한 사유야말로 바로 그러한 정치적 문제에로의 접근을 통해 실천을 위한 출발점으로 삼고 있습니다. 특히 아감벤은 근대의 주권 국가가 항상 예외 상태를 전제하는 구조를 지닌다고 선언하였고, 바디우는 국가가 자신의 내부에 항상 셈해지지 않는 공백과도 같은 독특한 존재 유형을 포함하고 있다고 말하고 있습니다.

알랭 바디우

Alain Badiou, 1937~

바디우는 『주체이론』(1982), 『존재와 사건』(1988), 『세계들의 논리』(2005)와 같은 대작들을 출간함으로써 20세기 후반 이후 프랑스 철학계의 대표적인 주체성의 철학자 가운데 한 사람으로 자리 매김하였습니다. 바디우의 주요한 정치적 관심은 해방의 정치와 국가의 대립입니다. 이른바 이는 대상없는 주체, 곧 대상성과 결별한 주체성에 대한 확고한 태도입니다. 바디우가 주장하는 "대상없는 주체"란 객관적 세계에 대한 과학적 규정을 통해 주체를 규정하려고 했던 과거의 철학들과 단절하려는 시도를 함축하고 있습니다. 예컨대 마르크스주의의 경우, 프롤레타리아라는 정치적 주체는 자본주의 경제 구조를 과학적 분석을 통해 주체로서의 정체성을 얻게 됩니다. 하지만 주체는 주어진 객관적 질서에 따라 규정되기 때문에 진정한 의미의 사건의 주체라고 볼 수 없다는 것입니다. 더 나아가 해방의 정치적 주체가 될 수 없습니다. 그 이유는 마르크스주의에서는 주체가 처음부터 객관적 조건에 따라 규정되었으며, 이러한 주체는 혁명적 주체를 표방한다고 할지라도 이러한 조건에서 벗어날 수 없기 때문입니다.

알랭 바디우

그의 대표 저작인 『존재와 사건L'être et l'événement』은 수학적 존재론이라는 명칭에 걸맞게 현대 집합이론을 통해 존재의 법칙을 설명하고 있습니다. 그는 사건을 통해 지배적인 질서가 파괴되고 새로운 진리가 수립되는 과정을 엄밀한 논증으로 보여 주고 있습니다, 여기서 결정적인 역할을 하는 것이 바로 주체의 개념입니다. 단절의 계기가 되는 사건에서 출발하여, 사건 이후에 나타나는 사건에 대한 충실성의 실천을 통한 투사적 주체성의 성립, 그리고 그 주체의 실천이 가져오는 진리의 생성이라는 일련의 과정, 세계의 변화를 그는 설명해 나가고 있습니다. 즉, 바디우는 진리가 인간적 사유의 결정체라는 점에서 '사유에 대한 사유'를 추구합니다. 그래서 그는 한 세기世紀가 충실하고자 했던 사유를 발견하고 그것을 다시 미래의 가능한 사유의 출발점으로 삼고자 합니다. 바디우의 진리철학은 존재론에서 시작합니다. 바디우는 『존재와 사건』을 일자와 다수의 문제를 다루면서 시작합니다. 바디우는 존재의 문제를 사유하면서 존재를 일자가 아닌 다수로 파악해야 한다고 생각합니다. 존재하는 것은 일자一者, Un인가, 아니면 다수多數, multiple인가? '하나'와 '다수'의 문제는 존재론에서 가장 근본적인 문제입니다. 존재하는 것은 과연 일자의 우위 아래 있는가, 다수의 지배 아래 있는가? 바디우는 이러한 존재론의 근본 문제가 결정의 문제일 수밖에 없다고 생각합니다. 철학사 속에서 이 두 존재론적 입장을 적절하게 조화시킨 경우는 없었습니다. 존재는 하나로 통합될 수 없는 다수라고 주장하거나, 존재는 기본적으로 '하나의' 존재라고 주장하는 것 이외에는 어떠한 다른 선택도 있을 수 없습니다. 일자와 다수를 결합시키려는 시도는 사실상 일자의 우위로 귀결되거나, 다수의 우위로 나아갑니다. "현시되는 것은 본질적으로 다수이지만, 현시된 것은 본질적으로 일자"라는 바디우의 주장은 존재의 현시 속에서 일자와 다수를 주장하는 것이 모두 가능하다는 점을 환기시킵니다. 이런 존재론의 순환적 구조에 대해 존재하는 것은 다수로 파악되어야 한다고 주장합니다. 이를테면 존재하는 것으로서의 일자는 없습니다. 일자는 단지 작용으로서 실존할 뿐입니다. 그래서 바디우는 "모든 단독적인 인간의 삶은 셀 수 없이 무한하다"고 단언합니다. 이는 현대 집합론의 성과를 계승하는 가운데 가능한 것입니다. 바디우는 집합론의 발견을 통해 정당화하는데, 모든 다수를 본질적으로 무한한 것으로 간주합니다. 이는 칸토어의 초한적 집합론을 비롯한 수학적 발견을 다루는 별도의 연구를 필요로 한다고 보았습니다. 모든 상황은 공백(공집합, ∅)을 포함하는데 셈해질 수 없는 이 공백은 모든 상황을 위험에 빠뜨릴 수 있습니다. 이러한 예외적 요소로서의 공백이 가져오는 불안정성으로 인해 하나의 셈이 더해지는데, 이것이 바로 부분집합을 셈하는 재현représentation 입니다. 그는 상황의 통일성을 보장하기 위해 구조화된 상황을 재구조화하여 공백의 출현을 봉쇄하고자 했습니다.

바디우가 존재론적 입장에서 '상황 상태l'état de la situation'라고 정의하는 것은 비일관적일 수밖에 없는 다수의 세계에 통일성을 부여하는 장치, '예외적인 것'을 포함함으로써 공백의 위협을 통제하려는 장치인 것입니다. 주체에 대해서는 실체로서의 주체라는 전통적 개념을 부정하는 동시에 주체를 진리의 효과로서 사유합니다. 그는 존재, 진리, 주체의 개념을 유지하면서 새롭게 주체를 세우는 것입니다. 그래서 그는 존재를 비일관적非一貫的인 다수로 정의하고, 일자를 단지 비일관적 다수에 일관성을 부여하기 위한 작용으로 파악합니다. 그는 집합론을 통해 존재론을 재구축하고, 존재의 질서에 공백이 편재한다는 것을 보여줌으로써 사건의 가능성을 존재의 질서 자체에 내재하는 것으로 간주합니다. 사건은 이러한 공백의 분출로 결정할 수 없는 것이 출현하는 과정입니다. 사건이 결정할 수 없다면, 이러한 결정할 수 없는 것을 결정하는 개입의 과정이 필요하고, 이러한 결정을 통해 사건은 상황 속에 실존하게 됩니다. 이는 상황에 개입하는 선언으로서 이후에 사건에 충실한 실천들을 발생하게 됩니다. 이러한 충실성이 행하는 실천은 탐색으로 나타납니다. 이것은 어떤 다수가 사건과 접속되어 있는지, 그렇지 않은지를 탐색하는 실천입니다.

이러한 하나하나의 탐색이 무한히 펼쳐지는 것이 바로 사건에 대한 충실성이고, 그 충실성의 작인作因이 바로 바디우가 주체라고 부르는 것입니다. 바디우는 그 실천을 주체가 그 상황에 따르는 언어를 통해서 상황에 준거물을 갖지 않는 유적類的인 부분집합을 명명하기를 지속하는 언어적 실천으로 규정합니다. 사건으로부터 구성되는 이 유적인 부분집합이 바로 진리가 갖는 새로움의 형상입니다. 이러한 새로움이 상황의 항목으로 인정받을 때 비로소 진리는 상황을 유적으로 확장된 상황으로 바꾸어 놓음으로써 상황을 변화시킵니다. 바디우의 진리철학은 사건을 통해 성립한 주체적 충실성이 진리를 상황에 강제함으로써 상황을 변화시키는 혁명적 변화의 과정을 합리적인 방식으로 정당화하고 있습니다. 이런 점에서 상황의 변화에 따르는 동력으로서 진리와 주체를 다시 사유하는 근대적 철학이라고 할 수 있습니다. 이러한 전환적인 계기는 프랑스를 중심으로 전개되어 왔던 근대철학에 대한 비판이기도 합니다. 앞서 제18장에서 살펴보았던 '포스트모던'라는 용어를 통해 알려졌던 근대의 철학적 전제들에 대한 비판은 전통 철학을 위기에 빠뜨렸다고 이들 철학자들은 진단합니다. 그래서 철학을 새로운 지형으로 이동시킴으로써 철학 그 자체에 변화를 추동하는 계기를 제공하는 것으로 보입니다. 그 작업은 진리를 생산하는 절차 가운데 주로 예술과 정치에 집중되어 있습니다. 20세기의 예술과 정치는 독자적인 영역 속에서 각자의 실천을 펼쳐냈지만, 동일한 조건속에서 각각의 사유를 열어나갔고, 같은 열정에 의해 지배당했습니다.

바디우에 따르면, 그 시간 동안 '일어났던 것'이 아니라 그 세기 속에서 '사유된 것'을 문제 삼아야 한다는 것입니다. 그 시간 동안 일어난 일이라기보다는, 돌발적인 역사적 상황과 사건이 집중되는 시간이 보여주는 사유의 흔적입니다. 그 방법을 바디우는 '최대 내부성interiorite maximale'의 방법이라고 불렀습니다. 이 방법은 객관적으로 주어진 것, '일어난 것'을 통해 세기를 판단하는 것이 아니라, "어떻게 세기는 주체화되었는가를 자문하는 것", "세기를 그 내재적인 확신으로부터 포착하는 것"을 요구했습니다. 따라서 바디우의 철학은 '진리에 대한 사유'라는 말로 집약될 수 있습니다.

쟈크 랑시에르

Jacques Ranciére, 1940~

쟈크 랑시에르

랑시에르는 『프롤레타리아들의 밤』(1980), 『정치적 것의 가장자리에서』(1990), 『불화』(1995), 『감각적인 것의 나눔』(2000), 『미학의 불만』(2004) 등을 발표하여 세계적인 명성을 얻으면서 정치적 주체화에 대한 새로운 개념을 제시하고 있습니다. 랑시에르는 데카르트의 "나는 존재한다, 나는 실존한다ego sum, ego existo"를 복수 인칭으로 표현한 "우리는 존재한다, 우리는 실존한다nos summus, nos exsitimus"를 정치적 주체화를 표현하는 대표적인 정식으로 간주했습니다. 랑시에르의 주체화에서 법은 본질적인 중요성을 지니고 있습니다. 주체화는 어떤 권력의 획득이나 법적 권리의 취득을 뜻하지 않습니다. 그것은 "자신들을 셈해지지 않은 이들로 셈하는 선언 자체"를 뜻하며, "일련의 언표행위의 사례 및 능력을 생산하는 것"을 가리킵니다. 특히 랑시에르의 주체화 개념은 정치와 치안police의 구별 및 대립, 치안질서의 중심에 존재하는 잘못tort이라는 개념에 근거를 두고 있습니다. 그래서 랑시에르는 우리가 정치라고 부르는 활동이나 영역을 엄밀한 의미에서 정치가 아니라 치안이라 규정합니다. 즉 집단들의 결집과 동의, 권력과 조직, 장소들 및 기능들의 분배, 이러한 분배에 대한 정당화 체계가 이루어지는 과정들 전체가 곧 치안인 것입니다. 그는 『불화』에서 푸코의 폴리스police 개념을 변용하여 "치안"이라는 개념을 고안해 냈습니다. 그리고 푸코의 주체화 개념을 받아들여 자신의 고유한 정치적 주체화의 개념을 이론화했습니다. 푸코의 주체화가 윤리적 주체화의 성격을 띠고 있다면, 랑시에르는 윤리 문제의 중요성을 전면적으로 기각하면서 철저하게 정치의 관점에서 주체화의 개념을 전개했습니다. 정치적 주체화는 공동체의 치안적인 구성 속에 주어져 있지 않은 어떤 다자多者, multiple, 그것은 치안의 논리와 모순되는 것으로 제기될 수 있는 "정치의 핵심에 이중적인 잘못"이 존재합니다. 이것은 소유 없이 말하는 존재자의 능력과 정치적 능력 사이의 관계에 대한 근본적인 갈등인 것입니다. 이를테면 치안은 행위 양식들과 존재 양식들, 말하기 양식들 사이의 나눔을 정의하는 몸들의 질서입니다. 이 질서는 몸들이 어떤 이름에 따라 일정한 장소에서 일정한 과제를 부여받도록 만듭니다. 이 질서는 볼 수 있는 것과 말할 수 있는 것의 질서로서, 어떤 활동은 가시적인 것으로, 다른 활동은 비가시적인 것으로 만들어 냅니다. 어떤 말은 담론에 속하는 것으로, 어떤 말은 소음에 속하는 것으로 알아듣게 만듭니다. 예컨대 전통적으로 노동의 장소를, 공적 영역이라 불리는 것에 고유한 보기 및 말하기 양식에 의해 규제되지 않는 사적 영역으로 만든 것이 치안의 법입니다. 여기서 치안의 본질은 공권력이나 법체계 같이 규정하는 것이 아니라 감각적인 것의 짜임configuration du sensible이라 보았습니다. 이런 점에서 랑시에르에게 정치는 치안을 규정하는 감각적 짜임과 "단절"하는 것이며, "오직 소음만 일어났던 곳에서 담론이 들리게 하고, 소음으로만 들렸던 것을 담론으로 알아듣게 만드는 것"입니다. 따라서 랑시에르에게서 치안과 정치는 "전적으로 이질적인 논리"에 따라 작동하고 있습니다.

조르조 아감벤

Giorgio Agamben, 1942~

아감벤은 『호모 사케르Homo Sacer』(1995)에서 예외의 구조가 서양의 정치 체제 일반에 깊게 각인되어 있다는 데서 출발합니다. 그에게 호모 사케르를 만들어내는 주권의 결정은 그 자체로 예외의 논리에 입각해 있습니다. 그러한 결정은 주권적 정치를 구성하는 전제가 됩니다. 이를테면 서양 정치의 출발은 예외를 통한 수동적 주체화에서 비롯된 것입니다. 모든 주권적 정치의 전제는 예외의 논리를 통해 배제되어야 하는 존재를 결정하는 데 있습니다. 근대 의회민주주의의 주권은 이러한 예외적 주체화를 보편적인 수준으로 확장해야 한다는 것입니다. 아감벤은 『예외상태』(2003)에서 "진정으로 정치적인 행위란 폭력과 법 사이의 연계망을 끊어내는 행위"라고 말합니다. "오직 그렇게 해서 열리는 공간에서 시작해야만 예외상태 속에서 법을 생명과 연결시키는 장치를 작동 중지시킨 후 법을 어떻게 사용하는 것이 가능한지 물을 수 있다"고 명시하고 있습니다. 법을 폭력으로부터 분리하는 정치적 행위를 통해 법과 생명을 연결시키는 장치의 작동을 무력화했을 경우, 비로소 신성화의 구조에서 벗어난 법의 본모습을 보게 되는 것입니다. 새로운 정치는 법과 생명의 분리와 다르지 않습니다. 아감벤에게서 정치적 행위는 법과 생명의 분리에서 비롯됩니다. 그가 보기에 새로운 정치란 신성화를 통해 분리된 삶에 맞서 삶 그 자체를 돌려놓는 실천입니다. 실천은 형태로부터 분리할 수 없는 삶으로서의 삶의 형태를 온전히 수립하는 사유의 작용인 것입니다. 여기서 요구하는 것은 법의 주체화에서 벗어나는 새로운 주체성입니다. 아감벤에게 실천적 주체성은 여전히 암시적으로만 남아 있지만, 바디우의 주체성과 유사한 탈경계의 주체성이라고 말할 수 있습니다.

조르조 아감벤

아감벤의 문제작인 『호모 사케르Homo Sacer』에서는 벌거벗은 생명의 전형적인 모습을 로마법이 언급하고 있는 호모 사케르homo sacer에서 찾고 있습니다. 로마법은 어떤 범죄를 저질러 범죄자로 판정받은 자를 성스럽다고 말합니다. 호모 사케르란

"사람들이 범죄자로 판정한 사람을 말합니다. 그를 희생물로 바치는 것은 허용하지 않지만, 그를 죽이더라도 살인죄로 처벌받지는 않습니다. 사실 최초의 호민관법은 '만약 누군가 평민 의결을 통해 신성한 자로 공표된 사람을 죽여도 이는 살인이 되지 않는다'는 점을 명기하고 있습니다. 이로부터 나쁘거나 불량한 자를 신성한 자라 부르는 풍습이 유래합니다."

아감벤은 이 수수께끼 같은 구절을 독창적인 방식으로 해석합니다. 그에 따르면 호모 사케르는 법적 · 종교적 질서에서 완전히 추방된 자, 문명화된 세계에서 추방되어 항상 죽음의 위협에 놓이게 된 자를 가리킨다고 보고 있습니다. 종교와 세속으로부터 이중적으로 버림받은 호모 사케르는 근원적인 배제의 구조, 돌이킬 수 없는 추방령의 구조 안으로 들어갑니다. 주권자는 호모 사케르, 즉 추방령의 논리에 완전한 예외가 되어버린 인간의 생명을 결정합니다. 『호모 사케르』에서 예외상태란 질서의 정지에 의해 비롯된 상황으로서, 법질서의 효력정지 안에서 예외를 창출하는 아주 독특한 상태입니다. 그것이 바로 법이 자신의 외부를 자기 안으로 포섭하는 방식입니다. 그렇게 주권자에 의해 선포되는 비상상태는 법을 중단시키는 권력의 표현인 동시에, 예외를 법 안으로 포섭하는 형식입니다.

그러나 이 상태는 결코 법적 질서의 무력화와 무정부 상태의 도래를 일컫는 것은 아닙니다. 그것은 오히려 온전한 법치 국가의 질서와 관련되어 있습니다. 이러한 예외 상태는 법질서의 실질적 효력을 보장합니다. 법이 배제하는 예외를 규정함으로써 그 예외를 법질서에 포함시키고자 하는 것입니다. 주권자는 예외 상태를 결정하는 자로서, 비상상태의 선포를 통해 법을 중단시킬 수 있는 권력을 갖고 있습니다. 이러한 비상상태의 선포는 법질서의 합법적인 예외를 생산하며, 주권자 자신을 예외적인 지위에 놓습니다. '법의 효력을 정지시킬 수 있는 합법적 권력을 가지고 있는 주권자는 자기 자신을 합법적으로 법 외부에 세우는 것'입니다. 오늘날의 법치주의를 지배하는 것은 이러한 예외적 주권의 형상, 비상상태를 선포함으로써 법을 중지시킬 수 있는 역설적 주권권력의 형상인 것입니다. 아감벤은 이러한 주권권력이 누가 호모 사케르인지 결정할 수 있는 힘을 지니고 있다고 주장합니다. 오늘날 아감벤이 보기에 호모 사케르의 명백한 형상이 존재하지 않는 이유는 "모든 사람을 잠재적인 호모 사케르들로 간주하는 자가 바로 주권자이며, 또한 그를 향해 모든 사람들이 주권자로 행세하는 자가 바로 호모 사케르"이기 때문입니다.

| 참고문헌 |

강성률, 『한권으로 읽는 서양철학사 산책』, 평단, 2009.

강신주, 『철학 VS 철학(완전개정판)—동서양철학의 모든 것』, 오월의 봄, 2016.

_____, 『강신주의 감정수업—스피노자와 함께 배우는 인간의 48가지 얼굴』, 민음사, 2014.

강영안, 「레비나스 철학에서 주체성과 타자」, 한국현상학회, 『후설과 현대철학』, 서광사, 1990.

_____, 「현대철학의 주체의 문제」, 『주체는 죽었는가』, 문예출판부, 1999.

_____, 「엠마누엘 레비나스」, 『103인의 현대사상』, 민음사, 1996.

_____, 「레비나스의 평화의 형이상학」, 서강대학교 철학연구소 편, 『평화의 철학』, 철학과 현실사, 1995.

_____, 『타인의 얼굴—레비나스의 철학』, 문학과 지성사, 2006.

강영안 외, 『레비나스 철학의 맥락들』, 그린비, 2017.

강진호, 「비트겐슈타인 철학의 만남」, 서울대학교 인문대학편, 『스무살, 인문학을 만나다』, 그린비, 2010, 437-464쪽.

강충권 외, 『실존과 참여—한국 사르트르의 수용 1948~2007』, 문학과지성사, 2012.

거스리, W. K. C., 『희랍철학 입문』, 박종현 옮김, 서광사, 2000.

고명섭, 『니체극장—영원회귀와 권력의지의 드라마』, 김영사, 2012.

고병권, 『민주주의란 무엇인가』, 그린비, 2011.

권택영, 「욕망에서 사랑으로」, 『우리시대의 욕망 읽기』, 문예출판사, 1996.

그롱댕, 장, 『현대해석학의 지평』, 최성환 옮김, 동녘, 2019.

그리스도교 철학연구소, 『현대사회와 정의』, 철학과 현실사, 1995.

기다겐 편저, 『현대사상 지도』, 김신재 외 옮김, 산처럼, 2005.

김광명, 『칸트 판단력 비판연구』, 철학과 현실사, 2006.

김동식, 『프래그머티즘』, 아카넷, 2003.

김보현, 『데리다 입문』, 문예출판사, 2011.

김상환 · 홍준기 엮음, 『라캉의 재탄생』, 창비, 2005.

김상환 외, 『니체가 뒤흔든 철학 100년』, 민음사, 2000.
김석, 『에크리―라캉으로 이끄는 마법의 문자들』, 살림, 2018.
김석수, 『요청과 지양―칸트와 헤겔을 중심으로』, 울력, 2015.
김선욱, 『한나 아렌트의 생각-오늘 우리에게 한나 아렌트는 무엇을 말하는가』, 한길사, 2017.
김연숙, 『타자의 윤리학』, 인간사랑, 2001.
김영범, 『철학 갤러리』, 플로 엮은 집, 2009.
김영식, 『과학혁명』, 아르케, 2011.
김요한, 『서양고대 그리스와 철학』, 서광사, 2012.
김용규, 『지식을 위한 철학통조림, 1, 2, 3, 4』, 김영사, 2010.
_____, 『서양문명을 읽는 코드 신』, 휴머니스트, 2010.
김용수, 『자크 라캉』, 살림, 2015.
김용준 외, 『로티의 철학과 아이러니』, 아카넷, 2014.
김재인, 『생각의 싸움』, 동아시아, 2019.
김정현, 『니체, 생명과 치유의 철학』, 책세상, 2006.
_____, 『철학과 마음의 치유―니체, 심층심리학, 철학상담치료』, 책세상, 2013.
김진, 『철학의 현실문제들』, 철학과 현실사, 2007.
____, 『퓌지스와 존재사유―자연 철학과 존재론의 문제들』, 문예출판사, 2003.
____, 『한국사회를 움직이는 현대철학자들』, 울산대학교 출판부, 2009.
김진・한자경, 『인생교과서 칸트』, 21세기북스, 2015.
김형석, 『모두를 위한 서양철학사』, 도서출판 가람기획, 2011.
김형효, 『가브리엘 마르셀의 구체철학과 여정의 형이상학』, 인간사랑, 1990.
남경태, 『한 눈에 읽는 현대철학』, 광개토, 2001.
남경희, 『플라톤―서양철학의 기원과 토대―』, 아카넷, 2006.
대안연구공동체기획, 『20세기 사상지도』, 부・키, 2012.
더버, 찰스, 『마르크스가 살아 있다면』, 강정식 옮김, (사) 한국물가정보, 2012.
데리다, 자크, 『그라마톨로지에 대하여』, 김웅권 옮김, 동문선, 2004.
__________, 『마르크스주의와 해체』, 진태원・한형식 옮김, 도서출판 길, 2009.
데카르트, 르네, 『방법서설/성찰/철학의 원리/세계론/정신지도를 위한 규칙』, 소두영 옮김, 동서문화사, 2016.

__________, 『철학의 원리』, 원석영 옮김, 아카넷, 2014.
뒤몽 · 장-폴, 『그리스 철학』, 이광래 옮김, 한길사, 1999.
듀런트, 윌, 『철학이야기』, 임헌영 옮김, 동서문화사, 2016.
듀스 · 발리스, 『그림으로 이해하는 현대사상』, 남도현 옮김, 개마고원, 2002.
듀이 · 존, 『철학의 재구성』, 이유선 옮김, 아카넷, 2010.
들뢰즈 · 질, 『차이와 반복』, 김상환 옮김, 민음사, 2006.
__________, 『시네마1(운동—이미지)』, 유진상 옮김, 시각과 언어, 2002.
__________, 『시네마2(시간—이미지)』, 이정하 옮김, 시각과 언어, 2005.
__________, 『니체와 철학』, 이경신 옮김, 민음사, 2001.
__________, 『들뢰즈의 니체』, 박찬국 옮김, 철학과 현실사, 2007.
__________, 『푸코』, 권영숙 · 조형근 옮김, 새길 아카데미, 2015.
__________외, 『천개의 고원』, 김재인 옮김, 새물결, 2003.
디이머 · 알뷘, 『철학적 해석학』, 백승균 옮김, 경문사, 1985.
라캉 · 자크, 『욕망이론』, 권택영 엮음, 문예출판사, 1998.
랑시에르, 자크, 『불화』, 진태원 옮김, 2016.
램프레히트, S. P., 『서양철학사-개정판』, 김태길 외 옮김, 을유문화사, 2008.
러셀 · 버트란트, 『서양철학사』, 서상철 옮김, 을유문화사, 2009.
레비나스, 엠마누엘, 『시간과 타자』, 강영안 옮김, 문예출판사, 1997.
__________, 『우리 사이—타자 사유에 관한 에세이』, 김성호 옮김, 그린비, 2019.
__________, 『전체성과 무한—외재성에 대한 에세이』, 김도형외 옮김, 그린비, 2018.
__________, 『존재에서 존재자로』, 서동욱 옮김, 민음사, 2016.
레스쿠레, 마리 안느, 『레비나스평전』, 변광배 · 김모세 옮김, 살림, 2008.
로버트 L. 애링턴, 『서양 윤리학사』, 김성호 옮김, 서광사, 2006.
로스, W. D. 『아리스토텔레스』, 김진성 옮김, 세창출판사, 2016.
롤즈 · 존, 『정치적 자유주의』, 장동진 옮김, 동명사, 2003.
__________, 『정의론』, 황경식 옮김, 이학사, 2007.
롱 · 앤소니 A., 『헬레니즘 철학』, 이경직 옮김, 서광사, 2000.
뢰비트 · 카를, 『헤겔에서 니체로』, 강학철 옮김, 민음사, 2010.
뤽 페리 · 알랭 르노, 『68 사상과 현대 프랑스 철학』, 주형일 옮김, 인간사랑, 1995.
리델, M., 『헤겔의 사회철학』, 황태연 옮김, 한울, 1992.
마르셀, 가브리엘, 『존재의 신비 I: 성찰과 신비』, 이문호 · 이명곤 옮김, 누멘, 2010.
마사키, 나카마사, 『왜 지금 한나 아렌트를 읽어야 하는가?』, 김경원 옮김, 갈라파고스, 2017.
매기 · 브라이언, 『사진과 그림으로 보는 철학의 역사』, 박은미 옮김, 시공사, 2002.
몽크 · 레이, 『루드비히 비트겐슈타인: 천재의 의무』(전2권), 남기창 옮김, 문화과학사, 2000.
________, 『비트겐슈타인 평전』, 남기창 옮김, 필로소닉, 2017.
문성훈, 『인정의 시대』, 사월의 책, 2014.
문창옥, 『화이트헤드과정철학의 이해』, 통나무, 2002.
미셸 푸코, 「니체, 계보학, 역사」, 『철학, 오늘의 흐름』, 이광래 옮김, 동아일보사, 1987.
미하일 리클린, 『해체와 파괴』, 최진석 옮김, 그린비, 2009.
바디유, 알랭, 『사유의 윤리—현대 프랑스 철학에 대한 헌사』, 이은정 옮김, 도서출판 길, 2013.
________, 『존재와 사건』, 조형준 옮김, 새물결, 2013.
________, 『비트겐슈타인의 반철학』, 박성훈 · 박영진 옮김, 사월의 책, 2015.
바이셰델, W., 『철학의 뒤안길』, 이기상 옮김, 서광사, 1990.
박규철, 『그리스 계몽주의와 신플라톤주의』, 한국학술정보, 2017.
_____ 외, 『고대 그리스철학의 감정이해』, 동과서, 2010.
박남희, 『레비나스, 그는 누구인가—모든 것은 윤리의 문제다』, 세창출판사, 2019.
박병철, 『비트겐슈타인』, 이룸, 2003.
_____, 『비트겐슈타인 철학으로의 초대』, 필로소닉, 2016.
박삼열, 『서양근대합리론 특강』, 선학사, 2010.
_____, 『스피노자의 윤리학 연구』, 선학사, 2002.
박성수, 『들뢰즈와 영화』, 문화과학사, 1998.

박순영, 「해석학의 현대적 위상」, 『현대철학 특강』, 철학과 현실사, 1999.
박승찬, 『서양 철학 이야기 2—중세-신학과의 만남—』, 책세상, 2006.
_____, 『서양중세의 아리스토텔레스 수용사—토마스 아퀴나스를 중심으로—』, 누멘, 2010.
박영균, 『맑스, 탈현대적 지평을 열다』, 메이데이, 2007.
박영식, 『서양철학사의 이해』, 철학과 현실사, 2008.
박영태 외, 『과학철학—흐름과 쟁점, 그리고 확장』, 창비, 2011.
박정호 엮음, 『현대철학의 흐름』, 동녘, 1996.
박종홍, 『철학개설』, 박영사, 1989.
박찬국, 『현대철학의 거장들』, 철학과 현실사, 2005.
박해용, 『청소년을 위한 서양철학사』, 두리미디어, 2005.
박희영, 『플라톤 철학과 그 영향』, 서광사, 2001.
발리스 듀스, 『그림으로 이해하는 현대사상』, 남도현 옮김, 개마고원, 2002.
배선복, 『라이프니츠의 삶과 철학세계』, 철학과 현실사, 2007.
백승영, 『오늘 우리는 왜 니체를 읽는가』, 책세상, 2006.
_____, 『니체』, 한길사, 2011.
_____, 『니체, 디오니소스적 긍정의 철학』, 책세상, 2005.
백종현, 『서양근대철학』, 철학과 현실사, 2003.
_____, 『칸트와 헤겔의 철학』, 아카넷, 2010.
백훈승, 『서양근대철학』, 전북대학교 출판문화원, 2017.
벌린, 『계몽시대의 철학: 18세기의 철학자들 I』, 정병훈 옮김, 서광사, 1992.
보름스 프레데릭, 『현대 프랑스 철학』, 주재형 옮김, 도서출판 길, 2014.
블라이허 · 조셉, 『현대 해석학』, 권순홍 옮김, 한마당, 1983.
비트겐슈타인, 루트비히, 『논리-철학논고』, 이영철 옮김, 책세상, 2017.
_______________, 『철학적 탐구』, 이영철 옮김, 책세상, 2014.
사르트르, 『실존주의는 휴머니즘이다』, 왕사영 옮김, 청아출판사, 1998.
사회비판과 대안 모임, 『프랑크푸르트 학파의 테제들』, 옹기장이, 2010.
샌델, 마이클, 『정의란 무엇인가』, 김명철 옮김, 와이즈베리, 2014.
샌델, 애덤, 『편견이란 무엇인가』, 이재석 옮김, ㈜ 미래엔, 2015.
샤하트, R., 『근대철학사—데카르트에서 칸트까지—』, 최희봉 옮김, 서광사, 1993.

서동욱, 「주체의 근본구조와 타자—레비나스와 들뢰즈의 타자이론—」, 『차이와 타자』, 문학과 지성사, 2000.
_____, 『철학 연습』, 반비, 2011.
서양근대철학회편, 『서양근대윤리학』, 창비, 2010.
________, 『서양근대철학의 열 가지 쟁점』, 창비, 2004.
서영식, 『철학의 세계』, 이화, 2008.
서용순, 『청소년을 위한 서양철학사』, 두리미디어, 2007.
서정원, 『바그너의 이해』, 살림, 2015.
셔번 · W. 도널드, 『화이트헤드의 과정과 실재 입문』, 오영환 · 박상태 옮김, 서광사, 2011.
소광휘 외, 『철학의 제문제』, 지학사, 1981.
송상용, 『서양과학의 흐름』, 강원대학교 출판부, 1997.
_____, 『과학자들-피타고라스부터 이태규까지』, 자유아카데미, 2018.
송석랑, 『메를로-퐁티의 철학』, 문경출판사, 2005.
_____, 『현상학—시적 감각의 지성』, HUEBOOKS(한국외국어대학교 출판부), 2012.
송영진, 『철학과 논리』, 충남대학교 출판부, 2002.
_____, 『그리스 자연철학과 현대과학 I. II』, 충남대학교출판문화원, 2014.
쇼펜하우어, 아르투어, 『의지와 표상으로서의 세계』, 홍성광 옮김, 을유문화사, 2019.
__________________, 『충족 이유율의 네 겹의 뿌리에 관하여』, 김미영 옮김, 나남, 2010.
__________________, 『도덕의 기초에 관하여』, 김미영 옮김, 책세상, 2004.
__________________, 『불행한 철학자 쇼펜하우어의 행복의 철학』, 정초일 옮김, 푸른숲, 2001.
숀호머, 『라캉 읽기』, 김서영 옮김, 은행나무, 2017.
수터, R.,『비트겐슈타인과 철학』, 서광사, 1998.
슈나이더스, 베르너, 『20세기 독일철학』, 박중목 옮김, 동문선, 2005.
슈페크, J., 『근대독일철학』, 원승룡 옮김, 서광사, 1986.
스크루턴, 로저, 『우리를 속인 세기의 철학자들』, 박연수 옮김, 도움북스,

2019.
__________, 『현대철학 강의』, 주대중 옮김, 바다출판사, 2017.
스텀프 · 새무엘 이녹, 『소크라테스로부터 포스트모더니즘까지』, 이광래 옮김, 열린책들, 2003.
스튜어트 · 매튜, 『스피노자는 왜 라이프니츠를 몰래 만났나?』, 석기용 옮김, 교양인, 2011.
스피겔버그 · 허버트, 『현상학적 운동』, 최경호 · 박인철 옮김, 이론과 실천, 1990.
스핑크스 · 리, 『가치의 입법자, 프리드리히 니체』, 윤동구 옮김, 앨피, 2009.
시르베크, 군사르 · 길리에, 니스, 『서양철학사』, 윤형식 옮김, 이학사, 2017.
신승환, 『해석학-새로운 사유를 위한 이해의 철학』, 아카넷, 2016.
신호재, 『정신과학의 철학 – 신칸트학파, 딜타이, 그리고 후설의 현상학과 역사적 인문 · 사회과학의 철학적 토대』, 이학사, 2018.
심귀연, 『몸과 살의 철학자 메를로-퐁티』, 필로소닉, 2019.
심재민, 『니체, 철학 예술 연극』, 푸른사상, 2018.
아감벤, 조르조, 『호모 사케르』, 박진우 옮김, 새물결, 2008.
아렌트, 한나, 『인간의 조건』, 이진우 · 태정호 옮김, 한길사, 1996.
아리스토텔레스, 『니코마코스 윤리학』, 최명관 옮김, 을유문화사, 1983.
안건훈, 『현대영미철학』, 강원대학교 출판부, 2007.
안광복, 『처음 읽는 서양철학사』, 웅진 지식 하우스, 2007.
_____, 『철학, 역사를 만나다』, 웅진 지식 하우스, 2009.
앤더슨 · 페리, 『현대사상의 스펙트럼』, 안효상 외 옮김, 도서출판, 길, 2011.
양운덕, 『미셸 푸코』, 살림, 2003.
_____, 「자크 데리다」, 박정호 외 엮음, 『현대철학의 흐름』, 동녘, 1996.
양해림, 「딜타이는 삶의 객관화를 극복하였는가?」, 『해석학연구』, 제16집, 한국해석학회, 2005.
_____, 「딜타이의 칸트 인식론비판」, 『현대유럽철학연구』, 제56집, 한국하이데거학회 · 한국해석학회, 2019.
_____, 『현대해석학 강의』, 집문당, 2011.
_____, 『현상학과 대화』, 서광사, 2003.
_____, 『디오니소스와 오디세우스의 변증법』, 2001, 철학과 현실사, 2001.

_____, 「그리스 비극과 소크라테스 비판—니체의 『비극의 탄생』을 중심으로—」, 『니체연구』, 제16집, 한국니체학회, 2009.
_____, 「초기 맑스의 생태담론: 자연과 인간의 소외를 중심으로」, 맑스코뮤날레 조직위원회, 『현대자본주의와 생명』, 그린비, 2011.
_____, 『한스 요나스(Hans Jonas)의 생태학적 사유읽기—책임의 원칙 독해』, 충남대학교 출판문화원, 2017.
_____, 『해석학적 이해와 인지과학—현대 해석학 인지과학에 말 걸다—』, 집문당, 2014.
_____, 『미와 아트, 대중문화와 소통하다』, 집문당, 2014.
_____, 「세계시민주의와 세계시민—하버마스의 논의를 중심으로」, 『동서철학연구』, 제74집, 한국동서철학회, 2014.
_____, 「니체의 권력이론」, 『동서철학연구』, 제76집, 한국동서철학회, 2015.
_____ 외, 『역사철학, 21세기와 대화하다—칸트 이후 근·현대 역사철학자를 찾아 다서다』, 충남대학교 출판문화원, 2015.
_____, 『기후변화, 에코(ECO)철학으로 응답하다』, 충남대학교 출판문화원, 2016.
_____, 『니체와 그리스 비극』, 한국문화사, 2017.
_____, 「한국사회에서 공화주의의 이념은 부활할 수 있는가?」, 『시대와 철학』, 제19권 1호, 한국철학사상연구회, 2008.
엄정식, 『철학이란 무엇인가』, 문학사상사, 1994.
에리봉·디디에, 『미셸 푸코 下』, 박정자 옮김, 시각과 언어, 1995.
에링턴·L. 로버트, 『서양 윤리학사』, 김성호 옮김, 서광사, 2003.
에이브러햄·랠프, 『카오스 가이아 에로스』, 김중순 역, 두산동아, 1997.
연구 사회비판과 대안 엮음, 『현대 정치철학의 테제들』, 사월의 책, 2014.
연구모임 사회비판과대안, 『프랑크푸르트학파의 테제들』, 사월의 책, 2012.
연효숙, 『서양철학 이야기 3—근대-인간과 이성의 시대—』, 책세상, 2006.
영-브륄, 엘리자베스, 『한나 아렌트 전기』, 홍원표 옮김, 인간사랑, 2007.
오용득, 『철학적 해석학』, 책펴냄열린시, 2005.
오질비, 베르트랑, 라캉, 『주체개념의 형성』, 김석 옮김, 동문선, 2002.
와인버그, J. R., 『중세철학사』, 강영계 옮김, 민음사, 1984.
왈리스, R. T., 『신플라톤주의』, 박규철 외 옮김, 누멘, 2011.

요나스, 한스, 『책임의 원칙: 기술시대의 생태학적 원리』, 서광사, 1994.
요하네스 할스베르거, 『서양철학사 1, 2』, 강성위 옮김, 이문출판사, 2004.
윌리엄스, 제임스, 『들뢰즈의 차이와 반복 해설과 비판』, 신지영 옮김, 라움, 2010.
유이치로, 오카모토, 『흐름으로 읽는 프랑스 현대사상사』, 차은정 옮김, 포도밭출판사, 2016.
윤대선, 『레비나스의 타자물음과 현대철학』, 문예출판사, 2018.
윤성우, 『해석의 갈등』, 살림, 2005.
_____, 『폴 리쾨르의 철학』, 철학과 현실사, 2004.
_____, 『서양철학 이야기 4−현대-이성의 이면과 사유의 다양성−』, 책세상, 2006.
윤평중, 「미셸 푸코」, 박정호 외 엮음, 『현대철학의 흐름』, 동녘, 2004.
이강서, 『서양철학 이야기 1−고대-서양철학의 탄생−』, 책세상, 2006.
이광래, 『미셸 푸코: 광기의 역사에서 성의 역사까지』, 민음사, 1989.
이광모, 『기로에선 이성-셸링철학-』, 용의숲, 2016.
이기상, 『하이데거의 실존과 언어』, 문예출판사, 1991.
_____, 『하이데거의 존재와 현상』, 문예출판사, 1993.
_____, 『하이데거의 존재사건학』, 서광사, 2003.
_____, 『존재와 시간−인간은 죽음을 향한 존재』, 살림, 2006.
이길우 외, 『철학의 이해』, 강원대학교 출판부, 1993.
이남인, 「상호주관성의 현상학−후설과 레비나스−」, 한국현상학회, 『보살핌의 현상학』, 철학과 현실사, 2002.
_____, 『후설의 현상학과 현대 철학』, 풀빛 미디어, 2006.
_____, 후설과 메를로-퐁티 지각의 현상학』, 한길사, 2013.
_____ 엮음, 『원전으로 읽는 서양 철학의 이해』, 서울대학교 출판부, 2012.
이동희, 『세상에서 가장 흥미로운 철학이야기−고중세편』, 휴머니스트, 2010.
_____, 『세상에서 가장 흥미로운 철학이야기−근현대편』, 휴머니스트, 2010.
이상범, 『니체의 건강철학』, 집문당, 2019.
이서규, 『삶과 실존철학』, 서광사, 2002.
_____, 『현대철학의 이해』, 건국대학교 출판부, 2003.
이석호, 『고대・중세 서양윤리사상사』, 철학과 현실사, 2009.

이유선, 『듀이 & 로티, 미국의 철학적 유산』, 김영사, 2006.
_____, 『실용주의』, 살림, 2008.
이윤기, 『이윤기의 그리스 로마신화』, 웅진닷컴, 2001.
이재영, 『영국경험론 연구—데카르드에서 리드까지』, 서광사, 1999.
이정우, 『세계철학사1』, 도서출판 길, 2011.
이정호 외, 『철학의 이해』, 한국방송통신대학교 출판부, 2000.
이준호, 『데이비드 흄—인간 본성에 관한 논고』, 살림, 2005.
이진경, 『노마디즘 I』, 휴머니스트, 2002.
_____, 『철학과 굴뚝청소부』, 그린비, 2005.
_____, 『미-래의 맑스주의』, 그린비, 2006.
_____, 『맑스주의와 근대성』, 문화과학사, 2005.
이진우, 『니체, 실험적 사유와 극단의 사상』, 책세상, 2009.
_____, 『니체의 인생강의』, 휴머니스트, 2015.
_____, 『니체의 차라투스트라를 찾아서』, 책세상, 2010.
_____, 엮음, 『포스트 모더니즘의 철학적 이해』, 서광사, 1993.
_____, 『한나 아렌트의 정치 강의』, 휴머니스트, 2019.
이하준, 『부정과 유토피아—아도르노의 사회인식론』, 세창출판사, 2019.
인아이헨·한스, 『철학적 해석학』, 문성화 옮김, 문예출판사, 1998.
임성철, 「감각이 곧 진리다: 에피쿠로스의 감각주의적 인식론에 관한 고찰」, 이혜자 외 공저, 『감각하는 인간』, 한양대학교 출판부, 2003.
자프란스키, 뤼디거, 『니체—그의 생애와 사상의 전기』, 문예출판사, 2003.
_____________, 『쇼펜하우워 전기』, 정상원 옮김, 꿈결, 2018.
_____________, 『하이데거—독일의 철학 거장과 그의 시대』, 박민수 옮김, 북캠퍼스, 2017.
정기철, 『폴 리쾨르의 철학』, 시와 진실, 2016.
정동호, 『니체』, 책세상, 2014.
정미라, 「도덕성과 인륜성-헤겔의 도덕성에 나타난 도덕성과 인륜성에로의 지양문제」, 『철학연구』 제70집, 대한철학회, 1999.
정연홍, 『과정철학』, 충남대학교 출판부, 2005.
정원섭, 『롤즈의 공적 이성과 입헌민주주의』, 철학과 현실사, 2008.
정해영, 『철학, 도시를 디지인 하다 1, 2』, 풀빛, 2008.

정해창 편역, 『현대 영미철학입문』, 철학과 현실사, 1993.
제임스 · 윌리엄, 『실용주의』, 아카넷, 2008.
조관제, 「가브리엘 마르셀의 수응(Disponibilité) 철학 연구」, 충남대학교 대학원 철학박사논문, 2018.
조광제, 『의식의 85가지 얼굴-후설 현상학의 개념들-』, 글항아리, 2008.
조요한 외, 『희랍철학연구』, 종로서적, 1988.
조중걸, 『플라톤에서 비트겐슈타인까지』, 베아르피, 2009.
조지 · 커퍼드, 『소피스트 운동』, 김남두 옮김, 아카넷, 2004.
존스턴 · 데이비드, 『정의의 역사』, 정명진 옮김, 부글, 2011.
진은영, 『순수이성비판, 이성을 법정에 세우다』, 그린비, 2004.
짐머만 · F., 『실존철학』, 서광사, 2002.
철학교재 편찬위원회, 『서양철학의 이해』, 원광대학교 출판부, 1997.
최명관, 『철학개론』, 법문사, 1981.
최명관 외, 『철학의 물음과 사색』, 숭실대학교 출판부, 1994.
최재식 외, 『철학의 전환점』, 프로네시스, 2012.
최재희, 『서양철학사상』, 박영사, 1976.
카르보네, 미렐라, 『니체, 건강의 기술-운명적 삶을 긍정하는 기술』, 북코리아, 2019.
칸트, 임마누엘, 『하나의 철학적 기획 영구평화론』, 이한구 옮김, 서광사, 2008.
커클릭 · 브루스, 『미국철학사, 1720-2000』, 박병철 옮김, 서광사, 2004.
케니, 앤서니, 『비트겐슈타인』, 김보현 옮김, 철학과 현실사, 2001.
________, 『고대철학』, 서광사, 2008.
________, 『중세철학』, 김성호 옮김, 서광사, 2013.
________, 『근대철학』, 김성호 옮김, 서광사, 2014.
________, 『현대철학』, 이재훈 옮김, 서광사, 2013.
코플스톤 · F., 『그리스 로마철학사』, 김보현 옮김, 북코리아, 2015.
__________, 『중세철학사』, 박영도 옮김, 서광사, 1988.
__________, 『합리론』, 김성호 옮김, 서광사, 2009.
__________, 『칸트』, 임재진 옮김, 중원문화, 2017.
__________, 『18, 19세기 독일철학-피히테에서 니체까지』, 표재명 옮김, 서광사, 2008.

콕스, 게리, 『실존주의자로 사는 법』, 지여울 옮김, 황소 걸음, 2012.
콘스탄틴 J. 밤바카스, 『철학의 탄생』, 이재영 옮김, 알마, 2009.
쿤츠만·페터 외, 『그림으로 읽는 철학사』, 홍기수 외 옮김, 예경, 2000.
크립키·솔, 『비트겐슈타인: 규칙과 사적 언어』, 남기창 옮김, 철학과 현실사, 2008.
키에자, 로렌초, 『주체성과 타자성—철학적으로 읽는 자크 라캉』, 이성민 옮김, 난장, 2014.
타이헤르트, 디터, 『칸트 판단력 비판』, 조상식 옮김, 이학사, 2003.
톰 보토모아, 『프랑크푸르트학파와 사회비판이론』, 진덕규 옮김, 학문과 사상사, 1984.
툴민·스티븐·재닉·앨런, 『빈, 비트겐슈타인, 그 세기말의 풍경』, 석기용 옮김, 이제이북스, 2005.
팔머·리차드, 이한우 옮김, 『해석학이란 무엇인가』, 문예출판사, 2001.
프레이저, 낸시·호네트, 악셀, 『분배냐, 인정이냐?』, 사월의 책, 2014.
프리드만·게오르드, 『프랑트푸르트학파의 연원』, 송회칠 옮김, 탐구당, 1987.
프리틀라인, 쿠르트, 『서양철학사』, 강영계 옮김, 서광사, 1985.
플라톤, 『국가』, 박종현 역주, 서광사, 2005.
피갈·컨터, 『하이데거』, 인간사랑, 2008.
하르트만·I. N., 『독일관념론철학』, 이강조 옮김, 서광사, 1989.
하상복, 『푸코 & 하버마스—광기의 시대, 소통의 이성』, 김영사, 2009.
한국사르트르연구회, 『사르트르와 20세기』, 문학과 지성사, 1999.
한국서양고전 철학회 편, 『서양 고대 철학의 세계』, 서광사, 1995.
한국철학사상연구회, 『다시 쓰는 서양 근대철학사』, 오월의 봄, 2012.
________________, 『다시 쓰는 맑스주의 사상사』, 오월의 봄, 2015.
________________, 『현대정치철학의 네 가지 흐름』, 에디투스, 2019.
한국프랑스철학회, 『현대 프랑스철학사』, 창비, 2015.
한국현상학회, 『프랑스 철학의 위대한 시절』, 반비, 2014.
한병철, 『권력이란 무엇인가』, 문학과 지성사, 2016.
______, 『타자의 추방』, 문학과 지성사, 2017.
한전숙·차인석, 『현대의 철학 I』, 서울대학교 출판부, 1980.
한정선, 「레비나스의 신의 흔적에 대한 사유」, 『생명에서 종교로』, 철학과 현실사, 2003.
허현숙, 「니체 비극적 사유의 음악적 기원 연구―키타라와 아울로스를 중심으로」, 충남대학교 대학원 철학박사 논문, 2019.
헬트, 클라우스, 『지중해 철학기행』, 이강서 옮김, 효형출판, 2008.
호네트, 악셀, 『인정투쟁』, 문성훈·이현재 옮김, 사월의 책, 2011.
호센펠더·말테, 『헬레니즘 철학사』, 조규홍 옮김, 한길사, 2011.
홀링데일, 레지날드 J. 레지날드, 『니체―그의 삶과 철학』, 김기복·이원진 옮김, 북캠퍼스, 2018.
홍성욱, 『파놉티콘―정보사회 정보감옥―』, 책세상, 2002.
홍승식, 『현대철학 입문』, 철학과 현실사, 2009.
홍원표, 『아렌트 정치의 존재이유는 자유다』, 한길사, 2011.
홍태영 외, 『현대정치철학의 모험』, 도서출판 난장, 2010.
화이트·M., 『20세기의 철학자들』, 서광사, 1987.
화이트헤드·A. N., 『과정과 실재』, 오영환 옮김, 민음사, 2009.
황경식, 『사회정의의 철학적 기초―J. 롤즈의 정의론을 중심으로』, 철학과 현실사, 2013.
황설중, 『고대회의주의와 근대철학』, 철학과 현실사, 2019.
회페·오트프리트 엮음, 『철학의 거장들 1, 2, 3, 4』, 한길사, 2001.

Allison, David B.(ed.), The New Nietzsche, MIT Press, 1977.
Anderson, F. H, *Francis Bacon, his carer and his thought,* Los Angeles, University of Southern California Press, 1962.
Attig, J. C., *The works of John Locke, A Comprehensive Bibliography from the Seventeeth Century to the Present,* Westport, Conn., Greenwood Press, 1985.
Bonss, W., Honneth, A.(Hrsg.), *Sozialforschung als Kritik. Zum sozialwissenschaftlichen potential der Kritischen Theorie*, Frankfurt a.M, 1982.
Bricke, J., *Hume's Philosophy of Mind*, Edinburgh Univ. Press, 1980.
Cahiers de Royaumont, *Nietzsche,* Minuit, 1967.
Culler, Jonathan, *On Deconstruction*, R. K. P., 1983.
Derrida, Jacques De la grammatologie, 1967.
__________, "Différance", *Speech and Pheomena*, trans. David B. Allison Evanston: Northwestrn UP, 1973.
_________, *Grammatologie*, Übersetz von Hans-Joerg Rheinberger und

Hanns Zichler, Frankfurt. a. M., 1983.

Dilthey, W., *Schleiermacher in Briefen*, III, Stuttgart, 1957.

__________, *Gesammelte Schriften*, V, Stuttgart, 1957.

__________, *Gesammelte Schriften*, VII, Stuttgart, 1957.

__________, *Leben Schleiermachers*, II; *Schleiermachers System als Philosophie und Theologie*, hg. v. m. Redeker, 1966.

Gadamer, H.-G., *Wahrheit und Methode, Grundzüge eine philosophischen Hermeneutik*, Tübingen: J. C. Moh, 1972(이일우 외 옮김, 『진리와 방법 I』, 문학동네, 2000).

Grondin, Jean, *Hermeneutische Wahrheit? Zum Wahrheitsbegriff Hans-Georg Gadamers*, Königstein/Ts: forum Academicum, 1982.

Günter Figal, Martin Heidegger. Phänomenologie der Freiheit. Frankfurt a. M., 1988.

Günter Figal, Martin *Heidegger zur Einführung,* Hamburg, 1992.

Habermas, Jürgen *Der philosophische Diskurs der Moderne*, Franlfurt. a.M. Suhrkamp, 1985.

_______, *Interess und Erkenntnis und Interess*, Frankfurt. a. M., 1979(강영계 옮김, 『인식과 관심』, 고려원, 1983.

_______., *Theorie des kommunikativen Handelns*, Bd. 1, Frankfurt. a. M., 1985(장춘익 옮김, 『의사소통행위이론 I』, 나남출판, 2006).

_______, *Theorie des kommunikativen Handelns*, Bd. II. Frankfurt. a. M., 1985(장춘익 옮김, 『의사소통행위이론 II』, 나남출판, 2006).

_______, *Vorareitende Bemerkungen zu einer Theorie der kommunikativen Kompenz*, Frankfurt. a. M., 1985.

_______, *Vorstudien und Ergänzungen zur Theorie des kommunikativen Handelns*, Frankfurt. a. M., 1986.

Hachmeister, Lutz, *Heideggers Testament,* Berlin, 2015.

Hegel, G. W. F., *Phänomenologie des Geistes*, Suhrkamp Verlag Frankfurt. a. M. 1970.

____________, *Grundlinien der Philosophie des Rechts*, Frankfurt. a. M, 1970.

Held, D., *Introduction to Theory*, University of California press, 1980.

Heidegger, M., *Die Grundprobleme der Phänomenologie*, Frankfurt a. M., 1975.

__________, *Ontologie-Hermeneutik der Faktizität*, Frankfurt. a. M., 1988.

__________, *Die Frage nach der Technik*, GA, 38. Frankfurt a. M., 1989.

__________, GA Bd. 65, *Beiträge zur Philosophie*, Frankfurt. a. M., 1989.

_________, *Sein und Zeit*, Tübingen, 1993(이기상 옮김, 『존재와 시간』, 까치, 2003).

_________., *Der Ursprung des Kunstwerkes*, Stuttgart, 1978,

Höffe, Otfried, *Die Macht der Moral im 21. Jahrhundert,* München, 2014.
Hügli Anton, Lübcke Poul(Hg.), *Philosophie im 20. Jahrundert,* Hamburg, 1992.
Ilting, Karl Heinz, *Der Struktur der Hegelschen Rechtsphilosophie in Materialien zu Hegels Rechtsphilosophie*, M. Riedel,(Hg.), Frankfurt a.M, 1975.
Ilting, Karl Heinz, "Hegels Auseinandersetzung mit der aristotelischen Politik", in: *Philosophisches Jahrbuch*, 71(1963/64).
Jaspers, Karl, *Philosophie*, Hamburg, 1993.
Jung, Matthias, *Hermeneutik zur Einführung*, Hamburg, 2012.
Kierkegaard, Sören, *Die Krankheit zum Tode,* übersetzt von Gisela Perlet Stuttgart(Reclam), 1997.
Krell, David Farrell, *Ectasy catastroph, -Heidegger from Being and Time* to the Black Notebooks-, State University of New York Press, 2015.
Levinas, E., *Totality and Infinity*, trans. by A. Lingis, Dordrecht, 1991.
Luckner, Andreas, *Martin Heidegger Sein und Zeit,* Stuttgart, 1997.
Lyotard, Jean-François, Le postmoderne expliqué aux enfants, Galilée, 1986.
_______, "Du bon usage du postmoderne", Magazine littéraire, 239~240, 1987.
Marquard, Odo, *Der Einzelne Vorlesungen zur Existenzphilosophie,* Reclam: Stuttgart, 2013.
Matthias Jung, *Dilthey zur Einführung,* Hamburg, 1996.
Mewaldt, J.: Epikur. *Philosphie der Freude. Eine Auswahl aus seinen Schriften,* Stuttgart, 1985.
Mueller, K., G. Kroenert: *Leben und Werke von Whilhelm Leibniz. Eine Chronik,* Frankfurt a.M., 1969.
Müller-Doohm, Stefan, *Jürgen Habermas: Eine Biographie*, Suhrkamp: Frankfurt, 2014.
Nietzsche, Friedrich, *Der Wille zur Macht*, Stuttgrat, 1996.
Palmer, Richard E., *Hermeneutics, Interpretation Theory in Schleiermacr, Dilthey, Heidegger, Gadamer*, Northwestern University, 1969.
Pfister, Jonas(Hg.), *Klassische Texte der Philosophie,* Reclam: Stuttgart, 2013.
Poster, Mark, *Foucault, Marxism & History* Polity, 1985.
Pöggeler, O., *Der Denkweg Martin Heideggers,* Pfullingen, 1990.
Rawls, John, *The Low of Peoples,* Havard University Press, 1999.
Rentsch Thomas, *Philosophie des 20. Jahrhunderts*, von Husserl bis Derrida, München, 2014.
Ricoeur R., *Hermeneutics & the human sciences*, Edited & translated by John B Thompson Cambridge University press, 1981.
Riedel, M., "Zwischen Plato und Aristotels-Heiggers doppelte Exposition der

Seinsfrage und der Ansatz von Gadamers hermeneutischer Gesprächsdialektik", *Allgemeine Zeitschrift für Philosophie*, 11, Jg, 1986.
Ries, Wiebrecht, *Nietzsche für Anfänger Die Geburt der Tragodie,* München, 1999.
Ritter, J., "Moralität und Sittlichkeit", in Riedel M.,(Hg.), *Materialen zu Hegels Rechtsphilosophie*, Bd. 2. Suhrkamp Verlag, 1974.
Schleiermacher, F. D., *Hermeneutik*, Nach den Handschriften neu hg. u. eingel. v. H. Kimmerle, 1959.
____________, *Hermeneutik und Kirtik*, Frankfurt. a. M., 1997.
Scholtz G., "Schleiermachers Dialektik und Diltheys erkenntnistheoretische Logik", in: *Dilthey-Jahrbuch*, 1984.
Schweppenhäuser, Gerhard, *Theodor W. Adorno zur Einfuhrung,* Junius: Hamburg, 2013.
Stegmaier, Werner, *Friedrich Nietzsche zur Einführung,* Hamburg, 2012.
Stegmüller Wolfgang, Hauptströmungen der Gegenwartsphilosophie, Band. 1. 2. 3 Kröner: Stuttgart, 1978.
Taureck, Bernhard H.F., *Emmanual Lévinas zur Einführung,* Hamburg, 2010.
Thomas Herfurth, *Diltheys Schriften zur Ethik,* Würzburg, 1992.
Totok, W. : Handbuch der Geschichte der Philosophie, Frankfurt, 1973.
Vetter, Helmuth, *Grundgriss Heidegger, Ein Handbuch zu Leben und Werk,* Meiner: Hamburg, 2014.
Volker Spierling(hrsg.), Arthur Schopenhauer. Metaphysik der Natur, München/ Zürich. 1998.

| 찾아보기 |

ㄱ

ㄹ

ㅁ

ㅅ

ㅇ

ㅈ

ㅊ

ㅋ

ㅌ

ㅍ

ㅎ

저자 소개

양해림 충남대학교 인문대학 철학과 교수

강원대학교 철학과와 동 대학원을 졸업했다. 독일 트리어(Trier)대학교, 베를린 훔볼트(Humboldt)대학교에서 박사과정을 수학하고 훔볼트대학교에서 철학박사학위를 받았다. 충남대학교 인문과학연구소장, 한국해석학회장, 한국니체학회장, 한국환경철학회장, 한국역사철학회장, 대전시민사회연구소장, 민주화를 위한 전국교수협의회(민교협) 공동의장, 대전광역시 인권위원회 인권위원장을 역임했다.

저서(단행본)

『스물에 만나는 현대해석학의 거장들』 (집문당, 2023)
『철학자의 시사산책』 (집문당, 2019)
『시사프리즘, 철학으로 한국사회를 읽다』 (충남대학교 출판문화원, 2018)
『니체와 그리스 비극』 (한국문화사, 2017)
『한스 요나스(Hans Jonas)의 생태학적 사유읽기 – 책임의 원칙 독해』 (충남대학교 출판문화원, 2017)
『기후변화, 에코(ECO)철학으로 응답하다』 (충남대학교 출판문화원, 2016)
『미와 아트, 대중문화와 소통하다』 (집문당, 2014)
『해석학적 이해와 인지과학 – 현대 해석학, 인지과학에 말 걸다 – 』 (집문당, 2014)
『현대 해석학 강의』 (집문당, 2007 / 증보판2011)
『한스 요나스가 들려주는 환경이야기』 (자음과 모음, 2008)
『자크 라캉이 들려주는 욕망이야기』 (자음과 모음, 2008)
『21세기 한국사회와 철학』 (철학과 현실사, 2008)
『에코 · 바이오테크 시대의 책임윤리-과학기술의 진보와 이성』 (철학과 현실사, 2005)
『현상학과의 대화』 (서광사, 2003)
『행복이라 부르는 것들의 의미』 (철학과 현실사, 2002)
『미의 퓨전시대-미 · 예술 · 대중문화의 만남』 (철학과 현실사, 2001)
『디오니소스와 오디세우스의 변증법 – 예술 · 인문학 · 과학기술 그리고 한국사회의 반성적 고찰』 (철학과 현실사, 2000) 등의 단행본과 30여 권의 공저

논문

「니체의 권력이론」, 「니체와 트랜스휴먼」
「4.16 세월호 참사와 신자유주의, 그리고 국가」
「21세기 글로벌 기후변화와 윤리적 정의(Justice)」, 「기후변화와 탈핵의 정치」
「초기 맑스의 생태담론: 자연과 인간의 소외를 중심으로」
「헤겔의 법철학과 공동체주의 – 도덕성과 인륜성을 중심으로 – 」
「인권과 민주주의 – 하버마스의 사실성과 타당성을 중심으로 – 」
「가다머의 해석학적 이해와 언어」, 「하이데거의 실존론적 해석학」
「해석학과 사회체계: 딜타이와 루만의 이해개념을 중심으로」 등
니체철학, 환경철학, 예술철학, 사회철학 분야 등 90여 편